经济学原理
在航天工业决策中的应用

Economic Principles Applied to Space Industry Decisions

[美] 乔尔 · S · 格林伯格(Joel S. Greenberg) 著
于 淼 等 译

中国宇航出版社
· 北 京 ·

Translated from the English language edition:
Economic principles Applied to Space Industry Decisions By Joel S. Greenberg
Originally published by the American Institute of Aeronautics and Astronautics, Inc.
ISBN 978 – 1 – 56347 – 607 – 5

著作权合同登记号：图字 01 – 2017 – 4160 号

图书在版编目(CIP)数据

经济学原理在航天工业决策中的应用/(美)乔尔·S. 格林伯格著；于淼等译. --北京：中国宇航出版社，2017.2

书名原文：Economic Principles Applied to Space Industry Decisions

ISBN 978-7-5159-1355-1

Ⅰ. ①经… Ⅱ. ①乔… ②于… Ⅲ. ①航空航天工业-工业经济 Ⅳ. ①F407.5

中国版本图书馆 CIP 数据核字(2017)第 163402 号

责任编辑　彭晨光　　　**封面设计**　宇星文化

出版发行　中国宇航出版社
社　址　北京市阜成路 8 号　**邮　编**　100830
(010)60286808　(010)68768548
网　址　www. caphbook. com
经　销　新华书店
发行部　(010)60286888　(010)68371900
(010)60286887　(010)60286804(传真)
零售店　读者服务部
(010)68371105
承　印　北京画中画印刷有限公司

版　次　2017 年 2 月第 1 版
2017 年 2 月第 1 次印刷
规　格　787 × 1092
开　本　1/16
印　张　22.25
字　数　536 千字
书　号　ISBN 978-7-5159-1355-1
定　价　168.00 元

译者序

航天活动具有高投入、高风险、高回报的特点。随着航天工业市场化程度不断加深，在开展航天活动的过程中，如能用经济理论武装头脑，在航天工业决策和生产过程中引入经济分析的观点和方法，科学运筹，对航天工业活动进行量化和精细化管理，则可显著降低投入和风险，增大收益和回报。因此，秉承这一理念，译者撷菁撷华，从诸多航天项目管理著作中寻得此书，并译成中文，以方便国内同仁阅读和使用。

“经济学原理”“航天工业”和“投资决策”是本书的三个主旨词汇。与历来偏重技术、系统风险控制和管理的航天项目管理书籍不同，本书侧重航天工业的财务风险管理，属于航天经济学范畴。书中从经济学角度讨论了如何量化不确定性和风险，在多种备选方案中选定最优方案，助力航天领域技术开发、产品设计、资本支出等企业投资过程中的管理决策。此外，本书还从宏观层面分析了国家政策和航天工业决策之间的相互影响关系。在探讨这些问题的过程中，书中采用“概念 + 方法论 + 案例分析”的立体化讲解方法，其中所举实例众多，如可重复使用运载火箭企业财务分析、在轨服务和维修业务财务分析等，这些案例分析可信度高、指导性强，着实是一笔不可多得的财富。

该原版图书虽成书于世纪之交，但书中所述之“道”历久弥新，所授之“法”经典依然：本书从复杂的航天商业环境和数据中抽象、提取、总结出来的规律、关系和模型，对当下航天工业开展过程中的决策仍颇具借鉴意义；贯穿全书的蒙特卡洛风险分析手段，采用计算机模拟技术得出工程投资项目的风险和收益分布，仍是当前考量工程项目投资的常用方法。因而，本书细嚼如甘，其中的内容和方法对航天领域管理人员和科研人员皆具有很高的参考价值。

在本书的翻译过程中，原民辉、孔延辉给予了专业指导，何洋、郑驰、张鑫伟参与了策划和审核工作，李博、王雪瑶、苑艺、吴之尧、及莉、王余涛、兰田、张巍、赵欣博、于喆、张航、吴延龙、王海博、李巍、仲维昆、阎师参加了部分章节的翻译，田莉、范嵬娜、孙琳、张扬眉参加了全书校对，在此一并表示感谢。

本书的出版得到了北京空间科技信息研究所、中国空间技术研究院、中国宇航出版社等单位的大力支持和帮助，在此表示衷心的感谢。

由于时间仓促及译者水平有限，难免出现纰漏和错误，恳请读者不吝赐教。

于　淼

2017 年 2 月 20 日

目　　录

第1章　引　言

这不是一本纯粹的经济学专著，而是探讨如何在航天活动决策过程中运用经济学原理和概念的论著，亦可看作是一本细述概念、方法论及其应用的教程指南。印证概念和方法过程中分析得来的典型结果并加以应用是本书的一大重点和特色。

数学运算和模型仿真是本书的重要支撑材料。书中模型多辅以具体应用，以作说明。这些模型可佐证结构化思维模式对决策制定的重要作用。鉴于在考量航天领域技术研发、产品设计、资本支出等投资行为时，不确定性和风险因素影响巨大，因此本书将利用精选模型、成熟手段和具体案例来详细说明如何将不确定性和风险进行量化。

历来，投资决策分析大都基于对一系列性能、成本和其他不确定性变量的单点预估。也就是说，即使技术研发、产品设计及相关投资决策伴随的不确定性因素巨大，也鲜有投资决策分析能够量化不确定性因素及风险并予以充分考虑。如此，则会导致在技术研发、产品设计和投资方案设计时思量不周，致使重要产品或投资属性未定义，从而在方案比较时缺少可用维度。敏感度分析虽有助于降低风险，但它不能明确定义不确定性，因而并不严谨，不做推荐。此外，缺少对不确定性因素的定量分析还会导致将不符合数学运算的错误数值用于各种产品或投资财务业绩指标的计算过程中，招致更大错误。

为了实现设计和决策的耦合，设计的选取或业绩的优化往往不尽如人意。例如，某产品的设计初衷是减轻质量或提升可靠性，但因企业财务业绩需要，最终决策可能会选取截然不同的设计或产品。再如，联邦航空管理局(FAA)一直考虑向申请发射许可服务的用户征收费用，美国国防部(DoD)也在考虑向全国范围内的商业用户提高发射服务费用。虽然这种做法能够增加两家机构的预算(假定美国国会允许两家机构自行收费而无须上交国库)，但同时会导致美国商业空间运输服务成本上升，继而降低美国发射服务及相关卫星的市场份额，对其国际竞争力产生不利影响。市场份额的降低还会影响出口、就业和财政收入。这样算来，“成本”是否会超过收益(即增加的用户费用)？鉴于此，本书也将重点关注这个问题，介绍一种评估服务属性变化(如价格)对市场份额影响的方法，并在评估过程中明确考虑不确定性、风险、终端用户决策过程及市场份额变化给就业及财政收入带来的相关影响。

如前所述，本书的关注重点在应用层面，而非基础理论。因此，书中大量列举了正规的不确定性描述方法和风险分析应用。之所以这样做，一来是要展示在分析和决策过程中应用不确定性量化指标和使用相关风险措施的广度和深度，二来是充分说明可取的数据收集和分析技巧。

鉴于政府计划和政策对私营企业投资决策也能产生重大影响，且许多政府计划和政策的出台也是以此为目标，故而本书还会介绍依据私营企业投资决策变化来评估这些影响的方法。同样地，这些变化也将以定量的方法进行分析，且会佐以实例，详细说明。

一言以蔽之，本书的主要目标是从经济分析的视角来看待航天工业实际决策过程，并开阔读者在应对复杂的商业环境和政府问题时的眼界，先利其器，再善其事。

1.1 航天工业

商业航天工业包含 4 个基本部分：卫星制造，即面向商业和政府用户，设计、制造、集成、测试及销售卫星；航天器发射，即运载火箭制造、组装、测试以及提供发射服务；卫星服务，涉及转发器租赁及订购或提供零售服务［如入户电视、卫星移动手机、卫星移动数据通信、甚小口径终端（VSAT）服务、遥感影像销售和增值服务（包括通过太空收集数据生成信息产品的数据处理部分）］；地面设备，即卫星主要相关硬件的制造和销售［如信关站和卫星控制站、移动上行设备、甚小口径终端、超小孔径终端（USATs）以及消费性电子产品（直播服务（DBS）天线、乡村电话亭、手持及便携手机、全球定位系统（GPS）接收器）］。

1999 年，商业航天工业的直接收入接近 680 亿美元。这一数据有望在 2010 年升至 1 990 亿美元，十年内翻两番之多，年复合增长率超过 10%。如图 1－1 所示，各部分收入均有增长，但卫星服务（订购和零售）领域成为领涨主力。卫星服务可为快速发展的信息工业部门提供重要技术和能力支撑，反过来，信息工业部门的发展又可为卫星服务提供重要市场。航天器发射和卫星制造领域的收入虽也有增长，但其在总收入中的占比有所降低。

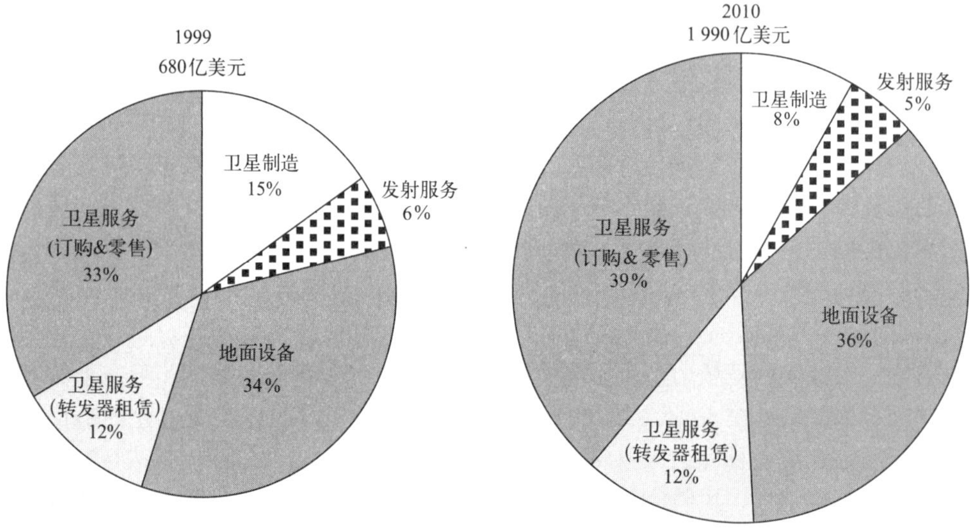

图 1－1　全球商业航天工业收入[4]

注：商业航天收入不包含载人飞行项目及空间科学收入。

美国联邦航天经费是航天工业收入的另一来源。尽管上述数字包含政府采购的商业航天服务部分，但并未考虑大笔与商业航天服务无关的其他经费。［“收入”包含政府客户采购的与航天工业相关的商业项目或服务收入，不包括非卫星航天器（如科学探测器）制造、发射及运行的收入，以及任何与载人航天飞行计划相关的收入。］1999 年，国防部在航天采购中的花费超过 68 亿美元，航天设备及工资支出也近 10 亿美元。同年，美国国家航空航天局的年度支出超过125亿美元(采购)，占授权预算的92%以上。鉴于国防部方面的数据并未包含机密采购项目，因此可认为美国政府1999年度航天活动支出超过220亿美元。而当年世界其他国家(不包括中国和俄罗斯)的年度航天支出加总也就刚刚超过70亿美元。因此综合来看，1999年全球商业航天工业、美国政府及其他国家(不包括中国和俄罗斯)政府的航天收支总计达1 000亿美元。

20世纪90年代，新兴商业市场的出现给全球航天工业带来了大发展和大收获。与此同时，政府在民用和军用航天上的支出开始停滞并降低。为了适应新环境，传统航天公司开始寻求合并以巩固和支撑市场。在进一步的调整中，这些公司一边忙于应对来自新兴服务市场的竞争，一边开始对其开展收购。在这种境地中，商业服务市场增长最快，而这种产业环境将塑造未来十年的航天业务格局。新兴市场将继续出现，这将为那些准备好了的人提供巨大机遇。

如今，虽然航天工业已经渗透到各种任务、运行和服务中，但航天工业的潜力依旧无限。下面列出了一些空间基础设施当前和潜在的应用。尽管大多还未实现，但随着新技术的发展，这些乃至更多的任务和应用将在未来几十年成为现实。以下是对当前和潜在天基应用及任务的总结，后者(潜在的)用斜体表示：

1)通信：固定卫星服务、直接广播服务、移动卫星服务以及数据收集与转发(这是目前商业航天工业的主体部分)。

2)政府任务与运行：导航(GPS)、通信、情报、空间科学研究、生命科学实验、条约核查、技术开发和演示验证、法律执行、空间碎片管理、搜索与营救、天气数据收集与预报、*载人*和自动行星探测、*小行星探测和缓释*以及国际合作。

3)运输：空间救援、*包裹快速传递*、空间服务与传输、*危险废物处理*、太空旅游、*特高超声速运输*。

4)新轨道任务与运行：*空间医疗设施、轨道医院、空间定居点和农业、轨道商业园*。

5)遥感：土地使用调查、农作物虫害和疾病、私人天气观测与修正、地理信息服务、高层大气探测和实时监测。

6)空间制造：消费品空间大规模生产、微重力加工、大学研究、生物制品和实验室、空间机器人。

7)新应用：空间埋葬、*主题公园、体育赛事、电影制片厂*。

8)地外资源：*月球上氦3及小行星开采*。

9)广告：*轨道广告牌及空间产品演示*。

10)空间设施：*太阳能发电卫星和人造月球*。

1.2 经济学关注的范围

经济学关注的范围很广，但其主要目标是通过提供信息来优化资源配置和政府政策制定过程中的决策流程。从运作角度讲，经济分析包括金融与投资分析、成本分析、收益/支出和成本效率分析以及传统微观和宏观分析。在开展这些分析的过程中，会涉及多学科知识，包括数学、模拟、计量经济学建模、概率与统计以及决策分析。本书将会梳理与航天经济分析相关的学科知识，并着重介绍应用方法。除精选实例外，本书在介绍应用方法的过程中还穿插了理论讲解，以便读者举一反三，在航天经济分析中选用恰当的方法和技巧。

为了更好地说明经济分析及其应用的范围和价值，本书将引入一些政府和企业关注的典型问题来详细说明经济分析在决策过程中所起的重要作用。

1.2.1　政府的关注点

一般来说，政府十分关心如何通过高效资源配置实现既定目标以及政府计划和政策对私营企业投资决策和经济成本效益能带来何种影响，具体包括：

1）为航天私营企业（如可重复使用运载火箭企业）提供融资选择，并确定政府在此过程中需要扮演的角色。

2）针对私营企业，尤其是存在较高技术风险的企业建立信贷担保经济指标，以避免将政府卷入风险环境中。

3）从政府层面，为空间发射相关活动提供第三方责任补偿或其他。

4）明晰管制行为的经济影响（如航天发射活动许可、发射活动经济责任要求、轨道碎片清除及成本效率要求）并评估、确定替代方案。

5）论证、开展技术转让活动并建立技术转让方案价值体系。

6）论证将政府资产或政府服务进行私有化或商业化的合理性及成功概率。

7）从政府层面确立适当的商业航天企业融资要求及后续政府所需提供的帮助及形式。

8）预测新卫星及运载火箭等产品的生产和研制成本。

9）为长周期、多阶段技术项目建立更为有效的成本估算及项目计划（以支持如太阳系空间能源、空间探索、空间核能推进）。

10）研究政府规划及政策对航天产品和/或服务定价的影响，识别有益于保持竞争地位、实现既定财务目标（如实现特定投资回报）的规划和政策。

11）对包含多个研发项目，每个项目各具多种利益属性及资源需求且所需资金超出预算限制的研发计划进行详细说明。

12）研究非市场经济商品及服务的使用对美国经济及相关组织带来的潜在影响。

13）研究一般用途的政府资产过剩对美国产业造成的可能影响。

14）建立可靠性、性能、维护和备份策略的权衡机制，在实现系统性能目标的基础上，降低航天任务的生命周期成本。

下文将对上述领域进行直接或间接的解释和推理。

1.2.2　工业的关注点

一般来说，企业（工业）十分关注盈利能力、资产流动性（现金流及所需资源的可用性）及资源利用率，以实现长期或短期期望目标。这些关注点涉及长期和短期内，政府政策及规划对企业盈利能力及资产流动性的影响。许多航天企业需要巨额预付融资资本，回报周期长且易受到外部因素影响，其中牵涉的风险明显高于其他工业。鉴于这些特点，航天工业从形成伊始便十分依赖政府支持。其中，政府不仅是航天工业的消费者、航天技术的推动者，还是航天工业的资助者。如此一来，政府的介入会有力增强国际竞争力、分散风险、保障资金并完善管理。因此，航天工业关注点同政府关注点密不可分，包括以下几点：

1）考虑航天私营企业（如可重复使用运载火箭企业）可选融资途径，并确定政府在此过程中需要扮演的角色。

2）针对较高技术风险的新企业，在其资本构成要求中建立信贷担保及资助的经济指标。

3）政府能为空间发射相关活动提供的第三方责任补偿或其他。

4）明晰管制行为（如航天发射活动许可、发射活动经济责任要求、轨道碎片清除及成本效率要求）对成本及其他方面的影响。

5）评估将政府资产或政府服务进行私有化或商业化的可行性。

6）明确商业航天企业融资需求及后续所需的政府帮助及形式。

7）预测新卫星及运载火箭等产品的研发和制造成本。

8）研究政府规划及政策对航天产品和/或服务定价的影响，识别有益于保持竞争地位、实现既定财务目标（如实现特定投资回报）的规划和政策。

9）制定包含多个研发项目的研发计划，以实现新的或更高的企业目标。

10）研究非市场经济商品及服务的使用对相关组织带来的潜在影响。

11）研究一般用途的政府资产过剩对美国工业造成的可能影响。

12）建立可靠性、性能、维护和备份策略的权衡机制，在实现系统性能目标的基础上，降低航天任务的生命周期成本。

13）研究能够帮助实现企业财务及其他商业目标的价格政策。

本书将对上述领域进行直接或间接的解释和推理。

1.3　本书结构

这不是一本纯粹的经济学专著，而是探讨如何在航天活动决策过程中运用经济学原理和概念的论著，亦可看作是一本细述概念、方法论及其应用的教程指南。通过分析得来的典型结果来展示概念和方法是本书的一大特色，本书的重点是要利用多属性决策变量及相关数据库，来说明私营企业投资决策过程。其中，可量化说明政府计划及政策对私营企业进行投资和采取商业行动产生的影响，也可说明政府和企业行为（定价、研发活动等）对国际竞争力（市场份额变化）产生的影响。

“不确定性”和“风险”是贯穿本书的两个高频词汇。凭借35年以上的金融及风险分析经验，作者认为有必要对这两个词汇加以定义。决策人员面临的是风险，而规划师和分析师面临的则是不确定性。风险是决策指标中由技术、市场、成本、其他不确定因素、概率行为和/或事件带来的变数，且这些变数在不同程度超出了规划师和分析师的控制，造成可靠性降低。风险可描述成决策指标超出各项值的概率（如一个公司有20%的可能会产出大于投入，或者反过来说，有80%的可能无法收回投资成本）或者单纯看作决策指标概率分布的标准差。当所得的概率分布接近正常值时，这一概念显得更为重要（下文将逐渐阐明）。

不确定性与用于确定决策指标数值的数据或变量可变性范围有关。不确定性可用最小值、最可能值、最大值（即与单位产品销售额、市场份额等变量值关联的三角形概率分布)、期望值、标准差及特定概率分布来描述。4.1 节将详细介绍描述不确定性的方法。该方法也是本书着重介绍的方法之一。

1.3.1 引言(第1章)

1.1 节首先探讨了航天工业的范围及重要性，1.2 节阐述了经济学关注的范围，对航天工业构成进行了定性和定量的描述(即空间运输、通信、遥感以及诸如太空能源、旅游等潜在行业)，并介绍过去和未来的航天活动。在介绍美国和世界航天活动现状后，对未来进行了预测，为后续讨论提供了合适的角度。

本书将探讨与公有和私营企业投资决策密切相关的经济学原理和概念，同时还将关注政府计划和政策对私营企业投资决策可能产生的影响。通过一系列实例的展示，可将经济学在决策过程中所扮演的角色体现得淋漓尽致。这些实例包括：通过进行可重复使用运载火箭企业财务分析，确定所需的政府支持政策及形式(诸如信贷担保、固定租期、研发投资及税收政策)；对研发计划进行规划和评估；制定成本节约型卫星备份及维修策略；建立恰当的轨道碎片管理体系；从就业和财政收入角度(即失业救济开支和税收)，分析政府政策和规划对国际竞争力提升带来的影响。

同时，本书还会介绍一系列颇具代表性的投资决策及有用指标(指标介绍将是重点)。随后会介绍商业规划、财务分析、资本预算，并从就业和财政收入角度评估政府政策与规划对国际竞争力提升造成的影响。本章介绍之后，书中将详细讨论可重复使用运载火箭、空间运行(按需发射、轨道服务/修复以及发射活动)、许可证发放及管理问题(重点关注保险要求等经济责任以及轨道碎片)中的一系列经济问题和决策过程。为了进一步说明经济学原理的应用范围，本书的最后一章还将展示能源节约和博彩行业中的经济决策分析，进一步说明相关分析工具的效用。

1.3.2 投资决策(第2章)

投资决策通常指利用当前的资源获得远期的收益。本章将介绍几种不同的决策类型，包括自由选择(基于个人投资价值的投资评价和选择)、受限选择(即在资源限制范围内选择投资项目)以及强制性选择(即为贯彻落实某一决策的择优选择)。针对这三种决策类型，文中分别选用可重复使用运载火箭(RLV)投资决策、研发计划制定和运载火箭选择(依据决策发射通信卫星)作为说明实例。文中将结合典型指标及相关决策预测数据库来描述这些类型的决策特点。同时，还会通过实例，介绍政府行为对私营企业投资决策及财务状况的影响。

对备选方案的分析、评估和评价过程会利用各类衡量指标进行对比，这些指标的选取和使用方法会详细讲解。此外还将探讨私营和公有制企业的衡量指标，以及公有制企业的行为或举措对私营企业衡量指标造成的影响。针对这部分讲解的实例主要包括：空间运输可操作性/适应性以及轨道碎片清除政策所带来的经济影响。

鉴于许多指标由财务分析得来，且大多数私营企业投资决策又都依赖于财务分析，因此财务分析方面的基本概念也会有所阐述，书中会定义诸如利润、现金流、投资回收期、投资回报、风险、净现值等变量，并解析这些变量在决策过程中所起的重要作用。书中将会引入地球静止轨道通信卫星企业财务规划模型，以阐明典型通信卫星企业财务分析和评估流程。此外，该模型还用于论证企业财务表现相对于进度延误、运载火箭可靠性及卫星设计寿命的敏感度。

为了确定财务影响，通常需要建立一套商业计划。这份商业计划能够保障资源寻求方与资源提供方之间的沟通交流。该商业计划通常需要对项目进行描述并详细说明所需资源，同时显示预期回报。财务规划中的财务分析是商业计划书中的必备部分。此外，市场形势、外部竞争、销售预测及人力资源规划也都是有机组成部分。本章将会详细描述商业计划书的重要组成部分。

资本预算决策虽与短期资源投资相关，却会在较长时间之后产生效益。在评估这些投资机遇的过程中需要量化多个业绩指标，形成资源分配的决策基础。书中会结合多属性决策预测数据库来描述一些典型的业绩指标。此外，这些数据库还可用来预测政府政策和规划对私营企业投资决策的影响。关于政府举措(如固定租期、税收政策、担保贷款、研发及演示项目等)对投资收益、风险、投资回收期、风险投资规模等私营企业决策变量的影响也会进行详细讨论。

决策数据库的应用方法会通过替代方案的选择和地球静止轨道通信卫星运载工具的选取来进行说明和描述。首先，要从客户的角度进行对比和选择，随后，还应从空间运输服务运营商的角度进行对比，这样做的目的是根据运输服务用户的可能决策来对市场份额进行估算。其中，预测性决策数据库是该分析的重要环节，依照相对期望值和相对预期风险，该数据库会给出最可能的选择方案，数据库中的数据收集方法也会有所说明(即期望值和预期风险的权衡方法)。最后，还会从政府的角度去考虑这些决策，因为它们关系到国外有竞争力的空间运输服务企业定价评估以及影响美国空间运输服务的研发项目规划评估。如此，就能量化考虑企业决策对国际竞争力的影响。

本章还会探讨典型研发计划的制定方法，包括重点(或相关)技术计划制定方法，有资源限制的多项目并行的技术计划制定方法，以及利用效益成本比从较大的技术项目集合中进行排序和选择的方法。这些方法之间的差异及适用性也会有所说明。最后，还将介绍公有制企业可采用的技术项目规划和评估方法(以空间运输为例)，并探讨通过市场份额变化，可对国际竞争力及国民经济(如就业和财政收入)产生的影响。

政府计划和政策对私营部门投资决策的影响也会在本章进行说明。通过对一些政府计划和政策进行介绍，阐述它们对私营企业财务状况衡量标准的影响(即预期投资回报率、风险、投资回收期和风险投资规模)以及财务状况衡量标准变化对投资决策可能的影响。为了论证提出的概念，将通过联邦内商业用户获取政府发射服务的价格变化、政府举措可能引起的发射服务定价变化对国际竞争力(即市场份额)及出口/进口、就业和财政收入影响来进行说明。

对于空间运输，决策对国际竞争力有很大影响。如果国外供应商占领了发射业务，他们将获得很大优势。首先，正如失去商业机会将损害美国制造业一样，国外企业的获益将为发射服务供应商赢得市场份额，从而能够帮助他们冲抵部分固定成本而更具竞争力。对美国而言，这还会导致就业岗位净损失，从而对经济产生影响。再者，发射行业的收入基础也会有所损失，从而降低研发基础资金，阻碍其技术改进和未来竞争。更重要的是，这将减少美国国内探索太空的机会。发射和卫星通信产业竞争中失去发射机会及其相关有效载荷，造成的直接和间接经济影响将用数学模型来预估，该模型还考虑了对就业、进/出口和财政收入造成的直接和间接影响。在第 3 章还将用此模型来讨论可重复使用运载火箭的成功研发可能带来的经济影响。文中还给出了改变发射定价(使用政府发射设施的商业用户)可能产生的经济影响。

政府经常开展旨在将其研发活动成果转移给私营企业的活动。这些活动的目的是影响投资决策，以便有利地利用研发结果。如果投资决策不变，就无法从技术转移项目中获取价值。已有若干政府项目专门通过实验来展示其可提供的技术水平和服务能力，以影响投资决策，美国国家航空航天局飞行试验计划和先进通信技术卫星(ACTS)计划是其中的两个事例。

这两个计划用于说明对技术转移活动的评估和评价。前者专门考虑了实验在目标受众决策过程中的潜在影响，即从确定先决条件的角度进行考虑，当可用资源有限时应选择哪些飞行计划进行资助。后者是错失项目演示价值，无法创造先决条件影响投资决策的例子。

1.3.3 可重复使用运载火箭经济学(第 3 章)

新型空间运输系统的发展需要大量资本，风险极高且初始投资成本回收周期相对较长。其中的风险与可实现的技术性能、市场(即对空间运输服务的需求，它是价格、时间和竞争的函数)以及政府的短期和长期政策密切相关。鉴于空间运输服务的商业化发展是必经之路，因此本章将会重点关注商业空间运输企业投资者(即资本市场)的角色和理念，并探讨合理的政府规划和政策对改变投资者决策的可能性。从政府角度来讲，政府项目及决策的收益必须大于成本。因此，私营和公有企业的决策从来都有着千丝万缕的联系，需要同步考虑。可重复使用运载火箭经济学顾及了公共政策相关的各类问题。这些政策涉及空间站、航天飞机、一次性和可重复使用空间运输服务，国有企业举措及相关法律要求。此外，本章也会结合目前已有的分析结果，介绍用于研究可重复使用运载火箭资金需求的方法，以及政府行为可能带来的潜在影响。定价政策及美国经济运行中政府可选政策和项目可能造成的影响(以就业和财政收入来衡量)也在关注的范围之内。最后，本章还会介绍与可重复使用运载火箭保险相关的问题，以及在合理保费范围内享受长期保障的方法。

本章还将提及大量有关政府对可重复使用运载火箭计划的支持政策，尤其会强调政府对可重复使用运载火箭技术发展进行投资的合理性，讨论空间站与可重复使用运载火箭之间的关系以及航天飞机及其改进型号与可重复使用运载火箭之间的关系。除此之外，本章还会探讨美国航天联盟(USA)航天飞机的商业化/私有化，以及航天飞机在发射商业有效载荷中扮演的角色。最后，本章将探讨国会行为的潜在作用[税收政策，技术投资，参与研发、测试与评估(RDT&E)融资，贷款担保等]，及其对竞争环境的影响。讨论之前还将对航天法令及其与空间运输和可重复使用运载火箭计划的关系进行回顾。

在开始探讨可重复使用运载火箭前，将首先回顾从航天飞机经济分析中吸取的经验教训。美国开展的最新一项大型空间运输计划是航天飞机运输系统(STS)。此部分将主要回顾航天飞机运输系统的整体计划与决策制定环境、当时的经济形势及相关分析，最终做出航天飞机运输系统计划的执行决策。在回顾航天飞机运输系统后，将得出一些“经验教训”，以期在研制可重复使用运载火箭等新型空间运输系统时可以避免隐患。这些分析的目的是在研究航天飞机运输系统及其后续计划和决策后，及时发现该体系所存在的问题，以便及时改进与当前可重复使用运载火箭发射活动相关的计划及决策。要汲取的问题和经验教训包括强迫航天飞机运输系统运行的行政部门和管理与预算办公室(OMB)的政策决定，以及美国国家航空航天局及其承包商在分析开展过程中的失误。

同时本章还将回顾投资航天相关企业的总体局势，并特别考虑大型资本密集型风险项目成本回收周期过长的问题。可重复使用运载火箭的研发及可重复使用运载火箭企业的建立，都会成为本书中提及的实例。同时，结合资本市场的需求(预期财务业绩、管控问题以及各种形式的风险特征)，将描述资本市场的诸多方面及可利用资源的规模。本章还会介绍多种重要的财务业绩衡量标准以及它们在评估和决策过程中的重要性。在随后的内容中会介绍金融产业评估风险高、资本密集规模大、成本回收周期长的企业的方法，同时介绍一些可有效降低风险的手段(和/或改进其他财务业绩衡量指标的方法)以及企业发展不同时期的各类资金来源。本章还将介绍不同类型企业在融资方面的区别(例如，运营可重复使用运载火箭的企业与运营地球静止轨道(GEO)和近地轨道(LEO)通信卫星企业的融资区别)。

在一个竞争激烈的环境中，新兴发射产业如何对服务进行定价至关重要。因此，本章会简要介绍产品或服务定价方面的一种通用理论，该理论随即会应用于制定许多定价政策上，这些政策都是可重复使用运载火箭企业规划和评估的重要组成部分。本章将介绍一些定价政策，包括：利润最大化的定价政策，这种定价方式受到竞争性服务定价的约束；可重复使用运载火箭价格占预期竞争性价格特定比例的定价政策，以在竞争性市场中可实现特定的市场份额；先以预期竞争性价格的特定比例定价，然后再改变为使利润最大化的定价政策；依据长时间操作成本定价以及双重定价政策(在特定时期内由政府定价，利润最大化时则由商业定价)。这些定价方案要考虑价格弹性以及可重复使用运载火箭财务计划建立的模型。

同时，本章也会介绍一些方法和研究，用以分析各类政府行为及政策对典型可重复使用运载火箭企业及美国经济的影响。此后将介绍一种融资规划模型，该模型可模拟各类政府行为所带来的影响(诸如多种税收政策、固定租期、研发测评活动以及信贷担保)，包括对典型可重复使用运载火箭企业财务业绩的影响及对政府成本与收益的影响。该财务规划模型将许多因素考虑在内，包括定价政策、市场细分、受市场细分影响的价格弹性、不确定性及风险等。此外还将提出典型的商业形式文件、政府成本与收益以及经济影响。本章将引入当前典型的最新分析结果，包括政府不同政策(诸如不同的税收政策、固定租期、研发测评以及信贷担保)对财务业绩、政府支出成本和收益、就业机会创造和财政收入所带来的影响。这一部分还将探讨市场规模和市场份额的影响，以及航天飞机成本及可放弃成本对政府成本和收益的影响。在价格弹性和对财务业绩及成本与收益的影响方面将探讨重大价格变化的可能结果。

未来，向轨道输送有效载荷的空间运输服务方式很有可能是可重复使用运载火箭。而要获得这种运载能力，将需要投资数十亿美元。如此之大的投资，需要详细的商业规划，来论证其财务可行性以及能否在可接受的风险水平内运行。鉴于既要保证一定的技术水平，还要应对这种技术水平所带来的常规商业风险以及发射服务的市场需求、竞争等，那么整个商业计划就必须能够承担起由运输失败或延迟所带来的风险。这就要求制定强有力的风险管理计划。本章会介绍一种风险管理方案，在必须做出投资决策时可以提供一份保险，而必要的保险责任范围在可承受的价格内将可长期使用。如果没有一套包括保险在内的长期风险管理计划，资本市场的融资不可能实现。

1.3.4 空间运行(第4章)

空间运行涉及将卫星送入轨道，并在一段时间内提供维护服务。本章讨论的内容包括：基于风险的先进空间运输架构对比方法；地球静止轨道通信卫星发射任务中运载火箭的选择；近地轨道运载火箭的选择(包括初次发射入轨和再次发射入轨)；在考虑成本风险、生命周期成本及可用性分析的基础上确定发射和卫星备份策略；实现按需发射对卫星备份策略和空间运输供/需(弹性/可操作性)的影响；在轨服务与维修；以及不同政府行为对美国空间运输服务在国际竞争力上的影响。所有空间活动的前提都是确保可靠性，并利用保险手段严格控制风险。

目前，先进空间运输架构正在研究之中，这为推动空间研究与发展带来许多选择。由于并非所有的研究活动都能得到资金支持，因此本章将提出一种基于风险的高级方法论，用于确定那些值得进行详细研究的架构，从而将那些不太有吸引力的架构搁置。该方法还考虑了研发和运行多级运载火箭及其有效载荷相互作用带来的性能和成本的不确定性。鉴于此，本章将着重介绍这一方法。

地球静止轨道通信卫星发射任务(或者更恰当地称之为运输服务)的决策过程中要考虑运载火箭的选择问题，这一决策过程极为复杂，因为运载火箭的许多属性会导致经济决策的变化。运载火箭所具备的属性包括价格、交付日期、可靠性、轨道提升能力、最终轨道进入精度、保险率、日程安排(包含可能的延误)以及其他因素。本章会介绍一种典型的分析方法，并展示其分析结果(包括敏感度分析)。通过结合决策数据库(该数据库已在之前的章节介绍过)以及之前介绍的财务分析，将提出一种专门用于预测多种发射工具竞争环境下运载火箭市场份额的方法。

当执行近地轨道卫星发射入轨及再入轨任务时，发射活动建模将涉及运载火箭及其发射日程之间如何匹配的决策问题。本章会探讨用于分析发射任务的方法及操作办法，并着重强调应对可靠性、失败及其导致的延误和后果，以及这些因素对整个发射任务可行性和成本的影响。这一部分探讨结束后，将会继续通过详细工作分解，介绍在成本决策过程中将所有成本不确定性考虑在内的方法；同时，还将考虑一些相关和不相关的成本项。最后的研究结果即得到一次性成本及单位经常性成本的概率分布，从这些概率中可得知不同程度的成本风险。已测定的成本风险数据随即会被考虑在卫星发射入轨及备份策略的制定中，在满足长期或短期需求的同时，把生命周期成本降至最低。本章还将考虑一系列策略，如在轨和地面备件、带故障发射、在推进剂耗尽风险下发射、按日程表发射及混合策略。此外，还将明确考虑运载火箭可靠性、因失败导致的日程不确定性和延误以及卫星的随机性和推进剂耗尽等情况。

近来，人们对按需发射的可行性已有所关注。按需发射指的是针对某种要求将卫星送入轨道的能力。如果能够实现按需发射，那么将对卫星在轨维护、卫星设计和存储、运载火箭发射时间安排以及空间运输架构鲁棒性产生划时代影响。因此，本章将探讨按需发射带来的影响，尤其着重探讨了取消在轨运行备件策略时按需发射所应具备的现实能力。同时，本章还介绍了一种方法，用于建立空间运输架构鲁棒性，确保火箭摆脱逆境(如发射故障）并继续按原要求把卫星送入轨道或在因意外（随机的）在轨故障需要重新发射入轨等临时需求中能满足卫星发射需求，以及在发射星座入轨期间摆脱困境（如发射故障）。针对上述情况，本章还制定了适当的衡量标准。

本章还将阐述在轨服务和维修任务的经济学分析方法和流程及研究成果。此外，还将介绍卫星位置服务、空间运输节点维修（轨道上或地面上）以及简单发射入轨及再入轨。此处使用的任务方案是本部分经济分析的重要基础。

轨道碎片将会增加航天任务成本，体现在遵循碎片减缓政策而产生的成本和/或由碎片撞击造成的损失。从长远来看，轨道碎片减缓政策能够减少空间任务成本，但短期来看，可能会导致成本增加。这便产生了一个典型的投资困境：近期投资，却要在很长时间后才能得到收益，如何能有吸引力呢？当执行一项典型近地轨道任务时，轨道碎片可能会对生命周期成本造成影响，本章会结合这种影响的经济分析结果，介绍一种轨道碎片经济分析法。在第 5 章中将会继续探讨政府对航天活动的许可和监管机制。

1.3.5　许可和监管问题（第 5 章）

本章将会介绍与商业航天发射及商业化运营发射场相关的许可和监管问题。首先会介绍管理机构、机构的角色及权限，随后介绍用于支撑某一项监管行为所需的正式分析。此后会介绍经济影响分析的要求和范围，并说明美国运输部为实现财务责任管理对商业发射提出的保险要求，并介绍所谓的许可发射的政府补偿。最后，再回到轨道碎片的问题上来，介绍管理条例以及相关经济影响。在对本章进行总结时，会介绍各种与空间开发相关的保险问题，并着重强调第三方责任险以及所谓的“政府补偿”。

此外，本章还会介绍与空间发射相关的一般管制体制、相关部门及其角色和法定权限。同时介绍支撑某一项新的管理行为所需的正式分析，并着重强调经济影响分析的必要性，以及用于经济影响分析的形式和范围。此外，还会对那些衡量备选方案成本和利润的“通行惯例”的基本概念以及备选方案必要性和注意事项进行说明。

为了阐述监管的经济影响分析，将会介绍运输部制定的有关财务责任条例。该条例回应了商业化航天发射时需要投保的法定要求，保险要求涵盖赔偿政府设施可能遭遇的损失和潜在的第三方损失。本章会讨论法定赔偿要求及放弃赔偿，介绍先行规范的建立、设立保险时考虑最大可能损失、确定损害概率及损害程度相关的风险评估形式和作用、阈值概率的设定（例如第三方或政府设施可接受的风险程度）以及备选方案识别和经济影响分析（即成本与收益）。同时，还将探讨与规则制定相关，尤其是第三方定义相关的产业识别问题。

随着地球轨道上的人造天体数量的增加，产生轨道碎片的可能性也越来越大，这有可能导致撞击或损坏运行中的卫星。因此，人们正在考虑各种轨道碎片清除方案，如在轨方案、返回地球方案等。这些方案在操作程度、成本、国际竞争力以及安全影响上各有不同。鉴于问题、关注点和长期影响等多方面的问题，政府必须制定相关政策，以有序减轻轨道碎片所带来的威胁。这些政策可能需要建立一套完整的支撑性监管体制。本章将介绍所有涉及的可能参与轨道碎片监管活动的部门、制定与轨道碎片清除相关的政府政策需求问题，以及拟定的技术解决方案及其经济和安全影响。在此过程中，成本效率、经济分析法及技术将是关注的重点，因为它们与支撑管理影响分析的经济影响分析相关。

多年来，保险产业一直为航天工业提供一系列保险产品。这些产品包括设备险、第三方责任险、发射及卫星险、在轨保险以及其他保险。随着航天工业的不断发展，新的保险产品也会不断出现，保险范围也会逐渐扩大。鉴于许多近地轨道通信卫星将由现有的或是新型运载火箭送入轨道，且每个运载火箭上可搭载数量不等的卫星，这些卫星可能在轨道上邻近的位置执行任务，因此，会带来新的问题和关注点，并催生新的保险产品。本章会介绍保险产业的历史及产品供应情况，并阐述保险产品及其可利用性和价格。最后，本章会在一系列影响分析中，如近地轨道通信卫星需求的影响、可重复使用运载火箭使用及发展所带来的影响、潜在轨道碎片环境威胁的影响以及“空间天气”(流星雨、太阳耀斑等)所带来的潜在影响，来预测保险产品可能的变化及未来趋势。其中，将会特别强调两点，一是第三方责任赔偿问题，另一个是在竞争环境下长期政府干预的必要性。

1.3.6　航天之外：能源和博彩(第6章)

为进一步展示经济学范畴，并说明竞争环境下决策的相似性和相关经济分析工具的使用，本章还将介绍在能源节约和博彩业问题上经济与决策分析及相关计算机模拟技术的实际应用，并介绍能源分类上两种特殊的应用。首先从节能的目标角度考虑政府决策中的技术方案投资及政策制定，以及影响制造商和终端用户关于建筑围护结构及设备相关的决策因素，其中将重点强调随机市场渗透模型。该模型使政府技术方案和政策与新产品的属性紧密联系在一起，并会影响终端用户多属性和联动产品替代与购买决策，本章将用户决策视为一种随机行为。第二个应用为制造商在建造房屋(即板式结构)领域的产品设计、定价及投资决策。本章还将介绍旨在完成投资目标并受到相关政府投资和节约政策影响的多产品决策。这里将使用随机的供给侧模型和需求侧模型以用于建立供给–需求的平衡。在需求侧模型中将考虑概率性产品的选择。

本章对博彩业的介绍主要集中在桌游上，如二十一点、掷骰子以及纸牌。本章首先会对各类游戏进行描述，并简要说明问题、结果分析和决策，随后将探讨大玩家以及电脑模拟和决策分析过程。在探讨此问题时，将主要考虑奖励互补及通过提供适当的奖励拉拢大玩家加入游戏。对桌游的探讨首先是依赖游戏长期统计数据(例如设置游戏规则和玩法)的决策问题；随后是这类游戏的短期统计情况(例如，长期统计数据显示，在掷硬币游戏中，掷出头像的概率为百分之五十；短期数据在掷硬币游戏中会根据相对较少的掷硬币次数计算出掷得头像次数的概率分布)。针对短期数据统计，将在资金管理战略制定中，根据玩家下注随时间变化(缺乏即破产)的概率分布，探讨其重要性。本章还将用纸牌游戏作为实例，通过模拟来展示随时间变化，决策战略、下注资金比率及资金管理技巧对玩家下注的概率分布影响。

最后，还将探讨如何在利用奖励包等激励措施保证大玩家继续游戏的同时，保证赌场能够在特定风险范围内持续盈利。为了在竞争背景下吸引高投注玩家，赌场一般会推出奖励制度(互补性奖励、损失折扣及额外奖励)，以作为忠诚玩家(根据最大和最小投注量以及游戏时间)的回报。如此一来，赌场需要在利润、风险和奖励机制之间建立一种平衡，并在考虑赌客投注量及决策战略(即最大和最小投注量以及游戏时长)的基础上判定赌客贡献大小。为达到这一目的，本章将不仅介绍实现平衡的典型决策方法及其结果，还将介绍用于实现目的的短期模拟及数学建模技术。同时，还将把提供不同奖励机制以影响赌客决策的赌场与使用不同激励措施影响行业投资决策的政府进行类比，因为在这两种情况下，可运用相似的分析手段，且二者在影响投资决策过程中所采取的行为十分相近。

参考文献

[1] Schlaifer, R.. Analysis of Decisions Under Uncertainty, Krieger, Malabar, FL, 1978.

[2] Edelman, F., and Greenberg, J. S.. Venture Analysis: The Assessment of Uncertainty and Risk. Financial Executive, 1968. 37(8): pp. 56-62.

[3] Hertz, D. B.. Investment Policies that Pay Off. Harvard Business Review, Jan. -Feb. 1968.

[4] Colorado's Strategic Plan for Space. Space Foundation, Colorado Springs, CO, 5 Sept. 2000.

第2章　投资决策

投资决策通常涉及对现有资源进行调配，以实现将来的回报。本章介绍几种不同类型的决策，即分别与自由选择(基于个人投资价值的投资评价与选择)、受限选择(在资源限制范围内选择投资项目)和强制性选择(贯彻落实某一决策的择优选择)相关的决策。例如，可重复使用运载火箭的投资决策即属于第一类决策，对一个研发计划的策划是典型的第二类决策，而第三类决策的典型实例是对运载火箭的选择(例如发射一颗通信卫星时的相关决策)。

决策也意味着多种选择，而选择意味着需要对可选方案进行考虑、分析和评估，以尽可能地做出最优决策。方案间的对比则意味着至少有一个码尺或度量标准，作为对比或评估的权衡标准。后续内容将对可用于决策过程的几种度量标准进行描述，事实表明，决策中通常依赖多种度量标准，且对于不同的决策来说，度量标准也不相同。针对私营部门决策和公共部门决策及相关度量标准，本章都将加以讨论。此外，还将讨论公共部门的不同行为或举措对私营部门决策的影响，并讨论和阐明适宜度量标准的提出和使用。用于论证适宜度量标准重要性的例证包括对太空运输的投资、太空运输的可操作性/回弹性以及轨道碎片整治政策的经济影响。

由于很多度量标准都是金融分析的结果，且大多数私营部门的投资决策也都基于金融分析的结果，因此首先介绍金融分析中的基本概念。对利润、现金流(Cash Flow，CF)、投资回收期、投资回报率、风险、净现值(Net Present Value，NPV)等变量进行了定义，并讨论这些变量在投资决策中的重要性及意义。以地球同步轨道通信卫星为例，对其商业金融－规划模型进行描述，并利用该模型阐明金融分析和典型通信卫星的商业风险评估。此外，这一模型还用于验证财务状况对工程延期、运载火箭可靠性、卫星设计寿命的敏感性。

为了进行金融影响分析，通常需要提出一份商业规划，这一商业规划作为交流的基础，将寻求资源承诺的一方和有能力、有权承诺资源的一方联系起来，它可以作为拟议项目的说明，并对需求的资源进行公证；这一商业规划还指出了资源承诺中将接收的价值大小。以金融规划形式呈现的金融分析，是商业规划中的一部分。此外，商业规划还包括市场描述、竞争、销售预测、人员配置等部分。本章将对上述组成部分进行介绍。

资本预算决策涉及短期内的资源投资，以获取长期收益。对这些投资机会的评估包括量化多种衡量标准，然后作为承诺资源决策的基础。本章介绍了典型的衡量标准及多属性决策预测数据库，通过对该数据库的使用，描述了政府相关计划和政策对私营部门投资决策影响的预测。对许多不同的政府举措，如主要租赁、税收政策、担保贷款以及研究、开发和论证计划进行了讨论，同时讨论了它们对决策变量的可能影响，如投资回报率、风险、投资回收期和风险投资规模。

通过可选方案的对比和地球同步轨道通信卫星任务中的运载火箭的选择来介绍决策数

据库的使用方法。首先，从客户的角度进行对比和选择；然后，从太空运输服务提供方的角度进行对比，目的是根据运输服务用户可能做出的决策来预测市场份额，决策预测数据库是这项分析的关键要素，数据库描述了在相对期望值和相对风险感知方面的可能选择，还描述了用于收集数据库中所含数据的独特方法（即预期投资回报率和风险感知之间的权衡）；最后，从政府的角度出发对决策进行考虑，涉及对国外竞争性太空运输服务定价的公平性进行评估，以及对可能影响美国太空运输服务属性的研发计划进行规划，并明确和定量地考虑对国际竞争力的影响。

本章讨论了若干典型的研发计划制定方法，这些方法包括适用于重点（或相关）技术计划规划的方法，适用于考虑多个项目任务但在资源有限的环境中进行技术方案规划的方法，还包括利用效益成本比排序的手段从一个较大的技术项目集合中进行排序和选择的方法。本章还讨论了这些方法之间的差异及其适当性。最后，介绍了一种用于公共部门规划和技术计划评估的方法（以太空运输为例），该方法考虑了这项计划通过市场份额的变化对国际竞争力产生的影响，并考虑随之而来产生的经济影响（例如创造就业机会和增加美国财务收入）。

本章讨论了政府计划和政策对私营部门投资决策的影响。对一些政府计划和政策进行了介绍，并描述了它们对私营部门财务状况衡量标准的影响（即预期投资回报率、风险、投资回收期和风险投资规模）；随后讨论了改变财务状况衡量标准对投资决策可能的影响。为了论证提出的概念，考虑了为联邦内商业用户提供的政府发射服务价格的变化、政府举措可能引起的运输定价以及国际竞争力（即市场份额）的变化，最后是产生出口/进口变化、创造就业机会和增加美国财务收入的影响。

通过对太空运输进行考虑，提出国际竞争力变化的意义。如果国外供应商占领了发射业务，他们将具有很大优势。首先，正如损失商业机会将损害美国制造商的利益，国外商业的收益将为它们的供应商赢得市场份额，从而通过冲抵固定成本扩大其基础，使自身变得更具竞争力。对美国而言，就业岗位净损失将对经济产生影响。发射行业可在一定程度上形成研发的基础，改进的技术可使其在未来更具竞争力，这不仅使得发射收入有所损失，而且更重要的是，这将减少美国国内探索太空的机会。国外竞争对发射和卫星通信产业的经济影响是通过一种数学模型算出的，该模型考虑了在国外竞争中损失（或获得）的发射机会及其相关有效载荷的直接和间接影响；模型还给出了对就业机会创造、出口/进口和财务收入造成的直接和间接影响。在接下来的章节里，进一步讨论了可重复使用运载火箭的成功研发可能带来的经济影响，即降低运输价格从而影响需求。本章还阐述了改变发射费用定价（对于那些使用政府发射设施的商业用户）而可能产生的经济影响。

政府经常开展旨在将其研发活动的成果转移给私营部门的活动，这些活动的目的是影响投资决策，以便有利地利用研发成果。如果投资决策没有改变，就无法从技术转移计划的投资中获取价值。已有若干政府计划通过实验来影响投资决策，这些实验将对技术进行论证并具备提供和/或改进服务的新能力。两个例证分别是美国国家航空航天局飞行实验计划和先进通信技术卫星计划。这些计划用于说明对技术转移活动的评估和评价。前者从确定先决条件的角度进行考虑，即当可用的资源有限时，应选择为哪些飞行计划提供资金，特别是考虑到实验在目标受众的决策过程方面的潜在影响；后者被认为是一个丧失良机的例子，它根据先验知觉和测量的实验结果以及对投资决策的可能影响来衡量论证计划的价值。

2.1 度量标准

在超市购买鸡汤时，会有很多品牌供我们选择。这些商品通常具有不同的实际价格和单价。“实际价格”指在结账时必须为所选商品支付的价格；“单价”指每计量单位对应的商品价格（例如美元/单位体积或美元/单位质量）。当不同品牌的商品具有不同的数量或克重时，实际价格和单价可能都很重要。实际价格从绝对意义上来说是重要的（即价格是否合理、是否在预算范围内），而单价是相对的衡量标准（即是否物美价廉）。当所有品牌的鸡汤都具有相同体积或克重时，通常会考虑购买具有最低单价的商品（假定商品的体积或克重是足够且适中的）。然而，如果消费者曾经购买过品牌 A，但没购买过品牌 B，而品牌 B 的单价更低，那么消费者是否会购买品牌 B 呢？根据之前的经验，消费者了解品牌 A 的味道，但不知道品牌 B 的味道是否可以接受，因此，存在一定的风险度量，消费者最终选择品牌 A 还是品牌 B，其决定也与风险规避偏好有关。因此，即便是较为简单的决定也涉及多重属性，并且消费者需要为这些属性赋予相对价值。

几乎所有与资源承诺有关的决策（无论决策是与购买鸡汤相关，还是与旨在开发利用可重复使用运载火箭“箭队”的太空运输服务的技术研究和论证计划的投资有关），都将明确或含蓄地考虑多个产品或服务属性及其它们对多种决策尺度或度量标准的影响。这将在后续段落中进行介绍。

度量标准是对可选方案进行衡量的度量或指标。度量标准存在的目的是建立一个共同的基准，从数值上实现对可选方案的权衡和比较。度量标准理应是即时且显而易见的，尽管可以定义非常多的可选标准，但仅在决策过程中较为重要的那些度量标准具有价值。因此，决策过程的第一步是确定将要采取的决策，然后确定出所需的度量标准以做出明智的决策。

在深入探讨度量标准这一主题之前，需要解决几个基本问题，这些问题对选择适当的度量标准和由此产生的决策具有重要影响。这些问题将在以下各节中进行讨论。

2.1.1 不确定性及风险的考虑

对太空运输技术和相关运输服务的发展进行投资是具有较高风险的，这种高风险是技术、成本、市场及其他不确定因素共同作用的结果。风险可以通过对度量标准或衡量方法（例如成本或投资回报率）的数值变化进行预测来衡量，或根据决策所导致情况恶化的可能性（这一概念在比较可选方案时非常有用）的大小进行衡量。如果没有明确考虑不确定性和由此产生的风险，则意味着与可选投资方案相关的风险水平没有差别，此时应当进行决策以做出最优选择，例如选择可以最大限度地降低成本（或实现一组特定目标）的可选方案，如图 2 - 1(a) 所示。如果不考虑不确定性和风险，方案 A 似乎比方案 B 更可取。如果明确且定量地考虑不确定性和风险，会变成图 2 - 1(b) 所示的情形。在这种情况下，大多数决策者可能会选择方案 B，因为它比方案 A 具有更低的风险（即成本具有更高的可预测性）。图 2 - 1(c) 比较了考虑风险情况下的可选方案，结果表明，最终必须在实现较低的预期成本和承担较高的风险之间进行偏好选择。[1-2]

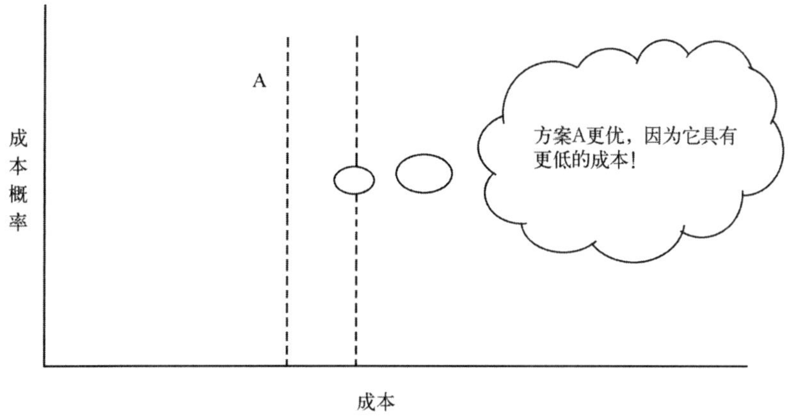

(a) 确定世界里的成本对比

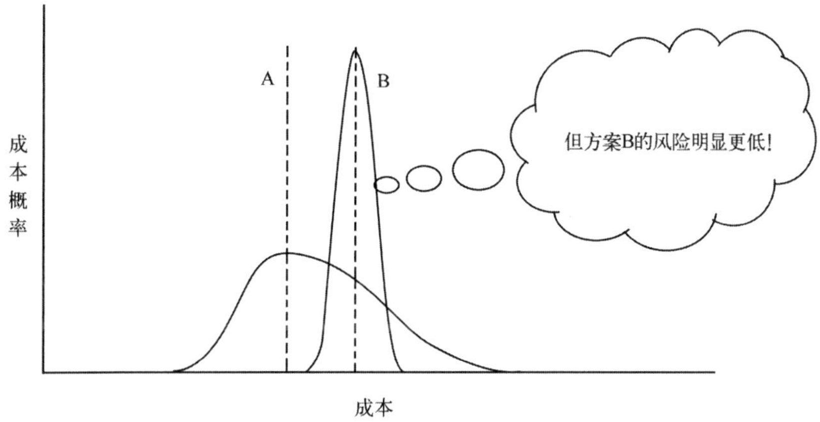

(b) 不确定世界里的成本对比

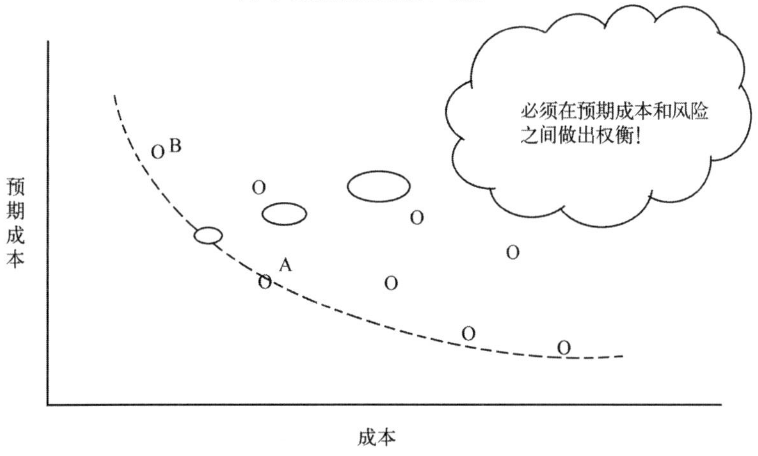

(c) 考虑风险的可选方案对比

图 2－1　可选方案对比

2.1.2　期望值（非概率最大值）的考虑

在度量标准中加上和减去期望值是正确的，但在数学上加上和减去概率最大值（除了期望值和概率最大值相同的情况以外）是不正确的。在分析中使用概率最大值将导致不合理的结果，这是一个经常被忽略的事实[3]。［美国国家航空航天局在对空间太阳能发电（Space Solar Power，SSP）的分析中使用了概率最大值而不是预期值，因此，所获得的结果和相关决策可能存在严重缺陷。］图 2－2 中给出了用于确保已考虑期望值的简单方法，针对每个变量，都给出了最小期望值、概率最大值和最大期望值的估计。所得到的三角形不确定性分布（即预期的不确定性分布）的期望值（或平均值）简单地用三个值的和除以三得到，显然，概率最大值和期望值之间可能存在显著差异，如图 2－2 所示。

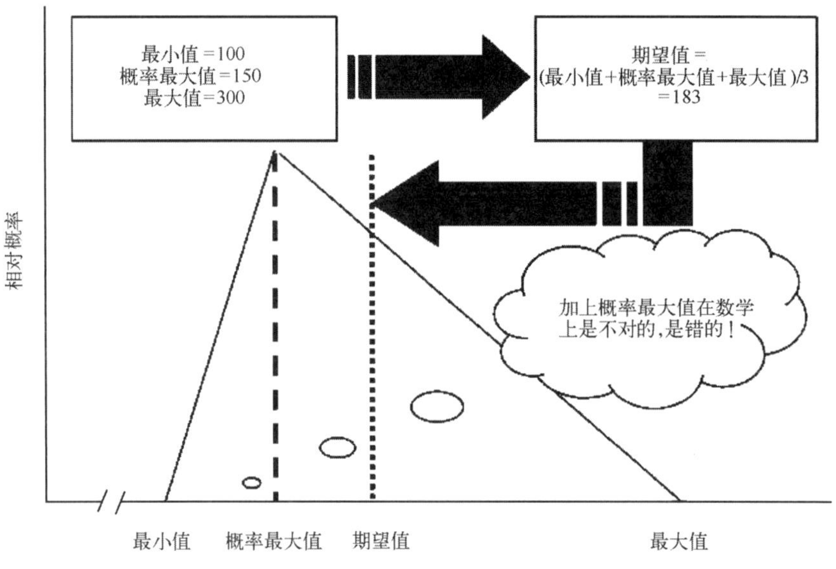

图 2－2　计算中使用期望值的重要性

2.1.3　多种度量标准的考虑

实际上，投资决策通常在适当考虑多种度量标准之后进行（将在第 4 章和第 6 章中进行详尽的讨论）。考虑的内容或含蓄或明确地包含对多个决策度量标准及其估计值之间的权衡或偏好选择。在私营部门，经常考虑的决策度量标准包括投资回报率、投资回收期、风险、净现值、相对投资额度、年利润和现金流、距离首次盈利的年限等[4]。考虑的具体度量标准组合及其相对权重取决于投资和决策者的类型（企业决策者与风险资本家的世界观有所不同）。图 2－3 给出了预期投资回报率、风险、投资回收期和投资规模与获得融资的可能性之间的关系，政府投资决策越来越多地既考虑成本和收益的预期值，也考虑它们的风险[5]。航天飞机的经济性分析中包括对一次性成本和单位经常性成本风险的考虑[6]，重点是，无论对于政府还是产业部门，决策都非仅仅基于单一的属性或度量标准。

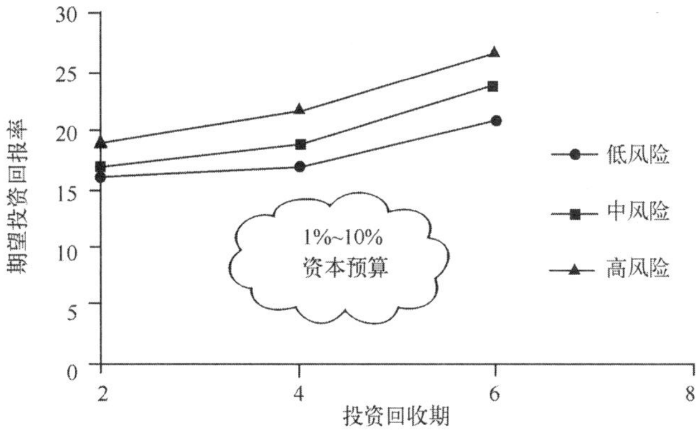

图2－3　按照常见商业风险获取50%融资可能性所需的预期投资回报率

2.1.4　简明性要求

在简明性(数据收集和解析结构方面)、现实和重要信息的发展之间通常需要进行权衡。例如，考虑不确定性和风险意味着需要增加分析中使用的数据量，但往往要确保分析中使用了期望值而不是概率最大值，并制定风险的定量测量方法。当考虑风险时，分析工具变得有些复杂。但如果不增加这些复杂性，等同于说所有的可选方案[例如单级入轨(Single-Stage-To-Orbit，SSTO)运输架构和二级入轨(Two-Stage-To-Orbit，TSTO)运输架构]都具有相同的风险水平。简明性是具有一定的重要性的，但是不能产生可能引起投资决策改变的信息，特别是在具有数十亿美元投资规模的太空运输系统中。如果NASA工程师告诉我们，在常规分析中出于对复杂性和数据密集性的考量，而不对不确定性和风险加以考虑，这将是非常令人不安和担忧的。

2.1.5　需求预测的重要性

除了可选方案的比较仅限于考虑一次性成本和可能首次单位成本的情况以外，无论如何都有必要将对太空运输服务需求的预测纳入考虑。不可避免的是，这将大大增加与年度经常性成本和所有财务状况衡量标准(包括价格、投资回报率、投资回收期等)的发展相关的不确定性。可选运输投资标准对需求预测的敏感性是一个重要的考虑因素，并可能是考虑中的可选方案风险标准的重要影响因素。例如，图2－4给出了一次性运载火箭和基于可重复使用运载火箭运输架构的寿命周期成本现值的一般形式。一次性运载火箭架构可以更容易地适应实际需求或短期需求预测，而可重复使用运载火箭架构在建立"箭队"需求时必须考虑长期预测。这对风险有所影响。

总之，为帮助决策过程而制定的度量标准应考虑到以下事实：

1)使用概率最大值在数学上是不正确的，必须得到并利用期望值；

2)在可选投资方案之间进行选择时，风险是一个重要的考虑因素；

3)决策通常基于对多个度量标准的考虑；

4)在数据收集和分析中，都应该更多地关心实际情况而不是简明性(简明性是好的，只要它本质上不扭曲事实)；

5)需求预测起着重要作用，不能被忽视。

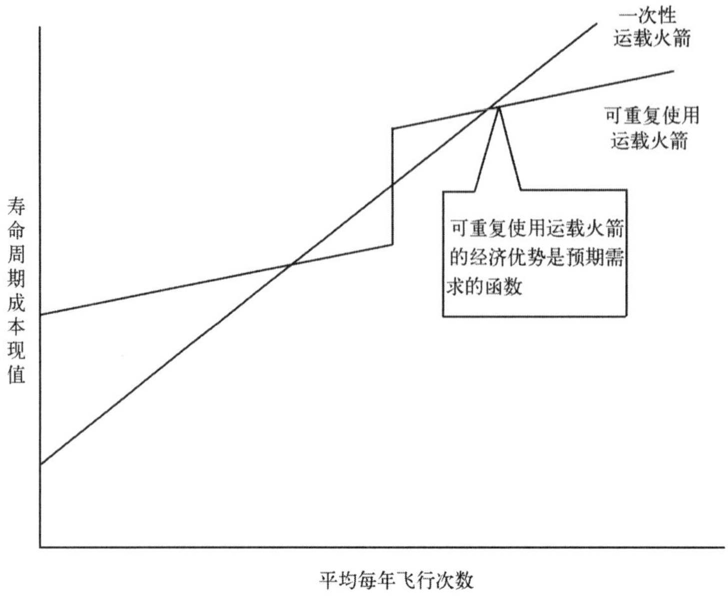

图 2－4　一次性和可重复使用运载火箭运输架构的寿命周期成本现值

2.1.6　实例：太空运输投资决策（基于成本的度量标准相比于基于价格的度量标准）

历史上，总成本和有效载荷单位运输质量的成本已经成为太空运输投资决策中广泛依赖的度量标准。最近，由于私营部门对可重复使用运载火箭的潜在投资的发展，出现了更广泛的涉及投资回报率、资本要求、风险和价格等度量标准的观点。两者之间的差异是，前者（即基于成本的度量标准）寻求成本最小化，而后者（即基于价格的度量标准）寻求利润最大化。了解成本总是重要的，但显然也存在其他度量标准在决策过程中起到重要作用的情况。

对基于成本和/或基于价格的太空运输选择度量标准的重要性必须根据所采取的决策来判断。成本和/或价格只有在可能对决策产生影响时才有意义，并且必须根据所采取决策的正确性来判断使用基于成本或价格甚至其他度量指标的适当性。

太空运输决策者包括太空运输服务的使用者、太空运输服务的提供者和支持技术开发以及制定太空运输政策的政府机构。他们的决策涉及一系列问题，包括与选择适当的运载火箭相关的用户决策、与改进现有发射服务和开发新的发射服务相关的供应商决策，以及政府旨在为未来太空运输服务提供技术基础的研发举措。

与太空运输相关的投资决策采用基于成本和/或基于价格的度量标准的适当程度和要作出的决策之间呈函数关系。由于大多数决策过程考虑多种属性（例如投资规模、风险、时机等），因此将重点放在单一度量标准（例如单位质量的成本或价格）上以达到指定回报率似乎是不合适的。因此，接下来我们强调对多种属性决策过程的考虑，其中明确且定量地将风险作为一个重要属性。［不幸的是，在与单级入轨（即 X33 计划）运输架构或二级入轨运输架构的技术支持投资相关的政府决策中，很可能并没有充分地考虑风险因素。］此外，对于那些涉及第二方和第三方决策、超出第一方直接控制的情形(例如制定旨在改变私营部门投资决策的政府计划和政策)，也考虑了与投资可能性相关的度量标准。

不幸的是，这种情况下似乎不存在像单位质量的成本或价格这种具有普遍适用性的度量标准。事实上，需要根据要采取的决策来确定哪种度量标准是适当的。这将在下面进行讨论。

(1)成本考虑

成本关系估算经常用于在早期规划和开发阶段进行成本估算并提供成本信息，这是决策的必要组成部分。要做出精明的决策，需要对一次性成本和经常性成本进行估计，并且必须包含所有可能影响决策的成本估计。这些成本包括与技术开发、库存、"箭队"配置、地面操作、飞行和任务操作、计划管理和系统管理、保险等有关的费用。这些成本和相关费用、数据[如折旧年限、资本成本、融资计划(广义融资计划见 3.4 节)等]，连同收入预测都应具有足够的完整性，以便能够建立现金流预测，制定决策标准。

在计划的早期规划和评估阶段，通常较强地依赖于对成本关系估算的使用。如果输入数据的不确定性要转化为成本风险信息，则必须谨慎地使用成本关系估算，除非性能参数之间以及性能参数和成本之间的所有函数关系都是线性的，否则不能使用简单的图形或解析方法将输入变量(例如质量、功率、比冲等)的不确定性转化为成本风险。所需的正确的转化过程可以通过基于蒙特卡洛方法的数学模型来完成，这种数学模型采用随机采样的方法来输入数据，然后将其用于集成的数学函数关系(即与性能模型集成的成本模型)，以将所有采样数据转化为成本概率分布。换句话说，如果在成本关系估算中考虑不确定性和风险，则成本关系估算应当被包含在基于随机采样输入数据来配置运载火箭的数学设计模型框架中，再将得到的设计数据用于成本关系估算的输入。如果进行足够多次数的随机采样，那么通过基于随机采样的输入数据即可得到运载火箭的成本概率分布。

成本关系估算给出了质量、功率和成本等参数之间的函数关系。通过使用最小均方误差的方法，根据一组历史数据点(先前开发的产品在特定产品属性方面的实际成本)的拟合曲线来导出成本关系估算。同样地，当预期质量、功率或其他属性被指定时，它们提供预期成本的估计。通常，对质量、功率等的估计值是概率最大值。经过这一步骤，所得到的成本估计不是期望值，而是概率最大值，且不同子系统的成本是不可累加的。

(2)定价考虑

定价考虑在私营部门投资决策中发挥着重要作用，因为它会影响价格、资本支出、费用和成本之间的相互关系，而这些是导致采取决策时确定财务状况衡量标准组合的因素。因此，在计划和评估过程中需要考虑若干定价方案，以便进行太空运输投资决策。这些定价方案包括受竞争性定价限制之下的最大化利润定价方案、双重定价方案(特定时期内的政府价格及商业定价以追求最大化利润)、使得运输服务价格是预期竞争价格的指定比例的定价方案、在竞争市场上为达到特定的市场份额的定价方案、将价格设定在预期竞争价格的指定比例然后使利润最大化(类似于产品介绍定价)的定价方案、将定价作为一个常数乘以运营成本的方案。前两种定价方案最为重要，通常考虑与现行方法类似的第一种定价方案(该定价数学模型见 3.4 节)，而第二种定价方案是一种保证政府可以通过技术投资和提供优惠政策(即政府投资的理由)以节约成本的方案。

无论定价方案如何，价格以及成本、费用和其他因素会导致诸如年利润、现金流、债务、回收期和风险等财务状况衡量标准的量化，这些是在决策过程中的重要度量标准，价格、成本和其他因素从中起到中介作用。

(3)决策/决策/决策

上面对成本、价格、不确定性和风险进行了讨论，下面针对几种投资情形进行度量标准的讨论。

①投资

政府在太空运输技术发展方面的投资可能旨在发展主要用于实现政府目标的运输系统(例如提供空间站运输服务或为火星探测提供运输)，或协助具有新的、更低价格的运输服务工业的发展。在前一种情况下，政府可以提出一组必须由可选技术方案和最终运输系统所满足的要求，该方法用于选择使成本最小化(希望成本现值和所有成本都是期望值)或实现既定目标的可选方案。当所考虑的可选方案具有不同等级的成本和性能不确定性、并具有不同的风险等级(例如实现既定目标的概率)时，这种考虑是不够的。通常假设性能是可实现的，并且不确定性是与实现期望性能的成本相关的。因此，度量标准应包括预期成本和成本的标准差。

当所产生的性能水平不确定时，目标应包括实现性能目标的预期概率的说明，而成本应为在所述可接受风险水平内达到目标的成本(期望值和标准差)。(目前已有一种方法可用于规划和评估长期多阶段技术方案，该方法明确地考虑技术开发、成本和性能的不确定性，以及实现总体方案目标的可能性，可见参考文献[7]。还有一种方法可用于筛选运输系统可选投资，其中考虑了成本的期望值和标准差，可见参考文献[5]。)基于单个度量标准对可选方案进行比较是不合适的，例如基于计划成本或单位质量运输有效载荷成本的比较方法。由于风险的重要性，还必须为决策过程提供明确、定量的风险信息。此外，对可选开发方案的成本进行比较是不适当的，除非它们都得到了配置以实现同一组目标。为支持单级入轨和二级入轨运输架构的技术程序不能进行基于成本的比较，除非所得到的架构具有相同的能力。实现相同性能水平的成本概率分布将随着风险因素而不同，而风险是对比标准中的重要组成部分。

在后一种情况下，当政府的举措旨在影响私营部门的投资决策时，有必要评估这些举措对私营部门投资决策的影响，对于这些决策政府是很少或无法控制的。因此，从政府的角度来看，只有根据给出的财务状况衡量标准得到做出特定决策的概率或可能性，才能对这些决策进行预测。根据政府对私营部门企业分析的结果以及政府计划和政策对这些企业的影响，应该制定出能够估计私营部门投资可能性的衡量方法或度量标准。由于已进行了相关研究[4]，得到了在预期投资回报率、风险、预期投资回收期和投资规模方面的投资似然函数，以上参数连同研究中的投资似然数据，都成为了影响政府举措的投资可能性估计中的重要度量标准。财务状况衡量标准起到中介作用，在确定考虑范围内的每一项政府措施所带来的投资可能性的变化时是必要的。如果政府计划是为了影响私营部门的投资决策，那么只有在决策发生改变时才能获益；如果决策不受影响，也就无法获益。因此，一个有用的标准应该与私营部门投资可能性的变化相关，而这种变化是由各种考虑范围内的政府计划和政策导致的。

由于不同的运载火箭可以针对不同的细分市场(低地球轨道有效载荷的配置、地球静止轨道有效载荷的配置、太空旅游、空间站支持、太阳能发电系统支持、实现按需发射能力等)进行优化，并可以利用不同的技术，因此与技术开发相关的政府决策不仅要考虑成本，还必须考虑其举措可能带来的收益。

②选择

为特定任务选择运载火箭，或更准确地说选择运输服务，其决策过程是复杂的，因为运载火箭的许多属性都将影响金融决策变量。运载火箭属性包括价格、付款日程表、可靠性、运载能力、最终轨道位置精度、保险费率、日程表(包括可能的延迟)和其他因素。这些因素影响例如投资回报率、风险等的金融决策变量，这些变量基于利用可选运载火箭中的每一个进行的业务或任务分析以及对运输服务属性的估计。

显然，太空运输服务的使用者会关心所提供服务的成本。然而，该成本是供应商给出的价格，而不是供应商运输单位质量所需要的成本。

③新运载火箭的工业开发

企业基于新运载火箭的开发和使用的工业开发必须克服很多财务上的障碍，包括未来需求的不确定性、较大的初期投资、来自现有的和将来的消耗性、可重复使用运载火箭的潜在竞争、以合理的价格获得足够的第三方责任保险以及发射和有效载荷保险，以及调整现有政策机制以适应新的政府 - 私营合作安排的困难。必须将所有的技术风险消除，以便资本市场以合理的价格提供资金。这意味着开发成本将是与运输架构相关的技术风险的函数。因此，降低风险的成本成为一个重要考虑因素，所有可选方案必须在相同的风险水平上进行考虑。

因为工业可能希望获得政府的援助，所以，应了解不同政府政策对促进风险融资的影响，并要求政府了解不同政策影响投资决策的可能性以及可选业务的合理性。毕竟，政府将扮演投资银行家的角色(尽管没有问责责任)，因此应该寻求其资源回报率的最大化。

各种研究和分析的结果清楚地表明，投资决策通常不基于对单个财务状况衡量标准的考虑，尤其是涉及大量资源承诺的决策，需要考虑很多方面。财务状况衡量标准中非常重要的是诸如投资回报率、投资规模、投资回收期和风险等度量标准。风险代表了与分析输入相关的不确定性所导致的财务状况衡量标准的可变性，最常被认为是投资回报率的可变性(并且表示为投资回报率的标准差)。无论如何，决策标准的制定需要考虑一次性和经常性成本、需求预测、竞争性定价和许多其他因素。成本估计很重要，但不是用于决策的标准，但是成本在决策标准的制定中起着重要作用。

总结：不同的决策应采用不同的度量标准。在所有情况下，度量标准都应该基于期望值和标准差。这是必要的，因为我们生活在一个不确定的世界，因此在进行所有的决策时都应将风险作为一项关键因素进行考虑。采取的决策和对应的合理标准的总结见表 2 - 1。关于旨在实现政府目标的重点技术计划(即主要为政府所用的运输系统的开发)，政府的投资决策中应利用预期成本(一次性和/或寿命周期成本的现值)、相关风险衡量标准(预测成本的标准差的形式)，以及实现指定的既定目标的可能性的成本期望值和标准差，还可以利用在规划初期筛选可选方案的预期成本和风险。

表 2-1　决策和决策标准

要采取的决策	决策标准
政府在重点技术计划上的投资，该计划旨在：	
实现政府目标	开发成本期望值 开发成本标准差 寿命周期成本现值的期望值 寿命周期成本现值的标准差 实现目标的可能性
影响私营部门投资决策	期望投资回报率 投资回报率标准差 投资规模 投资回收期 投资可能性 政府投资期望值 政府投资标准差 政府收益期望值
运载火箭用户选择	期望投资回报率 投资回报率标准差
新运载火箭的工业开发	预期投资回报率 投资回报率标准差 投资规模 投资回收期

旨在影响私营部门投资决策的政府举措必须考虑这些举措对私营部门决策的可能影响，以及这些决策对收益(例如政府成本节约、就业机会创造和财务收入)的影响。(此外，需要考虑政府对于举措所付出的成本，例如，政府担保贷款要对基于行政管理和预算办公室(Office of Management and Budget，OMB)确定损失风险的承销机构付出成本。)因此，度量标准与私营部门投资决策相关，包括预期的投资回报率、风险、投资规模和投资回收期。这些反过来可以用来确定投资的可能性和预期的政府收益。

与选用运载火箭有关的用户决策(例如通信卫星服务的提供者)通常重视预期的投资回报率、由于选用运载火箭而导致的投资回报率的可变性或标准差，以及运载火箭的日程表/可用性。

与开发新运载火箭相关的工业决策，通常考虑诸如预期投资回报率、风险、投资规模和投资回收期等度量标准。这并不代表不考虑其他度量标准，只是这些标准极其重要。一次性成本、经常性成本以及其他成本和费用因素都包含在这些度量标准中，包括需求预测、竞争性定价和其他常见的商业因素。尽管这些不是决策度量，但也是确定决策标准所必需的。

2.1.7　实例：运输架构回弹性/可操作性决策

在过去，关于太空运输系统的开发和使用的决策主要强调成本。正如前面所讨论的那样，缺乏对成本之外其他因素的考虑，尤其是缺乏对不可靠性和相应后果的考虑，这是继挑战者号航天飞机之后很长时间内无法发射有效载荷的一个主要因素。20 世纪 80 年代后期，美国太空运输的中止强烈地表明，除了成本之外的其他考虑是重要的。（挑战者号航天飞机以及美国一次性运载火箭的失败，导致很长时间内无法实现太空运输，除非借助外国的运载火箭。）已有证据显示，“回弹性”可能在定义鲁棒的未来架构时是一个重要的考虑因素[8-9]。回弹性被定义为从灾难和差异中迅速恢复的能力——换句话说，回弹性与从运输系统故障中恢复的能力有关，这表现在发送有效载荷进入轨道的能力；也可以被认为是更广泛的术语，其概念与“可操作性”相同。它可以被认为是在考虑所有的现实情况（包括不完美的可靠性和由此引发的故障、由于故障导致的停机时间）、限制条件（如采购周期、库存中的火箭数量）以及其他很多因素的条件下，及时将有效载荷送入轨道的整体能力。

用于分析回弹性和可操作性的方法将在 4.10 节中进行讨论。运输系统可操作性的主要测量方法应该基于运输系统的目标，即将有效载荷送入轨道，因此，应该考虑将有效载荷队列或积压作为时间的函数。较长的有效载荷队列或随时间而增长的队列表明，运输系统没有响应有效载荷的需求。

现在已经明确的是，未来的运输架构应该在计划和评估时明确地考虑到及时将有效载荷送入轨道的能力，这就要求考虑并规划从由不完美的可靠性导致的故障中恢复的能力。在 4.10 节中可以看到，考虑到不完美的可靠性和由此产生的故障、由故障导致的停机时间，以及诸如采购周期、库存中火箭数量等约束，需要将作为时间函数的有效载荷库存的概率分布（即队列长度）、作为时间函数的运载火箭（按级）库存的概率分布、喘振模式中运输系统工作的时间百分比的概率分布（每年的和跨规划时间层的）、每年发射成功次数的期望值和标准差、发射失败次数的期望值和标准差、总发射次数的期望值和标准差、期望发射次数的期望值和标准差（由有效载荷到达率和每次飞行的有效载荷平均数量来确定）以及整个规划时间范围内的期望值包含在内。这些描述性统计虽然有点复杂，但却是必要的，因为简单地使用期望值是无意义的，如图 2－5 中总结的年度有效载荷序列统计所示。

可以给出描述运输架构对满足发射卫星（到轨道）需求的响应的性能测量方法。因为架构的无响应程度由存在队列的前提下卫星队列概率分布的形状和大小表示，所以合理的性能测量方法可以是存在队列的前提下卫星队列的期望值（经过了归一化且由卫星总需求的百分比表示）。这种有效性的测量形式如下

$$\text{有效性}(\%) = 100 - \frac{100}{\sum_{i-1}^{T}\text{卫星需求量}(i)} \times \sum_{i=1}^{T}\left\{\frac{1}{p[Q(i,0)]} \times \sum_{j=1}^{N} p[Q(i,j)] \times Q(i,j)\right\}$$

式中　卫星需求量(i)——卫星的需求量（时间的函数）；

$p[Q(i,j)]$——卫星队列长度 $Q(i,j)$ 的概率；

$Q(i,j)$——时刻 i 的卫星队列长度 j；

T——时间范围内的年数。

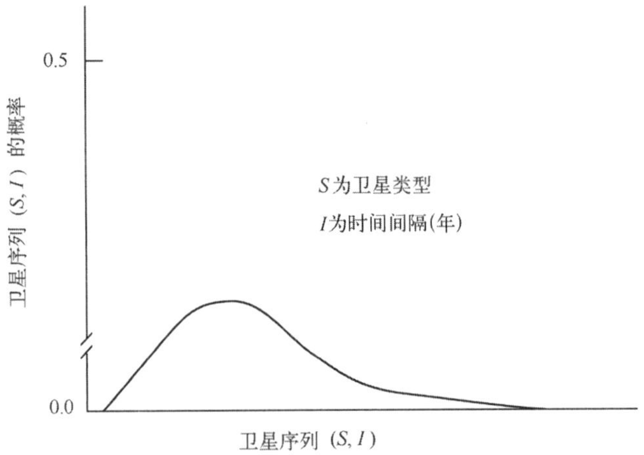

图 2－5　年度有效载荷(卫星)序列统计的典型形式

该有效性测量表示卫星队列(假定队列长度大于零)的期望值超过零的程度，即当架构不能满足卫星传送需求时的预期队列。较长和/或较高概率的卫星队列代表了无响应的架构。高响应度的架构会具有近100%的有效性，而具有较低响应度的架构具有较低的有效性。有效性测量通过考虑队列的大小和相关的概率分布来部分地考虑风险因素。(应当注意，为了较容易地实现对风险因素的强调，可以在公式中乘以卫星队列的平方而不是卫星队列。)

2.1.8　实例：资本投资决策

投资决策涉及资源承诺，希望在未来获得回报。目前已有很多不同的度量标准，并已广泛地用于确定投资决策的绝对和相对价值。重要的具体度量标准取决于决策者。各种研究和分析结果清楚地表明[4－10]，投资决策通常不基于对单个财务状况衡量标准的考虑，尤其是涉及大量资源承诺的决策，需要考虑很多信息。财务状况衡量标准中非常重要的是诸如投资回报率、投资规模(负债的最大值)、投资回收期和风险等度量标准。风险代表了与分析输入相关的不确定性所导致的财务状况衡量标准的可变性。风险通常被认为是投资回报率的可变性(这里表示为投资回报的标准差)。2.2 节中详细讨论了这些度量标准和其他度量标准以及确定方法。

常规情况下，使用多个度量标准，因此需要在度量标准之间进行权衡，以做出最终决策，无论是否进行承诺。这种度量标准之间的权衡已经被提出，典型的度量标准间的权衡办法如图 2－3 所示，可以看到，更长的投资回收期需要更大的投资回报率以获得相同的融资机会。

2.1.9　实例：研发计划投资决策

政府研发计划(在本节讨论中，包括应用研究、开发和论证计划)用于对计划进行开发和论证，这些技术将：1)降低政府成本和/或提高其能力(例如美国国家航空航天局的计划旨在提高其太空运输系统的能力)；2)提高现有美国商业的国际竞争力；3)将技术转移给工业，从而降低成本、提高现有产品/服务的能力或提供新的产品/服务。类似地，私营部门的研发计划旨在提高竞争力和开发新的产品/服务。

度量标准的目的是双重的：首先是确定技术的开发/论证是否有价值(即在成功的前提下，收益是否超过成本)；其次，假设收益超过成本，则确定可选研发计划的细节以实现最大净收益(通常在最大允许年度预算等规定的限制内)。政府度量标准通常包括成本节约、剩余消费者和生产者的变化、国民生产总值的变化、财务收入的变化和就业机会的创造。显然这些都是政府对技术计划投资的结果，且这些数值都不能小于期望值。

还需要考虑其他度量标准，例如研发计划实现目标的可能性，以及没有达到或超出目标的后果，至少要将收益(如前所述)乘以实现目标的可能性。当研发计划被用于影响私营部门的投资决策时，还需要确定私营部门在研发计划得到不同结果的情况下做出所需决策的可能性。对成功概率和私营部门投资概率的考虑将在以下各节中更详细地讨论。

此外，还需要考虑制定长期多阶段技术计划，例如可以对火星任务或开发商业太阳能供电系统的计划进行支持。与这种活动相关的度量标准和必要的方法论在2.7节中进行了讨论。

私营部门度量标准的范围相对较小。它们不关注消费者剩余和生产者剩余等总体指标，而是关注利润(短期和长期)的变化、成本节约、现金流、债务、投资回报率、现金流现值、风险、维护和/或市场份额增加等。同样，所有值都不能小于期望值。与政府计划一样，应该考虑实现目标的可能性及其后果。

2.1.10 关于度量标准的总结

到此为止显而易见的是，输入的度量标准取决于要采取的决策。度量标准只有在它们可以影响将要采取的决策时才有价值，因此应该在对决策者有用和重要的范围内制定。例如，当寻求资本市场的资金时，确定可重复使用运载火箭商业投资的首年预期盈利能力很可能是重要的。但对于旨在开发商业可重复使用运载火箭的技术计划规划来说，首年预期盈利能力对政府机关来说可能并不重要。

选择适当的度量标准应将注意力集中于确定那些可以将考虑范围内的可选方案区分开的因素。如果所考虑的可选方案被认为是有风险的，那么显而易见的是，不管制定怎样的标准，都应包含对风险的定量测量。在考虑相对较大的资本投资时，认为特定度量标准(特别是基于风险的标准)的制定难度太大或不能对不确定性进行量化是不行的。

2.2 金融分析

投资决策涉及资金的承诺，并希望在未来获取收益，过程涉及将想法或新兴技术转化为商业投资。这种转化过程需要利用资本和劳动力资源来开发和提供满足市场需求的产品/服务，以便在所用资本上提供市场决定的回报率。为了获得必要的资本(来自投资银行、风险投资公司、企业和其他参与者)，准备一份商业规划是必要的。商业规划的一个主要目标是向投资界(包括公司管理层)论证所需资源及其规模和时机、要开发和提供的产品/服务、要满足的市场要求以及将由所规划的商业投资所产生的财务业绩，这是资本和其他形式投资的理由。在资源承诺下，它也作为开展业务的初步规划和衡量业绩的方法。商业规划需要跟随状态和可用信息的变化而不断更新。

商业规划通常包括若干支持计划，并对作为预期资本来源函数的特性和细节进行分析。这可能包括(为获得融资所必需的)市场分析和由此产生的销售预测、考虑实现预测市场份额原理的竞争分析、详细的产品/服务成本分析、预计收入金融分析、现金流、所考虑计划周期的资产负债表声明、明确销售渠道的市场/销售计划、销售队伍(和培训)、维护要求、广告和促销计划、获得所需人员的人员配置计划，以及明确所需和可用技能(包括关键个人的明确)的管理计划。这些都是相互支持的，用于进行金融分析。

金融分析的作用是将所有支持性分析和规划纳入一个合理标准化的框架，并使潜在投资者易于理解。它以预期财务状况衡量标准的形式为投资决策提供理由，例如年度利润(亏损)、年度和峰值现金需求、回收期、现金流的净现值、各种回报率(例如销售回报率、资产回报率、投资回报率)，以及风险的定量测量(即与关键财务状况衡量标准相关的可能变化)[4]。

金融分析涉及将其他分析、预测和规划的结果进行整合，并确定其金融影响[11]。金融影响通常涉及参数为税后利润(收入减去成本和税收)、现金流(税收利润减去资本支出，加上折旧再减去其他资产负债表项目的变化)、负债(任何时间点的累积现金流的相反数，最大负债代表最大资金需求)、投资回收期(负债变为负数即净现金流入等于净现金流出的时间)、销售回报率(税后利润与净收入之比)、资产回报率(税后利润与资产价值之比减去累计折旧)、现金流的净现值[公司资本成本贴现——现金流适当调整以消除融资成本(若不从现值计算中消除融资成本，将重复计算)]和贴现投资回报率(导致现金流净现值等于零的贴现率)。下面的段落更详细地描述了这些参数。

税前利润是收入和支出之间的差额；税后利润(After-Tax Profit，ATP)计入了联邦和其他税收，并考虑了结转损失和可用的税收抵免。税后利润可表示为以下简单形式

$$\text{税后利润}_t = \left[1 - \frac{\text{税率}}{100}\right] \times \left[\sum \text{收入}_t - \sum \text{支出}_t - \text{折旧}_t\right]$$

式中　下标 t——时间段(即年数)。

资本支出没有明确地包含在利润计算中，但通过折旧费用可以间接地表示它的影响(并且在任何一年中只有一部分)。另一方面，现金流反映了通过企业的资金流动。现金流由下式给出

$$\text{现金流}_t = \text{税后利润}_t + \text{折旧}_t + \text{应付款}_t - \text{存货变化}_t - \text{应收款变化}_t - \text{资本支出}_t$$

现金流计算包括资金流入、流出的大小和时间。它将税后利润、折旧、应付款(即已经到期但尚未支付)增加、存货减少和应收款(即已经到期但尚未收到)减少等作为现金流入(即资金来源)的衡量方法，并将亏损(税后利润的相反数)、资本支出、应付款减少、库存增加和应收款增加等作为现金流出(即资金使用)的衡量方法。和利润相比，应把现金流(将利润和亏损作为一个组成部分)看作企业价值的最重要决定因素。利润是一种会计工具，而现金流是一种基本衡量方法。营利性企业可能会由于现金流的问题而失败。然而，利润的意义也不容忽视，因为它是评估金融结构资金可用性的一个关键因素。(股票价格通常以股价与收益比率来衡量。)

图2-6以简化的形式描述了建立年利润和现金流的过程。负债被定义为任何时间点的累积现金流的相反数，即

$$负债_T = -\sum_{t=1}^{T} 现金流_t$$

式中　T——测量负债的时间点。

图 2－7 给出了典型的利润、现金流和负债模式。

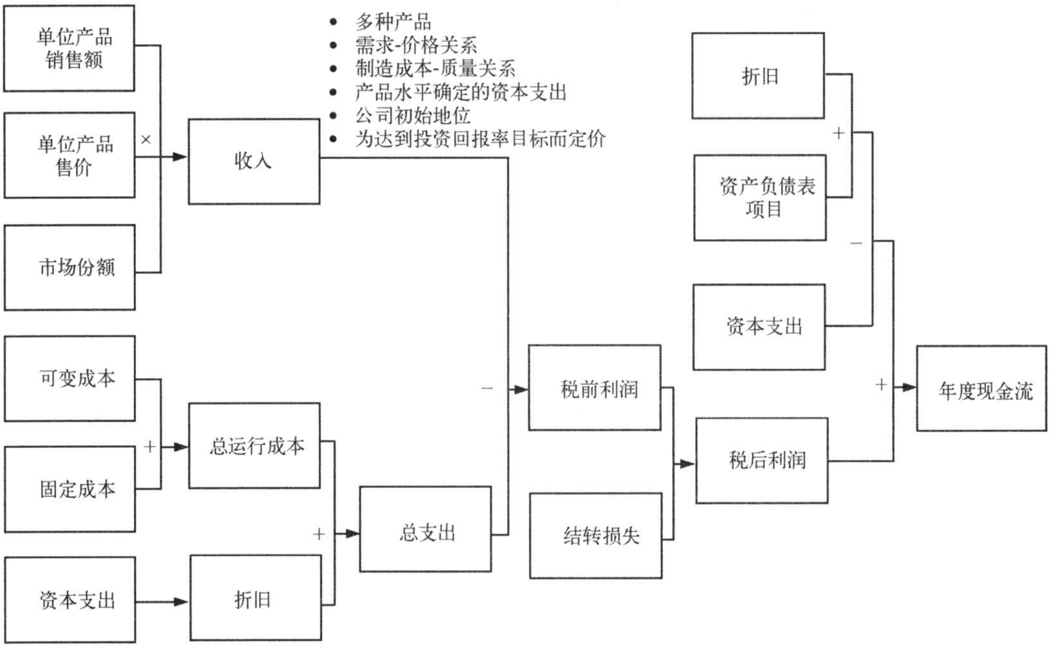

图 2－6　简化的利润和现金流结构

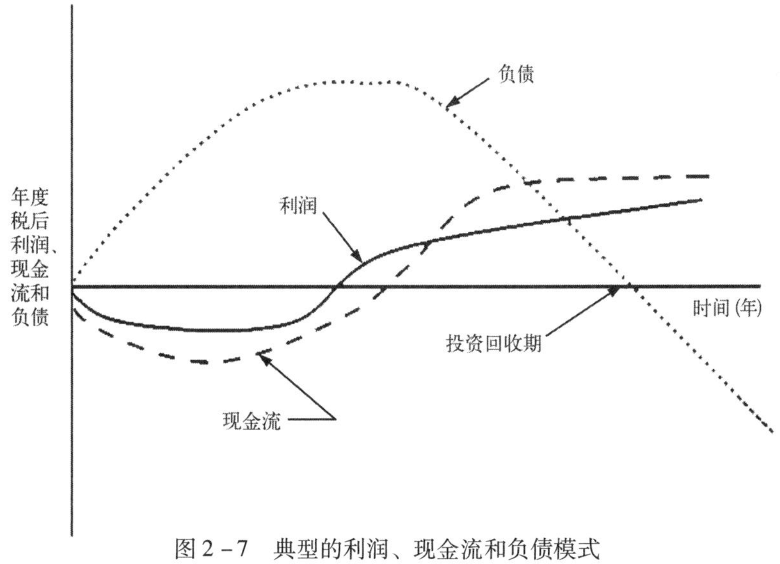

图 2－7　典型的利润、现金流和负债模式

现金流和利润流通常分别开始于净现金流出和亏损，是先于销售收入的研发支出、工程工作和初始操作或启动成本的结果。最大年度净现金流出的减少，最终会成为净现金流

入。最大资金需求即敞口，由债务曲线的峰值表示，当负债为正时，代表总投资未恢复且累计现金流出超过累计现金流入；当负债为负时，累计现金流入超过累计现金流出。当得到了足够的现金以“偿还”总投资时，债务减少到零。这种情况出现的时间被称为“投资回收期”。

如上所述，金融分析看似非常简单，但在现实生活中较为复杂，需要考虑诸多因素，包括较多的时间段、可能相互关联的多个产品、价格和制造成本弹性、可选定价政策（从指定年度价格到建立提供所需毛利率或回报率、但受竞争性或替代产品价格约束的价格）。此外，通常需要考虑不同的产业结构，例如元件、子系统的制造等，以及通过经销商网络销售或直接向用户销售的最终产品的制造。还需要对可选融资安排进行考虑。最后，有许多不确定因素，可能会导致与企业相关的金融风险，应通过金融分析和商业规划传达给潜在投资者。在下文中将对不确定性和风险进行讨论。

投资回收期（累积现金流入等于累积现金流出的时间）准则仅强调回收投资所需的时间，但需要注意的是，预期在净现金流入等于净现金流出的时间点之后出现的现金流被完全忽略，即使它们规模很大并且持续很长时间。通常的观点是，较短的投资回收期优于较长的投资回收期。这是希望回避风险的结果，而较长的投资回收期等于增加了风险。

另一种衡量标准不太常用，即资产回报率。它是税后利润与资产价值之比，其中资产价值包括资本项目的现金、应收账款、库存和账面价值（资本支出减去累积折旧）。

现值或现金流贴现分析旨在调整未来时间段内产生的现金流，以允许对时间进行安排。调整的理由是，未来一美元的价值将小于现在的一美元，因为现在手里的资金可用于创造额外的价值。这一调整过程称为贴现，即确定未来现金流的现值或“现在”值。将拟议项目的未来现金流转换为现在的等值现金流，可以得到代表项目价值的一个数字。反过来，对于随着时间具有不同现金流模式、不同投资回收期的可选项目，实现了公平比较。

计算的方法是通过贴现因子来减少未来某特定时期内出现的现金流，如果以从现在到相应的未来时间点的贴现率进行投资，可使贴现量等于未调整的值。从某种意义上说，这个过程是对储蓄账户复利率的补足。净现值（NPV）是指未来现金流的现值。在给定时间段 t 内将发生的现金流（CF）的净现值用下式表示

$$\mathrm{NPV}_t = \frac{CF_t}{(1 + r/100)^t}$$

式中　r——贴现率（百分比）并且假设现金流发生在时间段即将结束时。

净现值，即所有现值的代数和，由下式给出

$$\mathrm{NPV} = \sum_{t=0}^{n} \frac{CF_t}{(1 + r/100)^t}$$

式中　n——规划周期，是有限值；

CF_0——第一个时间段初始的现金流量。

项目的净现值取决于现金流的大小、时间和贴现率（如果现金流是以现值美元计算的，那么贴现率应包括通货膨胀因素。如果现金流是以定值美元计算的，则贴现率不应包含通货膨胀因素，而是“实际”贴现率）。图 2 - 8 表示出了典型的现金流模式，其净现值是贴现率的函数。如果贴现率很低，表示未来的现金流没有大幅贴现，所以净现值很高；如果贴

现率很高，则表示未来现金流将大幅贴现，净现值通常会变为负值（事实上，随着贴现率变大，净现值将逐渐接近初始现金流部分的值）。

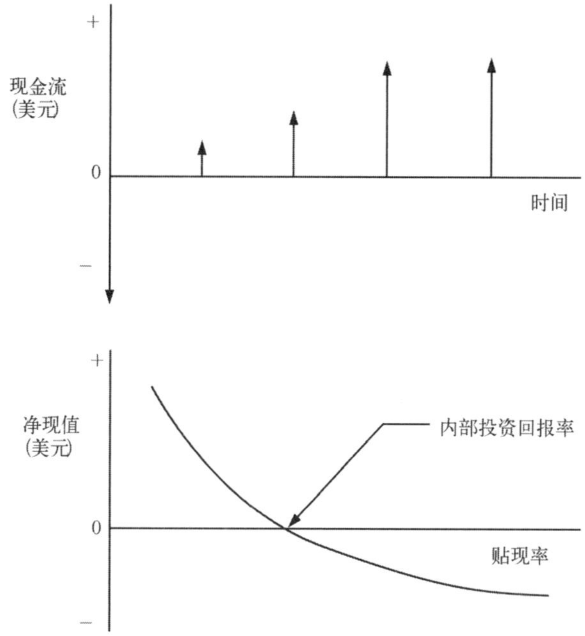

图2－8　净现值和内部回报率

净现值准则的核心是选择适当的贴现率。尽管经济学家普遍认为，对于私营部门来说，适当的利率为调整后的加权平均资本成本（考虑公司的具体债务/股权状况），但是在政府决策中仍然存在适当利率的争议。有些经济学家认为，中期或长期政府债券利率是最适当的（取决于所考虑项目的持续时间）；其他经济学家则坚持认为，利率不应低于私营部门的典型投资回报率；管理和预算办公室把利率设定为10%，用于在公平的基础上评估政府项目[12]。［当成本和收益以定值美元表示时，这似乎有些过分。在这种情况下，税率大概在3%～5%范围内更合适（即不包括通货膨胀率要素的实际成本）。］

尽管净现值不是唯一的准则，但在评估和选择投资的过程中使用较广泛[4]。理论上来说，在没有不确定性和预算约束的理想情况下，所有净现值大于零的项目都应该纳入考虑范围，而排除净现值小于零的项目，并且可以不关心那些净现值等于零的项目。然而，现有资源往往不足以承担满足以上标准的所有项目，也必定会存在资源配给问题。对于一个组织想要拿下的所有项目来说，在选择一组项目或者对其进行投资并期望以此获取公司的最大净现值的时候，这种资源的缺乏会导致问题，这通常被称为“投资组合选择问题”。可以利用线性规划或整数规划方法来获取最优方案，并可以用启发式技术来获得相当好的或接近最优的方案[13-14]。这将在2.7节中予以讨论。

净现值为零的拟议项目的贴现率被称为投资的内部回报率（Internal Rate of Return，IRR），这也被称为贴现投资回报率或投资回报率。图2－9中给出了两个假想的项目A和B的内部回报率。内部回报率实际上代表了为投资而借入的资金可能获取的最高回报率可以通过对几个不同贴现率的净现值进行计算并插值、确定净现值为零的贴现率来获得(或者通过净现值方程，求解净现值为零时方程的正实根来获得)，尽量避免遇到固定的单一正确贴现率问题。每个项目都有与之相关的贴现率。当使用内部回报率作为投资标准时，只要内部回报率超过当前可接受的阈值或“预设回报率”，就应选择此项目。预设回报率与净现值计算中所使用的贴现率相同，注意，仍然需要确定贴现率(截止回报率或预设回报率)。为了降低风险，预设回报率利率通常略大于公司的资本成本。

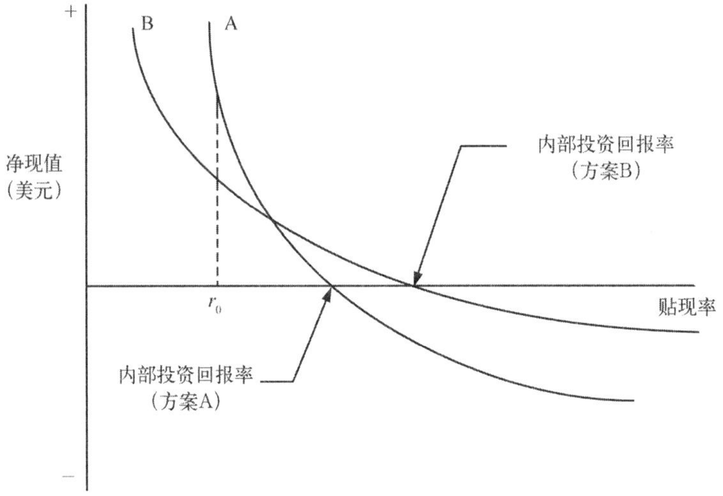

图 2－9　假想项目内部回报率的对比

图 2－9 中描述了一种有趣的情形，将两个项目的净现值表示为贴现率的函数。r_0表示公司的资本成本，在 r_0点处，项目 A 的净现值超过项目 B，根据净现值的标准，应该优先考虑项目 A；另一方面，项目 B 的内部回报率超过了项目 A(均超过了资本成本 r_0)。因此，根据内部回报率的标准，应该优先考虑项目 B；总的来说，所选项目的组合将取决于进行排序所使用的标准。要解决这种冲突，只能对其他项目进行考虑并确定哪些项目组合可以实现在指定的成本约束内使整个项目组合的净现值达到最大化。

由于投资决策涉及资金承诺和对未来收益的期望，并且由于未来事件在确切进程上存在不确定性，因此投资决策的具体结果应根据实现不同结果的概率来描述。换句话说，未来事件在确切进程上的不确定性导致了风险——成本、收益和现金流模式上的波动，决策应将这些不确定性明确地纳入考虑，即需要对风险进行量化。对不确定性及其影响(即风险)的明确量化在商业情形分析中被称为风险分析，这将在下文中进行介绍。第 4 章介绍了风险分析方法的几种应用和相关计算机仿真模型，模拟商业情形和获取风险度量的数学模型经常使用蒙特卡洛仿真技术，蒙特卡洛技术需要对一种情形进行多次(可能 1 000 次或更多)的仿真，每次仿真中根据特定不确定性特征决定的权重、以随机方式选择输入数据。量化风险认知的不确定性特征的建立将在 4. 1 节中进行详细讨论，并建立具备适当衡量方法的风险特征以及常用财务状况衡量标准的期望值。图 2－10 在明确考虑不确定性和由此产生的风险的前提下，说明了金融分析的概念。

基本输入数据包括确定性和概率性数据。确定性数据如要考虑的时间段的数量、贴现

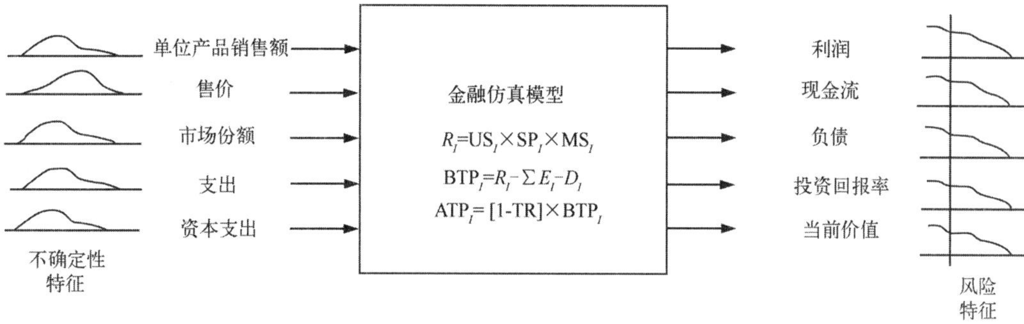

图 2 - 10　金融规划模型：蒙特卡洛概念

I—时间段；*R*—收入；US—单位产品销售额；SP—售价；ATP—税后利润；MS—市场份额；BTP—税前利润；*E*—支出；*D*—折旧；TP—税率

率和税率等；概率性数据包括与变量相关联的概率密度函数(这里称为“不确定性特征”)，以及无法预测或不能合理预知的变量。典型的不确定性变量包括产品/服务需求、市场份额、费用项目和资本支出，不确定性特征是描述不确定性的范围和形式(形状)的主观度量。对于许多企业，特别是与航天有关的企业，存在另一种类型的、必须以概率术语进行描述、并可以对风险产生显著影响的变量，如与可靠性相关的变量。可靠性度量例如成功概率和平均故障时间，将导致可变的或不可预测的事件时间(即故障时间)，并影响资本支出以及相关收入、支出的大小和时间。

这些数据被输入到代表被评估的真实情形的金融仿真模型中。通过示意模型(见图 2 - 10)可以看到，在给定时间 *I* 的收入等于单位产品销售额 × 销售价格 × 市场份额；税前利润等于收入 - 所有费用项目的总和 - 折旧费用；税后利润是税前利润 ×(1 - 税率)。

风险分析通过对输入数据进行随机采样(根据不确定性特征的权重)、执行包含在仿真模型中的计算、保存结果，然后重复该过程。该过程将重复许多次(即蒙特卡洛)，直到可以从保存的输出结果中产生一组合理的直方图。这些直方图被处理成期望得到的形式，以表示绩效衡量的可变性，例如利润、现金流、负债、回报率和净现值。绩效衡量的一种易显示形式是“风险特征”，其代表了绩效衡量超出特定水平(即累积概率分布的补集)的几率。

重要的是要认识到，既需要在正式考虑不确定性和风险的情况下进行金融计算，也需要在没有考虑不确定性和风险的情况下进行相同的计算。主要区别表现在输入数据的描述和所得到结果的表示形式上。

不确定性使年度现金流具有一定的概率性，因此，净现值也必须由概率分布来表征，该概率分布代表达到每个可能水平的机会。净现值、投资回报率和其他标准超过特定水平的概率可以通过测量所有大于该水平对应值(净现值、投资回报率的风险特征)的概率分布曲线下的面积来获得。幸运的是，正如中心极限定理所预测的那样，这些风险特征往往是正态分布的，可以根据其期望值和标准差进行概括，从而使可选方案的比较相对直接。(净现值、投资回报率和其他概率分布接近正态，可用中心极限定理进行预测，因为在金融计算中通常考虑相当大数量的概率分布。接近正态分布即允许概率分布被期望值和标准差进行有意义的概括。图 2 - 11 中已对净现值进行了处理和概括。)

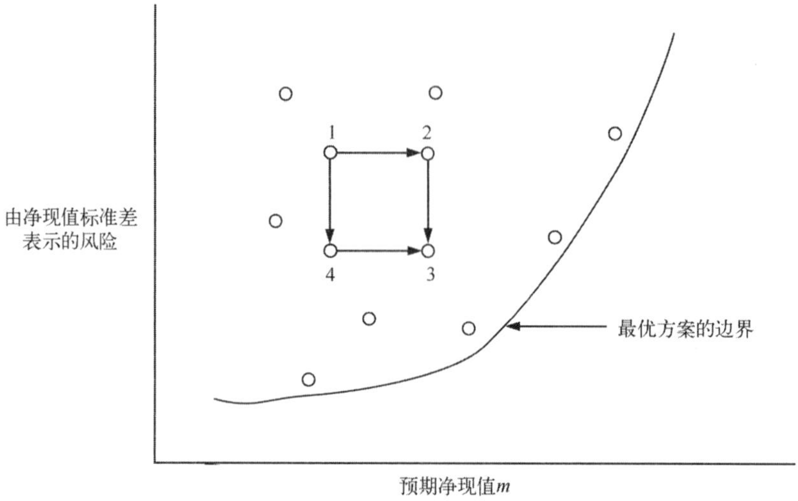

图 2－11　可选方案风险比较

图 2－12 给出了净现值的典型风险特征，纵坐标表示超过净现值各种水平（由横坐标表示）的可能性或概率 p。一般来说，曲线越陡则风险（即可变性）越低。当对可选方案进行比较时，重要的是比较预期或“最可能”的净现值，对风险水平进行比较也同样重要。

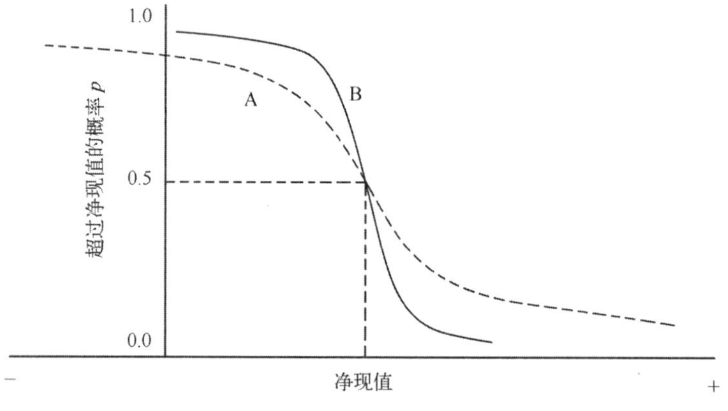

图 2－12　典型的净现值风险特征

从图 2－12 还可以看出假想可选方案 A 和 B 的净现值风险特征。如果决策者进行常规分析而不明确、定量地考虑不确定性和由此导致的风险，那么通常只能定量估计概率最大现值。对于不知情的决策者来说，两种可选方案是相似的，因为它们具有相等的（$p=0.5$）期望值和概率最大值。

在没有进行风险分析的情况下，决策者会尝试选择产生最大净现值的可选方案。在风险分析时，选择过程中具有更多信息，在某种意义上来说也使得分析更难。因此，必须在具有不同预期现值和相关风险等级的可选方案之间进行权衡。例如，当考虑风险时，决策者会发现图 2－12 中两个可选方案有很大差别，方案 A 比方案 B 风险（可变性）更大。因此，保守的决策者(反对风险)可能会选择方案B(如果没有其他未量化的压力让他选择方案A)。

决策者通常会确定出需要这种选择的许多可选方案，但如果净现值概率分布呈现为熟悉的钟形曲线的形式，那么这项任务将会变得容易，这也就代表着净现值为正态分布或高斯形式。在这种情况下，分布可以通过它们的期望值或平均值 m、标准差 σ 来充分表征，并且可以用 $m-\sigma$ 平面上的点来表示每个可选方案。例如，图2－11给出了具有相同风险等级($\sigma_1=\sigma_2$)的两个可选方案(1和2)，但方案2的预期净现值大于方案1，因此，方案2优于方案1。类似地，认为方案3比方案4更可取；方案3优于方案2，因为两者具有相同的预期净现值，但方案2具有更高风险；以此类推，直到完成所有方案的比较。图上的每个选择在风险和预期净现值方面都不同，如果这个过程继续下去，决策者可以找到最优可选方案的边界，这个边界可能被称为"最优可选方案类"，然后便可以基于决策者的风险判断来选择最优可选方案，即决策者必须在预期净现值的增加和伴随的风险增加之间进行权衡，这将在第4章中进行更详细的讨论。

目前已对许多不同的情形进行了风险分析，例如大型公司的资本预算、创业公司的评估和规划、可选技术的评估，以及政府政策对私营部门企业的潜在影响分析，也已提出许多不同的风险分析模型，目前已投入使用——既包括那些需要分析者写一些小程序(作为输入数据流的一部分)来将模型进行调整以适应特定的商业分析的模型，也包括可以对各种情形进行仿真的广义模型[15]。在4.1节中，对一个用于通信卫星商业的通用财务规划模型(DOMSAT)及其一些应用进行了介绍。该模型明确地考虑了不确定性和不可靠性，以及由此产生的风险后果。在下面的章节中也将讨论风险分析方法并将这些方法应用于各种决策的其他模型。

首先介绍金融规划模型PSI-RISK，它作为一个通用的金融规划工具被提出，用于专门解决金融规划和评估过程中的不确定性和风险，并已在以下一些方面得到了应用。该模型可用于解决各种金融规划和评估情形，无论是对一个新的或进行中的企业进行规划和评估、还是对旨在实现所需金融状况水平的定价政策进行评估，该模型都适用[16－20]。(该模型的最初版本是30多年前开发的，通过明确地考虑不确定性和风险，帮助美国无线电公司(Radio Corporation of America，RCA)进行资本预算过程管理。大约在同一时间，杜邦(Dupont)公司开发了类似的功能。这些模型和功能在数年间都得到了成功应用。)通过提供输入数据，该模型可用于正在进行的业务，并在考虑目标回报率、生产决策和竞争性产品定价方面的基础上进行产品定价。PSI-RISK模型明确且定量地考虑不确定性，是一种金融规划软件工具，它使得企业(例如工厂生产的板式木结构建筑产品的制造商)可以基于提供给它的数据进行建模，并获得预计收入表、现金流量表和资产负债表。这些是形成决策的金融基础的基本文件，也是商业规划的主要部分。

PSI-RISK是一个通用的商业仿真模型(可在DOS环境中运行)，能够对广泛的包括受监管和不受监管的多产品商业的金融方面进行仿真。这些计算的基本现金流结构如图2－6所示。PSI-RISK能够仿真各种商业的一些关键结构方面：

1)考虑多个时间段；

2)考虑接下来时间段的变化趋势；

3)存储大量的不确定性特征；

4)多种产品；

5）产品相互关系；

6）需求－价格关系（按产品区分）；

7）制造成本－数量关系（按产品区分）；

8）折旧方法的选择（按资本支出区分）；

9）周期内相关性；

10）按生产要求确定的资本支出；

11）考虑公司初始地位；

12）利率看作债务/股权比的函数；

13）为达到期望回报率（市场约束情况下）的定价政策；

14）灵活的税收结构；

15）不同业务情形的金融计算；

16）现有公司部分；

17）单独的公司。

在菜单式电子表数据输入系统中，需要输入的数据包括描述在多达 10 年期间的多达 20 种产品的预计市场和竞争价格的数据、销售的制造成本及其弹性、费用的固定和可变部分、资本支出（特别确定的和需要根据产品需求的结果决定的）和折旧方法、业务结构和定价政策、税务结构和资产负债表。仅需要在根据变量设置的范围内提供数据，例如要分析的年数、要考虑的产品数量、要考虑的资本支出数量等。因此，数据要求是所分析商业内容的复杂程度的函数。基于 FORTRAN 编写了程序，可以计算和给出商业总预计收入、现金流和资产负债表报表，以及每个产品的单独收入，然后便可以得到数据集；可以对这些报告进行审阅，以评估所建模的商业预期财务可行性、产品定价和达到期望的财务状况目标的可能性等，然后可以对商业规划做出必要的调整。

尽管 PSI-RISK 模型可以用作一个简单的确定性金融模型，但它在很多方面都比一个简单的金融规划模型更为复杂和强大，它被设计为一个随机仿真模型，使用蒙特卡洛仿真方法将描述商业的确定性和概率性输入数据的组合转换为风险特征，该风险特征代表着各种财务状况衡量标准（例如收益、现金流和资产回报率等）超出不同水平的概率。使用同一组方程的相同模型也可以用于执行确定性分析；如果需要进行随机分析，则可以“不确定性范围”的形式输入某些数据，由此指定数据的最小值和最大值，并且描述不确定性范围内数据的概率分布的不确定性分布特征。[为了尽可能减少数据输入，模型包含大量存储于内部、可以被引用的不确定性分布（即概率分布），或者可以根据需要创建其他不确定性分布。]

PSI-RISK 模型另一个有用的特性是它可以利用指定产品的价格或导出产品价格，这将实现在竞争性或替代产品价格的限制范围内的特定回报率（销售回报率、资产回报率或毛利润）。这一特性在房屋制造的相关应用上起着显著的作用。对于每个产品来说，经过迭代和曲线拟合的处理可以得到一个价格，这将可能在市场价格约束的情况下实现期望的回报率。由于具有这种能力，PSI-RISK 模型可以起到一个定价公司的作用，在有定价公司参与的情形下，需要计算产品销售价格以达到指定的回报率（销售回报率、资产回报率或毛利润）。定价公司必须确定具有竞争力的价格（由定价公司或当前市场上其他公司确定），并根据这些价格计算公司的收益率。

PSI-RISK 模型可以考虑产品的相互依赖关系以及单位销售与所需生产水平、相关资本支出之间的关系。该模型可以自动计算自变量的变化对因变量的影响。产品的价格或销售量的变化可能影响该产品或其他产品的销售，并因此影响生产水平。生产水平的变化又会反过来影响资本支出和单位制造成本。

这些关系通过输入数据来传递给 PSI-RISK 模型，可以指定产品的相互依赖关系，从而将一个产品的销售量认为是该公司另一个产品销售量的函数（如在购买剃须刀时赠送剃须刀片等情形）。还可以为模型指定每个产品的需求－价格（或价格弹性）关系和制造成本－数量关系（单位制造成本对生产水平变化的敏感性）。资本支出可以指定为生产独立性和生产依赖性，这使得模型可以根据生产水平确定支出的规模和时机。

PSI-RISK 模型可以用于各种业务形势，包括初创业务或作为现有公司的一部分进行的尝试。在后一种情况下，业务内容可以看作是创业初期形势或现有形势的延续。该模型具有灵活的税收结构，可以计算结转损失和税收抵免。

接下来给出一些可以通过电子表格数据界面来为 PSI-RISK 模型指定的输入数据。

1）通用数据：

a）商业的时间范围；

b）商业类型（单独的或较大机构的一部分）；

c）产品数量；

d）贴现率；

e）产品上市时间；

f）不确定性特征；

g）仿真运行次数；

h）税率；

i）投资税收抵免率；

j）债务/股权计算类型（即保持债务/股权比不变）；

k）初始负债/股权位置；

l）利率（不同债务/股权比的资本成本）。

2）收入相关数据：

a）单位产品销售额；

b）市场份额；

c）经销商利润；

d）产品相互依赖关系；

e）目标回报率和市场约束；

f）竞争产品的价格；

g）允许回报率或目标回报率；

h）价格弹性数据；

i）单位产品销售额、市场份额、单价或竞争产品价格的不确定性参数（如果需要的话）。

3）销售和费用成本数据：

a）销售成本；

b）销售成本对生产水平的敏感性；

c)固定和可变费用数据项；

d)销售成本、固定和可变费用项的不确定性参数(如果需要的话)。

4)资本支出数据：

a)单位独立资本支出；

b)时间；

c)折旧类型和寿命；

d)投资税收抵免的适用性；

e)支出数额的不确定性参数(如果需要的话)；

f)单位依赖资本支出；

g)生产阈值水平(需要制定与生产水平有关的新的资本支出时对应的生产水平)；

h)生产能力增量；

i)实现生产能力增量的支出；

j)折旧类型和寿命；

k)支出大小的不确定性参数(如果需要的话)。

5)资产负债表相关数据：

a)债务/股权比；

b)现金需求；

c)应收账款水平；

d)应付账款水平；

e)库存水平；

f)其他资产和负债；

g)现有(即初始)资本资产的账面价值；

h)现有资本资产的折旧类型和寿命。

将数据输入电子表格数据程序后，将创建一个传输文件，并通过几个简单的按键操作将其发送到FORTRAN程序。然后将生成商业预计收入、现金流和资产负债表，从而可以得出税后利润、销售回报率、资产回报率、总资产和负债、债务、股权、债务/股权比、净现金流和每年的债务，以及不同贴现率的(年度现金流)净现值。

通过对依赖于生产的支出进行考虑，模型可以确定由生产水平驱动的支出规模和时间。PSI-RISK模型的另一个重要特征是能够考虑所建模的公司的初始情况，允许通过当前资产负债表来体现公司的初始情况，包括现金、应收账款、存货、资本资产的账面价值、剩余折旧年限及折旧类型(以便计算折旧费用)，以及债务/股权比。在该模型中，债务/股本比可以在所分析的时间范围内保持为常数，也可以将股权当作常数，值为正的现金流可用于抵消债务。当需要额外投资时，可以通过增加债务和股权、并维持债务/股权比不变的方式获得债务(股权保持为常数)来提供资金。

当要实现恒定的债务/股权比时，在现金流为正值时股权不会回购，但收益分配会以保持近乎恒定的债务/股权比的方式进行，使得借款成本随着公司财务状况的恶化而增加。

2.3 商业规划

商业规划是描述商业及其运营环境、其短期和长期目标以及实现这些目标的预期手段和方法的正式文件。它是一个商业开发、扩展和运营的管理工具，当有必要使用外部资本来源时至关重要。经过适当准备制定的商业规划，既是与投资者沟通并说服其提供实现短期、长期目标所必须资源的方法，也可以作为商业运营的最初规划。此外，它还为绩效衡量提供了基础。

大多数商业规划都具有许多共同的特征，包括对其产品和服务(现有的和开发中的)的商业描述、行业分析、市场分析，所提营销策略的描述、组织及管理描述、实施计划、潜在风险和陷阱讨论、包含财务报表和预测的金融分析，以及敏感性分析等。当向政府寻求资源时，或需要特定的政府举措来取得商业的成功时，还必须通过节省成本、改变进口/出口、创造就业机会、净资金收入等方式向政府展示将由此产生的经济影响。

当商业计划的目标是从外部来源获得融资时，则有必要提供充分的细节和支持性分析，以让潜在投资者相信会获得足够规模的回报，从而证明其投资合理。因为在航天业务中很可能资金要求很高、风险较高、回收期较长，尽管也有特例，但还是有必要提出一份能直接解决这些问题的商业规划，这是总体规划的目的，特别是金融规划的目的。金融规划必须考虑所有已经做出的假设，因为它们可能影响整体的金融状况。金融规划包括预计收入、现金流和资产负债表等形式的金融文件，由于认为与航天相关的商业具有较高的风险，潜在投资者可能需要正式的风险分析。风险分析应考虑与金融规划的每个输入相关的不确定性(特别是与技术、开发和测试、生产进度、相关成本和所实现的性能等级、发射服务需求、市场份额相关的不确定性，将其表示为时间和可靠性的函数)，并且给出年度利润、现金流和债务、投资回收期、投资回报率的风险特征，特别重要的是在提供的资本不足的情况下商业获得成功的几率。金融规划应该针对融资需求和所提供融资的使用来定制。当从政府寻求资源时，应该在私营部门和公共部门之间进行交互式分析，并给出政府的成本和收益。

下文将从尝试开发可重复使用运载火箭的商业视角来描述商业规划。可重复使用运载火箭的商业规划应首先描述正在规划的整体业务，包括可重复使用运载火箭“箭队”的开发、论证、运营和维护；要提供的具体服务必须与投资者此时通常关注的商业内容一起进行描述。这些内容包括成本和定价、可靠性、“箭队”规模、可用性、回弹性/可操作性、竞争(在拟议商业的时间框架内)、短期和长期保险可用性、提供服务的市场规模、资本要求等，且需要表示为时间的函数。

图2－13给出了共同构成商业规划的多个具体规划，需要注意的是它们都融入了金融规划，这是商业规划的统一力或凝聚力的表现。金融规划使用从这些规划中获得的定量数据来生成金融文件，用于向投资团体(和政府)传达商业资源需求(作为时间的函数)以及可能为所需资源的提供方带来的回报，分别在图2－14～图2－16中进行了概述。此外，金融规划可以并且应该定量地给出与提供资源相关的风险等级，风险可以通过该商业成功的几率来表示(例如超过不同水平投资回报率的几率)。为了实现这一要求，需要使用蒙特卡洛金融仿真模型，它是涵盖技术、制造和操作、开发测试/演示、市场预测和风险管理模型的综合模型。下文将对每一个模型进行简要讨论。

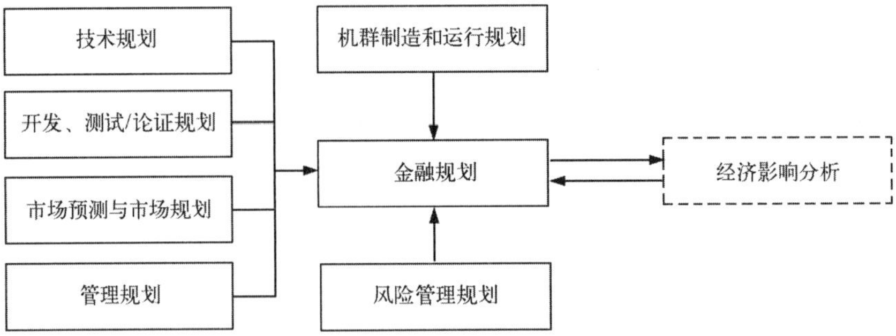

图 2－13　金融规划是商业规划的核心

	年份						
	’02	’03	’04	’05	’06	’07	……
飞行编号							
价格							
收入[政府]							
飞行编号							
价格							
收入[商业]							
总收入							
有效载荷综合							
其他操作							
发射保险							
责任保险							
发射费用							
维护/维修							
发射操作							
设计、开发、试验和评价							
总运营支出							
总体与管理支出							
设施							
机群							
折旧支出							
债务清偿业务[利息]							
意外损失补贴							
持续工程/开发							
税前利润							
结转损失							
总所得税							
研发税收抵免							
投资税收抵免							
免税期抵免							
税后利润							
销售回报率 [%]							
资产回报率 [%]							
债务保证率							

图 2－14　可重复使用运载火箭运输商业预期收入表

	年份					
	'02	'03	'04	'05	'06	'07……
税后利润						
应收款减少						
应付款增加						
现金减少						
折旧						
举债筹资						
实收资本[净值]						
总现金流						
损失						
应收款增加						
应付款减少						
现金增加						
设备						
机群[原始]						
机群[替换]						
资本支出						
股息						
偿还借款						
股票回购						
总现金流						
年度现金流						
负债						

	贴现率[%]										
	0	5	10	15	20	25	30	35	40	45	≥50
净现值贡献[规划范围内]											
净现值贡献[有限规划范围]											
总净现值											

图2-15 可重复使用运载火箭运输商业现金流规划

技术规划中需要对实现可重复使用运载火箭的性能所需的技术进行描述，这些技术是整个业务的基础，各种技术的地位必须通过实现所需性能水平的成本和进度进行表示，这些性能对实现可重复使用运载火箭的整体性能至关重要，因此应该采用仿真建模方法，例如研发仿真模型(RADSIM)[21]，并给出成本和进度的概率分布，以便之后在作为金融规划的一部分的总体金融风险分析中使用。(必须着重强调的是，当项目不能确定能否成功完成时，成本关系估算是不合适的。成本关系估算是以成功完成活动内容的成本为基础的。)对于那些现有的技术，有必要给出它们的使用历史，从而以其技术成熟度来说服潜在投资者。

	年份					
	'02	'03	'04	'05	'06	'07 ······
现金						
应收账款						
预付费用						
设施投资						
减累计折旧						
设备账面价值						
机群投资						
减累计折旧						
机群账面价值						
总资产						
应收账款						
预付费用						
长期负债						
总负债						
公司基金 [% 所有权]						
股权收购 [% 所有权]						
实收资本						
留存利润						
总股东权益						

	贴现率 [%]										
	0	5	10	15	20	25	30	35	40	45	≥50
投资回报率 [公司投资贴现回报率]											
股本回报率 [股本投资贴现回报率]											

图 2－16　可重复使用运载火箭运输商业资产负债表规划

开发、测试和论证规划需要对各种可用和已开发的技术将如何被利用、集成以建立飞行论证模型进行描述，还涉及描述测试和论证计划，给出测试和论证计划的各种可能结果、每个结果的可能大小以及后果(实际中可能被视为风险管理规划的一部分)。后果可能是建立额外的论证模型、额外的测试等，所有这些后果都可能影响成本和进度。再次说明的是，成本和进度是不确定的，应该通过概率分布来描述。在所有情况下，都有必要将成本分解为资本支出和费用。

“箭队”制造和运行规划中要对运载火箭制造过程进行描述，这将与必要“箭队”的采购相关，它描述了供应链，以及供应链中可能的故障和相应的修复方法(这也可以被认为是风险管理规划的一部分)。这一规划还描述了制造首个和后续元件的方法及成本估计、进行更换时制造替换元件的进度，以及年度维护成本及其与飞行时间表的关系。所有成本和进度的估计值都应为期望值，相关的不确定性应以定量术语(即概率分布)进行描述。这些估计将用于金融风险分析。

营销规划包括对现有和未来市场的描述、适当的市场细分、所提供产品/服务的竞争，以及实现市场份额的理由；市场份额将取决于投资所带来的运输服务的属性和竞争性太空运输服务的属性，包括定价、保险的成本和可用性、运载能力、转移级的能力和可用性（当不能直接装载有效载荷时）、日程表/可用性和可靠性。4.2 节描述了用于评估价格和其他属性如何影响通信卫星发射市场份额的方法。营销规划还应包含可能的竞争性反应（例如，如果可重复使用运载火箭服务的运输价格降低，那么竞争性服务是否也可以/会降低价格？）以及可重复使用运载火箭运输服务对竞争变化的反应。除此之外，营销计划还应给出所提供的运输服务在细分市场的价格弹性（在 3.4 节中讨论）。针对现有市场和新兴市场，应分别进行讨论，因为两者之间的风险感知可能存在相当大的差异；应该对新兴市场的需求进行讨论，并介绍可重复使用运载火箭应如何满足这些需求；还应该包含市场开发的时机，并按照市场细分给出市场渗透率；最后，还需要对可能影响市场发展的所有因素相关的不确定性进行描述，并给出它们对市场份额和总市场的影响随时间变化的函数。

风险管理规划包含将可能出错的事项及影响最小化、对可能出错的事项进行处理，并在真正出错时进行补救。风险管理规划应对利用保险减少金融风险的方式进行描述，保险在风险管理中起着重要作用（即在将风险最小化之后，将剩余风险以一定价格转移给共担商业风险的其他人），要特别考虑保险的短期和长期成本及可用性，尤其是对于可重复使用运载火箭，这是特别关注的，其中重置成本应显著大于单次飞行成本。例如，当运载火箭的重置成本为 10 亿美元时，如果单次飞行成本小于 1 亿美元，则需要大约 1%～2%重置成本的保险成本。（这比目前一次性的发射运载火箭保险费率小了一个数量级。）风险管理规划应该描述如何实现这一目标，并要以某种方式说服投资者，使其认为这种低成本保险可能会长期适用。实现这种降低保险成本和确保长期可用性的方法将在 3.6 节中详细讨论。风险管理规划应讨论用于确定“箭队”规模的方法以及其他备用运载火箭使用的可能性，应从可重复使用运载火箭的商业角度给出运输服务的回弹性/可操作性（4.10 节）（包括考虑初始“箭队”和将来可能需要的任意替换火箭的供应链），并从客户的角度给出所提供的运输服务的回弹性/可操作性。

管理规划涉及商业管理组织和结构，目的是说服潜在投资者，使其认为管理团队有能力组织、控制和经营业务，以实现金融规划中详细给出的金融结果。管理结构作为时间的函数，在确定金融规划中的一般费用、行政管理费用方面是一个主要输入。

最后，如果要向政府寻求资金、主要租赁、低息贷款、税收减免等方面的政策，那么就必须从政府的角度进行分析。换句话说，需要证明对政府来说，其收益超出成本；有必要对政府关注的细节进行描述，包括如何使商业取得成功、可能带来什么收益等；应从政府节省成本的现值、进出口的变化、就业机会的创造和净资金收入等方面来对预期收益进行论证。

商业计划应基于图 2－17 所示的几个交互式蒙特卡洛仿真模型的开发和使用。金融规划模型包含执行金融计算和制定所需金融报告规定内容所需的所有结构，该模型应能够接受来自其他模型的直接输入，并对所提供的数据进行直接分析（包括所有适当的不确定性估计）。该模型应当具有足够的结构，以考虑各种定价政策，确定价格以便在竞争性发射服务环境中得到期望的回报率。得到的金融报告还应包含定量的风险信息，这些风险信息可以风险特征的形式或以概括为期望值和相应标准差的形式呈现。

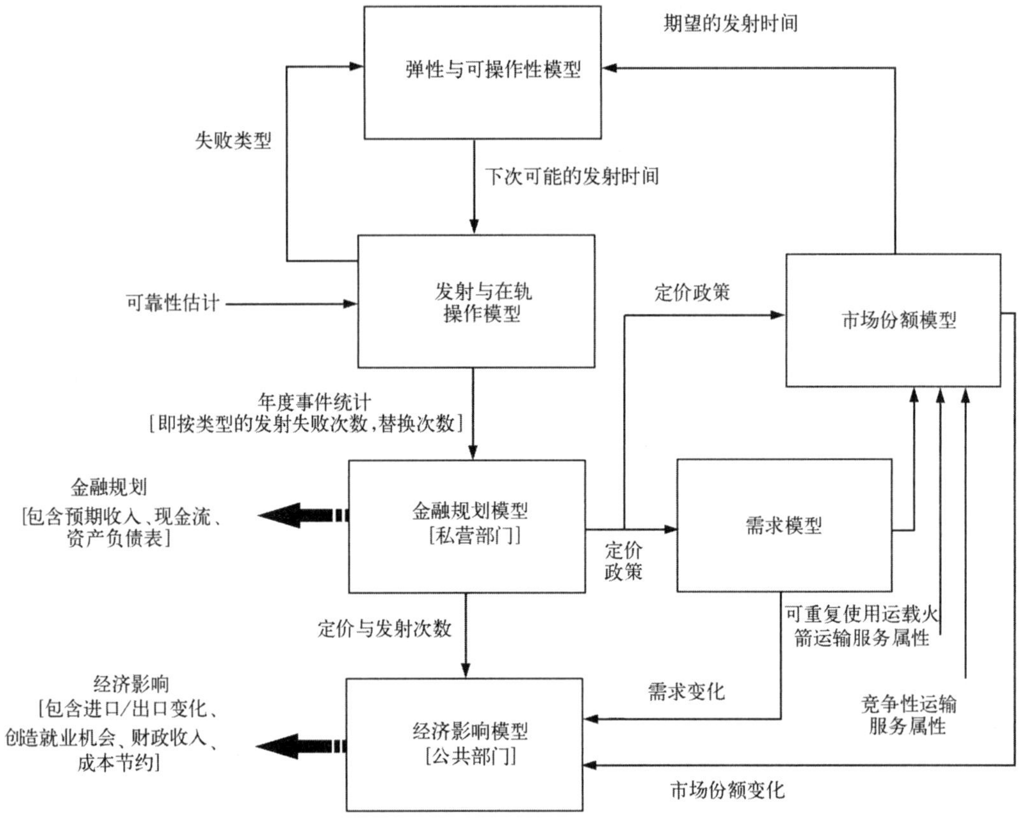

图 2－17　交互式规划模型

最终确定的定价应该满足一个需求模型，并考虑了不同市场需求的价格弹性。需求模型的输出和确定的定价，以及可重复使用运载火箭及其竞争性运输服务属性，将用于在市场份额模型中估计可重复使用运载火箭运输服务市场份额相对于时间的函数。市场份额模型的输出是下一次可重复使用运载火箭飞行的期望发射时间，这将用于回弹性和可操作性模型，该模型基于先前发射和相关故障来建立下一次可能的发射时间；下一次发射的时间将用于发射和在轨操作模型，该模型采用了可靠性估计来仿真发射和在轨活动，还确定了发射的成功、失败和补救特性，并对年度事件进行统计，包括发射成功和失败的次数、整修、“箭队”更换要求等。然后将这些信息用于金融规划模型，以确定所有与运营相关的费用和支出。这些模型的结构和相互作用可以确保所有的计算都联系在一起，并且可以在整个系统中适当地考虑一个或多个评估值的变化。

最后，金融规划、需求和市场份额模型的输出给出了一个互动性的经济影响模型，它以进出口变化、就业机会创造、财务收入和成本节约的形式对美国经济产生影响，这将导致政府通过使用可重复使用运载火箭运输服务的提案。必须注意的是，应适当考虑减少其他由美国提供的太空运输服务的市场份额。

2.4 可选方案对比(决策数据库)

在考虑涉及相对较少投资资本的可选投资方案时，可以根据单一度量标准(例如现金流的现值、投资回收期、投资回报率、成本节约等)的值来合理地做出决策。然而遗憾的是，大多数实际情形中，多种因素将共同存在，导致必须考虑多个度量标准或投资属性。这些因素包括选择不同方案时被置于风险中的资本的规模差异、选择不同投资方案时可能会产生的净现值差异、与每个可选方案相关的风险差异等。显而易见的是，不同的可选方案在多个属性上具有不同的值，对这些可选方案进行对比必须考虑不同属性对决策者的相对价值，且需要将多个属性转换成一个属性，以进行排序并做出有效的投资选择。

私营部门的投资决策通常基于对一些财务状况衡量标准的考虑，包括预期投资回报率、投资回收期、资本要求及投资回报率等指标变化所带来的风险。一般来说，私营部门的投资决策包括对潜在的商业机会进行评估，并考虑在预期投资回报率、风险和投资规模等因素之间进行权衡，这些因素必须在可接受的范围内，例如预期投资回报率必须超过所能接受的最低回报率。然而，最低投资回报率或预设回报率与风险感知的等级相关，预设回报率越高则可以抵消越多的风险。此外，预期回报率和预设风险通常也与所需投资的规模和投资回收期有关。因此，政府计划可以通过它们感知风险(即降低风险)和所需投资的作用，来影响或改变私营部门的投资决策。影响私营部门投资决策的有效政府计划，其目标应放在妨碍投资的特定投资机会方面——如果认为投资回报率过低则增加投资回报率，如果认为风险过高则减小风险。这将在下文中详细讨论。

为了使政府规划人员了解其政策和计划可能对投资决策的影响，建立了预期投资回报率、风险(由投资回报率的标准差计算，见 2.2 节)、预期投资回收期、投资风险的大小(相对于决策者控制下的预算而言)及投资可能性等衡量财务状况的关键指标之间的关系。从本质上入手，给出了多属性效用函数，将投资可能性与多个重要的财务状况衡量标准联系在一起。所选的财务状况衡量标准均是金融风险分析中可以较容易获得的。[15、22-23]因此

$$投资可能性 = f\{m, \sigma, \mathrm{PB}, \mathrm{IND}\}$$

式中 m——预期投资回报率；

σ——预期投资率的标准差或变异性；

PB——预期回报期；

IND——负债，用投资规模与决策者控制下的预算的百分比表示。

为了建立想要的函数关系、确定风险和其他财务状况衡量标准对投资决策的关键影响因素，美国管理协会(American Management Associations, AMA)主持进行了一项调研[4]，接受调研的人员中包括副总裁(财务)、管理员或企业规划总监。问卷乍看之下相当复杂和生硬，与大多数问卷相比有很大的不同。美国管理协会依据某些条件，随机向选择的成员发送了约 3 000 份问卷；在这些人的基础上，增加了一些特别选定的决策职位上的人员。从所有问卷中获得了超过 300 份有用的答卷。很多被试人员表明了自己的身份，并表示他们可以配合进一步的调研。对其中一些被试进行了询问以明确其答复。几乎所有返回的问卷都得到了正确填写且不存在自相矛盾的情况，因此，只舍弃了其中非常少一部分的答卷。

问卷由两个基本部分组成：前半部分是标准问卷，收集了关于机构规模、业务类型、

投资决策标准和资本成本的信息，提供了关于重要决策标准的具体信息；问卷的后半部分涉及风险规避的态度。

图 2－18 给出了为完成问卷中与风险相关的问题而提供的说明。收集风险数据的基本方法是呈现一系列图片，如图 2－19(问卷中的一页)所示。每张图片包含投资回报率的 4 个风险特征，4 个风险特征都具有相同的预期投资回报率，但每个投资回报率标准差互不相同。图像按列进行排列，每列 5 张图片。每张图片或每四个风险特征组合都具有不同的预期投资回报率。这些是相对于企业的资本成本 R 表示的。因此，考虑了预期投资回报率为 R、$1.1\times R$、$1.2\times R$、$1.4\times R$ 和 $1.8\times R$ 的情形。每一列都有一个与投资回收期(2 年、4 年或 8 年)和投资规模(小于 1%资本预算、1%～10%资本预算和超过 10%资本预算)相关的说明。这种方法依据问卷中被试的观念进行了标准化，使用他/她自己的数据作为一般参考系。针对企业在给定风险特征(A、B、C 和 D)、投资回收期、投资规模的情况下是否适合做出必要的投资，每张图片可以作为参考。正是这些数据决定了投资似然函数。

本问卷旨在通过期望(平均)投资回报率和风险确定私营部门投资的可能性，其中风险是投资回报率的可变性或不可预测性的一种衡量标准。投资回报率的可变性用图形说明，表示不同商业情形下投资回报率超过特定值的可能性。上述情形将用期望投资回收期和预期投资相对于资本预算的最大值来表示。在回答以下问题时，请假设该商业与您公司的目的和总体目标相一致，且基本技术、设施等都可用，所有的基本非财政标准也均满足。本问卷的目的是在假设其他所有条件均满足的情况下，仅考虑财务标准对投资决策的影响。

投资决策将用投资回报率表示，在以下页面中将用风险感知的形式对投资回报率进行描述。这样就表示出了投资回报率超过不同值的可能性。特别重要的是，垂直的线代表了您公司的资本成本（R）。在下面的每张图片中，都呈现了一系列不同风险感知（A→D）的情境。该系列中的每种情形对应着相同的期望值，但可变性不同。对于图中所示情形，期望投资回报率为资本成本的1.8倍（即，若您资本成本为10%，则期望投资回报率为18%）。给定这些信息以及投资回收期（例如4年）和投资规模（例如小于1%年度资本预算），您认为贵公司会向A、B、C、D何种情境投资？情境A将有100%的概率产生大于您资本成本（R）的投资回报率，将有0%的概率产生小于您资本成本的投资回报率。情境D将有73%的概率产生大于您资本成本（R）的投资回报率，将有27%的概率产生小于您资本成本（R）的投资回报率。上述概率百分比由风险感知曲线与过R垂线的交点值确定。

下面提供了一个示例以进一步阐明这一方法。在以下页面中，请为各个系列的每个风险感知（A→D）情境勾选适当的“是/否”方框以做出相应的投资决策。每页中，对于三（3）种“情形”，均有五（5）个不同的系列。每页均对应不同投资回收期的情况，分别为2年、4年或8年。因此，您每页需要回答15道“将投资A、B、C、D”的问题。“投资”问题是指您对贵公司在给定条件下是否投资的估计。

感谢您的参与！

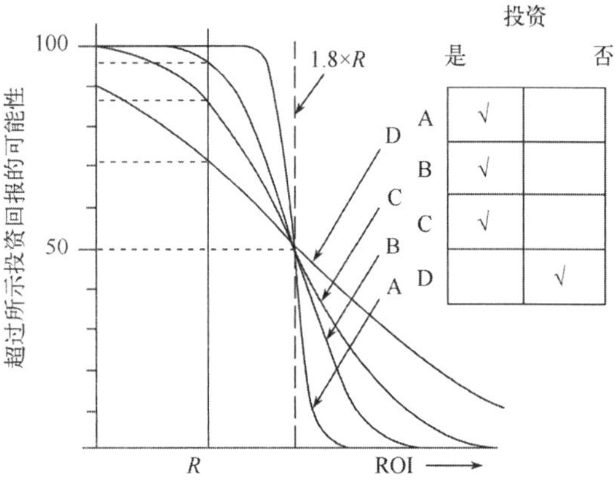

图 2－18　问卷回答说明[4]

图 2－20～图 2－23 对收集的与风险相关的数据进行了总结，并从投资回报率(相对于资本成本)和由投资回报率标准差表示的风险(相对于投资成本)的角度给出了投资规模对投资可能性的影响。图 2－20～图 2－22 阐明了投资回报期(分别为 2 年、4 年和 8 年)对投资似然函数的影响；图 2－23 从预期投资回报率(相对于资本成本)和由投资回报率标准差表示的风险(相对于投资成本)的角度给出了投资回收期对投资可能性的影响，还阐明了当所考虑的投资与资本预算相比较小时，投资态度改变的方式，其中投资回收期从 2 年到 8 年不等。随着投资回收期的增加，投资似然曲线沿逆时针方向发生旋转，这表明投资回收期较短的投资往往受到偏爱。

作为回顾，图 2－24 中对收集的风险相关数据(4 年投资回收期和投资为 1%～10%资本预算的特定组合)进行了总结，给出了投资可能性(即根据给定条件进行投资的几率)与预期投资回报率、风险等级的关系。根据公司的资本成本对坐标轴进行了归一化。因此，纵坐标表示预期投资回报率与资本成本之比(1.0 表示预期投资回报率等于资本成本)。横坐标表示投资回报率的标准差与资本成本之比。曲线则代表了投资可能性的等值线。

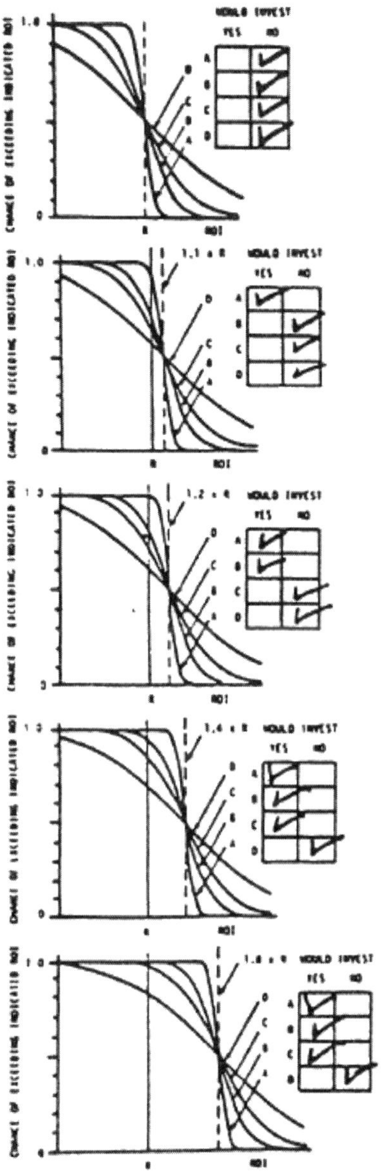

SCENARIO	CHANCE THAT ROI IS GREATER THAN COST OF CAPITAL (R)
A	50%
B	50%
C	50%
D	50%
A	90%
B	67%
C	60%
D	55%
A	100%
B	80%
C	70%
D	61%
A	100%
B	95%
C	83%
D	70%
A	100%
B	100%
C	97%
D	82%

图 2－19　问卷问题说明所用举例[4]

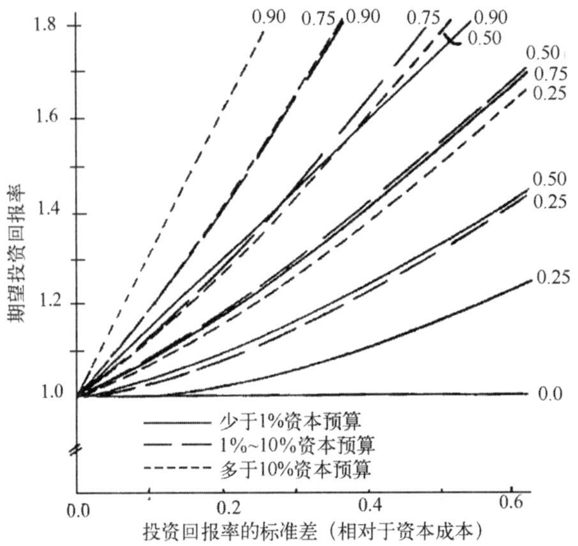

图 2-20　从投资回报率（相对于资本成本）和由投资回报率标准差表示的风险（相对于投资成本）的角度给出的投资规模对投资可能性的影响（2 年投资回收期）

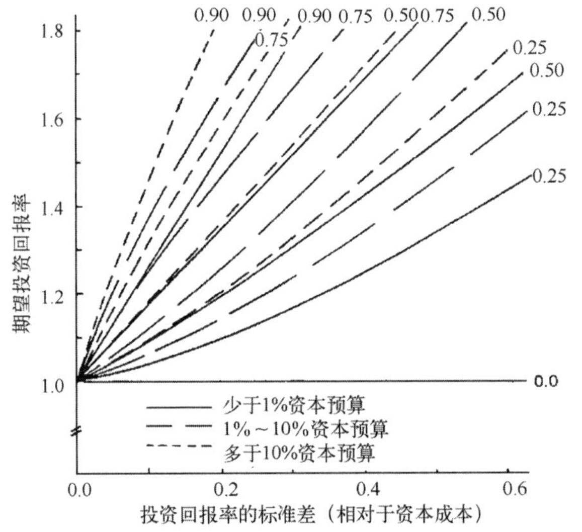

图 2-21　从投资回报率（相对于资本成本）和由投资回报率标准差表示的风险（相对于投资成本）的角度给出投资规模对投资可能性的影响（4 年投资回收期）

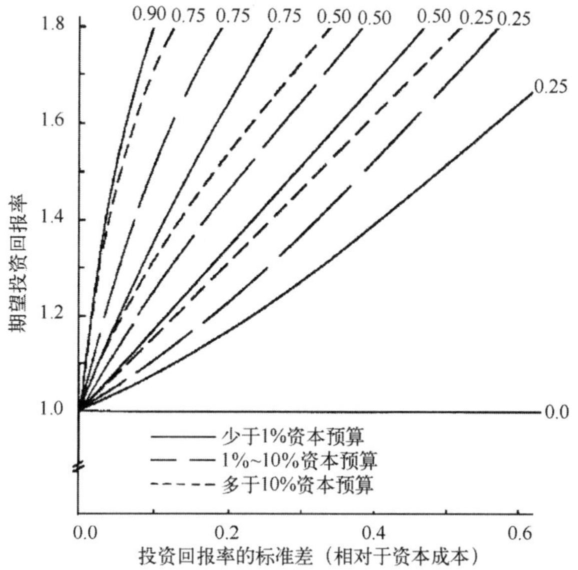

图 2 - 22　从投资回报率(相对于资本成本)和由投资回报率标准差表示的风险(相对于投资成本)的角度给出投资规模对投资可能性的影响(8 年投资回收期)

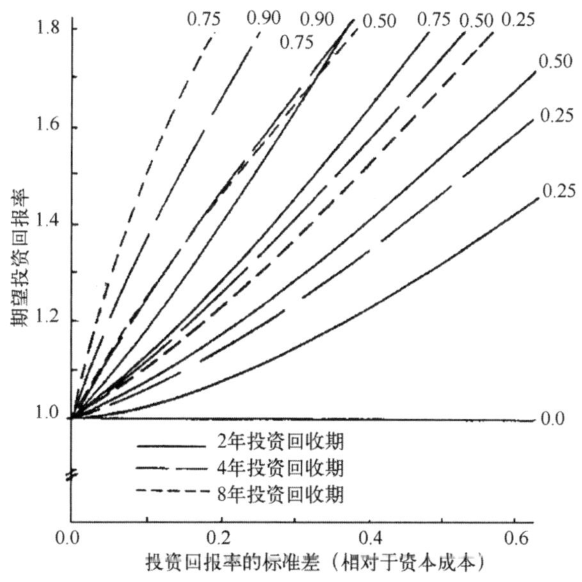

图 2 - 23　从预期投资回报率(相对于资本成本)和由投资回报率标准差表示的风险(相对于投资成本)的角度给出了投资回收期对投资可能性的影响(投资为 1% ~10% 资本预算)

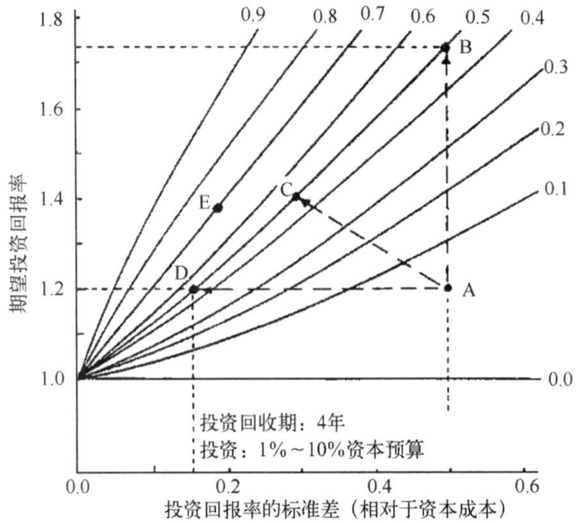

图 2－24　投资可能性与预期投资回报率（相对于资本成本）和由投资回报率标准差表示的风险（相对于投资成本）的关系

标记为 0.5 的值对应的曲线代表了以该线上的点（m，σ）为特征的投资具有 50%的先验概率获得资金。零值对应的曲线基于某种假设，即除非在特殊情况下，当预期投资回报率小于公司的资本成本时不可能进行投资。由于落在同一条等值线上的所有点都具有相等的机会获得资金，所以等值线代表了工业部门的一般风险规避偏好。例如，当决策者认为预期投资回报率为资本成本的 1.73 倍，且风险水平（即投资回报率的标准差）为资本成本的 0.5 倍时，将有 50%的投资机会，如图 2－24 所示。此外，在图 2－24 中，B、C、D 三点代表了三种不同的可选方案，但具有相同的可能性获得投资。图 2－25 给出了这三个投资机会的投资回报率风险特征。

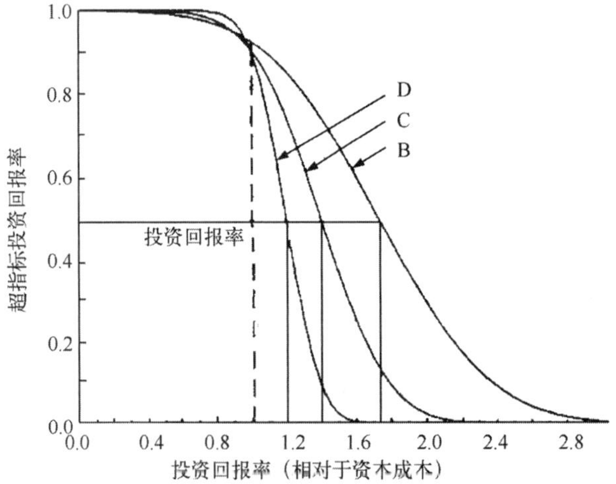

图 2－25　产生相等（50%）投资可能性的投资回报率的典型风险特征
（投资回报期为 4 年、投资为 1%～10%资本预算）

投资似然曲线的重点是，无论选择的是哪一组财务状况衡量标准(即预期投资回报率、风险、投资回收期和投资规模)，所得到的投资决策都只能是投资的概率或可能性预测。降低风险感知、提高预期投资回报率、缩短投资回收期和减少投资规模都将增加投资的可能性。很明显，政府的政策和计划可以改变这些财务状况衡量标准。此外，政府的政策和计划对私营部门投资决策的影响也可以用投资可能性的变化来衡量。例如，政府税收政策将影响预期投资回报率，而政府研发计划则可以改变风险感知，这两者都可以改变投资决策。这是以下章节将讨论的内容。

2.5　政府对私营部门决策的影响

政府、公共部门、工业界和私营部门都会实施旨在影响私营部门投资决策的计划。这些投资决策既包括商业机构的投资决策，也包括个人的投资决策。对于公司而言，这些投资决策包括从企业战略决策[是否进行长期技术投资(如开发在轨光通信技术)]、进入一个新的商业领域(如成为卫星通信服务供应商)到资本投资决策(如选择哪个卫星发射服务供应商)。对于个人而言，这些资本投资决策包括从设备更新(对更高的一次性成本、更低的经常性成本和燃料选择之间进行充分权衡)到通过引入新/高级技术可能获得的新产品和/或服务。

私营部门负责研究、开发、论证和广告/促销项目，从而使生产者增加、消费者进行投资并导致商业的形成。在很大程度上，这些计划是抱着维持或提高公司价值的明确意图来进行的。一系列政府赞助计划是以发展技术和/或创造环境为特定目标开展的，这将导致私营部门投资的增加，并形成符合公共利益的商业。这包括研究、开发和论证计划以及激励、监管、标准化和其他计划。

1989年11月16日由白宫发表的《国家太空政策》以及上届政府的相关政策，都旨在鼓励和促进私营部门对太空的投资，而这是联邦政府的一个主要目标。为了实现这一目标，已经制定并实施了若干措施。一种措施是鼓励联邦政府机构用商业方式购买可获得的太空产品和服务，另一种措施是避免开展将与私营部门产品和服务进行竞争(或潜在竞争)的政府活动，还有一种措施是针对一般无法由私营部门承担、但可能对美国经济有长期影响的技术进行开发并论证。

在考虑对太空商业进行投资时，私营部门经常寻求政府的帮助。政府应如何对这种帮助的需求进行评估，采取何种形式的帮助？特别是为了鼓励和实现私营部门融资，以发展新的私营部门太空运输业务，可能需要政府提供帮助，尤其是那些基于可重复使用运载火箭“箭队”的业务。目前正在考虑各种形式的政府“参与”或举措，它们将以不同的方式影响投资决策，例如，某些会直接影响私营部门投资的规模，某些会影响长期投资回报率，某些会影响风险感知，某些会影响私营部门决策的关注点。因为建立这样一种商业必须克服一些金融障碍，包括未来需求的不确定性、初始投资的高水平、现有和未来的不重复使用运载火箭的潜在竞争，以及将当前政策机制进行调整以适应新的政府－私营合作安排会遇到的困难，而且尚不清楚在没有政府支持性举措的情况下这种尝试是否可能实现。

政府的计划和政策试图改变私营部门对风险和回报的看法，这些看法决定了私营部门创新的程度以及与太空商业发展有关的投资。太空商业投资的特点通常是资本投资大、投资回收期长、风险高。大型资本投资将由私营部门进行，但只有当私营部门认为有可能在可接受的风险水平下实现足够大的投资回报率时才会发生。因此，政府的一种潜在作用是减少这些投资障碍，从而增加私营部门投资的可能性，这对美国经济是有利的。

总的来说，政府可以通过选择性地影响风险感知水平（商业和技术）以及提高太空相关商业投资回报率的潜力来鼓励太空商业的持续发展。政府可以通过以下举措实现该目标：

1）创造新的投资机会（例如通过发展新的基础设施来实现）；

2）减少私营部门的风险感知（例如通过开展技术开发和论证计划实现）；

3）通过减少私营部门与高技术商业相关的初始资本负担和/或增加产品/服务市场，来提高投资回报潜力；

4）提高对有利于私营部门投资的机会、技术和政策的认识。

图2－26中给出的例子是为了说明公共部门计划可以对私营部门投资决策产生的影响，这里通过减少私营部门风险感知和将资金负担从私营部门转移到公共部门来实现。这个例子说明了政府论证计划对私营部门的影响。图2－26还阐明了一种常见情况（例如先进通信技术卫星），其中私营部门正在考虑对商业（需要大量的开发工作以最终进行可行性论证）进行投资。图2－26（a）说明了私营部门全额投资（包括论证计划）的影响，给出了敞口（负债曲线的最大值——累积现金流的负值）、投资回收期和投资回报率的可变性程度。

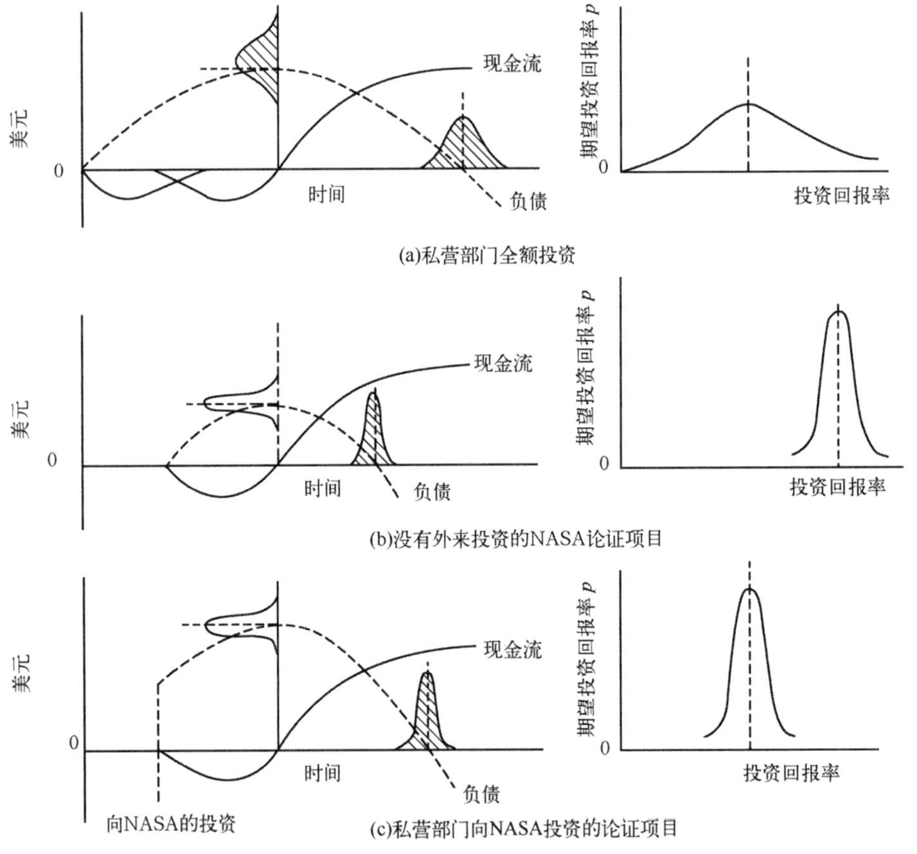

图2－26　公共部门论证计划对私营部门的影响

可变性的很大一部分是论证计划的成本和结果的不确定性导致的。

图2-26(b)说明了NASA在没有获得私营部门投资的情况下，进行开发和论证计划(例如对地观测卫星、对地资源卫星和先进通信技术卫星的开发和论证)对私营部门的影响。需要注意的是，私人部门的风险敞口、敞口的可变性、投资回收期和投资回报率都会降低；同时预期投资回报率有所增加。这是因为消除了论证计划中成本和结果的不确定性(私营部门决策可等待NASA计划的结果)，并消除了私营部门论证计划的资金需求。

图2-26(c)给出了在获得私营部门投资以支付论证成本的情况下，例如使用了NASA资助的论证卫星(即地球资源卫星和先进通信技术卫星)然后付还其成本时，对NASA论证计划的影响。投资使得预期敞口和投资回收期有所增加，并使得预期投资回报率有所降低。注意，在性能衡量的可变性方面[相对于图2-26(b)]没有变化。显然，方案B比方案C更可取，而方案C比方案A更理想。同样显而易见的是，政府行动的进程可能影响私营部门参与这种假想商业的可能性。由于NASA或公共部门的收益是私营部门投资决策的函数，因此每种方案的收益各不相同。

图2-26中所示的三种情形在图2-27中针对投资似然曲线(见2.4节)进行了叠加，以说明公共部门计划可能对私营部门投资决策产生的影响。点A代表了私营部门认为在没有政府支持的情况下实施计划的后果；点B代表相同的商业情形，但政府对论证计划进行资助；C点也代表了相同的商业情形，政府也对论证计划进行资助，但需要从未来收益中扣除其投资。这些点证明了公共部门对私营部门投资决策的影响，这种影响通过降低风险感知、将资金负担从私营部门转移到公共部门来实现。扣除政策(即向NASA偿还所提供的服务)的影响将点B推向点C，从而降低私营部门投资的可能性。当然，政府机构需要为提供的服务支付费用，但这必须通过其对总收益的影响来进行调节——真正的目标应该是使收益最大化。

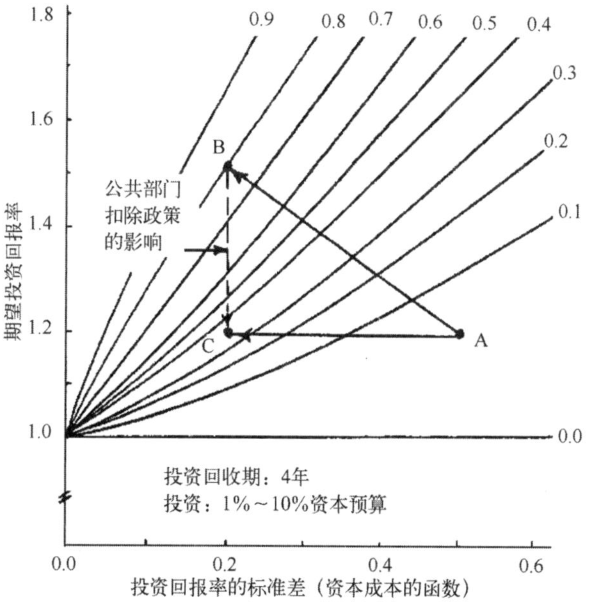

图2-27　投资可能性与预期投资回报率、风险之间的关系——公共部门论证计划的影响

投资似然曲线的意义在于它们提供了用于定量表明和衡量政府计划与政策对私营部门投资决策的影响的机制和联系。这些计划和政策的价值来自于改变私营部门的决策，并源于如果不执行政府计划将放弃的收益。公共部门计划影响私营部门投资决策从而产生的预期效益如下

$$收益 = \alpha_b \times NPV_b - \alpha_a \times NPV_a - PVC$$

其中NPV_b 和NPV_a 分别是有和没有政府计划(即开发、论证、激励或其他形式的政府计划)的公共部门预期效益；NPV_a 和NPV_b 的值可以使用成本收益方法来确定公共部门的收益[这将在4.2节和4.4节中进行讨论，即关于政府计划对美国提供的发射服务的市场份额的影响，市场份额的变化以及总发射数量和损失(或获得)每次发射机会的经济影响，将在4.9节中进行讨论，从而了解政府政策和计划的潜在经济影响]；PVC是公共部门计划成本的预期现值；α_b 和 α_a 分别是从投资似然曲线中获得的在有和没有公共部门计划的情况下，私营部门投资的概率。显而易见，α_b 和 α_a 之间的差异对公共部门的收益有重大影响；同样明显的是，α 的值不应随意地在有公共部门计划时选为1.0，而在没有公共部门计划时选为0.0。α 的值只能通过政府规划和评估私营部门的业务情况来进行适当选取，其中需明确考虑对不确定性的定量估计和公共部门计划对这些不确定性的影响。

可重复使用运载火箭计划特别令人感兴趣，因为它是一项目前旨在影响私营部门投资决策的活动，并且具有较大的资本投资、较高风险和较长投资回收期的一般属性。由于该计划的目标是让私营部门开发、建造和运营一个可重复使用运载火箭“箭队”，并为商业和政府用户提供太空运输服务，因此私人投资和融资至关重要。一些主要的投资机构表示，在技术风险消除之前不可能进行资本投资[这是从基于单级入轨技术开发的业务例如“冒险之星”(Venture Star)中获得的经验]。

正如前面指出的那样，私营部门投资决策通常基于对一些财务状况衡量标准的考虑，包括预期投资回报率、投资回收期、资本要求和风险因素(由投资回报率或其他指标的可变性表示)。一般来说，私营部门的投资决策涉及对潜在的商业机会进行评估，并考虑在预期投资回报率、风险和投资规模等必须在可接受范围内的因素之间的权衡，例如预期投资回报率必须超过所能接受的最低投资回报率。然而，必须超过的这个投资回报率或预设回报率与风险感知的水平相关，预设回报率的增加可以抵消风险的增加。此外，预期投资回报率和预设风险通常也与所需投资的规模有关。因此，政府计划可以通过其对风险感知(即通过降低风险)和所需投资的影响来影响或改变私营部门的投资决策。旨在影响私营部门投资决策的有效政府计划，其目标应放在妨碍投资的特定投资机会方面——如果认为投资回报率过低则增加投资回报率，如果认为风险过高则减小风险。

例如，如果认为风险过高，则通常需要采用旨在降低风险的计划(具体来说可能与市场不确定性、技术性能不确定性、日程不确定性等有关)，而不需要旨在增加预期回报率以抵消风险感知的计划。在这种情况下，对私营部门的影响是通过减少私营部门的风险感知和/或敞口、增加私营部门开发和销售可得利的产品和/或服务的可能性实现的。

显然，由于政府行动改变了私营部门的投资决策，便可以从中获得收益。在大多数情况下，这些收益只有在投资决策被改变、完成了所需的投资、商业最终得到资助并且被证明是成功的情况下才会发生。因此政府在分配其稀缺资源时，必须考虑其改变商业投资决策的可能性和由此产生的商业可行性。

上面描述的投资似然函数是为了让政府规划者了解他们的政策和计划可能对投资决策产生的影响。投资似然函数本质上是一个多属性效用函数，将投资的可能性与若干重要的财务状况衡量标准相关联。由于那些与建立政府政策和计划相关的人员缺乏对私营部门投资决策的直接控制，因此有必要找到一些可用于预测私营部门对政府政策和计划的反应的指标或度量标准。多属性调查结果可满足此目的。

有很多政府举措都可单独和/或共同影响私营部门的投资决策，并可用于实现公共部门的目的/目标，包括以下内容。

贴息贷款是以低于市场价格利率提供的贷款，由政府来支付贷款利率和市场利率之间的差额，这样可以减少预期年度费用，增加预期年度利润和现金流以及减少预期负债。根据企业的债务/股权结构和贷款补贴的持续时间的不同，可能会对企业的预期贴现投资回报率产生很大影响。然而，贷款补贴对于风险感知(根据财务状况衡量标准的可变性来定义)影响很小甚至没有影响。政府的成本包含市场和贷款利率之间的差额、作为时间函数的贷款规模，以及由于投资可能性变化而导致的财务收入变化。

贷款担保[24]是由商业机构提供的贷款，其贷款利息和偿还由政府担保。政府偿还担保的目的是降低由于风险的减小(对借贷机构来说)而产生的贷款成本。对贷款担保方财务状况的影响与贴息贷款的影响类似，但影响较小。贷款担保旨在降低企业的总资本成本，从而对预期的财务状况衡量标准产生影响。但是在出现违约的情况下，贷款担保将根据未偿还贷款的规模而使政府面临风险(这对预算评分有影响，在贷款担保时可能对代理机构预算产生很大影响。国会预算办公室通常会对政府承受的风险水平进行评估，将风险水平乘以风险金额以确定所需的预算抵消)。贷款担保的后一个属性很重要，因为实际上它消除了投资方所关注的技术风险，如果公司没有达到适当的绩效水平，那么公司可以选择违约，留下政府“背黑锅”，而借贷机构不会因为没有达到预期技术性能而受到影响。

税收政策意味着在指定的时间段内支付税款。通常假设，免税期仅与通过太空相关商业(例如可重复使用运载火箭商业)获得的收入有关，在需要对利润进行缴税时，免税期会有一定的作用。在新的商业情形下，通常包括技术和产品开发阶段、启动阶段，然后是持续的商业运营阶段。在初期阶段及后期的最初阶段将产生损失，并且不需要缴税，这些损失通常可以结转以抵消运营利润。因此在可重复使用运载火箭商业情形下，免税期可能在很长一段时间内作用很小甚至没有作用。免税期很可能对负债的最大值(即所需的投资水平)和风险都没有影响，但可能对投资回收期产生影响。根据免税期持续时间不同，可能对内部回报率产生较大影响。但这将是未来事件的结果，在决策过程中的重要性可能小于短期内的影响因素[25]。

税收抵免政策是对由于投资研发、增加雇佣等产生的税收的抵消，并可能用于抵消非可重复使用运载火箭的利润。这将抵消免税期的一些缺点，因为它将在短期内产生更大的影响。即使税收抵免的幅度可能小于免税期(当企业盈利时)，但可能在决策过程中更为重要，因为它们可在短期内发生。相比于免税期，税收抵免将对债务和投资回收期产生更大的影响，但对内部回报率的影响较小且对风险没有影响。

主要租赁代表着政府就使用产品和/或服务签订长期协议，这已成功地用于 Spacehab 任务，并且可能对与可重复使用运载火箭发射服务商业投资相关的决策产生重大影响。这将/可能对市场不确定性的认知有重要影响，但需要进行立法才能促使这种情况发生。因为市场不确定性是风险感知的主要来源，所以主要租赁可能对风险减少（和可用融资的形式）产生重大影响，但它对预期负债、投资回收期和投资回报率几乎没有影响。

研发和研发测试评估的参与意味着政府将分担与技术开发、论证和测试相关的成本，具有使政府分担商业的一次性成本（前端融资）的效果，这种分担减少了工业投资，因此减少了债务的预期最大值。由于债务的减少，预期回报期也相应减少，并且预期内部回报率有所增加，通过成本分担协议还可以降低风险。如果参与研发测试评估可以通过有利的定价或其他机制进行恢复，那么可以显著降低对投资回收期和内部回报率的影响。

保险担保人是政府的一种角色。考虑到第三方责任保险或发射保险的可用性及定价，太空保险行业不太可能做出长期承诺，因此能否从灾难中进行恢复也具有不确定性。政府作为最后的保险方或作为支持保险提供方的短期资源提供者，可能对风险感知产生显著影响。

政府可以参与债务/股权，可以参与公司（即投资者）的债务/股权结构，就像美国参与提供国际通信服务的通信卫星公司的初期创建和运营一样。直接的投资参与将减少（来自资本市场的）资金需求，并可通过政府参与来影响风险感知。

如图 2－28 所示，包含了政府计划/政策，旨在通过降低风险和资本形成来改变私营部门的投资决策。表 2－2 中总结了若干上述政府举措和决策变量与 X 的数量之间的关系，X 表示它们在实现目标方面的相对重要性。

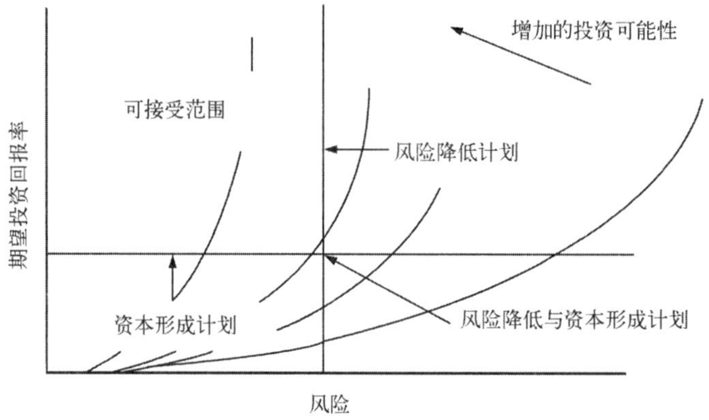

图 2－28　风险－回报关系及政府计划的影响
（曲线形状是预期投资回报期、风险投资规模的函数）

表 2－2　政府举措和私营部门决策变量之间的关系总结

政府举措	决策变量		
	预期投资回报率	风险	所需资本
研发	—	XXXXX	—
税收政策	XXX	—	—
成本分担	XXXXX	—	XXXXX
贷款担保	X	XXX	X
低息贷款	XXX	—	XXX
主要租赁	—	XXX	—
主要租赁（有终止责任）	—	XXXXX	—

为了评估政府的举措，需要评估这些举措对私营部门投资决策的影响，政府对这些私营部门控制有限或没有控制。因此从政府的角度来看，只可能预测那些根据给定的财务状况衡量标准做出的具体决策的概率和可能性。根据政府对私营部门商业分析的结果，以及政府计划和政策对这些商业的影响，应该制定出用于估计私营部门投资可能性的绩效指标或度量标准。由于已经进行了调研并得到了预期投资回报率、风险、预期回报期和投资规模上的投资似然函数，连同调研中决定投资可能性（作为政府举措的函数）的投资似然数据结果，成为了重要的度量标准。财务状况衡量标准起到中介作用，并在确定每个政府举措导致的投资可能性的变化时需要用到。

总之，需要考虑两种类型的标准：对从事太空相关商业规划的财务规划者来说重要的度量标准，以及那些对政府规划者来说重要的度量标准（涉及制定政策并在商业太空企业支持下分配稀缺资源）。在前一种情形下，投资回报率、净现值、投资回收期和风险的定量测量等度量标准在建立价值和可行性方面很重要。然而，考虑到许多太空相关投资活动的规模，被认为具有较高风险的太空商业的融资可行性仍然值得关注。已经提出的财务状况衡量标准（特别是包括风险的量化衡量标准），可用于评估获得融资的可能性和资本结构的形式（可增加融资的可能性）。

在后一种情形下，政府可以利用类似的度量标准（即预期回报率、投资回报率的标准差、预期回收期和预期投资规模）来评估个别政府举措和所选政府举措的组合对私营部门太空运输投资决策的影响。然而不止于此，政府还必须确定各种考虑中的政策和计划可能产生的收益和成本。这意味着需要制定度量标准，以表明投资可能性的变化、政府成本节约和经济影响（以就业机会创造和财务收入的形式呈现，由市场份额的变化和发射服务需求的变化引起）。

在结束政府对私营部门投资决策的影响这部分内容之前，回顾一下由 NASA 给出的、并用于分析政府计划和政策对可重复使用运载火箭商业绩效的潜在影响的信息，是一件有意思的事情。图 2－29 再现了 NASA 给出的图片[26]，旨在表明可重复使用运载火箭激励的有效性。图中从政府计划/政策成本的净现值方面，给出了各种政府计划和政策对行业内部回报率的影响。以这种方式，说明了涉及政府贴息贷款、政府参与研发测试评估、免税期、主要租赁、研发税收抵免和政府担保贷款等对计划的影响。将各种计划和政策的影响放在同一个图表上，也就意味着可以将这些计划和政策对内部回报率和政府净现值的影响进行比较。这也就代表着，能以最低成本对内部回报率产生最大影响的计划/政策是最可取的。遗憾的是这并不是事实，正如前面所述，与税收抵免、贷款担保等相关的计划/政策将影响期望值，而与主要租赁相关的计划/政策将影响风险感知，并且与政府参与研发测试评估相关的那些计划/政策将同时影响期望值和风险感知。由于没有体现风险维度，它们的影响不能也不应该被描绘成图 2－29 所示的情况。因此，税收激励被认为优于主要租赁等其他主要影响风险维度的政策，并且与税收政策相比可能对决策有着更大的影响。由于这种类型的经济比较（图 2－29）的结果，政策制定者可能被误导做出错误的决定，而将公共资金用于无关紧要的计划。

在对比中必须考虑各种计划/政策对考虑多重决策属性（预期投资回报率、风险、投资回收期和投资规模）的私营部门投资决策的影响。如前所述，一个重要的度量标准是投资可能性的变化，它是政府计划/政策的结果。如果投资决策没有发生改变，那么政府计划/政策就没有价值。

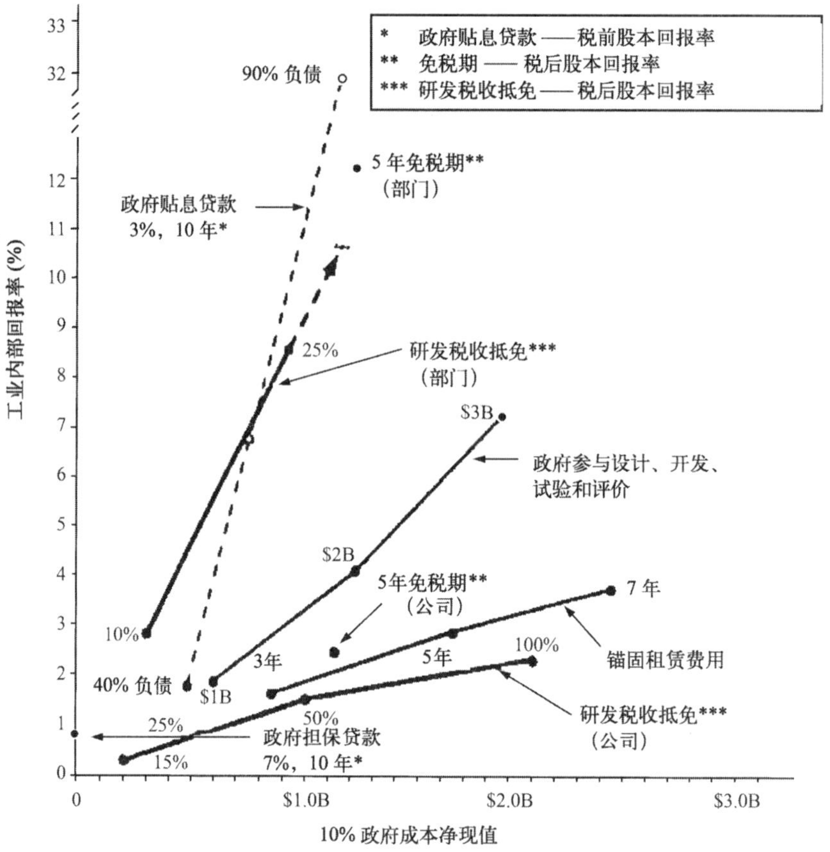

图 2-29　可重复使用运载火箭激励的有效性[26]，永远不要相信你所看到的表象

2.6　可选方案(太空运输方案)对比

在 2.4 节中我们对决策数据库进行了介绍，可用于评估政府计划和政策对私营部门投资决策的影响。收集的数据考虑了个人投资决策，同时考虑了决策之间互相独立但不互相排斥的一般情形，即资金被认为可用于投资、且选择一项投资不会妨碍其他投资。然而在很多情况下，投资机会之间是互相排斥的，例如卫星通信服务提供商在选择发射通信卫星的发射服务时，这种情况就会出现。选择发射服务 A 也就排除了对发射服务 B 的选择。(当然如果要发射多颗卫星并且考虑发射服务的组合时，选择一个组合也就排除了对另一组合的选择。)可以说这些可选方案之间是相互排斥的，并且对它们进行分析需要获取决策数据库。建立该数据库的方法和获得的结果在下文中进行描述。

为了更好地了解发射通信卫星的太空运输服务需求的特点，有必要了解财务状况衡量标准对选择可选方案的影响。基本的、一般性的问题是：假设已做出向通信卫星商业提供资源的决策，并且存在多种实施方案(例如对具体的太空运输服务进行选择，如阿里安运载火箭、宇宙神运载火箭、长征系列运载火箭等)，根据所产生财务状况衡量标准的差异，选择不同可选方案的几率有多少?

显然，在没有风险且所有其他因素都相同的环境中，应在所有可选方案中选择使现金流净现值或投资回报率最大的方案。考虑风险因素之后问题变得更加复杂，因为必须理解风险感知和其他财务状况衡量标准之间的权衡。换句话说，需要建立选择方案 A 而不是方案 B 的可能性。这相当于为方案 A 和方案 B 确定预期的市场份额。这将在4.2 节中进行更为细致的讨论。

在用于评估选择一种方案还是另一种方案的可能性(即市场份额)的方法中，将对运载火箭和发射服务属性的感知与根据财务状况衡量标准可能做出的决策分离开来。换句话说，每个运载火箭及服务具有与之相关联的一组属性，例如价格、可靠性、最终有效载荷配置精度、日程表和可能的延迟。用户对这些属性的感知将影响由此产生的商业财务状况预测，因此对每个发射服务的选择将导致不同的财务状况衡量标准组合。(4.1 节中描述的 DOMSAT 金融规划模型是专门开发的，以用于将运载火箭和服务属性转换为商业财务状况衡量标准，然后根据它确定选择方案 A 而不是方案 B 的可能性。)假设对特定发射服务的可能选择是所得到的财务状况衡量标准组合及其与投资态度的关系的函数。我们关心的是与后一个主题(即与财务状况衡量标准有关的投资属性)相关的数据收集。

假设已经做出了投资某个业务的决策，接下来的目标是确定投资一种可选方案相对于其他可选方案的可能性(例如决定发射一颗或多颗通信卫星，那么问题是从将使用的运载火箭/服务的几种可选方案中进行选择)。这是通过一项调研实现的，其中对多种假想的可选方案给出了归一化投资回报率(即投资回报率除以资本成本)的直方图或概率分布，对其进行比较，并记下投资决策。考虑概率分布，便于得到可选方案的期望值和风险维度，并可以对风险规避偏好进行权衡。风险维度由归一化投资回报率 R 的概率分布的展形或标准差来表示。

对运载火箭进行选择必须考虑风险维度，因为运载火箭/服务属性(如可靠性、配置精度、日程表和延迟)对整体商业风险的差异有显著影响。因此，调研中给出了许多商业情景的 R 直方图，并且受访者对这些假想的情景做出了选择。所得到的决策数据库基于大约 15 份有用的调查问卷的反馈。

图 2－30 给出了向被试提供的说明。所有被试在调查问卷分发之前都是通过电话联系的，并在被试收到调查问卷后、在返回调查问卷之前拨打后续跟踪电话。调查问卷中的所有问题都与选择一个方案(A)还是其他方案(B)有关，而其他可选方案有四种(B1 ~ B4)。

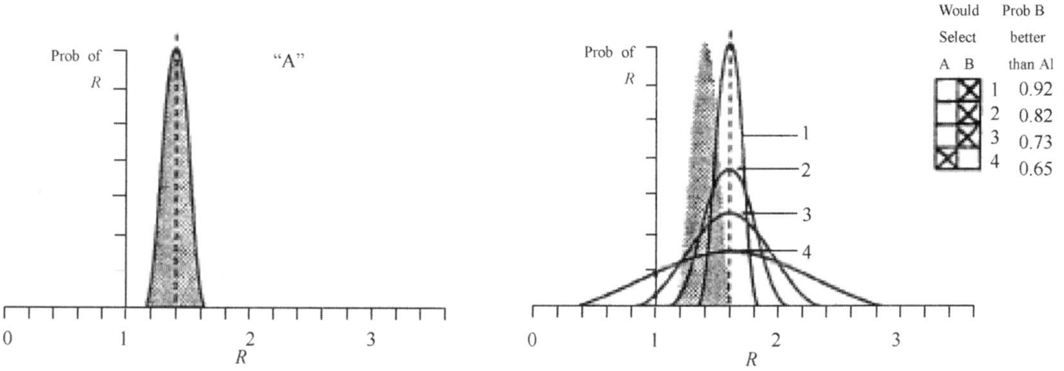

图 2－30　问卷回复说明

调查问卷中的每一列允许将方案 A 和 B 进行比较，其中在页面下方的对比中方案 B 具有更大的期望值。问卷中的每一列都考虑可选方案 A，但具有不同的期望值。调查问卷共包含4 页，每页的可选方案 A 不同(具有不同的风险表征)。因此，进行了 60 组不同的比较，以得到似然函数。图 2 -31 给出了 4 张调查问卷中的一张。

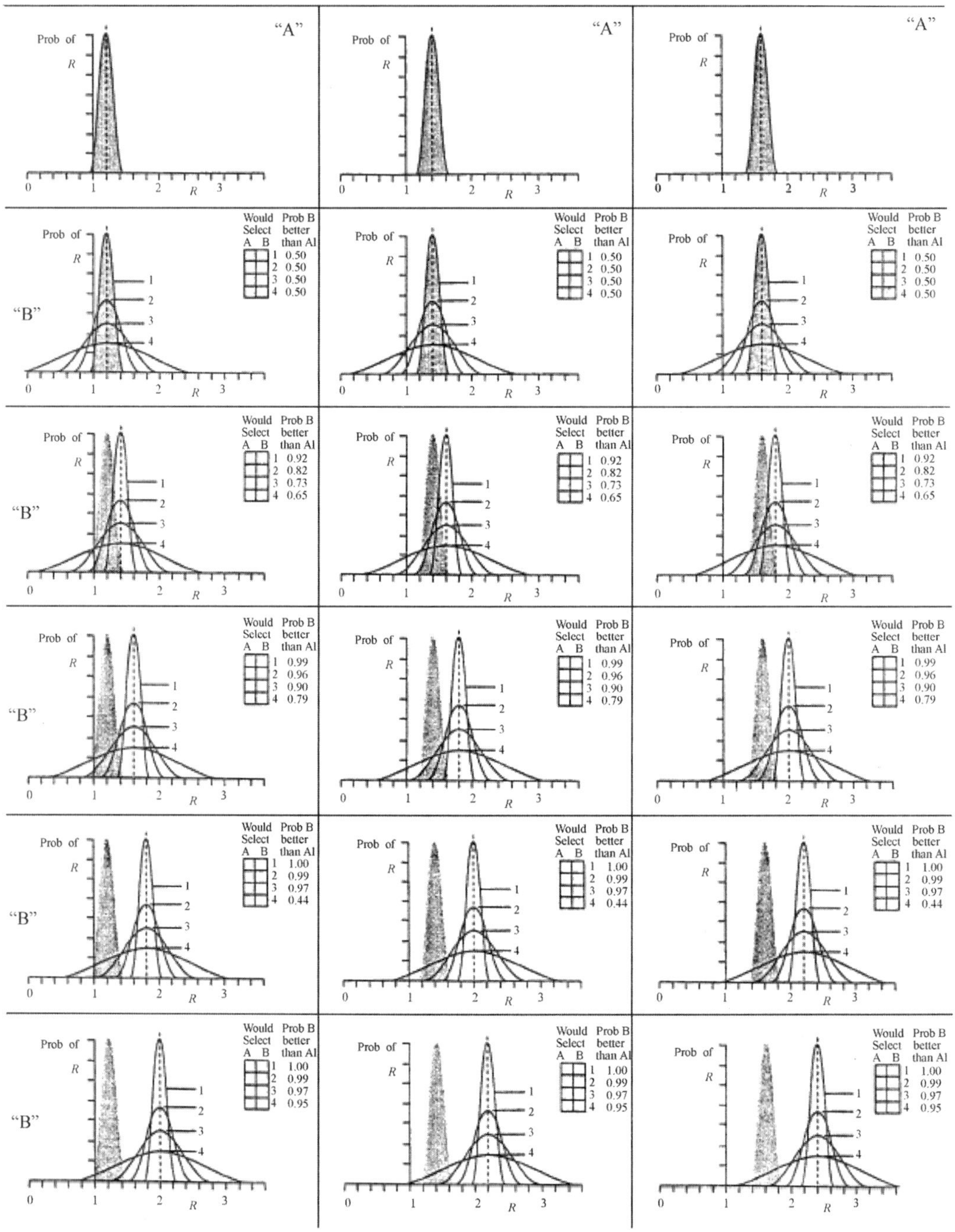

图 2 -31　4 张数据收集调查问卷中的一张

根据收集到的数据建立的决策数据库如图 2－32 所示，图给出了根据可选方案 X 和 Y 的预期投资回报率之比以及两种方案的预期投资回报率标准差之比，来确定选择方案 X（相对于方案 Y）的几率。例如似然函数表明，当方案 X 和方案 Y 的预期投资回报率之比为 0.8、方案 X 和方案 Y 的预期投资回报率标准差之比为 0.5 时，将有 40%的可能性选择方案 X 进行投资（或称发射服务 X 的市场份额为 40%）。如果进行了一项政府计划，使得与方案 A 相关的风险感知有所减小，并使方案 X 和方案 Y 的投资回报率标准差之比降低到 0.4，那么方案 X 的市场份额将增加到 50%。由改变市场份额的政府计划产生的收益显然是市场份额变化的函数。如果预测市场份额没有变化，那么显然没有从政府计划或政策中受益。

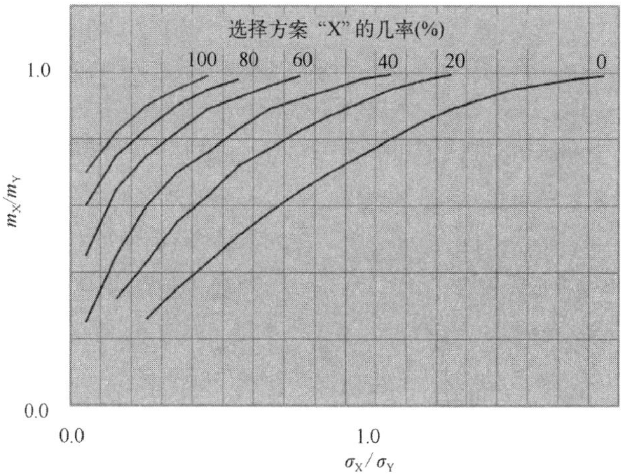

图 2－32　互相排斥可选方案的投资似然函数

似然函数也可以由参与开发和/或提供太空运输服务的参与者以相同的方式使用。例如，竞争性投标价格（用于提供发射服务）的变化可以根据赢得竞争性采购的可能性的变化来进行评估。

2.7　研发规划

研发计划有很多规划和评估方法，本节仅讨论其中一种方法。这些方法包括仿真建模、线性规划和整数规划建模，以及使用特定算法来进行排序和项目选择。例如 RADSIM[7,27] 的仿真建模应该用于长期、多阶段研发计划的规划，尤其是在不确定项目会取得成功的情况下。值得注意的是，NASA 选择不为当前的低成本太空运输和太阳能发电计划进行这种仿真建模，尽管每个计划都需要长期、多阶段努力，并旨在实现重大的技术进步且不确定会取得成功。线性规划和整数规划方法试图通过使用数学算法，在给定成本和/或其他约束的情况下建立项目的组合，以实现最大化的收益。特定的算法已经得到了使用，例如为项目的可能投资组合中的每个项目建立收益－成本比，并对项目进行选择，从最高收益－成本比到最低的收益－成本比进行排序，直到受到资源约束。后一种方法相对简单，并在项目期限相对较短且较为独立、项目管理对更复杂的方法的理解有限时，该方法效果相当好。

目前正在对技术方案进行处理，并正在评估和修订政府政策，以便能够采用新的低成本太空运输系统。由于新的太空运输系统需要较高的成本和较长的开发时间，因此它们的使用寿命必须在可行范围内尽可能长。这已经(并且很可能将继续)通过投资于研究和技术计划来实现，这些计划将促进运载火箭属性的改进。这些改进使美国的太空运输系统在国际竞争中保持合理的竞争力，并为那些采用改进后的太空运输系统的任务节约了成本。由于可能的研究和技术项目的资源需求通常超过可用资源，因此有必要以合理的方式从已经确定可利用现有资源来进行的可能项目中选择一组项目。

技术项目的目标是改变运载火箭属性，例如成本、可靠性、运载能力和日程表(周转时间)。运载火箭属性的变化直接影响那些采用改进后的运载火箭的任务的价值(民用和军事任务的成本节约、商业任务的现金流净现值的增加，以及所有任务安全性能的提升)。此外，通过改变关于运载火箭选择的用户决策，市场份额的变化将反映运载火箭属性的变化。出于改善用户经济性(由于改进的运输服务属性)而引起的选择变化，将导致市场份额的增加，从而增加美国运载火箭销售额，包括出口的增加、就业的增加和财务收入(政府在考虑对技术开发和论证方面投资时的关注领域)的增加、选用改进的发射服务的美国商业用户所增加的现金流净现值(由于运载火箭相对于其他竞争性选择的改进)和/或发射服务提供商所增加的现金流净现值。(用户和提供商之间的利益分配取决于发射提供商是否改变定价，以抵消由于其他运载火箭属性的改进而导致的价格增加。)

因此，技术方案的价值可以通过其对民用和军事方案的成本节约(净现值)、对商业任务现金流的增加所产生的财务收入净现值的增加、增加的财务收入(或增加的就业、增加的出口)的净现值所代表的市场份额增加所产生的收益。前两个领域可以认为与原来具有同等的收益能力(即对美国发射服务的需求没有变化)，而认为后者的收益能力增加[即由总需求(价格弹性的结果)的变化和对美国发射服务(由于价格弹性和市场份额的变化)的需求引起]。表2-3中通过宇宙神运载火箭或德尔它运载火箭的额外发射，给出了竞争力提高的典型影响以及1994年第4季度的影响(即美国是否占领了国外发射市场)。这些影响的产生在2.9节中进行介绍。

表2-3　发射竞争经济影响总结(相对于美国公司赢得竞争的情形)

影响方面	单次发射典型影响		1994年第4季度影响
	宇宙神运载火箭	德尔它运载火箭	
出口减少(百万美元)	100~165	45~94	445
就业减少			
直接(人年)	2 550~5 120	1 060~2 930	13 362
间接(人年)	3 580~7 000	1 510~4 010	18 389
总数(人年)	6 130~12 130	2 580~6 940	31 751
联邦收入减少(百万美元)	50~110	20~63	281

下文简要地描述了一种资源分配方法，该方法适用于与旨在改进太空运载火箭属性的研发有关的投资决策。我们将重点放在相关研究和技术项目上，以预测发射服务属性的变化，然后将发射服务属性转换成同等的能力收益和增加的能力收益，其中增加的能力收益

与用户决策相关(受感知的财务状况衡量标准的变化影响)，从而导致市场份额的变化。(在分析中没有考虑到价格下降导致的需求变化，但很容易将其考虑在内。)市场份额的变化将与出口、就业和财务收入的变化有关，同时考虑了直接和间接影响。然后确定了一种可以利用获得的收益和成本来建立有效的技术投资组合的算法。尽管下文的重点在于政府投资决策上，但同样的过程也适用于考虑私营部门投资，只是其中对收益的解释有所不同，接下来将进行讨论。

当资源需求超过可用资源(经常是这种情形)时，往往提出并遵循一种正式程序，以便以合理的、有根据的方式分配资源，以实现从稀缺资源(成本)分配中可获得价值(收益)最大化的目标。目前已有很多不同的资源分配方案/算法，包括基于使用正式的研发仿真模型、基于线性规划和整数规划方法的数学模型和启发式算法[28]。

研发仿真方法试图确定由多个并行或串行的项目组成的可选研发计划的结构以及与之相关的不确定性。换句话说，所要确定的多阶段项目可以在每个阶段完成时通过获得的结果和决定做出决策，各阶段是高度相关的[7]。目标是确定多个时间阶段项目的设置和安排，其中决策规则与项目开始和终止相关，旨在最大限度地提高整个项目成功的概率，同时使成本最小化。这种方法在处理具有相当大的不确定性和风险的长期多阶段计划时是最合适的，并且当考虑整个计划的结果时各个项目的结果是高度相关的。

数学建模方法试图利用正式的线性和/或整数规划方法，在给定单个项目的收益和成本，以及相关的总体资源约束的情况下，来实现收益最大化。可以考虑多种收益、成本和资源类别，并且它们可以是时间的函数。最后，启发式算法试图提出一种合理的方法，它可能从研发项目投资组合中获取接近于最大化的收益。

考虑使用启发式算法来解决当下的问题。假设每个技术项目可以用成本和效益进行表征，更具体地说，预计由项目产生的收益净现值和项目的成本现值(Present Value of Cost, PVC)。(如果多个技术项目的结果是高度相关的，和/或所产生的收益被认为是不独立的，那么可以把一组项目视为单个或重点项目。)启发式算法包括以下步骤：

1)计算每个项目的成本现值(当成本持续多年时有必要)[PVC(P)]，其中 P 是项目标识符；

2)计算项目实施预计产生的净现值(项目收益的现值减去技术项目实施结果所产生的成本现值)；

3)建立项目效益成本比[$B/C(P)$ = NPV(P)/PVC(P)]；

4)从可用资源中确定将(在规划年度内)消耗的项目成本；

5)根据计算的收益成本比 B/C 为项目排序；

6)根据排序顺序列表选择项目，直到可用预算耗尽。

图 2-33 给出了该过程的总结，其中横轴代表项目列表的排序(按照收益成本比)，而纵轴代表了可能收益的百分比(如果资源足以承担所有确定项目时，由所选择的已排序项目产生的收益与收益净现值之比)。纵坐标还包含可用资源的水平。如果将所有资源都分配给了项目，根据排序(按照收益成本比)的项目清单，直到可用资源耗尽，便可以获得可能收益的百分比。可以对启发式算法的结果进行调整，以反映在收益成本比方法中没有包含的特定要求，并且可以从“强制”解决方案中得到可能收益的百分比变化。

以下段落主要涉及在这种启发式算法中可以使用的收益和成本的获取，并包含其他定

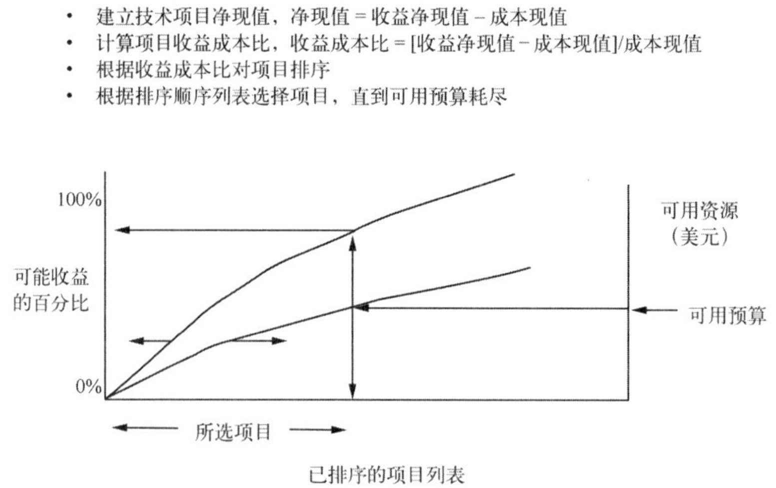

图 2 − 33　资源分配算法

性收益(例如安全性的提升)。图 2 − 34 概述了与改变发射服务属性(例如可靠性、成本、运载能力等)的技术项目相关的资源分配过程。技术导向的分析实现了对技术项目、成本以及它们对运载火箭服务属性的预期影响的定义；而经济导向的分析将运载火箭服务属性影响转化为任务影响和相关收益，然后在资源分配算法中使用收益和成本，并考虑资源约束，来对项目进行优先级排序。

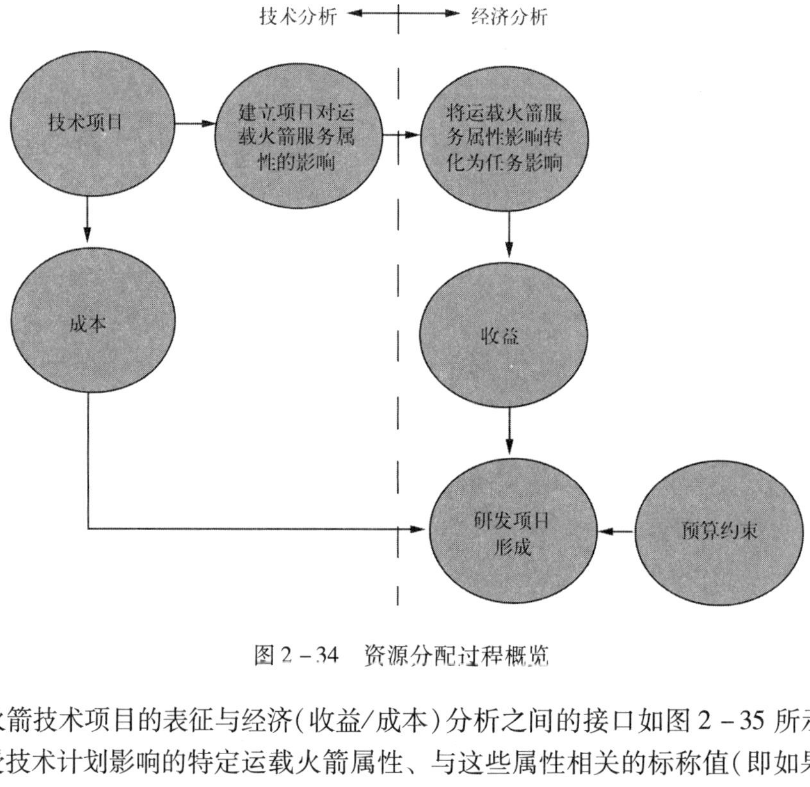

图 2 − 34　资源分配过程概览

运载火箭技术项目的表征与经济(收益/成本)分析之间的接口如图 2 − 35 所示。这包括确定可能受技术计划影响的特定运载火箭属性、与这些属性相关的标称值(即如果不进行技术项目所对应的属性的值），以及技术项目在它们将引起的标称属性值改变的百分比方面的目标。由于项目可能不是独立的（即影响可能不是线性相加的），因此也可以考虑综合影响。

运载火箭属性	标称值	技术项目影响 [% 改变]				综合影响 [%]
		项目A	项目B	···	项目N	
成本 [百万美元]						
可靠性 [第一级]						
可靠性 [第二级]						
近地轨道运载能力 [kg]						
地球静止轨道运载能力 [kg]						
定位精度 [m]						
可用性 [天]						
⋮						
技术项目成本 [百万美元]	╳					

图 2－35　经济计划对发射服务属性的影响表征

发射服务属性可以通过使用 DOMSAT 和 SATCAV 或类似的仿真模型转换为任务价值（这些模型将在 4.1 节中讨论）。需要考虑一些典型的任务（例如固定卫星通信服务、卫星直播通信服务、GPS 等）及其使用运载火箭属性的标称值、相对于任务价值（通信卫星任务的现金流净现值可以使用 DOMSAT 模型确定，政府和其他任务生命周期成本的现值可以使用 SATCAV 模型确定）建立的价值的变化（代表任务计划的价值）。预期结果以灵敏度系数的形式表示，如图 2－36 所示，在某些情况下灵敏度系数可能不是线性函数，这些灵敏度系数用于确定单个任务的技术项目的经济价值。必须对所得到的结果进行修改，以对每年和超时的任务数量（所考虑的每种类型）进行解释，这些数量通过贴现进行了适当调整。这通过以下段落中的例证来描述。

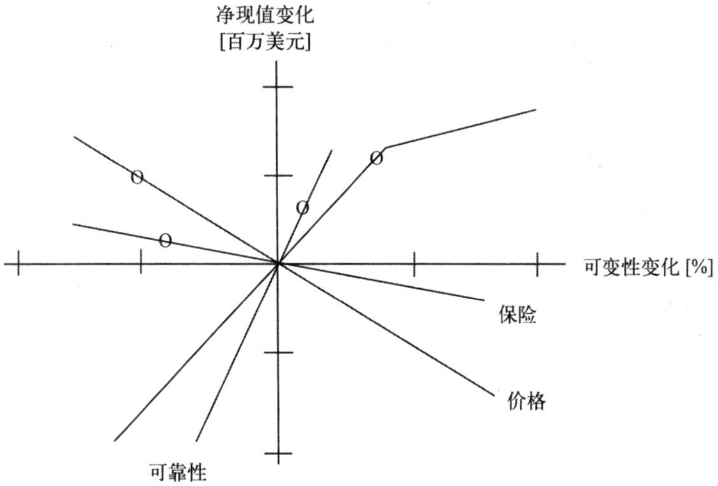

图 2－36　将发射服务属性转化为任务价值

O—技术项目的结果所达到的值

上文描述了估计同等收益能力或成本效率的基本方法。此外，还必须考虑增加效益能力的部分，增加的效益能力是技术项目可能带来的国际竞争力变化的结果，也就是说，改进发射服务属性将影响用户感知的财务状况，这可能改变关于发射服务选择的决策，从而导致市场份额的变化。与国际竞争相关的不断变化的市场份额不仅会提高发射服务提供商的盈利能力，而且会影响出口/进口以及由此产生的直接和间接收入、就业机会创造和财务收入(在表 2 - 3 中示出)。

将发射服务属性转换为市场份额影响的过程如图 2 - 37 所示。DOMSAT 模型[已由联邦航空管理局(Federal Aviation Administration，FAA)/运输部门(Department of Transportation，DoT)用于了解发射服务属性对通信卫星商业财务状况和公平定价政策的影响]可用于建立代表性通信卫星商业的衡量标准(预期投资回报率、投资回报率、由投资回报率的标准差代表的风险)，其中使用了美国和美国之外发射服务的属性标称值。然后必须利用更改以后的(由于技术项目)发射服务属性进行重复分析，并将导致财务状况衡量标准感知的变化。这些变化将导致市场份额的变化。

图 2 - 37　将发射服务属性转化为市场份额影响

2.6 节中给出的调研以及得到的数据库，其目的是了解不同的财务状况衡量标准对特定发射服务选择的影响。研究发现，相对(竞争发射服务之间)的预期投资回报率和风险感知是选择发射提供商可能性大小的重要指标。图 2 - 38 给出了从调研中获得的结果类型，即考虑相对预期投资回报率和风险、选择方案 X 相对于选择方案 Y 的可能性。因此，利用例如宇宙神运载火箭和阿里安运载火箭的通信卫星商业分析，将首先利用宇宙神运载火箭和阿里安运载火箭的标称属性，这将产生选择宇宙神运载火箭的几率。然后使用宇宙神运载火箭的修改属性(这是技术计划的成功完成的结果)重新开始分析，并建立选择宇宙神运载火箭的新的几率。因为选择宇宙神运载火箭的几率和市场份额具有相同的意义[29]，选择可能性的变化相当于技术计划的结果所导致的市场份额的变化。因此，可以利用一种机制将市场份额与发射服务属性相关联，并将发射服务属性与技术计划相关联，其结果是建立该技术计划与市场份额变化之间的关系。通过利用表 2 - 3 所示的数据，即每年发射的数量以及由技术计划导致的市场份额的变化，可以确定增加收益能力的价值。

图 2 - 39 和图 2 - 40 给出了两个假想的例子，来说明针对技术项目建立收益成本比的方法，其中图 2 - 39 考虑的是单个项目，而图 2 - 40 考虑了三个互相关联的项目。唯一的

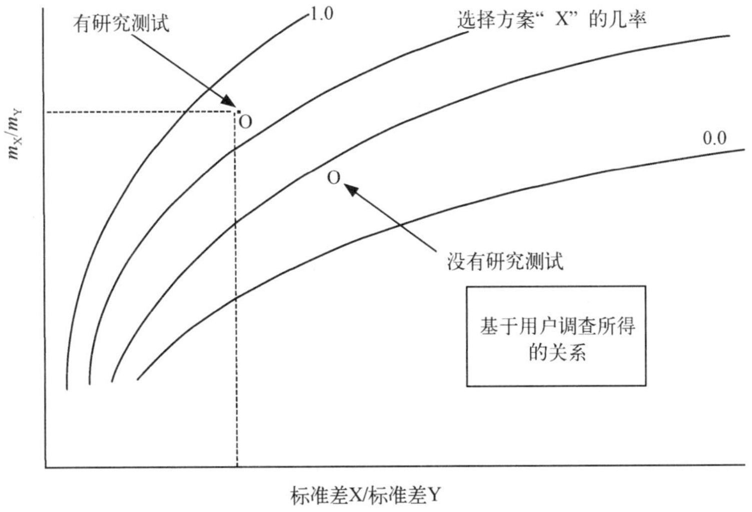

图 2－38　发射服务市场份额变化(选择与财务状况的关系)
(如果目标为方案 X 的研究测试项目可能会落到方案 Y 的范围内，则需要对方案 Y 的属性进行相应调整)

运载火箭属性	标称值	技术项目属性变化 [%]			总影响 [%]
		a	b	c	
* 成本[价格] [百万美元] * 可靠性 * 运载能力 [卫星寿命]	70 0.85 12	-5 +2			-5 +2
技术项目成本 [百万美元]		8			8

	灵敏性系数		净现值变化 [百万美元]	
	任务A	任务B	任务A	任务B
* 成本[价格] [百万美元] * 可靠性 * 运载能力 [卫星寿命]	-1.0 +1.5 +2.0	-1.0 +1.2 +1.5	5.0 3.0	5.0 2.4
净现值总变化			8.0	7.4

任务	数量/年	市场份额变化 [%]	财政收入变化 [百万美元]	节约 [百万美元]	收益 [百万美元]
A	2			16.0	16.0
B	4			29.6	29.6
C	5	5	75*5*0.05		18.8
D	5	3	75*5*0.03		11.3
				收益 [百万美元]	75.7
				收益成本比	9.5

图 2－39　项目评估的假想例子

运载火箭属性	标称值	技术项目属性变化 [%]			总影响 [%]
		a	b	c	
* 成本[价格] [百万美元] * 可靠性 * 运载能力 [卫星寿命]	70 0.85 12	-5 +2 	-5 +4	 +4 	-7 +5 +4
技术项目成本 [百万美元]		8	15	2	25

	灵敏性系数		净现值变化 [百万美元]	
	任务A	任务B	任务A	任务B
* 成本[价格] [百万美元] * 可靠性 * 运载能力 [卫星寿命]	-1.0 +1.5 +2.0	-1.0 +1.2 +1.5	7.0 7.5 8.0	7.0 6.0 6.0
净现值总变化			22.5	19.0

任务	数量/年	市场份额变化 [%]	财政收入变化 [百万美元]	节约 [百万美元]	收益 [百万美元]
A	2			45.0	45.0
B	4			56.0	56.0
C	5	5	75*5*0.05		18.8
D	5	3	75*5*0.03		11.3
				收益 [百万美元]	131.1
				收益成本比	5.2

图 2-40　项目评估的假想例子（相关项目）

区别是，前者中单个项目的影响是可以线性相加的，而后者不是[参见总影响(%)]。这两个例子都考虑了产生成本节约的两个一般性的政府任务（A 和 B）和涉及提供发射服务的国际竞争的两个一般性商业任务（C 和 D）。属性的标称值与技术项目的预期效果一起给出。此外，还指出了任务 A 和 B 的寿命周期成本（使用 SATCAV 模型得到）净现值的假设敏感性系数。总属性影响乘以这些敏感性系数便得到每个任务的任务净现值的变化。图中还给出了每年这类任务的数目。（例子中只考虑了一年，实际上在确定收益时应考虑多年和相关的贴现。）

由于假设 C 和 D 为商业通信卫星任务，且技术项目是利用 DOMSAT 模型和发射服务决策数据库的结果获得的，因此可能导致市场份额的变化。如果考虑三个不同的发射服务（a，b，c），认为它们的预期投资回报率值和风险由$\{m_a, \sigma_a\}$、$\{m_b, \sigma_b\}$和$\{m_c, \sigma_c\}$表示并用 DOMSAT 模型确定，所得的$p_{a/b}$、$p_{a/c}$等值由图 2-38 来确定，因此可以确定发射服务 a 的市场份额 S_a，即

$$S_a(\%) = \frac{100 \times [p_{a/b} + p_{a/c}]}{[p_{a/b} + p_{a/c} + p_{b/a} + p_{b/c} + p_{c/a} + p_{c/b}]}$$

将市场份额的变化乘以竞争的数量，那么由竞争“胜利”导致的财务收入的可能变化便决定了增加的收益能力。对于政府任务来说，收益就等于成本节约。将收益求和并除以技

术项目成本，即得出将在优先化算法中使用的项目收益成本比。

从发射提供商的角度来看，选择技术投资组合的过程是类似的，但是要考虑收益。发射提供商关心公司的价值，而不是财务收入的流动。因此，收益中必须考虑公司的(现金流)净现值和风险的变化。这可以近似为可能利用运载火箭的政府任务的净现值变化，假定可以由发射提供商提供的价格变化来部分或全部地实现成本节约，以抵消作为技术投资的结果的潜在客户价值。此外，还必须考虑商业任务。这里，市场份额的变化必须转化为发射提供商的净现值(现金流)的变化。

总之，前面几段介绍了一种制定有效的技术计划(包含多个技术项目)以提高太空运输服务竞争力的方法，目标是通过技术投资和政府政策来提高财务或经济状况。提高竞争力意味着增加市场份额，因此，所提出的方法试图将市场份额的变化与正在考虑的技术项目的具体情况联系起来。市场份额由依赖于运输服务属性感知的用户决策及后续的用户财务状况决定，所以该方法考虑了技术计划和发射服务属性之间的关系，以及导致的用户财务状况和用户选择。前面的段落描述了一种用于将市场份额、对运输服务属性感知的用户选择、对预计金融决策变量的影响，以及与决策变量之间的权衡相关的金融偏好相关联的方法。运输服务根据被转换成决策变量的服务属性(例如可靠性、可用性、价格等)来描述。市场份额变化与收益和成本相关，然后可用于资源配置。最终结果是确定了技术项目的收益和成本。文中描述的方法旨在基于收益成本比以选择技术项目来提供资金。

2.8　经济影响评估

根据白宫的《国家太空运输政策》(1994年8月5日发布)，“美国政府全力支持具有可行性的美国商业化太空运输行业”。该政策还要求制定一项“专用于培养具有国际竞争力的美国发射能力的规划”。

竞争力与定价和市场份额有关，行业可行性要求足够的投资回报。与建立国外发射服务的数量限制和定价政策相关的政府政策、美国政府提供的发射服务的定价、商业宇航中心的使用、美国运载火箭中使用非美国生产的部件等，都将对定价和/或市场份额，以及行业可行性产生影响。鼓励商业宇航中心可能导致更高的美国发射价格，从而对美国自身的竞争力和经济产生不利影响，这将直接违背培养具有国际竞争力的美国发射能力的总体目标。为了提高竞争力，还需要改变定价、日程安排、安全性(及其对保险的影响)等来提高美国发射服务的价值。目前与提供发射服务相关的美国政府政策是基于向美国范围内的商业用户提供服务的增量成本回收的概念，不回收固定成本(或许可以认为这是一种政府补贴)。

商业宇航中心不按照与增量成本相关的定价政策来运营，最终，所有成本(固定成本和可变成本)必须回收并增加一些费用(产生合理的投资回报)。这意味着使用商业宇航中心的价格可能会提高(因为需要回收固定成本)，除非用其他举措例如提高运营效率、改进时间表等进行补偿。如果商业宇航中心提供的服务定价超过了政府提供的类似的服务定价，则可能有必要提高政府的价格，因为美国政府不应该与美国工业竞争，这最终将导致美国商业发射服务成本的增加，这是一个有趣的潜在困境。美国政府的政策将影响美国太空运输提供商的发射竞争和发射数量。在考虑制定影响市场份额的政策时，重要的是要了解所考虑政策的经济影响，以及发射竞争对美国经济的重要性。因此，下文的重点是分析在国外竞争中损失(或获得)发射机会可能产生的经济影响，希望提出的度量标准对制定政策有所价值，这些政策用以支持培养具有国际竞争力的美国发射能力、建立可行的美国商业太空运输行业。

美国领导了西方世界的主要太空活动，并一直是进入太空渠道的主要提供者。事实上，美国仍然是西方世界唯一一个通过航天飞机载人进入太空的国家，但欧洲、日本、中国和俄罗斯现在也向市场提供发射服务，这一市场是名副其实的国际市场。(印度最近也证明了其具备将卫星送入地球静止轨道的能力。)此外，这场竞争发生时，美国国防部(Department of Defense，DOD)和其他联邦用户正在寻求减少太空支出，支出的减少可能会损害美国商业运载火箭制造商和太空运输服务提供商脆弱的竞争地位。虽然美国制造商在开发运载火箭方面已经获得了相当多的补贴，但重要的是保证生产量维持在足够的水平，以使固定成本能够以竞争性费率进行摊销，并为持续的产品开发提供基础。因此，联邦市场的支出减少会严重影响这些制造商在国外竞争中的竞争地位。

当国外供应商占领运载火箭商业领域时，他们具有很多优势。首先，正如损失商业机会将损害美国制造商的利益，国外商业的收益使这些供应商通过冲抵固定成本而扩大基础，使自身变得更具竞争力(即获得市场份额)。对美国而言，就业(即工作，或更适当地说人年数)将发生净损失，从而对经济产生连锁反应。收入基础将受到损失，而这些部分收入可能就是研发的基础，用于改进技术并使其在未来更具竞争力，更重要的是国内丧失了进入太空的机会。近期内使用国外运载火箭将美国制造的卫星送入轨道，可以提高美国制造卫星的竞争力，并减少终端用户的费用；然而从长期来看，美国卫星服务供应商无法依靠国内运载火箭进行发射，最终可能会导致国内卫星制造商的损失，至少可以预期的是，国外发射服务提供商将优先发射自己国家制造的卫星。极端情况的话，假设国外供应商主导了发射火箭市场，那么那些不具备卫星技术发射权利的企业将被拒绝进入太空，或者更糟糕的是，这些企业将被拒绝制造至少大部分卫星。

长期以来，一个国家开展太空业务的能力取决于该国持续、有保障地进入太空的能力，因此，一个国家进入太空的能力得不到保障，其则太空发展的整个前景受到威胁。目前正在制定国际协议(关于建立“公平”定价政策和数量限制)，这些协议可能影响美国航天工业的可行性并影响美国整体经济[30-31]。以下内容通过给出损失国外竞争的发射经济成本，来对美国商业太空运输行业的国外竞争的经济成本(尽可能地)给出定量价值。

在下文中，经济成本根据美国在国外竞争中损失发射国外制造的卫星的机会、美国在国外竞争中损失发射本国卫星的机会、美国在国外竞争中损失发射及相关卫星的机会，以及损失使用来自美国设备的国外运载火箭发射美国和外国卫星的机会等方面来得到。首先，提出了损失的分类法；然后讨论估算影响所采用的方法；最后，以贸易差额、收入、工作损失(即以人年表示)和税收收入的变化来给出典型的结果。分析中既考虑了直接影响，也考虑了间接影响。

(1)影响的分类

一般来说，在国外竞争中，损失竞争性的发射机会会产生深远的影响，包括对成本和收益的影响，并且此影响随时间发生变化，且影响的大小将取决于当时参与竞争的美国运载火箭；另外还包括对美国发射机会的影响，一般是指由于损失发射机会带来的成本将超过相关的收益，特别是那些在过程中也导致了美国卫星损失的情况。

损失发射机会对经济的影响可以分为若干类别，即1)直接和间接的收入机会；2)直接和间接的就业；3)联邦收入影响；4)其他。“直接收入”是指航天公司或机构从出口产品的销售中获得的收入(或在所考虑的情况下，因竞争而损失的收入)；“间接收入”是指由于销售基本产品或服务(这里指太空运输服务)的公司员工在社区(例如餐馆、医疗、服务站、汽车经销商、零售商等)中消费产生(或损失)的收入。换句话说，在国外竞争中损失发射机会将减少直接收入，相应将减少在周边社区的消费(间接收入)[32]。

直接就业和间接就业以同样的方式界定，其中“直接就业”是指与建造和提供太空运输服务有关的产品和/或服务的采购，“间接就业”是指直属社区的雇员。下文讨论在国外竞争中损失发射机会的影响时，除非特别说明，否则直接和间接收入是指相对于赢得发射竞争的收入减少(即损失)，直接和间接就业是指与发射、卫星(如适用的话)相关的就业(以人年衡量)，及与在发射生产中获得的收入支出有关的就业(间接影响)。这些影响是相对于美国公司赢得发射竞争的情形而言的。(考虑赢得发射竞争意味着简单地改变所有含义。)

联邦收入将受到直接和间接收入的税收以及转移支付(可能需要为失业工人支付一定时间的失业补偿)的影响。

除了上面的内容以外，损失发射机会还将对国外竞争产生其他影响，包括由于飞行经验的减少使得可靠性降低，从而导致成本增加，以及单位成本降低(即较小的生产基础的结果)导致的竞争能力的损失。此外，还有与收入的特定使用相关的长期影响。企业将产品或服务销售所获得的收入用于很多不同的方面：劳工、材料、间接费用和利润(最终所有这些都用于劳工)。然而，具体的用途不同，对经济也有着不同的影响。例如，公司支出的一部分可以追溯到研发。研发资金的使用与制造资金的使用有着不同的长期影响[33-37]。研发支出倾向于在长期内提高生产力(超过其他类型的支出)，因此导致长期的乘数效应——换句话说，今天用于研发的资金将在长期内产生几倍金额的收益。因此需要对研发支出进行单独考虑。下面概述了损失竞争性发射机会对国外竞争的短期、中期和长期影响。短期影响如下：1)直接(即航天部门及其供应商)收入损失；2)间接(即非航天部门)收入损失；3)直接就业减少(即航天部门及其供应商)；4)间接就业减少(即非航天部门)；5)出口减少；6)税收(直接和间接收入)减少和转移支付增加。中期影响(除了被确定为短期影响外的影响)如下：1)由于单位成本的增加而导致竞争能力的丧失；2)未能为研发升级系统提供基础；3)由于飞行经验较少而导致的可靠性降低；4)潜在的卫星采购和技术损失；5)如果需求减少，可能无法维持世界一流的设施；6)提高生产力机会的减少(即由于研发投资的减少造成)。长期影响(除了被确定为短期和中期影响外的影响)如下：1)未能充分开展太空活动；2)潜在的卫星采购、技术和制造基础的损失；3)美国未能继续在太空开发领域占据领导者位置。

在国外竞争中损失竞争性发射机会的影响类型和规模，与所损失发射机会的情况相关。为了完整起见，考虑以下情况：1)美国损失国外卫星发射机会；2)美国在国外竞争中损失为提供国内通信服务而发射的通信卫星的发射机会；3)美国在国外竞争中损失发射由美国制造的通信卫星(用于非美国服务)的机会。

对宇宙神运载火箭和德尔它运载火箭，都考虑以上情形。此外，还考虑使用国外制造的硬件作为运载火箭的一部分(或全部)，利用美国设施发射美国和国外卫星。对于这些情形，考虑从使用美国运载火箭转变为使用国外运载火箭的影响：

1)直接收入减少；

2)间接收入减少；

3)直接就业(人年)减少；

4)间接就业(人年)减少；

5)税收(直接和间接)减少和转移支付增加；

6)研发支出减少(对生产力产生长期影响)；

7)资本支出减少；

8)由于单位成本增加造成的竞争能力的损失(即生产基础较小的结果)；

9)由于较少的飞行经验导致可靠性的降低；

10)在国外竞争中损失美国发射和美国制造的卫星的机会。

这里总结了由于在发射竞争中失败而导致的收入损失，以及相关卫星损失可能对国外竞争产生的后果。

这些影响在表2-4中“发射收入损失”和“卫星收入损失”的标题下作为条目进行了总结。表2-4列出了与损失发射机会和相关卫星的若干情况，以及这些情形可能产生的收益和成本。例如，损失发射国外卫星(即可能由美国运输服务发射的国外卫星)的机会将对收益和成本产生影响。这些收益包括：用于政府发射的发射坪可用性的增加、用于可能具有更高投资回报率的事业而做出的资金释放，以及提供服务可能导致提供商运营损失而提高运输服务的盈利能力。与损失发射机会相关的成本是上面那些被称为“发射收入损失”的成本和损失其他发射机会可能性的增加。当损失的发射机会与用于提供国内通信服务的美国卫星的布局(即第二种情况)相关联时，成本是相同的，但是存在额外的收益。据推测，通过国外发射服务发射卫星对通信服务提供者具有更高的价值。这种增加的价值(例如由价格较低的国外发射服务所产生)将增加通信运营商的利润和/或导致终端使用费的减少。此外，这些更高的利润将使税收增加，将倾向于部分抵消与损失发射机会相关的成本。最后，损失美国发射及相关的美国制造的卫星(非美国服务)的机会，将导致与“卫星收入损失”相关的额外成本，并增加其他卫星在国外竞争中失败的可能性。

表2-4　损失发射机会[a]情形：收益和成本

情形	收益[b]	成本[c]
损失国外卫星发射机会	用于政府发射的发射坪可用性的增加	发射收入损失
	为具有更高投资回报率的事业做出的资金释放	损失其他发射机会可能性的增加[d]
	在运营损失时盈利能力增加	
损失为提供国内通信服务而发射的通信卫星的发射机会	运营商利润的增加和/或终端用户费用的减少[e]	发射收入损失
	由运营商利润增加产生的税收增加	损失其他发射机会可能性的增加[d]

续表

情形	收益[b]	成本[c]
	用于政府发射的发射坪可用性的增加	
	为具有更高投资回报率的事业做出的资金释放	
	在运营损失时盈利能力增加	
损失美国发射非美国服务卫星(由美国提供)的机会	用于政府发射的发射坪可用性的增加	发射收入损失
	为具有更高投资回报率的事业做出的资金释放	损失其他发射机会可能性的增加[d]
	在运营损失时盈利能力增加	
损失美国发射机会和相关非美国服务卫星	用于政府发射的发射坪可用性的增加	发射收入损失
	为具有更高投资回报率的事业、为运载火箭提供商做出的资金释放	损失其他发射机会可能性的增加[d]
	在运营损失时运载火箭提供商盈利能力的增加	卫星收入损失
		其他卫星失败可能性的增加

[a] 美国公司在与国外供应商的竞争中损失太空运输服务发射机会，是国际竞争性发射服务采购的结果；

[b] 由于损失一次发射竞争而进行的改进；

[c] 成本是相对于赢得发射竞争而言的；

[d] 政府强加发射约束(即数量上的限制)的情况除外；

[e] 假设赢得竞争的国外发射服务提供了比美国发射服务更低的价格。

下面对其中的一些成本和收益进行了量化。我们将重点放在短期损失的量化上。这种量化是指损失了一次发射机会。此外，还结合考虑基于使用宇宙神运载火箭和德尔它运载火箭的运输服务。

减少研发支出是根据中期和长期损失来讨论的。考虑了由于损失一次发射机会和损失一颗卫星导致的研发支出的减少。此外，还考虑了在美国和国外卫星中使用美国技术的程度的差异。

(2)数学模型

所获得的结果是基于下文中给出并讨论的数学模型得到的。首先介绍了基本模型，然后给出所利用的数据和相关原理，从而得到所获得的结果。

①损失发射国外卫星机会

损失发射国外卫星机会的数学模型如图 2－41 所示。与国外竞争中损失发射机会造成的直接收入的减少，等于发射价格加上美国在卫星测试和组装方面的国外支出。该金额通过在国外购买运载火箭硬件而减少，该硬件将被嵌入美国运载火箭中。美国的国外支出与参加发射及相关行动的外国客户的数量、平均停留时间和平均每日支出有关。因为提供发射服务通常仅是许多正在进行的公司活动之一，并且不可能获得有关生产线盈利能力的有意义的数据，公司税的减少近似为发射价格乘以总的行业公司收益率，再乘以企业税率。

直接收入减少：	发射价格−购买国外运载火箭硬件的金额+外国人员在美国用于卫星测试和组装的支出−公司纳税减少
购买国外运载火箭硬件的金额：	发射价格 × 运载火箭硬件部分 × 硬件中来自国外的部分
外国人员在美国的支出：	外国客户的数量 × 平均停留时间 × 平均每日支出
公司税减少：	发射价格 × 销售回报率 × 企业税率 /100
间接收入减少：	[直接收入减少 + 公司纳税减少] × 间接收入乘数
直接就业减少：	直接收入减少 × [1 − 收益率/100] / 航天工业平均工资率 + [直接收入减少 × 收益率/100 + 公司纳税减少] / 非航天工业平均工资率
间接就业减少：	间接收入减少 / 非航天部门平均工资率
联邦收入减少：	公司纳税减少+ [直接收入减少+ 公司纳税减少+ 间接收入减少] × 收入税率/100 + [直接收入减少 + 公司纳税减少 + 间接收入减少] × 失业补偿率 × 平均失业时间/100
研发支出减少：	运载火箭价格 × 运载火箭研发百分比/100
生产力减少：	研发支出减少 × 生产力乘数

图 2 − 41　丧失由美国发射国外卫星的机会造成损失的数学模型

间接收入的减少等于直接收入的减少加上公司纳税减少量，乘以间接收入乘数。（间接收入乘数等于收入乘数减去 1.0。）间接乘数考虑了销售基本产品或服务的公司（包括供应商）雇员在社区中产生（或损失）的收入。此外也考虑了公司纳税，因为它们被用于资助一系列广泛的活动，从而产生间接收入。

确定就业减少的依据是假定所有收入最终都转化为劳工。

航天工业的工资率被假定为，直接为航天工业工作的人员、航天工业的货物和服务（例如嵌入运载火箭的部件）供应商的工资率。非航天工业工资率被假定为，向航天工业提供福利（例如卫生工业）的人员以及间接收入受益人的工资率。

为了对直接就业进行估计，发射的价格可分为两部分：一部分是为收益支付的部分（除以非航天工资率），另一部分是其他所有支付（除以航天工业的工资率）。为了对间接就业进行估计，将间接收入除以非航天工业工资率。

联邦收入的减少包括公司纳税的减少、直接和间接收入的减少乘以所得税率，以及失业补偿金的增加。失业补偿金考虑了平均补偿率和平均失业时间。假设经济不断增长，那些失业人员将重新获得就业机会。

最后，需要提及研发支出减少产生的中、长期影响。较低的研发支出可能导致低生产率。对生产力的影响可以通过将研发支出的减少乘以生产率乘数来估计。研发支出的减少等于发射价格乘以研发投资率(表示为销售额的百分比)。如参考文献[32－35]中所述，生产率乘数的测量相当困难。其估计值的范围从略小于 3 到略高于 14。这些乘数是基于广泛的技术计划，并利用基于所考虑的技术计划的历史结果得到的。没有一项研究涉及到了边缘问题，即研发水平的微小变化可能导致生产力的变化。为此，除了注意到生产率的增长可能会随着研发支出的降低而降低，没有进一步考虑研发支出对美国经济的影响。

②损失了发射国内通信卫星的发射机会

美国损失发射国内通信卫星的机会如图 2－42 所示。在下文中，假设在国外竞争中损失发射机会将导致获得发射服务的通信运营商的利润增加。这种利润增加可以保持在公司

直接收入减少：	发射价格−为国外运载火箭硬件支付的金额+ 用于卫星测试和集成的支出−运营商利润增加−公司税收减少
为国外运载火箭硬件支付的金额：	发射价格 × 运载火箭硬件比例 × 硬件中来自国外的比例
卫星集成和测试的支出：	美国客户的数量 × 平均停留时间 × 平均每日支出
公司税减少：	[发射价格 × 销售回报率−运营商利润增加] × 企业税率/100
间接收入减少：	[直接收入减少 + 公司税减少] × 间接收入乘数
直接就业减少：	直接收入减少 × [1 −收益率/100] / 航天工业平均工资率+[直接收入减少× 收益率/100 + 公司税减少] / 非航天工业平均工资率
间接就业减少：	间接收入减少 / 非航天部门平均工资率
联邦收入减少：	公司税减少 + [直接收入减少 + 公司税减少 + 间接收入减少] × 收入税率/100 + [直接收入减少 + 公司税减少 + 间接收入减少] × 失业补偿率 × 平均失业时间/100
研发支出减少：	运载火箭价格 × 运载火箭研发百分比/100
生产力减少：	研发支出减少 × 生产力乘数
运营商利润（毛利）：	发射价格 × [1−国外运载火箭价格部分]

图 2－42　数学模型：美国损失发射国内通信卫星的机会(用于提供国内服务)

内部或者以多种方式分配，包括减少终端用户为所提供的通信服务而支付的费用。因此，在国外竞争中损失发射机会导致的直接收入的减少，等于发射价格减去运营商利润的补偿增加（这是使用国外发射服务的结果）、购买国外运载火箭硬件（通常嵌入美国运载火箭）的价格，以及公司纳税（扣除发射提供商和通信运营商）的减少。[由于利润的变化小于价格变化（价格弹性的结果）所导致的消费者盈余的变化，因此使用前者是更保守的。]运营商毛利的增长是美国发射服务相关的发射价格减去国外发射服务价格。因为提供发射服务通常仅是公司许多正在进行的活动之一，并且不可能获得有关生产线盈利能力的有意义的数据，公司纳税的减少近似为发射价格乘以公司销售回报率、再乘以企业税率。

间接收入的减少等于公司纳税减少量乘以间接收入乘数。间接乘数考虑了销售基本产品或服务的公司员工（包括供应商）在社区中产生（或损失）的收入。由于卫星测试和集成服务的支出是在美国以外提供的，因此美国的间接收入有所减少。此外也考虑了公司纳税，因为它们被用于资助一系列广泛的活动，从而产生间接收入。

所有其他条款和考虑事项都与上面考虑国外卫星发射损失的情形（见图2－41）类似。

③损失美国发射非美国服务卫星（由美国提供）的机会（见图2－43）

直接收入减少：	发射价格−购买国外运载火箭硬件的金额+ 外国人员在美国用于卫星测试和组装的支出−公司税收减少
为国外运载火箭硬件支付的金额：	发射价格 × 运载火箭硬件部分 × 硬件中来自国外的部分
公司税减少：	发射价格 × 销售回报率 × 企业税率 /100
卫星测试与组装支出：	美国参与者人数 × 平均停留时间 × 平均每日支出
间接收入减少：	[直接收入减少 + 公司税减少] × 间接收入乘数
直接就业减少：	直接收入减少 × [1−收益率/100] / 航天工业平均工资率+ [直接收入减少× 收益率/100 + 公司税减少] / 非航天工业平均工资率
间接就业减少：	间接收入减少 / 非航天部门平均工资率
联邦收入减少：	公司税减少 + [直接收入减少 + 公司税减少 + 间接收入减少] × 收入税率/100 + [直接收入减少 + 公司税减少 + 间接收入减少] × 失业补偿率 × 平均失业时间/100
研发支出减少：	运载火箭价格 × 运载火箭研发百分比/100
生产力减少；	研发支出减少 × 生产力乘数

图2－43　数学模型：美国损失发射非美国服务卫星（由美国提供）的机会

在国外竞争中损失发射机会引起的直接收入的减少，等于发射价格减去购买国外运载火箭硬件(将嵌入美国运载火箭)的费用、加上由美国团队提供发射服务的费用(与有效载荷的测试、集成相关)、再减去公司纳税。因为提供发射服务通常仅是许多正在进行的公司活动之一，并且不可能获得有关生产线盈利能力的有意义的数据，公司纳税的减少近似为发射价格乘以公司销售回报率、再乘以企业税率。

间接收入的减少等于直接收入减少量加上公司纳税，再乘以间接收入乘数。间接乘数考虑了销售基本产品或服务的公司员工(包括供应商)在社区中产生(或损失)的收入。由于卫星测试和组装服务的支出是在美国以外提供的，因此美国的间接收入有所减少。

此外也考虑了公司纳税，因为它们被政府用于支付向政府提供货物和服务的人员的工资，然后这些工资将用于社区消费。

所有其他条款和考虑事项都与上面考虑国外卫星发射损失的情形(见图2－41)类似。

④损失美国发射机会和相关非美国服务卫星(见图2－44)

直接收入减少：	发射价格－为国外运载火箭硬件支付的金额 ＋卫星价格－购买国外卫星硬件的费用－国外卫星中购买美国卫星硬件的费用－公司税收
购买国外运载火箭硬件的费用：	发射价格×运载火箭硬件比例×硬件中来自国外的比例
购买美国卫星硬件支付的费用：	卫星价格×卫星硬件比例×国外卫星中来自美国的硬件比例
购买国外卫星硬件支付的费用：	卫星价格×卫星硬件比例×卫星硬件中来自美国的比例
公司税减少：	[发射价格＋卫星价格]×销售回报率×公司税率/100
间接收入减少：	[直接收入减少＋公司税减少]×间接收入乘数
直接就业减少：	直接收入减少×[1 － 收益率/100]/航天工业平均工资率＋[直接收入减少×收益率/100＋公司税减少]/非航天工业平均工资率
间接就业减少：	间接收入减少/非航天部门平均工资率
联邦收入减少：	公司税减少＋[直接收入减少＋公司税减少＋间接收入减少]×收入税率/100＋[直接收入减少＋公司税减少＋间接收入减少]×失业补偿率×平均失业时间/100
研发支出减少：	[运载火箭价格×运载火箭研发百分比＋卫星价格×卫星研发百分比]/100
生产力减少：	研发支出减少×生产力乘数

图2－44　数学模型：美国损失发射机会和相关非美国服务卫星

在国外竞争中损失发射机会和相关卫星所引起的直接收入的减少，等于发射价格减去使用国外运载火箭硬件（将嵌入美国运载火箭）的费用，加上卫星价格减去使用国外卫星硬件（将嵌入美国卫星）的费用（抵消掉国外卫星中所用的美国硬件），再减去公司纳税。因为提供发射服务通常仅是公司许多正在进行的活动之一，并且不可能获得有关生产线盈利能力的有意义的数据，公司纳税的减少近似为发射价格加上卫星价格、乘以公司销售回报率、再乘以企业税率。[销售回报率（Return On Sales，ROS）和所使用的税率适用于“导弹和航天器”工业部门。]

确定就业减少的依据是假定所有收入最终都转化为劳工。由于航天工业和非航天工业的平均工资率不同，直接就业的减少可分为两部分：前者是航天员工的就业减少，后者为非航天员工的就业减少。间接就业的减少导致间接收入减少。

用于分析的数据和相关数据源如表2-5和表2-6所示，评估损失宇宙神运载火箭和德尔它运载火箭发射机会，对应的结果分别如表2-7和表2-8所示。关于航天工业研发工资率、公司研发资金的百分比、公司税率、销售回报率和收益率的航天工业统计学主要由航天工业协会（Aerospace Industry Association，AIA）提供，并且使用了足够详细、代表了完整的导弹和太空飞船（SIC 3761）工业的数据。劳工统计局从整体经济的角度获得了就业信息，例如失业补偿、期限以及工资率（用作非航天部门工资率）。行业联系人提供了对参与卫星测试和组装的人数、可能需要的时间、日常开支和平均陪同人员的人数的估计。将运输部门联邦航空局恒星数据库（由联邦航空局商业太空运输办公室开发）和《空间发射系统国际参考指南》作为发射价格的来源。用于评估NASA支出对经济的影响或对军事出口的限制的其他研究，为选择两倍的收入乘数提供了理由。在这些研究中，没有使用就业乘数，但是在这些研究中引用了由此产生的间接就业相对于直接就业的就业乘数范围的估计。

表2-5 用于评估损失宇宙神运载火箭发射机会影响的数据

输入变量	发射国外卫星	发射Comsat（国内）	发射用于非美国服务的美国卫星	用于非美国服务的发射及美国卫星	来源[a,38]
发射价格（百万美元）	100	100	100	100	参考文献[38，39]
运载火箭硬件部分（%）	80	80	80	80	——[b]
卫星价格（百万美元）	N/A	N/A	N/A	85	——[b]
卫星硬件比例	N/A	N/A	N/A	1	——
国外卫星中的美国硬件比例（%）	N/A	N/A	N/A	20	——
美国卫星中国外硬件比例（%）	N/A	N/A	N/A	5	——[b]
运载火箭硬件中的国外硬件比例（%）	0	0	0	0	——[b]
参与者人数	40	40	40	40	——[c]
平均停留时间（天）	60	60	60	60	——[c]
平均每日支出（美元/天）	132	132	132	132	——[c]
销售回报率（%）	6	6	6	6	参考文献[40]
公司税率（%）	35	35	35	35	参考文献[40]

续表

输入变量	发射国外卫星	发射 Comsat（国内）	发射用于非美国服务的美国卫星	用于非美国服务的发射及美国卫星	来源[a,][38]
收入乘数	2	2	2	2	参考文献[32，41，42]
1994 年航天工业平均周薪（美元）	766	766	766	766	参考文献[43]
1994 年非航天工业平均时薪（美元）	11	11	11	11	参考文献[44]
非航天工业平均每周工作小时数	40	40	40	40	——
收益率（%）	33	33	33	33	参考文献[45]
收入税率（%）	20	20	20	20	——[d]
失业补偿率（%）	36	36	36	36	参考文献[46]
失业时间（周）	17.9	17.9	17.9	17.9	参考文献[46]
运载火箭研发百分比	3.6	3.6	3.6	3.6	参考文献[47]
国外运载火箭价格比例	N/A	0.83	N/A	N/A	参考文献[39]
卫星研发百分比	N/A	N/A	N/A	3.6	参考文献[47]

[a] 参考文献[42]中给出了与 NASA 1990 年采购支出相关的收入乘数 2.1。参考文献[32]中给出了 1.96 的收入乘数，而参考文献[41]中引用了其他研究中导出的收入乘数，其范围为 2.0 到 2.95。

[b] 工业来源。

[c] 基于工业提供的估计。

[d] 美国国家税务局。

表 2-6　用于评估损失德尔它运载火箭发射机会影响的数据

输入变量	发射国外卫星	发射 Comsat（国内）	发射用于非美国服务的美国卫星	用于非美国服务的发射及美国卫星	来源[38]
发射价格（百万美元）	45	45	45	45	参考文献[38，39]
运载火箭硬件比例（%）	80	80	80	80	——[a]
卫星价格（百万美元）	N/A	N/A	N/A	65	——[a]
卫星硬件比例	N/A	N/A	N/A	1	——
国外卫星中的美国硬件比例（%）	N/A	N/A	N/A	20	——
美国卫星中国外硬件比例（%）	N/A	N/A	N/A	5	——[a]
运载火箭硬件中的国外硬件比例（%）	0	0	0	0	——[a]
参与者人数	40	40	40	40	——[b]
平均停留时间（天）	60	60	60	60	——[b]
平均每日支出（美元/天）	132	132	132	132	——[b]
销售回报率（%）	6	6	6	6	参考文献[40]
公司税率（%）	35	35	35	35	参考文献[40]
收入乘数[c]	2	2	2	2	参考文献[32，41，42]
1994 年航天工业平均周薪（美元）	766	766	766	766	参考文献[43]

续表

输入变量	发射国外卫星	发射 Comsat（国内）	发射用于非美国服务的美国卫星	用于非美国服务的发射及美国卫星	来源[38]
1994 年非航天工业平均时薪（美元）	11	11	11	11	参考文献[44]
非航天工业平均每周工作小时数	40	40	40	40	——
收益率（%）	33	33	33	33	参考文献[45]
收入税率（%）	20	20	20	20	——[d]
失业补偿率（%）	36	36	36	36	参考文献[46]
失业时间（周）	17.9	17.9	17.9	17.9	参考文献[46]
运载火箭研发百分比	3.6	3.6	3.6	3.6	参考文献[47]
国外运载火箭价格比例	N/A	0.83	N/A	N/A	参考文献[39]
卫星研发百分比	N/A	N/A	N/A	3.6	参考文献[47]

[a] 工业来源。

[b] 基于工业提供的估计。

[c] 参考文献[42]中给出了与 NASA 1990 年采购支出相关的收入乘数 2.1。参考文献[32]中给出了 1.96 的收入乘数，而参考文献[41]中引用了其他研究中导出的收入乘数，其范围为 2.0 到 2.95。

[d] 美国国家税务局。

表 2-7　损失宇宙神运载火箭发射机会的影响

影响方面	发射国外卫星	发射 Comsat（国内）	发射用于非美国服务的美国卫星	用于非美国服务的发射及美国卫星
支付国外运载火箭硬件（百万美元）	0.0	0.0	0.0	0.0
国外人员在美国的支出（百万美元）	0.3	—	—	—
运营商毛利润的增加（百万美元）	—	16.7	—	—
支付美国卫星硬件（百万美元）	—	—	—	17.0
支付国外卫星硬件（百万美元）	—	—	—	4.3
卫星测试和集成（百万美元）	—	0.3	0.3	—
公司纳税减少（百万美元）	2.1	(3.7)	2.1	3.9
间接收入减少（百万美元）	100.3	83.7	100.3	163.8
研发支出减少（百万美元）	3.6	3.6	3.6	3.6
出口减少（百万美元）	100.3	100.3	100.3	163.8
直接就业（人年）	3 133	2 548	3 133	5 120
间接就业（人年）	4 291	3 578	4 291	7 004
就业减少（人年）	7 424	6 126	7 424	12 124
公司纳税（百万美元）	2.1	(3.7)	2.1	3.9
收入税（百万美元）	40.1	33.5	40.1	65.5
失业补偿（百万美元）	24.9	20.7	24.9	40.6
联邦收入减少（百万美元）	67.1	50.5	67.1	110.0

表 2-8　损失德尔它运载火箭发射机会的影响

影响方面	发射国外卫星	发射 Comsat（国内）	发射用于非美国服务的美国卫星	用于非美国服务的发射及美国卫星
支付国外运载火箭硬件（百万美元）	0.0	0.0	0.0	0.0
国外人员在美国的支出（百万美元）	0.3	—	—	—
运营商毛利润的增加（百万美元）	—	10.0	—	—
支付美国卫星硬件（百万美元）	—	—	—	13.0
支付国外卫星硬件（百万美元）	—	—	—	3.2
卫星测试和集成（百万美元）	—	0.3	0.3	—
公司纳税减少（百万美元）	0.9	（2.6）	0.9	2.3
间接收入减少（百万美元）	45.3	35.3	45.3	93.8
研发支出减少（百万美元）	1.6	1.6	1.6	4.0
出口减少（百万美元）	45.3	45.3	45.3	93.8
直接就业（人年）	1 415	1 064	1 415	2 932
间接就业（人年）	1 938	1 511	1 938	4 010
就业减少（人年）	3 354	2 575	3 354	6 942
公司纳税（百万美元）	0.9	（2.6）	0.9	2.3
收入税（百万美元）	18.1	14.1	18.1	37.5
失业补偿（百万美元）	11.2	8.8	11.2	23.2
联邦收入减少（百万美元）	30.2	20.3	30.3	63.0

(3) 总结

当国外供应商占领运载火箭业务领域时，他们具有很多优势。首先，正如损失商业机会将损害美国制造商的利益，国外商业的收益使这些供应商通过冲抵固定成本而扩大基础，使自身变得更具竞争力（即获得市场份额）。对美国而言，就业（即工作，或更适当地说人年数）将发生净损失，从而对经济产生连锁反应。收入基础将受到损失，而这些收入可能部分用于改进技术，使其在未来更具竞争力。更重要的是国内丧失了进入太空的机会。近期内使用国外运载火箭将美国制造的卫星送入轨道，可以提高美国制造的卫星的竞争力，并降低终端用户的费用；然而从长期来看，美国卫星服务供应商未使用国内运载火箭发射，最终可能会导致国内卫星制造商的损失。

在国外竞争中损失发射机会可能产生深远的影响，如成本和收益，可在之后的一段时间内产生影响并且可以随时间发生变化。此外，影响的大小将取决于参与竞争的具体的美国运载火箭，以及对美国卫星的采购情况。一般来说，由于损失发射机会产生的成本将超过相关的收益，特别是对于过程中同时导致美国卫星损失的情形。

在国外竞争中损失发射机会还将影响直接和间接的收入机会、直接和间接的就业、出口和联邦收入。“直接收入”是指航天公司或机构从特定产品或服务（即太空运输）的销售中获得(或损失)的收入,“间接收入”是指在社区(例如餐馆、医生、服务站、汽车经销商、零售商等)中产生(或损失)的收入。“直接和间接就业”以类似的方式进行定义。联邦收入包括直接和间接收入,以及转移支付(失业补偿)。

表2-7和表2-8分别给出了宇宙神运载火箭和德尔它运载火箭在国外竞争中损失发射机会的影响。这一影响取决于损失发射机会的相关具体事件。对其中一些事件或情形进行了考虑,其影响在表中给出。具体考虑的是美国损失国外卫星发射机会、损失为国内提供通信服务的通信卫星的发射机会、美国损失发射非美国服务卫星(由美国提供)的机会、以及损失美国发射机会和相关非美国服务卫星。将这些影响总结为美国出口减少、美国就业减少(直接、间接和总数)以及联邦收入减少。

以上讨论了损失一次发射机会(美国损失国外卫星发射机会、美国损失为国内提供通信服务的通信卫星的发射机会等)的经济影响,结合历史背景,可以更明确地理解这些影响。为此,考虑了1994年第四季度的具体发射事件,并考虑到了发生的实际事件所产生的影响。与这些事件相关的总体和最大影响,反映了在美国发射服务提供商获得100%市场份额的情况下,会创造的工作机会和财务收入。1994年第四季度的结果在表2-3中进行了总结,其中包含了四次在国外竞争中未获得发射机会的结果:长征-3A运载火箭(1次),阿里安-44L运载火箭(1次)和阿里安-42P运载火箭(2次)。那时,采用印度极轨卫星运载火箭(Polar Satellite Launch Vehicle, PSLV)发射了印度遥感卫星,俄罗斯也发射了许多供本国使用的俄罗斯卫星。在评估中都没有考虑这些影响。阿里安-44L运载火箭发射了两颗休斯卫星,每个阿里安-42P运载火箭发射了一颗休斯卫星,其中一个是美国运营商的。假设这些发射“替代”了总共四次宇宙神-2运载火箭的发射和一次德尔它运载火箭的发射,其中一次德尔它运载火箭发射和一次宇宙神运载火箭发射与阿里安44L运载火箭发射是等同的。可以看到,其潜在影响可能变得相当大。

2.9　技术转移:评估与评价

NASA等政府机构经常开展活动,旨在将其研发活动的结果转移到机构内的其他组织、其他政府机构和私营部门。这些活动的目的是影响投资决策,以便有利地利用研发结果。如果没有改变投资决策,则无法从技术转移方案的投资中获取价值。

技术转移活动可以通过以下方式影响投资决策:1)创造新的机会;2)创造机会和技术意识;3)减少不确定性和由此产生的风险感知;4)减少资本投资需求。NASA的一些计划的特定目标是通过进行实验来影响投资决策,这些实验将论证其技术和提供新的和/或改进的服务的能力。最近的两个例子是NASA的飞行实验计划(“太空技术实验计划”)和“先进通信技术卫星”计划。

飞行实验计划旨在测量变量,从而减少其价值认知的不确定性,并为其能力或系统性能提供令人信服的论据。在每种情形下,飞行实验的基本目的是减少程序工程师或其他决策者眼中的不确定性(这些人将负责实施或利用新技术),和/或减少上级管理层或投资者的眼中的不确定性(这些人将批准或资助使用新技术的计划)。“先进通信技术卫星”计划的启动是为了演示论证广泛的卫星技术性能的方法,并演示论证其提供广泛通信服务的能力。

飞行实验计划和“先进通信技术卫星”计划都试图影响投资决策。利用这两个计划来评估和评价技术转移活动。飞行实验计划从确定先决条件的角度进行考虑，即当可用的资源有限时，应选择为哪些飞行计划进行投资，特别是考虑到实验在目标受众的决策过程方面的潜在影响。“先进通信技术卫星”计划被认为是一个丧失良机的例子，它根据先验知觉和测量的实验结果以及对投资决策的可能影响来衡量论证计划的价值。

技术转移可以定义为在一个组织、一个领域或基于一个目的而发展的技术、知识和/或信息在另一个组织、另一个领域或基于另一个目的的应用和利用过程。终端用户可能是公众、行业、另一个联邦实验室或任何其他技术开发人员。

技术转移过程旨在增加由一个组织提出的技术被其他组织使用的可能性，该技术以硬件、软件、专利、许可证或知识的形式存在。因此，技术转移涉及创建对可被转移的内容的认识，然后增加利用已知技术的可能性。技术转移和商业化携手并进。从广义上说，政府技术转移和商业化活动形成了一个一体化过程，包括创造新的投资机会、提高认识和通过减少决策者所需的投资和降低风险感知来提供激励。私营部门一般将此称为广告和促销。广告通过激励、提高意识和推销，来改变购买/投资决策。基于这些相似之处，政府决策者可以利用私营部门提出的大量知识来将技术和产品推向市场。

2.9.1　技术转移和商业化活动的范围

要进行技术转移，必须对技术的可用性有所认识。为了使用该技术，必须有一种认知，即使用该技术将产生足够的净收益。在 1980 年《史蒂文森 - 威德勒(Stevenson-Wydler)技术创新法案》(PL96-480)(要求联邦实验室在技术合作中发挥积极作用)、1980 年《贝赫 - 多勒(Bayh-Dole)法案》(PL96-517)(授权授予独家和部分独家许可)、1984 年《合作研究法》(PL98-462)(允许行业联盟，例如半导体制造技术联盟)、1986 年《联邦技术转移法案》(PL99-502)(使技术转移成为所有联邦实验室科学家的责任)、1989 年《国家竞争力技术转移法》(PL101-189)[要求机构允许联邦实验室的承包商管理者签订《合作研究和开发协议》(Cooperative Research and Development Agreements，CRADA)]等立法的支持下，政府机构制定了关于在政府机构内部进行技术转移、将技术转移到其他政府机构和不同工业部门的积极政策(见图 2 - 45)。提出的一些技术转移机制将在下文中进行描述。

“合作协议”是政府与工业界、大学和其他机构签订的用以支持或刺激研究的手段；协议通常导致与非参与者进行成本分摊研究的情形。

“成本分摊合同/分包合同”是通过采购来实现工业界和政府的互惠合作。通常，政府可以同意不在有限的时间段内传播商业上有价值的数据，这些数据根据成本共享合同生成。成本分摊合同包括现金和/或实物安排。

“合作研究和开发协议”是政府实验室和非联邦方之间的协议，其中两方参与者都提供人员、服务、设施或设备来进行指定的研发。非联邦方也可以提供资金。(政府实验室不提供直接资金。)实验室和参与者之间就发明和其他知识产权的权利进行协商，可以对产生的某些数据进行保护，时限长达五年。

“研发联盟”涉及多个联邦和非联邦缔约方，共同努力实现共同研发目标的安排。研发联盟的资金可以共享，但通常没有资金在参与者之间交换。

“交换计划”是允许政府/联邦实验室工作人员在政府实验室工作，以提高其技术能力

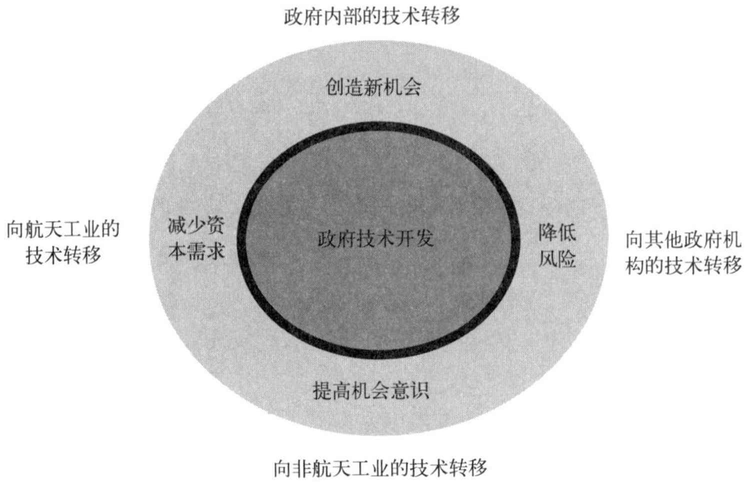

图 2 - 45　政府在技术转让商业化过程中的作用

注：商业化是指一种引导融资安排的过程，其中私营部门对太空项目或方案的设计、开发和使用进行部分或长期控制。私营部门承诺商业资本(有风险)，并分担风险和回报。这意味着，商业化的太空项目或计划将更加以市场为导向、以消费者或终端用户为导向，而不是在政府控制下的太空商业。

并支持特定领域研究的安排。成本由派遣人员的组织承担。知识产权事宜可以在交换协议中进行处理。

"许可"是少于知识产权的所有权(例如专利或软件版权)的转移，以允许被许可人使用。对于特定的使用领域或对于特定的地理区域来说，许可可以是排他的或非排他的。潜在的被许可人必须提出商业化计划。

"用户设施协议"是允许私人缔约方在政府实验室进行研究和开发的安排。对于专有研发，实验室支付活动的全部费用。如果工作在之后发表，那么费用可以调整。知识产权一般属于进行研发的私人缔约方。

"其他工作"是由技术合格的政府实验室工作人员使用实验室设施来完成工业界的专有工作，并由工业界支付所有成本的协议。知识产权一般属于赞助者。政府保留对此类知识产权的非独占、无授权许可。

总之，政府机构已经进入了许多不同类型的政府—工业—学术合作安排。这些包括合作研究和开发协议、合资企业、合作伙伴、联盟、合作协议及其这些的变体。此外，诸如国家科学技术研究所的先进技术计划、高级研究计划署的技术再投资项目(Technology Re-investment Project，TRP)等活动，以及其他机构的类似计划侧重于先进技术的商业化。其中大多数活动的关键要素是政府机构和工业界试图确定共同技术需求或要求，并制定合作方案以开发所需的技术。

NASA 在一份意见书中提出：

为了确保 NASA 计划对国家经济安全的影响，NASA 将在其实施航天任务的同时实施商业技术任务。商业技术任务将要求每个 NASA 计划的开展都要通过一种新的商业方式进行，即从一开始就包含私营部门，以确保所开发的技术具有最大的商业潜力[48]。

NASA 传统地衡量了其在技术性能、成本和进度方面的进展。在现在的后冷战时期还有另一项措施，即技术对国家经济安全的贡献。相应地，强调与私营部门建立研发合作伙伴关系是与 NASA 开展业务的新方式的基础。NASA 的目标是将其预算的 10% ~ 20%用于与工业的研发合作。

除了这些机制之外，还有大量旨在提高认识的活动。包括制作出版物(如 NASA 的《技术简报》和《副产品报告》)，参加工作会、研讨会和各种会议，进行战略计划的编制和分配，发布电子公告等。其他资源以大型数据库的形式存在，可以使研究者与其感兴趣领域的联邦实验室接触，也使得那些对搜寻技术方案感兴趣的各方能够应对问题，以通过键盘和接触来搜寻合适的技术。这些资源包括联邦实验室联盟、由中大西洋技术转移中心开发的联邦实验室数据库、由国家技术转移中心维护的数据库[例如“商业黄金”(Business Gold)]、由国家技术信息服务局发布的联邦实验室和技术资源目录，以及名为“知识快递”(Knowledge Express)的私人在线技术服务。

其他机制也可对技术转移产生重大影响。这些机制包括执行实验(如 NASA 飞行实验计划)和论证(如 NASA 的“先进通信技术卫星”计划)，以及标准设置(如设备效率和汽车里程标准的设置)。实验和论证旨在减少不确定性和降低风险，它们影响着使用和投资决策。标准的制定(尽管通常不是强加标准的主要原因)鼓励使用新技术来满足标准。通常来说，旨在提高认识的计划是针对产品和服务的提供者。然而，消费者通过购买决策可以迫使制造商提供需要使用先进技术的改进产品(例如能源部的设备效率标签计划将影响消费者对更高能效产品的选择)。

因此，技术转移和商业化活动的范围相当广泛，但具有影响投资/利用决策的共同目的。此外，客户技术基础在商业部门和可接受风险水平方面都是多样化的。在 NASA 的案例中，潜在的技术用户包括 NASA、其他政府组织、航天工业和非航天工业。各种活动对决策的影响[4]如图 2 - 46 所示。

2.9.2　评估和评价

当政府提供奖励，以通过改变投资决策的方式来实现技术转移时，政府扮演了投资银行家的角色，即政府分配其稀缺的资源，努力获得最大的收益。可以说，政府对纳税人负有信托责任，其方式与投资银行家对股东负有的责任相同。(然而两者之间的问责制有很大的不同。)因此，需要对其进行评估和评价，前者在事情发生之前进行，而后者在事情发生之后进行。通过评估可以提供指导，以确定应当/可以采取哪些活动，来影响技术转移(例如确定应该执行的一组飞行试验，以减少潜在的技术用户风险感知)。通过评价可以衡量实际性能，从而为整个技术转移过程的改进提供信息。因此，有必要建立一种方法，以确保可以从有限预算中获得最大收益。

一般来说，进行评估是为了：

1)根据所选标准对项目价值进行估计；

2)提高对项目潜在影响的理解；

3)建立终止项目的需要；

4)为有效分配稀缺资源提供信息；

5)为项目优先排序和排名提供基础，旨在使计划价值最大化；

6)履行有效分配稀缺资源的信托责任。

进行评价是为了：

政府计划	政府的角色			
	降低风险	缓解资本形态	建立新机会	建立意识
研发	♠			
演示验证	♠	♠		
新技术设施开发	♣	♣	♠	
纳税				
投资税收抵免		♠		
研发税收抵免		♠		
折旧规则		♠		
研发限制合作伙伴关系	♣	♠		
合作活动				
《合作研究与开发协议》	♣	♠		
联合尝试协议				
降低成本	♣	♠		
市场承诺	♠	♣		
赔偿政策		♠		
定价政策	♣	♠		
低利息贷款/债券				
保险				
规则	♠			
赔偿	♠			
贷款担保	♣	♠		
标准	♠		♣	
信息发布				♠
专利权和所有权	♠	♣		
机构协议	♠	♣		
采购政策	♠	♣	♣	
· ·				

♠ = 主要影响　　♣ = 次要影响

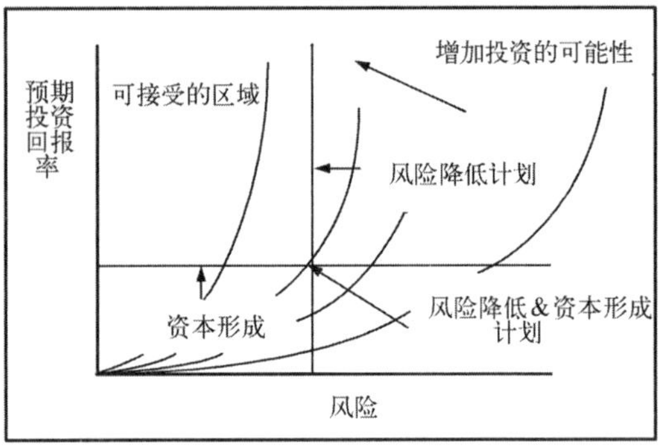

图 2－46　政府计划与政府角色的关系

1)确保项目目标/目的得到明确界定；

2)根据既定目标/目的衡量项目效果，包括：

a)通过获取“经验教训”来提高管理效率；

b)为项目终止提供基础；

c)提供奖励的基础；

d)证明存在性。

虽然通常不将 NASA 的飞行实验计划和“先进通信技术卫星”计划视为 NASA 技术转移计划的一部分，但实际上它们是技术转移活动的两个非常重要和昂贵的组成部分。出于这些原因，利用飞行实验计划来说明评估方法，并利用“先进通信技术卫星”计划来说明评价方法。

飞行实验可以基于以下原因之一进行：1)测量一个或多个变量，从而减少对其值的认识的不确定性；2)寻找未知现象(无论是有害的还是有益的)，以便他们可以进一步研究和规划；3)提供能力或系统性能的令人信服的论证。如表 2－9 所示，这些原因分别涉及以下类别的实验，即面向任务的应用研究、非定向的基础研究和工程论证。在每种情况下，飞行实验的基本目的都是减少不确定性，出于上述前两个原因应在表面上减少程序工程师或其他决策者(他们负责实施或利用新技术)眼中的不确定性，并出于上述第三个原因应减少上级管理者或投资者(他们将批准或资助使用新技术的计划)眼中的不确定性。

表 2-9　实验分类

关注项目	非定向基础研究	面向任务的应用研究	工程论证
时间	在选择应用或任务之前	在选择设计之前	飞行之前
目的	发现新选择；加强研究能力	提高建模能力；减少不确定性	设计验证，确保任务成功
重要属性	技术质量	收益	收益
	独特性	成本	成本
	关联性	技术质量	技术质量
		关联性	关联性
评估方法	定量	定量加定性	定量加定性
审查类型	同行审查	收益/成本分析	收益/成本分析
	投资组合	考虑更广泛的应用	面向工程
		面向工程的同行审查	

在所有情形下，实验的价值(以及实验中使用的相关资源)与其结果如何影响决策是相关的，因为如果计划实验的结果不影响决策，那么实验将没有价值。通过实验对决策的影响来对旨在技术转移的实验进行选择(即资源分配)时，必须同时考虑定性和定量因素。目前的选择过程主要依赖于定性衡量标准。为了说明用于评估实验价值的定量方法，这里给出了两个例子，一个涉及任务导向研究，另一个涉及工程论证。

面向任务的实验目的是减少工程师对系统某些方面的不确定性。如果不进行这样的实验，工程师会对设计是否能工作持有不确定态度，因而会采取措施防止失败。具体情况如图 2-47 所示，在实验之前对于可以实现的性能水平 x 存在很大的不确定性。根据当前的知识状态(即由一个或多个“专家”判断的先验评估)，x 的真实值可能在 A 到 B 的范围内。在没有更好知识的情况下，设计工程师通常将进行风险规避而选择接近 A 的设计点。如果实验的结果被认定为单一值，这代表着没有不确定性存在，也就不需要实验，因为结果已经推测为已知值。还与每个设计点(x 值)相关联的将是不同的“经济”或其他值。例如，如果变量是太阳能电池的效率，则不同的效率水平将直接影响卫星设计、成本以及总的任务值。

进行实验的目的是通过获得测量结果来改变当前的知识状态。根据实验的测量结果可以得到新的设计点，它将略低于测量结果(因为在实验之后仍将存在一定的不确定性)。因为根据先验似然函数，在 A 到 B 的范围内的所有结果都是可能的，所以实验值可以表示为基于可能结果得到的值减去基于使用先验设计点得到的值，再进行加权或取平均值

$$期望值 = \left[\int_A^B 值(X - \Delta x)P(X)\mathrm{d}x\right] - [值(X = 先验设计点)]$$

建立面向任务的实验的价值需要专家对在没有实验的情况下关于设计变量的不确定性

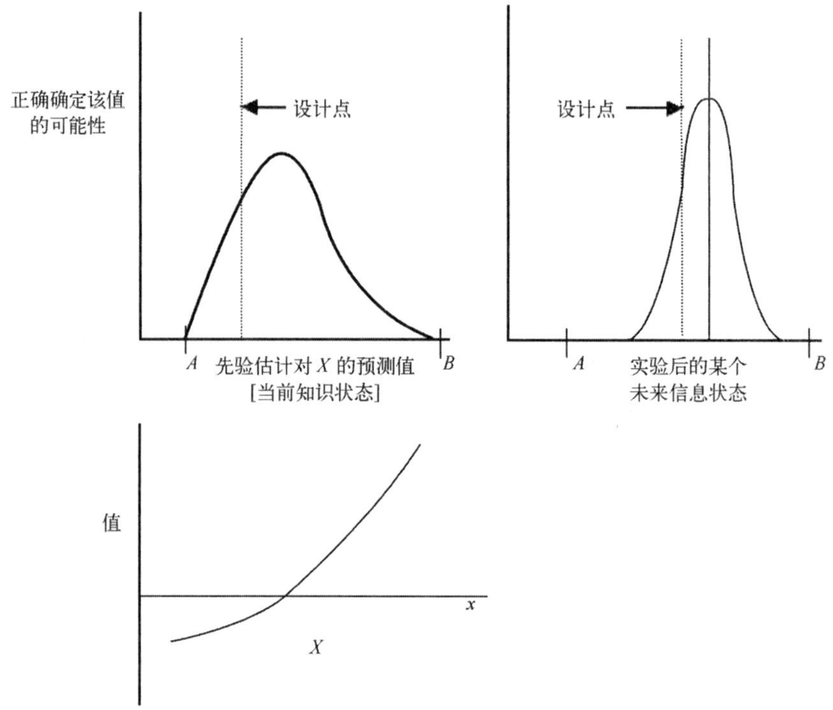

图 2－47　飞行实验评估：设计点的影响

的范围和形式提出意见，如果不进行实验则可能选择的设计点，以及与不同设计点相关的值。这种方法不仅增加了目前用于选择飞行实验的标准（飞行实验主要依赖于非量化的重要标准），而且还将要求必须对特定变量进行量化识别（尽管是主观上的），以建立度量标准值。

在工程论证的情况中，可以认为对处于硬件阶段的工程系统或子系统进行可行/不可行测试，可以使用决策树来寻求并捕获即将解决的不确定性的本质。图 2－48 给出了一个简化的决策树，其中作为论证主题的子系统的操作是任务成功的关键。如果子系统可以运行，则任务很可能是成功的；如果子系统无法运行，则任务将完全失败。图中给出了可能结果的概率估计值，这些估计值通常基于专家的意见。

在树的右手侧，分支的尖端代表可能的结果，其时间概率已在图中标出。如果成本可以与树的每个分支相关联，而收益与每个结果相关联，则可以对论证值进行估计，表示为“是”决策的期望值减去“否”决策的期望值。任务的收益可以用商业系统的收入或现金流、应用任务对社会的收益或作为科学任务的成本节约收益来衡量，其中可以合理地假设如果失败则可以重做任务。

对于图 2－48 中的简化示例，有

期望值＝［（0.99×任务净利润－0.01×任务成本）×0.9－实验成本］－
（0.9×任务净利润－0.1×任务成本）

鉴于评估是基于先验估计进行的，评价需要先验估计以及观察结果。评价反映了什么是真实发生过的，什么是本可能发生的。评估涉及预测实验的实施可能产生的价值，并关

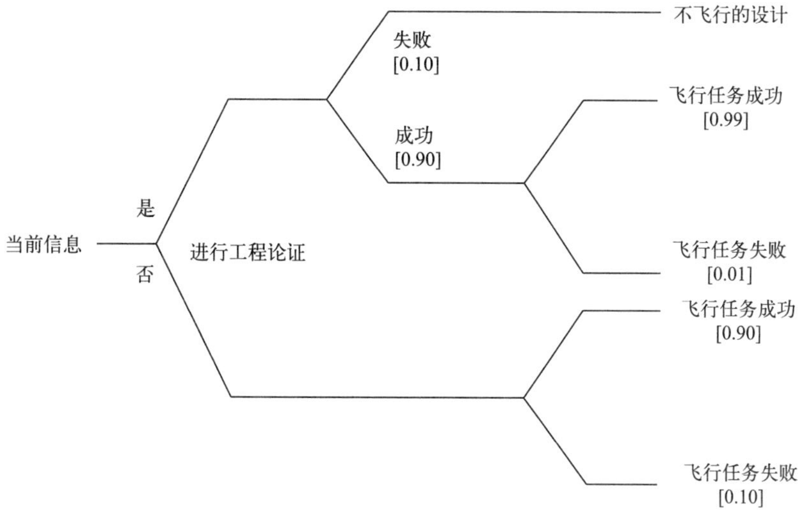

图2-48　飞行实验估计：论证（任务前设计修改）

注资源的有效分配。而评价涉及预估从实验的进行中获得的价值，改进决策并论证计划的功效。

"先进通信技术卫星"计划是一个论证计划，旨在影响通信技术决策以及关于提供新的通信服务的决策。鉴于"先进通信技术卫星"计划的高知名度和高成本，可以预计的是获取的价值将被质疑。"先进通信技术卫星"飞行论证计划的价值来源于：1）先验和后验设计点的差异；2）技术（或服务）被使用的预期可能性与观察到的实际可能性之间的差异，即先验估计和后验实验结果的差异。最后一个因素是极其重要的，因为有必要在执行实验之前做出判断（建立可能的情景），以将其与测量结果进行比较（在"先进通信技术卫星"计划的情形中，测得的实验结果仍然需要判断什么是可能发生的）。

"先进通信技术卫星"计划包括旨在建立"先进通信技术卫星"技术性能（随后将作为评估其他实验的基础）的实验、论证旨在影响技术利用决策的技术性能、论证旨在影响系统和服务决策的服务/性能以及科学知识。由于很多论证是为行业应用而不是具体的公司应用而进行的，并且在许多情况下在基于结果进行实施之前会自然地发生延迟，所以在计划完成后不久建立的先进通信技术卫星论证计划的价值，仍然需要就可能发生的未来决策进行主观判断。

基本的评价程序是：1）在实验进行之前建立实验目标/目的；2）在实验进行之前和之后建立知识状态；3）在没有进行实验（在实验进行之前）的情况下估计未来的行动步骤，以及给出实验结果后的可能行动。

当实验对旨在影响技术利用决策的技术性能进行论证时，其评估方法如图2-48所示。然而，这里有一个区别。在实验进行之后，便存在已知的测量结果。测量结果的价值可以根据产生的现金流、收益等来确定。还有另一个区别，这与给定所得结果和估计结果的情况下、估计利用该技术的可能性的需要有关。然后必须将其与先验估计相比较，包括对将使用该技术的可能性进行的先验估计（在没有实验的情况下）。因为实验的价值必须相对于没有实验的情形下可能确定的值来建立，所以最好在获得实验结果之前进行和记录主观估计。

图 2－49 中给出了评价的简化示例，并且给做出了先验和后验主观可能性评估的使用。由于“先进通信技术卫星”计划已经启动（在没有做出必要的先验判断的情况下），实验正在进行中并且已在大多数情况下完成，因此不再可能对本将发生的事情进行可靠估计，并且已经损失了对 NASA 最大的技术转移活动之一的计划进行合理评价的重要机会。在“先进通信技术卫星”论证计划完成后、进行评价时，不仅必须根据“先进通信技术卫星”计划的结果来估计未来的存储情况，而且还必须在事件发生之后估计可能出现的情况。

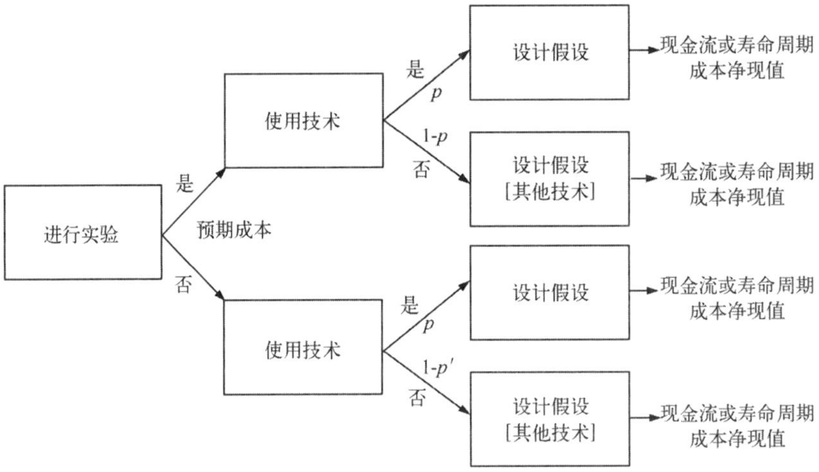

图 2－49　简化的实验评价

“先进通信技术卫星”计划中涉及了摩托罗拉的“铱星”低地球轨道通信卫星系统的重大技术转移，其中结合了“先进通信技术卫星”计划的波束切换技术。这项技术转移是在启动“先进通信技术卫星”计划之前产生的。因此，“先进通信技术卫星”计划飞行论证在这一特定领域没有增加任何价值，除非可能影响了其他组织的决策（可能受到“先进通信技术卫星”计划或“铱星”卫星的影响）。

2.9.3　技术转移度量标准

度量标准是相对或绝对值表示的度量，其中“价值”在评估和评价方面很有意义。除了其公共关系价值之外，度量标准还可用作评估和评价绩效的管理工具。由于技术转移涉及多个学科和组织的很多过程，因此用于量化标准的适当标准和方法也存在很大差异。此外，适当标准的选择取决于数据的可用性，并且可以随着新数据和数据收集过程的发展而随时间改变。

度量标准应提供与技术转移活动的制定、持续运作和结果相关的各种问题的答案。这些问题包括：我们可能做得怎么样？我们可能获得足够的投资价值吗？我们的表现如何？计划结构是否有效？性能发生了怎样的变化？我们是否获得了足够的投资价值？显然，这些问题的答案需要使用广泛的度量标准，包括可能被称为活动和有效性相关的度量标准。活动测量涉及预期或测量的活动水平，例如单位时间内呈现或引用的查询和论文的数量。

有效性测量涉及相对于一个或多个特定目标的预期或测量的绩效，例如以增加工业投资为目标的情形下、每美元政府投资对应的预期或测量的工业投资，或以通过使用特定技术来实现成本节约的情形下节约的净现值。因为标准对于计划规划和计划评价都是必要的，所以过去的绩效和判断必须依赖于前者，而测量需要结合后者的判断。

根据 NASA 于 1994 年 7 月发布的报告：[48]

1992 年 NASA 技术转移报告确定了一组关于活跃度、效率和有效性的最低标准，但缺乏对纳税人投资回报率衡量的相关建议。数据库材料和数据收集工具已经存在于 NASA 中，它们被用于开始建立最初一组综合的标准以支持管理决策。

有效性措施包括：

1）公认使用的数量（来自 NASA 合作伙伴的书面声明，表明他们在其商业产品、服务或内部流程中使用了 NASA 技术，通过在商业技术中使用或改进了 NASA 计划中的技术）；

2）NASA 文献引用数量（由 NASA 支持的作者发表的作品被引用的频率）；

3）生成许可证使用费的 NASA 专利数量；

4）投资组合的规模（NASA 及其合作伙伴用于伙伴关系研究的总金额）；

5）正在生产的产品和服务类型；

6）产品和服务进入市场的时间；

7）投资组合的有效性（每花费一美元所产生的活动）；

8）各种 NASA 商业实践的使用频率。

与活动相关的标准（例如单位时间的查询数量）可能有助于比较所有旨在增加查询数量的可选方案，并有助于表明过程随时间的变化，但与活动相关的标准可能在活动标准和技术转移收益之间没有关系的情况下，对“投资组合”决策的影响很小甚至没有影响；对于回答这样的问题，例如“是否应该花 x 美元来增加查询数量 $y\%$”，通常也很少有用，除非在查询数量和查询的收益之间存在着已建立的关系（与建立成本估计关系的方式大致相同）。

以所述项目目标/目的表示的评估指标包括以下内容：

1）创造新的识别机会：

a）净收益的现值除以成本的现值；

b）可能创造的净工作量。

2）提高意识：

a）受众规模乘以期望决策的概率，再乘以估计值，除以项目成本；

b）实现利益的时间减少乘以净现值、再除以成本的现值。

3）减少资本要求：

a）投资可能性变化乘以净现值、再除以成本现值；

b）市场渗透率的变化。

4）降低感知风险：

a）投资可能性的变化乘以净现值、再除以成本现值；

b）市场渗透率的变化。

同样，以所述项目目标/目的表示的评价指标包括：

1）创造新的识别机会：

a）新业务数量除以成本现值；

b）净现值除以成本现值。

2）提高意识：

a）请求数量除以成本现值；

b）实际销售额除以预期销售额。

3）减少资本要求：

a）归属于项目的私营部门资金除以成本现值；

b）收益现值除以成本现值。

4）降低感知风险：

a）归属于项目的私营部门资金除以成本现值；

b）收益现值除以成本现值。

由于工业广告和促销计划与政府信息传播和激励计划非常相似，因此在对技术转移计划进行规划和评估时，了解大众对广告和促销的反应可能会有所帮助。下面是一个例子。

广告和促销支出的目标通常是增加销售和市场份额。下面进行评估以确定这些目标的实现效果。这些评估可能涉及在稳态和瞬态条件下，确定销售量对广告的响应。这些评估还关注广告增加时销售响应的速度，以及广告减少时销售衰退的速度。图 2 – 50 中给出了销售量对广告计划的典型响应曲线，其中广告在有限时间段内以恒定频率进行播放。对销售的影响呈现递减的趋势。在撤除广告计划后，销售量便开始下降。

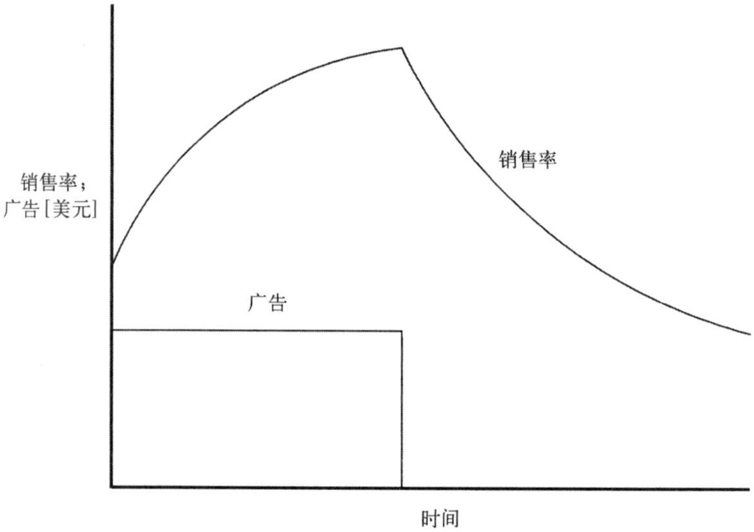

图 2 – 50　广告推销的典型影响（耐用品）

销售响应曲线对广告的重要性在于对评估计划进行规划。响应时间很重要，因为数据收集时必须将这个曲线考虑在内。在曲线的上升阶段收集数据可能是合适的，也可能是不合适的。达到饱和时的数据也可能是主要关心的数据。这将决定广告的持续时间，或决定用以提供足够精确的数据来可靠地预测上升段或饱和水平数据的衡量方法。

衡量技术转移活动的影响可能是一项非常具有挑战性的事情，并且经常取决于相关的甚至有时是显然不相关的领域中数据的可用性。例如考虑一个能源信息传播项目，其目标是通过改进购买和使用决策来减少能源消耗，可能使用的标准是单位价格项目投资所节省的能源。

图 2－51 给出了能耗、预算和温度的假设图形。显然，在信息传播项目之前和项目期间，通过评估测量能量消耗来确定所选标准的零值。如果同时还测量温度，并且要确定能量消耗和温度之间的关系，则可以考虑温度的混杂影响，并且对所测量到的消耗量进行调整(表示为“推算”的消耗量，并且代表了如果信息传播项目没有进行时的可能能源消耗)。结果在所选标准下为非零值，其中现在的能源节省量是以推算的消耗量减去(项目)之前的能量消耗的平均值。这个例子旨在说明，有必要考虑可能影响所选标准的所有重要因素，并建立数据收集过程以及这些因素和标准之间的关系。

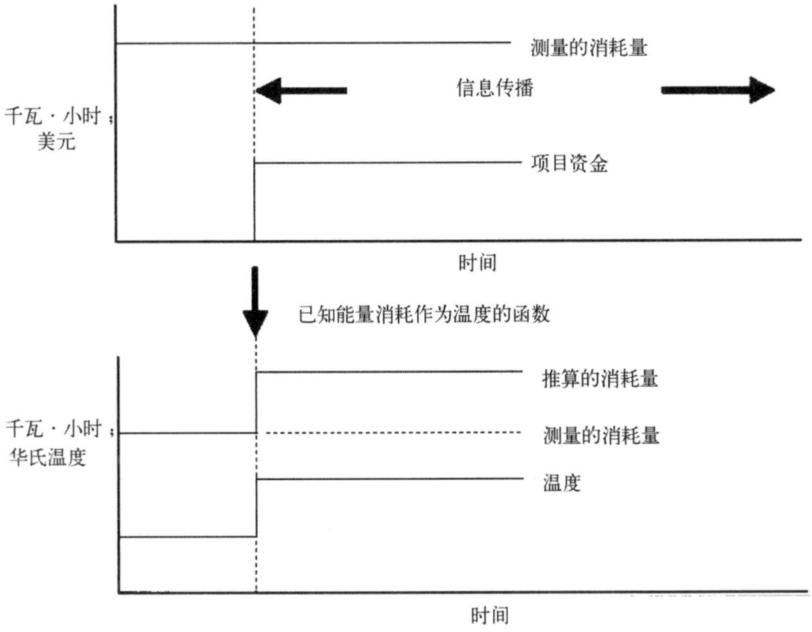

图 2－51　衡量信息传播项目影响的实例

2.9.4　总结

技术转移是在一个领域或基于一个目的而发展的技术、知识和/或信息在另一个领域或基于另一个目的的应用和利用过程。技术转移过程旨在增加技术转移和商业化发生的可能性。技术转移和商业化与影响投资及利用决策的目标密切相关。从广义上说，政府技术转移和商业化活动形成了一个一体化过程，包括创造新的投资机会、提高认识和通过减少决策者所需的投资和降低风险感知来提供激励。如果决策没有改变，那么技术转移计划将没有价值。

当政府提供奖励，以通过改变投资决策的方式来实现技术转移时，政府扮演了投资银行家的角色，即政府正在分配其稀缺的资源，并努力获得最大的收益。因为政府应对其行动负责，所以标准变得很重要。

通过评估可以提供指导，以确定应当/可以采取哪些活动，从而影响技术转移。通过评价可以衡量实际性能，从而为整个技术转移过程的改进提供信息。由于实验和论证是技术转移活动的非常重要和昂贵的组成部分，因此需要利用定性和定量标准来进行评估和评价。

进行评估时，要求在开始实验/论证之前就对在不进行实验/论证的情况下可能做出的决策进行主观判断，以便将其与决策的测量结果或事后判断的结果进行比较，来找出对决策的可能影响。评价过程的规划(包括确定适当的标准和相关的数据收集)应是评估过程的一个组成部分。(然而这并不是 NASA 飞行实验计划的一种规范，也不是“先进通信技术卫星”计划的一部分。)

参考文献

[1] Greenberg, J. S., "Consideration of Uncertainty in Design," National Science Foundation, Final Rept. under Grant No. DMI-9900798, May 1999.

[2] Greenberg, J. S., "Space System Life Cycle Cost and Availability Analysis," Space Economics, edited by J. S. Greenberg and H. R., Hertzfeld, Progress in Astronautics and Aeronautics, Vol. 144, AIAA, Washington, DC, 1992, pp. 117 – 147.

[3] Greenberg, J. S., "Results of an Independent Economic and Market Analysis of Space Solar Power (SSP)," International Astronautical Federation, Paper 99-R. 1. 06, Oct. 1999.

[4] Greenberg, J. S., Investment Decisions: The Influence of Risk and Other Factors, American Management Association, New York, 1982.

[5] Greenberg, J. S., "Space Transportation Architecture Comparisons Explicitly Considering Uncertainty and Risk," International Academy of Astronautics, Paper 96-IAA. 1. 1. 05, Oct. 1997.

[6] Morgenstern, O., et. al., Economic Analysis of the Space Shuttle System, Mathematica, Inc., Princeton, NJ, Jan. 1972.

[7] Hazelrigg, G. A., and Greenberg, J. S., "Cost Estimating for Technology Programs," International Academy of Astronautics, Paper 91 – 638, Oct. 1991.

[8] Bernstein, H., and Abbott, A. D., "Space Transportation Architecture Resiliency," Aerospace Corp., Los Angeles, March 1987, revised Aug. 1987.

[9] "Space Transportation Analysis," U. S. Air Force, Space Div., Contract No. F0470/-85-C-0055, Los Angeles, 2 March 1987.

[10] Greenberg, J. S., "Pricing and the Competitiveness of Space Transportation Services," International Academy of Astronautics, Paper 1. 1-93-643, Oct. 1993.

[11] Bredley, R. A., and Myers, S. C., Principles of Corporate Finance, McGraw-Hill, NewYork, 1988.

[12] "Discount Rates to Be Used in Evaluating Time Distributed Costs and Benefits," Office of Management and Budget, OMB Circular A-94, Washington, DC, 27 March 1972.

[13] Markowitz, H. M., Portfolio Selection, Wiley, New York, 1959.

[14] Thierauf, R. J., and Klekamp, R. C., Decision Making Through Operations Research, Wiley, New York, 1975.

[15] Greenberg, J. S., "A Financial Risk Analysis of a District Heating Business Venture," Proceedings of the 15th Intersociety Energy Conversion Engineering Conference, AIAA incooperation with the IECEC Steering Committee, Aug. 1980, pp. 600 – 608.

[16] Financial Planning Model: PSI-RISK, Princeton Synergetics, Inc., Princeton, NJ, March1997.

[17] Greenberg, J. S., "Risk Analysis Results (A Space Processing Business Venture to Produce Monodispersed Polystyrene Latex Spheres)," NASA, July 1979.

[18] Greenberg, J. S., and Edelman, F., "Venture Analysis: The Assessment of Uncertainty and Risk," Management: A Book of Readings, edited by H. Koontz and C. O'Donnell, McGraw-Hill, New York, 1972, pp. 200 - 207.

[19] Greenberg, J. S., and Ross, D., "Manufacturer Impact Analysis of National Appliance Efficiency Standards," Operations Research Society of America/TIMS, Nov. 1985.

[20] Greenberg, J. S., and Gaelick, C., "Introduction of Fuel Efficient Technology into the AutoIndustry: Financial Implications," Oak Ridge National Labs., Final Rept., Oak Ridge, TN, Sept. 1986.

[21] Hazelrigg, G. A., "Cost Estimating for Technology Programs," Space Economics, editedby J. S. Greenberg and H. R. Hertzfeld, Progress in Astronautics and Aeronautics, Vol. 144, AIAA, Washington, DC, 1992, pp. 97 - 115.

[22] Hertz, D., "Investment Policies That Pay Off," Harward Business Review, Jan. -Feb. 1968.

[23] Greenberg, J. S., and Edelman, F., "An Assessment of Uncertainty and Risk," FinancialExecutive, Vol. 37, No. 8, 1969, pp. 56 - 62.

[24] Greenberg, J. S., "Commentary: 'Guaranteeing' the Space Business," Aerospace America, June 1999, p. 3.

[25] Greenberg, J. S., "Tax Holidays vs. Improved Access to Space," Aerospace America, Jan. 1996, p. B44.

[26] Shaw, E. J., Taylor, D. T., and Hanamaker, J. W. "RLV Economics: Fiscal Evaluation of NASA's Reusable Launch Vehicle Efforts," Space Policy, Elsevier, May 1997, pp. 109 - 124.

[27] Hazelrigg, G. A., and Huband, F. L., "RADSIM—A Methodology for Large-Scale R&D Program Assessment," IEEE Transactions on Engineering Management, Vol. EM-32, No. 3, 1985.

[28] Greenberg, J. S., "NASA Aeronautics Investments: The Development of an Investment Portfolio," Princeton Synergetics, Inc., Princeton, NJ, March 1994.

[29] Greenberg, J. S., "Selecting a Launch Vehicle for GEO Missions," AIAA Paper 96-1112, Feb. 1996.

[30] Teets, P. B., "Guiding Transportation Policy," Space News, Vol. 5, No. 41, 24 - 30 Oct. 1994.

[31] "Agreement Between the Government of the United States of America and the Government of the Russian Federation Regarding International Trade in Commercial Space Launch Services," 2 Sept. 1993.

[32] Lousher, D. J., "Domestic Economic Impact of Russian and Chinese Launches of American Satellites on the Atlas Commercial Launch Program, 1993—2002," Foresight International, Victoria, Australia, 4 Dec. 1992.

[33] Hertzfeld, H. R., "Measuring Returns to Space Research and Development," Space Economics, edited by J. S. Greenberg and H. R. Hertzfeld, Vol. 144, AIAA, Washington, DC, 1992, pp. 151 - 169.

[34] Midwest Research Inst., "Economic Impact and Technological Progress of NASA Research and Development Expenditures," National Academy of Public Administration, Kansas City, MO, 20 Sept. 1988.

[35] Evans, M. K., "The Economic Impact of NASA R&D Spending," NASA NASW-2741, April 1976.

[36] Mathematica, Inc., "Quantifying the Benefits to the National Economy from Secondary Applications of NASA Technology," NASA CR-2674, March 1976.

[37] BETA, "Study of the Economic Effects of European Space Expenditure," Faculte des Sciences Economiques, Univ. Louis Pasteur, Strasbourg, Oct. 1988.

[38] Office of Commercial Space Transportation, U. S. Dept. of Transportation, Washington, DC, Bulletin 1194, Delta, Oct. 1994.

[39] Isakowitz, S. J., International Reference Guide to Space Launch Systems, AIAA, Washington, DC,

1991.

[40] Bureau of the Census, "Quarterly Financial Report for Manufacturing, Mining, and TradeCorps," Aerospace Industries Association 1994 Year-End Review and Forecast, Washington, DC, 1994.

[41] Bajusz, W. D. , and Louscher, D. J. , Arms Sales and the U. S. Economy, The Impact of Restricting Military Exports, Westview Press, Boulder, CO, 1988.

[42] "The Private Sector Economic and Employment Benefits to the Nation and to Each State of Proposed FY 1990 NASA Procurement Expenditures," Management Information Services, Inc. , Washington, DC, April 1989.

[43] "Average Hourly Earnings in the Aerospace Industry, Guided Missiles and Space Vehicles," Aerospace Industries Association, Washington, DC, 1994.

[44] "Non-Agricultural Hourly Wage Rates," U. S. Bureau of Labor Statistics, Washington, DC, Nov. 1994.

[45] "Employer Costs for Employee Compensation in the Aircraft Manufacturing Industry," Aerospace Industries Association, 1 July 1994.

[46] "Employment Situation," U. S. Bureau of Labor Statistics, Washington, DC, Nov. 1994.

[47] "Aerospace R&D Company Funds as a Percentage of Net Sales (Averaged over the years1987—1991)," Aerospace Facts & Figures, 1993 -94, Washington, DC, 1994.

[48] "A New Way of Doing Business: Agenda for Change," NASA, July 1994.

第3章　可重复使用运载火箭经济学

3.1　政策与经济分析

随着航天飞机的老化以及大幅度降低进入太空成本的整体愿望，NASA 在国会批准下启动了可重复使用运载火箭计划。一旦该计划被转让，紧随其后的是“空间运载倡议”(Space Launch Initiative，SLI)。前者旨在提供关于单级入轨完全可重复使用空间运输系统的技术和商业可行性的信息，并强调向工业界注入商业资金的作用；而“空间运载倡议”更倾向于技术开发。NASA 之所以提出这样的策略，是因为“可重复使用运载火箭”不依赖于消耗性硬件，它们可以比耗费昂贵硬件的一次性运载火箭更好地利用规模经济。如果“可重复使用运载火箭”能够以低于每磅 1 000 美元的价格到达低地球轨道(目前的一次性运载火箭和航天飞机到达低地球轨道的价格在每磅 5 000 美元到 10 000 美元的范围内)，NASA 承诺可以从发射服务市场获得弹性反应。与捕捉现有市场相反，这种弹性市场将代表新的基于空间的工业企业。新的业务开发通过增加美国财务收入和增加就业来为经济带来好处。

简而言之，通过发展支持下一代重型运载火箭的商业开发的技术，“可重复使用运载火箭”计划致力于开创空间飞行的新时代，其目的是在空间运输系统中将空间运输成本降低一个数量级。在成本降低的情况下，NASA 可以在越来越紧张的预算限制内维持目前主要空间探索和地球科学任务的规模。也许更重要的是，较低的成本可以鼓励新的和较小型的客户购买空间运输服务，从而鼓励发展新的市场，并允许具有其他相关好处的太空新应用。

“可重复使用运载火箭”计划设定了一条独特的道路，旨在开发一种新型可重复使用空间运输系统，这将大大降低商业和政府客户的空间运输成本，并且这在很大程度上是由私营部门来提供资金。因为其目标是让私营部门开发、建造和经营一个可重复使用运载火箭”箭队，并为商业和政府用户提供空间运输服务，因此私人投资和融资对该计划的成功至关重要。新型可重复使用运载火箭开发所固有的技术风险通过 NASA 工业联合资助计划来解决。政府主导的合作旨在通过建造和飞行 X－33 单级入轨验证机来减少风险感知。然而，开发和建设运行的可重复使用运载火箭“箭队”可能会需要比 X－33 计划更多的努力和更高昂的代价。

私营部门在研制为政府和行业用户提供空间运输服务的可重复使用运载火箭“箭队”、未获得企业大量投资资源之前，必须克服一些财务困难。只要充分考虑到以下因素：未来需求的不确定性、高水平的初始投资、来自现有和将来的一次性和可重复使用运载火箭的潜在竞争，以及调整现有政策机制以适应新的政府与私营合作安排的困难，就有可能在合理的风险水平下获得足够的回报，以保证可观的预期投资。

私营部门目前正在进行商业规划，但是由于长期的开发计划、当前技术开发活动的不可预测结果(从性能和成本的角度)和竞争性商业压力，最终的业务计划和要求不可能在几年内完成。利用可重复使用运载火箭“箭队”提供发射服务的商业空间运输行业最终很可能被证明是一个难以实现的目标，这是由于考虑到大量的所需投资、不足的回报率和感知到的高风险等综合因素。

私营部门很可能需要政府提供资金援助，以实现基于可重复使用运载火箭“箭队”的空间运输业务。已经通过一些初步分析探讨了政府“参与”的各种形式或举措[1]。举措包括NASA 的设计、开发、测试和工程(Design，Development，Test，and Engineering，RDT&E)参与，政府实物捐助，主租赁协议，终止责任规定，免税期，研发税收抵免，补贴贷款和贷款担保。以上举措已在2.5 节中进行了描述。政府的各种举措可能以不同的方式影响私营部门的投资决策，例如，有些举措会直接影响私营部门投资的规模，有些会影响长期回报率，有些会影响风险认知，有些会影响私营部门的决策关注。由于认知风险高、资本需求大、投资回收期长，私营部门不可能在没有政府行动支持的情况下进行必要的投资。

但什么是适当的政府支持行动？它们真的有必要吗？位于 NASA 的马歇尔航天飞行中心(Marshall Space Flight Center，MSFC)一直在分析政府行动的需求和形式，以实现商业企业提供低成本空间运输的目标。尽管许多人错误地认为政府不应该“挑选商业赢家和输家”，但是政府显然有必要对其行动的作用和需求进行独立评估，这些行动可能会用于促进基于可重复使用运载火箭“箭队”的商业空间运输业务。否则在财务上是不负责任的。

3.2　航天飞机经济学分析的经验教训

在美国进行的最后一个主要的空间运输计划是“航天飞机运输系统”(Space Shuttle Transportation System，STS)。回顾方案制定和决策的环境，并考虑对航天飞机运输系统进行的经济学和相关分析以及由此产生的方案和决策，这些都是有益的。希望通过查明以往的缺点和失败，学习一些经验教训，避免一些基于可重复使用运载火箭的新型空间运输系统开发的缺陷。因此，以下讨论的目的是为了进行“航天飞机运输系统”的相关分析以及总结出由此产生的计划与决策的缺点，以便改进与当前可重复使用运载火箭和相关活动有关的计划和决策过程。

以下内容提出了许多问题和相关的经验教训，其涉及范围从底层行政部门和管理与预算办公室(Office of Management and Budget，OMB)的政策决定(其中“航天飞机运输系统”计划被迫发挥作用)，到 NASA 及其供应商进行的分析的局限性。以下内容确保了简洁性，以便可以快速收集重要的问题和结果。感兴趣的读者可以通过阅读关于这个主题的大量文献，深入了解更多[2-5]。

“假定空间活动水平等于过去 8 年美国无人计划的平均值，航天飞机系统的开发在经济上就是可行的。”[6]

3.2.1　背景

发展新型空间运输系统的概念在 20 世纪 60 年代后期成为一项主要研究问题，随后在

70年代初进行了详细的技术和经济研究。政府的行政和立法部门均支持航天飞机的发展。尼克松总统在1972年1月5日说，“美国应该立即行动”去建立这种“全新的空间运输系统”。这一立场得到了总统科学顾问小爱德华·E·大卫博士(Edward E. David，Jr.)、当时的管理与预算办公室主任卡斯珀·W·温伯(Casper W. Weinberger)、空军部长小罗伯特·C·西曼斯博士(Robert C. Seamans，Jr.)和NASA局长詹姆斯·C·弗莱彻(James C. Fletcher)博士的大力支持。在大会上，航天飞机计划得到了两院的一如继往的大力支持。参议院修正案提出的废除航天飞机提议在1972年财务预算辩论期间以64票对22票挫败，在1973年财务年度的辩论中，类似的修正案以61票对21票再次被否决。

此外，航天飞机计划还获得了美国国家科学院航空和航天工程委员会空军系统指挥部咨询委员会，以及美国国家科学院空间科学委员会主席查尔斯·汤斯(Charles Townes)博士的认可。在政府之外，美国劳工总会与产业劳工组织(American Federation of Labor and Congress of Industrial Organizations，AFL-CIO)执行理事会在1972年2月17日工会年会上商定的声明中给出了航天飞机的最重要赞成态度。

“给予这些支持的主要原因是它将在较长的时期内减少太空飞行的费用，并且将给予美国新的能力以完成太空中的实际工作，并继续科学探索。因为航天飞机本质上是一种运输系统，它将影响国家的整个载人和无人空间计划。它将在促进科学和技术、协助环境调查和控制、促进国际合作，以及发展和保证日益增长的经济的同时，提高国家威信和国防力量。其中一些益处将无须等待多年。然而，从短期来看，航天飞机计划获得了支持，是因为正如美国劳工总会与产业劳工组织的声明提到的那样，它将为那些由于政府削减国防部和NASA技术计划的支出而流离失所的人提供五万个工作岗位。这些考虑对行政和立法部门恢复航天飞机计划的决定产生了重大影响。”[2]

1972年1月5日，尼克松总统批准NASA制定航天飞机系统的计划。这项51.5亿美元、用于两个完整航天飞机系统的开发和飞行试验(其中有10亿美元的应急储备)的承诺，是美国特别是航空航天工业的一项重大决定。影响这一决定的经济分析结果是许多公众辩论的来源。

NASA资助了可重复使用航天飞机概念的扩展A和B阶段的设计研究，以及与现有的和新型一次性运载火箭相比，“可重复使用空间运输系统”的经济学论证的研究，包括代表美国整个空间活动的各种任务模型的有效载荷成本。在后一类别中最重要的是由洛克希德导弹与空间公司(Lockheed Missiles and Space Company，LMSC)[7]，航空航天公司[8]和Mathematica公司执行的联合协调分析[6]。洛克希德导弹与空间公司负责有效载荷效应的详细调查(即，与一次性运载火箭系统相比，“可重复使用空间运输系统”对预期有效载荷成本的影响)。可以得出的结论是，因为使用人工系统、大型有效载荷舱、大批量输送能力、以及飞回不能满足在轨测试的有效载荷的能力而产生的相对良性的环境，有效载荷成本可以大大减少。这些属性将允许通过使用更低成本、更大规模的较低可靠性组件来增加冗余的方式实现高可靠性。航空航天公司调研了洛克希德导弹与空间公司为单个特定航天器确定的在不同任务模型中的有效载荷效应的情况，并分析了使用不同运载火箭携带有效载荷的成本。随后，Mathematica公司在经济学分析中使用了洛克希德导弹与空间公司和航空航天公司的分析结果。

从这些研究的结果可以很清晰地看出航天飞机的经济效益主要取决于实现有效负载储

蓄的能力。研究还表明，即使没有有效载荷储蓄，“预期的”航天飞机运输成本也将与继续使用当时的一次性运载火箭所需的成本相当。因此，人们普遍认为，有效载荷储蓄的新前景，加上由航天飞机特性引起的空间方案的多样性和灵活性，将使可重复使用航天飞机系统的开发成为一项有价值的事业。

3.2.2　后见之明

(1)预算约束

航天飞机的经济受到政治预算决策的显著影响。时任 NASA 副局长乔治·洛(George Low)1970 年 1 月在 NASA 领导层的备忘录中说，“我认为航天飞机计划只有一个目标，那就是提供一个低成本、经济的空间运输系统。为了实现这一目标，我们必须集中于低开发成本和低运营成本。”[9]

然而，由于“航天飞机运输系统”的预算是建立在由管理与预算办公室在预算决定中发挥积极作用的政治环境下，因此乔治·洛的目标并不是一个主要的考虑。NASA 制定了一份基于纯液体火箭发动机配置的预算，并将其提交给总统。显然，对于这个问题在理解上产生了混淆，管理与预算办公室认为白宫已经同意了预算 51 亿美元的航天飞机计划，且预算不可调整。NASA 本认为该计划预算为 55 亿美元，并可进行调整。结果，NASA 同意了管理与预算办公室的预算，并对航天飞机的配置进行了修改。事实上，NASA 必须选择一个配置以满足总消费上限和消费概况。最终的结果是使用更廉价(偶然成本)的固体火箭。这是一个重要的变化，因为它显著影响了偶然性和经常性的成本折中。

(2)有效负载预算的利用

航天飞机的经济合理性是基于每年大量的飞行任务能力。创建的任务模型可以证明每年存在大量飞行的需要。政府和工业界需要的、用于支持与任务模型相关的、有偿的偶然性和经常性成本的预算很少或根本没有被认真考虑过。(有些人认为应该选择一个具有足够飞行量的任务模型来证明航天飞机计划)。如果认真考虑这一问题，并考虑到有效载荷效应(可能缺少这种情况)，一种低于每年 60 次飞行的发射频率(每次搭载 65 000 磅有效载荷)的任务模型可能被认为是合理的。

(3)有效载荷效应

“航天飞机运输系统”的经济学分析可以得出结论：航天飞机的经济效益主要取决于降低有效载荷的程度。假定有效载荷的降低将是由有效载荷的重新设计而产生，以使用航天飞机货舱更大的良性环境，并利用因航天飞机的可重复使用而可能实现的在轨操作。由于个别因素，有效载荷的降低从未被实现。为了能够实现有效负载的降低，这意味着只能设计由航天飞机发射的卫星。历史表明，很少的有效载荷会被专门设计用于搭载航天飞机(可能除了政府的一些有效载荷，其轨道接近航天飞机的最终轨道)。在很大程度上，是希望有效载荷能够保持双重发射能力(例如，与阿里安运载火箭和航天飞机相兼容的通信卫星)。此外，设想的可重复使用太空拖轮从未被开发，这将严重影响在轨操作，包括维修和修理。航天飞机本身对实现显著降低有效载荷几乎没有影响。无法实现有效载荷的降低是时代的结果。(因为大多数技术研究表明，降低有效载荷是可以实现的，因为它规定所有有效载荷都可以承载在航天飞机上，认为可能无法实现有效载荷降低的争辩几乎是没有效益的。)

(4) 故障应急计划

应急计划既没有得到认真解决，也没有考虑到航天飞机经济学研究，也没有考虑全面地发展应急计划和业务应急计划。考虑了最可能的与航天飞机计划的设计、开发、测试和工程阶段相关的时间表、性能和成本。因为可能值和预期值会显著不同，并且因为只有预期值是累加的，所以使用最可能的值可能导致成本的低估和性能的高估。[因为累加最可能的值在数学上是不正确的，除了某些特殊情况之外，当期望值和最可能的值相同(例如，可变性可以通过正态分布近似)时，可能导致显著的错误。]例如，作者与 NASA 和发动机制造商共同参加了一个会议，其中提出了用于航天飞机主要发动机的开发计划表。有人说，时间表很难满足。当被问及时，可以很明显地说很少或没有机会能够加快开发进度，而几乎可以确定的是延误和大量的预算超支。尽管如此，最可能的估计仍被用于经济学分析。

经济分析没有考虑航天飞机失效对整体操作和更换成本的影响。政府为生产一次性运载火箭的资金在航天飞机计划投入运营后终止。这样做并没有考虑如果航天飞机失败的后果。所有有效载荷都要放在航天飞机上的政策已被实施。这项政策帮助阿里安运载火箭计划取得了成功(特别是在航天飞机失败后)，因为如前所述，大多数商用有效载荷是为双重发射能力而设计的，保持第二来源是很重要的。

(5) 关于替代品的需求和成本的政策分析

航天飞机经济学分析没有考虑维修替代品的需要和成本，即一次性运载火箭。这将降低航天飞机计划的经济优势，并可能对航天飞机计划的资金产生重大影响。换句话说，在许多其他情况下，经济学分析并不质疑用于经济学分析的指导和假设。独立思考是不被鼓励的。

(6) 利益最大化与任务满意度

航天飞机的配置是由满足所有任务模型的需要决定的。特别重要的是需要满足美国国防部的任务需求，这是有效载荷货舱尺寸的主要决定要素。讽刺的是，美国国防部认为这些完全相同的任务需要一个替代发射能力(美国大力神系列运载火箭)，因此预示了“有效载荷效应”节省的不合理性。航天飞机分析和总体方案规划试图能够最小化飞行任务模型的成本，而不是最大化由政府投资的好处。旨在最大化净利润的方法可能导致航天飞机能力不均，其中航天飞机被配置成只能够发射更小的有效载荷。然而，这只是猜想，因为在幕后这个猜想假设需要最终支持一个空间站项目。

(7) 政府与行业关系

NASA 最初进行了内部经济学研究以证明航天飞机计划的合理性。管理与预算办公室希望对 NASA 的调研进行独立验证，因此，洛克希德导弹与空间公司和航空航天公司支持了 Mathematica 公司的经济研究。洛克希德导弹与空间公司和航空航天公司给 Mathematica 公司提供了在经济学分析中使用的任务模型、性能和成本信息。Mathematica 公司没有试图独立地验证或质疑为分析而提供的这些数据。据推测，这一决定是因为研究的目的是协助航天飞机计划的正当性。换句话说，管理与预算办公室希望进行独立评估的愿望并没有真正实现。

(8)政府所有权与行业所有权

航天飞机的政策和经济学分析是在政府所有权和经营的框架内制定的。私人所有权的可能性是很少或没有考虑的。因此，政府计划关注运营与发展相关的所有成本，并继续发挥其作为政府与商业发射的空间运输供应者的作用。(在航天飞机运输系统之前，政府使用一次性运载火箭将商业有效载荷送入轨道。)政府发射的需求被夸大，而商业发射的需求被低估。

3.2.3 需要吸取的教训

随着美国开始发展下一个主要的空间运输系统，回顾航天飞机计划和吸取过去的一些历史教训是有益的。前面各小节试图描述了在航天飞机方案的结构和组织方面发挥重大作用的一些政策和经济考虑，以下内容也是值得思考的，其中一些已经被纳入可重复使用运载火箭计划。

“可重复使用运载火箭”很多技术和程序仍需突破，这意味着在性能、成本和时间计划存在不确定性，最好的情况是可以确定其中两个因素。起初，航天飞机计划限制了成本和时间计划(即通过建立资金上限和支出概况)，但是没有意识到这样做会严重影响绩效风险。当意识到性能可能受到影响时，成本限制被放宽，导致大量预算超支。这样看来，空间站可能采取同样的做法。这个教训似乎已经在“可重复使用运载火箭”计划中重现，因为NASA 正在参与旨在降低性能风险的技术开发和示范计划，最终目标是实现商业融资以发展操作系统。

成本估计关系(Cost - Estimating Relationships，CER)在估计航天飞机、空间站和“可重复使用运载火箭”计划成本方面发挥了重要作用，必须始终根据“成本核算”的活动类型重新审查成本估计关系的适当作用。在需要大量技术开发以满足性能目标的情况下，使用成本估计关系是不适当的。成本估计关系的发展需要假设成本核算的任务是可行的，但是在大量技术仍需要开发的情况下，情况并非如此。因此，成本估计关系方法并不总是适当的，必须要使用诸如 RADSIM[10] 的替代方案。

空间运输需求的预测必须考虑政府和商业有效载荷。预期的政府发射需求应考虑预测到的有效载荷开发所需的预算。新型运输系统也必须面对市场竞争的现实，并且应该考虑合理的市场份额(这都是由竞争和替代品需求而造成的)。

应急计划必须是整个方案策划中不可或缺的部分。为了通过商业融资实现商业空间运输的目标，很可能发展和运行应急规划并将成为总体方案计划中不可或缺的部分。然而，政府必须谨慎开发替代品，因为空间发射市场将因此而受限(如果没有非常显著的价格变化，可能不会显著扩大)，增加可行替代品的数量可能会增加任何一种替代品获得商业融资的难度。

为了确保在现有替代品(即可行的运输选择)、替代运输服务的需求、利用可重复使用运载火箭建立运输服务、商业供应者的期望、以及为空间站和其他政府计划提供足够运输的需求之间适当的平衡性，应对空间运输政策及相关目标进行全面审查。

利益的最大化、商业企业的财务可行性、利用可重复使用运载火箭“箭队”提供的空间运输服务，以及总体任务模式的满意度等必须得到解决。在对合资企业伙伴关系施加要求之前，NASA 需要考虑到航天飞机面临的一些问题，这些问题与设计运载火箭以满足所有任务要求的问题相同。换句话说，政府的目标不可能与私营部门的目标相一致。

因为很可能的是，政府的支持仍是商业融资成为现实的必要条件，所以 NASA 建立一个现实的方法来评估工业获得商业融资的财务要求和其他要求是很重要的。这些应该包括评估业务计划的能力、定价政策、市场预测、成本和进度估计，以及影响政府参与要求的商业计划的其他方面因素。NASA 作为受托人有责任花纳税人的钱，这意味着政府不应被置于一种只能接受由工业界提供信息(如航天飞机方案中的情况)而没有提供有见识的独立评估能力的地位。

政府应继续执行其寻求解决方案的政策，用于提供以私人所有和经营为基础的空间运输。

3.3 “可重复使用运载火箭”的财务建模

“可重复使用运载火箭”计划设定了一条独特的道路，旨在开发一个新型可重复使用空间运输系统，这将大大降低商业和政府客户的空间运输成本。因为其目标是让私营部门发展、建设和运营一个可重复使用运载火箭“箭队”，并为商业和政府用户提供空间运输服务，因此私人投资和融资至关重要。新型可重复使用运载火箭所固有的技术风险目前正在得到解决，并有希望通过以建造和飞行 X－33 单级入轨验证机和后续的太空发射计划为中心的政府主导合作关系来减少风险。然而，开发和建设一个可重复使用运载火箭“箭队”付出的努力和财力将超过 X－33 和后续计划。

基于可重复使用运载火箭“箭队”开发和使用的私营开发必须克服业务上和技术上的障碍，制定解决这些障碍的办法。投资界表示，在消除全部技术风险之前，不可能从资本市场获得大量资金用于“可重复使用运载火箭”的研发。资本市场适应正常的商业风险，而不是技术风险。需要考虑的业务障碍涉及金融、保险、责任、许可、监管、法律和政策问题。财务障碍包括未来需求的不确定性、初始投资的高水平、现有和未来一次性运载火箭的潜在竞争，以及调整现有政策机制以适应新的政府与私营合作安排的困难。

私营部门目前正在进行商业规划，但是由于开发计划时间长、当前技术开发活动(从性能和成本的角度)的不可预测结果、商业竞争的压力、以及当今业务计划者不是未来实施者的可能性，很可能在几年内都无法最终确定业务计划。

同时，很可能需要政府短期援助的案例，以鼓励持续的私营部门投资，这将促进基于可重复使用运载火箭“箭队”的私营部门的空间运输业务。政府参与的各种形式和举措已在讨论中进行了初步分析[1]。这些举措包括 NASA 的设计、开发、测试和工程参与，政府实物捐助，主租赁协议，终止责任规定，免税期，研发税收抵免，补贴贷款和贷款担保[11]。政府的各种举措以不同的方式影响了投资决策，例如，一些会直接影响私营部门投资的规模，一些会影响长期回报率，一些会影响风险认知，一些会影响某些私营部门决策关注。

由于私营部门可能会继续寻求 NASA 和国会的援助，因此了解不同政府计划和政策对促进“可重复使用运载火箭”融资的影响很重要。这种理解必须在私营部门投资决策之前获得，并要求政府了解影响投资决策和替代业务模式合理性的不同政策与计划的可能性。安全问题，责任决定，保险可用性和成本，以及许可、监管、法律和其他相关政策问题将影响业务模式的合理性。

政府关于“可重复使用运载火箭”的财务和经济学分析以马歇尔航天飞行中心为核心，分析利用了马歇尔航天飞行中心开发的财务模型以及政府和行业提供的数据。马歇尔航天飞行中心关于“可重复使用运载火箭”的财务建模主要在电子表格环境中进行，其中所得到的电子表格模型并入现有的商业风险分析软件（At-Risk）中，以提供风险分析能力。这种方法有几个明显的局限，随着现有能力的扩展，这些局限可能会变得更严重，将在以下小节中讨论这些局限。目前的电子表格模型（交互式）均考虑了政府和私营部门。对于政府而言，财务和经济学分析涉及到政府的现金流、现金流的净现值和内部收益率的发展。此外，在财务收入和创造就业方面产生了经济影响（在下面的小节中讨论）。这些效益和成本考虑到了政府支出，从而节省了成本（二者都是由于减少了空间运输成本和逐步淘汰航天飞机运营而引起的），以及可能由政府政策和计划产生的其他成本和收益，这些政策和计划专门用于鼓励和获得私营部门的投资，从而促进所需的商业“可重复使用运载火箭”空间运输业务。

3.3.1 财务文件的发展

执行业务规划和财务分析的结果需要传达给金融界，以便评估私营部门根据所审议的政府政策和方案可能获得的融资的可能性。为了实现这一点，有必要以金融界熟悉并易于理解的格式呈现其分析结果。图 3 - 1 ~ 图 3 - 3 描述了一套文件格式（即“可重复使用运载火箭”运输业务形式利润表、现金流预测表和资产负债预测表），能够将政府关于“可重复使用运载火箭”的财务分析的结果转化为金融界习惯处理的报告。

图 3 - 1 是形式利润表的格式，将总收入分解为来自政府和商业服务的收入（每次飞行的价格和飞行的次数）。发射操作包括有效载荷集成和其他操作、发射和责任保险（定价中包含恢复这些费用的规定）、发射费用和维护与维修成本。年度运营费用总额包括上述项目，以及年度设计、开发、测试和工程费用。一般和管理费用表示为单一项目，而一般的设施和可重复使用运载火箭的折旧要分别考虑。对上述项目还要增加债务服务费用、未保险损失准备金、持续工程和开发费用。所有这些的总和从年收入中减去，以获得税前利润。在考虑到研发税收抵免、投资税收抵免和免税抵免可能性的情况下，考虑税后利润的结转损失。这些抵免可以被认为是鼓励商用可重复使用运载火箭企业发展的政府举措。

应当注意的是在图 3 - 1 ~ 图 3 - 3 中已经省略了风险度量，因为当前的电子表格方法基本上是确定性的，并且不产生风险度量。（希望能够得到期望值结果。）

图 3 - 2 显示了现金流预测表的格式。总现金流入表示为税后利润、减少的应收账款、增加的应付账款、减少的现金、折旧、债务融资收入和资本支出的总和。总现金流出表示为损失额、增加的应收账款、减少的应付账款、增加的现金、资本支出（分别考虑设施、原始“箭队”和替换“箭队”的支出）、股息和贷款还款、股票回购的总和。年度现金流入和现金流出之间的差额是年度总现金流。负债是累积现金流随时间的负数。最后，业务的净现值以若干不同的贴现率表示，分别计算业务规划期内贡献和无限期贡献的净现值。总净现值是这两项贡献值的总和。（在计算净现值时，必须注意减去融资成本，以避免重复计算。）

年份
02，03，04，05，06，07，……

飞行数量
价格
收入（政府）
飞行数量
价格
收入（商业）
总收入

有效载荷集成
其他操作
发射保险
责任保险
发射费用
维护和维修
发射操作
总运营费用

一般和管理费用

设施
箭队
折旧费用
债务服务费用
未保险损失准备金
持续工程和开发费用

税前费用
税后利润结转损失
研发税收抵免
投资税收抵免
免税抵免
税后利润

销售回报率（%）
资产收益率（%）
债务覆盖

图 3－1　“可重复使用运载火箭”运输业务的形式利润表

年份
02，03，04，05，06，07，……

税后利润
减少的应收账款
增加的应付账款
减少的现金
折旧
债务融资收入
资本支出（股权）
总现金流入

损失额
增加的应收账款
减少的应付账款
增加的现金
设施
原始箭队
替换箭队
资本支出
股息
贷款还款
股票回购
总现金流出

年度总现金流

债务

折扣率（%）
0　5　10　15　20　25　30　35　40　45　≥50

净现值贡献（规划期内）
净现值贡献（无限期）
总净现值

图 3－2　“可重复使用运载火箭”运输业务的现金流预测表

图 3－3 显示了资产负债预测表的格式。资产负债表显示总资产为现金、应收账款、预付费用、设备账面价值(设备投资减去累计折旧)和可重复使用运载火箭“箭队”的账面价值(可重复使用运载火箭“箭队”投资减去累计折旧)的总和。总负债以应付账款、预付款项和长期负债的总额列示。最后，总股东权益表示为资本支付(分别表示为企业融资和股权购买)和留存收益的总和。公司投资和股权投资的折现率也被表示为资本成本(即折扣率)的函数。

	年份
	02，03，04，05，06，07，……
现金	
应收账款	
预付费用	
设备投资	
累计折旧	
箭队的账面价值	
设备投资	
累计折旧	
箭队的账面价值	
总资产	
应付账款	
预付款项（递延收入）	
长期负债	
总负债	
企业融资（%所有权）	
股权购买（%所有权）	
资本支付	
留存收益	
总股东权益	

	折扣率（%）										
	0	5	10	15	20	25	30	35	40	45	≥50
公司投资的折现率											
股权投资的折现率											

图 3－3 “可重复使用运载火箭”运输业务的资产负债预测表

3.3.2 “可重复使用运载火箭”的定价策略

已经设定了显著降低有效载荷进入轨道成本的目标。如果成本降低，价格也会降低吗？根据需求弹性，可能很难促使商业空间运输供应商降低除竞争压力之外的成本。“可重复使用运载火箭”业务的可行性和实现运输成本的降低将取决于商业空间运输服务供应商可能采用的定价政策。

在“可重复使用运载火箭”业务规划和评估过程中，需要考虑以下定价方案：

1)定价以最大化利润为目标，但价格受竞争性定价的限制；

2)两级定价(规定期限的政府价格和最大化利润的商业定价)；

3)“可重复使用运载火箭”价格是预期竞争性价格的指定分数的定价策略；

4)在竞争市场中定价，以达到特定的市场份额；

5)设定价格为预期竞争性价格的指定分数，然后最大化利润；

6)用常数乘以运营成本作为价格。

以下小节会给出这些定价方案的数学公式，以便考虑将其纳入可能或正在开发的财务规划模型中。特别感兴趣的是被称为“以最大化利润定价，但价格受竞争性定价的限制”和“两级定价(规定期限的政府价格和最大化利润的商业定价)”的模式。第一个问题是令人关注的，因为它与当前的做法相似，后者是极其令人感兴趣的，因为它提供了一种保证，即政府可以通过投资可重复使用运载火箭的技术和提供奖励来实现成本节省。

以下小节中描述的许多变量，包括竞争性定价，可以被认为是不确定性变量和蒙特卡洛模拟模型中的相关计算。其结果是建立了考虑到包括不确定性定价的财务业绩量的概率分布。

(1)以最大化利润定价，但价格受竞争性定价的限制

这种定价策略试图建立使得“可重复使用运载火箭”商业利润最大化的模式，当然，它会受制于竞争性(例如，“一次性运载火箭”)定价。“可重复使用运载火箭”的业务收入如下

$$\text{收入}(T) = \sum_{\beta} U(\beta,T) * S(\beta,T) * P(T) * 0.01$$

式中　β——细分市场；

$P(T)$——在 T 年中的价格($/#)；

$S(\beta, T)$——在 T 年中的市场份额(%)；

$U(\beta, T)$——在 T 年中出售的单位(#)。

其结果利润如下

$$\text{利润}(T) = \sum_{\beta} U(\beta,T) * S(\beta,T) * P(T) * 0.01 - FC - VC * \sum_{\beta} U(\beta,T) * S(\beta,T) * 0.01$$

式中　FC——固定成本($)；

VC——可变成本($/#)。

假设需求是价格的函数，并且具有指数的形式。(这既简化了数学，在许多现实世界中使用空间运输服务的情况下也是合理的。在下面的小节中将更多地讨论这一点。)需求表示如下

$$U(\beta,T) = U_0(\beta) * \exp[-\lambda(\beta) * P(T)]$$

式中　$U_0(\beta)$——在低价格下的最大稳态需求(通过输入数据的选择来对需求弹性数据提供合理的曲线拟合)；

$\lambda(\beta)$——曲线拟合参数，连同 $U_0(\beta)$，将稳态需求与价格相关联。

利润方程可以写成

$$\text{利润}(T) = \sum_{\beta} U_0(\beta) * S(\beta,T) * P(T) * 0.01 * \exp[-\lambda(\beta) * P(T)] - FC - VC * \sum_{\beta} U_0(\beta) * S(\beta,T) * 0.01 * \exp[-\lambda(\beta) * P(T)]$$

为了利润最大化，首先要建立利润相对于价格的导数，然后确定使导数等于零的价格，公式如下

$$\frac{\mathrm{d}\,\text{利润}(T)}{\mathrm{d}P} = 0.01 * \sum_{\beta} U_0(\beta) * S(\beta,T) * \{-P(T) * \lambda(\beta) *$$

$$\exp[-\lambda(\beta)*P(T)]+\exp[-\lambda(\beta)*P(T)]\}+0.01VC*$$
$$\sum_{\beta}U_0(\beta)*S(\beta,T)*\lambda(\beta)*\exp[-\lambda(\beta)*P(T)]=0$$

上式可以如下简化，并且对价格 $P(T)$ 求解

$$\sum_{\beta}U_0(\beta)*S(\beta,T)*\exp[-\lambda(\beta)*P(T)]*[1-\lambda(\beta)*P(T)]+$$
$$VC*\sum_{\beta}U_0(\beta)*S(\beta,T)*\exp[-\lambda(\beta)*P(T)]=0$$

并受到 $P(T)\leqslant PC(T)$ 的约束，其中，$PC(T)$ 为有竞争力的价格（即竞争运输系统的价格）。迭代过程可被用于建立 $P(T)$ 的合理估计。

为了求解 $P(T)$，有必要建立市场份额、“可重复使用运载火箭”和竞争性定价之间的关系。假设在相对（即“可重复使用运载火箭”相对于竞争者）价格和市场份额之间可以建立合理的关系，市场份额 $S(\beta,\ T)$ 的值可以如下建立。假设当年的市场份额是前一年的“可重复使用运载火箭”价格和竞争性运输系统价格的函数，那么

$$S(\beta,T)=f\{P(T-1)/PC(T-1)\}$$

式中 $f\{\quad\}$——市场份额关系的函数。

假设这种函数关系可以通过线性关系近似（参见 2.5 节中关于在考虑多个属性时估计市场份额的讨论），那么

$$S(\beta,T)=10*CS(\beta)*[1-P(T-1)/PC(T-1)]+SEP(\beta)$$

受以下条件限制

$$\text{如果 } S(\beta,T)>100,\text{则 } S(\beta,T)=100$$
$$\text{如果 } S(\beta,T)<0,\text{则 } S(\beta,T)=0$$

式中 $SEP(\beta)$——当“可重复使用运载火箭”价格等于竞争性运输系统价格时，“可重复使用运载火箭”的市场份额(%)；

$CS(\beta)$——“可重复使用运载火箭”从同等价格下降 10%的市场份额百分比变化值（例如，价格下降 10%导致 20%的市场份额增长，即从 50%到 70%）。

与前述讨论一致，图 3 -4 给出了将多个细分市场中价格的弹性数据输入到财务计划模型中的方法。若给定一组价格弹性数据，图 3 -5 所示的方法可以用于通过使用指数关系来快速修改价格弹性数据。指数关系的结果将与数据库的数据一起显示，以便提供一种用于比较的基础。可以通过选择 λ 的适当值，来建立指数与感兴趣区域中数据的合理拟合。

(2) 两级定价（规定期限的政府价格和最大化利润的商业定价）

假设，政府由于在“可重复使用运载火箭”商业投资的开发和启动年期间提供了支持，那么政府的有效载荷将获得特殊或优惠价格。此优惠定价将在指定的时间内有效。因此，两级定价政策（即政府和非政府）将在一段时间内保持，在此期限之后，将实施单级定价政策。

使用与上面相同的符号，可以假设政府价格（即，政府被视为多个细分市场之一）为年营业成本的乘数。但是，这个价格不能超过非政府或商业市场的价格。商业价格被假定为最大化年利润的价格。

在下文中，TST 是切换到单级定价的时间，$PG(T)$ 是政府价格，OCM 是操作成本乘数

数据库：价格弹性数据

细分市场：太空旅游业　3　β

弹性数据：

	价格	需求
1	100	50 000
2	200	35 000
3	300	25 000
4	500	15 000
5	700	10 000
6	1 000	5 000
7	2 000	1 000
8	3 000	500
9	5 000	100
10	7 000	0
	PDB(α,β)	DDB(α,β)

图 3－4　细分市场中的价格弹性数据输入

PDB—价格数据库；*BBD*—需求数据库

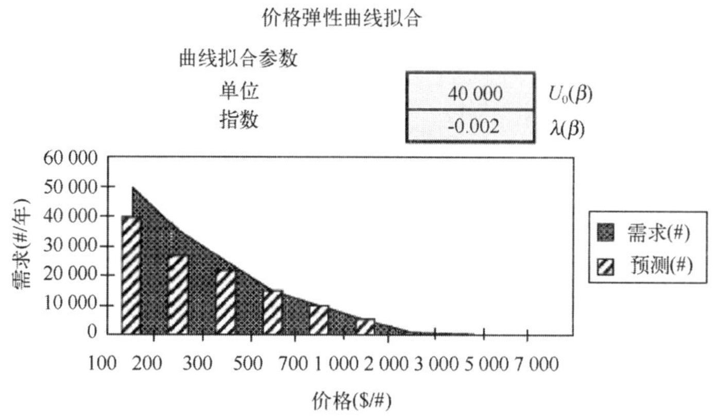

图 3－5　价格弹性曲线拟合

（即，1.5 意味着将操作成本乘以 1.5）。因此，当 $T < TST$，且 $\beta = 1$（$\beta = 1$ 代表政府部门）时

$$PG(T) = OCM * VC, PG(T) \leqslant P(T)$$

当 $T <$ TST，且 $\beta > 1$ 时，那么可以如前面所述建立市场份额 $S(\beta, T)$ 的值，并且可以建立如下定价

$$利润(T) = \sum_{\beta=2}^{\beta} U_0(\beta) * S(\beta, T) * P(T) * 0.01 * \exp[-\lambda(\beta) * P(T)] -$$

$$FC - VC * \sum_{\beta=2}^{\beta} U_0(\beta) * S(\beta,T) * 0.01 * \exp[-\lambda(\beta) * P(T)] +$$
$$U_0(\beta = 1) * S(\beta = 1,T) * PG(T) * 0.01 * \exp[-\lambda(\beta = 1) * PG(T)] -$$
$$VC * U_0(\beta = 1) * S(\beta = 1,T) * 0.01 * \exp[-\lambda(\beta = 1) * PG(T)]$$

当 $T \geqslant TST$，那么

$$收入(T) = \sum_{\beta} U(\beta,T) * S(\beta,T) * P(T) * 0.01$$

并且正如在定价方案中已经描述的

$$利润(T) = \sum_{\beta} U(\beta,T) * S(\beta,T) * P(T) * 0.01 - FC -$$
$$VC * \sum_{\beta} U(\beta,T) * S(\beta,T) * 0.01$$

首先，对于需求价格指数函数关系的形式做出与前述定价方案中相同的假设；其次，建立利润相对于价格的导数，用所获得的利润导数等于零的价格推导以下等式，可以利用迭代过程来求解 $P(T)$。

当 $T < TST$ 时

$$\sum_{\beta=2}^{\beta} U_0(\beta) * S(\beta,T) * \exp[-\lambda(\beta) * P(T)] * [1 - \lambda(\beta) * P(T)] +$$
$$VC * \sum_{\beta=2}^{\beta} U_0(\beta) * S(\beta,T) * \exp[-\lambda(\beta) * P(T)] = 0$$

当 $T \geqslant TST$ 时

$$\sum_{\beta} U_0(\beta) * S(\beta,T) * \{\exp[-\lambda(\beta) * P(T)] * [1 - \lambda(\beta) * P(T)]\} +$$
$$VC * \sum_{\beta} U_0(\beta) * S(\beta,T) * \exp[-\lambda(\beta) * P(T)] = 0$$

以上两式均受 $P(T) \leqslant PC(T)$ 的约束，其中 $PC(T)$ 是有竞争力的价格（即竞争性运输系统的价格）。可以假设，市场份额的价值用描述的定价方案中的相同方式来建立。

(3)使“可重复使用运载火箭”价格为预期竞争性价格指定分数的定价策略

这种定价策略的目的是建立“可重复使用运载火箭”的价格，它是预期竞争性价格的特定分数。在定价过程中，利润最大化可能不会被实现，但很可能实现近期利润最大化。“可重复使用运载火箭”的价格表述如下

$$P(T) = \delta(T) * PC(T)$$

并且正如在前面的定价方案中描述的那样，市场份额 $S(\beta, T)$ 的结果值如下

$$S(\beta,T) = f\{P(T-1)/PC(T-1)\}$$

式中　$f\{\quad\}$——市场份额关系的函数。

如前面所述，假设此函数关系可以通过线性关系近似，那么

$$S(\beta,T) = 10 * CS(\beta) * [1 - P(T-1)/PC(T-1)] + SEP(\beta)$$

其中

$$如果 S(\beta,T) > 100, 则 S(\beta,T) = 100$$
$$如果 S(\beta,T) \leqslant 0, 则 S(\beta,T) = 0$$

式中　δ——“可重复使用运载火箭”定价中竞争性价格的分数；

$SEP(\beta)$——当“可重复使用运载火箭”的价格等于竞争性运输系统的价格时，“可重复使用运载火箭”的市场份额(%)；

$CS(\beta)$——“可重复使用运载火箭”从同等价格下降 10%的市场份额百分比变化值（例如，价格下降 10%导致 20%的市场份额增长，即从 50%到 70%）。

使用此定价政策的企业的盈利能力可以从以下公式中获得

$$利润(T) = \sum_{\beta} U_0(\beta) * S(\beta,T) * P(T) * 0.01 * \exp[-\lambda(\beta) * P(T)] - FC - VC * \sum_{\beta} U_0(\beta) * S(\beta,T) * 0.01 * \exp[-\lambda(\beta) * P(T)]$$

(4) 设定价格为预期竞争性价格的指定分数，然后最大化利润

该定价策略类似于前述策略，除了在指定时间 TS 内从指定定价转换到最大化年利润的定价。因此，当 $T < TS$ 时

$$P(T) = \delta(T) * PC(T)$$

市场份额 $S(\beta, T)$ 可以表示为

$$S(\beta,T) = f\{P(T-1)/PC(T-1)\}$$

式中　$f\{\quad\}$——市场份额关系的函数。

如前面所述，假设此函数关系可以通过线性关系近似，那么

$$S(\beta,T) = 10 * CS(\beta) * [1 - P(T-1)/PC(T-1)] + SEP(\beta)$$

其中

$$如果\ S(\beta,T) > 100, 则\ S(\beta,T) = 100$$
$$如果\ S(\beta,T) \leqslant 0, 则\ S(\beta,T) = 0$$

其中 δ 和 $CS(\beta)$ 已经定义过。所得的利润值由下式给出

$$利润(T) = \sum_{\beta} U_0(\beta) * S(\beta,T) * P(T) * 0.01 * \exp[-\lambda(\beta) * P(T)] - FC - VC * \sum_{\beta} U_0(\beta) * S(\beta,T) * 0.01 * \exp[-\lambda(\beta) * P(T)]$$

当 $T \geqslant TS$ 时，通过以下等式分别得到收入和利润，且所有项已在上文中定义

$$收入(T) = \sum_{\beta} U(\beta,T) * S(\beta,T) * P(T) * 0.01$$

$$利润(T) = \sum_{\beta} U(\beta,T) * S(\beta,T) * P(T) * 0.01 - FC - VC * \sum_{\beta} U(\beta,T) * S(\beta,T) * 0.01$$

如前面的定价方案中所叙述的那样，可以假设需求能够表示为价格的函数

$$U(\beta,T) = U_0(\beta) * \exp[-\lambda(\beta) * P(T)]$$

考虑到相对 $P(T)$ 的利润的导数，可以得到

$$\sum_{\beta} U_0(\beta) * S(\beta,T) * \exp[-\lambda(\beta) * P(T)] * [1 - \lambda(\beta) * P(T)] + VC * \sum_{\beta} U_0(\beta) * S(\beta,T) * \exp[-\lambda(\beta) * P(T)] = 0$$

利用迭代过程，通过约束条件 $P(T) \leqslant PC(T)$ 来求解 $P(T)$。

(5) 在竞争市场中定价，以达到特定的市场份额

这种定价策略的目的是建立一个有可能促使实现所需市场份额的“可重复使用运载火

箭”的价格。这是在竞争激烈的市场中完成的。如已述的定价策略，可以假设在相对价格和“可重复使用运载火箭”的市场份额之间存在线性关系，那么

$$S(\beta,T) = 10 * CS(\beta) * [1 - P(T-1)/PC(T-1)] + SEP(\beta)$$

其中

$$\text{如果 } S(\beta,T) > 100, \text{则 } S(\beta,T) = 100$$
$$\text{如果 } S(\beta,T) \leqslant 0, \text{则 } S(\beta,T) = 0$$

由于每个细分市场可能产生不同的市场份额，因此有必要选择用于确定价格的细分市场 SFP，还需要在该细分市场 $DS(\beta = SFP,\ T)$ 中指定期望的市场份额。然后可以通过求解先前的市场份额的公式来获得期望的价格，如下所示

$$P(T-1)/PC(T-1) = 1.0 - [S(\beta = SFP,T) - SEP(\beta = SFP)]/[10 * S(\beta = SFP)]$$

随后，这个相对价格的值可用于建立其他市场部门的市场份额以及年利润。

(6) 以常数乘以运营成本作为价格

这种定价方案的目的是简单地将“可重复使用运载火箭”的价格设置为常数乘以年运营成本的形式

$$P(T) = OCM * VC$$

并受 $P(T) \leqslant PC(T)$ 约束。其中，OCM 为操作成本乘数（即，1.5 意味着将操作成本乘以 1.5），$PC(T)$ 是有竞争力的价格（即竞争性运输系统的价格），如前所述，市场份额 $S(\beta,\ T)$ 的值为

$$S(\beta,T) = f\{P(T-1)/PC(T-1)\}$$

并且其函数关系由线性关系近似得到

$$S(\beta,T) = 10 * CS(\beta) * [1 - P(T-1)/PC(T-1)] + SEP(\beta)$$

如前所述，利润公式可以写为

$$\text{利润}(T) = \sum_{\beta} U_0(\beta) * S(\beta,T) * P(T) * 0.01 * \exp[-\lambda(\beta) * P(T)] - FC - VC * \sum_{\beta} U_0(\beta) * S(\beta,T) * 0.01 * \exp[-\lambda(\beta) * P(T)]$$

3.3.3 “可重复使用运载火箭”定价的经济学含义

2.8 节中描述了一种用于评估政策变化对经济学影响的一般方法，其中的一个例子说明了 4.4 节所述的发射费用政策的后果。下文进一步阐述该方法，并说明“可重复使用运载火箭”定价政策的经济影响。

如果“可重复使用运载火箭”可降低空间运输价格，通常意义上对空间运输的需求有可能会增加，并且在空间发射的国际竞争中，美国的市场份额也会增加。需求的增加和市场份额的增加将通过增加就业机会（直接和间接）和增加联邦收入来影响美国经济。（“直接”“间接”就业定义为采购以及与建造空间硬件和提供空间运输服务有关的产品和服务而直接产生的就业，以及由直接雇员在社区中消费而产生的就业。“直接”和“间接”收入的定义与此类似。）

在下面的表示中，指数 T 和 m 分别表示时间和任务。其中，任务不一定与细分市场 β 同义（即任务可以是细分市场的子集，也可以是细分市场本身）。假设对于不同的任务类型，如图 3-6 所示估计价格与数量的关系。以下附加定义也适用：$P_{T_0}(T)$ 为在没有“可

重复使用运载火箭”的情况下运输到低地球轨道的价格（ \$/kg）；$Q_o(T, m)$ 为给定价格 $P_o(T)$ 的有效载荷质量（kg），有效载荷质量包括卫星的质量和传输级（包括推进剂）的质量；$P_T(T)$ 为在使用可重复使用运载火箭的情况下运输到低地球轨道的价格（ \$/kg）；$Q(T, m)$ 为给定价格 $P(T)$ 的有效载荷质量（kg），其中有效载荷质量包括卫星的质量和传输级（包括推进剂）的质量；T 代表时间，m 代表任务类型。

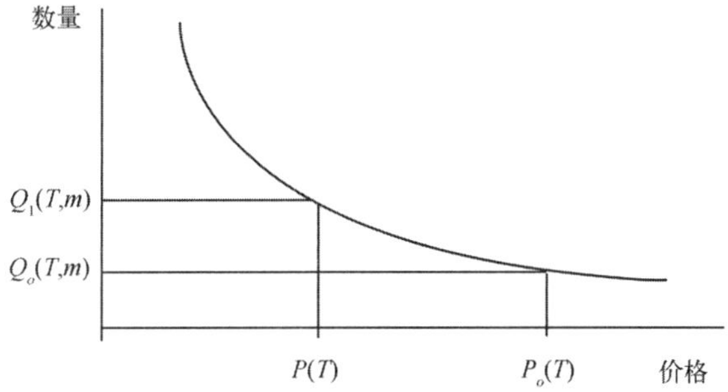

图 3－6　价格与数量的关系

由于运输价格的下降、需求的增加将导致运输收入、卫星收入和转移阶段收入的变化。可以假设，由使用运输服务、购买卫星和转移阶段引起的收入变化可用于支付额外的工作时间，以支持增加的需求和纳税[12]。利润率（例如，销售收入）将保持相对恒定。由于某些任务将超出低地球轨道，在开发不同类别任务的价格和数量关系时，必须考虑到转移阶段的费用。

市场份额保持不变，运输收入的变化为

$$\Delta \text{运输收入}(1,T,m) = [Q(T,m) * P_T(T) - Q_o(T,m) * P_{To}(T)] * MS_T * 0.01$$

式中　MS_T——按照低地球轨道交付量计算的美国运输市场份额(%)。

市场份额的变化也有可能导致运输收入的变化，这是由于与国外竞争的不匹配价格下降而造成的。这种运输收入的变化（可变市场份额）近似为

$$\Delta \text{运输收入}(2,T,m) = \Delta \text{运输收入}(1,T,m) * \Delta MS_T * 0.01 + Q_o(T,m) * P_{To}(T) * MS_T * \Delta MS_T * 0.0001$$

其中，ΔMS_T 是由运输价格下降导致的美国运输市场份额的百分比变化（如果市场份额从 40%增加到 50%，则 $\Delta MS_T = 10\%$）。（市场份额的变化必须考虑到国外运输价格的变化，这可能是对美国价格变化的一种响应。）相对定价对运载火箭市场份额的影响在 2.4 节和 4.2 节中进行了讨论。

美国运输市场收入的变化值可以表示为

$$\Delta \text{收入}_T(T,m) = \Delta \text{运输收入}(1,T,m) + \Delta \text{运输收入}(2,T,m)$$

由于运输收入的变化，公司纳税、直接收入、间接收入、直接就业、间接就业、联邦收入也会有所变化。运输服务价格变动造成的影响如下

$$\Delta \text{公司税}_T(T,m) = \Delta \text{收入}_T(T,m) * ROS_T * CTR * 0.0001$$

其中，ROS_T 为公司运输相关的销售收入(%)，CTR 是公司税率(%)，其他变量已在 2.8 节中定义。

$$\Delta \text{直接收入}_T(T,m) = \Delta \text{收入}_T(T,m) - \Delta \text{公司税}_T(T,m)$$

$$\Delta 间接收入_T(T,m) = \Delta 收入_T(T,m) * 间接收入乘数$$

$$\Delta 直接就业_T(T,m) = \Delta 直接收入_T(T,m) \times [1.0 - 效益率 \times 0.01] / 航空业平均工资率 + [\Delta 直接收入_T(T,m)] * 效益率 * 0.01 + \Delta 公司税_T(T,m) / 非航空业平均工资率$$

$$\Delta 间接就业_T(T,m) = \Delta 间接收入_T(T,m) / 非航空业平均工资率$$

$$\Delta 联邦收入_T(T,m) = \Delta 公司税_T(T,m) + [\Delta 直接收入_T(T,m) + \Delta 公司税_T(T,m) + \Delta 间接收入_T(T,m)] * 收入税率 * 0.01 + [\Delta 直接收入_T(T,m) + \Delta 公司税_T(T,m) + \Delta 间接收入_T(T,m)] * 失业补偿率 * 平均失业时间 * 0.01$$

类似的影响来自于使用转移阶段的收入变化。转移阶段收入变化(恒定市场份额)是

$$\Delta 转移阶段收入(1,T,m) = [Q(T,m) - Q_o(T,m)] * PTS(T) * MS_T * MS_{TS} * 0.0001$$

其中 $PTS(T)$ 为从低地球轨道到最终轨道位置的运输价格(\$/kg), MT_{TS} 为美国转移阶段市场份额(%)。转移阶段的收入来自于美国运输(到低地球轨道)市场份额的变化,表示为

$$\Delta 转移阶段收入(2,T,m) = [Q(T,m) - Q_o(T,m)] * PTS(T) * \Delta MS_T * MS_{TS} * 0.0001 + Q_o(T,m) * PTS(T) * \Delta MS_T * MS_{TS} * 0.0001$$

美国转移阶段收入的变化为

$$\Delta 收入_{TS}(T,m) = \Delta 转移阶段收入(1,T,m) + \Delta 转移阶段收入(2,T,m)$$

由于转移阶段收入的变化,公司纳税、直接收入、间接收入、直接就业、间接就业、联邦收入也会有所变化。除了 ROS_T 由 ROS_{TS} 代替, Δ 收入$_T(T, m)$由 Δ 收入$_{TS}(T, m)$代替之外,这些影响可以用相同的方式来计算。ROS_{TS} 是提供转移阶段的公司所经历的销售回报率(%)。

最后,类似的影响来自于交付到轨道的卫星质量变化带来的收入变化。仅需要考虑经常性成本效应,因为与每单位卫星质量的经常性成本相比,每单位质量的偶然性成本将会很小(在任务中的多个卫星上平摊)。卫星收入(恒定市场份额)的变化是

$$\Delta 卫星收入(1,T,m) = [Q(T,m) - Q_o(T,m)] * PS(T) * MS_T * MS_S * 0.0001$$

式中 $PS(T)$——卫星单位质量的价格(\$/kg);

MS_S——美国卫星市场份额(%)。

从美国运输(到低地球轨道)市场份额的变化产生的卫星收入是

$$\Delta 卫星收入(2,T,m) = [Q(T,m) - Q_o(T,m)] * PS(T) * \Delta MS_T * MS_S * 0.0001 + Q_o(T,m) * PS(T) * \Delta MS_T * MS_S * 0.0001$$

美国卫星收入的变化为

$$\Delta 收入_S(T,m) = \Delta 卫星收入(1,T,m) + \Delta 卫星收入(2,T,m)$$

由于卫星收入的变化,公司纳税、直接收入、间接收入、直接就业、间接就业、联邦收入也会有所变化。除了 ROS_T 由 ROS_S 代替, Δ 收入$_T(T, m)$由 Δ 收入$_S(T, m)$代替之外,这些影响可以用相同的方式来计算。ROS_S 为制造卫星公司的销售收益(%)。

总收入、公司纳税、直接就业、间接就业和联邦收入的影响如下[这些影响可以综合考虑多个任务(m),以获得作为时间函数的总影响]

$$\Delta 收入(T,m) = \Delta 收入_{T}(T,m) + \Delta 收入_{TS}(T,m) + \Delta 收入_{S}(T,m) \quad (\$/年)$$

$$\Delta 公司税(T,m) = \Delta 公司税_{T}(T,m) + \Delta 公司税_{TS}(T,m) + \Delta 公司税_{S}(T,m) \quad (\$/年)$$

$$\Delta 直接就业(T,m) = \Delta 直接就业_{T}(T,m) + \Delta 直接就业_{TS}(T,m) + \Delta 直接就业_{S}(T,m) \quad (人年/年)$$

$$\Delta 间接就业(T,m) = \Delta 间接就业_{T}(T,m) + \Delta 间接就业_{TS}(T,m) + \Delta 间接就业_{S}(T,m) \quad (人年/年)$$

$$\Delta 联邦收入(T,m) = \Delta 联邦收入_{T}(T,m) + \Delta 联邦收入_{TS}(T,m) + \Delta 联邦收入_{S}(T,m) \quad (\$/年)$$

在前面的计算中，可以使用以下典型值

$ROS = 6\%$[13]（ROS_T, ROS_{TS} 和 ROS_S）

$CTR = 35\%$[13]

间接收入乘数 = 2.0[14-16]

航空业平均工资率 = ＄39 832/年[17]

非航空业平均工资率 = ＄22 880/年[18]

效益率 = 33%[19]

收入税率 = 20%

失业补偿率 = 36%[20]

失业时间 = 0.344 年[20]

3.3.4　广义“可重复使用运载火箭”融资方案

建立一个利用可重复使用运载火箭“箭队”提供太空运输的企业可能需要投资数十亿美元。前面的小节简要讨论了 NASA 开发的财务规划模型，用于分析和评估各种技术和政策备选方案，及其对财务绩效和对于可重复使用运载火箭和其他空间运输商业获得融资的能力可能产生的影响。特别注意的是，开发能力旨在分析商业企业的可能表现、这些企业利用可重复使用运载火箭“箭队”提供的空间运输服务、这些商业企业对政府支持需求的影响，以及由此产生的支出和成本节约。NASA 开发的能力包括一个财务规划模型，该模型允许考虑广泛的业务概念和相关的政府计划，并为企业和政府现金流量预测和相关信息开发提供财务报表。财务规划模型允许广泛的政府举措，并允许对企业和政府的明确影响进行评估。目前，不确定性和由此产生的风险正纳入考虑中。

然而目前，发达的财务规划模型不考虑可重复使用运载火箭的定价政策，也不考虑商业融资方案。前者是之前提到过的[21]，后者是以下小节讨论的目的。

3.3.5　一般的“可重复使用运载火箭”融资方案（说明）

为资本密集型、高风险的与空间相关的商业企业提供融资安排，使其投资回收期相对较长，这样做可以满足寻求融资的企业的具体需求和融资机构的要求。历史已经表明了企业和相关融资计划的多样性，包括建立在政府合同之上的启动情况、依赖私人融资的启动情况、企业融资的大型公司项目、由外部（包括私人和公共）融资支持的大型公司项目，以及大型多组织项目。由于提供一系列可能的“可重复使用运载火箭”商业投资所需的财务资源的潜在融资机制的多样性，不可能去预测或建模所有可能的情况。然而，可以通过考虑所描述的广义“可重复使用运载火箭”融资方案，来获得关于“可重复使用运载火箭”商业投资的财务要求和财务可行性，以及政府支持的潜在需求和形式。

广义的大型公司“可重复使用运载火箭”融资方案如图 3 –7 所示(图中描述的方案是与知识渊博且有融资风险工作技能的人讨论的结果，该方案具有足够的结构，以便可以评估广泛的政府政策的影响)。它考虑了公司投资期、债务融资期和股权融资期。理论上说，所有融资决策都是在做出融资决策的时间点上进行的预测。这为“可重复使用运载火箭”商业企业的仿真建模增加了另一个维度，在 3. 4 节中会进一步讨论。此外，数学模型应具有足够的灵活性，以便考虑这些不同资金来源之间的任何组合。

图 3 –7 说明了“可重复使用运载火箭”商业投资的假设现金流以及企业风险的债务。负债被定义为在任何时间点测量的累积现金流的负数，负债曲线的峰值表示所需资金的总额。现金流量和债务都不包括通过融资提供的资金，但是它们考虑了与资金相关的费用(例如，利息支付)。任何时候，累积提供的融资都必须等于或超过负债。面向公司的大型融资方案中给出了一个假设，在 T_0 至 T_1 期间，一个或多个组织向能够以合理的成本获得债务融资的时间点 T_1 提供必要的融资。一个或多个组织可以提供必要的融资(直到 T_1)，所有权与投资成正比。为简单起见，可以假设在此期间融资比例保持不变。

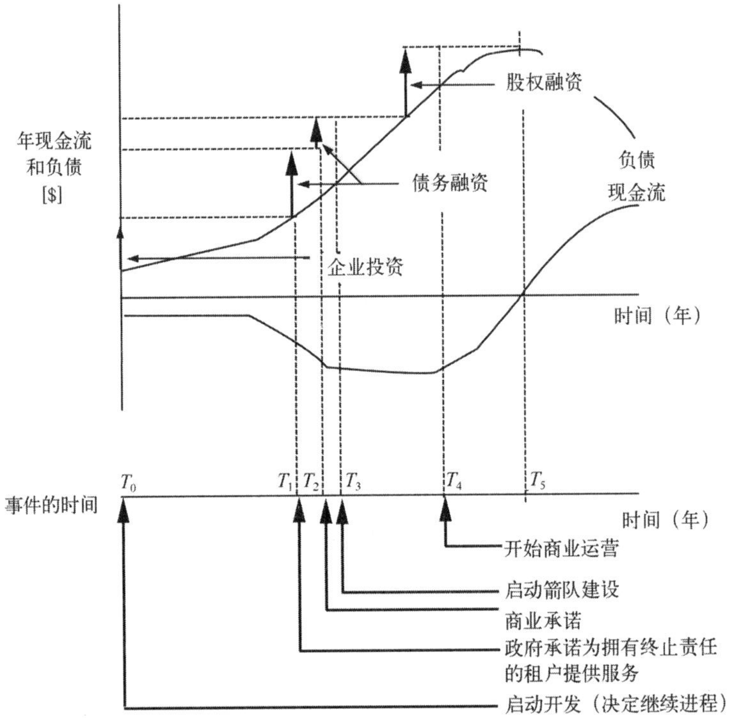

图 3 –7　·般的“可重复使用运载火箭”融资方案(面向大型企业)

在时间 T_1 给出了一个初始的承诺，以利用在时间 T_2 做出额外承诺的“可重复使用运载火箭”。(图 3 –7 中所示的特定顺序仅用于说明目的，并且在建模中需要考虑灵活性，以允许其他合理的顺序)。可以进行一种假设，即这些承诺将允许根据这些承诺的感知价值进行某种程度的债务融资。这些事件的具体时间应与特定的风险减少论证协调，以尽量减少融资成本。当债务融资不再可能时，需要股权融资弥补最大债务和债务融资之间的短缺。

为了实现价格合理的债务融资，“可重复使用运载火箭”商业必须通过技术开发和(“可重复使用运载火箭”原型的)飞行论证来减少风险感知，并且以指定价格承诺接收合理数量的“可重复使用运载火箭”。如果金融机构不包括终止责任的假设，它很可能会带有某种程度的怀疑态度来看待此项承诺。债务融资的成本会因是否有终止责任而有所不同。

可以假设，在某个时间点，美国政府将承诺使用“可重复使用运载火箭”。这种承诺可以是在指定年数内，每年指定一定数量的有效载荷或飞行次数。这在某种程度上可以被认为是主租赁。各种类型的承诺都需要考虑，因为每种承诺都会不同程度地影响风险认知和融资成本。至少应单独和综合考虑以下内容：

1)在一段时间内带终止责任的将有效载荷送入轨道的初始承诺；

2)在一段时间内不带终止责任的将有效载荷送入轨道的初始承诺；

3)每年大规模在轨的承诺。(因为这是一年一次的承诺，因此可以认为这代表了一个“固定”合同，不需要考虑终止责任。)

应当可以假定的是，发射承诺的抵押价值(贴现承诺付款的现值，等于借款发生时间点的贷款人资本成本)将是承诺形式的函数。例如，具有终止责任的承诺将比不承担终止责任的承诺具有更高的抵押价值。提供的融资金额将是承诺的现值的抵押价值，融资成本超过贷款人的资本成本，以反映贷款人的风险认知。

由于收到额外的发射承诺，因此假定会发生额外的债务融资。由于债务融资被假定为是基于发射承诺的，那么发射时必须偿还债务。可能会使用零息债券，因为至少在早期阶段的收入将不能用于支付利息。假设认为，直到存在可操作的可重复使用运载火箭“箭队”，其性能表现为巨额借款将能使用“箭队”作为抵押，因为如果存在问题，“可重复使用运载火箭”将具有非常低的资产价值。这将随着额外的运载火箭添加到“箭队”中而改变。

在某个时间点，所有有价值的资产(从发射承诺到可重复使用运载火箭“箭队”)将被用于完成债务融资。如果发现最高负债超过这一数额，则有必要建立股权融资。因此，所需的股权融资金额是预测的最大负债与公司投资金额加上收到的债务融资之间的差额。实际上，股权融资很可能会出现一些小额融资，而不是一笔大额融资。但是为了简单起见，在不影响分析本意的情况下，建议最初只考虑单一的股权融资。

股权所有权可以被指定或计算。用于计算所有权的简单算法将建立股权所有权(投资者)，作为“可重复使用运载火箭”企业投资的未来现金流所需的股权金额与现值的比率，并且利用了考虑到当前值(即感知风险)变化性的资本成本。

3.3.6　一般的“可重复使用运载火箭”融资方案建模注意事项

在制定融资模型时需要考虑以下要素：

1)从建模的角度来看，发射承诺可以被认为是将有效载荷运送到轨道的承诺。这可以转换为在某些利用要素下的飞行，或直接转换为在给定的定价政策下的未来收入。

2）当考虑不确定性时，有必要开发用于企业融资、债务融资和股权融资的金额预期值和标准差。问题是这些方面将是高度相关的，如果不考虑这种相关性而得出结论，必须非常谨慎。

3）为了简化初始模型，应考虑将有效载荷送入轨道时进行的本金和利息支付。这相当于考虑在将有效载荷送入轨道时进行的“气球膨胀”式支付的零息票债券。

4）有人建议，从联营观点来看，可重复使用运载火箭“箭队”的资产价值很小，因为在决定终止可重复使用运载火箭发射业务的情况下，可重复使用运载火箭的市场将是非常不确定的。然而，在没有太多困难的情况下，针对可重复使用运载火箭“箭队”的借款期权很可能会被纳入融资模型，其中抵押价值被视为一个变量。

5）当进行蒙特卡洛模拟（风险）分析时，每次蒙特卡洛操作都需要确定借款行动的时间（与承诺时间等具体事件相关）、所需债务融资金额、债务本金和利息支付，以及股权时间（金额和所有权）。

6）虽然债务融资直接与资产价值挂钩，这是已知的（在做出债务融资决策时），而不取决于未来的观点，但是所需的股权融资金额必须考虑到在做出股权融资决策的时间点对未来可重复使用运载火箭业务的观点。为了回避这个问题，每次蒙特卡洛运行应该确定负债的最大值和必要的股权融资，然后可以确定必要的融资和所有权，并调整所有适当的年份，以说明融资和所有权。

3.3.7 数学公式

如下所示的广义的可重复使用运载火箭融资方案（面向大型企业）的数学表达式侧重于（融资方案的）表现数学模型的亮点，将所需实现的细节留给执行者。数学公式基于图3－7中给出的模式和定义。附加的变量和定义在下面的段落中给出，它们考虑了在 $t=T_1$ 时为了在接下来几年中发射有效载荷的单方面政府承诺，以及在 $t=T_2$ 时为了在未来年份中发射有效载荷的单方面商业承诺。在 $t=T_1$ 和 $t=T_2$ 之后可能还会有其他的发射承诺。在这种情况下，T_1 和 T_2 的值应该用适当的 T_i 值代替。

当 $t=T$ 时，其中 T 是 T_1 和 T_2 中的较小者，融资是通过企业投资实现的。因此

$$CI(t) = \text{企业投资}(t) = \sum_{t=0}^{T} [\text{年现金流量}(t)]$$

当 $t \geqslant T_1$ 时，债务融资可以基于持续的政府承诺的资产价值[假设在 T_1 时，单方面政府承诺通过特定的输入数据 T_1 和 $MG(t=T_1)$，每年发射 $MG(t=T_1)$ kg]来使用可重复使用运载火箭。因此，政府承诺产生的收入 $RGC(t)$ 是

$$RGC(t) = MG(t = T_1) * PG(t)$$

其中（下划线表示输入变量），$\underline{MG(t)}$ 为政府承诺在 t 年发射的质量（kg/年），$\underline{PG(t)}$ 为在 t 年向政府征收的输送有效载荷的价格（\$/kg）。[这可以是输入，也可以是计算量（即，定价算法的输出）。目前可以假定它是一个输入量。]由政府承诺产生的收入现值（$PVGC$）由下式给出

$$PVGC(t = T_1) = \sum_{A}^{B} \{RGC(t)/[1.0 + 0.01 * CC(t = T_1)]^{t=T_1}\}$$

其中

$$A = t = T_1 + STARTG(t = T_1)$$

$$B = T_1 + STARTG(t = T_1 + ENDG(t = T_1))$$

式中　$STARTG(t = T_1)$——在 T_1 年时承诺的发射政府有效载荷的开始时间（年），且 $STARTG > T_1$；

$ENDG(t = T_1)$——在 T_1 年时政府承诺涵盖的年数；

$CC(t = T_1)$——在获得融资时的资本成本（债务融资）。

政府在 T_1 年时承诺的债务融资金额可以从以下公式中得到

$$DFGC(t = T_1) = PVGC(t = T_1) * \delta G(t = T_1) * 0.01$$

式中　$\delta G(t = T_1)$——取决于政府承诺形式（即有或没有终止负债）的政府承诺现值的百分比。

除了在 $t = T_1$ 时的初步政府承诺之外，在 $t = T_1$ 之后可能还有其他的发射承诺。在这种情况下，前述等式的形式是适当的，但是时间帧必须适当地修改（即，用 T_i 的适当值替换所有 T_1）。

当 $t \geqslant T_2$ 时，根据持续使用可重复使用运载火箭的商业承诺的资产价值[以下公式假设在 T_2 时，单方面商业承诺通过特定的输入数据 T_2 和 $MC(t = T_2)$，每年发射 $MC(t = T_2)$ kg]，债务融资也是可能的。因此，由商业承诺产生的收入 $RCC(t)$ 为

$$RCC(t) = MC(t = T_2) * PC(t)$$

式中　$MC(t)$——商业承诺在 t 年发射的质量（kg/年）。

商业承诺产生的收入现值（$PVCC$）由下式给出

$$PVCC(t = T_2) \sum_{A}^{B} \{RCC(t) / [1.0 + 0.01 * CC(t = T_2)]^{t = T_2}\}$$

其中

$$A = t = T_2 + STARTG(t = T_2)$$

$$B = T_1 + STARTG(t = T_2) + ENDG(t = T_2)$$

式中　$STARTG(t = T_2)$——在 T_2 年时承诺的发射商业有效载荷的开始时间（年）；

$ENDG(t = T_2)$——在 T_2 年时商业承诺涵盖的年数。

作为在 T_2 年时制定的可重复使用运载火箭上发射有效载荷的商业承诺的结果，可用的债务融资金额可以从以下公式中获得

$$DFCC(t = T_2) = PVCC(t = T_2) * \delta C(t = T_2) * 0.01$$

式中　$\delta C(t = T_2)$——取决于商业承诺形式（即有或没有终止负债）的商业承诺现值的百分比。

除了为使用可重复使用运载火箭的初步商业承诺之外，在 $t = T_2$ 之后可能还有其他的发射承诺。在这种情况下，用 T_i 的适当值替换所有 T_2。

假设在 T_1 之前，通过企业投资进行融资。在 T_1 之后，假定只要可用债务融资加上企业投资（在 T_1 之前产生）的总和超过债务，债务融资就会发生。当这不再发生时，必须进行额外的企业投资或必要的股权融资。因此，在时间 t，如果企业投资加上政府和商业承诺利用可重复使用运载火箭所产生的债务的总和超过累积现金流

$$\sum_{x=1}^{x=t-1} CI(x) + \sum_{x=1}^{x=t} \{DFGC(x) + DFCC(x)\} \geqslant - \sum_{x=1}^{x=t} CF(x)$$

那么

$$CI(t) = 0$$
$$EF(t) = 0$$

如果

$$\sum_{x=1}^{x=t-1} CI(x) + \sum_{x=1}^{x=t} \{DFGC(x) + DFCC(x)\} < -\sum_{x=1}^{x=t} CF(x) \text{ 且 } EQUITY = \text{“Yes”}$$

那么

$$CI(t) = 0$$
$$EF(t) = \sum_{x=1}^{x=t-1} CI(x) + \sum_{x=1}^{x=t} \{DFGC(x) + DFCC(x)\} + \sum_{x=1}^{x=t} CF(x)$$
$$EQSI(t) = \text{投资者股权份额}(t) = EQA(t) * EF(t) \Big/ \sum_{x=1}^{x=t-1} \{CI(x) + EF(x)\}$$

（股权份额的计算保持得相对简单，但是在提供关于融资替代品对财务业绩影响的见解的同时，要试图捕捉问题的本质。最终，可能需要将股票份额与感知（未来）的财务业绩，以及投资者在面对感知性能时所需的回报率联系起来。）

$$CEQSI(t) = \sum_{x=1}^{x=t} EQSI(t) * 100.0$$
$$CEQSC(t) = 100.0 - CEQSI(t)$$

以下定义适用于前述的等式和之后的段落：$EF(t)$为在 t 年的股权融资金额（＄）；$CF(t)$为在提供融资之前的第 t 年的年度现金流量；当$\underline{EQUITY}$等于“Yes(是)”时，允许股权融资的转换；$\underline{EQA(t)}$为 0 到 1 范围内的常数，它调整了回报融资提供的股权；$CEQSI(t)$为投资者获得的累计权益份额，以换取股权融资；$CEQSC(t)$为企业投资者持有的累计权益份额。

如果

$$\sum_{x=1}^{x=t-1} CI(x) + \sum_{x=1}^{x=1} \{DFGC(x) + DFCC(x)\} < -\sum_{x=1}^{x=t} CF(x) \text{ 且 } EQUITY \neq \text{“Yes”}$$

那么

$$CI(t) = \sum_{x=1}^{x=t-1} CI(x) + \sum_{x=1}^{x=t} \{DFGC(x) + DFCC(x)\} + \sum_{x=1}^{x=t} CF(x)$$
$$EF(t) = 0$$
$$EQSI(t) = 0$$
$$CEQSI(t) = 0$$
$$CEQSC(t) = 100.0$$

前面的部分考虑了融资和资金方面。以下段落考虑了财务分析的调整，以反映偿还债务和考虑到债务和股权融资的财务业绩衡量标准的发展情况。可以假设，偿还债务与发射的政府有效载荷和商业有效载荷成比例。由于不同的贷款百分比［即 $\delta G(t)$和 $\delta C(t)$］是可能的，因此必须单独处理。

定义 $MGF(t)$为在 t 年时发送进入轨道的政府有效载荷，$MCF(t)$为在 t 年时发送进入轨道的商业有效载荷，$DRG(t)$为在 t 年时为发送政府有效载荷的债务偿还，$DRC(t)$为在 t

年时为发送商业有效载荷的债务偿还。那么

$$MGF(t) = \sum_{x=1}^{t} MG(x) * KG(x)$$

$$MCF(t) = \sum_{x=1}^{t} MC(x) * KC(x)$$

其中

若 $STARTG(x) \leqslant x \leqslant ENDG(x) + STARTG(x)$，则 $KG(x) = 1$；
若 $STARTG(x) > x > ENDG(x) + STARTG(x)$，则 $KG(x) = 0$；
若 $STARTC(x) \leqslant x \leqslant ENDC(x) + STARTC(x)$，则 $KC(x) = 1$；
若 $STARTC(x) > x > ENDC(x) + STARTC(x)$，则 $KC(x) = 0$；

以及

$$DRG(t) = PG(t) * \sum_{x=1}^{t} MG(x) * KG(x) * \delta G(x) * 0.01$$

$$DRC(t) = PC(t) * \sum_{x=1}^{t} MC(x) * KC(x) * \delta C(x) * 0.01$$

上述公式给出了由于政府和商业承诺通过可重复使用运载火箭将有效载荷送入轨道而获得的融资的债务偿还。假设，这笔债务将在还款时需支付利息（即“气球膨胀”式支付），而在贷款尚未偿还的其他时间不进行支付。

$$IRG(t) = PG(t) * \sum_{x=1}^{t} [MG(x) * KG(x) * \delta G(x) * 0.01 * [1.0 + 0.01 * CC(x)]^{x+ENDG(x)-1} - DRG(t)]$$

$$IRC(t) = PC(t) * \sum_{x=1}^{t} [MC(x) * KC(x) * \delta C(x) * 0.01 * [1.0 + 0.01 * CC(x)]^{x+ENDC(x)-1} - DRC(t)]$$

式中 $IRG(t)$——第 t 年政府发送有效载荷的债务利息支付；
$IRC(t)$——第 t 年商业发送有效载荷的债务利息支付。

上述公式可用于对年度现金流和利润计算进行调整，用于计入债务和股权融资以及偿还债务。在计算股权融资所需的现金流和回报率的现值时，必须进行进一步调整。这一点可以按照如下公式来实现，其中由企业投资者和股权投资者得到的可重复使用运载火箭业务的现金流现值（分别为 *PVCFCI* 和 *PVCFEI*）由下式给出

$$PVCFCI = \sum_{x=1}^{t=YEARS} CF(x) * [1.0 + 0.01 * CC]^{-x} * CEQSC(x)$$

$$PVCFEI = \sum_{x=1}^{t=YEARS} [CF(x) + EF(x)] * [1.0 + 0.01 * CC]^{-x} * CEQSC(x)$$

其中，*YEARS* 为业务规划期（年），*CC* 为企业投资者的资本成本（这种资本成本是企业投资者的总成本，包括企业投资成本和债务融资成本）。企业投资者和股权合作伙伴的内部收益率可以从前面的 *PVCFCI* 和 *PVCFEI* 公式中得到。

3.3.8 后记：对可重复使用运载火箭的财务建模的考虑

由政府执行的可重复使用运载火箭财务模拟建模（即，MSFC）[22]主要在电子表格环境内进行，其中所得到的电子表格模型并入现有的商业风险分析软件，以便提供风险分析能力。这种方法有几个显著的局限，随着现有能力的试图扩展，这些局限可能会变得更严重。这些局限包括：

1）电子表格模型的使用意味着“确定性思维”。也就是说，在开发电子表格模型时通常不考虑不确定性和不可靠性及其后果，因此，通常情况下，有效风险分析所需的必要数学结构是不会被开发的。包含风险模型的电子表格不会添加到结构中，这样做的结果是执行风险分析可能会受到显著限制。例如，用于模拟发射成功、故障、恢复操作的逻辑结构没有被合并，因此，相比其他运载火箭的可靠性特性，可重复使用运载火箭不能得到相应的考虑，也不能在建立商业风险观点和所需“箭队”规模的时候考虑可重复使用运载火箭故障和恢复的影响。

2）随着数学模型复杂性的增加，电子表格的使用能力迅速减弱。（电子表格未能有效地应对复杂的数学公式。）MSFC 开发的可重复使用运载火箭财务电子表格模型目前没有为定价政策和金融投资方案建模。（这些在前面的小节中已经进行了详细说明。）由于需要考虑这些因素（例如主要事件的时间不确定性，比如第一项条规的完成、融资、可能由故障或部分故障导致的延迟、以及调度或吞吐量不确定性），非电子表格模型必须考虑使用可能限于执行用户的输入/输出功能的电子表格。

3）考虑政府计划和政策对商业风险影响的能力缺失，消除了对比政府计划和政策的可能性，这会以主要影响预期收益率的形式影响商业风险。例如，贷款担保将技术风险从工业转移到政府，目前的模型框架并没有机制来解释这一点。另一个例子就是政府制定主租赁协议。这样做减小了市场的不确定性（因此降低了商业风险），同时具有影响整体金融结构的能力（增加获得债务融资的能力）。当前的电子表格建模方法不太适合处理这种情况。换句话说，数学结构同样没有被提供，其中涉及不确定性和风险的许多区域可以通过当前风险建模方法来研究。

以上考虑意味着需要使用不同形式的模拟模型，其中发射过程被模拟为所有故障、恢复和延迟的情况，它可以被认为是作为试图发射的结果而发展的，其本身是不确定的。这些操作模型必须嵌入在财务模拟模型中。这种类型的建模的典型例子是 DOMSAT 和 SAT-CAV，将在 4.1 节中进行描述。简而言之，由于需要适应定价政策和融资模式的财务规划模型的复杂性越来越高，以及灵活性考虑各种政府行动的需求，有必要认真考虑用更加正式的数学设置（例如，FORTRAN 或 BASIC），而不是以电子表格的形式来开发可重复使用运载火箭的财务规划模型。

3.4 可重复使用运载火箭保险方面的考虑[23]

未来向轨道发送有效载荷可能会采用可重复使用运载火箭的空间运输服务。要实现这一能力将需要投资数十亿美元。这样大规模的投资将需要制定详细的业务计划，证明拟议业务在财务上的可行性，并且业务能够在可接受的风险水平内运行。除了应对与可实现的技术性能水平、发射服务需求、竞争等相关的正常业务风险之外，业务还必须应对与运输系统故障和延迟相关的风险。这需要制定一套可行的风险管理计划。由于风险管理涉及到保险(包括自我保险选项)，因此风险管理计划必须证明将以可承受的价格提供所需的保险水平(包括发射失败和第三方损坏)。这个任务会因为投资决策与第一次飞行之间相对较长的延迟，以及关于可重复使用运载火箭可靠性的不确定性而变得更加复杂。此外，在发射和恢复操作期间可能对第三方造成的损害程度，以及美国联邦航空管理局(Federal Aviation Administration，FAA)可能施加的潜在财务责任要求和政府第三方损失赔偿的可能性和规模，都是不确定的。财务责任和政府赔偿将在 5.2 节中讨论。目前的保险业不太可能在可重复使用运载火箭投资决定所需的保险可用性和定价方面提供必要的保证。

以下讨论涉及了一种风险管理方案的描述，这可以在必须做出投资决定的时候证明，价格合理的必要保险会在长期内提供给操作任务。这种讨论不考虑为展示业务能力所需的研发飞行提供保险。保险水平必须足以弥补十亿美元资产的损失，保险价格只是发射价格的一小部分，其中发射价格可能在 50 万至 100 万美元的范围内。此外，必须有足够的第三方覆盖范围来考虑“最大可能”的第三方损害。[最大可能性损失(MPL)及其使用的概念在 5.2 节中描述。]因此，可重复使用运载火箭的保险成本必须相当于或小于将一次性运载火箭输送到低地球轨道的成本。需要考虑的风险管理业务结构涉及三方：运输提供商、保险业务和政府，各方之间需要风险共享和适当的激励，使得财务绩效与实际实现的运输系统绩效相关。

3.4.1　背景

航天保险业是有起伏的(这将在 5.4 节中讨论)。在 20 世纪 70 年代后期，保险率低于发射和有效载荷成本的 10%。在 20 世纪 80 年代，保险率有时会显著超过发射和有效载荷成本的 20%(有时接近 30%)。在 20 世纪 80 年代初期，航天保险行业的巨大损失在一定程度上归咎于不切实际的低保费，由此导致的缺乏长期承诺的极高保费造成了 80 年代中期的保险危机。目前有些公司(包括 Intelsat 公司和 RCA 公司)选择自我保险模式，而不是支付超过其有效载荷和发射成本价值四分之一的保险费。当前的发射保险费(对于地球同步通信卫星)在 13%至 18%的范围内，对不同的运载火箭会有所差别。用于发射(包括有效载荷)保险的保险能力(保险公司愿意承担风险的金额)约为 5 亿至 8 亿美元，类似金额的保险可用于第三方保险。保费收费政策、小数量的发射事件、可靠性评估的难度以及保险业务竞争力的综合影响，促使航天保险业表现不佳。

航天保险业由保险经纪人和保险承保人组成。经纪人根据航天工业的需求，根据具体情况从承销商和投标中汇集资金。目前已经有一种趋势是减少与确保小数量发射相关的风险，并已扩展到为若干不同运载火箭的发射提供保险覆盖。一揽子解决方案一直是以指定的保费为一组发射中的每一次发射提供保险和可扣除方案(即，如果超过指定数量的故障发生，则提供支付)。

保险的定价与发射运载火箭的可靠性感知直接相关。(历史上，由于对运载火箭设计上的频繁修改，加上相对较低的飞行率和对最近飞行结果的关注，计算可靠性测量失去了其重要性，并且可靠性的感知被用于代替分析性输送测量。通过大量时间来建立用于可靠性计算的合理基础，可能会继续促进可重复使用运载火箭的使用。)因此，保险业的一个主要问题是运载火箭可靠性的评估。高于实际的可靠性估计可能会导致重大的财务损失，而低于实际的可靠性估计可以产生重大的财务收益。后一种情况，尽管从保险业的角度来看是可取的，但由于该行业的竞争性，这并不能长久维持。从理论上说，长期保险价格(以保险资产价值的百分比表示)应等于失败率加上间接费率，再加上费用。由于统计数据有限，为了定价而估计故障率是很困难的。对于具有重要历史的运载火箭，其成功率(以及整体成功率)需要与测试数据的工程审查一起考虑。当故障发生时，考虑故障评估的原因和纠正措施的工程审查的细节是很复杂的。根据保险合同的形式，保险费可能会增加，也可能不增加。对于一种新型运载火箭，很大程度上必须要依赖测试数据和来自先前运载火箭的工程审查和分析。在过去，对于一次性运载火箭，有必要建立 0.9 到 0.99 的可靠性机制的信心。对于可重复使用运载火箭，有必要建立 0.99 到 0.999 的可靠性机制的信心。

3.4.2　可重复使用运载火箭保险方面的考虑

航天保险业通常不会在发射前两三年内提供可用性和保费承诺。可重复使用运载火箭企业的规划要求，在承诺投资基于使用可重复使用运载火箭的运输业务的发展时，需要一个能够满足可重复使用运载火箭商业保险需求的确保机制。在启动运行发射服务之前，这可能需要 5 至 10 年(或者可能更多)的时间。目前的航天保险业不太可能愿意提供必要的可用性和定价承诺，以满足业务规划者和随后的投资者的风险。必要的保险可能通过自我保险的方式来获得。然而，可重复使用运载火箭的损失可能会导致 5 至 10 亿美元的重置成本。这与美国政府目前提供的第三方赔偿水平(一次性运载火箭)相当。[对于有执照的发射，美国政府将(如果国会授权资金)提供超出美国联邦航空管理局设定的财务责任(保险)要求的第三方损失，最高为 15 亿美元以上。这将在 5.2 节中详细讨论。]由于第三方风险(第三方维持损失的概率)远远低于损失运载火箭的风险，因此对可重复使用运载火箭的损失的自我保险意愿可能被认为是并不真正需要第三方赔偿来提供空间运输服务。因此，自我保险可能不是一个可行的选择。

可重复使用运载火箭的重置成本可以在 5 亿至 10 亿美元(每枚)的范围内，目标是实现(送入低地球轨道)5 000 万至 1 亿美元的价格。目前，将有效载荷送入低地球轨道的保险费率约为 6%(对于“德尔它”一次性运载火箭)。在保险费率为 6%时，可重复使用运载火箭的保险金额约为 3 000 万至 6 000 万美元，如果价格在 5 000 万至 1 亿美元之间，显然这是不可承受的。为了与一次性运载火箭的“负担能力”相当，保险费率必须在 1%至 2%左右。当发射可靠性被证明并被认为能够超过 0.99 时，这是有可能会发生的。但是，如果保险公司使用他们自己的设备使得可靠性在 0.99 以上，那么保险费率会是多少？

一次性运载火箭和可重复使用运载火箭的故障与恢复路径是完全不同的，这会增加建立可重复使用运载火箭的保险费率的复杂性，如图 3 – 8 和图 3 – 9 所示。(没有明确地考虑第三方损害，但可以被视为是向树结构添加附加分支的形式，例如，对于每次“失败”，将对应不同概率的不同支付。)一次性运载火箭的发射可能成功也可能失败，但是可重复使用运载火箭发射在完全成功和完全失败之间还具有其他可能的结果，每个结果具有不同的发生概率和从失败中恢复的不同成本。一次性运载火箭和可重复使用运载火箭的支出的概率分布如图 3－10 所示。

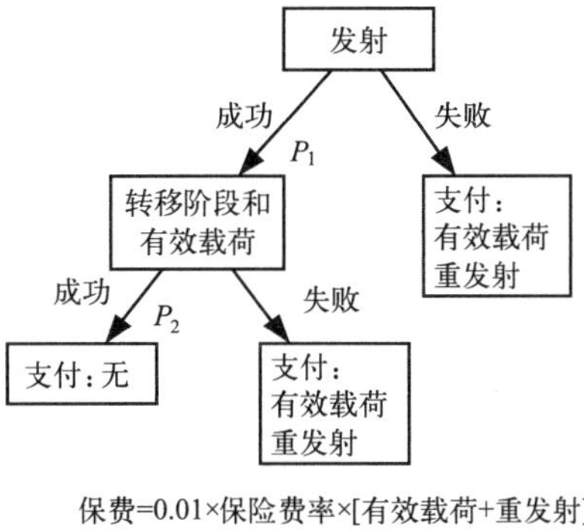

图 3－8　一次性运载火箭的故障与恢复路径

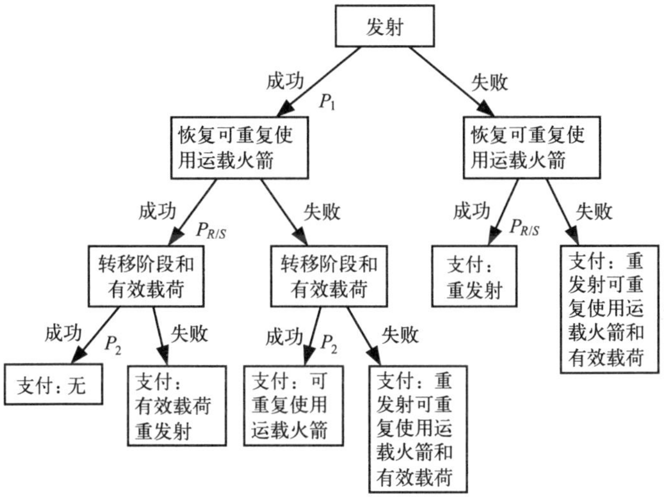

图 3－9　可重复使用运载火箭的故障与恢复路径

预期保险支出如下部分：

一次性运载火箭预期付款 $= [1 - P_1 \times P_2] \times$ [有效载荷成本 + 重发射成本]

可重复使用运载火箭预期付款 $= P_1 \times P_2 \times [1.0 - P_{R/S}] \times$ [可重复使用运载火箭重置成本] +
$[1.0 - P_1] \times P_{R/F} \times$ [可重复使用运载火箭重发射成本] +
$P_1 \times [1.0 - P_2] \times P_{R/S} \times$ [有效载荷成本 +
可重复使用运载火箭重置成本] + $\{1.0 - P_1 \times$
$[P_{R/S} + P_2 \times (1.0 + P_{R/S})] - P_{R/F} \times [1.0 - P_1]\} +$
[有效载荷成本 + 可重复使用运载火箭重发射成本 +
可重复使用运载火箭重置成本]

在上述等式中，所有的 P 项如图 3－8 和图 3－9 中的定义。

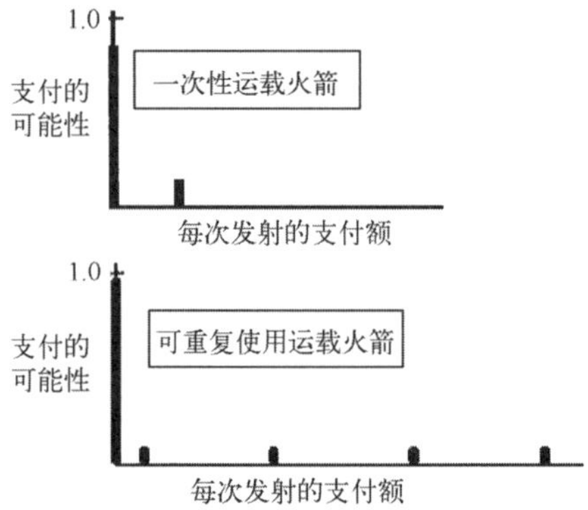

图 3－10　一次性运载火箭和可重复使用运载火箭的支出的概率分布

3.4.3　商业概念

目前，能够高度信任地建立一种可负担得起的保险能力是存在的，并且在需要时要考虑一种相当具体的业务结构。此业务结构和相关业务问题是以下主要讨论的内容。

(1) 商业考虑

风险与度量值超过指定值的概率有关，例如投资回报率(ROI)的概率将会超过指定值。在许多情况下，根据所考虑的度量的标准偏差来表征风险是合理的，其中标准偏差越小，风险越低(即，相对于期望的度量值来说，其变化性更小)。表 3－1 利用典型的一次性运载火箭的数据，说明了确保大飞行量需求的意义。从表格中可以看出，由利润的标准偏差所指示的风险，相对于从数百次发射考虑的预期利润来说，是相当大的。因为可重复使用运载火箭必须要达到超过 0.9 的可靠性，情况才不会像表 3－1 所示的那样糟糕，但仍然需要大量的发射量来保证合理的风险水平。

表 3－1　保证大数量事件的需求 *

确保发射的数量	收入（百万美元）	预期支付（百万美元）	利润(百万美元)	
			预期	标准偏差
1	15	10	5	30
5	75	50	25	67
10	150	100	50	95
100	1 500	1 000	500	300
200	3 000	2 000	1 000	424
400	6 000	4 000	2 000	600

注：* 可靠性为 0.90，保险范围为 10 亿美元，保险费率为 15%。

因此，以可承受的价格提供保险范围时，如何能够确保发射量成为了一个问题。要实现这一点，需要创建一个商业企业，以确保可重复使用运载火箭运输服务在扩展时间内：

1) 可重复使用运载火箭运输供应商承诺能够保证发射量大；

2) 保险业承诺提供保险价格或算法来确立保险价格；

3）美国政府（或其他组织）作为担保人（通过贷款）承担过高的风险。

换句话说，可重复使用运载火箭运输供应商、保险公司和政府这三方都有风险。图 3－11说明了为可重复使用运载火箭提供长期可负担的保险覆盖的可行方法的基本概念。运输服务供应商保证他们会继续可重复使用运载火箭的发射服务业务，并且将根据基于实际飞行经验或定价算法而得到的价格来保证在扩展时间段内指定的发射量。保险公司获得融资并参与股息分红，为投资者提供合理的投资回报。如果故障在保险收入之前发生，并且初始资本化足以提供必要的支出，政府将提供一笔未来用保险费收据偿还的信贷额度或担保贷款。资本化水平将取决于若干因素，包括政府可接受的风险水平。这个概念也在图 3－11 中进行了说明。对这样的商业企业的分析将最有可能利用蒙特卡洛模拟技术[24]来开发，如图 3－12 所示，因此需要进行模拟分析，以详细了解保险业务结构及其对运输供应商和政府的影响。

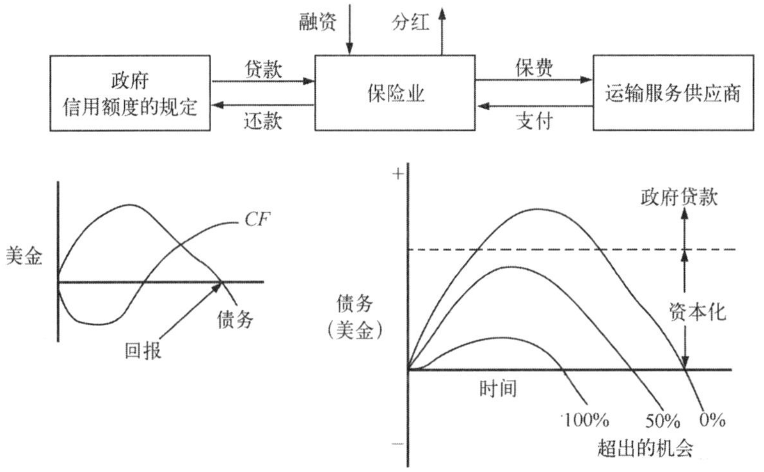

图 3－11　通用业务结构

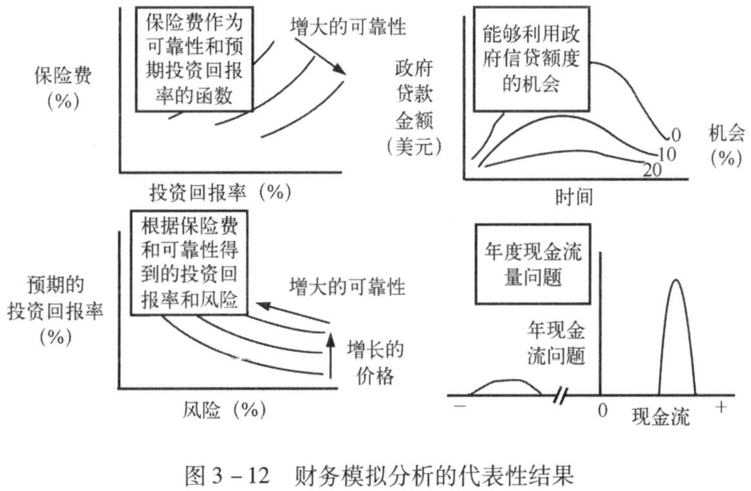

图 3－12　财务模拟分析的代表性结果

(2)保险产品定价

所有保证的空间发射都必须遵循一定的价格结构或定价算法。因为，如图3－9所示，有涉及不同发生概率的多种可能的结果，必须考虑多个成功概率(可靠性)。所有的发射不可能都遵循单一的价格，因为这不能够激励可重复使用运载火箭的合作伙伴去不断地寻找提高可靠性的方法。更合适的方法是将定价与实际事件相联系，即贝叶斯方法。贝叶斯方法(在本章附录中会进行更详细的描述)认为，运载火箭的可靠性是不确定的，每次发射都可以被认为是具有测量结果(即成功或失败)的实验。实验结果提供了新的信息，即在进行先前的可靠性估计时不可用的信息，并且这些新的信息可以用于更新先前的估计。因此，定价算法(表示为数学公式的形式)将需要对可靠性的初始估计和更新给定成功或失败结果的形式之间达成一致。一旦建立了定价算法，保险价格将是实际观察到的性能的函数，其中当前价格等于由先前发射结果修改(根据算法)的价格。绩效不佳导致保险费率上升，而绩效的改善会使保险费率下降。

3.4.4 总结

与基于可重复使用运载火箭"箭队"的开发和提供空间运输服务有关的投资决策必须在保险业确保之前提出，要求保险价格可以承受。因为在不能保证提供可负担的保险的情况下，不可能进行所需的投资，所以一种保险业务方案得以开发，该方案能够保证在需要时提供负担得起的保险。该方案是基于：运输供应商能够保证大量飞行，保险业务同意指定的保险费率或定价算法(基于贝叶斯方法)，以及政府(或其他组织)在支出超过资源时提供贷款(或贷款担保)。在就此概念的可行性做出明确结论之前，必须进行相应的分析，以了解飞行担保、可靠性认知、定价政策以及其他保险费率和保险业务可行性因素之间的关系。分析可能会使用到《航天经济学》[25]中描述的财务风险分析和蒙特卡洛仿真建模技术。

3.5 附录：动态保险定价算法

本附录基于国家科学基金会的G·A·黑兹里格(G. A. Hazelrigg)博士提供的资料。

以下内容描述了用于动态保险定价的贝叶斯方法。假设保险价格与成功概率的估计是直接相关的，保险费率最初将基于对成功概率的期望来设置，随后根据发射经历来更新。例如，一系列的成功发射将提供高概率成功的信心，而一两次失败将大大降低对未来成功的信心。在以下段落中给出的数学理论提出了基于概率理论的方法，用于计算更新的期望。

在"更新先验估计的概念"一词中，词语"先验"用于表示在进行"实验"之前进行的估计，在实验之前的可测量结果是不可知的。例如，发射可以被认为是一项实验，测量结果是成功或失败。直观的是，实验的结果提供了新的信息，即在进行先验估计时不可用的信息，并且该新信息应该有助于更新先验估计。用实验的测量结果更新先验估计，是使用贝叶斯公式求解概率论的问题。贝叶斯公式写成

$$P(S_i|A)=\frac{P(S_i)P(A|S_i)}{\sum_{j=1}^{K}P(S_j)P(A|S_j)}$$

其中 S 是期望估计的自然状态，例如，S 可以是对任何给定发射的成功概率的估计。在概率论的语言中，自然的状态可以被认为是成功的实际概率，这种概率不能精确得到，相反，只能通过主观判断、理性计算和实验来估计。S_i 是 S 的不同的可能值。概率 $P(S_i)$包括在 S 上的先验，也就是说，包括 S 的所有可能值的先验估计，即具有非零概率的所有值，每个值都是实际的自然状态的概率。这个等式可以说明，通过其结果为 A 的实验更新任何自然状态 S_i 的概率，是 S_i 的先验概率与假定自然状态为 S_i 的 A 发生的概率的乘积，再除以 A 发生的总概率。

贝叶斯公式认为，只有当原始估计不确定时，先前的自然状态估计才随实验结果而更新为不同的估计值。例如，假设 S 是抛掷硬币时人头向上的概率，那么根据多年的经验和其他证据，令人信服的论证是 $S=0.5$，也就是说，$P(S=0.5)=1$ 和 $P(S\neq 0.5)=0$。无论进行多少次的抛硬币试验，S 的估计仍然是 0.5。考虑到 $P(S=0.5)=1$，50 个连续的抛掷都是人头向上虽然非常不可能，但可能性是肯定有的。因为已知 $P(S=0.5)=1$，人头连续向上被解释为实际发生的不太可能的事件。同样，如果断言成功发射的概率为 0.99，则一连发生 5 次故障必然被解释为不太可能的事情。

这将有助于推广刚才给出的贝叶斯公式。在给定发射中运载火箭的成功概率是连续变量。也就是说，它可以取 0 和 1 之间的任何值。根据这一点，$P(S_i)$形式的离散分布被认为是连续函数，即概率密度函数 $f(S)$，因此贝叶斯公式写成

$$f(S|A)=\frac{f(S)P(A|S)}{\int_0^1 f(s)P(A|s)\,\mathrm{d}s}$$

3.5.1　成功概率的初始表达式

成功概率的初始表达式应反映相关决策者的主观意见(基于所有现有证据)。需要注意的是，这是完全自然的情况，对于运载火箭和保险公司所做出的成功估计不会有所不同，也不会违反任何数学逻辑。以方程的形式表示成功的初始概率是很方便的。一种有用的公式是 β 分布，其公式为

$$f(S)=\frac{\Gamma(\alpha+\beta)}{\Gamma(\alpha)\Gamma(\beta)}S^{(\alpha-1)}(1-S)^{(\beta-1)}$$

其中，α 和 β 为任意正数。$\Gamma(i)$称为伽马函数，整数 i 可以由以下公式给出

$$\Gamma(i)=(i-1)!$$

图 3－13 和图 3－14 说明了典型的 β 函数。在下面的段落中，假定决策者发现 β 分布是可接受的，那么通过选择 α 和 β 的值可以满足其主观意见。

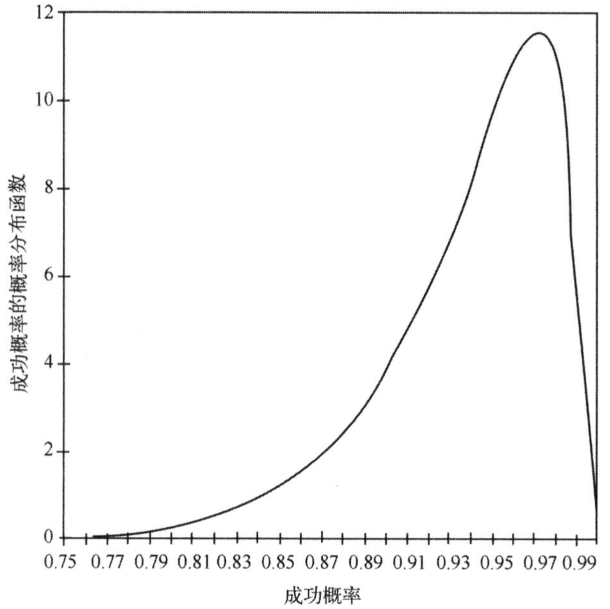

图 3－13　成功概率为 0.968 的 β 分布

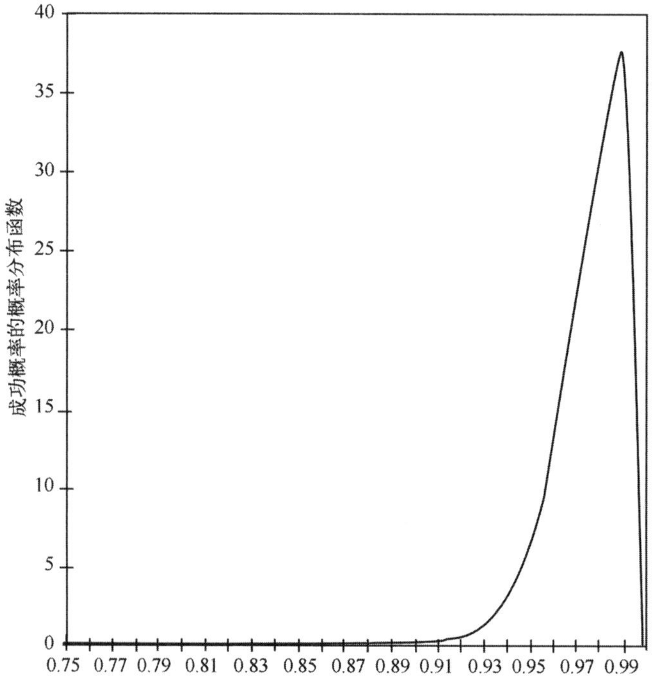

图 3－14　成功概率为 0.988 的 β 分布

3.5.2 更新发射成功概率的先验估计

起点是从利用先验估计开始，例如给出的先验的β分布。需要注意的是，给定发射成功概率的概率分布，其预期损失由下式给出

$$E\{损失\} = \int_0^1 V[1 - P(S)]f(S)\mathrm{d}S$$

其中，V是保险价值(给出故障的支付)，并且$[1 - P(S)]$作为S的函数，是故障的概率。预期损失可以显著高于保险值乘以最可能的故障概率。初始保险费可能是刚刚给出的预期损失的两倍。

每次发射都可以提供基于发射成功概率的更新估计的额外经验。在下文中，可以假设发射只有两种可能的结果，即成功和失败，并且发射成功的更新概率是基于这些结果的。

(1)成功

如果发射是成功的，那么成功概率估计可以通过以下方式更新

$$f(S|A) = \frac{f(S)}{\int_0^1 f(s)s\mathrm{d}s}$$

需要注意$P(A|S) = S$，也就是说，成功概率为S的一次成功发射的概率就是简单的S。

(2)失败

如果发射是失败的，那么成功概率估计可以通过以下方式更新

$$f(S|A) = \frac{f(S)(1 - S)}{\int_0^1 f(s)s\mathrm{d}s}$$

需要注意$P(A|S) = 1 - S$，成功概率为S的一次失败发射的概率就是$1 - S$。

3.5.3 重复更新

由前述公式获得的每个更新的估计都会成为新的先验估计(在下一个实验之前)$f(S)$，前述等式可以递归地基于每个连续发射的结果持续更新$f(S)$。

3.5.4 注意事项

如果使用诸如刚刚给出的贝叶斯算法作为计算发射成功的更新概率的基础，并且随后的保险费率将基于更新的估计来计算，则不能保证保险公司会实现正的预期现金流量。假设成功概率的初始估计是相当乐观的，也就是说，真实的自然状态使得成功概率显著低于估计，那么贝叶斯更新可能永远不会达到代表真实自然状态的成功概率估计值。可以预期的是，在大量的发射量的情况下，贝叶斯估计将倾向于真实的自然状态。

参考文献

[1] Hamaker, J., Taylor, D., and Shaw, E., "RLV Business Planning," NASA, George Washington RLV Financing Workshop, 1996.

[2] Layton, J. P., and Grey, J., New Space Transportation Systems: An AIAA Assessment, AIAA, New

York, 9 Jan. 1973.

[3] Launius, R. D., "NASA and the Decision to Build the Space Shuttle, 1969 – 72," The Historian, Spring 1994.

[4] Trento, J. J., Prescription for Disaster, Crown Publishers, Inc., New York, 1987.

[5] Logsdon, J. M., "The Decision to Develop the Space Shuttle," Space Policy, Vol. 2, No. 2, May 1986, pp. 103 – 119.

[6] "Economic Analysis of the Space Shuttle System," Mathematica, 31 Jan. 1972.

[7] "Payload Effects Analysis—Final Reports Summary," Lockheed Missiles and Space Co., Rept. LMSC-A990594, June 1971. Also "Design Guide for Space Shuttle Low-Cost Payloads," Lockheed Missiles and Space Co., Rept. LMSC-A990558, June 1971.

[8] "Integrated Operations/Payload/Fleet Analysis Final Report," NASA, Aug. 1971.

[9] Low, G. to Myers, D., "Space Shuttle Objectives," George M. Low Collection, NASA Hq., 27 Jan. 1970.

[10] Hazelrigg, G. A., "Engineering Design and Decision Making," Space Economics, editedby J. S. Greenberg and H. Hertzfeld, Progress in Astronautics and Aeronautics, Vol. 144, AIAA, Washington, DC, 1992, pp. 381 – 402.

[11] Greenberg, J. S., "Guaranteeing the Space Business," Aerospace America, 1999.

[12] Greenberg, J. S., and Gaelick, C., "When a Launch Goes to the Competition," Aerospace America, Aug. 1995, pp. 36 – 39.

[13] Bureau of the Census, "Quarterly Financial Report for Manufacturing, Mining, and Trade Corporation," Aerospace Industries Association 1994 Year-End Review and Forecast, Washington, DC, 1994.

[14] Louscher, D. L., "Domestic Economic Impact of Russian and Chinese Launches of American Satellites on the Atlas Commercial Launch Program, 1993—2002," Foresight International, 4 Dec. 1992.

[15] Bajusz, W. D., Arms Sales and the U. S. Economy, the Impact of Restricting Military Exports, Westview Press, Boulder, CO, 1988.

[16] "The Private Sector Economic and Employment Benefits to the Nation and to Each State of Proposed FY 1990 NASA Procurement Expenditures," Management Information Services, Inc., Washington, DC, April 1989.

[17] "Average Hourly Earnings in the Aerospace Industry, Guided Missiles and Space Vehicles," Aerospace Industries Association, Washington, DC.

[18] "Non-Agricultural Hourly Wage Rate," U. S. Bureau of Labor Statistics, Washington, DC, Nov. 1994.

[19] "Employer Costs for Employee Compensation in the Aircraft Manufacturing Industry," Aerospace Industries Association, Washington, DC, 1 July 1994.

[20] "Unemployment Situation," U. S. Bureau of Labor Statistics, Washington, DC, Nov. 1994.

[21] Greenberg, J. S., "RLV Pricing Strategies," NASA, July 1997.

[22] Shaw, E. J., Taylor, D. T., and Hamaker, J. W., "RLV Economics: Fiscal Evaluation of NASA's Reusable Launch Vehicle Effort," Space Policy, May 1997, pp. 109 – 124.

[23] Greenberg, J. S., "Insuring RLV Transportation Services," International Academy of Astronautics, Paper 98-IAA. 1. 2. 02, Sept. -Oct. 1998.

[24] Greenberg, J. S., "Financial/Investment Analysis," Space Economics, edited by J. S. Greenberg and H. R. Hertzfeld, Progress in Astronautics and Aeronautics, Vol. 144, AIAA, Washington, DC, 1992, pp. 3 – 33.

第 4 章　空间运行

空间运行涉及内容有：运送卫星入轨，并在一段时间内提供卫星维护服务。它有着成本、计划、可用性、效益、利润、现金流和其他一些属性。空间运行经济效益需要理解政府和行业在成本、效益、利润和空间运行其他方面的政策和投资决策影响。经济分析的目的是通过理解上述决策对空间运行成本、效益、利润和其他方面的影响，而做出明智的政策决定与商业决断。

以下章节中讨论了若干话题，包括：基于风险的先进空间运输结构对比方法；为地球静止轨道(GEO)通信卫星任务选择运载火箭；为低地球轨道(LEO)任务选择运载火箭(包括初始入轨和更换发射)；在考虑成本风险、生命周期成本和可用性约束前提下，确定发射和卫星备用策略；如何在卫星备用策略和空间运输供应/需求(弹性/可操作性)的条件下实现按需发射能力；在轨服务与维修；轨道碎片和补救政策的经济影响以及各类政府行为对美国空间运输服务国际竞争力的影响。

所有空间活动的经济分析基础都要考虑活动的可靠性、成本、性能及市场的不确定性。因此，在开始进行空间运行经济分析之前，作为理解各种空间运行经济问题的基础，我们将使用两个基于风险的模拟模型，分别为 DOMSAT 和 SATCAV。我们给出了很多基于这两种模型进行的分析案例，也介绍了其他几个模型及其应用。

4.1　仿真建模

4.1.1　SATCAV 生命周期成本与可用性模型

本节讨论没有考虑收入及利润的情况，例如，政府需要维持一个全球定位系统或气象卫星星座(参考文献[1]给出了 SATCAV 模型的详细讨论)。除了没有收入和税收，其基本问题类似于评估商业投资决策时遇到的问题。因此，现金流只有一个负分量，即现金流出或成本，我们的目标就是在性能约束下，最小化生命周期成本。通常，性能约束可用敏感器或转发器的期望可用性简单表达，其中可用性表示：在需要时，M 个敏感器或转发器中至少有 N 个可操作的几率或时间比率，其目标是在满足可用性约束的前提下选择最低生命周期成本的方法。

生命周期成本是与所选任务或系统有关的，所有当前和未来成本的现值(即折现)，包括所有经常性成本和非经常性成本及其发生的具体时间。对于空间任务，非经常性成本包括卫星研究、开发、测试与工程的成本，为提供兼容性必须对运载火箭进行的特定修改，以及建筑和其他特殊设施等固定资产的采购。同样，对于空间任务，经常性成本包括所有卫星的购买成本(包括首发星、更换星和备份星)、发射成本、持续支持任务的工程研发成本，任务控制与运行成本，以及相关管理和维持成本。当其他非任务部分对任务有影响时，还必须考虑由此产生的对成本的影响。例如，如果为保持系统/任务的兼容性会产生额外成本，那么需要考虑这些成本。另一方面，如果其他系统或任务成本将减免或消失，那么也必须要考虑成本降低流（作为任务现金流动的费用抵冲或收益流的对等增益）。其他成本可包括非经常性成本和经常性成本。

生命周期成本分析通常是新技术、任务和系统投资选择审议的重要部分。在非经常性成本的近期增长和长周期的年度运行成本下降中进行权衡的问题中，生命周期成本分析经常用来验证该问题中投资可带来的经济改善程度。在实现系列目标最低成本方法的多个可选方案的评估和对比中，生命周期成本分析经常发挥重要的作用。这一问题也是目前我们所关注的。

在空间业务中，年度成本以及生命周期的成本现值，必须被视为一种概率分布。原因有很多，但主要是因为：单位经常性成本和非经常性成本具有不确定性（大部分是由于使用新技术）；运载火箭的可靠性并不完美，其故障可以显著影响成本和计划；计划具有不确定性，因为可能由于故障或不可控的延误导致计划重排，如天气原因和停机故障检查；运行中的卫星由于产生随机或损耗故障而需要更换，从而影响"成本产生事件"的数量和时机。

我们将看到，包含备用和维护/修理策略在内的大量运行方案让生命周期成本分析变得更加复杂。除了考虑卫星备用和冗余有关的设计之外，还要在空间运行中考虑使用在轨活动卫星或休眠备用卫星，以及考虑地面备件和进行在轨服务或维修。因为敏感器/转发器可用性是关于整星配置（包括冗余配置），备用和维护策略以及交通运输系统可靠性与可用性的函数，因此有必要考虑配置卫星和估计任务生命周期成本时存在的许多复杂的相互关系。

以下篇章会讨论在估计生命周期成本时需要考虑的若干因素，包括随机故障与耗损故障，成本分摊，学习效果，运行分析，以及明确考虑不确定性和由此产生的风险。以上均影响"成本产生事件"的数量和时机确定，以及相关成本的大小。我们将会简要讨论每个议题。随后将讨论生命周期成本与可用性模型——SATCAV。该模型建立在上述概念的基础上，并为生命周期成本分析增加了一种正式一致的结构。最后，将论述该模型的通用灵活性和适用性及典型结果。

（1）运行分析

空间系统运行分析是在启动或者维护一个空间任务时，对任务的经常性成本相关事件数量的概率分布的具体量化。这些事件可包括购买卫星的数量、发射数量、卫星回收或整修的数量等。每个事件的成本至少在规划阶段都有一定程度的不确定性。这一不确定性来自多方面：硬件故障；未完成某些规定运行，例如交会对接机动；或某些老化耗损现象的变数，例如位保推进剂消耗殆尽等。因此，除了分析事件数量，运行分析还必须关注事件发生的时间顺序，因为这将会最终影响系统的可用性。

运行分析明确考虑了运输系统和卫星故障的可能性，故障发生概率以及故障确实发生后会产生的后果。运行分析将会更具体考虑：1）要执行运行的数量、顺序和复杂性；2）恢复模式，即假设故障发生，可能产生的结果事件序列；3）在成功和失败恢复序列中，成功执行每个所需运行的概率；4）事件的时间安排（或不存在）。总体运行分析结果被称为运行风险。

运输系统运行分析包括与卫星在轨安置、整修与回收有关的所有事件，包括卫星部署与初始运行。最后两个属于交通系统事件，因为如果在这些运行期间发生故障，其恢复模式有时会涉及运输系统的部件。

执行给定任务运行分析的第一步(例如卫星安置，卫星安置与回收等)是建立“任务成功概述”。“任务成功概述”包括每个事件或成功完成或不成功的名义任务时间线或事件序列。如果事件成功完成，任务继续进行下一个事件。如果事件不成功，则必须采用故障恢复模式。有时故障恢复模式可以使任务返回到正常的时间线，有时任务需要进行重大修改。有些故障可能只是导致了不便，最后归结为一个次要成本项，例如损失了一个冗余的子系统，而损失了转移上面级和卫星等故障将会成为一个主要成本项。利用图 4 - 1 的形式描绘整个任务概述，一般来说是非常可行也很有帮助的。(注意：通过简单地将恢复概率设置为 0，图中所示的可重复利用系统可成为消耗系统。)

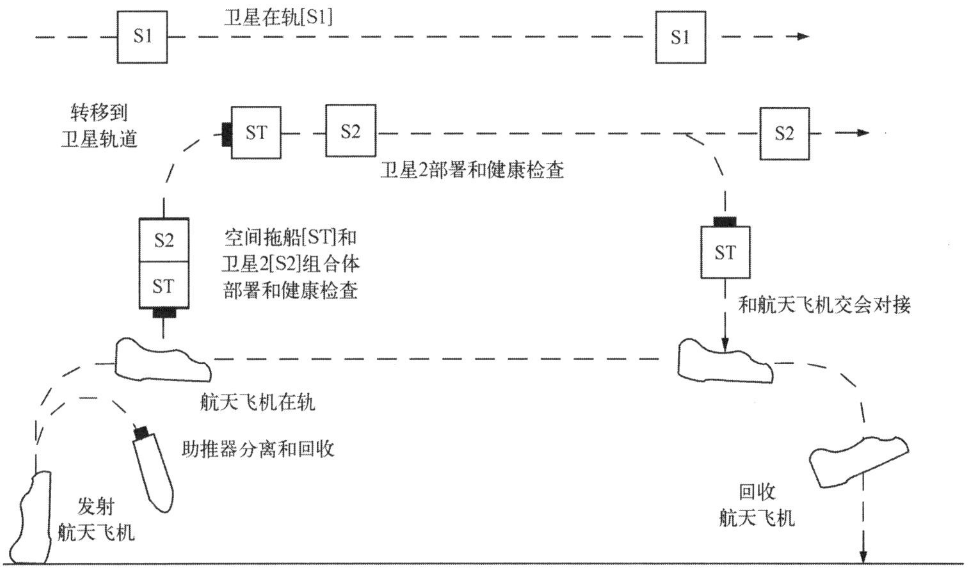

图 4 - 1　通用卫星部署任务概述

运行分析的第二步需要明确定义“任务完成”的概念。在服务型空间计划中，如果需要卫星来提供服务，其任务是将卫星置于轨道上，那么卫星必须实现成功入轨，必须能够完成任务。如果卫星没有成功实现任务要求，就必须重复飞行。另一方面，如果在空间中回收卫星并且回收运行尝试失败，就可以选择不进行第二次回收尝试，而是通过购买新卫星来增加地面库存。显而易见，必须选择一种故障恢复模式以便任务继续。最终，应该对每个替代方案进行调研，并在经济基础上做出方案选择。[参见参考文献[4]，描述一类由故障类型和时间决定维护/修理决策的模型(即，耗损寿命末期的随机失效与寿命开始时期同样的随机失效相比，会有不同的后果)。]

第三步涉及到建立任务场景。任务场景的定义是从任务开始到完成的所有可能发生的事件的时间序列(在预想的细节范围内)。以任务成功为最终结果的任务路径称为任务概况，然而，任务场景还包括了所有相关的故障恢复任务路径，可以认为任务场景是由一系列的节点通过分支连接在一起的，每个节点都是一组事件的决策点。从每个节点发散出去的分支包括通往成功的路径和故障恢复的路径。从每一个节点走向成功或故障路径的概率由该节点所代表事件的成功概率决定。故障恢复路径必须最终提供一个到“任务完成”（如第二步的定义）的通路。在任何情况下，任务完成要求将库存恢复到其任务前的水平。例如，如果任务是发射一颗卫星并回收一颗卫星，如果回收卫星失败，则为了将库存恢复到正常的水平，必须购买一颗新卫星。

任务场景还可以表示为如图 4－2 所示的逻辑流程图。其表示的任务如图 4－1 所示。在图 4－2 中，节点由菱形框表示（表示成功概率或可靠性），分支由代表成本相关事件的矩形框和连接线组成。

当任务场景建立并且具备相应的概率数据后，就可以通过编程让计算机进行运行分析。一种通过计算机进行分析的方式是“蒙特卡洛法”，该方法通过在场景中进行许多随机游走（典型值 1 000）并对事件计数来实现。在每个菱形框上，计算机生成随机数，关联的事件成功概率决定了节点的走向（如果计算机生成的数字等于或小于成功的概率，选择成功路径；否则，则选择故障路径）。由于某些路径的概率极低，有限的蒙特卡洛分析可能只给出近似结果。

空间运输系统的运行分析结果既决定了每一个蒙特卡洛试验的生命周期成本分析中将要使用的事件数量（及其时间），也给出了所有蒙特卡洛试验中完成给定任务的主要成本相关事件的发生次数的直方图或概率分布。（成本必须在执行下一次蒙特卡洛试验之前确定；否则，由于事件相关效应缺失，会产生不正确的成本。）

（2）卫星运行分析

一个典型的服务任务由两个阶段组成，即在一定的需求水平下建立服务，然后维护服务水平。建立服务主要关注的是根据需求把一定数量的卫星在一定时间内成功送入轨道。假设需求和卫星的能力都是已知的，那么建立服务需要的卫星数量就是确定的。维护服务关注的是根据需求保持在轨服务卫星的数量。由于可靠性并非百分之百以及耗损现象可能带来的变数，例如姿态控制气体损耗，卫星故障将以随机方式发生，结果导致维护服务的业务只能用概率理解。由于卫星可能发生故障或更换，因此维护服务的业务具有概率本质，从而一定程度增加服务任务的不确定性和风险。因此，有必要考虑卫星的可靠性对总体任务的影响。

卫星故障发生的原因有 4 个：

1）一般是由于对物理定律理解不到位导致的设计不当或制造错误；

2）制造过程中质量控制不到位；

3）在储存、运输和运行过程中环境的不确定性；

4）寿命周期内的设计和技术具有局限性。

这些故障诱因通常导致三种不同类型的故障：早期故障、偶发故障和耗损故障。在本书中，在空间运输系统的运行分析中考虑了卫星早期故障。其结果取决于空间运输系统和运行模式。

考虑随机和耗损故障，一般卫星子系统故障模型可以由下式给出

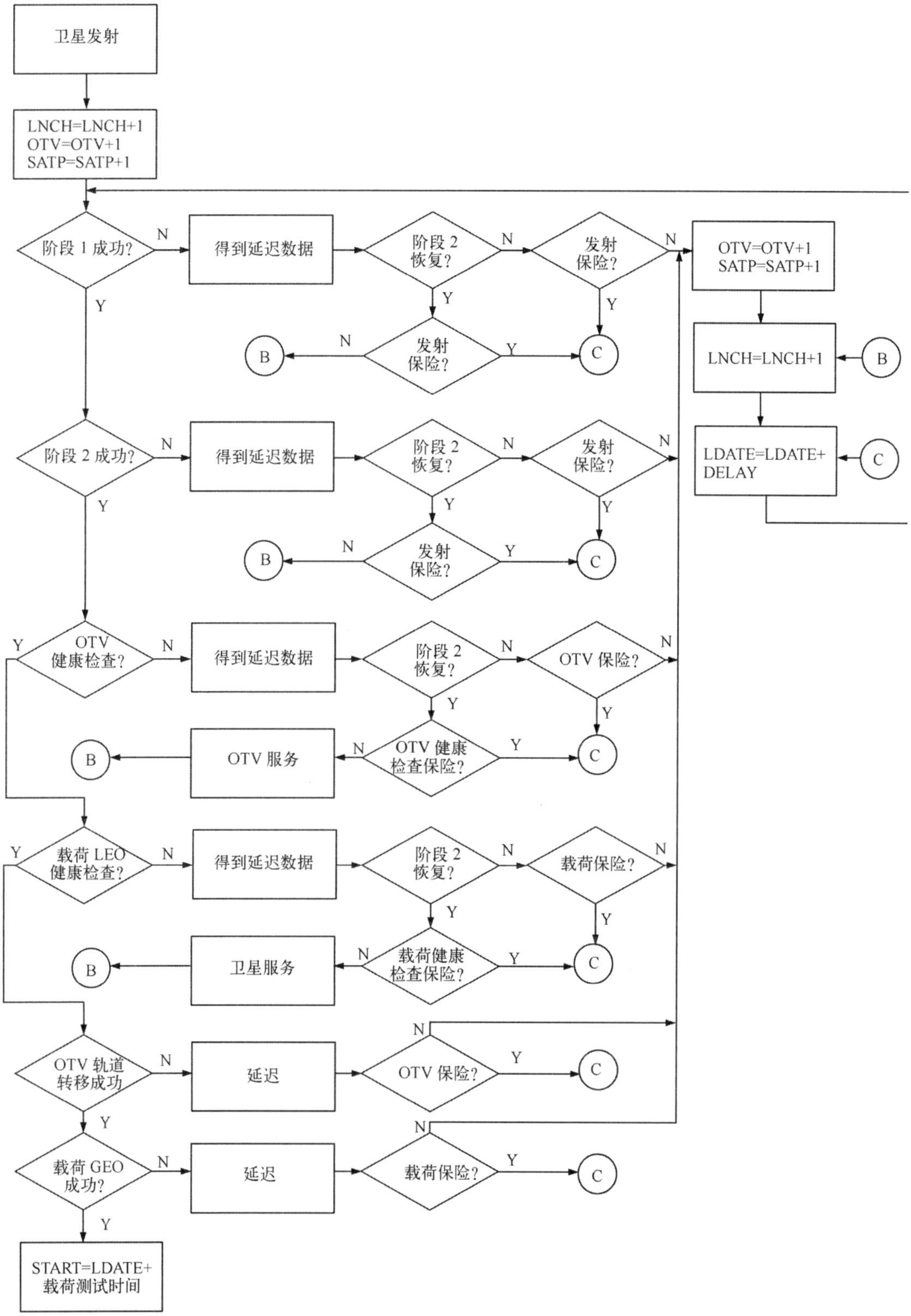
卫星发射
LNCH=LNCH+1
OTV=OTV+1
SATP=SATP+1
阶段 1 成功?
得到延迟数据
阶段 2 恢复?
发射保险?
OTV=OTV+1
SATP=SATP+1
LNCH=LNCH+1
LDATE=LDATE+DELAY
阶段 2 成功?
OTV 健康检查?
OTV 保险?
OTV 服务
OTV 健康检查保险?
载荷 LEO 健康检查?
载荷保险?
卫星服务
载荷健康检查保险?
OTV 轨道转移成功
延迟
载荷 GEO 成功?
START=LDATE+载荷测试时间
Y
N
B
C

图 4－2　卫星部署场景

$$R(n) = \frac{\exp(-\lambda n)}{\sigma(2\pi)^{1/2}} \int_n^\infty \exp[\frac{-(1-M)^2}{2\sigma^2} da]$$

该公式表示在第 n 次的时间周期(年)内综合了随机故障和耗损现象的存活概率，λ 表示故障率(每年失效次数)或平均故障间隔时间(MTBF)的倒数。M 是平均或预期的损耗寿命(年)，σ 是损耗的标准偏差(年)。可靠性函数的一般形状如图 4－3 所示。其具体形状通过指定 λ，M 和 σ 给出。因此卫星子系统在时间段 n 中失效的概率 $F(n)$ 为

$$F(n) = R(n-1) - R(n)$$

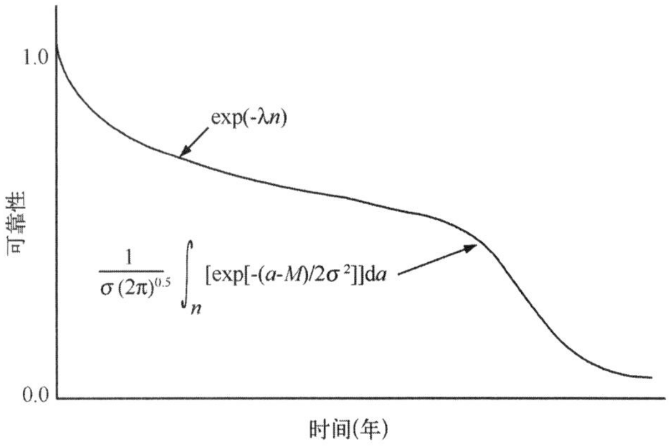

图 4－3　卫星子系统可靠性函数

可靠性模型考虑了子系统的布置(即它们的串行和并行关系，并且考虑了在单独和组合情况下敏感器的关键性)。根据在轨和可操控的卫星数量，该模型用于计算由于故障需要更换的卫星数量以及时间。这些工作与空间运输系统运行分析一起，建立了所有成本相关事件的时间函数的概率分布。

导致成本增加的卫星故障(例如，卫星更换或维修)可以定义为敏感器/转发器故障的组合。因为卫星可以包括多个敏感器或转发器，因此有必要识别出关键故障或故障组合的具体故障形式或者价值损失。这里的价值与敏感器/转发器获取信息的相对重要性密切相关。因此，当卫星总价值降低到一个确定的阈值以下时，就需要增加成本了。

(3)成本分析

成本通常可以分为非经常性成本(即一次性成本，如 RDT&E)和经常性成本(即与活动相关的成本)。非经常成本的相关决策会影响经常性成本(航天飞机的决策是一个很好的例子)。成本经常在 4.9 节工作分解结构框架里进行分类。在任务规划阶段，非经常成本和经常成本的数量都是不确定的。非经常成本的不确定性来自项目中任何具有不确定性的方面：一项试验结果，各种设备购买，人力需求等。经常性成本的不确定性来自在某产品被设计出来之前，预测其生产成本十分困难(使用新技术的产品尤其如此)。全生命周期的成本分析必须同时关注非经常性和经常性成本的不确定性。

关键的问题是如何量化不确定性。这要求在关键成本变量的不确定性范围内以及概率分布的范围内给出知情估计。不确定性的估计可能在成本估计关系(CER)阶段或者在单元

(交通、卫星等)成本阶段。不确定性的评估可以在经验丰富的分析师的帮助下由个人完成，或者由经验丰富的小组使用 Delphitype 技术[5,6]完成。评估的结果在本质上是非常主观的。量化地表达了不确定性的程度。评估结果反映了过去类似努力的经验，过去遇到的问题，可能遇到问题的预测等。

一种用于描述不确定性概况形状的方法(如图 4－4 所示)已经在许多分析中得到使用[7]。第一步，根据专家评估什么是正确和错误，建立不确定性的范围。然后将该范围分成五个相等的区间，再将成本变量落入各区间的可能性进行排序。不确定性概况的一般形状(左斜、右斜、居中)就建立起来了。(许多分析师更喜欢使用三角分布来表征不确定性。三角分布是通过指定最小、最大和最可能值来给出，期望值等于三者之和除以3。三角形分布由于易于沟通和计算期望值和标准偏差而颇具吸引力。但是人们经常忽略了简单性也带来了计算期望值时有可能导致重大误差的问题。例如，当最小值、最可能值和期望值被指定为0、3和10时，在预期值的计算中存在30%的误差。相对的，五点区间分布在0～2，2～4，4～6，6～8和8～10的范围内的概率分别为10%，75%，10%，3%和2%。

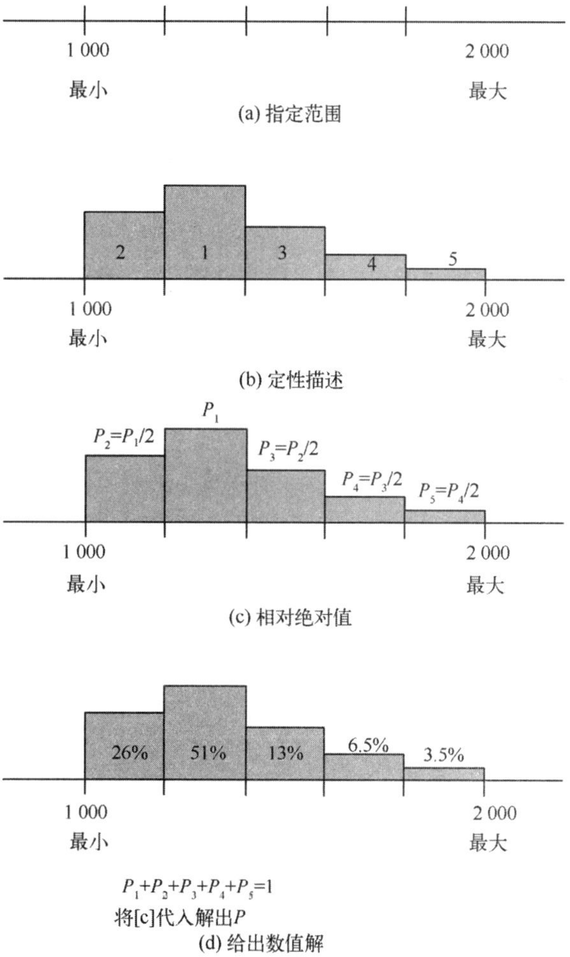

图4－4　建立成本不确定性分布形状的方法

确定预期值的误差是特别繁重的工作，因为期望值可以添加或删减。）下一步是给出落入每个区间的几率的相对值。例如如图 4－4 所示，可以估算出落入第一区间的为落入第二区间的一半。这种对每个区间和已计算区间的相对关系的计算需要进行多次。最后步骤是把之前步骤中得到的数据带入到图示的方程中，得到数值解。

为了简化该过程，可将大量典型的不确定性分布存在计算机中。评估者可以通过简单指定不确定性的范围（最小值和最大值），找到最能代表他/她看法的不确定性分布。如果储存的数据都不能满足要求，那么把合适的不确定性数据输入，该方法依旧能够执行。

在某些情况下，如计算卫星单元的经常成本时，可以假设未来采购成本与第一次单元成本高度相关。历史上，采购第 $n-1$ 颗卫星的成本随着卫星制造数量的增加，成本会因“学习过程”而下降。通常，“学习过程”可以描述为：每次产量翻倍，成本降低固定的百分比，也就是 1 减去学习率。

因此

$$\frac{\text{第 } N \text{ 个单元成本}}{\text{第一个单元成本}} = N^{[\lg L - 2.0]/0.301}$$

其中，N 是生产的单元的累积数，L 是学习率（%）。因此，如果遵循 90%的学习曲线，则第二单元的成本是第一单元成本的 90%；第四单元的成本为第一单元成本的 81%，以此类推。

通常，卫星的成本或发射不是在一年内完成。这些成本需要分摊到几年，通常是两到四年。因此，计算年成本和现金流必须考虑到这种“成本分散”。通常，在某事件发生时，该事件的成本要根据预期的预算报告进行后延均摊。

（4）经济分析

空间项目的经济分析主要包括跨若干年（n 年）的现金流动模式，因此，用成本现值来呈现经济分析的结果是很理想的。现值明确考虑了现金流量模式的数量和时间，等于未来每年年度成本折算到现值并求和。

$$PV = \sum_{i=1}^{n} C_i / [1 + r/100]^i$$

其中，PV 是当前成本值，C_i 是第 i 年的成本，r 是折算率或称资本成本。当使用固定货币时，应该使用其真实的资本成本。

然而，前述方程中的成本并非确定性的。由于预测未来项目（或者事件）的成本时会受到执行预期项目所需事件的数量和时间的不确定性影响，所以每年的成本 C_i 也会发生变化。因此，成本的现值也必须描述成一种概率分布。

为了确保敏感器或者转发器在一定程度上实现可用性，必须在预期可用性的级别上对替代方案进行对比。因为生命周期成本的每个现值都由期望值和标准偏差（即风险维度）两者表征，因此必须在权衡预期成本和风险后选择最佳替代方案。该过程如图 4－5 所示，其中每个点均代表预期可用性水平。这里替代方案 1 和 2 具有相同的风险水平（即 $\sigma_1=\sigma_2$），但替代方案 2 的预期成本 PV 比方案 1 大。因此，替代方案 1 优于替代方案 2。类似的，可以认为方案 3 优于方案 4。同样可以得出方案 3 优于方案 1，因为两者都具有相同的预期 PV，但替代方案 1 风险更大。这个过程可以一直持续到考虑了所有的替代方案。最终可以得出“最佳”替代方案的“锋线”。“锋线”上每个替代方案的风险和预期 PV 都不相同，这样可以得到一类最佳替代方案，最终决策者根据风险判断得到最后的结果。也就是说，决策者必须在预期成本 *PV* 的减少和风险的增加之间寻求折中。

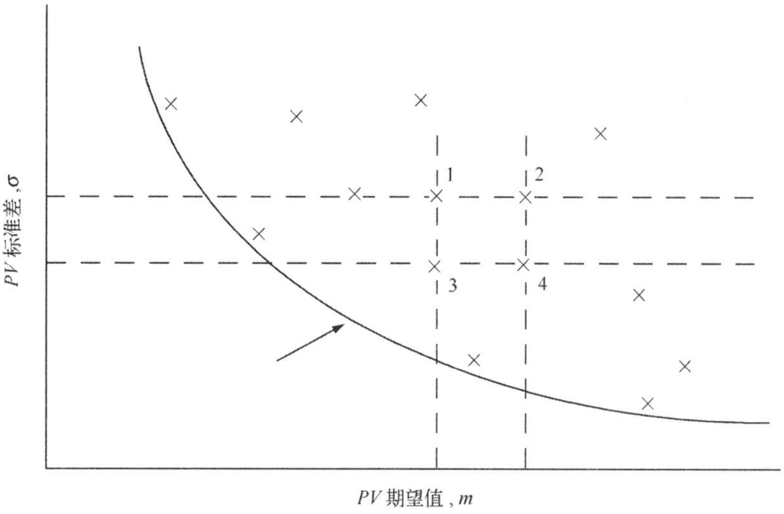

图 4-5 在不确定性下做决策的一般性问题

(5) SATCAV 全生命周期成本和可用性模型

经过上述讨论，可以建立一个通用的空间任务生命周期成本和可用性模型。以下的篇章中将对其进行探讨，并给出一些典型的结果。

鉴于任务要求中经常明确要求敏感器的可用性，那么就要选择一个能够使系统生命周期成本(和风险)的现值最小化，并能满足包括敏感器可用性等要求在内的任务需求系统。敏感器可用性是关于整星配置(包括冗余)，备用和维护策略，以及运输系统可靠性和可用性的函数。因此，为了选择一种能够最大限度减少生命周期成本，实现可用性目标的系统和运行方法，有必要考虑许多复杂的相互关系。以下段落描述了考虑这一完整系统框架的方法和步骤。接下来的篇章对考虑这种完整系统框架的程序进行了描述。为了达到这一目标，我们描述了一个成熟的仿真模型(SATCAV)，给出了考虑替代维护方案和备用策略的典型结果。

SATCAV 是一个能够仿真多星多敏感器空间任务的动态随机生命周期成本和可用性模型，能够仿真其发射和在轨段的连续运行过程。该模型通过友好的用户菜单界面进行数据文件创立，之后通过一个编译好的基于 FORTRAN 语言的蒙特卡洛程序进行生命周期和可用性计算。

在考虑了主要空间运行(包括载荷健康检查和测试)可靠性以及导致成本增加或时间推迟的各种先验故障后，SATCAV 可以模拟卫星的多级载具发射操作。模拟中考虑了各种故障导致的延迟，能够仿真一次性运载火箭、可回收运载火箭和上面级。SATCAV 能够模拟多敏感器卫星的随机故障和损耗故障特性，并可以判断何时发生特定故障和何时需要响应关键故障并修复。(“敏感器”在广义上表示实际的敏感器或通信子系统或天线)。

SATCAV 涵盖了各种可能的地面维护或在轨维护场景，考虑了活动和休眠备份。此外，还可以模拟发射失败情况和发射过程中发生耗损故障但备份设备可用的情况，也可用于分析规划好的替代选项。该模型可以给出成本、事件、可用性以及故障数据的报告，还可以给出典型事件时间线报告。

由于考虑了主观不确定性、空间运输系统可靠性、卫星子系统随机性和损耗故障，所以只能给出年度事件、年度成本、生命周期成本现值的概率分布。年度事件报告包括了使用不同载具时发射尝试次数的概率分布。成本报告以期望和标准差的形式总结了年度经常性成本、非经常性成本以及成本的现值(最多5%的折扣率)。

SATCAV 开发了将敏感器可用性统计数据描述为可用敏感器(对于每种敏感器分别给出)数量概率密度函数的功能，能够给出年度和全任务周期的数据。统计数据考虑了敏感器和子系统随机及损耗故障特性、备用策略、运输场景、因不同类型的故障导致的延迟，以及在轨测试持续时间。与本报告相关的是不同子系统故障最终导致敏感器故障的原因统计报告以及一个时间轴报告，它包括了(对于单个蒙特卡洛模拟运行)卫星和子系统的状态、卫星布置和维护动作的时机、子系统故障导致敏感器故障情况相关的内容。

上述版本的 SATCAV 的重要特性包括以下方面。

1)时间跨度可以支持到 25 年；

2)能够考虑多颗卫星同时运行；

3)备用策略包括：

a)在地面和在轨准备多个活动或休眠备件；

b)在发射时关键敏感器发生故障；

c)在发射时关键敏感器发生随机故障或损耗故障，但是在预期之内(通过对输入数据结构化，可以实现“按计划更换”等附加策略)；

4)关键敏感器识别(单独和组合)；

5)能够给出初始可运行卫星和在轨备份星发射日期(实际发射日期还需要考虑到故障以及相关的推迟)；

6)能够给出地面备件完成日期；

7)能够给出当休眠卫星激活后，它移动到替代位置并成功运行的时间延迟和成功率；

8)考虑了卫星成本的学习效应；

9)使用了发射/恢复序列中各项主要运行事件的成功率来描述发射运输场景，并且以成本增加事件和延迟的形式考虑了故障后的结果；

10)先验定义的不确定性变量(即，主观指定的不确定性范围和不确定性形式)：

a)延迟(故障类型的函数)；

b)从地球到低地球轨道的运输成本；

c)从低地球轨道到地球的运输成本；

d)从低地球轨道到载荷工作轨道的运输成本；

e)卫星单元经常性和非经常性成本(以期望值和标准偏差形式体现)；

f)运输载具的维修成本；

g)资本支出(最多 10)；

h)卫星控制运行成本；

i)工程费用；

11)卫星可以由多个敏感器和多个卫星总线子系统配置组成。每个敏感器和子系统都可以用随机和损耗故障特性描述，(其中包括了一个虚拟敏感器，其随机故障率可看作是时间的函数，这样可以考虑轨道碎片的影响。详细讨论见 4.12 节)；

12)能够进行资本项目的非经常性成本，卫星及发射的经常性成本的成本均摊；

13)能够给出开发成本、事件、可用性和故障原因统计，以及卫星预期寿命和相关标准差。

SATCAV 模型能够实现以下功能：

1)使用不同的航天器总线及敏感器技术；

2)发射和采购调度；

3)实现不同的子系统可靠性(随机和损耗)；

4)使用备用策略；

5)使用备用运载火箭；

6)使用一次性或可再利用运载火箭；

7)从以下几方面进行运载火箭可靠性和成本评估：

a)年度成本(期望值和标准差)；

b)年度成本的现值和风险；

c)敏感器可用性。

SATCAV 模型可以根据需求创建以下报告：

1)年度成本预测报告，该报告总结了经常性和非经常性成本数据，生命周期成本统计现值以及卫星产生数据的总量。

2)指定事件概率报告，该报告呈现年度发射载具的使用和维修概率分布以及有效载荷采购和维修的概率分布。

3)规划水平线时敏感器可用的时间百分比报告，该报告给出了在规划水平线之上 5 种类型特定数量敏感器的可用时间百分比。

4)敏感器每年可用的时间百分比报告，该报告给出了每年 5 种类型中特定数量敏感器可用时间百分比。

5)子系统导致敏感器故障概率报告，该报告给出每个子系统导致敏感器故障的概率(5 种敏感器类型中的每一种)，并且还给出了卫星寿命的期望值和标准差。

6)事件时间线报告，该报告显示每个单独的蒙特卡洛模拟运行中所有卫星详细的时间和状态信息，并且指出了导致任一卫星任一敏感器故障的子系统故障。

SATCAV 模型，如图 4-6 所示，已经与 A 阶段卫星设计模型 SMALLSAT[11,12] 集成在一起。SMALLSAT 模型是计算机辅助的 A 阶段小卫星设计和技术评估工具。它使卫星设计师、任务规划师和技术项目经理能够观察他们在卫星配置、非经常性和经常性成本、运载火箭选型、任务生命周期成本和可用性等方面的抉择可能产生的不同结果。

在 SMALLSAT 中，通过配置敏感器属性来配置卫星，例如敏感器动态质量、尺寸、数据和功率分布、指向和稳定要求以及总线子系统技术。SMALLSAT 模拟卫星九个相互关联的子系统：姿态基准和控制子系统；供电子系统；热控子系统；轨道维持子系统；推进子系统；数据处理子系统；星载计算机；跟踪、遥测和遥控子系统以及结构子系统。为了考虑子系统的质量和功率的相互作用，这些子系统的设计是不断迭代的过程。

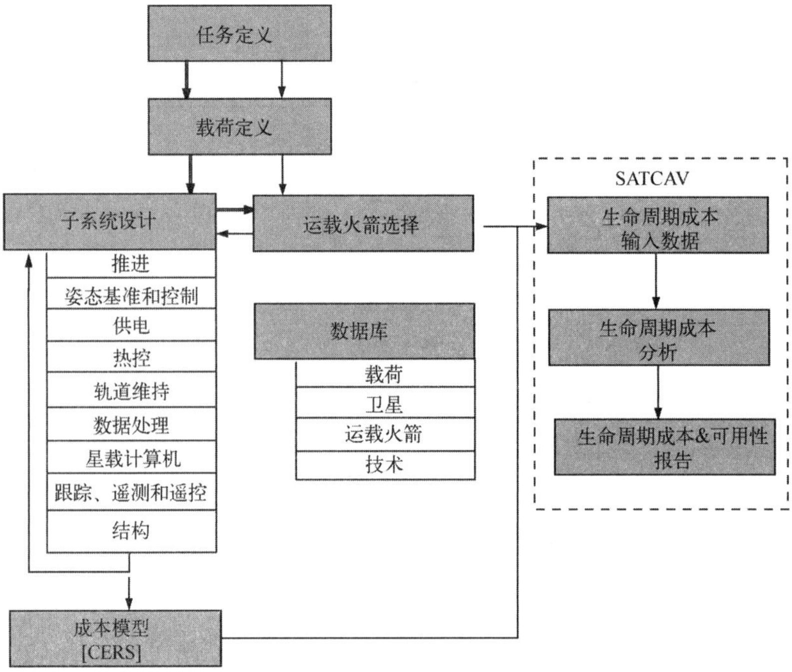

图 4－6　SMALLSAT/SATCAV 模型概览

SMALLSAT 包含敏感器、运载火箭和总线子系统技术数据库。用户可以在卫星配置期间从这些数据库中选择输入。用户还可以选择性地覆盖此输入以模拟新的技术。这使得我们能够分析不同技术对卫星配置和成本的影响。例如，我们可以先从数据库选择运载火箭再设计卫星，在这种情况下，火箭对卫星配置提出了约束，或者可以基于目前设计的卫星配置来选择火箭。该模型允许我们修改运载火箭属性，使用新的运载能力来确定卫星配置、卫星成本以及任务生命周期成本。此外，也可以选择某些具有先进技术的科技项目成果，例如用先进的太阳能电池来提升总线子系统的技术水平。这将使我们能够看到科技项目在卫星配置方面、成本方面、更换运载火箭能力方面可能产生的影响。

SMALLSAT 还可以用来确定卫星配置的变化对任务生命周期成本和敏感器可用性数据的影响。在 SMALLSAT 内包含了一套 CER（由航空航天公司专门为小卫星开发的软件），可以用来提供子系统级别的单位经常性成本和非经常性成本的估计值。其中的估计成本可以通过指定期望值和/或标准差的方法进行选择性覆盖。这将允许我们对新技术引入时产生的不确定性成本进行明确和定量的考虑。这样，SATCAV 作为综合蒙特卡洛模拟的模型，能够基于用户指定的任务参数，如所需卫星个数、期望的发射日期、卫星备用和更换策略、成本均摊函数、轨道碎片在每年每单位横截面积影响的概率时间函数等，确定出全生命周期内的成本和可用性数据。

SMALLSAT/SATCAV 模型是基于 Microsoft Excel 和 FORTRAN（代码编译后）的集成软件，运行环境为个人计算机的 Microsoft Windows 系统。

通过使用 SATCAV 模型可以进行许多不同类型的分析。这些分析将在以下各节中分别描述。然而，要完成对 SATCAV 模型的讨论，还需要对一个完整的全生命周期成本和可用性分析结果进行讨论，尤其需要关注多星星座合适的备用策略。这将在下面的段落中进行简要讨论，然后再在4.9节详细讨论。

图4－7展示了一个典型任务。该任务由5颗考虑了损耗后预期寿命为7年的卫星（运行卫星加备份星）构成。图中展示了对生命周期成本和可用性的折中和权衡。将可用性定义为4个或更多个敏感器（每个卫星一个敏感器）在任何时间点均可操作的几率。假设休眠备件不会在处于休眠状态时失效，但是休眠备用部件启动的概率可以是小于1的（如休眠备件曲线所示）。三个可选的备用方案：部件热备（具有0、1、2或3个备件），1或2个休眠备件冷备（成功启动的概率不同），在发射时（从0到2年）预期会发生的损耗故障但实际发生了随机故障。可以看出成本最低的方法是可用性水平需求函数。举例来说，在可用性需求较低时（例如85%～95%），预期发射发生损耗故障的策略是最好的。相比其他备选方案，它能够在实现相同的可用性水平情况下同时提供更低的生命周期成本预期值。在更高的可用性水平需求时，活动部件热备的选项是最好的。在有限的一组条件下，休眠备件(2)可能是首选，但在可用性水平需求较高的情况下，活动部件热备是唯一可行的选择。

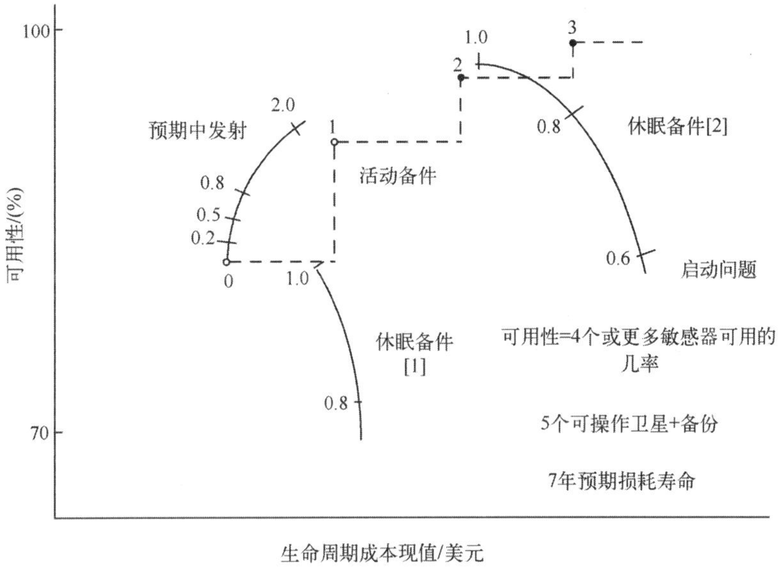

图4－7　考虑备用策略下的生命周期成本和可用性权衡

上述信息仅供说明之用，不应被视为一般规则。在给定可用性约束后，计算最低生命周期成本的方法是得到关于预期停机时间（有故障时）、火箭可靠性等因素的函数。上述方法说明了生命周期成本分析对替代方案进行评估和比较具有重要作用。

(6)总结

在空间业务中，年度成本以及生命周期的成本现值，必须被视为一种概率分布。原因有很多，但主要是因为：单位经常性成本和非经常性成本具有不确定性（大部分是由于使用新技术）；运载火箭的可靠性并不完美，其故障可以显著影响成本和计划；计划具有不确定性，因为可能由于故障或不可控的时间推迟导致计划重排，例如天气原因和停机故障检查；可用卫星由于产生随机或损耗故障而需要更换。

在考虑了备用部件、维护、修理策略后，可以衍生出无数的可操作备选方案，这将使生命周期成本的分析进一步复杂化。在卫星设计中除了考虑备用和冗余的问题，还需要考虑运行层面的问题，例如使用在轨活动或休眠备用的卫星、使用地面备件，以及在运输点进行在轨服务和在轨维修。因为敏感器/转发器可用性是一个与整体卫星配置(包括冗余)、备用和维护策略、运输系统可靠性相关的函数，所以在配置卫星和估算任务生命周期成本时考虑这么多复杂的相互关系是很有必要的。

在生命周期成本分析中，除了明确和定量考虑成本和延误不确定性之外，还需要考虑成本学习效果和成本均摊的问题。由于发射和空间运行在生命周期成本和可用性方面扮演了重要角色，所以对于具体的发射场景，不管是首次发射还是维护发射，都必须包括每个主要运行步骤的可靠性或成功概率，成本(包括不确定性)，以及由于各种故障造成的推迟。

由这些考量得到的最终结果是：生命周期成本只能用一种概率分布的形式给出，在进行决策时，必须考虑到一定的风险度量——年度成本有可能超过年度预算，生命周期成本的现值有可能超过规定的水平。这些考量最终也决定了可用性度量。可用性是与发射可靠性、故障导致的推迟、卫星子系统可靠性特性，以及备用和维护策略相关的函数。不同的系统参数(从发射系统可靠性到备用策略)会产生不同的生命周期成本数据(期望值和标准差)和可靠性数据。因此，有必要在可用性水平一致的前提下，比较不同备选方案的生命周期成本。换言之，必须对效果相同的不同方案，进行成本上的比对。

4.1.2 DOMSAT 通信卫星财务规划模型

第 2 章考虑了利润型企业的财务分析问题。该企业的典型目标是使投资回报率或现金流现值最大化。应该指出的是，由于不确定性和由此产生的风险，最理想的描述净现值和投资回报的方法是将其描述为概率分布。从许多备选方案中进行挑选时，不仅应该考虑期望，还应该考虑风险，应从两个维度上考虑其差异。幸运的是，在大多数情况下，重要的财务数据倾向于正态分布；因此，只需要在不同组之间比较期望值和标准差即可完成不可或缺的对比工作。通过在“最佳方案锋线”附近的多组方案中选择最好的方案，决策者还可以锻炼自己规避风险的能力。

DOMSAT 通信卫星财务规划模型将上述各种概念进行了修饰，并将其延伸到一个具体的商业形式：投资一颗 GEO 通信卫星。它包含了 SATCAV 模型中的许多要素(如采用了相同的可靠性函数、成本均摊函数，采用了相同的方法考虑风险和不确定性等)。为了能够将科技、设计以及政策的影响反映到财务业绩上，人们开发了 DOMSAT。该模型原本是由普林斯顿大学开发，目的是完成 NASA 路易斯研究中心的一个项目。在该项目中，需要评估多种不同的卫星科技对卫星投资业财务业绩的影响。自该模型开发至今，为了能够跟上不断发展的科技和运行水平，人们对该模型进行了大量的修改和升级。结果就是，该模型已能对诸如“外国空间运输服务商掠夺性定价的可能性”、“在国际性竞争下进行定价的影响”等问题进行分析。本书将在后面的部分对此进行讨论，展示该模型的通用特性和应用。在评估“卫星在轨推进和供电技术”项目对固定卫星服务(FSS)领域的商业投资影响时，使用该模型能够评估出各种可能的影响。通过将现有技术配置的卫星与重新配置的考虑了设计选择和技术项目预期结果的卫星进行财务比较，可以评估出相关影响。之后将这些预估数据和一个商业场景结合(例如，作为时间函数的卫星数量、转发器的数量和种类、转发器需求服务的种类，定价、价格弹性、发射系统时间函数、计划及相关的不确定性、从LEO转移到GEO的时间、保险成本，以及其他花销），就可以给出一系列财务业绩评价指标：年度利润（亏损），年度和累计现金流，投资回报期以及投资回报率（ROI）。由于考虑了成本、计划和需求的不确定性，运载火箭和卫星子系统的可靠性，因此这些财务业绩的指标结果都以概率分布的形式给出。科技项目和相关政策影响反映在卫星设计的变化上，从而能够影响整体商业投资的财务业绩结果，而其结果也能反映出科技项目和相关政策对项目整体的影响。

卫星设计方案、科技项目以及相关政策的影响可以通过各项在财务业绩、成本及服务方面导致的变化水平进行评估。这需要进行两次分析：一是建立一个基础项目，以此来衡量变化，另一个是分析设计变化、科技项目等因素。这两者之间的差异是由决策直接引起的。在大多数情况下，需要明确考虑不确定性和风险，以便在期望和风险两个维度进行方案比较。

DOMSAT模型中的商业场景具备以下参数：

1）商业计划年限；

2）可运行卫星的最大数量；

3）预期的发射计划；

4）从LEO转移到GEO的时间；

5）每颗卫星的窄带和宽带转发器数量；

6）每组转发器里窄带和宽带转发器的数量；

7）每组转发器里窄带和宽带转发器的备份数量；

8）转发器可靠性特性[平均失效时间、预期损耗寿命、损耗寿命变数（这种可靠性特性在之前SATCAV生命周期成本和可用性模拟模型部分有描述）]；

9）卫星支持系统的可靠性特性（平均失效时间、预期损耗寿命、损耗寿命变数）；

10）提供的通信服务种类（保护通信、保护/抢占通信、非保护通信、抢占通信）；

11）窄带和宽带转发器的各种业务速率；

12）窄带和宽带转发器每种业务的年度需求；

13）需要重新发射卫星的可运行转发器数量阈值；

14）年度卫星运行成本；

15）年度通用和行政费用（固定和可变部分）；

16）年度研发费用（固定和可变部分）；

17）其他年度费用；

18）保险费用和成本均摊；

19）卫星单位经常性成本和成本均摊；

20）卫星非经常性成本和成本均摊；

21）卫星单位经常性成本学习率；

22）发射成本和成本均摊；

23）发射场景时间函数（通过发射序列中每个主要步骤的成功概率描述）；

24）折旧；

25）利率；

26）税务相关数据；

27）折扣率；

28）资产负债表相关数据。

前面描述的变量中，许多都作为不确定性变量考虑，需要给出其范围和不确定性的形式。此外，还需要考虑不可靠性及其影响。当考虑设计和项目抉择时，如果目标是减小不确定性，提高可靠性，那么，明确并且定量考虑不确定性和不可靠性是非常必要的，因为这两者都将影响风险认知和投资决定（例如，备用转发器的设计主要就是为了考虑风险）。为了定量地描述风险，DOMSAT模型使用了蒙特卡洛技术，将完整的商业场景进行大数量仿真（一般是1 000次或更多），且每一次仿真都会从不确定性分布和可靠性数据中随机取样。

该模型开发了许多财务业绩评价指标，包括年度税后利润、年度现金流、累计现金流、销售利润率、资产回报率、投资回收期及净现值。投资回报率的概率分布是基于净现值（不同回报率下的）的概率分布开发的。（这避免了每次蒙特卡洛运行结束后计算内部回报率时可能出现的多重根问题。）

DOMSAT模型主要由两个交互部分组成。第一部分，利用预期事件计划表、通信服务需求、卫星配置、特定发射场景和可靠性特性，给出事件的具体时间、数目及其费用。转发器的可用性（考虑故障\备用和提供的服务）要与需求相匹配，从而确定更换发射计划和替换卫星所需的额外支出的时机。然后时间和成本信息传递到模型的第二部分，该部分负责执行财务计算并确定财务业绩评价指标的具体数值。

有一个典型的假想的FSS商业投资案例，它作为基础案例在很多的技术项目评估中得到了应用。FSS是一个承运人，它发射了一颗卫星，目标是通过租赁转发器获得租金收入。这个基础案例中的卫星是一颗基于Huges公司H376平台的自旋稳定卫星，该卫星传输Ku频段数据。卫星有16备20的冗余，有16个活动转发器和4个备用部件。这个特定业务需要三颗发射入轨并保持在轨运行的卫星；第一次发射在第4年中段，其他发射在5年到7年的中段。卫星如果失效或者老化，将会被替换，替换有发射延迟（0.5到0.8年），有3个月的从LEO到GEO的转移时间延迟，还有在轨测试和健康检查的延迟。在每颗卫星上有14个可提供保护通信服务的转发器供租赁，有2个提供非保护通信服务，其租赁价格低于保护通信业务的一半。

图4-8展示了现金流现值风险分布模型得出的结论。风险分布表示现值超过不同水平的可能性。该图展示了在轨推进系统寿命若为8年和12年时，在同一商业场景下的现值风险分布情况（考虑了不可靠性，但所有不确定性设置为零）。将损耗寿命从8年提高到12年，（所有其他因素依然存在保持不变）企业的预期净现值增加了2 700万美元。因此，将卫星推进系统寿命延长4年等同于2 700万美元。

DOMSAT模型可用于分析技术进步对之前介绍过的FSS商业投资影响。这里考虑的技术项目［在轨离子推进和砷化镓（GaAs）太阳能电池］具有减小整星质量而不改变整体性能的特性。卫星可以设计得更轻，从而降低运载费用（当运载收费与质量成正比时，或者更小的运载火箭就能满足需求时），导致预期的ROI增加，而风险几乎没有变化。另一方面，质量可以以多种方式增加回原来的水平，每种都可以改变卫星属性，例如在轨推进系统寿命、活动转发器的数量、备用转发器的数量等。图4-9中假设性地表示出了这一影响，

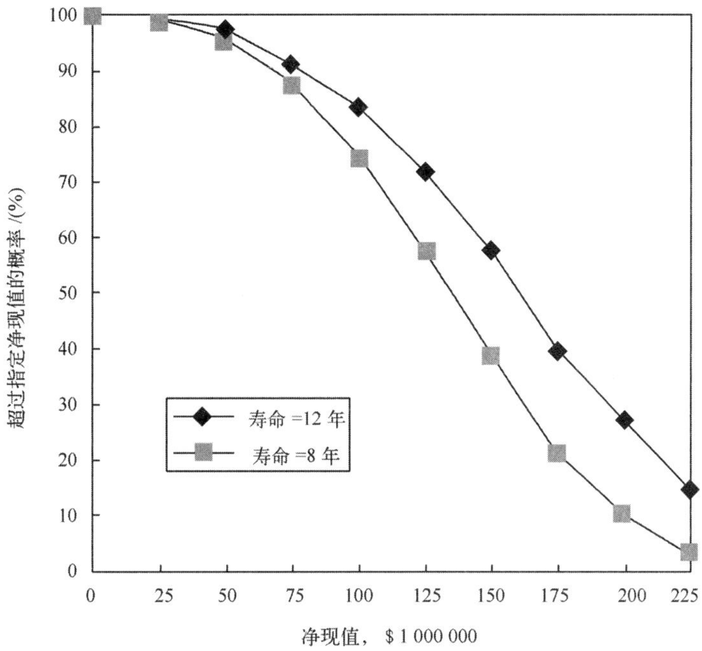

图4-8　在轨推进系统寿命影响的典型FSS商业投资风险分布图

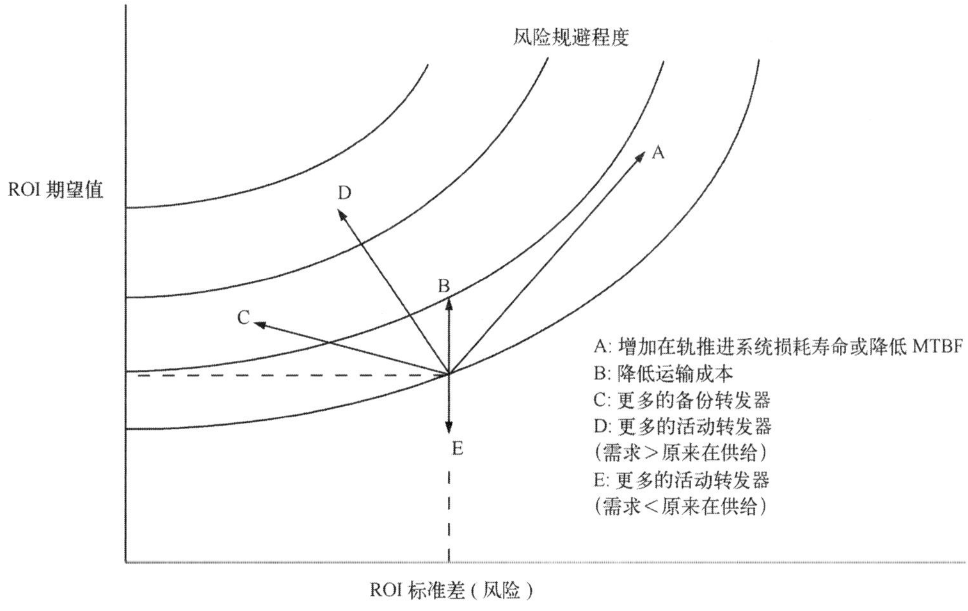

图4-9　科技项目最佳减重利用评估

其中由可能的卫星配置变化(即由新技术引入带来的质量降低)导致的财务影响(相对于基本案例)是通过期望 ROI 来体现的，风险是通过 ROI 的标准差来描述的。例如，如果为了延长卫星损耗寿命，降低平均故障间隔时间，而引入推进剂充足的离子推进系统，那么预期 ROI 和风险都将大幅增加。

确定最佳质量之前需要先给出风险厌恶程度的偏好曲线。为了说明这一现象，图 4－9 给出了风险厌恶程度曲线，方案 D 提供了最好的减重利用方案，因此代表了当技术项目的成果应用于假定的商业场景时，该技术项目收益最大。当进行多个可选的科技项目比较时，必须将每种技术应用得到的最大收益情况进行比较。

为了评估和比对离子推进器技术和砷化镓太阳能电池技术的效果，FSS 卫星使用这两项技术进行了重新配置。这两项技术分别能够带来大约 90 kg 和 15 kg 的质量减轻。使用了离子推进器技术的卫星能够允许多配置 4 路活动转发器，并延长 2 年寿命。使用了砷化镓技术的卫星能够多配置 2 路转发器。这样，在设计卫星时，卫星的能力有所增强，而发射时的起飞质量几乎保持不变。商业场景的数据会根据新参数做出调整，包括新卫星非经常性和经常性成本、成本不确定性以及转发器数量和在轨寿命。得到的结果总结起来如图 4－10 所示。图中显示了基础案例、成功应用了离子推进技术的案例以及成功应用了砷化镓太阳能电池阵技术的案例的风险分布。这两个项目均有可能为 FSS 业务节约大量成本，但带来的整体风险变化并不大。(两种技术对风险的影响有一个小区别：砷化镓太阳能电池阵技术能够小幅度降低项目风险，而离子推进技术并不行。)

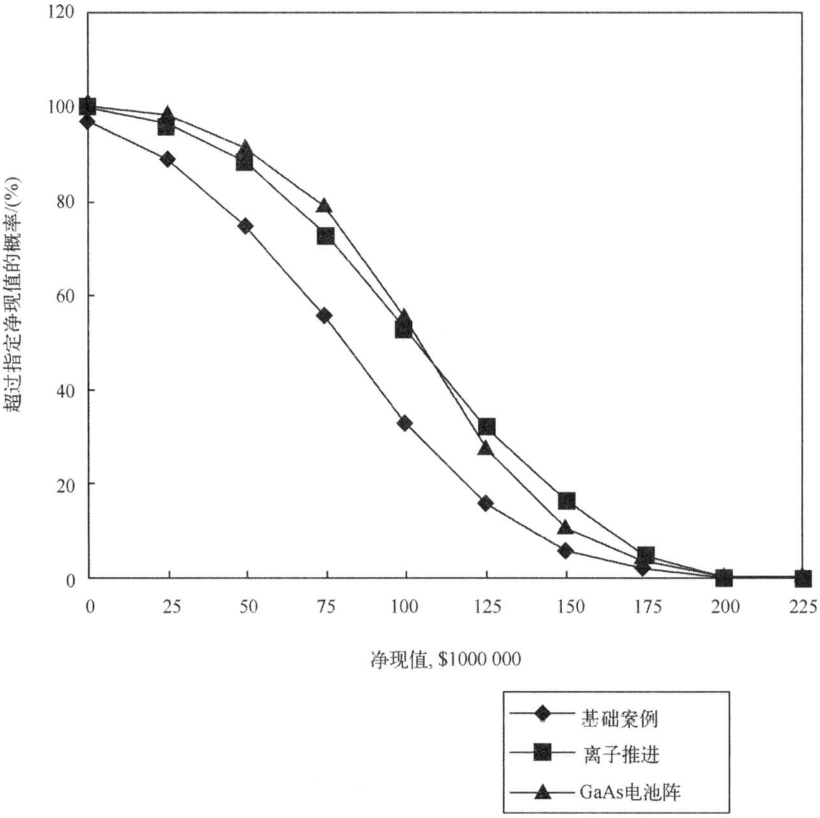

图 4－10　使用新技术的影响(以净现值计算的典型影响)

总而言之，在分析和评估新技术对通信卫星的设计影响及对卫星业务的财务业绩影响等方面，DOMSAT模型已经得到了广泛应用。该模型能够让人们在编制通信卫星业务的财务业绩报告时，考虑到运载火箭、卫星特性和通信服务需求的影响。通过明确、定量地考虑不确定性和不可靠性，我们能够给出风险分布数据，继而反映出财务业绩超出不同水平的可能性。这样，我们就可以从期望和风险(通过业绩标准差进行测量)角度对不同备选方案进行比较。

4.2 选择运载火箭(商业任务)

4.2.1 概述

为一个特定任务选择运载火箭的过程是非常复杂的，因为火箭的许多属性都将影响财务决策变量[17]。运载火箭属性包括价格、付款时间表、可靠性、运载能力、最终入轨精度、保险费率、调度(包括可能的延迟)和其他因素。这些因素直接或间接影响财务决策变量，如利润、投资回收期、投资回报率和风险(财务业绩评价手段的已知变化)。

4.1节中描述的DOMSAT通信卫星财务规划仿真模型包括了发射和在轨运行的模型。当使用不同的发射服务时，发射属性的数据包也不相同，该模型就是用来评估这种情况下的通信卫星业务的财务业绩的。这些属性能够影响财务业绩，因此不同发射服务对项目的价值可用财务手段进行评估。财务业绩评价指标包括：现金流净现值、投资回报率及风险，其中风险可用财务业绩各评价指标的标准差来定量描述。通过这种方法，DOMSAT模型将发射服务的各种属性转换为财务业绩评价指标。其结果就是，运载火箭具有的多个属性可以转化为一组财务业绩指标，用期望值和标准差(m, σ)表示。此后，我们可以基于运载火箭财务数据显示的期望值和风险来进行权衡。

比较运载火箭方案的方法论将在下述篇章中具体描述，然后还会给出几个例子。

鉴于政府的各种行为，例如对科技项目的投资、采购政策以及监管行为，会对发射服务的属性有所影响，而且政府行为一般是为增强竞争而实施的(如影响工业投资或运载火箭选型决策)，因此该方法论还会进行预测性分析。如下还将描述空间运输服务用户决策数据库，该数据库能够将可能的各种决策(即选择不同的运载火箭)与财务业绩指标(尤其是相对期望投资回报率和相对风险)关联起来。把DOMSAT模型和数据库结合起来使用(用于制定财务绩效指标)，就可以分析出在竞争环境下选择不同火箭的几率。这里得出的几率和火箭的市场份额数据相当。这样我们就得到了一种既能分析政府行为对用户选择的影响，也能分析对运载火箭市场份额的影响的方法。(这些也在2.6节和2.8节进行了讨论。)

4.2.2 方法论

在考虑使用不同的运载火箭将通信卫星送入地球静止轨道的前提下，为通信卫星创建商业计划，能够确定出不同运载火箭方案的选择在财务上的影响。具体实现方法是：先指定详细的商业数据、通信卫星相关参数、发射服务参数，然后再进行较长时间的运行仿真。DOMSAT通信卫星业务企业财务规划模型就是用来模拟商业运作、卫星发射以及在轨运行的。

DOMSAT 模型在指定了运载火箭/服务的一组参数（即价格、可靠性、保险费率、关机时间、有效载荷运送计划，以及预期卫星在轨寿命）后能够仿真出通信卫星的业务状况。DOMSAT 模型有关的其他信息可参考本节附录。这样就可以确定各种财务业绩指标，包括预期现金流量的净现值（NPV），而且可以考虑不确定性（例如，卫星的经常性和非经常性成本）。由于决策者对运载火箭参数值的理解可能不同，而且某些参数（如价格和保险费率）可以协商确定，因此通过按时间顺序一次改变一个相关的运载火箭参数，可以确定 NPV 和这些变化参数间的函数关系。这实质上给出了参数的灵敏度系数，在参数的潜在变化范围上，灵敏度系数并不一定是常数。图 4－11 给出了由卫星寿命（即，位保子系统的损耗寿命）变化导致 NPV 变化的关系图，其中 x 轴和 y 轴的交点表示衡量所有变化的基础案例。图 4－11 的结果描述了一颗位保子系统具有 14 年预期寿命的卫星。

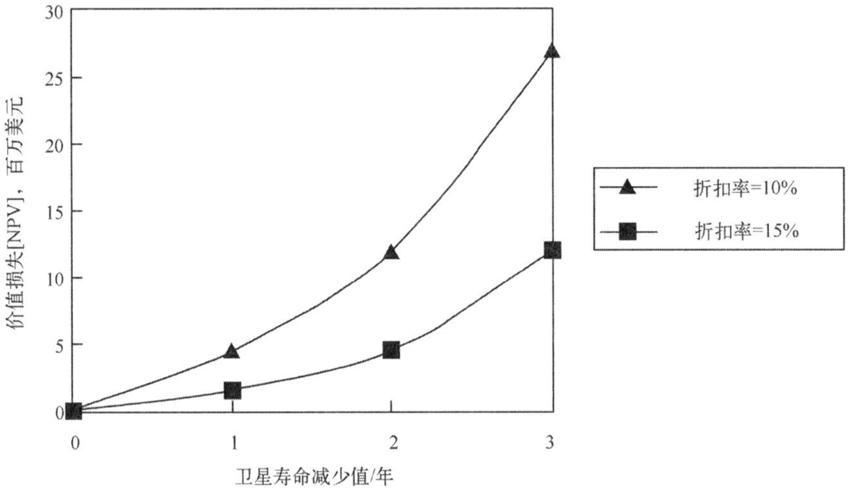

图 4－11　卫星寿命变化对 NPV 的灵敏度影响（商业数据来自长征火箭发射的 Intelsat Ⅵ A 类卫星）

为了进一步考虑卫星寿命的价值，需要进行简短的分析。卫星寿命减少造成的价值损失取决于未来转发器的需求以及下一代卫星的能力和可用性。图 4－11 的结果基于以下场景：一颗具有 24 个 C 波段和 14 个 Ku 波段转发器的卫星，需求每年增加 7%，如果发生故障需要替换，使用的是能力相近的卫星。如果第二代卫星具有 24 个 C 波段和 28 个 Ku 波段转发器的能力，那么当需求超过了原卫星的能力时，可以产生额外的收入。使用较短寿命卫星（即 12 年）的同时，在不同的时间点在线购买下一代卫星，这一组合策略的转发器需求和内部收益率曲线如图 4－12 所示。结果表明，在需求增长率相对低（即 7%）以及贴现率比较高的情况下（即 15%），卫星寿命减少会造成价值损失。另一方面，高一些的增长率（即 10%）加上较低的贴现率（即 10%），卫星寿命减少将导致潜在价值大量增加。所以结论是，卫星寿命减少（由运载火箭运载能力降低引起的）不一定是不利的，这取决于预期需求和所需的回报率。

当我们已经给出了每个发射服务参数的灵敏度系数时，就可以得到 NPV 的预期变化，ΔNPV。它反映了各种参数可能变化的综合效应，（这只是一个近似，因为它假定所有高阶导数都是可忽略的，在每个发射服务参数的变化中都应该使用期望值）可以表示为

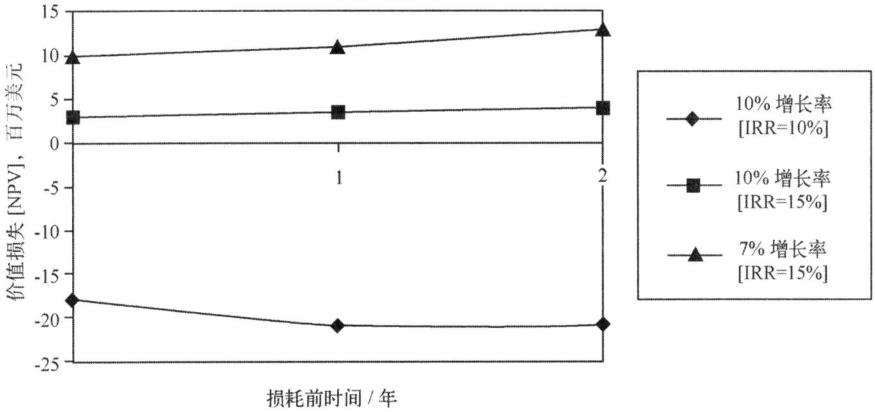

图4－12　引进能力更强的新一代卫星的影响(使用12年寿命卫星造成的价值损失)

$$\Delta \mathrm{NPV} = \sum_{i=1}^{N} K_i(\Delta A_i) * \Delta A_i$$

式中　ΔA_i——第 i 个参数的期望数值变化；

$K_i(\Delta A_i)$——第 i 个参数的灵敏度系数，它可以是参数变化的函数；

N——考虑的参数总数。

使用不同的运载火箭时，通信卫星业务 ΔNPV 就可以这样计算出来了。同时在商业场景中使用的运载服务与另一种运载服务的相对值也可以给出了

$$V = (\Delta \mathrm{NPV})_x - (\Delta \mathrm{NPV})_y + (\mathrm{NPV})_x - (\mathrm{NPV})_y$$

其中，V 代表发射服务 x 和发射服务 y 相对差值，$(\Delta \mathrm{NPV})_j$ 代表第 j 个发射服务相对于使用标称参数基础案例$(\mathrm{NPV})_y$ 的净现值差值。这样，先指定每个发射服务的参数典型数值，然后就可以给出其和标称值的差值，该差值能够表示每种发射服务对总值的影响。下面的篇章中将对此进行详细描述，并会给出一些典型的结果。

需要说明的是，商业场景是源自具体卫星配置，包含卫星经常性和非经常性成本、转发器数量及其可靠性特性、提供的服务类型、转发器的需求和定价，以及其他卫星和商业描述性数据(更多详细信息见4.1节中使用 DOMSAT 模型分析不同发射服务商业场景的内容)。此外，还需要商业业务中的卫星数量、预期发射日期等。

每个运载火箭/服务都需要明确其成功地将通信卫星发射进地球同步轨道的可靠性或概率、每次发射的运输成本或定价以及成本均摊。此外，可能由各种类型的故障导致的延迟需要用概率分布的形式分别给出，预期的计划调整导致的延迟以及保险费率也需要明确。运载火箭载荷运输能力的影响、有效载荷的最终入轨精度影响可以通过卫星位保子系统的使用寿命间接得到。

4.2.3　运载火箭的选择

如上所述，DOMSAT 模型可以用于通信卫星业务的财务评估。分析结果包括税后利润、现金流、投资回报率，以及现金流 NPV 等定量数值。每项结果都给出了期望和风险，其中风险是通过财务指标的标准差体现的。这些数值考虑了运载火箭可靠性，卫星子系统可靠性，计划不确定性，成本不确定性，以及各因素之间的相互关系。

如果使用各种运载火箭的相关参数进行财务分析，得到的是业务现金流的净现值的期望和标准差。如果从各种备选的运载火箭方案中得到的风险数据具有可比性，那么最合适的选择就应该是现金流 NPV 最大的那个。当 NPV 的期望具有可比性时，最合适的选择就应该是风险最小的那个。当 NPV 期望和风险等级不具可比性时，例如某种运载火箭的 NPV 更高，但是风险水平也更高，这样就比较难抉择。这种情况下，对风险规避的偏好就将或明或暗地影响最终选择。

另外，如之前所述，可以使用 DOMSAT 模型给出各种可选火箭的灵敏度系数和节省的净现值。我们将给出一个类 Inmarsat 的卫星配置例子(虽然是假想的，但与实际情况很接近)，以此证明这种分析是可以通过 DOMSAT 实现的。表 4 - 1 中给出了宇宙神火箭和质子号火箭的一些参数的标称值(使用质子火箭官方指导价的原因在下面段落中将得到体现)。我们可以给出灵敏度系数、付款计划和发射延迟的数据。

表 4 - 1　宇宙神和质子号发射服务的标称值

属性	运载火箭	
	宇宙神	质子
价格/百万美元	62.5	35.0
可靠性(%)	93.0	96.0
保险费率(%)	17.0	20.0
预期卫星在轨寿命/年	12.0	13.0

通过改变运载火箭不同的参数，然后进行商业仿真分析，可以得到灵敏度系数(灵敏度分析中一次只能改变一个参数)。结果如图 4 - 13 所示。结合表 4 - 1 中的数据、卫星配置数据以及通用商业场景数据，最终可以得到 2 870 万美元的 NPV 期望值差异或节省值。图 4 - 13 也给出了两种火箭相比时的期望 NPV 节省值公式(例子中将宇宙神火箭和质子号火箭进行了对比，分别用来发射这颗类 Inmarsat 卫星)。为了简单起见，只给出了表 4 - 1 中相关变量的灵敏度系数。这一分析过程表明，不论是真实还是假想的场景，该商业框架均可用来分析不同运载火箭的相对差异，以及不同火箭参数组合的 NPV 数据。

		有效范围
质子 =	−0.75*[价格(百万$) −35.0]	25.0到60.0
	+2.80*[可靠性(%) −96.0]	85.0到99.0
	1.00*[保险费率(%) −20.0]	15.0到22.0
	+K1*9.1*[卫星在轨寿命(年) −13.0]	当10.0≤寿命≤13.5时，K1=1
	+[1−K1]*[0.2*卫星在轨寿命(年)+1.9]	当13.5<寿命≤16.0时，K1=0
质子 =	−1.01*[价格(百万$) −62.5]	50.0到75.0
	+2.00*[可靠性(%) −93.0]	85.0到99.0
	1.33*[保险费率(%) −17.0]	15.0到22.0
	+K2*13.32*[卫星在轨寿命(年) −12.0]	当10.0≤寿命≤12.9时，K2=1
	+[1−K2]*[0.88*卫星在轨寿命(年)]	当12.9<寿命≤16.0时，K2=0

节省NPV[$]=28.69+质子−宇宙神

图 4 - 13　质子相对宇宙神 NPV 函数关系和灵敏度系数(类 Inmarsat 任务)

图 4 – 14 用作图的形式给出了两个不同任务使用不同火箭时的灵敏度系数。

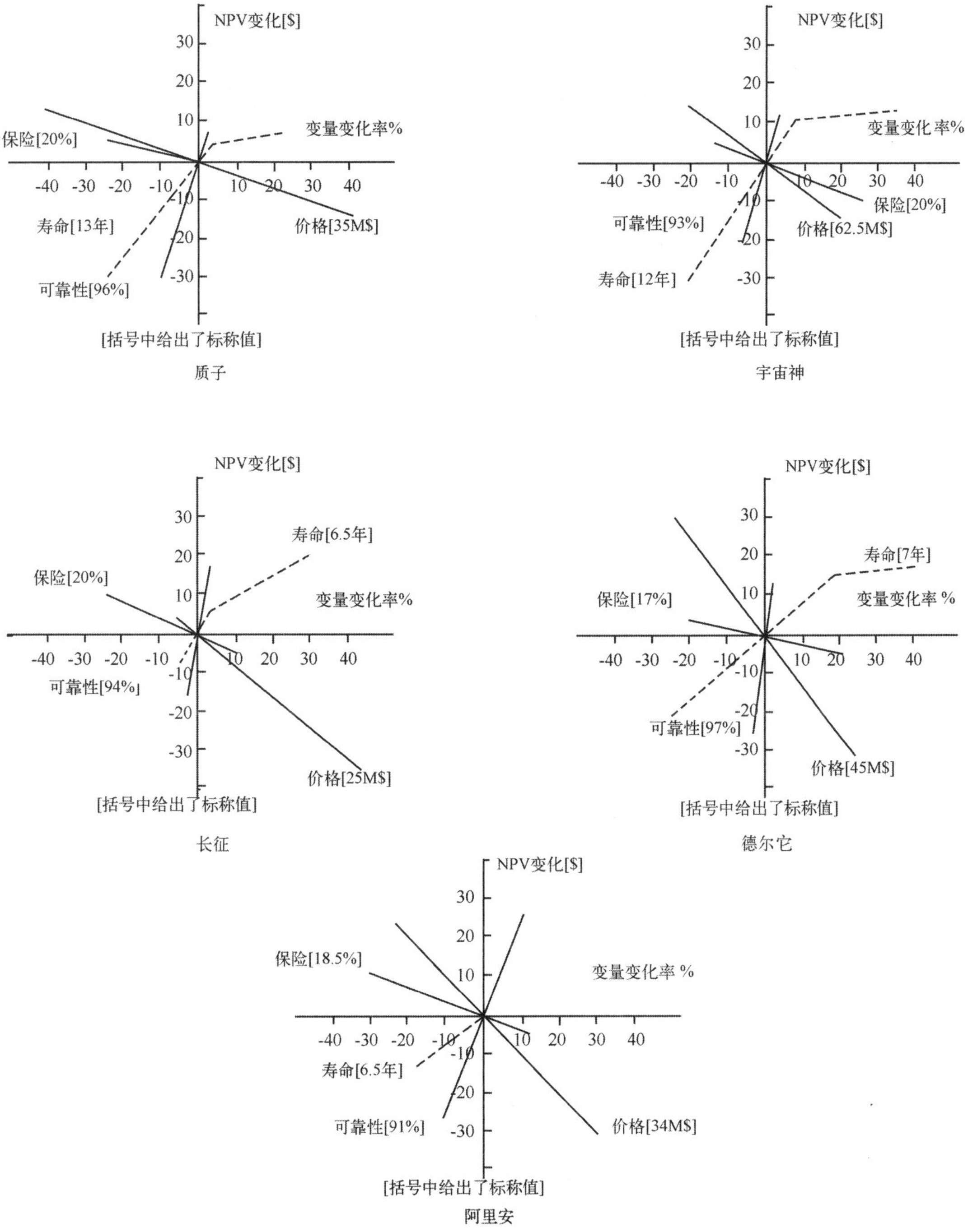

图 4 – 14　NPV 灵敏度系数(Inmarsat 和 Arabsat 类型的任务)

为了简化计算问题，灵敏度计算结果被放到了一个电子表格框架中，如图 4 – 15 所示。除非“待使用”栏中有非零的数据，否则计算中均使用标称值。这样，质子火箭的标称值 3 500 万美元就被替代成了 6 230 万美元，这个 6 230 万美元的价格是“使用价值”(使用价值的含义是用户认为选择 A \ B 两方案皆可的 B 方案的发射服务价格，换言之，它是补偿了所有其他参数差异后的价格)，因为它产生的相对 NPV 为零。图 4 - 15 还展示了更改质子火箭付款计划所产生的影响(付款计划规定了发射前两年，前一年以及发射当年付款的百分比)。这样可以看到，更改预定的付款计划可以帮用户将价值提升 230 万美元。

Inmarsat 3 任务中使用质子和宇宙神的对比

标称付款计划：

质子相对宇宙神的NPV=28.69^{2}−28.7−0.00

质子相对宇宙神的NPV=0.00

火箭参数	质子 标称	质子 待使用	宇宙神 标称	宇宙神 待使用	NPV变化 质子	NPV变化 宇宙神
价格[M$]	[35.0]	[62.3]	[62.5]	[ ]	-28.7	0.0
付款计划	[2]	[2]	[2]	[2]	0.0	0.0
可靠性[%]	[96.0]	[ ]	[93.0]	[ ]	0.0	0.0
保险费率[%]	[20.0]	[ ]	[17.0]	[ ]	0.0	0.0
发射延迟[年]	[0.25]	[ ]	[0.25]	[ ]	0.0	0.0
卫星在轨寿命	[13.0]	[ ]	[12.0]	[ ]	0.0	0.0
其他成本项[M$]						
发射支持		[0.0]		[0.0]	0.0	0.0
转运/海运		[0.0]		[0.0]	0.0	0.0
载荷集成						
首次发射		[0.0]		[0.0]	0.0	0.0
其他发射		[0.0]		[0.0]	0.0	0.0
近地点助推发动机		[0.0]		[0.0]	0.0	0.0
政治风险保险费率[%]		[0.0]		[0.0]	0.0	0.0

可选付款计划：

质子相对宇宙神的NPV=28.69−28.7−0.00

质子相对宇宙神的NPV=2.305

火箭参数	质子 标称	质子 待使用	宇宙神 标称	宇宙神 待使用	NPV变化 质子	NPV变化 宇宙神
价格[M$]	[35.0]	[62.3]	[62.5]	[ ]	-28.7	0.0
付款计划	[2]	[5]	[2]	[2]	2.3	0.0
可靠性[%]	[96.0]	[ ]	[93.0]	[ ]	0.0	0.0
保险费率[%]	[20.0]	[ ]	[17.0]	[ ]	0.0	0.0
发射延迟[年]	[0.25]	[ ]	[0.25]	[ ]	0.0	0.0
卫星在轨寿命	[13.0]	[ ]	[12.0]	[ ]	0.0	0.0
其他成本项[M$]						
发射支持		[0.0]		[0.0]	0.0	0.0
转运/海运		[0.0]		[0.0]	0.0	0.0
载荷集成						
首次发射		[0.0]		[0.0]	0.0	0.0
其他发射		[0.0]		[0.0]	0.0	0.0
近地点助推发动机		[0.0]		[0.0]	0.0	0.0
政治风险保险费率[%]		[0.0]		[0.0]	0.0	0.0

改变质子的付款计划：

从：20%　30%　50%　　[2]

到：0%　0%　100%　　[5]

用户价值有230万美元

图 4 - 15　灵敏度模型的电子表格(展示了付款计划对相对价值的影响)

该结果由使用标称值的 DOMSAT 分析给出

为了进一步说明使用价值的概念，现举例说明：如果认为质子可靠性小于标称值，那么质子的使用价值应该降低。类似地，如果使用质子导致卫星的寿命缩短，那么它的使用价值也应该减少。换句话说，如果用户不更换运载火箭，只要火箭提供的服务下降了，相应的价格也应该下调。

通过使用嵌入灵敏度系数的电子表格，用户可以比较和评估收到的各种发射服务的投标，同时加深用户对具体参数以及参数变化的理解。

4.2.4 政府对用户选择的影响

政府政策(例如制定保险要求，要求商业发射优先选择政府机构的火箭，制定限制发射和定价的国际协议)和各种行为(例如投资运载火箭技术研究)会通过改变用户对发射服务参数的理解，从而影响用户的选择。如之前所述，这些因素也将影响财务数据，最终可能使用户改变选择。

因为市场份额的变化反映了用户理解的变化，因此为了分析运载火箭可能的市场份额以及政府政策对市场份额的影响，需要进行一种稍微不同的分析。要完成这一工作需要：1)给出一种基于运载火箭参数的，能够计算通信卫星商业投资财务业绩指标的方法。2)对基于财务业绩指标的决策方向的理解。前者已经在之前介绍过，可以通过使用DOMSAT模型给出期望NPV、投资回报率及风险指标，其中风险指标是以NPV和投资回报率的标准差方式描述的。后者将在下述篇章中论述。

为了更好地理解发射通信卫星的空间运输服务需求，需要理解财务业绩指标对方案决策的意义。基本问题可以陈述如下：假设已决定对通信卫星业务投入资源，现在有多个实现方案(即选择一个具体的航天运输服务，例如阿里安、宇宙神、长征、质子和德尔它)，根据对财务业绩指标的理解，每种方案被选择的几率有多大?

显然，在无风险的环境中，在所有其他因素相同的情况下，最佳选择将会是现金流NPV或者投资回报最大的方案。考虑风险之后，由于需要在对风险的认知和其他财务指标上进行权衡，问题变得复杂了一些。

为了加深对这些权衡的理解，对通信卫星商业领域的决策者(即金融界)进行了一次小范围的调查，这次调查(在本章的附录中，给出了该调查的指南，这也是我们在电话讨论后加上的)的目的是找出在ROI的期望不同、风险特性也不同的各种备选方案中，他们可能的抉择是什么(此次调查与参考文献[7]中的多数调查类似)。调查的成果是一组表示 x 方案相对于 y 方案的概率曲线。2.4节描述的决策调查关注的是独立投资决策的可能性，而通信卫星商业调查关注的是多种互斥的选项，即，要么选择运输服务A，要么选择B，选择了一个就须排除另外一个。

所得结果的一般形式如图4-16所示。曲线表示考虑了期望ROI m_x/m_y 和风险认知 σ_x/σ_y 的情况下，相对于 y 选择 x 的几率 $P_{x/y}$。这样如果给定一个商业场景，利用DOMSAT模型对两种不同运载火箭进行财务业绩指标评估，就可以得到相应的财务参数 m_x，m_y，σ_x，σ_y，把这些数据放到图4-16的曲线中就可以得出 x 被选中几率的估计值 $P_{x/y}$。

这样，对于代表市场细分的商业投资而言，选择不同火箭的可能性就能够确定出来了。如果考虑3种不同的火箭(a，b，c)，通过DOMSAT模型确定出的其财务指标数据分别为$\{m_a, \sigma_a\}$、$\{m_b, \sigma_b\}$、$\{m_c, \sigma_c\}$，对应的结果为 $p_{a/b}$、$p_{a/c}$等(如图4-16所示)，那么就可以确定出 a 火箭的市场份额 S_a 如下

$$S_a(\%) = 100[p_{a/b} + p_{a/c}]/[p_{a/b} + p_{a/c} + p_{b/a} + p_{b/c} + p_{c/a} + p_{c/b}]$$

政府政策和项目的影响可以用对运载火箭参数或商业参数的影响来评估，那么结果就是一个或者多个火箭的 m 和/或 σ 值发生了变化。举例来说，政府大量采购发射服务会通

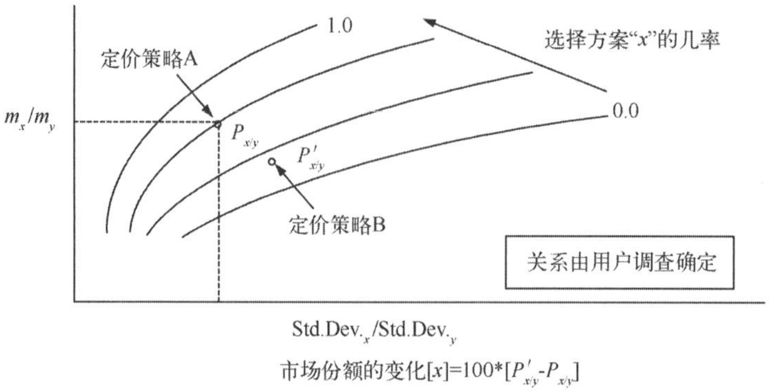

图 4－16　选择方案 x 几率(典型调查结果)：定价策略对市场份额的影响

过学习效应降低发射成本，这种影响会传递到商业用户身上，使他们能够得到更低的价格。更低的价格又会影响发射服务对用户的 m 和 σ 值，从而影响选择火箭的概率。其结果正如图 4－16 的那组曲线所展示的，最终影响市场份额。

这样，我们就开发了一种用来评估政府政策和项目对运载火箭市场份额造成可能影响的机制，这种机制用合理一致的分析方式，从用户认知的层面展开分析。

4.2.5　总结

很多人都关注发射服务，包括发射服务(例如通信卫星商业投资)客户，发射服务提供商及政府。大家的关注点也从商业相关问题到公平贸易问题各不相同，下面几个具体的问题需要重点强调：

1)假设决定开展卫星通信服务业务，在各种具有竞争力的发射服务中应该选择哪个?

2)政府的各种政策和行为会对用户决策产生什么影响?

为了回答这些问题以及其他相关问题，有必要对使用不同发射服务的通信卫星商业投资计划的财务业绩进行规划和评估。评估财务业绩时，需要使用一个不仅能模拟商务活动，还能模拟发射和在轨运行的仿真模型。这个过程还必须同时考虑各种发射服务参数，包括价格、可靠性、保险费率、可用性及其不确定性、计划及其不确定性，以及运载火箭性能对卫星寿命的影响等。通过财务分析，可以得到财务业绩评价指标，例如净现值和投资回报率(包括期望和标准差，后者是定量的风险参数)。这些指标可以回答上述问题。

在选择运载火箭时，应充分考虑不同火箭的风险以及风险规避偏好，基于用户的现金流净值或者投资回报率最大化的原则做出决策。

政府政策和项目的影响可以通过对运载火箭市场份额的影响看出。在确定运载火箭市场份额时，首先要对选择不同运载火箭的典型通信卫星商业投资方案进行分析，得到投资回报率和标准差。将这一数据与其他与发射选择相关的财务业绩指标结合起来，可以估计出发射服务的市场份额。这样，政府政策和项目的影响就可以通过市场份额受到的可能影响来进行评估。

4.2.6　附录：财务选择(调查指南)

假设你的公司决定发射一颗或多颗通信卫星，在这种情况下，你必须在两种运载火箭/服务中进行抉择。尽管对于一个给定系统可有很多的相关参数，但假设这些参数都被翻译成了财务业绩指标，例如表示投资回报率概率分布的直方图。该数值称为归一化投资回报，即投资回报除以资本成本。这个归一化后的数据用 *R* 表示。你的任务就是通过评估两个系统各自的 *R* 曲线选择更优的方案。

每条曲线的顶端，都绘制了一条虚线，表示预期(最可能)的归一化投资回报率。曲线的分布(宽度)表示相关风险。因此，如果曲线高并且窄，则表示一个相当肯定的选择，表示它几乎没有机会产生大的偏差，不论是比预期回报更好或更糟。另一方面，较短较宽的曲线，代表一个风险更大的选择，真实的 *R* 有更大的几率比预期多，也有更大的几率比预期少。

接下来展示的图片中，每一张都是投资回报的直方图，且都进行了归一化。每一幅都有一个标示有“A”的直方图，作为你的备选。后面列出了 5 幅其他图片，每个都标示为“B”。每个 B 图片都是 4 条曲线，你可以分别和 A 曲线进行对比。可以注意到，每个 B 图片 R 直方图的期望连续增大，其他特征都一致。A 曲线在每幅图中都以灰色表示，以方便进行比对。

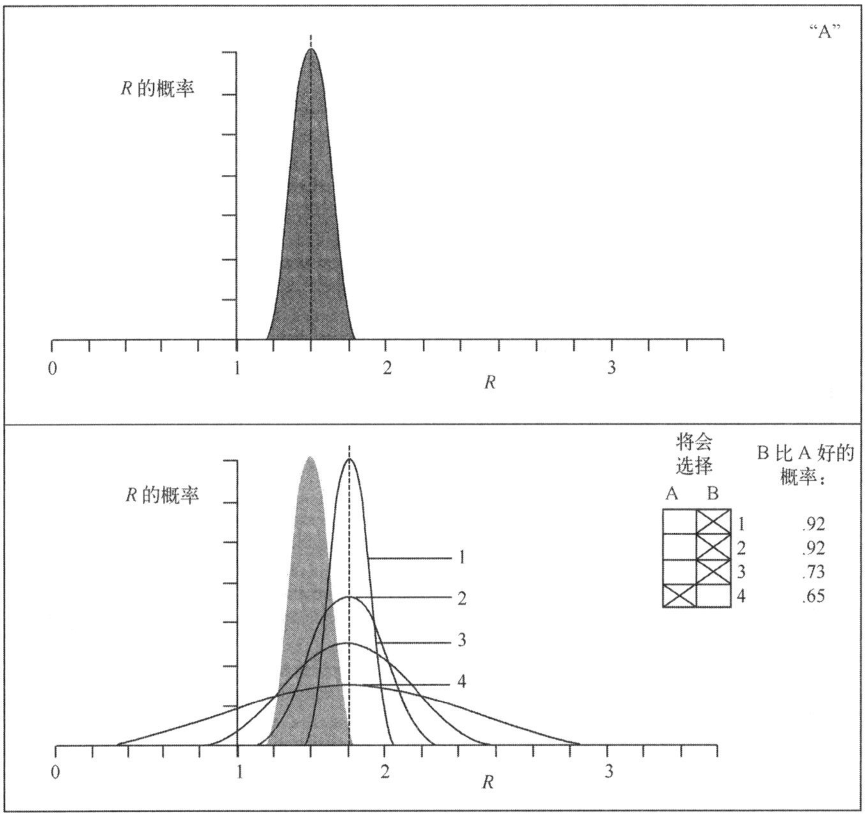

调查指南：选择在范例

水平轴代表 *R*。在标记为 1 的点，你的投资回报等于你的资本成本。在标记为 2 的点，你的投资回报是你的资本成本的两倍，以此类推。每个 tic 标记之间 *R* 的变化为 0.2。

每组图还有一个相关联的概率列表。这些表示特定的曲线 B 产生比曲线 A 更高的回报的几率。这是唯一一个由你决定的因素，但这不是唯一的评价标准。还有一些其他因素你可能希望考虑：

1）两条曲线期望值的相对差值是多少？

2）有没有哪个曲线超过了 1 这条线？也就是，有没有哪家公司在任何一个投资上都是亏损的？

对于 B 选项中的每张图片，请你或者你的公司根据 R 的信息选择 A 或 B，并在合适的位置上画 ×。需要对 5 个 B 选项（相对于 A）的 4 条曲线都进行选择。本附录给出了一个展示该过程的例子。请注意确保每行里只有一个 ×。（也就是说，A 和 B 选项是互斥的。）

4.3　在轨服务/维修（商业任务）

20 世纪 80 年代，NASA 进行了确定空间站通信产业可能用途的研发活动。福特航天公司（Ford Aerospace）为 NASA 路易斯研究中心进行了一项研究[18]，其中提出了空间站基础设施的一些使用方法，能够使其通过利用通信卫星节省当前实际成本和提升技术水平。初始结果表明[19]，对于可在太空进行维修修复的卫星故障来说，维修操作具有非常高的价值。详细结果总结如下：

1）通信卫星可维修成本可能相对较低，对于 20 世纪 90 年代典型的地球静止轨道通信卫星而言，该成本约占 1.3 亿美元总资本支出（包括保险和发射成本，但不包括使卫星更易维修的成本和卫星维修成本）的 1%。

2）基于历史数据，可维修故障概率（即卫星不能运行但完好无损）是所有发射的 8%。

3）维修操作成本主要包括运输成本和保险费用。将整个卫星送返地球维修的成本通常很高。在轨维修（如果可能）具有巨大的潜在经济价值。

4）估计维修费用如下：低地球轨道目标维修—修复—再发射方案的在轨维修需要 900 万美元，而目标返回地面维修需要 9 500 万美元。地球静止轨道目标维修—修复—再发射方案的在轨维修需要 8 500 万美元，而目标返回地面维修需要 1.49 亿美元。

上述“静态”分析的结论是，在轨维修的价值可能很高（即维修成本明显小于卫星的价值），而返回地面维修对于地球静止轨道卫星故障来说不具有成本优势，对于低轨道卫星故障来说还存在一定的可能性。因为失败概率（决定保险费率）、卫星成本、发射成本和修复任务成本之间有相互作用，且仅能通过概率模型进行分析，所以还需要对在轨修复问题进行更复杂的分析。例如，如果极少有卫星故障可修复，甚至没有故障可修复，那么卫星修复就没有价值。另一个极端情况是当运输成本非常高或非常低（这两种情况均有利于修复）时，则会允许在轨维修并降低发射成本，或降低更换成本。最后，因为不同的发射操作、故障和备份策略影响了卫星可用性及其所提供的服务，所以在进行方案比较时必须考虑卫星的可用性。为了实现这一点，需要使用概率模型或蒙特卡洛仿真模型。

由于上述研究已完成，因此空间站计划和实际能力也已相应缩减。已知目前没有计划准备利用空间站作为运输节点、在轨库存仓库或维修设施，也已知没有计划准备利用转移轨道上面级作为空间基础。但因为进入空间变得更容易了，相关技术和能力的进步能够实现更复杂的空间运行，有关入轨、使用天基运输节点、卫星在轨维修与修复的经济学问题可能会再次出现。下文将讨论一些开发出来的工具和技术，如果在对卫星在轨维修、卫星返回地面维修更换和卫星返回天基运输节点维修等方案进行比较时不需要特别详细的信息，那么这些工具和技术可能会非常合适。

为了评估未来卫星服务(即在卫星位置进行维修)和维修(即在运输节点进行维修)选项的范围，有必要在商业(私营部门)和政府任务范围内设置这些选项。应在 DOMSAT 等业务模型框架内考虑商业通信卫星和服务/维修选项，应在 SATCAV 等生命周期成本与可用性模型框架内考虑政府任务的服务/维修选项。4.1 节对这两个模型进行了简要讨论，参考文献中有更详细的介绍。其中并未讨论服务/维修选项(即为多个卫星运营商提供运输与相关服务/维修业务)的建模。这可能是非常可行又需要分析的选项，但仅能在考虑了单个卫星系统业务(即涉及更换和服务/维修的通信卫星业务)选项后才可能进行考虑。这项分析需要更复杂的思考，需要使用第 3 章 3.4 节的 DOMSAT/SATCAV 技术、定价与投资模型。

为了讨论和演示，以下内容仅限于考虑 GEO 通信卫星业务，用 DOMSAT 作为分析工具是很合适的。以下篇章中描述了许多已开发并纳入到 DOMSAT 模型中的运输场景，让我们在评估服务/维修选项时能够考虑运行、可靠性、成本等因素，并得到期望价值与风险指标，从而根据期望值和标准差来评判服务/维修选项的可能结果。

需要说明几个在讨论中使用的术语：OTV 是指能将所需系统元件从一个轨道运输到另一个轨道的通用轨道转移航天器；OMV 是指能够与空间设备对接的通用轨道机动航天器；空间站是指作为空间运输节点元素的通用空间资产。下图示意了可重复使用的运载火箭。如之前指出的，将适当可用性设置为 0，则重复使用系统的多个部件即可变为消耗性元素(用于分析目的)。

简要回顾一下，DOMSAT 财务模型是对多种情况进行仿真的蒙特卡洛模型，可以考虑多个任务阶段概率。模型输入如下：将任务分解为多个阶段，每个阶段都有成功概率与成本(包括成本不确定性)。保险相关数据需要考虑开支与利润(预期损失基于输入的每个运行和故障/恢复路径的成功概率)，所以需要将预期损失乘以一个系数(即 1.2)。

模型运行如下：选择一个任务模型(例如，初始发射三颗卫星，在空间站修复维修可修复的故障)。对每个方案进行一千次或更多次不同的仿真模拟。每个任务阶段是成功还是失败基于输入的每次运行的成功概率。每次得到的仿真结果是投资回报率(和其他财务指标)。所有仿真的平均回报率标准差是一种财务风险衡量指标。平均回报率(也称为预期内部回报率或 IRR)必须足够大才能满足任务需求。如果回报率标准差很高，则任务财务风险高；如果回报率标准差低，则任务财务风险低。

需要分析比较不同运输方案的各种不可修复和可修复情况。图 4 - 17 ~ 图 4 - 21 展示了使用了 DOMSAT 模型的典型运输方案，可用于分析服务/维修选项。对每种情况必须指定两种运输方案：一种用于初始有效载荷(P/L)入轨运行，另一种用于有效载荷维护(即服务/维修)运行。

假设运输系统由运载火箭(LV)和 OTV 组成，其中运载火箭包括 LVS1 和 LVS2 两级。实际上，这两个火箭级中还包含其他箭级，但从可靠性、成本和恢复角度来看其可作为集中的独立级。

运输方案 1 包括可重复使用运载火箭，或运载火箭和 OTV，或一次性火箭和 OTV，用

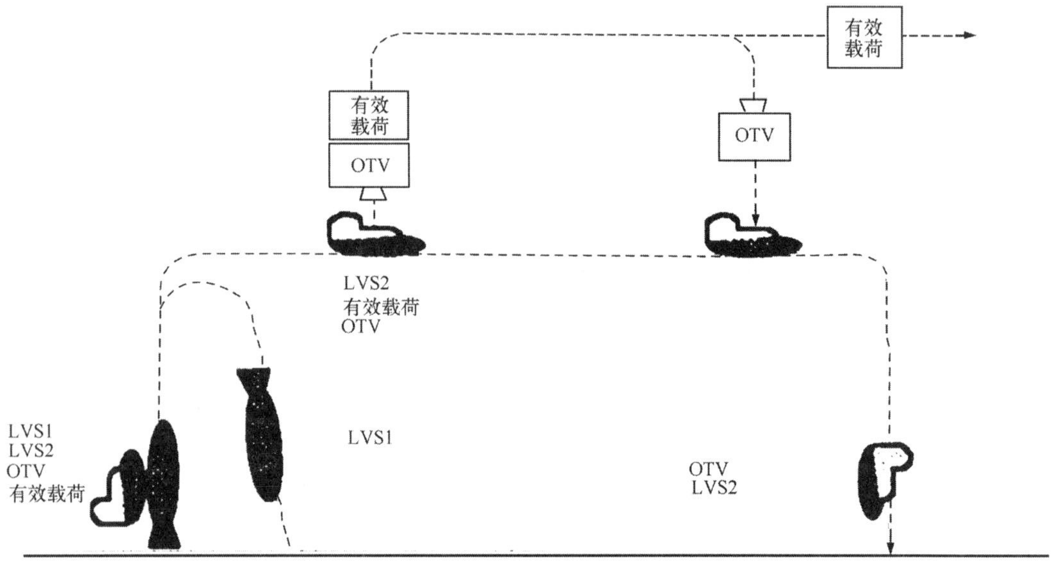

图 4－17　运输方案 1：使用地面设备直接入轨

于入轨初始有效载荷和/或更换失效载荷。(一级火箭 LVS1 可重复或一次性使用。)方案 1 可与方案 7 结合使用，用于入轨—返回—维修任务。如果考虑可重复使用运载火箭，那么当其返回地球后就可以对 OTV 和有效载荷在健康检查中出现的故障进行修正。

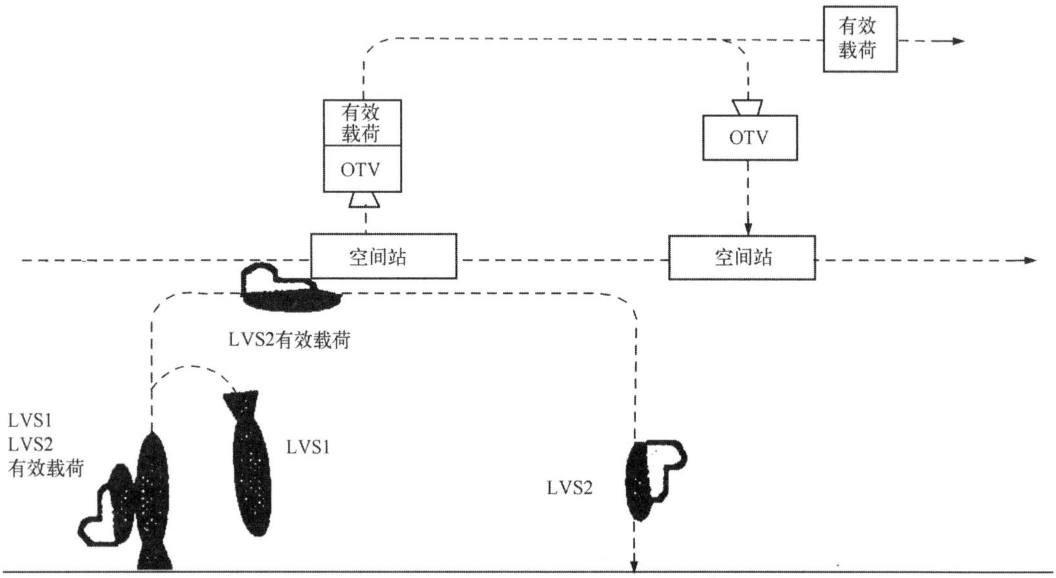

图 4－18　运输方案 5：使用天基设备直接入轨

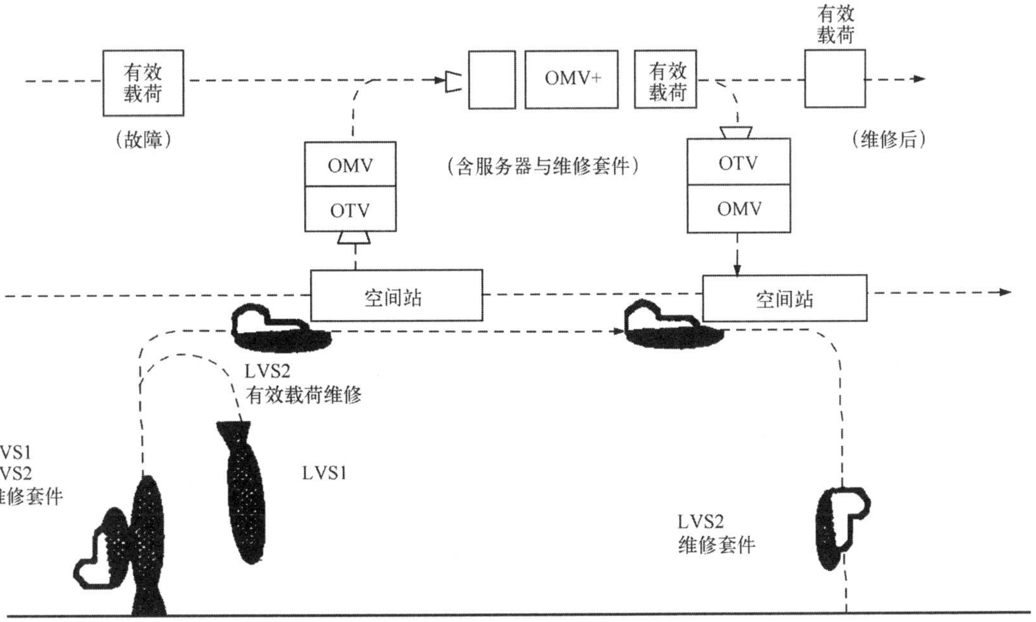

图4-19　运输方案7：使用天基设备在轨维修

运输方案5包括一个运送有效载荷至空间站的可重复使用或一次性运载火箭。以空间站为基础的OTV将有效载荷送入最终轨道。OTV可重复或一次性使用。有效载荷和OTV在健康检查中发生的故障可在空间站修正。

运输方案7包括一个可重复使用运载火箭，运载火箭和OTV，或一次性运载火箭和OTV，用于执行在轨有效载荷维修任务。OTV和OMV位于空间站中。OMV能与特殊配置有效载荷对接。如果有效载荷无法完成维修，则将通过方案1或方案5(按说明)完成替换。OTV测试故障可在空间站修正。维修套件可从地球运送至空间站，任务完成后维修套件返回地球。

运输方案8包括一个可重复使用OTV，用于捕获并向空间站送返故障有效载荷。随后，可重复使用运载火箭将故障有效载荷送返地球。OMV可与特殊配置的有效载荷对接。使用适当明确的方案执行更换任务(在送返故障有效载荷前)。OTV测试故障可在空间站修正。

运输方案9包括一个可重复使用运载火箭和OTV运输系统，系统用于运送有效载荷入轨，并可在同一次OTV飞行中送返故障有效载荷。有效载荷储存在空间站仓库中，且可在空间站中执行维修操作。初次飞行需要将有效载荷运送至空间站仓库。

为比较可选维修/服务方案，将这些方案和其他运输方案转化为一系列包含成功路径和相关故障恢复路径在内的节点和分支。每个节点是一组事件的决策点。从每个节点发出成功或故障路径分支。从一个分支或从另一个分支离开节点的概率取决于该节点所代表事件的成功(或失败)概率。故障恢复路径必须最后汇聚至任务完成路径，且库存需要适当恢复至任务前水平。例如，如果任务是入轨和修复卫星，修复卫星任务失败，那么就有必要购买一个新卫星使库存恢复至适当水平。我们将这些方案转换为了详细的逻辑流程，包括所

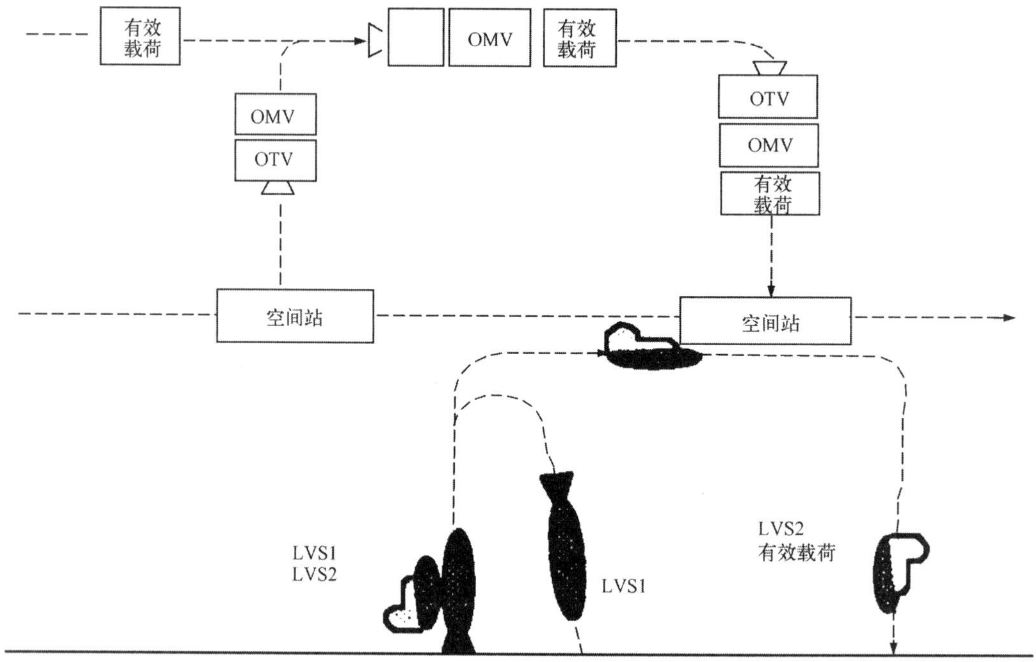

图 4－20　运输方案 8：使用天基设备送返地球维修

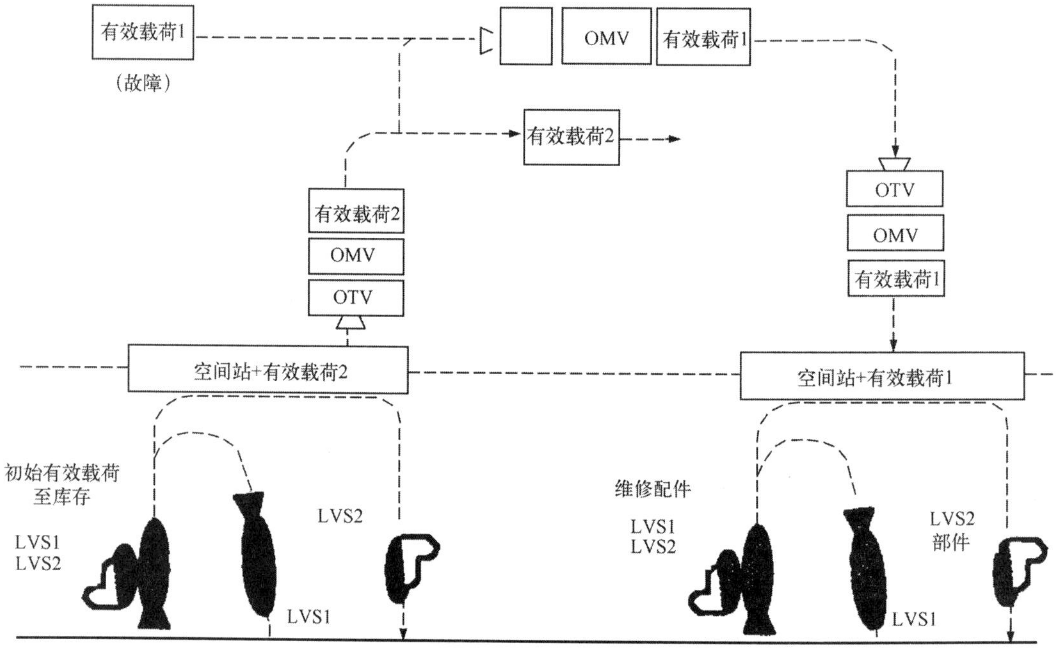

图 4－21　运输方案 9：使用天基设备入轨、返回空间站维修

有的费用产生事件和时间延迟。DOMSAT 模型框架包括了这些逻辑流程。因此，可在一个或多个通信卫星任务中进行分析，在可选服务/维修方案中建立任务和相关任务指标(例如，任务生命周期成本的净现值)，从而评估不同的服务/维修概念。

以下篇章将描述不同运输方案中 6 种不可修复案例与可修复案例的分析结果。内容总结如图 4-22 和图 4-23 所示。虽然没有给出具体定量结果，但是给出了一般趋势，并描述了鲁棒性。下面按字母顺序描述 6 种案例：

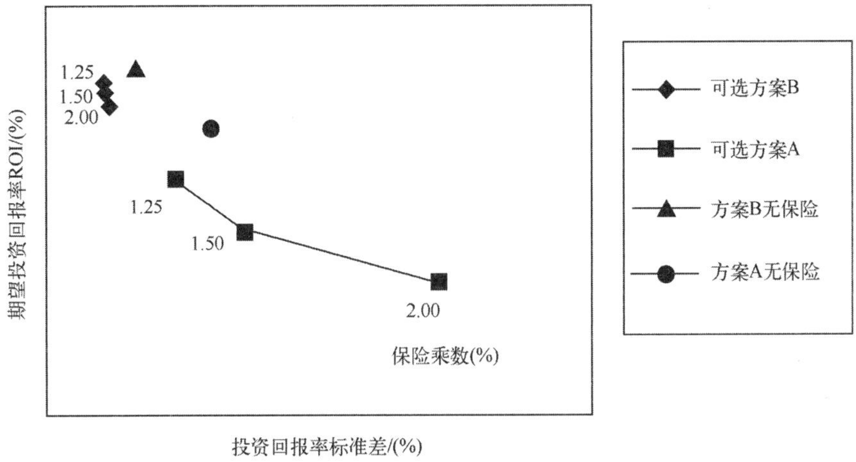

图 4-22　案例 A、B 的比较结果表明对保险率的敏感性

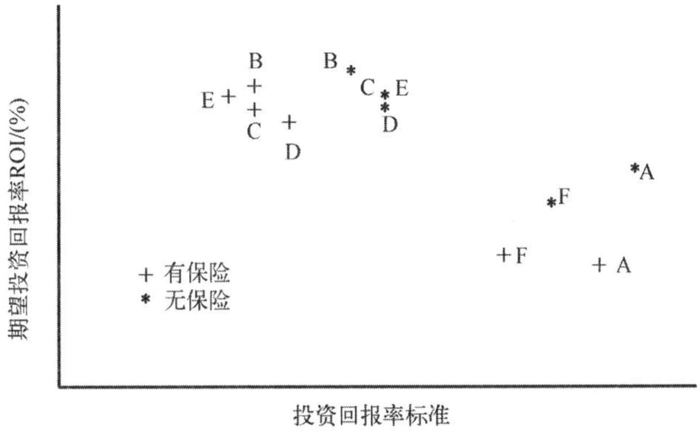

图 4-23　从期望投资回报率和风险角度比较服务/维修任务案例

A：使用运输方案 1 并适当地设计卫星，从地面直接发射卫星至 GEO。此种情况不使用空间站。

B：使用运输方案 5 并适当地设计卫星，从地面通过空间站发射卫星。

C：使用运输方案 5，将卫星通过空间站发送至 GEO。根据需要，使用方案 7 和 OTV 执行在轨维修任务。

D：使用运输方案 5，将卫星通过空间站发送至 GEO。使用运输方案 8，可通过 OTV 用新卫星更换故障卫星，使故障卫星返回地面维修。

E：使用运输方案 5，将卫星通过空间站发送至 GEO。使用运输方案 9，可通过 OTV 用新卫星更换故障卫星，使故障卫星在空间站维修并放入库存。

F：使用运输方案 1 直接将卫星从地面发射至 GEO。使用运输方案 7，可通过 OTV 进行在轨维修任务。

4.3.1 基础案例(A、B)

为准确评估经济效益差异，对所有“新”修复—维修案例与基础的不可修复案例进行比较。案例 A 为使用运输方案 1 将适当设计的卫星从地面“正常”发射至 GEO。该案例是与案例 F 比较的基础案例。案例 B 为使用运输方案 5 将适当设计的卫星从地面通过空间站发射至 GEO。该案例是与案例 C、D、E 比较的基础案例。比较结果表明，案例 B 不仅可实现更高预期的内部回报率，其内部回报率变化(标准差)也可能比案例 A 小很多。图 4 - 22 和图 4 - 23 总结展示了典型结果，每个可选方案(及敏感度)用内部回报率期望值—标准差表示。具体内容将在以下篇章具体讨论。

4.3.2 在轨维修

本部分考虑了 F、C 两个在轨维修案例。当卫星出现故障时，利用 OTV 将 OMV、服务器和维修套件运送至 GEO 进行在轨维修。[在所有情况下，必须考虑所有事项(例如，维修套件、卫星等)的非经常性成本和经常性成本。]维修套件是从地面运送至空间站的。因为不是所有失效卫星都可维修，所以“可修复性”参数(即故障卫星的可修复概率)可认为小于 1.0。当卫星失效且失效不可修复时，发射新卫星。因为收入流的连续性和现金流的及时性是重要的经济比较因素，所以必须要考虑适当的延迟。案例 F 和案例 C 分析结果显示，在轨维修没有明显优势。这是由于很少能成功在轨维修故障，同时在轨维修需要高可靠性，且在轨维修成本很高。随着技术变化，估计成本与可靠性会受到影响，这一结论可能会发生变化。现已开发了许多可利用的工具和方法，可根据需要重新检查服务/维修的经济性。

案例 F 采用运输方案 1，首次卫星部署中利用一次性火箭将设计的卫星发射入轨至 GEO。根据运输方案 7，OTV 用于在轨维修任务。其结果表明，案例 F 的内部回报率有轻微提高(相对于基础案例)，同时内部回报率标准差减小。但该差异似乎很小，不足以说明其与常规基础案例 A 之间的变化。然而，财务风险(内部回报率标准差)降低，可能导致偏向选择案例 F。

案例 C 包括利用运输方案 5 将卫星送入初始轨道，并通过空间站将适当设计的一颗卫星发射至 GEO。根据运输方案 7，OTV 用于在轨维修任务。在分析中使用的非维修决策因子为 90%，反映了 90%的在轨故障不可在轨维修，因此无维修任务发射。非维修决策因子值很高，部分原因是初始发射案例 5 在空间站进行了部署和检查，已经使得可修复问题最小化了。当比较案例 C 与案例 B 时，可以看出案例 C 的内部回报率略微下降，但财务风险(即内部回报率标准差)基本没有变化。但两者的内部回报率差异不足以改变对基础案例 B 的选择。未来技术变化可能会改变这一结论。

4.3.3 更换、修复、维修

本部分考虑 D、E 两个在轨更换—修复—维修案例。这两个案例使用基于空间站的

OTV。新卫星被运送至空间站，并通过天基 OTV 在 GEO 入轨。当卫星出现故障时，将空间站库存中的备用卫星入轨至 GEO，并将故障卫星通过 OTV 送回空间站。同样，投资回报率或财务风险并无明显变化，也没有足够理由强制启动修复、维修和再发射方案。

案例 D 通过空间站将故障卫星送返地球（利用运输方案 8）进行维修，随后返回库存。因为在地面进行维修，所以可认为卫星的不可修复性低(5%)，可修复性高(95%)。

案例 E 利用运输方案 9 在空间站维修失效卫星。随后将维修后的卫星放置于空间站库存中。卫星在空间站上不可维修的概率为 30%（明显高于地面的不可维修概率 5%）。当故障卫星不可维修时，利用空间站和 OTV 将新卫星送入轨道。因为在空间站上维修卫星，因此可认为其维修可靠性略低于 60%。

4.3.4　总结与结论

为了得到能够改善空间总体运行业务的理想方案，需要考虑大量服务/维修方案，以便做出明智决策，这也反映了建模与分析的必要性。正如本书不断强调的，必须利用期望值和风险信息进行决策。我们使用了包括一系列运输方案的 DOMSAT 模型，评估不同服务/维修方案中的典型 GEO 通信卫星商业投资。该商业投资经济价值的变化取决于提供多种服务/维修能力时，可负担的最大投资。图 4-22 和图 4-23 展示了所得结果的一般形式。图 4-22 仅比较了案例 A 与案例 B，说明了可开展的敏感度分析类型。图中所示的敏感度与保险费用有关，保险因数指保险费率，保险费用等于预期损失乘以该因数。（例如，因数 1.25 表示，保险费用为 1.25 乘以预期损失。如果发射可靠性为 0.9，总损失为 1 亿美元，那么保险费用为 1 250 万美元。）同时，是否购买保险的影响也有说明。

图 4-23 将六个案例的不购买保险（即自我保险）与购买保险差异情况进行了对比。因为具体结果对假设具有敏感性，所以图 4-23 只展示一般趋势，故意省略了图表比例细节。

至此，已可得到几个初步结论。但随着技术变化，特别是运输成本、遥控与运输服务及卫星可靠性的变化，有必要进行继续分析。

使用天基设备是第一个主题。结果表明，在太空建立运输节点（即空间站）发射商业通信卫星有明显的经济价值。不仅能提高投资回报率，还能降低财务风险（通过使用案例 B 空间站发射方案，而不是案例 A 将卫星直接发送至 GEO 的方案）。财务风险降低是因为，假设与常规发射相比，空间站与 OTV 的运行可靠性更高。

在轨维修是 GEO 通信卫星的维修方案，对已分析的卫星方案几乎没有经济价值。这可能因为很少有故障案例能成功在轨维修，同时在轨维修又需要高可靠性，且在轨维修成本也很高。其关注点是 GEO 通信卫星，其他类型的卫星有不同结论（见本章 4.11 节）。

修复、维修、更换是第三个主题。地面维修和空间站维修方案对通信卫星来说几乎没有经济价值，其原因是仅有几种可维修的故障以及空间运输的高成本。此外，我们必须认识到，有些特殊任务案例可能会从修复、维修和再发射操作中获益。

在空间站方案中，**保险**可通过略微降低投资回报而降低风险。对于可靠性较低的无空间站方案，无论是否投保，风险都相对较高——保险产生的主要影响是降低投资回报。保险费率对空间站方案的投资回报影响不大。保险费率对无空间站方案的财务风险影响很大，保险费率增加会导致其风险增加。

发射成本直接影响所有案例的投资回报。空间站方案对上面级(OTV)的成本更敏感，而无空间站方案则更易受到初始阶段发射成本的影响。无空间站方案风险对发射成本的变化非常敏感。

4.4 用户费用分析

联邦政府为航天工业提供了一系列服务，包括发射与相关服务，发射安全审查和发射活动许可。在某些情况下，不需要补偿上述服务的政府支出费用。对某些企业，这些非补偿费用可认为是补贴。对于其他一些企业，这些非补偿费用有利于提升它们在与国外政府资助的航天工业竞争中的地位。以下篇章将讨论政府提供服务的政府全成本回收问题。发射费用的全成本回收(对于使用政府设施的商业发射)将作为代表案例进行讨论。

美国国防部(DoD)和美国空军，拥有并运营着大部分空间发射基础设施。《商业空间发射法》规定使用国防部设施的商业用户可对国防部进行补偿，但仅限于设备使用的增量成本。在大多数情况下，国防部不能收回大部分发射设施的投资，运载火箭成本除外。《商业空间发射法》颁布时，商业发射已是总发射活动的一部分，但仅仅是一小部分，而基于增量成本的发射定价似乎也合理。但近年来，发射活动的占比已经发生了变化，商业发射成为总发射活动的很大一部分。在当前的环境下，基于增量成本的发射定价似乎不再合理，特别是当预算紧张，又需要更新发射基础设施以适应政府和商业用户需求时。

国防部正考虑修改对利用其基础设施的商业公司的发射定价策略。(目前，国防部确定的可回收成本包括直接成本和某些间接费用。)国防部的最终目标是实现成本的全面回收"……[**制定价格以使**]行业按照实际[**成本**]支付全部费用。什么是增量成本？我们不知道。初始数字或许是每次发射时额外增加的几个百分比。这在竞争力方面意味着什么？我们不知道……"[20]然而，为了实现这一目标，可预见的结论是发射价格将会上涨。理论上，完全回收成本是可行的，但可能实际情况并不是这样，因为国外空间运输供应商可能在不同程度上得到政府的支持。提供商业发射的政府范围服务定价和非政府(商业)发射场提供的服务定价之间可能也有关联。如果政府范围服务定价不足以实现全部成本回收，那么商业发射场服务定价很可能高于政府范围服务定价。这将增加重新考虑政府范围服务定价策略的比重。

因为美国商业空间运输公司正与国外空间运输供应商竞争，所以价格变化可能会影响美国发射公司的竞争地位。另一方面，不提高国防部提供服务的价格会直接影响国防部预算。不全部收回服务成本是一种补贴形式。而补贴带来的消极因素包括，促进低效系统发展，扭曲竞争环境，最终导致发射价格更高。然而，必须平衡国外竞争活动影响与国际贸易影响。但改变或保持定价策略将产生怎样的整体经济影响？

以下章节将描述一种方法，用于确定发射费用变化对美国运载火箭(空间运输服务)市场份额的可能影响，以及由此产生的美国就业创造和政府财政收入方面的经济影响。应用该方法可说明国防部发射服务价格与经济影响之间的一般关系。该方法没有试图展示一种定价策略相对另一种定价策略的优点，但试图展示价格变化在国际竞争中的影响。该讨论仅限于考虑通信卫星发射，而到目前为止其占据非政府发射市场的最大份额。此外，还进一步关注地球同步通信卫星市场领域。(缩小对 GEO 通信卫星的讨论并不意味着该方法对其他市场领域不适用；缩小范围是为了简化解释。）

4.4.1　发射费用变化影响

空间运输供应商（即发射运营商）之间的竞争已变得非常激烈，国内与国际发射运营商之间也有激烈的竞争。不同的发射运营商（例如，洛克希德－马丁公司、海上发射公司、阿里安空间公司）提供的服务具有多种能够影响用户选择的属性。这些属性包括价格、付款时间表、可靠性、有效载荷入轨精度、交付能力、保险和日程/可用性，可对用户财务业绩产生显著的影响，从而影响用户决策和市场份额。因此，政府范围费用结构变化能够影响美国发射运营商（政府范围服务的一部分）提供服务的各种属性，可能会导致用户选择国际竞争发射服务而影响美国发射市场份额。

因用户决策可能会受到财务业绩和市场份额变化的影响，以下篇章将首先描述用户决策。其次讨论制定财务业绩衡量标准，并以 DOMSAT 财务规划模型为基础，讨论由市场份额变化带来的可能经济影响。

(1)价格变化影响市场份额

为更好地了解通信卫星发射的空间运输服务需求特征（即市场份额），有必要了解财务业绩衡量标准对方案选择的影响。基本问题可描述为：鉴于已经做出决策向通信卫星业务投入资源，并有多项可选方案（即选择特定的空间运输发射服务，例如阿里安、宇宙神、长征、海上发射等），怎样根据财务业绩衡量标准差异选择不同的方案？

显然，在其他因素都相同的低风险环境中，需要选择现金流或投资回报净现值最大化的方案。考虑风险的因素后问题就会更加复杂，因为需要在风险和其他财务业绩指标之间进行权衡。

为了理解这些权衡过程，我们对通信卫星业务的决策者进行了小范围的调研。（参考文献[7]描述了类似调研。）该调研（2.4 节介绍了调研技术）要求在不同投资回报期望值和风险特征的方案之间做出可能的选择。此次小范围调研的结果给出了发射服务决策人的风险期望回报态度变化的规律，可用一组表示 x 方案相对于 y 方案的概率曲线来表示。图4－16 表示所得结果的一般形式。图中曲线表示根据投资回报期望值比率 m_x/m_y，感知风险比率 σ_x/σ_y，得出的 x 方案相对于 y 方案的概率 $p_{x/y}$。将风险看作投资回报的变化性，用投资回报概率分布的标准差 σ 表示。变量 m 表示概率分布的期望值。因此，如果首先定义了一种业务，然后利用财务仿真模型（例如 DOMSAT 模型）评估两种不同运载火箭的财务业绩指标，用服务和性能的属性描述每种运载火箭，则可以得到相关财务属性 m_x、m_y、σ_x、σ_y。将这些财务属性值对应输入图 4－16 中的曲线簇，就可以估计选择方案 x 的概率（$p_{x/y}$）。如果将国防部定价结构变化反映到发射服务价格变化上，那么可得到 m 与 σ 的值，这将导致选择特定发射服务的概率变化（即市场份额变化）。图 4－16 表示定价策略 A 的概率 $p_{x/y}$ 和定价策略 B 的概率 $p'_{x/y}$。策略 B 中方案 x 发射的成本要比策略 A 高。

因此，可为不同的通信卫星商业投资计划确定不同运载火箭的可能性。要完成这一工作，要对发射服务市场的多个具有代表性的典型商业投资进行分析，并将结果进行适当比例的缩放。如果使用 DOMSAT 等财务仿真模型确定三个不同的运载火箭（a，b，c）的值为 $\{m_a, \sigma_a\}$，$\{m_b, \sigma_b\}$，$\{m_c, \sigma_c\}$ 以及按照图 4－16 所得的 $p_{a/b}$、$p_{a/c}$ 等值，那么就可得到

运载火箭 a 的市场份额 S_a

$$S_a(\%) = 100 * [p_{a/b} + p_{a/c}]/[p_{a/b} + p_{a/c} + p_{b/a} + p_{b/c} + p_{c/a} + p_{c/b}]$$

政府政策和项目的效果可通过运载火箭属性或业务参数的变化来评估，从而得到一个或多个运载火箭 m 和/或 σ 值变化。这不仅受到国防部价格变化的影响，任何可能影响决策者对财务业绩(包括风险)的理解的行为都可能导致这一变化。例如，政府对发射服务的采购将通过学习效应降低成本，那么这一影响也会传递给商业用户，使他们能够得到更低的价格。较低的价格会影响发射服务用户的 m 和 σ 值，会影响用户选择该运载火箭的可能性。发射成功与否会改变用户对运载火箭可靠性的理解，也会影响包括风险在内的预计财务业绩。类似地，主租户协议将影响市场的不确定性和由此产生的商业风险(即 σ)，这也会导致市场份额变化，可通过图 4 - 16 的曲线簇来表示。

为了使用合理一致的分析方式评估政府政策和项目对运载火箭市场份额产生的可能影响，开发了一种评估机制。但很可惜，该评估机制尚未得到应用，所以在决策制定过程中，没有办法获取关键信息。

(2)制定财务业绩衡量标准(选择运载火箭)[21]

风险是重要的决策属性，所以有必要量化包括期望值和风险在内的财务业绩指标。为实现这一目标，需要开发并利用 DOMSAT[22] 财务仿真模型来评估通信卫星商业投资的预期表现。本章 4.1 节已讨论，DOMSAT 是一种专用的通信卫星商业投资财务规划模型，提供了一种评估通信卫星商业投资中，各类政策和决策对财务业绩指标影响的方法。DOMSAT 可评估政府和企业的政策、观点、决策对财务业绩指标的影响，其中财务业绩指标包括税后利润、现金流、现金流现值和投资回报率等。该模型对期望指标和风险指标都进行了研究。

如前所述，DOMSAT 是随机模拟多个通信卫星商业投资能力的蒙特卡洛仿真模型，它明确定量地考虑了不确定性、不可靠性和由此带来的风险。通常，业务规划人员通过描述通信卫星业务参数向该模型提供数据。期望值数据和许多变量可以用不确定范围和形式来描述(即概率分布)。向模型提供的数据包括描述卫星和发射火箭子系统(初始、随机和耗损故障)可靠性和性能的数据、期望发射时间表和可能的发射延迟、低地球轨道至地心轨道的转移时间、转发器数量、转发器备用与分组、每次发射提供的服务和定价、年度需求和弹性、经常性成本和非经常性成本、发射成本、保险成本、折旧费、财务与资产负债表相关数据。许多输入参数可认为是定量或不确定变量，其中不确定变量需要规范的不确定范围和形式。此外，模型还经过了特殊配置，可用于检查用不同能力卫星更换工作卫星的情况；如果有数据支持，也可用于研究两代卫星(当前卫星和下一代卫星)的问题。

使用蒙特卡洛技术可大量多次模拟完整的业务方案，每次从不确定性和指定的可靠性特征中随机抽样，保留所有业务分析结果，并做出财务业绩指标直方图。用期望值和标准差概括分析结果，并将其作为评估市场份额的多属性决策数据库的输入。

我们使用了该模型来分析发射不同运载火箭(例如阿里安、宇宙神)的财务影响，其中考虑了可靠性差异、定价、保险率、有效载荷最终入轨精度、时间表，以及故障导致的时间延迟。也可用该模型评估服务定价变化的影响，或分析寿命末期变轨需求的影响。要完成这样的分析，需要建立一个基础案例，并利用分析案例和基础案例的差别来开展分析。

利用 DOMSAT 可帮助解决如下问题：

1）发射延迟、卫星寿命、保险费率和定价的财务影响是什么？

2）空间发射基础设施的投资价值是什么？

3）国外运载火箭定价差异能否表示其能力差异？

4）国外低成本发射服务的可用性（或可用性不足）将如何影响美国通信卫星业务？

5）预测的卫星更换需求水平与假设的卫星设计寿命和卫星更换计划之间的关系有多敏感？对假设的具体技术发展影响有多敏感？

6）轨道碎片减少方案（例如，在 GEO 卫星寿命终结前将其转移至更高的轨道，并限制转移轨道）对通信卫星的财务影响是什么？

7）何种运载火箭最具成本效益？

8）应采取何种策略来提高运输服务市场份额？

DOMSAT 模型经特殊配置以提供期望值和风险数据，用于分析市场份额及由运载火箭、卫星和业务属性变化引起的市场份额变化。

（3）发射损失对国外竞争的经济影响[23]

2.8 节已讨论，国外供应商如能获得运载火箭发射业务，那么他们将获得很多优势。首先，正如损失了业务就会伤害美国制造商一样，国外供应商通过冲抵固定成本扩大其基础，使自身变得更具竞争力（即获得市场份额）。对美国而言，雇佣（即就业，更恰当地说，是就业人－年）产生的净损失，对经济将产生连锁反应。收入基础遭受了损失，那么鉴于收入基础是研发基础的一部分，它有可能阻碍技术得到改进并使其在未来丧失竞争力。但更重要的是，这会损伤本国进入空间的能力。短期使用国外运载火箭将美国制造的卫星送入轨道，能够提高美国制造卫星的竞争力，同时减少终端用户的费用。然而从长期来看，本国运载火箭市场的损失最终将导致国内卫星制造商损失。至少可以预测，国外发射服务供应商会优先发射它们国家制造的卫星。

发射损失的经济影响可分为：1）直接、间接收入机会；2）直接、间接就业；3）政府收入；4）其他。“直接收入”是指航天公司销售出口项目相关服务的所得收入（或在所考虑的情况下，竞争导致的收入损失）。“间接收入”是指社会（例如，餐馆、医生、服务站、汽车销售商、零售商等）产生（或损失）的收入，作为出售基本产品或服务的公司员工支出。换句话说，在国外竞争中失去发射机会将减少直接收入，反过来会减少在周边地区的购买量（减少间接收入）。

用同样的方式定义“直接”就业和“间接”就业。直接就业是采购空间运输供应相关的产品和/或服务。间接就业是在社会上直接雇佣员工的支出。因前文已讨论发射损失的影响，直接和间接收入是指与赢得发射竞争情况相比的收入减少（即损失）情况。直接和间接就业是指与发射、卫星有关的就业（以人－年衡量）以及在发射生产过程（间接影响）中获得收入的相关就业。上述发射损失影响是相对于美国赢得发射竞争情况来说的。

除此之外还有其他影响，包括缺少飞行经验导致可靠性降低使成本增加，单位成本增加（即，较少生产基础产生的结果）导致竞争力损失。此外，还有与收入具体使用相关的长期影响。公司利用出售产品或服务的所得收入，用于雇佣劳动力、购买材料、支付间接费用、获得利润(最终都归属劳动力)等不同用途。然而，收入的具体用途不同，所产生的经济影响也不同。例如，公司的部分支出可用于研发，研发支出和制造支出会产生不同的长期后果。研发支出往往会提高长期生产力(超过其他类型的支出)，因此导致长期倍数效应。换句话说，今天用于研发的资金将在长期内产生几倍的效益。因此，需要单独考虑研发支出。

此处将总结在国外竞争中损失发射采购的短期、中期和长期影响。短期影响包括：

1)直接(即航天部门及其供应商)的收入损失；

2)间接(即非航天部门)的收入损失；

3)直接就业减少(即航天部门及其供应商)；

4)间接就业减少(即非航天部门)；

5)出口减少；

6)(直接或间接收入)税收减少，转移支付增加(即失业补偿)。

中期影响(除确定的短期影响外)包括：

1)单位成本增加造成的竞争力损失；

2)未能为系统升级提供研发基础；

3)飞行经验少使可靠性降低；

4)卫星采购与技术的潜在损失；

5)需求减少，可能无法维护世界先进水平设备；

6)生产力提高的机会减少(即由研发投资减少造成)。

长期影响(除确定的短期和中期影响外)包括：

1)未能充分开展空间活动；

2)卫星采购、技术和制造基地的潜在损失；

3)美国未能在空间发展中保持领导地位；

4)研发投资减少导致生产率下降。

发射损失的影响类型和量级是发射损失情况的函数，即美国发射外国卫星的损失，美国发射本国制造通信卫星(用于提供国内服务)的损失，美国发射本国制造通信卫星(用于提供国外服务)的损失，以及美国发射和美国制造卫星的损失。发射损失相关成本包括直接和间接收入减少、就业减少、税收减少、转移支付增加、研发支出减少，以及单位成本提高导致竞争力损失，飞行经验少导致可靠性降低。

为了说明在发射竞争中输给国外的短期影响，这里考虑丧失发射一颗能为国内提供通信服务的通信卫星的机会，并预设这种损失将增加通信运营商的利润。服务运营商可通过减少终端用户的通信服务费用等多种方式维持或分配增加的利润。因此，直接收入的减少等于发射价格减去运营商利润的补偿性增加，这种补偿是由于该运营商使用国外发射服务、支付国外硬件(通常美国的运载火箭也在使用)和公司税收减少(发射供应商和通信运营商的净收入)造成的。[由于利润变化可能小于由价格变化(价格弹性的结果)造成的消费者盈余变化，因此使用利润变化相对比较保守。]通信运营商毛利润增加量是美国发射服务相关的发射价格减去国外发射服务价格。因为发射服务供应通常是正常开展的企业活动之一，而且不可能获得有关产品线盈利能力的有意义数据，所以公司税收的减少可近似为发射价格乘以公司销售收益(通常为6%)

和公司税率。

直接收入的减少乘以间接收入因数得到间接收入的减少(每一美元的直接收入产生约一美元的间接收入——乘数为2)。美国以外地区提供的卫星集成测试需要支出(约40人工作60天),所以美国的间接收入减少。因为税收可用于资助一系列活动从而产生间接收入,所以也要考虑公司税收。

基于所有收入最终都转化为劳动力的假设,那么可预测就业减少。为了估计直接就业,可将发射价格分为两部分:一部分用于支付福利,除以非航天平均工资率,另一部分用于支付其他,除以航天工业平均工资率。为了估计间接就业,用间接收入除以非航天工业工资率。

政府收入的减少包括公司税收减少、直接和间接收入所得税减少,以及失业补偿金增加。失业补偿金需要考虑平均补偿率和平均失业时间。假设经济不断增长,最终失业人员将被重新雇佣。

最后,需要提到减少研发支出带来的中、长期影响。研发支出较低时,生产率可能低于研发支出较高情况下的生产率。可用研发支出的减少量乘以生产率系数来估计其对生产率的影响,其中研发支出的减少量是发射价格乘以研发投资率(表示为销售百分比)。然而,由于生产率系数相当难预测,生产率估计值是基于广泛的技术方案,利用技术方案的产业历史回顾,而不是运载火箭的几个"有限"重点计划得到的,且并未涉及研发水平细微变化引起的生产率变化。(生产率系数估值范围为略小于3至略大于14。)这里,除了指明生产率的提高程度可能会随着研发支出的降低而降低,并没有考虑研发支出对美国经济的影响。

表4-2内容表示在国外竞争中每次宇宙神和德尔它典型运载火箭发射损失产生的经济影响。实际的经济影响取决于具体案例,例如,美国没能发射国外卫星的损失,美国没能发射本国通信卫星(提供国内通信服务)的损失等。表中所示范围包括了先前给出的场景,其范围界限较高,这与损失了发射以及卫星是美国制造的有关。

表4-2 国际竞争中发射损失的经济影响

影响域	典型发射影响	
	宇宙神	德尔它
出口降低,M$	100~165	45~94
直接降低,人-年	2 500~5 120	1 060~2 930
间接降低,人-年	3 580~7 000	1 510~4 010
总值降低,人-年	6 130~12 130	2 580~6 940
财政收入降低,M$	50~110	20~63

政府服务的费用变化可影响政府服务范围、发射运营商(该范围的商业用户)以及发射客户(例如,商业卫星服务供应商)。客户选择何种发射服务的决策最终会决定市场份额。表4-3总结了这些影响的类型。

表 4 - 3　政府服务范围费用变化产生的影响

政府价格变化	影响		
	范围	发射运营商	美国经济
提高	成本回收提高 预算需求减少	价格维持[a] 利润减少 税收减少	美国财政收入减少 （税收减少）
		价格提高 利润维持[b] 竞争力降低 （发射次数减少）	美国财政收入减少 就业减少
降低	成本回收减少 预算需求提高	价格维持 利润提高 税收提高	美国财政收入提高
		价格降低 利润维持或提高[c] 竞争力提高[d] （发射次数提高）	美国财政收入减少 就业提高

注：[a]在政府价格无变化时，该价格可将发射运营商的目标最大化。

[b]目标是维持利润，但因为竞争力降低（即发射次数减少）可能不会实现这一目标。

[c]目标是维持或提高利润；如果竞争力提高至可抵消价格降低，则可能实现这一目标。

[d]市场份额变化（假设价格变化不足以改变发射总需求）。

4.4.2　衡量发射价格变化的经济影响

可用运输服务决定当前的市场份额，每个可用运输服务都有已知和假设的属性。因为发射服务属性变化，市场份额将相应随时间变化。这些想象或真实的变化将影响预期财务业绩，并将导致相关发射服务选择的决策变化。假设除价格之外的所有发射服务属性都是固定的，则可以预测发射费用变化可能产生的影响，首先是市场份额变化，其次是市场份额变化导致的美国财政收入和就业机会变化。图 4 - 24 表示如何完成上述预测，即首先使用 DOMSAT 模型将运输服务属性转换为用户财务业绩，其次使用前述决策数据库将财务业绩评估转换为选择各发射服务竞争者的概率（即确定市场份额），随后将属性变化（在这种情况下，为国防部基础设施使用费）直接影响的市场份额变化转化为经济影响。（实际上，只要发射属性变化可转化为空间运输服务商业投资的财务业绩变化，同样的方法就适用于分析一个或多个发射属性变化影响。）

参考图 4 - 24，评估发射服务定价对经济影响始于通信卫星商业投资规范，因为通信卫星商业投资是空间运输服务的代表性用户。需要同时指定每个任务（即发射竞争）的相关业务数据和竞争性发射服务的属性。商业投资规范需要量化 DOMSAT 模型的各种输入，包括需求、费用、资本支出等多个变量的不确定性范围和形式。当考虑市场份额时，可以假定发射服务价格是已知量（即已获得发射报价）。为分析价格变化的影响，假设所有变量均固定，发射价格是变化的，从而可以规避其对财务业绩的影响。然后使用 DOMSAT 模型将

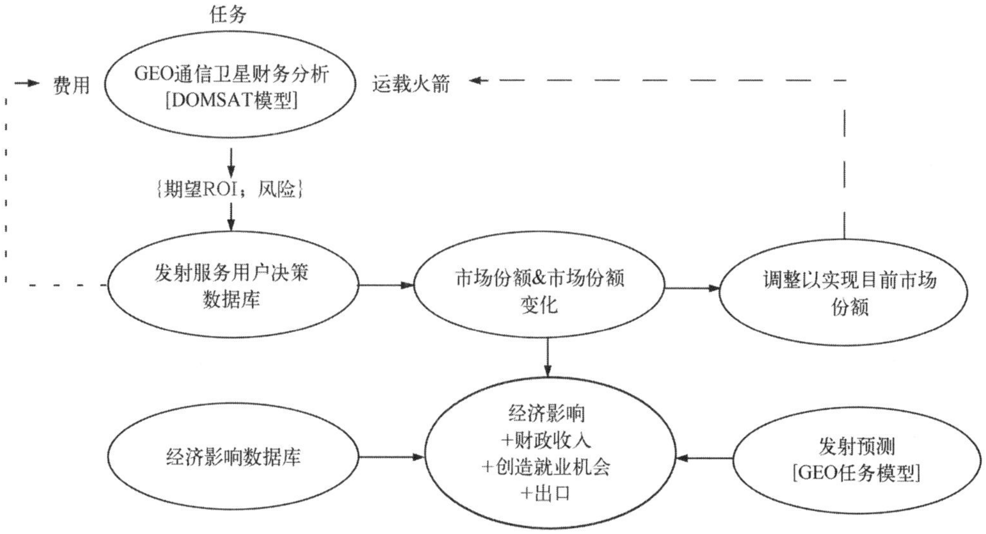

图 4－24　评估发射服务定价经济影响的方法

业务和发射服务属性转化为对财务业绩的评估。可根据每次使用的竞争性发射服务确定期望投资回报率与风险（即投资回报率的标准差）。如果考虑三个不同的运载火箭（a，b，c），则其结果是给出 $\{m_a, \sigma_a\}$，$\{m_b, \sigma_b\}$，$\{m_c, \sigma_c\}$ 的值。

如前所述，将期望投资回报比 m_x/m_y 和感知风险比 σ_x/σ_y 代入发射服务用户决策数据库（如图 4－16 所示）。由此得到 $p_{a/b}$、$p_{a/c}$ 等值，表示与其他发射服务相比选择该发射服务的概率。从上述结果可以确定发射服务“a”的市场份额 S_a

$$S_a(\%) = 100[p_{a/b} + p_{a/c}]/[p_{a/b} + p_{a/c} + p_{b/a} + p_{b/c} + p_{c/a} + p_{c/b}]$$

发射费用变化将反映在服务价格的变化上，服务价格变化将改变一个或多个运载火箭的 m 和/或 σ 值。反过来，m 和/或 σ 值变化将导致市场份额变化，也会带来经济影响。如果计算所得的市场份额与目前实际市场份额不同，则可调整对运载火箭及其服务属性的理解并重复前述步骤。重复这一过程直至获得当前市场份额。这一结果可作为基础案例，用来研究其他案例相对于它的变化。

最后一步是基于当前的国防部定价政策（即基础案例）预测每种发射服务方案的发射次数，并用市场份额的确定变化乘以发射次数。这会得出每种发射服务的发射次数变化。利用表 4－2 所示的数据和发射数量变化，可以得到出口变化，直接与间接就业变化以及政府收入变化等对经济的影响。表 4－2 的数据是基于宇宙神火箭和德尔它火箭，其他运载火箭也可利用类似数据。

得到当前市场份额后，为确定市场份额的影响（本质上是围绕基本案例进行敏感性分析），可改变发射价格等变量。改变发射服务费，并相应调整发射服务价格，会建立发射服务费与所产生市场份额变化之间的关系。利用上述关系和由表 4－2 中数据类型组成的经济影响数据库、计算经济影响的数学模型及模型所需的具体数据（例如航天工业平均工资率、每次失业索赔的平均周数等），则可得到在每个典型分析业务案例中每次（国外竞争中）发射损失的经济影响。

最后一步是用每次发射竞争产生的经济影响乘以发射预测模型中的数据(任务类型的发射数量)。据此加权平均数会得到总年度经济影响。

国防部(美国空军)发射服务费用的变化将影响美国空军的收入，并对美国经济产生影响。图4－25概念性地展示出了上述变化。美国空军收入变化表示为价格提高百分比函数，显示为线性函数，尽管这种情况不可能发生(因为使用国防部发射基础设施进行运输服务可能会导致市场份额变化)。但在评估政府定价政策时很可能会使用该线性假设。

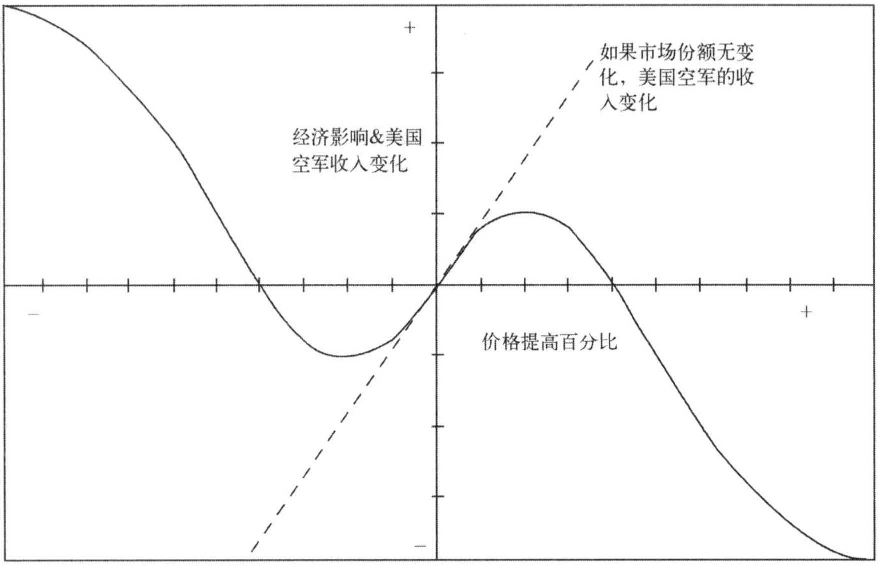

图4－25　发射价格变化函数表示的经济影响

如图4－25所示，经济影响是发射价格变化百分比的函数。价格小幅增加很可能产生积极的经济影响(即市场份额很少或没有变化)，但随着价格持续增加，更多人可能会使用非美国发射服务(即美国市场份额减少的结果)，预计经济影响也会变消极。国防部费用减少预计会出现相反的情况。

4.4.3　结论

国防部，特别是美国空军，拥有并运营着大部分美国空间发射基础设施。《商业空间发射法》规定，使用国防部设施的商业用户可对国防部进行补偿，但仅限于设备使用的增量成本。《商业空间发射法》颁布时，商业发射已是总发射活动的一部分，但仅仅是一小部分，而基于增量成本的发射定价似乎也合理。但近年来，发射活动的占比已经发生了变化，商业发射成为总发射活动的很大一部分。在当前的环境下，基于增量成本的发射定价似乎不再合理，特别是当预算紧张又需要更新发射基础设施以适应政府和商业用户需求时。国防部的最终目标是收回全部成本。但是此类定价政策很可能导致美国发射成本更高，可能会影响国际竞争力。为此，可用一种方法，通过美国空间运输市场份额的变化来观察政府发射服务费用变化产生的影响。然后可根据就业增加和美国财政收入衡量对美国经济的影响，进而获得市场份额的变化。该方法首先将发射服务属性变化或可能影响业务财务业绩的其他因素，（通过政府项目和政策的影响）转化为预计的财务业绩变化。随后通过使用多属性决策数据库，将这些财务业绩变化转化为可能的市场份额变化。最后，这些市场份额变化将转化为对美国经济的影响。

该方法的鲁棒性非常高，适用于多种政府政策和项目产生的影响。可通过评估这些政策和项目对决策者预期财务业绩和/或业务风险的感知，从而影响评估美国经济所受影响的因素。

4.5 公平定价：对国际竞争的影响

市场经济组织与非市场经济组织都可提供发射服务，这使空间运输供应商之间的竞争变得异常激烈。地球静止轨道商业发射服务主要由美国的宇宙神火箭和德尔它火箭，法国的阿里安火箭，俄罗斯的质子号火箭以及中国的长征火箭提供。最近，美俄合资企业海上发射公司也进入了竞争市场，并迅速成为市场的主力成员。在竞争中，政府为影响用户选择可能提供直接和间接补贴，这对于空间运输服务用户（至少在近期内）有利，但会对国际空间运输业的未来结构产生严重影响。

近来，人们认为非市场经济国家提供大量的发射补贴，导致发射服务价格与实际成本基本无关。如果允许这类情况继续如此，可能会导致自由市场竞争产生严重扭曲。美国政府的应对对策是对此类补贴发射服务进行数量限制，并与非市场经济国家就商业发射服务国际贸易达成协议。发射服务数量限制是针对每年可通过补贴发射服务进行发射的美国制造卫星和使用美国技术卫星的数量施加限制。

美国政府和中国政府就商业发射服务国际贸易的某些问题签署了一项协议备忘录，包括中国继续参与国际商业发射服务等问题。中国同意本国商业发射服务商提供的发射服务“价格、条款和条件与国际市场上市场经济国家（包括美国在内）提供的商业发射服务价格、条款和条件均相同”[24]。协议还说明，当中国与市场经济国家的发射服务商提供的商业空间发射服务出价、报价或合同之间的差额大于15%（相对于市场经济供应商），且在考虑“可比性因素”后美国认为中国发射服务价格与前述不一致时，美中双方应进行特别协商以解决定价问题。

协议另一部分规定了中国的年平均商业发射数量限制。这些限制因预期市场（需求）条件和基础设施可用性而有所减弱。

协议双方均承认，发射服务属性（例如，发射能力及其对卫星使用寿命的影响、可靠性等）的差异对定价有影响，应在评估定价公平性时予以考虑。协议双方在国际市场进行发射比较或评估时，应考虑6个因素。据了解，相对于市场经济供应商提供的商业发射服务来说，发射特定有效载荷的价格会有不同，这6个因素通常可以解释这一价格差异。接下来将讨论这些因素，以及这些因素在竞争中可能对最终价格产生的影响。当中国供应商参与国际商业发射服务时，这些成本范围表示了与合同相关的各种因素的数值。

应考虑的因素如下：

目标轨道是第一个因素。近期用户购买近地点发动机（PKM）的合同中规定，单独购买近地点发动机需要额外支出600万～700万美元的费用。有效载荷/近地点发动机的集成和风险管理成本在合适时也包含在该因素中。

风险管理是第二个因素。双方同意中国运载火箭的基本风险管理费率可能比市场经济国家运载火箭高1%～4%，具体情况取决于特定的火箭。还同意，可适当地在计算中考虑政治风险等因素。

额外成本是下一个因素。双方同意可能产生400万～600万美元的额外费用，包括集成费用及任务软件/硬件改装费用等。

发射能力是另一个因素。双方同意鉴于每个系列运载火箭的价格和性能互不相同，运载火箭的能力（影响到卫星在轨寿命）有时可作为可比性指标。还同意卫星使用中国运载火箭会比使用市场经济国家火箭的寿命要短1～2.5年，尽管在某些情况下使用不同的火箭可能对卫星寿命没有影响。对这一因素的评价非常复杂，必须根据具体情况来看。

付款条件是最后一个因素。双方同意发射供应商提供优惠信贷条件的能力非常重要，有利于付款计划实施，应在必要时予以考虑。

从协议可知，发射服务的多个属性影响潜在发射服务用户的决策。因此需要考虑的问题是，根据多个发射属性确定什么时候市场中出现的定价并不合理。以下篇章将对此进行讨论。

不同发射服务可为用户提供不同的属性集合，影响用户选择，继而影响竞争力的最终指标。衡量竞争力的标准是市场份额，反映了受发射属性和政府约束影响的用户选择。这些属性包括价格与付款计划、可靠性、位置精度、交付能力及可用性，可对用户的经济效益产生巨大影响，并能显著反映政府支持和政策的作用。

发射服务用户或客户（即通信卫星企业）、发射服务供应商以及政府等许多不同成员都关心发射服务供应。竞争力关注点也从业务相关问题到国际公平贸易问题不等。这些关注点可用以下问题进行总结：

1）如决定提供卫星通信服务业务，应在多个竞争性发射服务中选择哪一个？这是从供应商基于用户感知和相应决策角度来看的竞争力指标。

2）发射供应商是否利用不公平或掠夺性定价，以增加赢得发射合同的可能性，从而增加市场份额？

因为很多无形又不可量化的因素没有考虑，所以不能利用完全量化的方法寻找以上问题的答案。（在至少一次已知的发射竞争中，选择最终发射供应商时要考虑政府稳定性、非相关产品和服务供应、人权问题等因素。）然而，在回答以上问题时，显然定量信息很重要。

（如果没有其他原因，仅为深入了解决策时放弃的内容，以便做出可量化因素指示的其他选择。）为了使问题更加复杂，为特定任务选择发射服务的决策过程通常要考虑多个发射服务属性和影响，以及属性与金融决策变量之间的相互关系。上述问题的答案取决于运载火箭的多个属性及其对用户选择影响之间的关系。没有一个单一的发射服务属性可表示竞争力，价格也不能表示。

第一个问题已在4.2节进行了讨论。以下部分将着重讨论第二个问题。这两个问题均需要使用DOMSAT模型或其等效模型。

评估发射服务竞争力需要关注用户可用的多种发射服务使用价值，以及能反映相同使用价值的发射服务价格（即用户不关心发射服务选择）。［给定发射服务B的价格price（B），发射服务A的价格price（A）会使用户不关心选择A或选择B。price（A）和price（B）

具体价格被称为使用价值或标准价格。这意味着选择 A 的概率 P_A 为 0.5。]有时也称为同一水平定价。使用价值随着任务或业务的不同而不同，也随着卫星配置的不同而不同。

4.2 节已描述使用 DOMSAT 模型得到使用价值。对于特定的发射服务竞争，要为 DOMSAT 模型指定特定的卫星配置、运载火箭属性及相关业务数据。首先，利用国际竞争采购中的美国发射服务获得相关结果。当使用美国运输服务及其属性时，可获得通信卫星业务的相关财务业绩指标。确定预期投资回报率非常重要，即在竞争投标可能价格及相关属性(例如，付款计划、可靠性、保险率等)的条件下，通信卫星业务使用美国运输服务的投资回报率。

下一步用竞争性非市场经济国家的运输服务及相关属性更换美国的运输服务及其相关属性。相关属性包括报价和其他影响通信卫星整体业绩的具体属性。利用这些信息，再次使用 DOMSAT 模型获得相应的投资回报率。随后的目标是调整竞争性服务运输价格，直至通信卫星企业的所得投资回报率与考虑美国运输服务的所得投资回报率相当。当考虑所有运输服务属性和美国运输服务属性时，这将是一个标准价格或应给出的投标价格。这样就自动考虑可靠性、发射能力、付款计划、保险费率等差异。[例如，如果美国运载火箭(A)比非市场经济型运载火箭(B)有更大的发射能力，因此卫星利用 A 入轨比利用 B 入轨会有更大的在轨寿命能力，于是 B 应该会制定比 A 更低的发射服务价格。美中发射协议反映了这一点，比如协议中包括了用于根据运载火箭属性差异定价的敏感系数。DOMSAT 模型是确定这些系数的基础。]如投标价格与标准价格之间存在明显差异，则应提出警示，指明可能存在掠夺性定价。一旦出现此类情况，则可能是由于引入新服务或新运载火箭的推介价格和营销策略造成的。如果此类情况多次发生，就可能需要政府采用必要行动来稳定市场。

4.6 基于风险的高级运输架构比较方法

4.6.1 引言

为了做出明智的投资选择，选择成本更低且更具国际竞争力的空间运输系统，有必要对不同研发运行阶段的选择进行评估比较，这就可能会带来不同的风险水平。这说明评估比较应基于包括风险相关指标以及期望值指标在内的明确的定量指标。此外，因为技术项目的主要目标是降低风险，所以有必要衡量风险降低对未来决策和成本的影响，这就需要考虑风险衡量等指标。方便翔实的指标包括空间运输系统生命周期成本现值的期望值和标准差，以及运输系统相对于基础案例所节省的期望值和标准差。(这里有一个问题，即新能力将如何影响基础案例并影响所选指标。)这意味着每个空间运输系统方案或架构将用属性$\{m, \sigma\}$描述，分别表示期望生命周期成本(或节省)和生命周期成本(或节省)的可变性(标准差)。

当考虑长期技术项目时需要评估相对较多的运输架构，这些长期项目可产生高度可重复使用的空间运输系统，可显著降低地面到低地球轨道运输成本。这些项目包括多种单级入轨(SSTO)，二级入轨(TSTO)，以及对当前增强型一次性运载火箭(ELV)和航天飞机的重复使用。以上每个架构都需要不同的研发和资本投资组合，带来不同的业绩、进度、运营成本不确定性与相关风险水平[2,3]。以下篇章描述了一种运输架构早期比较方法，明确考虑不确定性和风险的定量指标。该方法考虑了实现技术目标的相关不确定性，所达技术水平对运输系统性能的影响，运输系统性能/能力之间的关系，以及有效载荷质量变化的适应能力。根据运输系统生命周期的非经常性成本、经常性成本和成本现值期望值和相关标准差，可得到系统性能的影响。

新架构开发有三个相关自由度：性能、成本和进度。不能同时固定三个自由度，但可固定其中两个。例如，如果希望达到指定的性能水平，则必须认为成本(也可能是进度)是不确定性变量。如果指定成本和进度，则性能必须视为不确定性变量。为了简化初始分析，明确定量地考虑风险，假设所有进度已知，将性能和/或成本指定为开发成本风险和/或性能风险[25]。

我们的目标是在延长时段内使用任务模型得到生命周期成本现值的概率分布，并在较高抽象水平上实现，因此可将注意力集中在少量运输架构上，随后进行更详细的分析。鉴于不是所有高度可重复使用空间运输系统都能满足所有任务要求，所以架构可包括可重复使用发射系统和一次性发射系统。生命周期成本包括与运输架构开发相关的非经常性成本、与发射设施和运载火箭箭队相关的资本成本、运输经常性成本、有效载荷非经常性成本和经常性成本(尤其是受不同空间运输架构影响时)，以及所有成本的相对时间。有效载荷考虑因素必须包括运输利润对有效载荷设计余量的影响，以及随后对有效载荷成本的影响。

由于运输架构分析具有复杂性，所以利用封闭的数学方法来获得风险度量不合理。因此，使用蒙特卡洛仿真方法来获得期望值和风险指标[26]。蒙特卡洛方法可以确定生命周期成本净现值的概率分布以及不同空间运输架构的相关费用节省。

4.6.2 分析：单级入轨

图 4－26 所示的基本方法是对可实现能力(例如入轨质量)的主观评价进行随机抽样(用概率密度函数形式表示，被称为不确定分布)。(本节附录提供了单级入轨的详细数学分析模型。)入轨质量概率密度函数的随机抽样可确定低于最小可接受能力的概率(P_a)。然而，为了至少实现最低可接受能力水平，将提供资金资助，这是一项隐含假设。因此，如果实现能力的随机样本小于最低可接受能力水平，则假设最低可接受能力水平在非经常性成本先验估计的最大值处获得。如果实现能力的随机样本能力水平大于设计点能力，那么设置随机样本等于设计点。预设的条件是没有情况能超过设计点(将相应调整资助)。因此，有最小成本的实现概率 P_b(等同于超过设计点的概率)和最大成本的实现概率 P_a(等同于实现最低可接受能力水平的概率)。

如果实现能力的随机样本小于设计点且大于最低可接受能力水平，则对非经常性成本的先验评估进行随机抽样，以在指定的最小值和最大值之间得到非经常性成本。当多次执行这一过程时，就会得到非经常性成本的概率分布，其中考虑了非经常性成本不确定性的先验评估(在指定的设计点)以及性能或实现能力不确定性的先验评估。必须明确非经常性成本的成本扩展，以便获得年度非经常性成本的适当时间。

除了使用能力实现水平的随机样本表示非经常性成本的概率分布外，还可用随机样本获得可用的有效载荷设计余量。该后验有效载荷(P/L)设计余量定义为

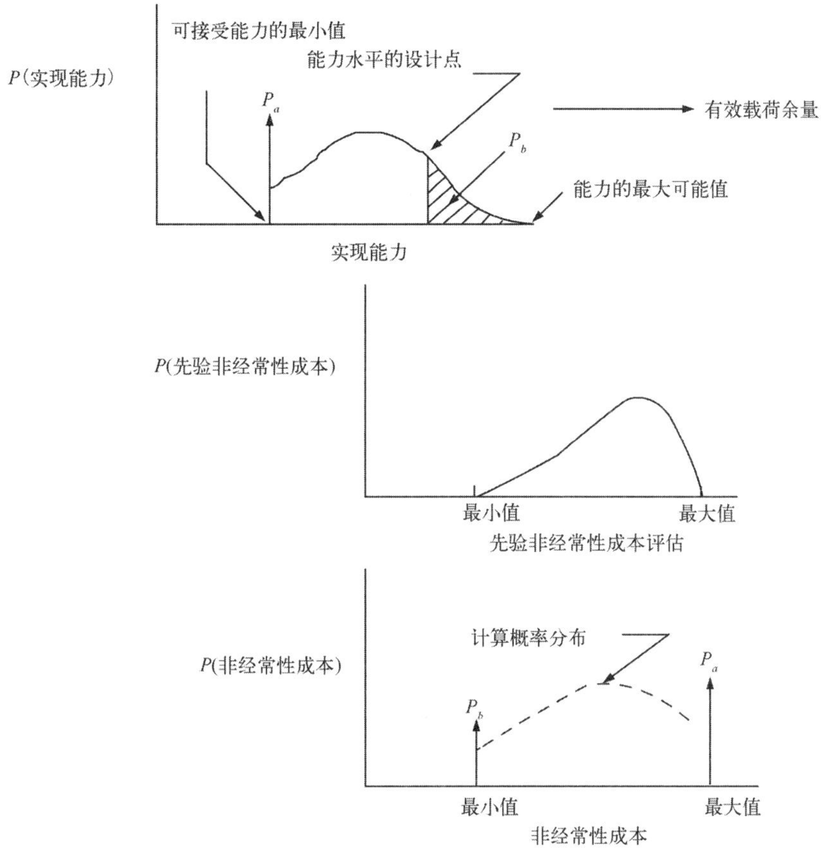

图 4-26　SSTO 非经常性成本概率分布演化过程

载荷余量 = [先验载荷设计余量] + [实现入轨质量能力/设计点入轨质量能力] - 1.0

如果有效载荷设计余量受到运输能力实现水平的影响，那么当设计余量变化时，成本会发生什么变化？假设在指定或先验的有效载荷设计余量下，对每单位质量有效载荷的非经常性成本进行主观估计(图 4-27)，其中有效载荷设计余量基于运输系统设计点的实现能力水平。假设(图 4-27)当有效载荷余量减少时，最小成本保持不变，最大成本(很可能)增加。假设不确定性分布保持不变，但不确定范围会改变。该范围变化需要估计敏感度系数，该系数关联了非经常性成本的增加和有效载荷余量的减少。用二阶多项式表示有效载荷设计余量的敏感度系数。类似地，当有效载荷余量增加时，最大成本保持不变，最小成本(很可能)降低。预计该敏感度系数需要在多个有效载荷设计余量值处进行规范。

通过使用不确定性指定范围的随机抽样，并通过最大值、最小值和最可能值的规范三角概率分布进行加权，可获得单级入轨箭队的资本投资、发射设施投资、运输系统单位质量交付成本和单位质量有效载荷经常性成本。(没有考虑箭队组建规模与可靠性弹性的相关影响，也没有考虑系统可操作性。)由于研发的卫星数量和飞行卫星数量之间没有一一对应关系，因此需要估计飞行卫星与研发卫星的比例。最后，需要利用时间函数估计交付有

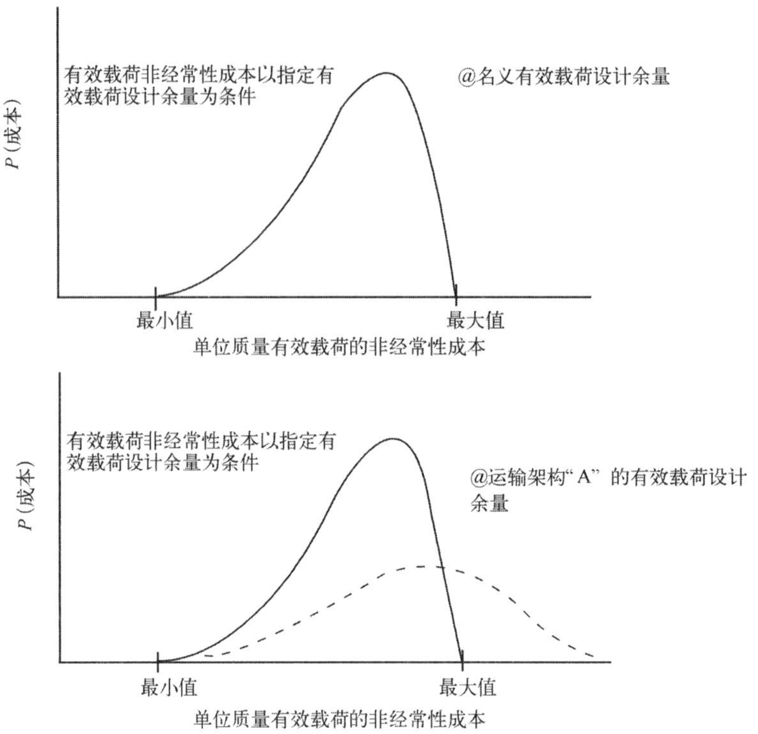

图 4－27　有效载荷非经常性成本的主观评估

效载荷质量(在先验设计余量上)。为了便于比较，允许在向可用系统过渡时使用一次性运载火箭，也允许出于某种原因有效载荷可用一次性运载火箭发射。因此当进行架构比较时，交付至低地球轨道的年度有效载荷质量在所有架构中保持不变。

因此，可根据如下方式确定年度成本

年度成本(I, R) = 一次性运输系统成本(I, R) +
箭队资本投资(I, R) +
发射设备资本投资(I, R) +
[单位质量重复性运载火箭运输系统成本(R) +
K * 单位质量有效载荷非经常性成本(I, R) +
单位质量有效载荷经常性成本(I, R)] *
[有效载荷交付质量(I) * $F(I)$] +
[单位质量一次性运载火箭运输系统成本(R) +
K * 单位质量有效载荷非经常性成本(I, R) +
单位质量有效载荷经常性成本(R)] *
[有效载荷交付质量(I) * (1 − $F(I)$)]

式中　K——研发卫星与飞行卫星的比率(换句话说，即每次任务有效载荷平均数的倒数)；
I——时间(即年)；
R——蒙特卡洛运行指数；
$F(I)$——使用重复性运载火箭入轨的有效载荷质量分数。

因此，可根据指定的仿真运行次数确定每个包含 R 的变量。生命周期成本现值(PVLCC)为

$$\mathrm{PVLCC}(R) = \sum_{I}[\text{年度成本}(I,R)]/[1+d]^{I}$$

式中　d——折扣率。

生命周期成本现值分布的期望值 m 和标准差 σ 为

$$m = [\sum_{R}\mathrm{PVLCC}(R)]/MAXR$$

$$\sigma = [\{\sum_{R}\mathrm{PVLCC}(R)^{2}\}/MAXR - m^{2}]^{0.5}$$

式中　$MAXR$——蒙特卡洛仿真的运行次数。

为得到单级入轨架构的期望值和标准差(即风险)，需要以下类型的数据(具体数据要求见本节附录)：

1)可接受入轨(进入 LEO)质量能力的设计点与最小值；

2)可实现入轨(进入 LEO)质量能力的最小值、最大值和最可能值；

3)单级入轨非经常性成本的先验最小值、最大值和最可能值；

4)单位质量有效载荷单级入轨的低地球轨道交付成本的先验最小值、最大值和最可能值；

5)每次单级入轨资本成本的先验最小值、最大值和最可能值；

6)发射系统投资的先验最小值、最大值和最可能值；

7)单级入轨箭队中的运载火箭数量。

此外，必须为以下类型的变量提供数据，可合理假定这些变量独立于运输系统架构外：

1)在标称有效载荷设计余量和设计点入轨质量能力下，单位质量有效载荷非经常性成本的最小值、最大值和最可能值；

2)有效载荷非经常性成本对有效载荷设计余量减少的敏感性；

3)在标称有效载荷设计余量和设计点入轨质量能力下，单位质量有效载荷经常性成本的最小值、最大值和最可能值；

4)有效载荷经常性成本对有效载荷设计余量减少的敏感性；

5)有效载荷标称设计余量；

6)每次任务发射的有效载荷平均数；

7)在标称有效载荷设计余量下，低地球轨道的年度有效载荷交付质量。最后，需要指定成本分摊函数，为现值计算提供合理的支出时间。

4.6.3　分析：二级入轨

此处假定二级入轨系统包括性能和成本不确定的上面级，其不确定性取决于下面级的实现性能。(本节附录提供了分析二级入轨的详细数学模型。)图 4-28 展示了考虑二级入轨第一级影响第二级非经常性成本的通用方法。此处，还假设每级的性能、成本必须用单级入轨案例中的先验概率分布情况表示。分析二级入轨和单级入轨的主要区别是，第二级性能的先验概率分布在给定第一级设计点的条件下给出，通过随机抽样第一级实现的能力概率分布进行分析(使用蒙特卡洛仿真方法)。如果样本能力小于最小可接受值，则使用最

大非经常性成本；反之，则对非经常性成本的先验概率分布进行抽样。当多次重复上述过程时，就可得到成本的后验概率分布，其中最大成本的发生概率为 P_{a_1}。第二级能力的先验概率分布也是随机抽样，基于两级的采样能力获得新的能力水平。这意味着第一级和第二级的性能之间存在函数关系。

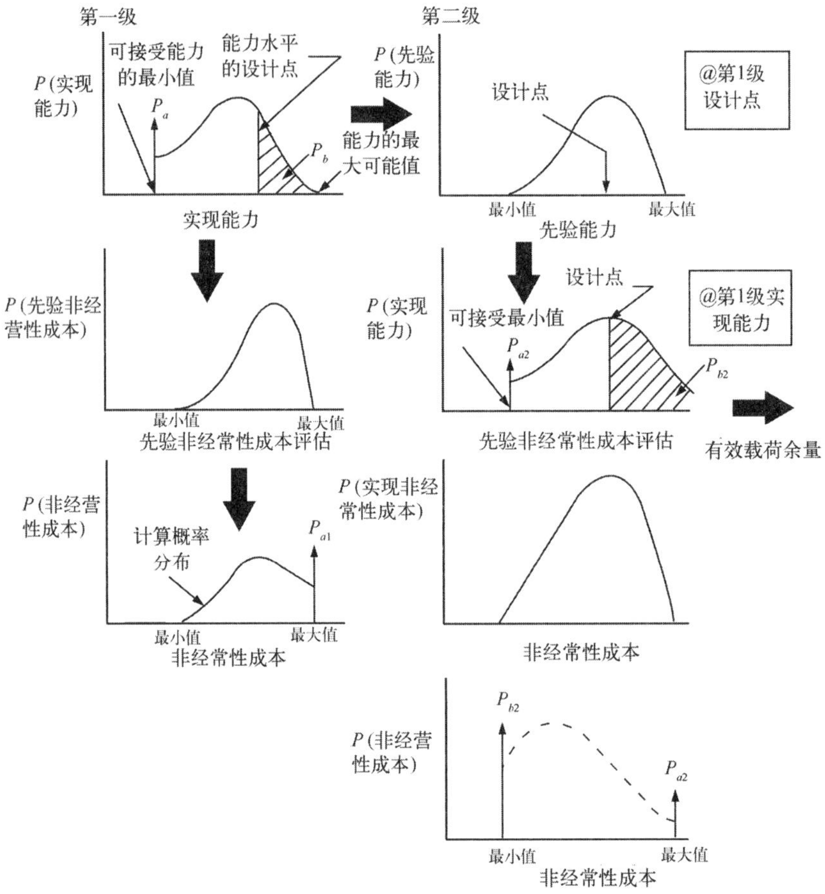

图 4－28　二级入轨非经常性成本概率分布演化

当实现能力的随机样本小于最小可接受能力水平时，可将实现能力设置为最小可接受值，并将成本设置为最大值，以此获得第二级性能和非经常性成本的后验概率分布。类似地，如果第二级能力（经调整反映第一级能力）超过设计点，则设置后验能力等于设计点，设置成本为其范围内的最小值。如果随机样本在两个临界点之间，则对能力和成本的概率分布进行采样。如此，可得图 4－29 所示的非经常性成本后验分布，其概率表示为 P_{a_2} 和 P_{b_2}。除了用能力实现水平的随机样本得到非经常性成本概率分布之外，还可用随机样本获得可用的有效载荷设计余量。有效载荷设计余量考虑两级能力，用于修改单位质量估计的先验有效载荷非经常性成本。

类似单级入轨案例，也可得到二级入轨箭队资本投资、发射设施投资、运输系统的单位质量交付成本，以及单位质量有效载荷经常性成本。由于研发卫星数量和飞行卫星数量之间没有一一对应关系，因此需要估计飞行卫星与研发卫星的比例。最后，需用时间函数

架构总结

架构描述：	配备磁推力器的阿古斯火箭			
	典型案例：佐治亚科技大学航空工程学院			
参考数据：	1 003	日期：	8/24/99	
HRV操作开始：	2 010			
可超越设计点：				
第一级	1			
第二级	1			
	期望值	标准差		
运输系统非经常性成本	5 416	1 661	(M$)	
HRV单位成本	704	242	(M$)	
HRV箭队投资	2 112	725	(M$)	
基础设施投资	2 333	522	(M$)	
发射成本/单位有效载荷质量	5	0.00	(K$/kg)	
有效载荷非经常性成本/单位质量	42	3.97	(K$/kg)	
有效载荷经常性成本/单位质量	20	1.21	(K$/kg)	
有效载荷设计余量	5	4.23	(%)	
无限范围折扣	*N*			
操作系统生命周期现值	394 661	1 174	(M$)	
技术项目现值			(M$)	

图4－29　架构总结信息

估计交付有效载荷质量(在先验设计余量上)。火箭第一级可靠性/可用性需要折让。

因此，可利用如单级入轨方案描述的方法得到年度成本。因为单级入轨和二级入轨的生命周期成本均包括期望值和风险维度，所以由前述方法计算所得的两个生命周期成本具有可比性。其差异反映在计算所得的后验概率分布中，这一概率分布随后可导出不同的期望值和风险。

分析二级入轨至少需要以下关键数据项：

1)第一级设计点和最低可接受能力水平；

2)第一级可实现能力的最小值、最大值和最可能值；

3)第一级非经常性成本的先验最小值、最大值和最可能值；

4)第二级设计点和最低可接受能力水平；

5)在第一级设计点上，第二级可实现能力的最小值、最大值和最可能值；

6)第二级非经常性成本的先验最小值、最大值和最可能值；

7)第一级和第二级能力之间的函数关系；

8)二级入轨单位有效载荷质量低地球轨道交付成本的先验最小值、最大值和最可能值；

9)每次二级入轨资本成本的先验最小值、最大值和最可能值；

10)发射复杂投资的先验最小值、最大值和最可能值；

11）二级入轨箭队中的运载火箭数量。

此外，必须提供与单级入轨相同的变量数据，可合理假定这些变量独立于运输系统架构外，也需要确定成本分摊函数，为现值计算提供合理的支出时间。

4.6.4　空间运输架构风险系统

空间运输架构风险系统（STARS）是前述方法的应用，用于从经济角度比较明确考虑不确定性和风险的先进运输概念。STARS 是一种蒙特卡洛仿真模型，可完全在 Excel 电子表格内操作。在 133MHz 电脑上仿真 100 次仅需要几秒钟的时间。模型在相对高的抽象水平（本节附录介绍模型细节）上操作，也就是说，用输入数据替代详细的数学建模，其中输入数据是基于其他分析和主观判断的结果。许多输入变量可认为是不确定性范围，从而可定量获得不确定性。

开发 STARS 是为了在早期快速从经济角度比较考虑不确定性和风险的高级运输概念。STARS 可考虑通过一次性运输系统或其他竞争性运输系统增强的单级入轨和二级入轨概念，（即可考虑市场份额时间函数）。STARS 可考虑火箭级性能不确定性，以及各级性能和总体能力与有效载荷设计余量之间的相互作用。非经常性成本的不确定性与实现性能有关，有效载荷的非经常性成本和经常性成本与实现设计余量有关。该模型使用蒙特卡洛方法得到在一段时间内使用任务模型的生命周期成本现值概率分布。生命周期成本考虑了非经常性成本、箭队与发射设施的资本投资、年度运输成本，以及受可实现运输能力影响的有效载荷非经常性成本和经常性成本。其结果是通过主观估计性能和成本的不确定性，确定生命周期成本的期望值和标准差，从而在考虑期望值和风险维度的情况下比较选择方案。STRAS 可在 DOS 操作环境下用 Excel 操作，并具有用户友好型菜单驱动输入/输出系统。

STRAS 使用一系列用户友好型菜单驱动输入前述数据，其结果用数字和图形格式表示。

4.6.5　典型的 HRST 架构

下面将进一步解释并扩展 STARS 模型的使用。讨论中将使用磁悬浮，磁浮架构作为可高度重复使用空间运输架构的典型案例。使用数据和所得结果仅为便于说明，不应被视作磁浮架构的确定性分析和/或说明。

磁浮架构是指地球入轨（Earth-to-Orbit，ETO）发射概念，使用超导磁浮发射器，显著增强地球入轨运输系统的有效载荷能力，同时降低任务成本[27-28]。与其他“发射器”概念不同，磁浮架构不需要极大的加速度，不涉及有效载荷（即航天器）设计或部件的根本性改变，不需要非常高的发射率来实现经济性操作。

磁浮概念很直接。在利用地面发射系统发送有效载荷至低地球轨道的第 1 分钟，提供小“辅助”就可以显著提升很多运载火箭的有效载荷能力，特别是单级入轨火箭的有效载荷能力。磁浮将通过先进的高速磁浮导轨和运载工具来提供这类“辅助”，系统将提供以下主要要素：

1）第一要素是高鲁棒性的结构支撑系统（特定海拔），通常是山内的隧道（加速阶段，长度为几英里）和山外部的导轨支撑系统（减速阶段，长度也为几英里）。

2)第二要素是长磁浮导轨，包括加速器系统和载体减速器。通常加速器系统被封闭在隧道(或加压管)中，隧道(或加压管)被低密度和高声速的分压气体(例如氦)填充。

3)第三要素是本地电源系统，例如超导磁能存储系统，可从本地电网充电，然后在发射序列期间放电。也有其他选择(例如，在发射期间使用燃气涡轮电池直接发电)。最终方案选择将基于生命周期成本、研发投资价值等的研究成果。

4)第四要素是一组完全可重复使用的磁浮“加速器载体”，将为要发射的运载器提供初始加速度。可能需要“联动”这些载体以发射更大的运载器，这些载体将适应在加速期间对运载器进行结构支持的“支架”，以及在发射序列期间适当点处的快速可控释放。这些载体还将在发射序列期间(大约持续1分钟)为运载器提供任何所需的支持。

5)第五要素是发射/推出系统，将提供从隧道内和导轨环境至外部自由飞行环境的管理过渡。过渡期间需要对运载器和加速器－载体进行主动控制。

6)第六要素是分级设施，包括磁浮载体分级、运载器－载体集成、运载火箭分级(针对运载器和有效载荷)、服务与维护设备以及操作中心。

一般来说，运载器在约10 000英尺的高度以约600mph的速度从磁浮系统中发射出来。在离开发射系统时，运载器重心的速度矢量角大约为45°(从当地水平线测量)。发射加速阶段的最大加速度约为3个重力加速度。通过目前进行的设计权衡和分析可知，这些参数都可能发生变化。

图4－29～图4－31所示的系列报告展示了典型STARS的开发成果。图4－29展示了架构分析的概述信息。所有的计算结果都包括期望值和标准差。其中，现值期望值和标准

架构年度成本 (M$)

架构描述：安装磁推力器的阿古斯火箭

典型案例：佐治亚科技大学航空工程学院

参考数据：1003　　日期：8/24/99

HRV操作开始：2010

年	2009	2010	2011	2012	2013	2014
1级HRV	39	0	0	0	0	0
2级HRV	463	231	0	0	0	0
基础设施	0	0	0	0	0	0
HRV有效载荷	0	0	3 723	10 110	19 642	22 258
ELV有效载荷	15 651	17 203	14 553	10 015	2 229	1 160
箭队投资	422	211	0	0	0	0
箭队更换	0	0	106	106	106	106
技术项目	0	0	0	0	0	0
非经常性成本总额	16 575	17 645	18 382	20 230	21 997	23 523
标准差	1 673	1 832	1 655	1 354	1 886	2 061
HRV发射操作	0	0	79	214	416	472
ELV发射操作	5 670	6 124	5 262	3 572	771	414
HRV有效载荷	0	0	5 212	14 154	27 499	31 161
ELV有效载荷	22 326	24 112	20 718	14,065	3 036	1 630
经常性成本总额	27 996	30 235	31 271	32 006	31 723	33 677
标准差	1 390	1 501	1 303	1 179	1 679	1 902
总年度成本	44 571	47 881	49 653	52 236	53 699	57 200
标准差	2 175	2 368	2 106	1 796	2 525	2 805

图4－30　架构年度成本总结

差数据特别重要，提供了比较可选架构方案的基本信息。“无限范围折扣?”响应表示，是考虑无限范围折扣还是考虑在指定生命周期成本时间框架内的(有限)折扣? 图4－30提供了选定架构的年度成本总结。图4－31表示年度非经常性成本和经常性成本。非经常性成本包括高度可重复使用运载火箭HRV1级、HRV2级、基础设施、HRV有效载荷、ELV有效载荷(当ELV需要与HRV共同将任务模型有效载荷送入轨道时)、HRV箭队投资，以及HRV箭队的更换、研究和技术成本。经常性成本包括HRV发射操作、ELV发射操作，以及HRV和ELV有效载荷的经常性成本。图4－31用图形形式表示架构年度成本，并期望非经常性成本、经常性成本和总成本是时间的函数。

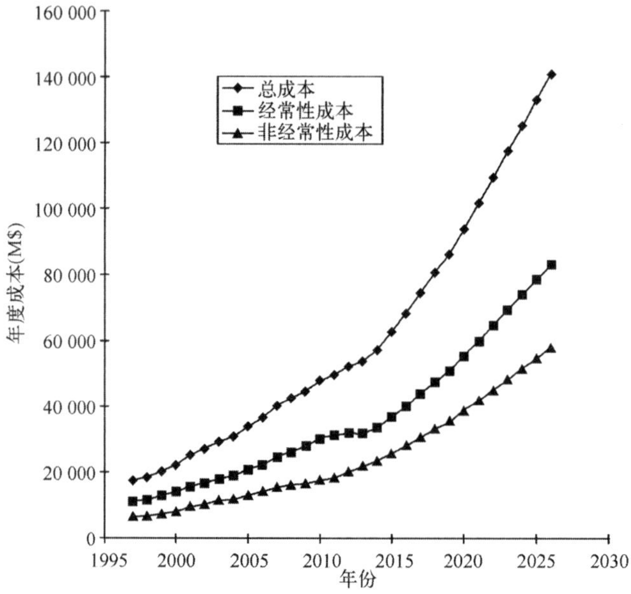

图4－31　架构预期年度成本的图形表示(包括运输和有效载荷成本)

通过将单位质量的有效载荷经常性成本和非经常性成本设置为0，可观察到有效载荷相关成本的主导地位。所得结果如图4－32所示，但仅包含运输相关成本。

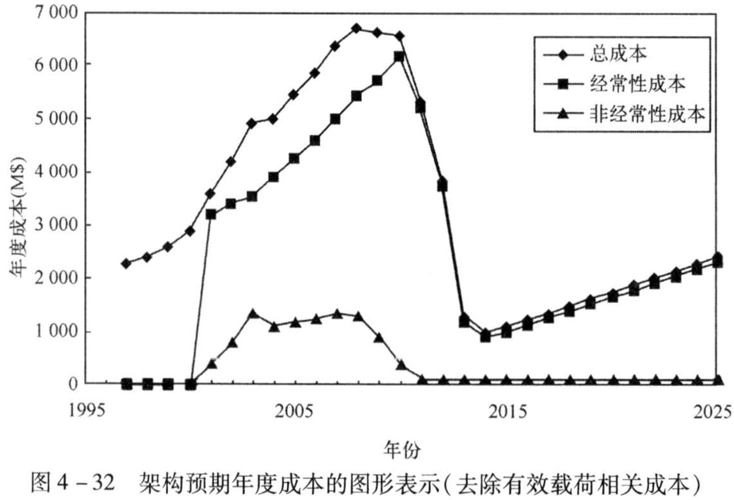

图4－32　架构预期年度成本的图形表示(去除有效载荷相关成本)

4.6.6　架构比较

高级空间运输架构的经济比较涉及建立多年现金流模式；因此，可用成本现值来呈现分析结果。现值考虑了现金流模式的规模和时间。同样如前所述，因为实现性能的预测水平、经常性成本、非经常性成本都具有不确定性，所以进入现值计算的年度成本是不定量。因此，成本现值也必须用概率分布来表征。概率分布可用期望值 m 和标准差 σ 来概括，其中 σ 表示风险维度。

因为每个运输架构的生命周期成本现值由期望值和标准差(即风险维度)表征，所以必须在预期成本和风险之间进行权衡以选择最佳或最理想的方案，如图 4－33 所示，其中 $m-\sigma$之间的所有点表示满足指定任务模型的方案。图中所示的方案 1 和方案 2 具有相同的风险等级(即 $\sigma_1=\sigma_2$)，但是方案 1 的期望成本现值大于方案 2。因此，方案 2 优于方案 1。类似可认为，方案 4 优于方案 3。用同样的方式可知，方案 3 优于方案 1，因为两者具有相同的期望成本现值，但方案 1 风险较高。可用上述过程比较所有可选方案。在极限情况下，可在边界处选择最佳方案。边界表示的每个点或方案不同，因为其风险和期望成本现值不同。因此可获得最佳方案类别，决策者可基于风险判断来选择最佳方案，即决策者必须在期望成本现值减少和伴随的风险增加之间做出权衡选择。

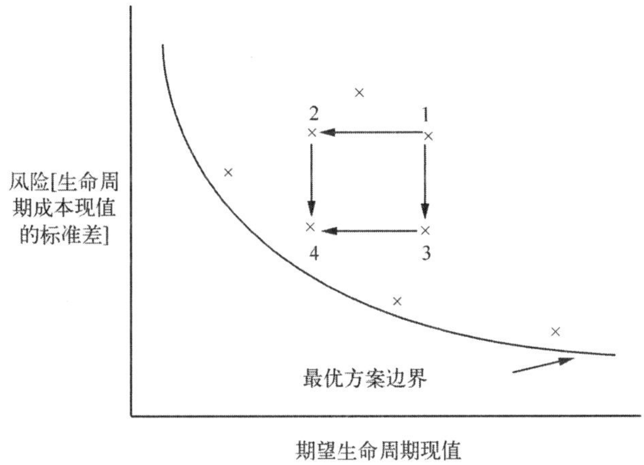

图 4－33　考虑风险的方案比较

分析确定期望成本现值和风险有助于确定并关注最具吸引力的方案(即位于或靠近最佳方案边界)。完成上述过程中，需要在共同的基础上进行方案比较。而为实现这一共同基础，要假定需求情景(即入轨交付质量为时间函数)。但是，该需求很可能与运输价格有关(迄今为止只考虑了成本)，因此最终必须考虑成本(和价格)显著不同的架构，并考虑不同架构通过价格弹性对有效载荷需求产生的影响。但是，这不会造成任何损失。鉴于也可能对无明显成本差异的架构进行比较，所以使用相同的需求情景仍可给出合理的比较结果。此外，使用相同的需求情景可能扩大架构之间的成本差异，但不改变理想顺序。无论何种情况，为完全避免这一问题，需要开发 STARS 模型的定价与需求组件，并考虑除生命周期成本现值外的其他指标。

4.6.7 总结

本节已提出明确定量考虑风险的运输架构比较方法。该方法用于筛选单级入轨和二级入轨的架构比较，适用于大范围的运输架构。该方法考虑技术目标实现的不确定性，实现技术水平对运输系统性能的影响，以及运输系统性能能力与有效载荷质量变化适应能力之间的关系。

从运输系统生命周期的非经常性成本、经常性成本和成本现值角度，可得到系统性能结果。运输系统生命周期成本还需要考虑运输系统对有效载荷成本的影响。其结果通过明确考虑运输系统生命周期成本的期望现值和现值标准差表示的相关风险水平，用于比较未来空间运输系统方案。该能力专用于评估、比较 NASA 研究的多个运输系统架构，以期为其建立一个显著降低未来空间运输成本的技术项目。

4.6.8 附录：STARS 模型

(1)数据需求(输入变量定义)

STARS 模型使用以下输入变量。下面对各输入变量进行了定义。这些输入变量被输入至 EXCEL 中的用户友好数据输入屏幕。

APLMARG	=	先验有效载荷设计余量，%
APLMASS(I)	=	低地球轨道有效载荷年度交付质量，kg/y
CSHRVFI(N)	=	第 N 年箭队投资百分比(%)[成本均摊在时间上滞后，N=1 是箭队投资完成年份]
CSHRVS1(N)	=	HRV 第 1 级的第 N 年非经常性成本百分比(%)[成本均摊在时间上滞后，N=1 是 HRV 运行开始年份(CYSO)]
CSHRVS2(N)	=	HRV 第 2 级的第 N 年非经常性成本百分比(%)[成本均摊在时间上滞后，N=1 是 HRV 运行开始年份(CYSO)]
CSIF(N)	=	第 N 年基础设施投资百分比(%)[成本均摊在时间上滞后，N=1 是基础设施投资完成年份(CYLF)]
CSTP(I)	=	从分析开始年起，第 I 年技术项目成本的百分比(%)
CY	=	分析起始公历年(例如 1999)[在公历年(CY)中，年度指数 I 等于 1。]
CYFI	=	HRV 箭队收购完成公历年
CYLF	=	发射基础设施建设完成公历年
CYSO	=	HRV 运行开始公历年(例如 2005)
DR	=	计算生命周期成本现值的折现率(%)
FIMLHRV	=	HRV 箭队中一枚 HRV 的最可能成本(价格)，M $
FIMNHRV	=	HRV 箭队中一枚 HRV 可能成本(价格)的最小值，M $
FIMXHRV	=	HRV 箭队中一枚 HRV 可能成本(价格)的最大值，M $
FLTRP	=	每年 HRV 箭队的更换成本百分比(%)
IHD	=	当 IHD = yes 时，包括无限范围折扣；当 IHD≠yes 时，不包括无限范围折扣
LFML	=	发射基础设施的最可能投资，M $
LFMN	=	发射基础设施可能投资的最小值，M $

LFMX	=	发射基础设施可能投资的最大值，M $
MAXR	=	蒙特卡洛仿真的运行次数
MAXYRS	=	在分析过程中需考虑的最多年数
MLTPC	=	技术项目的最可能成本，M $
MNTPC	=	技术项目成本的最小值，M $
MXNRCH	=	有效载荷余量增加引起的非经常性成本最大可能减少值，成本降低%
MXRCCH	=	有效载荷余量增加引起的经常性成本最大可能减少值，成本降低%
MXTPC	=	技术项目成本的最大值，M $
NOHRV	=	为箭队采购 HRV 的数量
PLMLNRC	=	在标称有效载荷设计余量下，单位质量有效载荷非经常性成本的最可能值，K $ /kg
PLMLRC	=	在标称有效载荷设计余量下，单位质量有效载荷经常性成本的最可能值，K $ /kg
PLMNNRC	=	在标称有效载荷设计余量下，单位质量有效载荷非经常性成本的可能最小值，K $ /kg
PLMNRC	=	在标称有效载荷设计余量下，单位质量有效载荷经常性成本的可能最小值，K $ /kg
PLMXNRC	=	在标称有效载荷设计余量下，单位质量有效载荷非经常性成本的可能最大值，K $ /kg
PLMXRC	=	在标称有效载荷设计余量下，单位质量有效载荷经常性成本的可能最大值，K $ /kg
PLPM	=	平均每次任务发射的有效载荷数量
PLSENNRC	=	为增加有效载荷设计余量，有效载荷非经常性成本的敏感度，成本降低% /余量提高%
PLSENRC	=	为增加有效载荷设计余量，有效载荷经常性成本的敏感度，成本降低% /余量提高%
PPL(I)	=	时间函数的 ELV 交付有效载荷质量百分比，% /y
S1ALC	=	相对于标称设计点，HRV 第 1 级能力的可接受水平最低值，设计点能力的%
S1DEC	=	决定允许第 1 级能力超过设计点水平(1 = 能超过，0 = 不能超过)
S1MLLC	=	相对于标称设计点，第 1 级能力水平的最可能值，设计点能力的%
S1MLNRC	=	第 1 级的最可能非经常性成本，M $
S1MNLC	=	相对于标称设计点，HRV 第 1 级的可实现能力水平最小值，设计点能力的%
S1MNNRC	=	第 1 级的先验非经常性可能成本最小值，M $
S1MXLC	=	相对于标称设计点，HRV 第 1 级的可实现能力水平最大值，设计点能力的%
S1MXNRC	=	第 1 级的先验非经常性可能成本最大值，M $
S2ALC	=	相对于标称设计点，HRV 第 2 级的可接受能力水平最低值，设计点能力的%
S2DEC	=	决定允许第 2 级能力超过设计点水平(1 = 能超过，0 = 不能超过)
S2MLLC	=	相对于标称设计点，第 2 级能力水平的最可能值，设计点能力的%
S2MLNRC	=	第 2 级的最可能非经常性成本，M $
S2MNLC	=	相对于标称设计点，HRV 第 2 级的可实现能力水平最小值，设计点能力的%
S2MNNRC	=	第 2 级的先验非经常性成本可能最小值，M $
S2MXLC	=	相对于标称设计点，HRV 第 2 级的可实现能力水平最大值，设计点能力的%
S2MXNRC	=	第 2 级的先验非经常性成本可能最大值，M $
S2S1A	=	第 1 级能力每百分比变化下，第 2 级能力的百分比变化(在第 1 级和第 2 级的设计点)
S2S1B	=	第 2 级能力每百分比变化下，第 1 级能力的百分比变化(在第 1 级和第 2 级的设计点)
TCMLELV	=	每单位有效载荷质量 ELV 运输的最可能成本，K $ /kg

TCMLHRV　=　每单位有效载荷质量 HRV 运输的最可能成本，K $/kg

TCMNELV　=　每单位有效载荷质量 ELV 运输成本的可能最小值，K $/kg

TCMNHRV　=　每单位有效载荷质量 HRV 运输成本的可能最小值(运行成本不考虑箭队的购买或更换)，K $/kg

TCMXELV　=　每单位有效载荷质量 ELV 运输成本的可能最大值，K $/kg

TCMXHRV　=　每单位有效载荷质量 HRV 运输成本的可能最大值(运行成本不考虑箭队的购买或更换)，K $/kg

(2) STARS 数学模式

以下详述 STARS 数学模型。在数学关系中，斜体字符指代输入变量(即提供的输入数据)，罗马字符指代计算量。所有输入变量和计算量均有助记名(例如，*S2MLLC* 表示“第2级能力水平的最可能值”)。

1)确定第 1 级的能力水平：　(%)

S1CAP(R)　$1 \leq \mathrm{R} \leq MAXR$

生成随机数，RN。

使用随机抽样算法得到 S1CAP(R)的值：

$$[S1MXLC;\ S1MNLC;\ S1MLLC] \Rightarrow \mathrm{S1CAP(R)}$$

2)确定第 1 级的非经常性成本：　(M $)

S1NRC(R)　$1 \leq \mathrm{R} \leq MAXR$

生成随机数，RN。

使用随机抽样算法得到 S1NRC(R)的值：

$$[S1MXNRC;\ S1MNNRC;\ S1MLNRC] \Rightarrow \mathrm{S1NRC(R)}$$

3)确定第 2 级的先验能力水平：　(M $)

S2CAP(R)　$1 \leq \mathrm{R} \leq MAXR$

生成随机数，RN。

使用随机抽样算法得到 S2CAP(R)的值：

$$[S2MXLC;\ S2MNLC;\ S2MLLC] \Rightarrow \mathrm{S2CAP(R)}$$

4)为实现第 1 级的能力，调整第 2 级的先验能力：　(%)

S2CAP(R)　$1 \leq \mathrm{R} \leq MAXR$

$$\mathrm{S2CAP(R)} = S2S1A * [\mathrm{S1CAP(R)} - 100.0] + K1 * S2S1B * [\mathrm{S1CAP(R)} - 100.0]^2 + \mathrm{S2CAP(R)}$$

若 S1CAP(R) ≥100.0，则 $K1 = 1.0$；若 S1CAP(R) <100.0，则 $K1 = -1.0$。

5)确定第 2 级的非经常性成本：　(M $)

S2NRC(R)　$1 \leq \mathrm{R} \leq MAXR$

生成随机数，RN。

使用随机抽样法得到 S2NRC(R)的值：

$$[S2MXNRC;\ S2MNNRC;\ S2MLNRC] \Rightarrow \mathrm{S2NRC(R)}$$

6)确定单位质量 *ELV* 有效载荷的经常性成本：　(K $/kg)

ELVPLRC(R)　$1 \leq \mathrm{R} \leq MAXR$

生成随机数，RN。

使用随机抽样法得到 ELVPLRC(R)的值：

$$[PLMXRC;\ PLMNRC;\ PLMLRC] \Rightarrow \mathrm{ELVPLRC(R)}$$

7)计算有效载荷设计余量： (%)

PLMARG(R) $1 \leqslant \mathrm{R} \leqslant MAXR$

$$\mathrm{PLMARG(R)} = APLMARG + [\mathrm{S2CAP(R)} - 100.0]$$

若 PLMARG(R) < 0.0，则

$$\mathrm{PLMARG(R)} = 0.0$$

8)确定单位质量有效载荷下，有效载荷非经常性成本的不确定性范围： (K $/kg)

PLMXNR(R)；PLMNNR(R)；PLMLNR(R) $1 \leqslant \mathrm{R} \leqslant MAXR$

若 PLMARG(R) ≤ *APLMARG*，则

$\mathrm{PLMNNR(R)} = PLMNNRC$

$\mathrm{PLMXNR(R)} = PLMXNRC * \{1.0 + PLSENNRC * [PLMARG(\mathrm{R}) - APLMARG] * 0.0001\}$

$\mathrm{PLMLNR(R)} = PLMLNRC * \{1.0 + PLSENNRC * [\mathrm{PLMARG(R)} - APLMARG] * 0.0001\}$

若 PLMARG(R) > *APLMARG*，则

$\mathrm{PLMNNR(R)} = PLMNNRC * \{1.0 + PLSENNRC * [\mathrm{PLMARG(R)} - APLMARG] * 0.0001\}$

$\mathrm{PLMXNR(R)} = PLMXNRC$

$\mathrm{PLMLNR(R)} = PLMLNRC * \{1.0 + PLSENNRC * [\mathrm{PLMARG(R)} - APLMARG] * 0.0001\}$

若 PLMLNR(R) < *MXNRCH* * *PLMLNRC* * 0.01，则

$$\mathrm{PLMLNR(R)} = MXNRCH * PLMLNRC * 0.01$$

若 PLMNNR(R) < *MXNRCH* * *PLMLNRC* * 0.01，则

$$\mathrm{PLMNNR(R)} = MXNRCH * PLMNNRC * 0.01$$

9)确定单位质量有效载荷的非经常性成本： (K $/kg)

PLNRC(R) $1 \leqslant \mathrm{R} \leqslant MAXR$

生成随机数，RN。

使用随机抽样法得到 PLNRC(R)的值：

$$[\mathrm{PLMXNR(R)};\ \mathrm{PLMNNR(R)};\ \mathrm{PLMLNR(R)}] \Rightarrow \mathrm{PLNRC(R)}$$

10)确定单位有效载荷质量下，有效载荷经常性成本的不确定性范围： (K $/kg)

PLMXR(R)；PLMNR(R)；PLMLR(R) $1 \leqslant \mathrm{R} \leqslant MAXR$

若 PLMARG(R) ≤ *APLMARG*，则

$\mathrm{PLMNR(R)} = PLMNRC$

$\mathrm{PLMXR(R)} = PLMXRC * \{1.0 + PLSENRC * [\mathrm{PLMARG(R)} - APLMARG] * 0.0001\}$

$\mathrm{PLMLR(R)} = PLMLRC * \{1.0 + PLSENRC * [\mathrm{PLMARG(R)} - APLMARG] * 0.0001\}$

若 PLMARG(R) > *APLMARG*，则

$\mathrm{PLMNR(R)} = PLMNRC * \{1.0 + PLSENRC * [\mathrm{PLMARG(R)} - APLMARG] * 0.0001\}$

$\mathrm{PLMXR(R)} = PLMXRC$

$\mathrm{PLMLR(R)} = PLMLRC * \{1.0 + PLSENRC * [\mathrm{PLMARG(R)} - APLMARG] * 0.0001\}$

若 PLMLR(R) < *MXRCCH* * *PLMLRC* * 0.01，则

$$\mathrm{PLMLR(R)} = MXRCCH * PLMLRC * 0.01$$

若 PLMNR(R) < *MXRCCH* ∗ *PLMLRC* ∗ 0.01，则

PLMNR(R) = *MXRCCH* ∗ *PLMNRC* ∗ 0.01

11)确定单位质量有效载荷的经常性成本：　(K $ /kg)

PLRC(R)　1≤R≤*MAXR*

生成随机数，RN。

使用随机抽样法得到 PLRC(R)的值：

[PLMXR(R)；PLMNR(R)；PLMLR(R)]⇒PLRC(R)

12)确定单位质量的 *HRV* 运输成本：　(K $ /kg)

TCUM(R)　1≤R≤*MAXR*

生成随机数，RN。

使用随机抽样法得到 TCUM(R)的值：

[*TCMXHRV*；*TCMNHRV*；*TCMLHRV*]⇒TCUM(R)

13)确定每单位质量的 ELV 运输成本：　(K $ /kg)

ELVTCUM(R)　1≤R≤*MAXR*

生成随机数，RN。

使用随机抽样法得到 ELVTCUM(R)的值：

[*TCMXELV*；*TCMNELV*；*TCMLELV*]⇒ELVTCUM(R)

14)计算 HRV 单位成本(购买价格纳入 HRV 箭队)：　(M $ /unit)

HRVUC(R)　1≤R≤*MAXR*

生成随机数，RN。

使用随机抽样法得到 HRVUC(R)的值：

[*FIMXHRV*；*FIMNHRV*；*FIMLHRV*]⇒HRVUC(R)

15)计算发射基础设施成本：　(M $)

INFC(R)　1≤R≤*MAXR*

生成随机数，RN。

使用随机抽样法得到 INFC(R)的值：

[*LFMX*；*LFMN*；*LFML*]⇒INFC(R)

16)确定技术项目总成本：　(M $)

TPC(R)　1≤R≤*MAXR*

生成随机数，RN。

使用随机抽样法得到 TPC(R)的值：

[*MXTPC*；*MNTPC*；*MLTPC*]⇒TPC(R)

17)HRV 第 1 级非经常性成本的成本均摊：　(M $)

HRVNRC1(I，R)　1≤R≤*MAXR*

1≤N≤10

当 I = *CYSO* − *CY* − 10 + *N* 并 I≥1 时，则

HRVNRC1(I，R) = *CSHRVS*1(*N*) ∗ 0.01 ∗ S1NRC(R)

18)HRV 第 2 级非经常性成本的成本均摊：　(M $)

HRVNRC2(I，R)　1≤R≤*MAXR*

$1 \leqslant N \leqslant 10$

当 $I = CYSO - CY - 10 + N$ 并 $I \geqslant 1$ 时，则

$$HRVNRC2(I, R) = CSHRVS2(N) * 0.01 * S2NRC(R)$$

19)基础设施支出的成本均摊：（M $）

INFNRC(I, R)　$1 \leqslant R \leqslant MAXR$

$1 \leqslant N \leqslant 10$

当 $I = CYLF - CY - 10 + N$ 并 $I \geqslant 1$ 时，则

$$INFNRC(I, R) = CSIF(N) * 0.01 * INFC(R)$$

20)箭队投资的成本均摊：（M $）

FNRC(I, R)　$1 \leqslant R \leqslant MAXR$

$1 \leqslant N \leqslant 10$

当 $I = CYFI - CY - 10 + N$ 并 $I \geqslant 1$ 时，则

$$FNRC(I, R) = CSHRVFI(N) * 0.01 * HRVUC(R) * NOHRV$$

21)确定 HRV 有效载荷的年度非经常性成本：（M $）

HRVPLNRC(I, R)　$1 \leqslant R \leqslant MAXR$

$$HRVPLNRC(I, R) = PLNRC(R) * APLMASS(I) * 0.001 * [100 - PPL(I)] * 0.01/PLPM$$

22)确定 ELV 有效载荷的年度非经常性成本：（M $）

ELVPLNRC(I, R)　$1 \leqslant R \leqslant MAXR$

生成随机数，RN。

使用随机抽样法得到 EXPLNRC(R)的值：

$$[PLMXNRC; PLMNNRC; PLMLNRC] \Rightarrow EXPLNRC(R)$$

$$ELVPLNRC(I, R) = EXPLNRC(R) * APLMASS(I) * 0.001 * PPL(I) * 0.01/PLPM$$

23)确定研究技术项目的年度成本：（M $）

TPNRC(I, R)　$1 \leqslant R \leqslant MAXR$

$$TPNRC(I, R) = 0.01 * CSTP(I) * TPC(R)$$

24)确定运输系统非经常性成本的期望值与标准差：（M $）

$$ETSNRC = \left\{ \sum_{R=1}^{MAXR} [S1NRC(R) + S2NRC(R)] \right\} \Big/ MAXR$$

$$SDTSNRC = \left\{ \left\{ \sum_{R=1}^{MAXR} [S1NRC(R) + S2NRC(R)]^2 \right\} \Big/ MAXR - [ETSNRC]^2 \right\}^{0.5}$$

25)确定 HRV 单位成本的期望值与标准差：（M $）

$$EHRVUC = \left\{ \sum_{R=1}^{MAXR} HRVUC(R) \right\} / MAXR$$

$$SDHRVUC = \left\{ \left\{ \sum_{R=1}^{MAXR} [HRVUC(R)]^2 \right\} / MAXR - [ELVUC]^2 \right\}^{0.5}$$

26)确定 HRV 箭队投资的期望值与标准差：（M $）

$$EHRVFC = NOHRV * EHRVUC$$

$$SDHRVFC = NOHRV * SDHRVUC$$

27）确定基础设施投资的期望值与标准差：（M$）

$$EINFC = \left\{ \sum_{R=1}^{MAXR} INFC(R) \right\} \Big/ MAXR$$

$$SDTSNRC = \left\{ \left\{ \sum_{R=1}^{MAXR} [INFC(R)]^2 \right\} \Big/ MAXR - [EINFC]^2 \right\}^{0.5}$$

28）确定单位质量有效载荷发射成本的期望值与标准差：（K$/kg）

$$ELCUM = \left\{ \sum_{R=1}^{MAXR} TCUM(R) \right\} \Big/ MAXR$$

$$SDLCUM = \left\{ \left\{ \sum_{R=1}^{MAXR} [TCUM(R)]^2 \right\} \Big/ MAXR - [ELCUM]^2 \right\}^{0.5}$$

29）确定单位质量有效载荷的非经常性成本期望值与标准差：（K$/kg）

$$EPLNRC = \left\{ \sum_{R=1}^{MAXR} PLNRC(R) \right\} \Big/ MAXR$$

$$SDLCUM = \left\{ \left\{ \sum_{R=1}^{MAXR} [PLNRC(R)]^2 \right\} \Big/ MAXR - [EPLNRC]^2 \right\}^{0.5}$$

30）确定单位质量有效载荷的经常性成本期望值与标准差：（K$/kg）

$$EPLRC = \left\{ \sum_{R=1}^{MAXR} PLRC(R) \right\} \Big/ MAXR$$

$$SDPLRC = \left\{ \left\{ \sum_{R=1}^{MAXR} [PLRC(R)]^2 \right\} \Big/ MAXR - [EPLRC]^2 \right\}^{0.5}$$

31）确定有效载荷设计余量的期望值与标准差：（%）

$$EPLDM = \left\{ \sum_{R=1}^{MAXR} PLMARG(R) \right\} \Big/ MAXR$$

$$SDPLRC = \left\{ \left\{ \sum_{R=1}^{MAXR} [PLMARG(R)]^2 \right\} \Big/ MAXR - [EPLDM]^2 \right\}^{0.5}$$

32）确定运行系统生命周期成本现值的期望值与标准差：（M$）

若 $I \leq CYSO - CY + 1$，则

$$AFRNRC(I, R) = 0$$

若 $I > CYSO - CY + 1$，则

$$AFRNRC(I, R) = 0.01 * FLTRP * NOHRV * HRVUC(R)$$

$$\begin{aligned} TACA(I, R) = \{ & HRVNRC1(I, R) + HRVNRC2(I, R) + INFNRC(I, R) + \\ & HRVPLNRC(I, R) + ELVPLNRC(I, R) + FNRC(I, R) + \\ & AFRNRC(I, R)\} + \{[TCUM(R) + PLRC(R)] * \\ & 0.001 * APLMASS(I) * [1 - 0.01 * PPL(I)] + \\ & [ELVTCUM(R) + ELVPLRC(R)] * 0.001 * \\ & APLMASS(I) * 0.01 * PPL(I)\} \end{aligned}$$

当 $IHD \neq$ yes 时，那么

$$EPVC = \left\{ \sum_{R=1}^{MAXR} \left\{ \sum_{I=1}^{MAXYRS} TACA(I,R)/[1+0.01*DR]^{I-1} \right\} \right\} \Big/ MAXR$$

$$SDPVC = \left\{ \left\{ \sum_{R=1}^{MAXR} \left\{ \sum_{I=1}^{MAXYRS} TACA(I,R)/[1+0.01*DR]^{I-1} \right\}^2 \right\} \Big/ MAXR - [EPVC]^2 \right\}^{0.5}$$

当 IHD = yes 时，那么

$$EPVC = \left\{ \sum_{R=1}^{MAXR} \left\{ \sum_{I=1}^{MAXYRS} TACA(I,R)/[1+0.01*DR]^{I-1} \right\} + \right.$$

$$\left. TACA(I = MAXYRS, R)/[0.01*DR]*[1+0.01*DR]^{MAXYRS} \right\} \Big/ MAXR$$

$$SDPVC = \left\{ \left\{ \left\{ \sum_{R=1}^{MAXR} \left\{ \sum_{I=1}^{MAXYRS} TACA(I,R)/[1+0.01*DR]^{I-1} \right\} + \right.\right.\right.$$

$$\left.\left. TACA(I = MAXYES, R)/[0.01*DR]*[1+0.01*DR]^{MAXYRS} \right\}^2 \right\} \Big/$$

$$\left. MAXR - [EPVC]^2 \right\}^{0.5}$$

33) 确定 HRV 第 1 级的期望年度非经常性成本：HRVS1NC(I)　(M $)

$$HRVS1NC(I) = \left\{ \sum_{R=1}^{MAXR} HRVNRC1(I,R) \right\} \Big/ MAXR$$

34) 确定 HRV 第 2 级的期望年度非经常性成本：HRVS2NC(I)　(M $)

$$HRVS2NC(I) = \left\{ \sum_{R=1}^{MAXR} HRVNRC2(I,R) \right\} \Big/ MAXR$$

35) 确定基础设施的期望年度非经常性成本：INFNC(I)　(M $)

$$INFNC(I) = \left\{ \sum_{R=1}^{MAXR} INFNRC(I,R) \right\} \Big/ MAXR$$

36) 确定 HRV 有效载荷的期望年度非经常性成本：HRVPLNC(I)　(M $)

$$HRVPLNC(I) = \left\{ \sum_{R=1}^{MAXR} HRVPLNRC(I,R) \right\} \Big/ MAXR$$

37) 确定 ELV 有效载荷的期望年度非经常性成本：ELVPLNC(I)　(M $)

$$ELVPLNC(I) = \left\{ \sum_{R=1}^{MAXR} ELVPLNRC(I,R) \right\} \Big/ MAXR$$

38) 确定箭队投资的期望年度非经常性成本：HRVFNC(I)　(M $)

$$HRVFNC(I) = \left\{ \sum_{R=1}^{MAXR} FNRC(I,R) \right\} \Big/ MAXR$$

39) 确定箭队更换的期望年度非经常性成本：HRVNRC(I)　(M $)

若 $I \leq CYSO - CY + 1$，则 $HRVNRC(I) = 0$

若 $I > CYSO - CY + 1$，则 $HRVNRC(I) = 0.01 * FLTRP * EHRVFC$

40) 确定技术项目的期望年度非经常性成本：TPNC(I)　(M $)

$$\mathrm{TPNC(I)} = \left\{ \sum_{R=1}^{MAXR} \mathrm{TPNRC(I,R)} \right\} \Big/ MAXR$$

41)确定 HRV 的期望年度发射操作经常性成本：HRVRC(I)　(M \$)

$$\mathrm{HRVRC(I)} = \left\{ \sum_{R=1}^{MAXR} \mathrm{TCUM(R)} \right\} * 0.001 * APLMASS(I) * [1 - 0.01 * PPL(I)] / MAXR$$

42)确定 ELV 期望年度发射操作经常性成本：ELVRC(I)　(M \$)

$$\mathrm{ELVRC(I)} = \left\{ \sum_{R=1}^{MAXR} \mathrm{ELVTCUM(R)} \right\} * 0.001 * APLMASS(I) * 0.01 * PPL(I) / MAXR$$

43)确定 HRV 有效载荷的期望年度经常性成本：HRVRC(I)　(M \$)

$$\mathrm{HRVPLC(I)} = \left\{ \sum_{R=1}^{MAXR} \mathrm{PLRC(R)} \right\} * 0.001 * APLMASS(I) * [1 - 0.01 * PPL(I)] / MAXR$$

44)确定 ELV 有效载荷的期望年度经常性成本：ELVPLC(I)　(M \$)

$$\mathrm{ELVPLC(I)} = \left\{ \sum_{R=1}^{MAXR} \mathrm{ELVPLRC(R)} \right\} * 0.001 * APLMASS(I) * 0.01 * PPL(I) / MAXR$$

45)计算期望年度非经常性总成本、期望年度经常性总成本和期望年度总成本：TNRC(I)；TRC(I)；ETAC(I)　(M \$)

$$\mathrm{TNRC(I)} = \mathrm{HRVS1NC(I)} + \mathrm{HRVS2NC(I)} + \mathrm{INFNC(I)} + \mathrm{HRVPLNC(I)} + \mathrm{ELVPLNC(I)} + \mathrm{HRVFNC(I)} + \mathrm{HRVRNC(I)} + \mathrm{TPNC(I)}$$

$$\mathrm{TRC(I)} = \mathrm{HRVRC(I)} + \mathrm{ELVRC(I)} + \mathrm{HRVPLC(I)} + \mathrm{ELVPLC(I)}$$

$$\mathrm{ETAC(I)} = \mathrm{TNRC(I)} + \mathrm{TRC(I)}$$

46)计算期望累计非经常性总成本、期望累计经常性总成本和期望累计总成本：CTNRC(I)；CTRC(I)；CETAC(I)　(M \$)

$$\mathrm{CTNRC(I)} = \sum_{A=1}^{I} \mathrm{TNRC(A)}$$

$$\mathrm{CTRC(I)} = \sum_{A=1}^{I} \mathrm{TRC(A)}$$

$$\mathrm{CETAC} = \mathrm{CTNRC(I)} + \mathrm{CTRC(I)}$$

47)计算非经常性总成本的标准差：SDNRC(I)　(M \$)

$$\mathrm{SDPVC} = \left\{ \left\{ \sum_{R=1}^{MAXR} [\mathrm{HRVNRC1(I,R)} + \mathrm{HRVNRC2(I,R)} + \mathrm{INFNRC(I,R)} + \mathrm{HRVPLNRC(I,R)} + \mathrm{ELVPLNRC(I,R)} + \mathrm{FNRC(I,R)} + \mathrm{AFRNRC(I,R)} + \mathrm{TPNRC(I,R)}]^2 \right\} / MAXR - [\mathrm{TNRC(I)}]^2 \right\}^{0.5}$$

48)计算经常性总成本的标准差：SDNRC(I)　(M \$)

$$\mathrm{SDPVC(I)} = \left\{ \left\{ \sum_{R=1}^{MAXR} [\mathrm{TCUM(R)} * 0.001 * APLMASS(I) * [1 - 0.01 * PPL(I)] + \mathrm{ELVTCUM(R)} * 0.001 * APLMASS(I) * 0.01 * PPL(I) + \mathrm{PLRC(R)} * 0.001 * APLMASS(I) * [1 - 0.01] * PPL(I) + \right.\right.$$

$$ELVPLRC(R) * 0.001 * APLMASS(I) * 0.01 * PPL(I)]^2 \} / MAXR - [TRC(I)]^2 \Big\}^{0.5}$$

49) 计算年度总成本的标准差：SDTAC(I)　(M $)

$$SDTAC(I) = \{[SDNRC(I)]^2 + [SDRC(I)]^2\}^{0.5}$$

(3) 初始化列表

$HRVNRC1(I, R) = 0, 1 \leqslant I \leqslant MAXYRS$

$HRVNRC2(I, R) = 0, 1 \leqslant I \leqslant MAXYRS$

$INFNRC(I, R) = 0, 1 \leqslant I \leqslant MAXYRS$

$FNRC(I, R) = 0, 1 \leqslant I \leqslant MAXYRS$

$TPNRC(I, R) = 0, 1 \leqslant I \leqslant MAXYRS$

4.7 选择运载火箭(政府任务)

4.2 节已讨论企业使用运载火箭的选择过程。可知运载火箭的选择过程在很大程度上依赖多种指标，例如期望投资回报率、期望现金流现值，以及以投资回报率变化或现金流现值来表征的风险。得到上述指标需要使用财务规划模型，例如随机(蒙特卡洛)DOMSAT 模型。如 4.1 节所述，该模型在多种感知不确定性存在的情况下，将市场、设计和性能属性转化为必要的投资回报率、期望净现值和风险指标。因此，确定这些指标需要考虑所有发射服务相关属性及其相互关系，在知悉期望值和相关风险指标(可用于决策制定)后做出恰当的选择。

政府空间任务涉及建立并维护单颗卫星或(更经常是)卫星星座的服务，即在很长的时间内负责单颗卫星或卫星星座的入轨、运行与维护。为维护服务的连续性，成功进入低地球轨道星座的失效卫星会被更换。随着更多星座发射，发射服务的供应竞争将增加，在目标实现基础上将成本最小化的重要性也将增大。此外，能够将任务生命周期成本现值最小化且实现年度和长期可用性约束的卫星发射、备用和更换策略决策的重要性也会提高。本章 4.9 节将分析上述策略并确定有效策略(即成本和风险最小)。确定有效策略需要考虑成本和计划的不确定性、发射和卫星(子系统)的可靠性，以及可能由故障引起的延迟。卫星的发射、备用及更换策略包括卫星按计划发射(入轨或更换)策略，卫星故障更换策略，基于预期耗损故障、在轨运行和搁置备件的更换策略，以及多种策略的组合。

显然，政府任务经常关注长短期内服务的可用性实现情况。在这种情况下，不能也不应该在没有同时考虑备用策略和维护策略的前提下选择运载火箭。运载火箭的可用性、可靠性和故障导致的重置计划延迟与卫星设计特性和备用/维护策略相关。因此，在选择运载火箭时，需要考虑完整任务(即星座的入轨与维护)。

我们的总体目标是最大限度地降低满足长短期可用性要求的成本，至少使所需数量的传感器或接收器可操作，其中可用性用指定时间段内的可用时间占比(例如，1 年或整个 10 年任务期)表示。注意，这与至少所需数量的传感器或接收器的可操作概率相等。当每个卫星上有多个(不同的)传感器和/或接收器且每个卫星的价值不同时，问题会变得更加复杂。我们将在 4.11 节对此进行说明。

为一项任务确定运载火箭的最佳选择方案，有必要使用随机仿真模型（例如，4.1 节提出的 SATCAV 模型或 4.8 节提出的尚未实施的发射仿真模型）对任务进行仿真。任一仿真模型的所得结果都是生命周期成本现值的概率分布，以及每类传感器/接收器的年度任务时间可用性统计和总任务时间可用性统计。上述结果完全取决于所选空间运输服务的假定属性和备用/维护策略。选择不同的空间运输服务属性等同于考虑不同的运载火箭，当使用不同的运载火箭执行任务时可进行成本和可用性比较。此外，我们的目标是选择运载火箭或运输服务，使满足长短期可用性需求的生命周期成本现值最小。因为生命周期成本现值必须用概率分布描述，即用期望值和标准差（风险指标）表示，所以决策过程会很复杂。因此，从真正意义来说，选择运载火箭或运输服务是多属性决策问题，包括（多个传感器/接收器的）成本和可用性统计。这一决策问题确实复杂，决策者应获得所有可能信息，特别是在进行重要资源决策时。

4.8　发射活动建模注意事项

本节将描述一种计算机仿真模型［称为发射活动仿真（LCS）模型］的开发需求。该模型用于评估可选发射活动相关的年度成本和生命周期（折扣）成本，其中发射活动可能涉及通信卫星星座或其他卫星星座的入轨与维护。该模型的方法是识别基本分析工具（即卫星既定入轨和卫星更换的仿真模型）的需求，随后描述多个必要的可添加附加功能（例如，预期耗损故障下的发射、在轨运行备件等）。该模型的目标是提供一个有效的工具，尽快分析发射活动策略和方案，随后在一段时间内将应用范围扩展至与多轨道面和明确考虑的备用策略相关的任务领域。

该仿真模型最初旨在分析发射活动的策略与方案及扩展分析备用策略方案。模型可得到卫星可用性数据统计以及通信卫星星座或其他卫星星座入轨维护的年度成本概率分布和生命周期成本（即多个折现率下的生命周期成本现值）概率分布。星座可包括多个轨道平面的多个运行卫星，至少从备用卫星（备用卫星不能在轨道面之间转移）、系统可用性（可用性数据统计反映轨道面内的卫星运行）和卫星入轨（即任一单独发射的卫星只能进入一个轨道面）角度来看，多个轨道面内的星座卫星最初独立运行。（鉴于复杂模型和相关软件开发的现实情况，我们采用分阶段能力实现方法。在完成初始能力开发之后，研究多个非独立轨道面的复杂情况。）因此，该仿真模型（至少最初）将模拟卫星星座，将轨道平面、发射、卫星等情况包括其中，并在必要时考虑多个轨道面仿真的适当成本增加。

下面将用三步过程假设并描述将要实现的需求或能力。步骤 1 是用于发射活动策略和方案分析的基础 LCS 模型开发——该模型可在考虑系统可用性及成本统计的多运载火箭环境下，评估发射活动及策略和卫星采购及交付计划。步骤 2 将扩展步骤 1 的能力，提出通过单次发射进入多个轨道面的策略方案。步骤 3 涉及扩展步骤 1 和步骤 2 的能力，用来分析评估其他备用方案和维护策略。

开发 LCS 模型的目的是提供一种方法，来了解发射活动方案和卫星备用策略对年度成本、生命周期成本及系统可用性的影响。该仿真模型将使用 4.1 节描述的蒙特卡洛方法。

步骤 1 基本 LCS 模型应该包括如下通用能力：

1）应根据指定计划进行发射、入轨卫星并对故障卫星进行恢复性更换，同时考虑更换的运载器和卫星的可用性和日程计划。由于故障和相关重置安排的延迟，实际发射日程与预期发射日程不同。应通过输入数据指定预期发射日程和更换日程。

2）LCS 模型应该考虑运载火箭故障的情况，并在指定的运载火箭系列中安排重新发射，要考虑日程延迟、运载火箭可用性、交付能力（即卫星数量）和其他因素。

3）最初（步骤 1），将卫星星座视为单个轨道平面内的多个卫星。应假设如果单次发射多个卫星，则所有卫星将进入相同的轨道平面，来增加轨道面内的卫星数量和/或更换失效卫星。当卫星数量超过所需的运行卫星数时，超出的部分将作为备用运行卫星。

4）该模型可考虑多个一次性或可重复使用运载火箭，用于初始飞行和替换计划飞行。该模型还可提供发射故障情况下运载火箭的选择算法（该算法考虑成本、可用性及其他因素）。

5）运载火箭应用多种属性描述，包括首次使用的时间说明、可靠性、价格、价格不确定性、保险费率、可用性（即运载火箭的可用性概率——反映了火箭用于其他任务发生故障时导致的延迟）、停机时间统计、每次发射可入轨的卫星数和其他因素。建议同时考虑任务模型的所有任务和运载火箭。随后可针对这些任务模拟出现故障时成功完成发射，以及如果出现故障，该任务的延迟和可用性。这样，特定模拟发射任务就可考虑其他任务故障所产生的影响。

6）应开发一种算法来为更换任务（即从发射故障中恢复）选择运载火箭。该算法要考虑从多个发射台发射多个运载火箭的可用性、每次发射入轨卫星的数量、成本、可靠性、可用性、每年发射次数以及两次发射任务之间的最短时间。

7）需要考虑发射服务的付款计划。因此，应通过输入数据指定发射付款属性，应包括确定的预付款和随发射日期变化的其他浮动成本。

8）模型应考虑运载火箭的多个特征，包括发射故障导致的延迟、两次发射任务之间的最短时间、每年可从特定供应商处购买运载火箭的最大数量、从单个发射点连续发射的时间。

9）应考虑各种保险合约，例如是否购买保险与免税合约。每个方案都需要保险费率。

10）卫星的可靠性特征是更换方案的重要决定因素。模型应考虑卫星耗损寿命和随机失效特性。卫星可视为由多个有效载荷子系统（从可靠性角度并行运行）及多个平台支持子系统组成。根据以上特征建立卫星可靠性模型，其中每个子系统的特点用期望耗损寿命、耗损寿命标准差和故障前平均时间来表征。

11）因为卫星可由多个有效载荷（即传感器或接收器）组成，所以有必要对故障进行定义。因此，模型应具备用关键有效载荷定义卫星故障的能力，应单独和组合（一次 2 个）考虑关键有效载荷。关键有效载荷组合的特定故障会导致卫星故障，此时要进行更换发射服务。

12）当可同时发射多个卫星时，其成功/故障特性可能具有相关性。出现这种情况可能因为卫星属于同一制造批次，或因为它们共享相同的发射/嵌入机制。因此，模型应考虑每次成功发射多个卫星的相关性或概率，以及成功发射的概率（和相关效应）。

13）应考虑非经常性成本和单位经常性成本。应考虑上述成本的不确定性和随时间的分布情况。此外，必须考虑经常性成本学习效应。

14）应考虑多种运营费用，通过输入数据指定名称和编号。每项费用都应包含固定和可变部分，并考虑不确定性。此外，应同时考虑多项资本支出、成本不确定性和成本均摊。

15）模型应考虑多个时间段，按月计算并按季度和年度显示结果。为合理估计传感器/接收器/卫星可用性，必须每月强制检查传感器/接收器/卫星的状态，且每月规划/执行所有活动。

输入系统应用 Excel（或类似的）电子表格文件表示，并清晰定义、描绘所有变量（将延迟开发菜单驱动用户友好输入系统直至步骤 3）。因为模型结果肯定需要展示，也需要继续进行步骤 2 和步骤 3，所以模型报告的格式应与以下需求一致。

LCS 模型应给出以下报告：

1）首先应提供季度成本和年度成本的总结报告，内容包含期望值和主要成本事件的标准差。

2）应提供季度事件统计报告和年度事件统计报告。季度统计报告只需给出期望值，而年度统计报告应提供年度事件的概率分布、期望值和标准差。

3）应提供卫星可用性统计报告，包括年度可用性统计信息和指定时间可用性统计信息。此外，应提供传感器/接收器可用性统计信息，表明每个传感器/接收器的年度可用时间百分比。

4）应提供故障原因统计报告，表明在整个计划期内每个子系统引发故障的概率。

步骤 2 应设法消除卫星轨道面独立性的约束，因此需修改 LCS 基本模型，允许卫星可通过单次发射入轨至多个轨道面，增加卫星进入停泊轨道的能力。修改后的基本模型在适当延迟和可靠性的条件下，可使单次发射的多个卫星分别进入不同的轨道面。步骤 2 开发的能力应在步骤 1 发射活动策略方案的分析框架内限定使用。

步骤 3 将为 LCS 模型增加以下通用功能，可为步骤 1 和步骤 2 进行补充，也能增加备用方案和维护策略的使用能力：

1）考虑预期耗损故障的卫星更换，其中预期时间为变量。

2）考虑故障卫星有/无在轨备件更换。应提出一种算法，适用于单个或多个卫星更换发射。

3）考虑故障卫星有/无在轨休眠备件更换。休眠状态的卫星与活动状态的卫星可能具有不同的故障特性。这些不同的故障特性，加上从休眠位置转移至工作位置的时间，以及调节休眠卫星至理想工作状态的概率都需要输入模型。

4）开发用户友好型菜单驱动输入系统以便于 LCS 模型的使用。

如前所述，SATCAV 模型已具备上述多种特征能力。（参考文献[1]对 SATCAV 模型进行了详细讨论。）但该模型不能考虑多轨道面，也不能在多次发射中进行选择，以及利用不同运载火箭执行卫星入轨和更换任务等情况。

4.9 成本风险与生命周期成本/可用性分析

当前，卫星星座入轨、运行和维护的任务均已实现。为保持理想的服务连续性，已可将成功入轨至低地球轨道星座但出现故障的卫星进行更换。（自 1999 年春天以后，铱星星座中至少有 12 颗卫星已失效。）随着更多星座发射，发射服务的供应竞争将更加激烈，在可满足目标条件下实现成本最小化的重要性也将增加。通过将任务生命周期成本现值最小化并实现年度和长期可用性结束的卫星发射、备用和更换策略决策重要性也会提高。本章将分析上述策略并确定有效策略(即成本和风险最小化)。确定有效策略需要考虑成本和计划的不确定性、发射和卫星(子系统)的可靠性以及可能由故障引起的延迟。卫星的发射、备用及更换策略包括卫星按计划发射(入轨或更换)策略，卫星故障更换策略，基于预期耗损故障、在轨运行和休眠备件的更换策略以及多种策略的组合。

为了展示满足长短期可用性目标的成本最小化方法，接下来将介绍评估某一遥感任务所需卫星数量的分析结果。使用 SATCAV 生命周期成本与可用性随机模型(已在4.1节详细描述，在本节简要概述)进行多卫星(星座)任务仿真。当考虑多个发射与备用策略方案时，该模型可得到年度生命周期成本、生命周期成本现值、卫星发射数量、运行卫星数量的年度概率分布和规划期概率分布。该模型可确定发射和备用策略，将生命周期成本现值(所有任务的空间部分成本)降至最低，并满足整个任务的可用性需求。

在讨论分析生命周期成本之前，应估计非经常性成本和经常性成本，同时特别关注成本风险情况。随后，可在 SATCAV 模型中使用成本分析所得的期望值和标准差。

4.9.1　成本风险

通常使用从上而下或从下而上的方法估计空间任务成本。自上而下的方法基于成本估计关系(CER)。该关系将非经常性成本和经常性成本与系统属性相关联。对卫星来说，成本估计关系通常将成本与质量、功率等物理参数相关联，通过估计卫星质量和功率来估计卫星的非经常性成本和经常性成本。通过对历史数据进行回归分析可建立成本估计关系[29]。但这种方法也存在局限性，即仅使用历史数据会缺乏创新性和新技术，而超越历史成绩是创新技术的发展目标。

自下而上的方法试图通过一个复杂过程估计系统成本，即将系统分解为多个子系统，估计每个子系统所需的劳动力和材料，最后汇总成本。这一方法的优点是可使成本评估更细化，但缺点是增加成本估计的工作量，且通常该方法不能用在早期方案阶段。

自下而上和自上而下的成本估计方法均有各自的适用情况。通常在早期规划阶段使用自上而下的成本估计方法，以快速选择合理的方案并论证方案的合理性。在产品详细设计完成后，零件/部件可识别且供应商报价可使用时，通常使用自下而上的成本估计方法。对于需要开发重要研究技术实现计划目标的长期多阶段任务来说，上述两种方法均不太适用[30]。

由于人们越来越关注成本超支情况并希望在实现成本目标的基础上获得奖励，因此人们越来越重视成本风险。成本风险可表示为实际成本超出各种预期水平的机会。以下将描述一种典型方法，用于估计多卫星遥感观测系统的成本风险。

自下而上方法的开始是进行详细工作分解结构(WBS)开发。工作分解结构包括非经常性成本因素和经常性成本因素。图4－34展示了详细工作分解结构的一部分。(实际上，此示例的完整工作分解结构超过900行。)行6～行9相加可得行5；行5、行10、……相加可得行4；等等。工作分解结构每一行确定的成本都基于最可能的成本估计值，虽不应加入，但通常会被加入。而加入最可能值可导致重大错误。从数学上来看，加入最可能值是不正确的；只有期望值可加(参见图 2 – 2)。

			天基卫星系统	建议
1	1			6 537.73
2	1.1		空间段	2 831.23
3	1.1.1		有效载荷	1 726.89
4	1.1.1.1	NR	有效载荷开发	180.04
5	1.1.1.1.1	NR	有效载荷架构&初步设计	1.45
6	1.1.1.1.1.1	NR	有效载荷需求&概念验证	0.38
7	1.1.1.1.1.2	NR	有效载荷需求评审（SRR）	0.20
8	1.1.1.1.1.3	NR	有效载荷初步设计	0.56
9	1.1.1.1.1.4	NR	有效载荷初步设计评审（PDR）	0.30
10	1.1.1.1.2	NR	有效载荷详细设计&开发	117.20
11	1.1.1.1.2.1	NR	SAR传感器设计&开发	108.20
12	1.1.1.1.2.1.1	NR	SAR传感器系统工程（开发）	N/A
13	1.1.1.1.2.1.2	NR	SAR天线设计&开发	80.10
14	1.1.1.1.2.1.2.1	NR	SAR天线结构与机构	31.89
15	1.1.1.1.2.1.2.2	NR	SAR天线初始系统工程	27.66
16	1.1.1.1.2.1.2.3	NR	SAR天线微电路设计&开发	2.65
17	1.1.1.1.2.1.2.4	NR	SAR天线阵设计&开发	0.08

图 4 – 34　典型工作分解结构的一部分

考虑成本风险倾向于通过强制获得期望值来消除误差，然后再加入期望值，以获得预期成本估计。这一目标可通过描述工作分解结构的基础成本因素来实现，包括图 4 – 35 所示的成本最小值、最可能值和最大值。这些估算是在考虑了“什么正确？什么可能出错？”的主观判断后得出的。随后，可使用这些主观判断获得预期成本和 20、50、80 百分位数成本的平均成本和相关标准差，如图 4 – 36 所示。“建议”列表示期望值，“建议标准差”列表示相关标准差。

				建议	最小值	最可能值	最大值	建议标准差	20百分位	50百分位
1	1		天基卫星系统	6 537.73				194.57	6 702	6 538
2	1.1		空间段	2 831.23				129.38	2 940	2 831
3	1.1.1		有效载荷	1 726.89				124.12	1 832	1 727
4	1.1.1.1	NR	有效载荷开发	180.04				5.74	185	180
5	1.1.1.1.1	NR	有效载荷架构&初步设计	1.45						
6	1.1.1.1.1.1	NR	有效载荷需求&概念验证	0.38	0.33	0.33	0.49	0.04		
7	1.1.1.1.1.2	NR	有效载荷需求评审（SRR）	0.20	0.17	0.17	0.25	0.02		
8	1.1.1.1.1.3	NR	有效载荷初步设计	0.56	0.48	0.49	0.72	0.05		
9	1.1.1.1.1.4	NR	有效载荷初步设计评审（PDR）	0.30	0.26	0.26	0.38	0.03		
10	1.1.1.1.2	NR	有效载荷详细设计&开发	117.20				5.51		
11	1.1.1.1.1.2.1	NR	SAR传感器设计&开发	108.20				5.50		
12	1.1.1.1.2.1.1	NR	SAR传感器系统工程（开发）	N/A	N/A	N/A	N/A	N/A		
13	1.1.1.1.2.1.2	NR	SAR天线设计&开发	80.10				5.37		
13	1.1.1.1.2.1.2.1	NR	SAR天线结构与机构	31.89	22.32	31.89	41.46	3.91		
14	1.1.1.1.2.1.2.2	NR	SAR天线初始系统工程	27.66	19.30	27.69	35.99	3.41		
16	1.1.1.1.2.1.2.3	NR	SAR天线微电路设计&开发	2.65	2.12	2.65	3.18	0.22		
17	1.1.1.1.2.1.2.4	NR	SAR天线阵设计&开发	0.08	0.77	0.08	0.10	0.01		
18	1.1.1.1.2.1.2.5	NR	SAR天线射频模块&时延单元	0.08	0.77	0.08	0.10	0.01		
19	1.1.1.1.2.1.2.6	NR	SAR天线子板块设计&开发	13.81	10.16	14.54	16.72	1.36		
20	1.1.1.1.2.1.2.7	NR	SAR天线控制器	3.43	2.74	3.43	4.11	0.28		

图 4 – 35　考虑工作分解结构各行的不确定性

			建议	最小值	最可能值	最大值	建议标准差	20百分位	50百分位
1	1	天基卫星系统	6 537.73				194.57	6 702	6 538
2	1.1	空间段	2 831.23				129.38	2 940	2 831
3	1.1.1	有效载荷	1 726.9				124.12	1 832	1 727
4	1.1.1.1	NR 有效载荷开发	180.04				5.74	185	180
5	1.1.1.1.1	NR 有效载荷架构&初步设计	1.45				0.07		
6	1.1.1.1.1.1	NR 有效载荷需求&概念验证	0.38	0.38	0.33	0.49	0.04		
7	1.1.1.1.1.2	NR 有效载荷需求评审(SRR)	0.20	0.17	0.17	0.25	0.02		

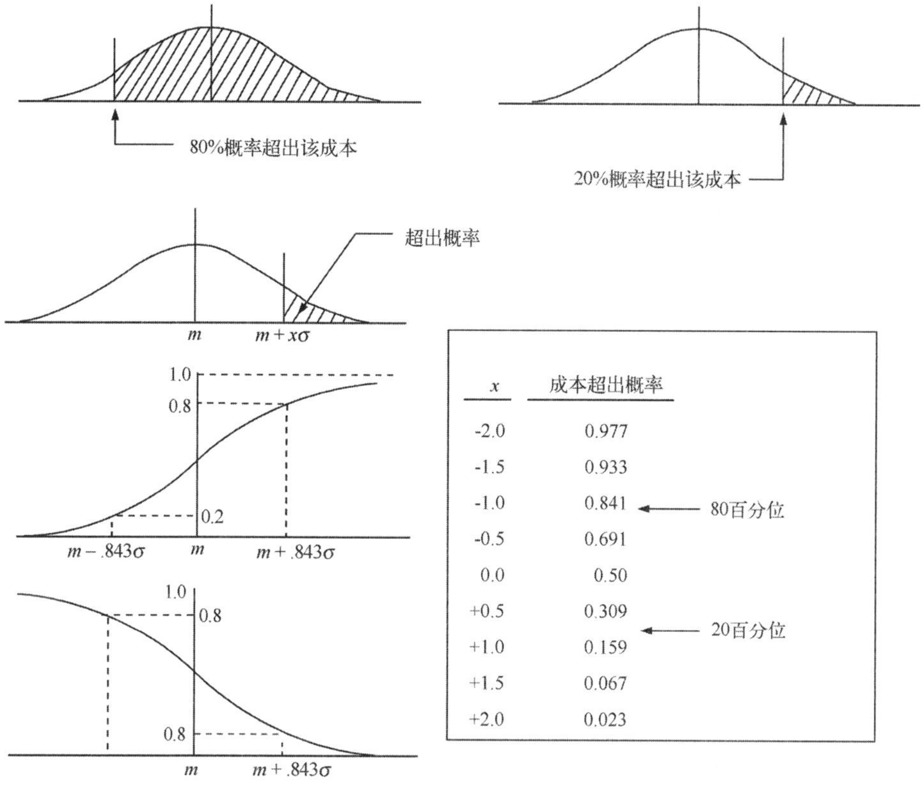

x	成本超出概率
-2.0	0.977
-1.5	0.933
-1.0	0.841
-0.5	0.691
0.0	0.50
+0.5	0.309
+1.0	0.159
+1.5	0.067
+2.0	0.023

图 4－36　成本风险水平确定

成本－风险方法的基本假设是，由于工作分解结构中的成本进一步提高，根据中心极限定理，成本－风险概率分布(用三角分布表示最低细节水平)有更大的正态分布趋势[31]。

所有成本都用最小、最大和最可能值来表示。对于工作分解结构中使用的每个最低元素，使用上述估值表征成本的三角概率分布。根据三角分布特质，期望成本和成本标准差可根据以下公式确定

$$\text{Cost}_x\text{期望值} = [\text{Cost}_x\text{最小值} + \text{Cost}_x\text{最可能值} + \text{Cost}_x\text{最大值}]/3$$

$$\begin{aligned}\text{Cost}_x\text{标准差} = {} & [(\text{Cost}_x\text{最小值})^2 + (\text{Cost}_x\text{最可能值})^2 + \\ & (\text{Cost}_x\text{最大值})^2 - (\text{Cost}_x\text{最小值}) * \\ & (\text{Cost}_x\text{最可能值}) - (\text{Cost}_x\text{最小值}) * \\ & (\text{Cost}_x\text{最大值}) - (\text{Cost}_x\text{最可能值}) * \\ & (\text{Cost}_x\text{最大值})]^{0.5}/[3 * 2^{0.5}]\end{aligned}$$

因为之前已使用概率分布描述基本成本要素，所以成本的增加必须考虑概率分布。只有期望值是可加的，因此所得期望值相加可得到工作分解结构中更高水平的期望成本。通常，工作分解结构的因素与以下结果不相关，即通过低水平方差（即 σ^2）和平方根得到的任一分解结构元素的标准差。当工作分解结构元素相关时（即使用多个相似单元但在分解结构各行中进行单独记录），可以假设统一的相关系数用于计算卷叠成本标准差。

如图 4 - 37 所示，基于正态假设，获得如下成本：

20 百分位数成本 = 成本期望值 + 0. 843 * 标准差

50 百分位数成本 = 成本期望值

80 百分位数成本 = 成本期望值 - 0. 843 * 标准差

其中，20 百分位表示有 20%概率超越成本价值，50 百分位表示有 50%概率超越成本价值，80 百分位表示有 80%概率超越成本价值。

在响应政府需求时，上述成本 - 风险分析方法已被广泛使用。当进行方案比较（即能力比较）并根据成本做决策时，成本风险可在考虑期望成本和成本标准差条件下进行方案比较，并可在两者之间进行适当的权衡。如图 4 - 37 所示，用预期成本和相关标准差表示选择的方案。显然，方案 3（期望成本相同，但风险低）优于方案 1，方案 4（期望成本相同，但风险低）优于方案 2。同样，很显然方案 2（风险等级相同，但期望成本低）优于方案 1，方案 4（风险等级相同，但期望成本低）优于方案 3。这样，就可以寻找优势方案，并重点关注位于或接近“最优”边界的方案，从而在考虑风险规避偏向后做出最终判断。

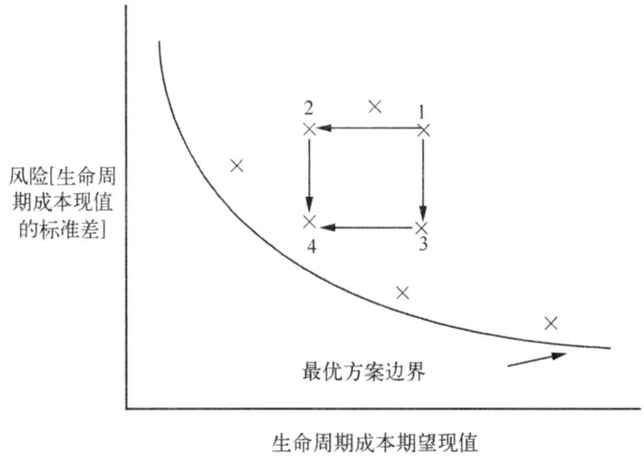

图 4 - 37　考虑风险的方案比较

成本风险的考虑过程仍会存在问题。其中最主要的问题是不能认识到加入最可能值是不正确的做法。在近期一项应用［NASA 空间太阳能发电倡议］中，就特意关注了与成本和技术变量相关的最小值、最可能值和最大值数据并使用这些数据对整个系统进行了仿真分析。当不能进行仿真时，就会在随后分析中使用最可能值，导致得到无意义的决策信息。但令人欣慰的是，最小值、最可能值和最大值的估计可为关键审查所用，并可为谨慎的分析师提供合理的附加信息，以使他们提供更多可靠信息。

4.9.2　全生命周期成本和可用性分析方法[8,9,32,33]

由于需要考虑成本的不确定性、发射的可靠性和卫星子系统的可靠性，生命周期成本和可用性分析使用了随机发射和在轨仿真模型，如SATCAV。SATCAV(4.1节已有详细介绍，这里只是总结)是一个动态随机生命周期成本和可用性模型。它能够对多星多敏感器通用化航天任务的初始和连续空间运行进行仿真。该模型使用了一个有用户友好界面的输入输出系统来建立数据文件，该文件会被传递给一个编译后的蒙特卡洛程序进行评估，进行生命周期和可用性计算，最终会得到成本、事件、可用性及故障原因统计报告。

在考虑主要运行(包括有效载荷健康检查和测试)的可靠性以及先验故障导致的成本增加和时间延迟的前提下，SATCAV能够模拟多级火箭的卫星发射运行。各种故障造成的延迟都在仿真中有所考虑。SATCAV能够模拟一次性火箭和可回收火箭。能够对多传感器卫星的随机故障和损耗故障特性进行仿真，判定出具体故障的发生时机以及发生关键性故障时需要进行维修操作的时机。(“敏感器”这里广义地指真实的敏感器、通信子系统或天线。)

SATCAV涵盖了各种地面和在轨维护场景，考虑了活动和休眠备份。此外，还可以模拟发射失败情况和发射过程中发生耗损故障但备份设备可用的情况。该模型也可用于分析规划好的替代选项。

由于考虑了主观不确定性、空间运输系统可靠性、卫星子系统随机性和损耗故障，所以可以给出年度事件、年度成本、生命周期成本现值的概率分布。年度事件报告包括了使用不同载具时发射尝试次数的概率分布。成本报告以期望和标准差的形式总结了年度经常性成本、非经常性成本及成本现值(在一系列折扣率下)。

SATCAV开发了将敏感器可用性统计数据描述为可用敏感器(对于每种敏感器分别给出)的数量概率密度函数的功能，能够给出年度和全任务周期的数据。统计数据考虑了敏感器和子系统随机及损耗故障特性、备用策略、运输场景、因不同类型的故障导致的延迟，以及在轨测试的持续时间。与本报告相关的是不同子系统故障最终导致敏感器故障的原因统计报告。

上述版本的SATCAV重要特性包括以下方面。

1)时间跨度可以支持到25年；

2)能够考虑多颗卫星同时运行；

3)备用策略包括：

a)在地面和在轨准备多个活动或休眠备件；

b)关键敏感器发生故障时发射；

c)在关键敏感器发生随机故障或损耗故障时发射(其他策略，如通过合适的结构化数据输入，实现“按计划更换”等附加策略)；

4)关键敏感器的识别(单独和组合)；

5)能够给出初始可运行卫星和在轨备份星发射日期(实际发射日期还需要考虑到故障及相关推迟)；

6)能够给出地面备件完成日期；

7)能够给出当休眠卫星激活后，它移动到替代位置并成功运行的时间延迟和成功率；

8）考虑卫星成本的学习效应；

9）使用发射/恢复序列中各项主要运行事件的成功率来描述发射运输场景，并且以成本增加事件和延迟的形式考虑故障后结果；

10）先验定义的不确定性变量（即主观指定的不确定性范围和不确定性形式）包括：

a）延迟（故障类型函数）；

b）从地球到近地轨道的运输成本；

c）从近地轨道到地球的运输成本；

d）从近地轨道到载荷工作轨道的运输成本；

e）卫星单位经常性成本和非经常成本（以期望和标准差形式体现）；

f）运输载具的维修成本；

g）资本支出（最多10）；

h）卫星控制运行成本；

i）工程费用；

11）卫星可以由多个敏感器和多个卫星总线子系统配置组成（每个敏感器和子系统都用随机和损耗故障特性描述）。

12）能够进行资本项目非经常性成本、卫星及发射的经常性成本的成本均摊；

13）能够给出成本、事件、可用性和故障原因统计，以及卫星预期寿命和相关标准差。

SATCAV 模型能够实现以下功能：

1）使用不同的航天器总线和敏感器技术；

2）发射和采购调度；

3）实现不同子系统可靠性（随机和损耗）；

4）可选备用策略；

5）使用备用运载火箭；

6）使用一次性或可再利用运载火箭；

7）从以下几方面进行运载火箭可靠性和成本评估：

a）年度成本（期望值和标准差）；

b）年度成本现值和风险；

c）短期和长期敏感器可用性。

SATCAV 模型可以生成许多包含重要指标和相关信息的报告，其中包括：

1）年度成本预测报告，该报告总结了经常性和非经常性成本数据、生命周期成本统计的现值，以及卫星产生数据的总量；

2）指定事件概率报告，该报告呈现年度发射载具的使用和维修概率分布，以及有效载荷采购和维修的概率分布；

3）敏感器可用的时间百分比规划水平报告，该报告给出了在规划水平线之上 5 种类型特定数量的敏感器可用时间百分比；

4）敏感器每年可用时间百分比报告，该报告给出了每年 5 种类型中特定数量敏感器可用的时间百分比；

5）特定子系统导致敏感器故障概率报告，该报告表示每个子系统导致敏感器故障的概率（五种敏感器类型中的每一种），并且还给出了卫星寿命的期望值和标准差。

4.9.3　备份策略

为了说明该方法，我们对各种备用场景都进行了考虑，目的是在满足年度和长期可用性目标基础上，找到生命周期成本现值最小化方案。我们使用 SATCAV 模型模拟了一些遥感任务星座的部署和维护策略。部署和维护策略的细节在表 4 –4 中有总结，这里还要给出一些额外的说明、假设和细节：

1）每个场景（也称案例）的所有结果均是基于 1000 次蒙特卡洛模拟给出的，每个场景时间跨度为大于23 年，卫星发射在第4 年（即 8/2002）。这样就考虑了 20 年的发射和在轨运行。

表 4 –4　备份策略总结

案例	描述
1	故障中发射（10 星星座）[a]
2	故障中发射（12 星星座）[b]
3	故障中发射（11 星星座）[c]
4	故障中发射（13 星星座）[d]
5	在预期（0.5 年）损耗故障中发射（10 星星座）[a]
6	在预期（0.5 年）损耗故障中发射（12 星星座）[b]
7	在预期（0.5 年）损耗故障中发射（11 星星座）[c]
8	在预期（0.5 年）损耗故障中发射（13 星星座）[d]
9	在预期（1.0 年）损耗故障中发射（10 星星座）[a]
10	在预期（1.0 年）损耗故障中发射（12 星星座）[b]
11	在预期（1.0 年）损耗故障中发射（11 星星座）[c]
12	在预期（1.0 年）损耗故障中发射（13 星星座）[d]
13	按期发射一颗 7 年寿命的卫星（10 星星座）[a]
14	按期发射一颗 7 年寿命的卫星（12 星星座）[b]
15	按期发射一颗 7 年寿命的卫星（11 星星座）[c]
16	按期发射一颗 7 年寿命的卫星（13 星星座）[d]

注：[a] 基本的 10 星星座按如下计划发射：8/02，8/02，4/03，4/03，10/03，10/03，4/04，4/04，8/04，8/04；

[b] 星座中额外增加的两颗卫星按如下计划发射：0/05，0/05；

[c] 6/08 再发射一颗额外的卫星，每 7 年更换一次；

[d] 在基础的 10 星星座基础上增加 2 颗卫星，然后单独计划的一颗卫星与所有卫星按计划进行更换。

2）考虑了如下具体的案例：

a）第一个案例是在故障中发射。根据预定的计划（其中包括了发射故障、相关的延迟，以及进度的调整）部署一个卫星星座。如有卫星发生故障（考虑了随机故障和损耗故障），需要发射替换卫星并对计划进行调整。

b）第二个案例是在预期损耗故障中发射。根据预定的计划（其中包括了发射故障、相关的延迟，以及进度的调整）部署一个卫星星座。如有卫星在预期损耗故障之前发生了随机故障，需要发射替换卫星。随机故障发生后，需要考虑调整进度导致的延迟。考虑了半年和一年的预期时间（即预期损耗故障时间）。

c）第三个案例是按计划发射。根据预定的计划（其中包括了发射故障、相关的延迟，以及进度的调整）部署一个卫星星座，假设卫星具有 7 年寿命，服役期满的卫星按计划进行替换。

3）卫星成本学习率假设为 95%。

4）所有生命周期成本现值的结果都是基于 10%的折现率。

5）生命周期成本分析中假设在地面有一颗备份星。

6）生命周期成本分析只考虑了空间系统经常性成本（非经常性成本在和其他备选案例对比时相互抵消掉了）。

7）运载火箭可靠性假设为 0.98，卫星正确入轨后正常工作的概率也是 0.98。

8）鉴于模型限制，假设只有单一卫星发射，所有的发射成本都做了适当的调整。由于没有考虑相关性故障，这里会产生一点小误差。但是由于假定火箭的可靠性比较高，因此可以预见这一误差的影响很小。

9）发射费用定义为一个不确定的范围（即 4 090 万美元到 5 270 万美元）。

10）发射计划调整（假设发射时发生故障）导致的延迟范围假设为 0.1 到 0.5 年，前者概率更大。

11）发射计划调整（假设卫星发生随机故障）导致的延迟范围假设为 0.1 到 0.5 年，前者概率更大。

12）在轨测试的时间假设为 1.5 个月。这一时间可以看作卫星可操作前的延迟。

13）假设的卫星可靠性特性如下：

a）载荷平均故障时间 =500 年；

b）载荷预期损耗寿命 =8.5 年；

c）载荷损耗寿命标准差 =0.75 年；

d）卫星总线平均故障时间 =55.6 年；

e）卫星总线预期损耗寿命 =8.5 年；

f）卫星总线损耗寿命标准差 =0.75 年；

可靠性模型假设载荷和总线同属一个系列。可靠性模型可以表示为一个指数（随机故障部分）函数乘以 1 减去一个正态分布函数（损耗故障部分）。

14）卫星和发射费用成本均摊到 2 年上。

15）预期卫星成本为 7 200 万美元，标准差为 400 万美元。

4.9.4 生命周期成本和可用性分析的典型结果

利用 SATCAV 模型仿真得到的分析结果首先表明了长期可用性（即在第 7 年到第 23 年时间内至少 N 颗卫星可用，这相当于分析从 2005 年到 2021 年的可用性），然后展示了生命周期成本长期可用性现值和卫星个数（包括假设的地面备份星）的对比关系，最后还展示了每个案例的年度可用性数据。我们可以同时给出数据和图表。所涉及的案例可参考表 4-4。图 4-38 展示了我们得到的长期可用性结果的各种类型。这些结果表明在案例 1 中（一个 10 颗卫星的星座），长期来看有 10 颗或更多卫星可用的概率只有 0.641，9 颗或更多可用卫星的概率为 0.883，以此类推。类似的，在案例 2 中（一个 12 颗卫星的星座），长期来看有 10 颗或更多可用星的概率为 0.953，有 9 颗或更多可用星的概率为 0.989，以此类推。

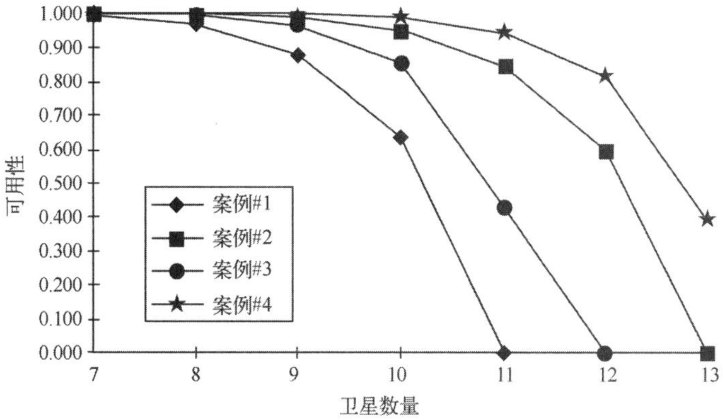

图 4－38　指定最小数量的卫星可用性

图 4－39 总结了 16 个案例的长期可用性[定义为在第 7 年到第 23 年中大于 9 颗(即最少 10 颗)卫星可用的概率]、生命周期成本现值，以及为了实现遥感任务期望采购的卫星数量。基于长期可用性的约束，案例 7 的策略能够使期望的生命周期成本现值最小。图 4－40～图 4－42 展示了典型的年度可用性数据结果。

案例	可用性[>9]	卫星成本[B$]	
1	0.641	1.264	31.9
2	0.953	1.490	37.7
3	0.855	1.356	33.9
4	0.987	1.582	39.7
5	0.711	1.315	33.0
6	0.981	1.567	39.2
7	0.908	1.407	35.0
8	0.996	1.659	41.2
9	0.795	1.335	33.6
10	0.995	1.594	40.0
11	0.949	1.430	35.8
12	0.999	1.689	42.2
13	0.462	1.293	32.3
14	0.928	1.546	38.3
15	0.724	1.380	34.3
16	0.975	1.633	40.3

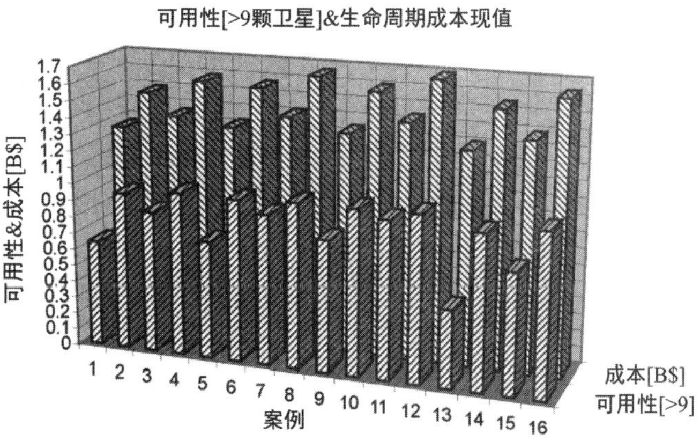

图 4－39　涉及案例的可用性、生命周期成本现值和采购卫星数量总结

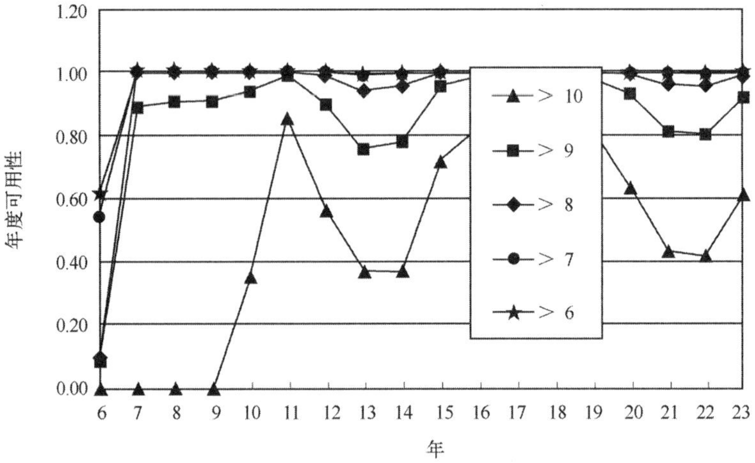

图 4-40 可用性时间函数(案例 7)

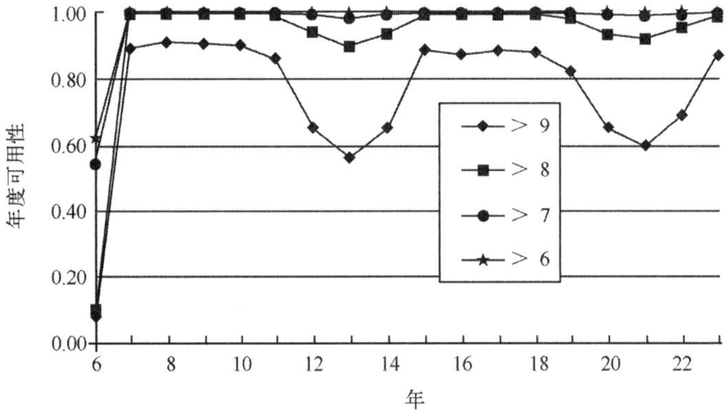

图 4-41 可用性时间函数(案例 9)

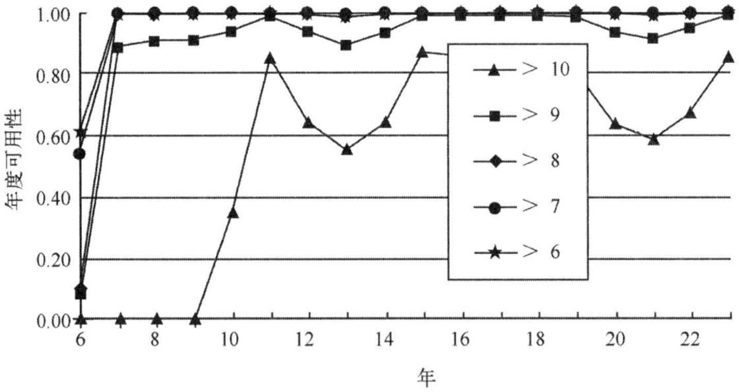

图 4-42 可用性时间函数(案例 11)

如表4-5中展示的那样，只有案例4，6，8，10，11，12和16有可能使长期(即从第7年到第23年的时间段)和短期(即年度)可用性(定义为大于9颗卫星可用的概率)同时超过0.9。其中，案例11，即在一个增强型10星星座有预期(1年)损耗故障而进行发射时，能够实现成本最小且满足90%的短期和长期可用性要求。案例11基于一个10星星座，在第10年发射第11颗卫星对星座进行增强，然后每7年更换一次加强星。这个方案也是在满足90%可用性要求的前提下使得生命周期成本现值和卫星数最小的选择。方案9如图4-41所示，在几年内满足了短期可用性的指标，但是其他指标差一些，方案11是对方案9的增强。由于注意到了方案9的问题，对该星座增加了一颗卫星(成为了方案11)，填补了可用性的短板。

表4-5　备选方案的比较

	可用性(>9)		成本，B $	期望卫星数
案例	长期	年度，最小值[a]		
1	0.641	0.219	1.264	31.9
2	0.953	0.793	1.490	37.7
3	0.855	0.647	1.356	33.9
4	0.987	0.933	1.582	39.7
5	0.711	0.380	1.315	33.0
6	0.981	0.921	1.567	39.2
7	0.908	0.760	1.407	35.0
8	0.996	0.985	1.659	41.2
9	0.795	0.564	1.335	33.6
10	0.995	0.980	1.594	40.0
11	0.949	0.895	1.430	35.8
12	0.999	0.998	1.689	42.2
13	0.462	0.276	1.293	32.3
14	0.928	0.822	1.546	38.3
15	0.724	0.486	1.380	34.3
16	0.975	0.945	1.633	40.3

注：[a]“年度，最小值”代表计算的年度可用性的最小值。

4.9.5　一些观察

之前的分析展示了在满足星座性能指标提出的可用性约束下，如何使用一种随机生命周期成本和可用性方法来评估预期的卫星和发射要求。该分析展示了在满足年度和长期可用性要求的前提下，确定最小生命周期成本的方法。为了说明该问题，我们考虑了一个具体的遥感任务。该任务需要我们在满足年度和长期可用性目标的前提下确定卫星的数量。这一多星(星座)任务使用了随机生命周期成本和可用性模型SATCAV进行仿真。仿真给出了生命周期成本的年度值和现值、发射的卫星数量以及在考虑一定数量备份星的前提下，在一定规划水平线以上的可用卫星数量的概率分布。最终的结果是给出了一种备用策略。该备用策略能够在满足整体任务可用性要求的基础上使生命周期成本(在整体任务成本中空间系统占的部分)的现值最小。尽管 SATCAV 模型允许把轨道碎片以及随机故障的后果考虑进去，但是在本次分析中并没有这些内容[34-35]。轨道碎片的影响以及这种分析形式在第 5 章的 5.7 节和 5.3 节有介绍。

表 4-5 中总结的结果表明，方案 11 能够在满足可用性目标的前提下，使得生命周期成本的现值最小。这一点非常重要，因为在使用 SATCAV 之前使用了非仿真分析的话，其结果就可能是选择其他某种方案。因此，使用 SATCAV 对任务进行仿真分析，就得到了最优方案，可减少所需卫星的总需求数量。这也使得预期任务生命周期成本减少了几亿美元。

4.10　弹性、可操作性以及按需发射

随着可用的或者将要可用的提供通信、遥感及定位服务的卫星星座数量的增加，人们对于减少或取消在轨备份星，从而减少基础建设成本的议题有着极大的兴趣。鉴于在轨备份星的需求与运输系统的鲁棒性(包括卫星和运载火箭的可用性和计划)息息相关，因此接下来的篇章将介绍分析运输系统鲁棒性和在轨备份星之间关系的方法和步骤。其中，我们将特别讨论按需发射的概念，并给出一些初步的结果，表明了取消在轨备份星对运输系统的能力水平的要求，在轨备份星是空间系统可用性的函数。

4.10.1　弹性和可操作性

此前关于空间运输系统发展和使用的决策讨论主要把重点放在了成本上，缺乏对成本以外因素的考虑，尤其是对不可靠性及其后果的考虑。这一欠缺导致我们在损失了挑战者号航天飞机后的相当长一段时间内，丧失了发射卫星的能力。20 世纪 80 年代末，美国空间运输能力的丧失表明除了成本以外，其他方面的考虑也异常重要。例如“弹性”就是定义鲁棒的未来架构的重要因素[36-37]。“弹性”可定义为从变数和不幸事件中恢复过来的能力。换句话说，弹性关注的是运输系统从故障中恢复的能力，表现出来就是成功运送载荷入轨的能力。

弹性可以简单理解为从故障中恢复的能力。弹性也可以在更广义的角度去理解，它是“可操作性”的同义词。它是在考虑各种因素的情况下将载荷送入轨道的整体能力，这里的因素包括：不够完美的可靠性、随之而来的故障、故障导致的停机时间、采购周期的限制、库存火箭的数量限制，以及其他各种因素。在接下来的内容中有对弹性更广义的理解。为了强调这种理解，以后将弹性替代为“可操作性”。

我们参考了 Aerospace 公司和 L System 公司的弹性研究报告，其中利用了解析方法将可用性建立为关于可靠性、年发射率、浪涌能力及停机时间函数。因为该问题本质上十分复杂，为了得到解析解，需要做很多的简化假设。这些假设与运载火箭在整个发射流程中的故障时间相关。同时我们只考虑(等效的)单级火箭发生了确定性的停机事件。这些限制性假设是实现解析分析所必需的。它们并不能代表现实状况，在进行计算机仿真分析时不需要这些假设。事实上，利用计算机仿真可操作性问题可以得到许多可操作性的性能评价指标。

运输系统可操作性的主要指标应该基于运输系统的目标：将载荷送入轨道。所以可操作性的主要指标应该是载荷队列（或称积压）关于时间的函数。较长的队列或者队列随时间在增长说明运输系统没有满足载荷的需求。

现在应该明白，未来的运输系统架构应该明确考虑在需要时随时随地将载荷送入轨道的能力。由于可靠性不能百分百保证，因此需要考虑并规划故障恢复的问题。为了分析运输系统的可操作性，我们开发了 TRANSOP 仿真模型[38]。本节的附录对该模型有更多的细节描述。TRANSOP 是一个有着良好用户界面的蒙特卡洛仿真模型，它能够完成如下任务：

1）模拟一次性或可重复利用的多级火箭的发射序列。

2）模拟故障和故障发生后的停机时间，其中停机时间（一个不确定性变量，可描述为一个范围和其相应的概率分布）是关于特定的发射操作故障的函数。

3）得到可能转移到其他运输系统的载荷数量，而且可以从载荷的停机时间得到待运送的载荷列表。

4）根据故障和运载火箭数量的增加（由于采购了火箭）调整可用火箭的数量，其中考虑了采购周期的因素。

5）在考虑了可用火箭数量、故障恢复状态、可能的抗浪涌能力及发射吞吐量等限制后，对飞行率进行调整。

6）在给定的飞行率下调整积压，以确保发射成功。

7）模拟（如前所述）每次发射的事件序列，其结果可能成功或失败。若成功，则减少积压；若失败，则重新给出故障停机时间和积压等。

可操作性的首要指标是载荷队列（或称积压）数据关于时间的函数。较长的队列或者队列随时间在增长说明运输系统没有满足载荷的需求。因此 TRANSOP 模型开发了卫星库存数据：载荷库存时间函数的概率分布。

随时间的库存积累表示有效载荷到达率、运载火箭各级库存及系统吞吐量之间不匹配，而且有故障或者停机等不可靠性表现。因此，我们给出了如下额外信息，以说明库存积累的可能原因：

1）运载火箭库存数据：它是运载火箭（每级）库存时间函数的概率分布。

2）浪涌数据：它是运输系统运行在浪涌模式下的时间百分比的概率分布。

3）发射数据：它是发射成功次数、失败次数、总次数、年度理想发射次数（由载荷到达率和平均每次飞行运送的载荷数决定）的期望值和标准差，还包括整个时间范围的期望值。

TRANSOP 通常一次只考虑一个运输系统（区别于一个由多个运输系统组成的体系结构），尽管它允许载荷切换到其他运输系统上，但是它们并不是一个整体的架构。这里只给出了载荷切换到其他运输系统的概率，该概率是它们在载荷队列中的停留时间函数。

我们对空间运输系统（即航天飞机）进行了一次可操作性分析。结果显示通过解析方法得到的弹性/可操作性数据完全不正确，因为其结果只有期望值。而仿真的结果一般类似图 4－43 中的形式，表明有相当高的几率（是时间函数，典型值在 50%到 60%）不存在载荷队列，但是也有比较高的几率有大的载荷队列（相当于 1 到 3 年内的载荷数量）。（因为这些结果是从对航天飞机的分析中得到的，这也很可能是该工作没有扩展到其他运输架构的原因。）在这种情况下，用期望的载荷队列来表征可操作性没有什么意义。当给定一个非空队列时，队列的期望值和标准差才有意义。换句话说，可操作性可以用存在载荷队列的概率和该载荷队列的数据来描述。

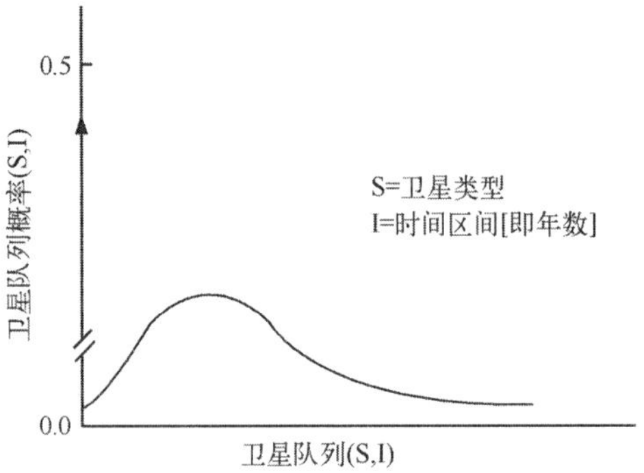

图 4-43　年度载荷(卫星)队列数据的典型形式

4.10.2　按需发射：关注点

按需发射(LOD)指按照需求随时随地将载荷(卫星)送入轨道的能力。为了达到理想的按需发射能力，需要考虑的因素包括运输系统吞吐量、运输总体架构中的其他备选运输方案、对备选方案的需求、备选方案的可靠性和故障恢复特性、进度保证、发射延迟、载荷集成计划、采购政策及其他因素。按需发射能力的评价指标必须与运输总体架构的目标相关：将载荷送入轨道。按需发射能力必须以概率的形式定义，例如当决策要发射载荷入轨时，不超过 T 时间延迟的概率。事实上，按需发射最少有 3 个具体的方面需要考虑：

1)从逆境(即发射失败)中恢复的能力，满足稳定的发射卫星入轨需求(简称可操作性和弹性)的能力。

2)由于在轨道上的意外(随机)引起的卫星故障，或者突然发现有未识别到的需求，要求更换卫星时，根据要求发射卫星的能力。

3)在部署星座过程中从逆境(即发射失败)中恢复的能力。

不同的按需发射能力会对上述各场景产生不同的影响。因此，需要给出一种具体指标，能够衡量一个运输系统架构在上述各方面的表现。

接下来的篇章概述了按需发射相关的常规问题，衡量按需发射能力程度的性能指标以及分析和比较满足按需发射要求的备选方案性能的按需发射仿真模型。按需发射模型也能够提供与运输架构成本相关的信息。接下来的篇幅中将用输入、输出以及通用计算流图来描述该模型。

这里讨论的目的是开发一套针对按需发射能力，可用于评价架构和政策变化影响的指标和方法，以回答以下问题：

1)对于某种卫星发射需求及其变化，某一个空间运输架构(包括多个运载火箭和相关基础设施)表现如何?

2)正常工作且能力显然足够(满足稳态需求)的架构对于意料之外的需求表现如何?

3)修改架构(例如，增加吞吐量，提高可靠性等)对其满足卫星发射需求能力的影响有多大?对满足意外需求的能力呢?

4）架构的成本是多少（包括设施、运营、库存和卫星）？

5）对于各种运输系统延迟，整体架构效率和成本的灵敏度是多少？

6）对架构进行添加（或删除）运载火箭或运载火箭系列，其对效率和成本的影响如何？

7）改进运载火箭和卫星兼容性的价值是什么？对延迟数据的概率分布有何影响？设计多火箭兼容性的成本如何？

8）增加运载火箭库存和发射率对延迟数据的概率分布影响是什么？对成本影响如何？

9）对于一定范围的架构变化，延迟数据的灵敏度如何？

10）在部署星座时，该架构的效率如何？

这些问题都与理解备选架构的成本和效率相关，也与不同水平的按需发射能力实现策略相关。

下面篇章描述的发射基础设施和响应分析并不能替代按需发射能力提升带来的成本节省分析（即减少备用和预定的成本）。它只能为这样的分析建立一个框架。

4.10.3　按需发射：性能指标

在描述具体的指标之前，考虑如下例子。假设一个运输架构正在运作中，它利用两种类型的火箭，能够提供并维持一周一次发射的吞吐量。假设发射需求相当低，例如每年 10 次。在这种需求水平上，运输架构能力水平很高（即存在卫星队列的概率几乎是 0），它很有可能能够对意外的需求（延迟也是由于卫星进度和卫星 - 火箭集成导致）快速响应。而且鉴于其具备双发射能力，它可能能够在星座部署任务中的逆境中成功恢复。

现在考虑增加需求，例如每年发射 48 次。随着需求水平的增加，运输架构可操作性（即存在载荷队列的概率会比较高）有可能显著降低。它对意外需求（延迟可能由于卫星 - 火箭集成和发射工位短缺导致）响应也会比较困难。即使拥有双发射能力，它在星座部署任务中也难以从异常逆境中恢复。

然后，假设发射合同中保证在三个星期的发射窗口内将卫星送入轨道。这不大可能影响从逆境中恢复的整体能力（即可操作性），但是却对响应意外需求（满足多个需求的概率为一个快速下降的函数）的能力有较大影响，而对于星座部署任务逆境恢复能力有微小作用。

按需发射的性能指标需要反映许多因素的影响，包括：

1）运输架构中对不同运载火箭的混合使用。

2）每发火箭最大吞吐量（以及浪涌能力）。

3）运载火箭可靠性。

4）库存。

5）计划延迟数据（由卫星抵达的延迟和发射失败的延迟导致）。

6）卫星发射需求（包括数量、质量、运载火箭兼容性、理想运载火箭、在发射推迟时从某发火箭转至另外火箭的时间）。

7）发射合同规定的计划变通性。

8）发射故障后，卫星调整计划到同一发火箭或者其他火箭上后，具备发射状态的时间延迟，以及其他火箭其他载荷受其影响而产生的延迟。

将这些因素与按需发射的 3 个具体方面结合起来，就需要我们给出一系列不同的性能指标。我们将在下面的篇幅中对此进行讨论。

(1)从逆境中恢复的能力，满足稳定的发射卫星入轨需求的能力

之前的弹性和可操作性仿真分析重点在于找出一些性能指标，从而能够反映一个运输架构将卫星送入轨道的能力。该分析证明运输架构的可操作性不能用简单的预期性能指标来衡量。

之前的仿真分析已经证明，一个运输架构满足发射需求的能力必须描述成卫星队列的概率分布，如图 4 - 43 所示。分布的具体形式是一个与多种因素相关的函数，其中包括可用火箭的混合方案、火箭的吞吐量、故障发生时停机时间的概率分布及卫星的需求等。当考虑混合火箭时，理解图 4 - 44 中的火箭发射能力和利用情况很重要。

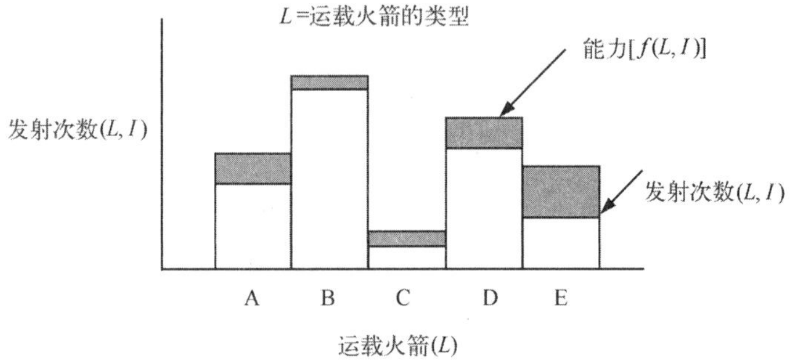

图 4 - 44　运载火箭发射能力及利用情况

可以设计一些不同的描述运输架构响应能力的性能指标来满足卫星运输(入轨)需求。鉴于当存在卫星队列时，一个运输架构的无响应程度可以用队列的概率分布形状和大小来描述，因此就可以定义卫星队列的期望值就是一个合理的性能指标(归一化后，用总体卫星需求的百分比表示)。其有效性指标的形式为

$$\text{有效性}(\%) = 100 - \frac{100}{\sum_{i=1}^{T} \text{希望卫星数}(i)} * \sum_{i=1}^{T} \left\{ \frac{1}{p[Q(i,0)]} * \sum_{j=1}^{N} p[Q(i,j)] * Q(i,j) \right\}$$

其中，希望卫星数(i)代表对卫星的需求，是关于时间的函数。$p[Q(i, j)]$为卫星队列长度$Q(i, j)$的存在概率，$Q(i, j)$为时间为i、长度为j的卫星队列，T是时间水平线上的年数。

这个有效性指标代表了卫星队列(假设队列大于 0)的期望值超过 0 的程度，也就是当运输架构不能够满足卫星运输需求时，队列的期望值。长队列或者高概率队列表示运输架构响应能力差。一个响应能力高的运输架构的有效性应该接近 100%，而能力低的有效性就低一些。由于有效性指标考虑了队列的大小和概率分布(如果要进一步强调风险，可以通过在式中乘以卫星队列的平方来实现)，它在一定程度上是考虑了风险因素的。

(2)当意料之外的需求出现时，对发射卫星需求的响应能力

首先要定义一个合理的快速响应架构，然后就可以对架构响应意外需求的能力进行研究。在研究中需要随机地注入一个或多个意料之外的事件(即意外需求)，然后给出从需求出现到卫星发射的时间。相对于已经研究过的系统稳态响应(即响应性分析)，这相当于研究系统的瞬态响应。延迟的概率分布可以作为运输架构响应一个或多个卫星意外需求的能

力指标，如图4－45所示。这一概率分布是基于架构特征化和需求稳态化的假设的。

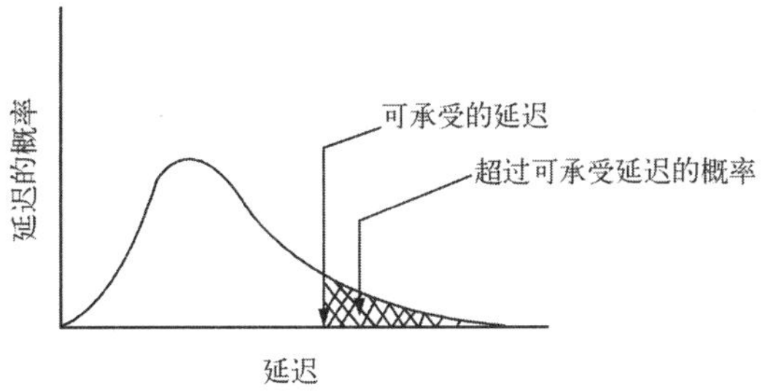

图4－45　对意外需求的响应能力

一旦确定了一个架构响应意外需求的能力，就可以重点讨论其成本－有效性的问题（即，在轨备份 vs 地面备份，在轨大型卫星 vs 地面库存中多个特殊设计的小型卫星）。也可以确定按需发射的成本节省数据了。

(3)在部署星座入轨时从逆境中恢复的能力

分析一个空间运输架构在部署卫星星座中从发射故障中恢复的能力时，必须以一段具体时间内能不能够将星座部署入轨的概率来评估。因此，描述运输架构将星座部署到轨道的能力指标既需要给出部署时间的概率分布，也要给出超出规定时间的概率。设计指标时必须考虑卫星与多种运载火箭的兼容性。

可以把星座分析看作是逆境（即发射失败）恢复能力的延伸，其目的是跟上稳定的卫星入轨需求。首先我们从整体的卫星需求中提取星座的需求，并据此进行稳态分析。在额外增加了一些星座的需求后，选择一个满足需求的性能合理的架构。在部署具体的星座时，卫星队列数据的变化可以通过该架构满足整体需求的表现来反映。

一旦确定了一个架构响应意外需求的能力，就可以重点讨论其成本－有效性的问题（即，在轨备份 vs 地面备份，卫星与多种火箭之间必须的兼容性，卫星采购和集成策略等），也可以确定按需发射的成本节省数据了。

(4)从困境中恢复，保持稳定将卫星送入轨道的能力

评估应对出现突发发射卫星需求时的能力，首先要确认空间运输架构是否具备将卫星稳态送入轨道的能力，这个架构将作为衡量变化的基准。一旦建立了该架构，就可以评估其对意外响应的能力，然后可以根据架构和任务成本及延迟来测量对架构的改变。

需要对运输架构和运输服务要求进行特征描述。架构的特征描述必须根据包含该构架的各类运载火箭（如，Delta，LLV，EELV，RLV等）以及描述这些运载火箭的一系列变量。运输服务要求则根据各类卫星和卫星的一系列变量进行描述。分析架构在其结构和卫星发射要求方面的响应度的最基本方法如图4－46所示。很多的细节（如，成本维度没有显示出来，需要开发）被忽略了，原因是以下的目的是为了说明需要一种用来评估一个架构按需发射能力的仿真模型的类型，以及评估为达到需要的响应能力等级所做的必要改变。

LOD模拟模型必须模拟卫星的到达率，以及一次性和可重复使用运载火箭的相关操作。LOD模型可以模拟各类运载火箭在适应作为时间函数的随机卫星的到达率时成功/失败/复原的特性。模型需要做到以下几点：

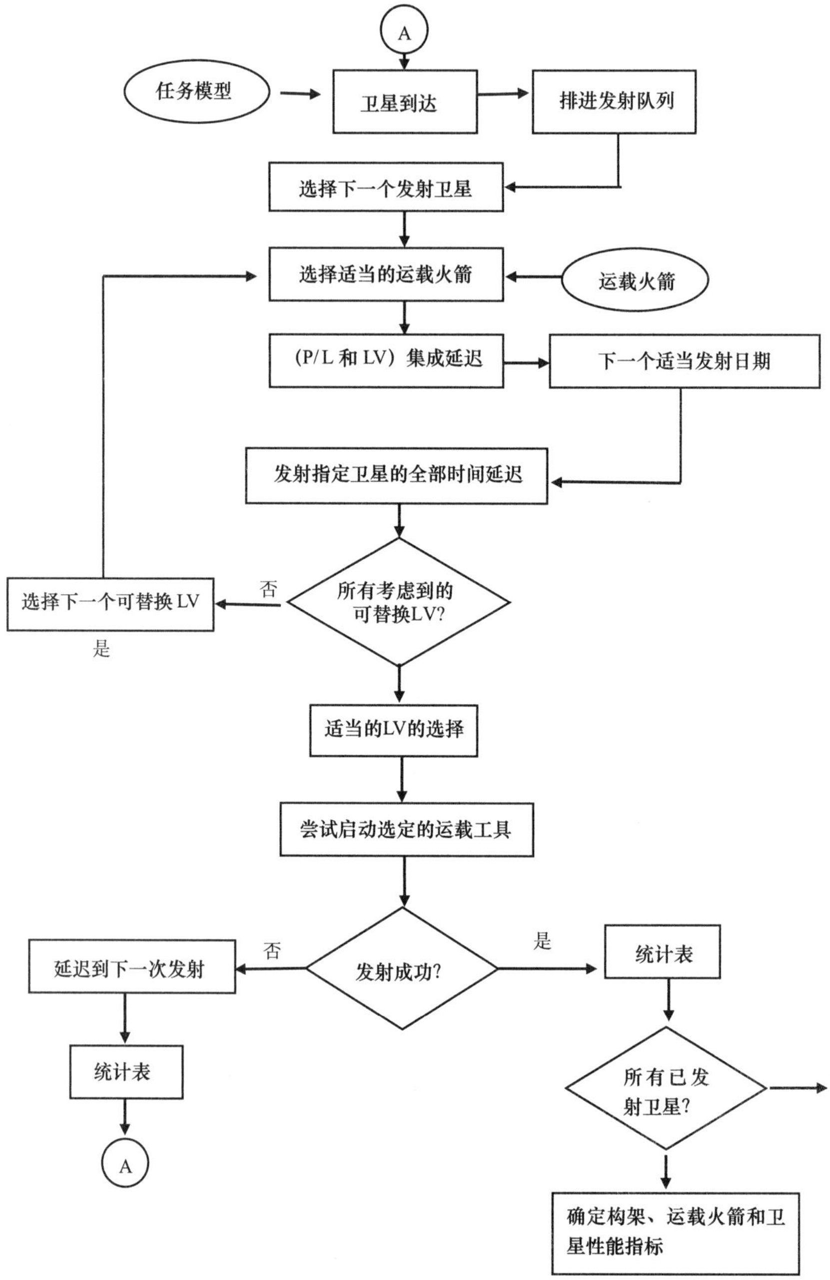

图 4－46　运输构架分析(逆境中恢复并保持稳定发射状态的能力)

1)根据指定的任务模型选择发射的卫星。任务模型结构应依据卫星类型，每种类型的卫星可能有不同的随机到达率。

2)将选择的卫星列入待发射卫星队列。

3)从飞离队列里选择下一个将发射的卫星。

4)选择适当的运载火箭：考虑运载火箭选择倾向、运行状态和可用性(依照利用情况和吞吐量等)，以及兼容性和进度的灵活性。

5)确定卫星和运载火箭集成延迟(根据指定的延迟概率分布的随时抽样)。

6)确定可能的下一次发射时间。

7)在所有发射备选方案都考虑到之后，选择用于发射指定卫星的运载火箭(考虑相关的进度重要性和成本，即，根据卫星发射队列的长短，使用另一枚运载火箭的可能性)。

8)使用选定的飞行器模拟卫星的发射顺序，飞行器可以是多级可重用运载火箭或是一次性运载火箭。

9)确定故障的发生以及由此引起的暂停时间，暂停时间(描述为不确定性范围及其概率分布的不确定变量)作为特定运载火箭和发射运行故障的函数。

10)如果发射成功，添加到发射成功/失败和待发射时间(延迟)统计表中，把待发射卫星调整为成功发射，选择另一个卫星进行发射，并且重复前面的过程，直到所有时间段的卫星都已被发射。

11)如果发射不成功，则确定用所选运载火箭延迟进行下一次可能的发射；添加到成功/失败和待发射时间(延迟)统计表中；调整可用运载火箭的数量，计入失败一次，并进行必要的调整以增加可用运载火箭的数量来弥补损失(即，增加库存)，要考虑采购进度和政策；调整飞行率以考虑可用运载火箭的数量、故障恢复状态、可能猛增的发射能力和发射吞吐量限制；选择另一卫星用于发射，并重复前述过程，直到所有时间周期中的卫星都已经发射。

12)当所有的卫星和时间段都被考虑到后，确定架构、运载火箭和卫星性能指标。

虽然在图4-46中没有体现，但LOD模型需要为每次发射制定卫星、集成和发射成本。在每年内的各次发射完成时，模型也需要制定年度运行成本和合适的基础设施成本。

运行能力的主要度量指标应依据运输架构的目标：将卫星及时送入轨道。因此主要度量指标在于待发射卫星队列的长短(积压作为一个时间的函数)以及在队列中等待的时间(延迟统计)。长的队列或者队列随着时间加长，表明这种运输系统没能响应有效载荷的需求。因此，LOD模型应开发1)卫星库存统计，也就是卫星库存的概率分布(即，队列长度)作为时间的函数，以及2)卫星延迟统计，也就是从卫星到达到发射之间这段时间的概率分布。

随着时间的推移，库存积累表示有效载荷到达速率、运载火箭级库存和系统吞吐量的不匹配，和/或失效和暂停时间所表现的不可靠性。因此，需要进一步开发以下附加信息，这些信息能够表明造成卫星存货累积的可能的原因：

1)运载火箭库存统计是运载火箭(依照运载火箭类型)库存作为时间的函数的概率分布。

2)发射猛增统计是包括运输架构的每种运载火箭在发射猛增模式下运行的时间(年度的并包括规划阶段)百分比的概率分布。

3)发射统计是发射成功、失败、全部发射和每年预期发射数量(由卫星到达率和每次飞行卫星的平均数量决定)的期望值和标准偏差，以及整个规划阶段的期望值。

最后，由于要达到按需发射(launch-on-demand)能力的不同等级，很可能要涉及不同的基础设施成本，LOD模型需要开发生命周期成本的年度和现值的概率分布，使不同的架构能够就延迟统计数据和基础设施成本进行比较。

制定可操作性和成本的各种度量将用于构建替代运输架构的LOD能力，并且将考虑许多变量，包括：

1）每种运载火箭的最大飞行率（即，周转时间的倒数）；

2）每种运载火箭的级数；

3）保存在库存的每个运载火箭级的数量；

4）采购理念（即，在发生发射失败情况的时候，等暂停间隔完成后再进行替换，还是在暂停间隔期间仍继续采购）；

5）运载火箭级的采购率；

6）运载火箭级的采购时间；

7）计划的运载火箭的飞行率；

8）发射过程中每一重要操作的发射系统的可靠性（包括失败/恢复路径）；

9）每次飞行中卫星的平均数量；

10）发生延迟情况时卫星切换到备用发射系统的概率；

11）卫星到达率（依照卫星分类）；

12）因发射故障导致的延迟（作为故障类型和运载火箭的函数）；

13）卫星和不同备选发射火箭的兼容性；

14）用以发射卫星的运载火箭的选择倾向；

15）人造卫星或运载火箭集成延迟（每组卫星类别和运载火箭组合矩形图）；

16）发射猛增的能力和持续时间；

17）发射操作和基础设施成本。

多个之前的变量都指定为时间的函数也将作为不确定变量，也就是说其是根据不确定范围和在特定范围内的不确定性所决定的。

总之，LOD 模型的结果是：

1）在提供架构全生命周期成本相关信息时能够更好地理解架构参数和运行能力以及延迟统计之间的关系；

2）能够提供运行能力和相关延迟的信息，从而可以对替换运输架构进行评估和比较，这样比仅有成本因素更有意义；

3）允许运输架构成本增加，主要是为了满足对架构进行必要提升以满足 LOD 延迟的要求。

(5) 突遇卫星发射需求时的响应能力

鉴于上述各段所述的能力，通过较小的变动，就有可能实现对架构应对突发需求时的响应能力进行评估。突发需求是指在规定的时间段或随机插入到满足稳态需求已配置好的架构中发射一颗或多颗卫星，类似于指定在稳态需求分析中未考虑过的另一种卫星类型。LOD 模型随后需要开发相应的统计以及延迟的概率分布以满足突发需求（即，新卫星类型所描述的）。换言之，如图 4 - 43 和图 4 - 44 所示，结果将基于稳态加上突发需求的要求来开发，其中附加的结果以图 4 - 45 所示形式开发，具体表明了架构应对突发需求的能力。

需要有其他输入数据表明突发需求的数量，其时间的选择（确定的或概率性的），以及在之前段落中所述的卫星或运载火箭相关的信息。另外也需要考虑：当出现突发需求时，卫星是否还保持其在现有待发卫星队列中的正常位置，还是要移动到队列的首位？这两种情况都要处理，以便了解对模型响应的影响和改变(以及相关的成本影响)，这些可能是为了实现特定的响应性目标的需要。

总之，LOD 模型的结果是：

1)在考虑架构全生命周期成本相关信息时能够更好地理解架构参数和应对突发需求之间的关系；

2)能够提供运行能力和相关延迟的信息，从而可以对替换运输架构进行评估和比较，尤其涉及应对突发需求能力的方面；

3)允许运输架构成本增加，主要是为了对架构进行必要提升以满足 LOD 延迟的要求。

(6)将星座送入轨道期间从逆境中恢复的能力

运输架构对将星座送入轨道期间从逆境中恢复能力的影响需要有专门的考虑。本质上说，问题主要是隔断一个特定的多卫星多发射任务，以及确定发射所有卫星所需时间的概率分布。这就要求稳态需求包括两个部分：一般的“背景”需求和星座任务特定的需求。待发卫星的到达将会基于这两个需求，发射失败所引起的延迟(即，暂停时间和减少的吞吐量)会影响两部分需求。稳态分析的结果包括发射卫星(包括星座以及相关运载火箭使用)的时间概率分布。

为了解将星座送入轨道过程中发射失败的影响，有必要引发一次运载火箭失败或者将其从特定时间段内的服务中移除，然后确定在运载火箭可用性突发变化时发射星座的时间概率分布。随后可对发射基础设施进行改进，这将否定之前架构的局限，产生成本影响。

为此需要额外的输入数据，描述在考虑之中的星座的预期发射计划、卫星质量、运载火箭的兼容性和选择运载火箭倾向性。

总之，LOD 模型的结果是：

1)在考虑结构全生命周期成本相关信息时能够更好地理解架构参数和从将星座送入轨道发生失败中恢复能力的关系；

2)提供运行能力和相关延迟的信息，从而可以对替换运输架构进行评估和比较，尤其涉及在将星座送入轨道时发生失败的应对能力；

3)允许运输架构成本增加，主要是为了满足对架构进行必要提升以满足将星座送入轨道时的可容忍的延迟。

4.10.4　按需发射：通过分析开发需求

以上各段落主要从供给侧方面分析 LOD，目的是描述衡量运输架构能否达到 LOD 性能的能力指标。结论是 LOD 性能从以下几点进行考量：

1)将卫星送入轨道时具有能够从逆境(即，发射失败)中恢复并满足稳态要求的能力(称为可操作性和弹性)；

2)应对突发发射需求的能力，这种突发需求可能是由于在轨卫星突然失效需要替换或者是突发的意外需求；

3)将星座送入轨道时从逆境(即，发射失败)中恢复的能力。

实现 LOD 能力将会对每种情况产生不同的影响。因此，需要制定具体措施，以便可以根据前述各种能力衡量架构的性能。综合考虑这些情况后，整体方法是从满足稳态需求的能力开始，然后进展到应对突发需求的能力以及将星座送入轨道的能力。延迟概率和基础设施生命周期成本都用来评估和比较架构。

为评估实现 LOD 能力可能带来的潜在成本节约，进行了两项特殊的分析。考虑了两个任务，一个类似于全球定位系统（GPS），另一个是铱星低地球轨道通信系统。（由于用于执行生命周期成本模拟分析的 SATCAV 模型的某些限制，不可能准确地复制 GPS 任务。但是，必要的近似值和获得的结果为潜在成本节约提供了合理的评估，可以作为实现 LOD 能力的 GPS 类型任务。）两者都包括送入轨道并在延长的时间段上保持在星座中的多颗卫星。使用 SATCAV 生命周期成本和可用性模型来模拟这个星座的入轨和保持。分析考虑了按需发射（即，发射延迟从 0 到每年的 0.2/10 之间变化）并形成了作为发射时间延迟函数的任务生命周期成本现值和卫星可用性。从现有的结果明显看出，LOD 的影响必须考虑成本和可用性；事实上，正如后面所示，有可能既能确定按需发射对成本和可用性的影响，同时也能确定必要的用以减少或消除对在轨备用卫星的需要而又不改变卫星可用性的响应性（即，按需发射能力）。

首先，关于 GPS 任务，GPS 是一个中等高度的全球定位卫星任务，由 21 颗卫星组成（另有 3 个备用卫星），放置在 6 个轨道平面上。每颗卫星的经常性成本约为 4 100 万美元。由于 SATCAV 模型的强制限制，需要独立地考虑每个轨道平面。然而，对于当前的分析，可以将两个平面在一起考虑。每组两个平面，可以有一个备用卫星。按需发射的影响是不再需要备用卫星。

与分析相关的特定假设（主要是由于 SATCAV 模型结构限制），以及分析中所用的数据如下：

1）模拟中考虑了两个轨道平面，其他平面认为是独立的。

2）卫星之间被认为是相互没有关联的，一次发射一颗卫星。

3）可用性是指至少七颗卫星在两个同时考虑的轨道平面内工作的时间。

4）所有结果基于 1 000 次蒙特卡洛模拟运行（即，每次改变备用件数、延迟等变量，要进行 1 000 次模拟运行以得到成本和可用性结果）。

5）任务以 25 年为时间框架加以考虑，这个时间框架内的可用性和生命周期成本也考虑在内，可用性从第五年开始测量。

6）假设卫星的学习成本曲线为 95%。

7）卫星在第三年开始发射，之后其他卫星的发射间隔为 0.2 年。

8）采购了四个地面备件，但要假定在需要时始终有备用备件（即，备件总是存在于库存中，因此需要考虑其成本以及所有卫星更换的费用）。

9）运载火箭可靠性是 0.98。

10）卫星送入轨道后能够成功运行的概率是 0.96。

11）发射成本是 4 500 万美元。

12）假定运载火箭失败造成的延误是 0.1 至 0.5 年之间（延误时间越短，则可能性越大）。

13）假定卫星由单个有效载荷组成，其具有 15 年的预期寿命，相关的标准偏差为 0.5 年，总的平均故障间隔时间（MTBF）为大约 60 年（卫星寿命略超过 12 年）。

14）有效载荷控制操作成本和工程费用（含在卫星成本中）。

15）未考虑卫星一次性成本。

16)假设卫星的经常性成本和发射成本分摊(两年时间)。

17)标称在轨测试和验收时间是0.25年。

GPS型任务的分析涉及把生命周期成本现值和可用性统计数据作为在轨备件数量、发射延迟(改变在轨测试和验收时间以模拟发射延迟的变化)和维护策略的函数。考虑了两种具体策略：发生故障时替换(ROF)和有效载荷故障的预期发射(LIA)。结果如图4-47所示，表示了所考虑的每种情况的可用性和生命周期成本的现值(以10%贴现率)之间的关系。

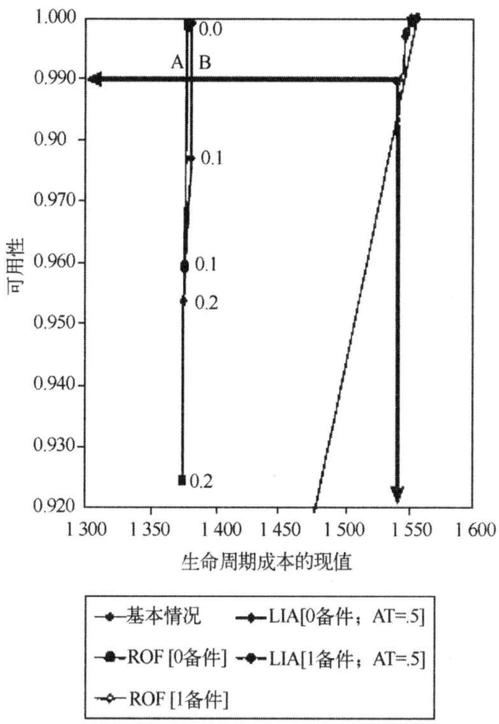

图4-47　LOD值：延迟对生命周期成本现值和可用性的影响(GPS任务)

基本情况(如刚刚描述的)的特征在于可用性是0.99，寿命周期成本现值(PVLCC)为15.4亿美元(未考虑一次性成本，也没有地面成本)。平均在25年内将获得71颗卫星(包括地面和轨道备件)。如ROF(0备件)曲线所示，曲线表明了当没有备件并且延迟范围从0.0到0.2年时的可用性和生命周期成本的关系。如果可以实现瞬时发射能力，则可能会产生约1.6亿美元的成本节约(生命周期成本的现值)。增加延迟倾向于降低成本现值(即，成本被延迟并且确定现值时要考虑到它们的时间)，但是对可用性具有重大影响。通过插入ROF(0备件)曲线(如A所示)，如果不损害可用性，则必须实现小于0.025年的延迟(节省大约1.5亿美元)。

预期发射耗损故障卫星是可能的。结果显示，考虑预期发射的预期时间(即，AT)为0.5年。结果表明，预期发射一般会增加可用性，但也会减少潜在的节约。如果卫星在预期耗损是0.5年的情况下发射，则延迟达到0.04年(B点)而不损害可用性是可以容忍的，并且可能每两个轨道平面大约节省1.45亿美元。增加预期时间对生命周期成本的现值几乎没有影响，因为预期时间与卫星寿命相比较小。预期时间的进一步增加将影响允许的延迟。

GPS 任务由六个轨道平面组成，三个平面中每个有四颗卫星，其他每一个轨道平面中有三颗卫星和一颗备份卫星（总共 24 颗在轨卫星）。为了达到分析的目的，假定每两个轨道平面有七颗工作卫星时系统可以正常工作，因此分析将可用性视为七颗或更多颗卫星在一组两个轨道平面上运行的概率。

对于铱星系统得到的结果相似。铱星系统是（曾是?）一个由 66 颗卫星（加上 6 颗备份星）组成的低地球轨道通信卫星任务，在 6 个轨道平面上。每颗卫星的经常性成本约为 1 000 万美元。SATCAV 模型施加的限制导致每个轨道平面最多考虑 10 颗卫星。因此，在所开发的示例中，假设每个平面有九颗运行的卫星加上（当考虑备份时）每个平面一颗备份星。按需发射的影响将是消除对这种备份的需要。

与分析相关的特定假设（主要由 SATCAV 模型的结构决定）和分析中使用的数据如下：

1）轨道平面被认为是独立的。

2）尽管铱星系统在每次发射中发射多颗卫星，具有相关效应，但是卫星被认为是不相关的，并且一次发射一颗卫星。

3）可用性是指至少九颗卫星在一个轨道平面内工作的时间。

4）所有结果基于 1 000 次蒙特卡洛模拟运行（即，每次改变诸如备份数量、延迟等的变量时，要执行 1 000 次模拟运行以便获得成本和可用性结果）。

5）任务时间框架是 20 年，可用性和时间成本也在这个时间框架内考虑，可用性从第四年开始考虑。

6）假定卫星的学习成本曲线是 95%。

7）第三年伊始发射 5 颗卫星，6 个月后发射另 4（或 5）颗。

8）采购一个地面备份，但要假定在需要时始终有备份（即，备份总是存在于库存中，因此需要考虑其成本以及所有卫星更换的费用）。

9）运载火箭可靠性是 0.96。

10）卫星送入轨道后，成功运行的概率是 0.96。

11）发射成本是 1 500 万美元。

12）假设运载火箭失败造成延迟在 0.1 到 0.5 年之间（延迟越短，可能性越大）。

13）假定卫星由单个有效载荷组成，其具有 6.5 年的预期耗损寿命，相关的标准偏差为 0.5 年，并且总的平均故障间隔时间（MTBF）为大约 20 年。

14）有效载荷控制操作成本和工程费用包括在内。

15）假设卫星一次性成本约 1 亿美元。

16）假设一次性、卫星经常性和发射成本分摊在 3 年。

17）标称在轨测试和验收时间为 0.25 年。

对铱星类任务的分析主要涉及把生命周期成本现值和可用性统计数据作为在轨备件数量、发射延迟（改变在轨测试和验收时间以模拟发射延迟的变化）和维护策略的函数。考虑了两种具体策略：发生故障时替换（ROF）和有效载荷故障的预期发射（LIA）。结果如图 4－48 所示，表示了所考虑的每种情况的可用性和生命周期成本的现值（以 10%贴现率）之间的关系。基本情况（如刚刚描述的）的特征在于可用性是 0.953，PVLCC 为 16.1 亿美元。

如 ROF(0 备件)曲线所示，表明当没有备份并且延迟范围从 0.0 到 0.2 年时的可用性和生命周期成本的关系。如果可以实现瞬时发射能力，则可能会产生约 1.05 亿美元的成本节约(生命周期成本现值)。增加延迟倾向于降低成本现值(即，成本被延迟并且确定现值时要考虑到它们的时间)，但是对可用性具有重大影响。通过插入 ROF(0 备件)曲线(如 A 所示)，如果不损害可用性，则必须实现小于 0.03 年的延迟(节省大约 1.1 亿美元)。

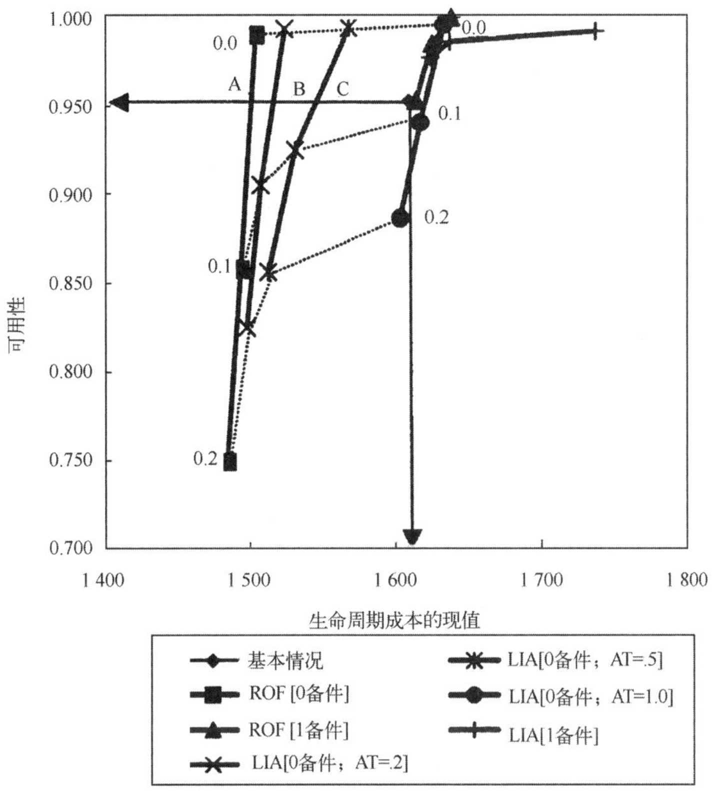

图 4-48　LOD 值：延迟对生命周期成本现值和可用性的影响(铱星)

预期发射耗损故障卫星是可能的。结果显示，考虑预期发射的预期时间(即，AT)为 0.2、0.5 和 1.0 年。结果表明，预期发射一般会增加可用性，但也会减少潜在的节约。如果卫星在预期耗损是 0.5 年的情况下发射，则延迟达到 0.06 年(B 点)而不损害可用性是可以容忍的，并且可能每两个轨道平面大约节省 6 500 万美元。

4.10.5　按需发射：结论

通过减少或消除对在轨备份卫星的要求来降低发射延迟对任务生命周期成本和卫星可用性所产生的重大影响。对于 GPS 和铱星类任务，必须实现延迟小于 0.05 ~ 0.06 年(即几周)，以便在不损害可用性的情况下取消在轨备份(在模拟分析中考虑了在轨测试所产生的延迟)。假设轨道平面是独立的(即，在一个轨道平面中的故障卫星的放置、备份和替换不会影响另一轨道平面中的动作)，当延迟小于一个月(实际上在 0.6 至 1 个月的范围内)时，用于所考虑的 GPS 类任务的 LOD 节约大约是 4.5 亿美元。同样，对于铱星任务，当延迟小于一个月时，节省大约在 3.5 到 4 亿美元。

4.10.6　附录：TRANSOP 弹性/可操作性模型

TRANSOP 是模拟发射操作的蒙特卡洛模拟模型，通过考虑运载火箭和有效载荷到达率、发射火箭可靠性和故障、发射限制、由故障导致的暂停时间和其他因素，确定衡量标准，如有效载荷积压作为时间函数的概率分布，来表示运输系统的可操作性。TRANSOP 模型一般流程的概述见图 4-49 和图 4-50。

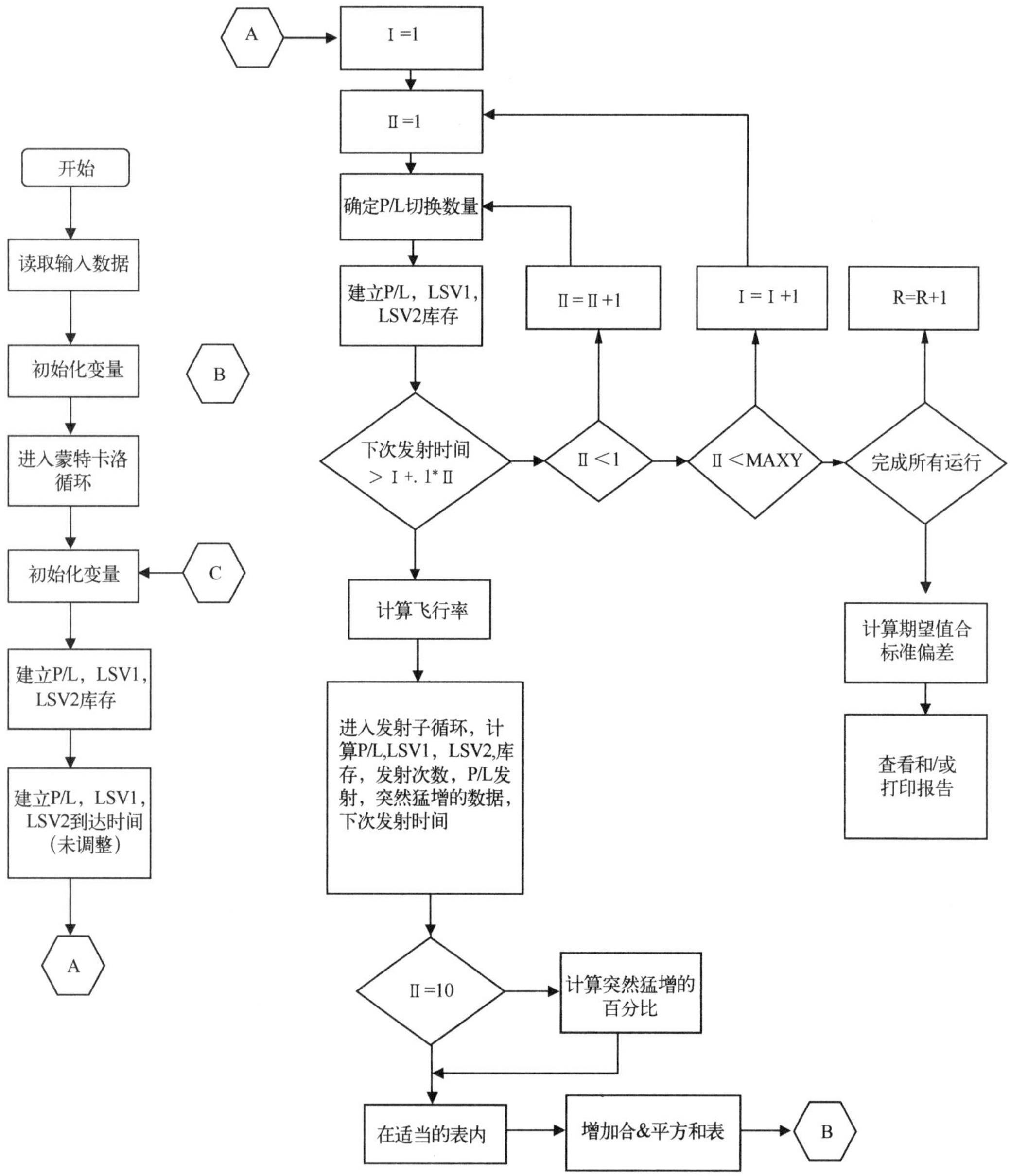

图 4-49　TRANSOP 模型

参考图 4 - 49，读取输入数据(通过用户友好型菜单驱动系统提供)，很多变量(主要是与建立期望值相关联的那些变量，以及来自所有蒙特卡洛模拟运行结果的标准偏差)都是初始化的，并输入蒙特卡洛循环。另一组变量(例如，库存水平)每次蒙特卡洛运行时在蒙特卡洛循环中初始化。从输入数据开始，初始有效载荷(P/L)和运载火箭级(LSV1 和 LSV2 分别对应 1 级和 2 级)的库存就建立起来了。同样，基于输入数据(即，采购率)，建立 P/L，LSV1 和 LSV2 的到达时间。模型时间框架基于年(Ⅰ)和十分之几年(Ⅱ)——结果是所有事件都在最接近一年的十分之一，并且Ⅱ循环保持在Ⅰ循环内，依次在蒙特卡洛运行(R)循环内。

通过为库存中的每个 P/L 生成随机数字并将该值与输入数据提供的 P/L 切换的概率进行比较，来建立切换到其他运输系统的有效载荷的数量。因为这是针对每个Ⅱ时间间隔完成的，P/L 切换的概率与其保持在库存中的时间长度相关，并且基本上具有以下形式

$$切换概率 = 1[1 - PS]^N$$

PS 是如果延迟是一年的十分之一则进行 P/L 切换的概率，N 是 P/L 可能留在库存中的时间数。

在做出关于 P/L 切换的确定之后，调整 P/L，LVS1 和 LVS2 库存。确定在每个特定的Ⅰ和Ⅱ时间间隔期间是否进行发射。如果下一次发射的时间(初始化为 1.0，第一时间段，开始处理)大于Ⅰ +0.01 * Ⅱ，则不发射，并且Ⅰ和/或Ⅱ计数器递增。当下次发射的时间等于或小于Ⅰ +0.1 * Ⅱ时，需要发射，建立飞行率，并且飞行率是吞吐量相关数据(即，设施吞吐量、LVS1 和 LVS2 周转时间、运载火箭总装和检验时间、LVS1 和 LVS2 采购时间、发射猛增的能力和持续时间)的函数。一旦建立了飞行率，则进入发射子程序并计算 P/L、LVS1 和 LVS2 库存、发射数量、发射的 P/L，以及发射猛增能力和下一次发射的时间。根据子程序返回的数据，所有表的数字都在增加，然后通过将下一次发射的时间与Ⅰ +0.1 * Ⅱ进行比较来重复该过程。当达到Ⅰ和Ⅱ的最大值时，开始下一个蒙特卡洛运行。对所有蒙特卡洛运行重复前面的过程，并且当过程完成时，计算出期望值和标准偏差，生成报告并能够打印。

每次要发射 P/L(即，下一次启动的时间等于或小于Ⅰ +0.1 * Ⅱ)时，进入发射子程序(图 4 - 50)。一旦进入，要增加发射和发射的 P/L 的数量，并且要模拟发射。发射模拟要考虑许多发射操作的可靠性，并确定故障类型(如果有的话)。存货酌情减少。如果发生故障，则确定与故障相关联的延迟的类型，并且确定其量值。因为延迟被认为是不确定性变量，所以要使用随机抽样来建立特定延迟值。如果生产由于故障(通过输入数据确定)而延迟，则调整下一 LVS1 和 LVS2 的到达时间。当发生故障时，确定发射猛增能力的周期(该周期从延迟周期的结束开始)，同时做出决定，是否替换故障或失效的运载火箭级(该决定通过输入数据确定——可重复使用运载火箭将可能被替换)。如果要替换 LVS1 或 LVS2，则在Ⅰ和Ⅱ的适当值上增加数字。

下一次的发射时间如下

$$下次发射时间 = 当前的发射时间 + 延迟 + 1.0/飞行率$$

最后，调整库存，退出发射子程序。

操作 TRANSOP 模型所需的输入数据如下。

全球数据包括：

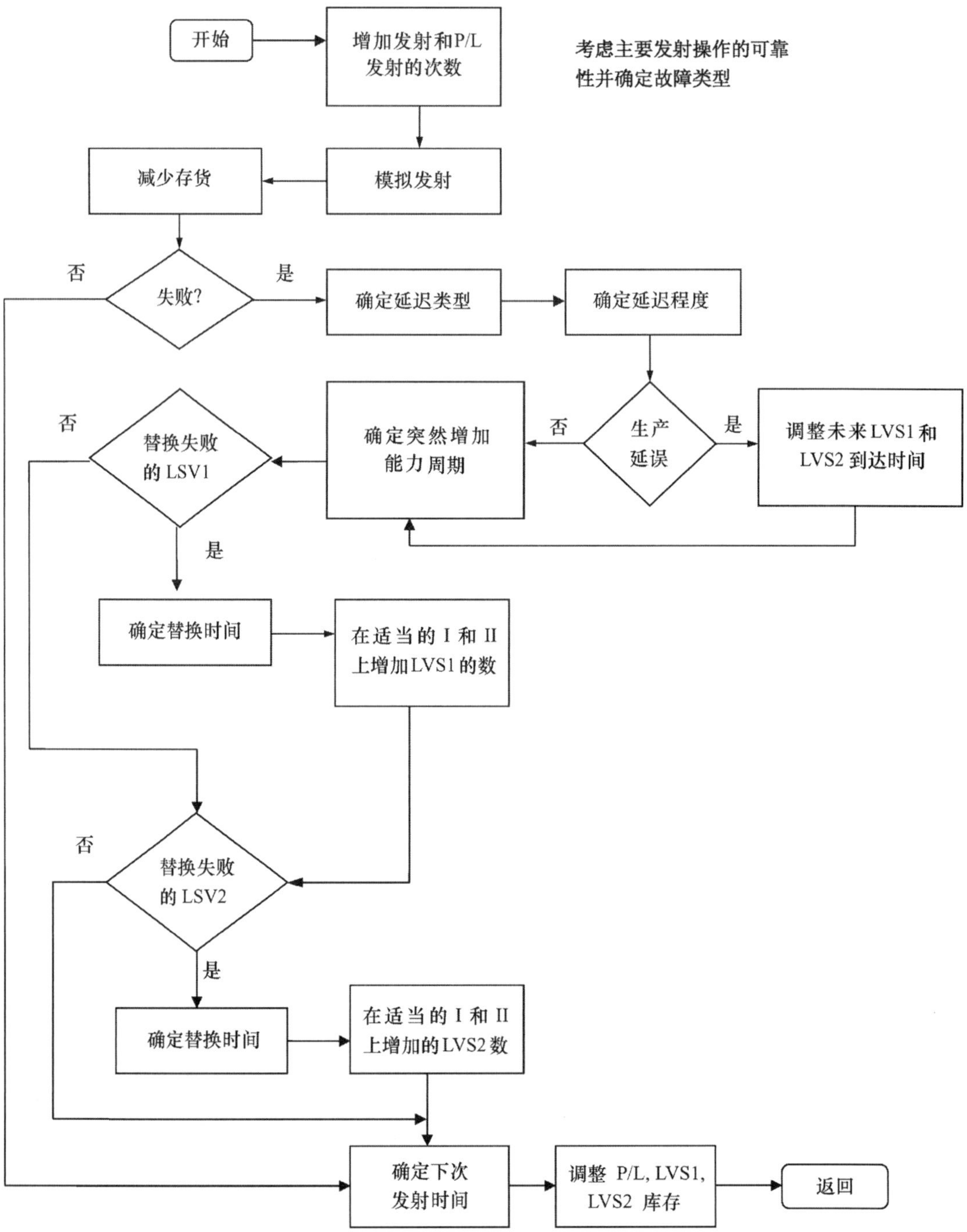

图 4－50　发射子程序

1）要考虑的年数；

2）在分析中要执行的蒙特卡洛模拟运行的数量；

3）有效载荷队列中的卫星将切换到另一个运输系统的概率（概率是队列中每年间隔十分之一，导致作为队列中时间长度的函数的有效载荷切换的机会增加的概率，例如，切换的概率等于0.1导致在队列中保留0.5年后切换的几率为41%)；

4)运输系统每次飞行送入轨道的卫星数量。

初始库存包括：

1)初始卫星库存，其表示在分析时间框架开始时等待启动的有效载荷的数量；

2)初始1级库存(考虑两级运载火箭)，其表示在分析时间框架开始时可用的第一级的数量；

3)初始2级库存(考虑两级运载火箭)，其表示在分析时间框架开始时可用的第二级的数量。

吞吐量相关数据包括：

1)全年发射(每年的飞行)的平均或正常吞吐能力(不是发射猛增的情况下)；

2)使得1级准备好下一次飞行(年)所需的时间，其不包括集成和检验时间(假定LVS1周转时间与LVS2周转时间重叠)；

3)使得2级准备好下一次飞行(年)所需的时间，其不包括集成和检验时间(假定LVS2周转时间与LVS1周转时间重叠)；

4)运载火箭级和有效载荷(年)集成所需的时间；

5)如果1级失败并且不能恢复时，是否应当进行替换的指标；

6)采购运载火箭1级需要的时间(年)；

7)如果2级失败并且不能恢复时，是否应当进行替换的指标；

8)采购运载火箭2级需要的时间(年)；

9)在相对较短的时间间隔(发射/年)，年发射可以保持的最大发射率；

10)保持发射猛增能力的最大的合理的持续时间(年)。

采购率数据包括：

1)最大和最小预期1级年采购率(每年飞行器数量)和相关不确定属性；

2)最大和最小预期2级年采购率(每年飞行器数量)和相关不确定属性；

3)最大和最小预期卫星年度到达或采购率(每年有效荷载数量)和相关不确定属性；

4)在故障以及由暂停时间造成延迟的情况下，是否采购运载火箭的指标(即，在运输时间表中和暂停时间相等的间歇)。

运载火箭可靠性数据包括：

1)每年分析的1级成功的概率；

2)设定LVS1损失时恢复LVS2的概率，当考虑一次性运载火箭时，该概率设置为零；

3)设定LVS1飞行成功，恢复LVS1的概率，当考虑一次性运载火箭时，该概率设置为零；

4)1级成功，2级成功的概率；

5)设定LVS2中止时恢复LVS2的概率，当考虑一次性运载火箭时，该概率被设置为零；

6)在设定成功的任务时恢复LVS2的概率，当考虑一次性运载火箭时，该概率被设置为零。

暂停时间相关数据包括：

1)可能由LVS1故障和LVS2恢复(年)导致的最大和最小预期暂停时间，以及相关不确定属性；

2）可能由 LVS1 故障和 LVS2 未恢复（年）导致的最大和最小预期暂停时间，以及相关不确定属性；

3）可能由 LVS2 故障和 LVS2 恢复（年）导致的最大和最小预期暂停时间，以及相关不确定属性；

4）可能由 LVS2 故障和 LVS2 未恢复（年）导致的最大和最小预期暂停时间，以及相关不确定属性；

5）最大和最小预期暂停时间，其是由于若任务成功（年）未能恢复 LVS2 而导致的，以及相关不确定属性；

6）最大和最小预期暂停时间，其是由于若 LVS1 飞行成功（年）的特定情况下，未能恢复 LVS2 而导致的，以及相关不确定属性。

4.11 在轨服务/维修（政府任务）

在过去几十年中，许多研究已经解决了在轨服务/维修的技术和经济可行性问题。（本讨论是基于海军研究实验室进行的研究，并记录在参考文献[39]中。[40-46]这些研究考虑了一系列任务，包括使用航天飞机对在靠近航天飞机的轨道上运行的卫星进行修理（即哈勃太空望远镜的交会、对接和修理），卫星的放置和故障卫星返回运输节点（即地球或低地轨道）以便修理和最终再重新使用，为运行在其轨道上的卫星提供服务等。这些研究的目的是希望通过修复和重复使用卫星而不是简单地替换失效的卫星来减少空间系统成本。这也因此是大多数经济分析的焦点。卫星服务的潜在好处超过了减少生命周期成本（这是通过服务/维修延长卫星寿命的结果）。通常在分析在轨服务/维修经济时忽略的一个重要方面，是这将对总体任务性能产生影响（例如，增加的敏感器或转发器的可用性）。以下段落中描述的经济分析，证明了在评估在轨卫星服务和维修的经济影响时考虑预期生命周期成本和敏感器可用性的重要性。政府任务与商业任务不同，其通常不涉及利润和回报率指标，生命周期成本和可用性指标作为和替代方案比较的基础。

推动在轨服务/维修经济考虑的基本原理如下：必须更换的卫星的成本越高（不具备在轨服务/维修能力），空间运输的成本越低，所需的可用性水平越高，则在轨服务/维修就越有吸引力。考虑到这一点，海军研究实验室进行了一项研究[39]，以调查和了解在轨卫星服务的影响。该研究被称为航天器模块化架构设计（SMARD），目的是评估在轨卫星服务的潜在成本和效益。本研究用于说明具备在轨卫星服务/修复能力的经济影响。

SMARD 研究主要关注评估现有飞行结构在轨卫星服务的潜在成本和收益。为此目的，一类现有的机密卫星，通常称为 LeoSat，被用作 SMARD 研究的基线。基本概念是对现有卫星进行模块化设计，以便可以用替换件在轨道上更换重要的（在可靠性方面）组件。大型昂贵的卫星要通过必要的大型和昂贵的运载火箭进入轨道。确定需要时，所需的替换件将利用较小且较便宜的运载火箭送入轨道。可以进行替换时，进行交会和对接，从而保持卫星的功能。

评估 LeoSat 飞行器的电气和机械系统，以确定服务的潜在影响以及对卫星设计修改相关的成本。结论是，实际上大约三分之一的 LeoSat 组件可以被替换，并且通过采用更模块化的总线和有效载荷设计来实现更多的更换。组件的轨道替换由高度自主的交会/对接

(R/D)服务器执行，替换是在功能上而不是在物理上。所有替换组件都封装在单个模块中，由 R/D 服务器连接到 LeoSat 的对接口。这种功能替换策略使服务任务的成本和复杂性最小化。

作为 SMARD 研究的一部分，开发了 R/D 服务器的概念设计。R/D 服务器的设计经过了广泛的努力，并且包括对任务所需的使能技术(即，激光测量制导/对接系统，高可靠性对接机制和自主的基于 GPS 的导航)的详细技术评估。该概念设计制定得很详细，这样可以做出可信的从细节到整体的成本估计。R/D 服务器开发的非经常性和经常性成本包括在系统级生命周期成本评估中。

SMARD 研究开发了几种成本模型，使用纯确 4.1 节定性分析来评估计划的卫星服务的成本和可用性影响。使用先进的蒙特卡洛模拟(如4.1 节所述的 SATCAV 模型)来测量计划的服务以及非计划服务(即按需发射)的影响。

基线 LeoSat 任务包括使用宇宙神Ⅱ级运载火箭将相对较大(大规模)的多敏感器卫星星座分时间阶段送入轨道。这些卫星通常是有计划的，用所购买的特定数量的卫星来替换。通过在考虑之中的模块化设计概念，基线卫星将被重新设计以允许进行在轨维护，使得大型故障可以通过适时(取决于维护情况)发射 R/D 服务器，与要进行维修的卫星交会对接并与永久性有效载荷对接舱挂接来修正。该舱段将在功能上替代具有高故障率的大型分系统。R/D 服务器将通过飞马座运载火箭进入轨道。因此，目的是通过一系列携带低成本服务模块的低成本维修飞行，来延长昂贵的卫星的寿命，从而可以放弃直接替换昂贵的卫星及其相关昂贵的发射。

对比替代航天器模块化架构设计时，需要考虑成本和收益。对比的成本是生命周期成本，计算为在任务规划期内考虑的年度费用的现值(贴现率 10%)。每年成本考虑发射成本、运载火箭可靠性、有效载荷和修理设备一次性和单位经常性成本(考虑到随时间的成本分布)，以及卫星分系统可靠性特征(随机和耗损故障)。所有成本都是以美元不变值计算。

在比较具有不同可靠性、计划安排和延迟特性的备选方案时，除了成本考虑之外，还必须考虑系统可用性。可用性是指在指定时间段内至少 n 个敏感器(可能多于 N 个)可用或可操作的概率。因为所考虑的架构对可用性有重要影响，所以为每个考虑的架构和相关变量确定了生命周期成本的现值和可用性衡量标准。根据预期寿命周期成本的净现值的变化和敏感器可用性的变化来测量一种架构相对于另一架构的益处。选择所需架构的时候，必须考虑成本和可用性维度以及这两个维度之间的权衡。[还应考虑风险的变化(即预期寿命周期成本的现值的可变性)。实际上，已经发现，对于所考虑的情况，风险水平是可比较的，并且明确倾向于考虑这个讨论的主要方面，即在比较替代方案时必须考虑多个属性(至少成本和可用性)。但是，一般来说，比较需要考虑成本的预期和风险维度，以及年度和长期的可用性。]

所做分析的目的是开发并随后比较用于执行包括四个轨道平面中的八个卫星的任务的多种替代方法的生命周期成本和可用性统计。在所有情况下，卫星都是按照特定的时间计划表发射的，任务持续时间较长。考虑了以下三种基本场景或架构(在以下段落中描述的每个场景中考虑了若干替代方案)：

第一种情况是按计划对卫星更换，不需要整修/维修。基本情况是，一些大型昂贵的卫星按计划送入轨道，并按计划(每 8 年)进行更换。

第二种情况是根据需要进行整修/维修。许多大型昂贵的卫星按预期计划(与刚刚所述)送入轨道，并且由于关键的敏感器故障进行整修/维修，以延长大型卫星的寿命。由于需要将整修/维修概念合并入其设计中，大型卫星的一次性成本会增加。由于冗余的减少，大型卫星重复成本降低(以及平均故障间隔时间)。整体可靠性的降低通过使用整修/维修模块及其相关的一次性、重复性和运输成本来抵消。

最后一种情况是按照计划进行整修/维修。这种情况和前述情况类似(即，根据需要进行整修/维修)，只不过其整修/维修是按计划进行的(即每两年、三年和四年一次)。

这些架构的分析既考虑了确定性方法，也考虑了随机方法。确定性方法使用自下而上和 CER 来评估一次性和重复性成本的所有元素。在指定时间进行服务/维修飞行，卫星在其预期寿命结束时被认为失效。这种确定性分析被用来作为开发随机方法的数据要求的基础。不确定性评估与各种成本评估相关，并且对于可服务的和不可服务的各种分系统进行可靠性评估。每次重要的发射和轨道运行也进行可靠性评估。

随机方法使用已经开发的 SATCAV 生命周期成本和敏感器可用性模型[10,33]。如 4. 1 节中所描述的，SATCAV 是一种动态随机生命周期成本和可用性模型，模拟与包括多个敏感器的多颗卫星的空间飞行任务的启动和继续操作相关的发射和在轨运行。

SATCAV 用于模拟使用一次性运载火箭和上面级的卫星发射操作，并且要考虑以成本相关事件以及相关时间延迟来定义的一系列的故障结果。SATCAV 模拟了多敏感器 LeoSat 卫星的随机和耗损，确定具体故障发生的时间，以及何时需要进行维修以应对关键的故障。由于考虑了多个敏感器，因此有必要识别引发成本产生事件(例如，更换或修理)的关键故障。这些是根据单个敏感器故障和敏感器故障组合(一个或两个)来确定的。举例来说，如果敏感器 A 或敏感器 B 或敏感器 C 和 D 失效，则启动卫星更换或修理飞行。

SATCAV 模拟各种维修情景的能力用于分析故障发射和预期耗损故障情况下的发射。根据需要，从包括基于地面和空间的资产的若干一般情景中选择(用于放置和维修飞行)不同的运输情景。

对主观不确定性、运输系统可靠性和卫星分系统以及敏感器随机和耗损故障的考虑，确定了年度事件(即，发射尝试、服务和维修的有效载荷，以及所使用的运输飞行器)的概率分布，以及年度成本(包括一次性和经常性)和生命周期成本现值概率分布。SATCAV 还开发了敏感器可用性统计，表示为任务持续时间每年可用的(按类型)敏感器数量的概率密度函数。统计考虑了敏感器和分系统随机和耗损故障特性、备份策略、运输情况，与不同类型故障相关的延迟，以及在轨测试的持续时间。得益于 SATCAV 的重要属性，从而能够对 LeoSat 服务/维修任务展开分析，并且对现值和敏感器可用性统计数据进行开发，SATCAV 的重要属性包括：

1)考虑的时间范围长达 25 年；

2)考虑多种工作卫星；

3)备份策略，包括多个地面备份、关键敏感器故障发射、随机故障但预期关键敏感器耗损故障发射；

4)关键敏感器的识别(单独和组合)；

5)初始业务卫星和在轨运行卫星及轨道备份的预计发射日期的规范(实际发射日期考虑到故障和相关的延误)；

6)地面备份完成日期规范；

7)考虑卫星学习成本影响；

8)考虑卫星在轨测试和检验时间；

9)选择初始放置和维修飞行的运输方案(例如，直接放置、放置和返回、在轨维修、更换/返回/维修)；

10)根据在发射/恢复序列中成功执行每个主要操作的概率描述运输情况，考虑成本产生事件和时间延迟方面发生故障的后果；

11)先验定义的不确定性变量(即，主观指定为不确定性范围和不确定性形式)，包括延迟(故障类型的函数)、从地球到LEO(低地球轨道)的运输成本、从LEO(低地球轨道)到P/L轨道的运输成本、卫星单位经常性成本、卫星维修工具成本、转移飞行器维修成本、资本支出、卫星控制操作成本和工程费用；

12)卫星配置由多个敏感器组成，每个敏感器具有多个支持系统和多个卫星平台分系统，每个敏感器和分系统具有各自随机(平均故障间隔时间)和耗损(预期的耗损寿命和耗损寿命标准偏差)故障特性；

13)对一次性资本项和卫星、卫星维修工具的费用，以及发射的经常性费用进行分摊；

14)确定成本、事件和可用性统计、卫星预期寿命和相关标准偏差。

上述特征直接用于航天器模块化架构设计概念的分析。通过使用适当结构化的输入数据"愚弄"模型，来创建一些附加特征。例如，预定的替换场景的开发，可以通过创建一个虚构的关键敏感器来实现，这个敏感器的耗损寿命等于预定的各次更换的时间间隔，把其他实际敏感器作为非关键敏感器。因为实际敏感器由于其随机和耗损故障特性仍会出现失效，所以这种机制使得敏感器可用性统计数据可以准确地被开发出来。

总之SATCAV模型是一个符合实际的合理但不准确的模型。该模型的一个主要限制是八颗卫星的星座超过了它的能力。为了避开这个限制，对每个具有适当发射日期的四颗卫星的星座进行了两个单独的分析。将一次性成本分配给第一个星座，成本的总现值是两个任务的现值之和。针对每个星座开发敏感器可用性统计(即，每种类型的0，1，2，3或4个敏感器可用的概率)和在SATCAV模型外部组合敏感器可用性统计，用以指示0，1，…，7，8个敏感器可用的概率，且至少N(例如，四个或更多)个可用。

表4-6根据所考虑的情况和主要情景的多个变量表明PVLCC的折现率是10%。三个基本情景是：

1)无服务/维修的计划卫星更换(简称基本情况)；

2)根据需要进行整修/修理；

3)按计划定期进行整修/修理。

在表4-6中还表明，敏感器#2和#3的可用性(可用的时间百分比)，在每个这些敏感器中将至少4(即，≥4)，6或8个是可获得的。敏感器#1用于帮助确认已经描述的任务场景并且理解所获得的结果对关键故障定义的敏感性，因此，该统计没有输入。所有显示的结果基于500次模拟运行(即，任务是每次"飞行"500次，发射卫星，确定发射成功或失败，并且在失败的情况下建立延迟和重新发射要求，建立敏感器和卫星平台分系统故障的时间和启动适当的维修策略，确定成本等)，考虑了输入数据描述的故障的统计性质以及可能由于故障导致的延迟。

表 4 -6　生命周期成本的现值和敏感器可用性结果的汇总

场景[a]	PVLCC(10%) M $	可用性(≥N), % ≥4 #2	≥4 #3	≥6 #2	≥6 #3	≥8 #2	≥8 #3
无服务/维修的计划卫星更换							
基本情况	2 688	70.6	88.7	20.8	44.8	0.8	4.0
根据需要进行整修/修理							
基本情况	2 134	99.8	99.0	92.0	80.1	33.3	18.2
关键敏感器(1 或 2 或 3)	2 214	99.0	9.9	93.2	96.6	34.8	45.9
关键敏感器(2 或 3)	2 215	99.9	99.9	97.2	98.1	46.1	50.3
关键敏感器(1 或 3)	2 020	86.6	99.9	38.6	96.6	2.5	45.3
关键敏感器(1 和 2)	1 952	82.8	98.3	33.1	75.7	2.1	14.5
关键敏感器(1 和 3)	1 952	82.2	98.3	32.6	75.1	2.0	13.9
按计划定期进行整修/修理							
基本情况	2 752	99.3	99.9	84.0	95.0	21.2	38.2
每 3 年进行服务	2 439	98.7	99.9	77.2	94.1	14.9	36.3
每 4 年进行服务	2 263	97.6	99.8	68.7	92.1	10.4	32.5

注：[a] 所有结果基于具有三个敏感器的卫星，其中假设第一个敏感器具有非常高的可靠性，和/或很少或不考虑可用性。实际上，所提供的数据表明该敏感器具有相对低的可靠性。

除了三个基本情况外，还考虑了一些变化，以便了解某些假设的影响。在根据需要进行整修/修理的情况下，考虑了关键敏感器定义的影响。基本情况认为敏感器 1 或敏感器 2 的故障是关键的。这种情况下，认为敏感器 1 是用于所有实际目的，不会失败。敏感器 1 和 2 以及敏感器 1 和 3 两种情况下的最小成本情况都会失败，从而导致成本产生事件。但是因为敏感器 1 不会自己失败，一定是发生平台故障，然后关闭两个敏感器并随后引发了成本产生事件。在定期整修/修理的情况下，调研了服务间隔的影响。基本情况的服务间隔是两年。

各种场景及其变化的影响见表 4 -6。发现在通常情况(即，按计划的卫星替换)导致大约 2 700 万美元的生命周期成本(在大约八年的使用寿命之后替换卫星)现值，具有相对低的可用性水平(例如，几乎不可能获得八个操作敏感器的能力；有 20%的机会实现六个或更多类型 2 操作敏感器的能力，等等)。当然，在这种增加可用性水平的情况下有许多方法，但都可能进一步增加生命周期成本的现值。

还发现，一般来说，整修/修理可能会降低任务生命周期成本，同时具有明显增加敏感器可用性的潜力。在按计划执行整修/修理时需要仔细考虑计划安排以便实现成本和可用性收益。最后，通过考虑替代的关键敏感器定义，显示关键性的定义可以对生命周期成本产生合理的影响，但是对系统可用性具有非常明显的影响。

基本情况是实际计划(或正在进行)任务的体现。看得出来，无论任务规划者是否愿意接受非常低的可用性水平，都没有对可用性进行充分的分析，并且由于未充分进行分析而被误导，和/或预算可能太低，不足以处理随着不适当的可用性水平的出现而可能增加的成本。

4.12　轨道碎片的经济影响

正如地球上的污染达到临界点一样，由人为生成的轨道碎片使得近地空间不断地变得拥挤。这个问题引起了越来越多的关注，各国的政策制定者们开始认真考虑各种涉及卫星和运载火箭的解决方案。但是，这些解决方案都具有经济影响：以下段落将主要考虑这些影响。

轨道碎片受到关注有许多的原因。碎片数量的增加将因碎片－卫星之间的影响而增加卫星的故障率，因此也增加了空间业务的费用，并将影响旨在保持系统可用性的任务战略性。例如铱星系统，66个通信卫星的LEO(低地球轨道)星座，计划在其使用寿命快结束时使其卫星脱轨，以确保铱星运行的环境对于长期系统运行来说保持相对清洁。因为越来越担心轨道碎片数量的潜在增长，因此也越来越关注采用何种措施能够控制碎片数量的增长。无论自愿还是强制性的，减缓措施都正在考虑当中(见5.2节)。令人担心的是，短期内不恰当的行动可能导致长期的高昂成本。轨道碎片的经济影响在制定卫星和运载火箭的设计标准方面也很有意义，要考虑减少碎片的数量。

通常情况下，由于为遵守碎片减缓政策而须付出成本，和/或由碎片撞击造成损失也须付出成本，轨道碎片会增加空间飞行任务的费用。从长远来看，轨道碎片减缓政策很可能减少任务成本(低于执行无轨道碎片减缓政策所造成的费用)，但很可能在短期内增加任务成本。这是典型的投资困境：是否在短期内进行投资，以实现长期回报?

总之，航天界和决策者特别不愿意接受这样一个事实，即与碎片减缓相关的费用。例如，最近出版的一份国际宇航科学院的意见书[47]就没有讨论，甚至没有提到，减缓的成本和经济影响。

以下各段的目的就是建立一种可将轨道碎片的经济影响置于定量(而不是定性)制度的方法，以便在做决策时考虑到减缓备选方案以及相关决定。由于行业和政府的关注点不同，后面(见5.3节)主要从政府关注的有关轨道碎片监管的需要和形式，以及总体经济效益的角度进行探讨。本节以下各段，重点放在轨道碎片对在执行典型LEO (低地球轨道)任务时的生命周期成本的经济影响上。经济影响是根据预报的轨道碎片环境产生的，轨道碎片环境根据作为时间函数的每年每单位面积的碎片碰撞概率以及在这个时间变化环境中启动任务的时间来确定；同时，也要考虑地球静止轨道通信卫星飞行任务。对于这些任务，每颗卫星可以被视作利润中心，在利润和回报率财务绩效指标方面产生经济影响。(对于一阶近似，地球静止轨道通信卫星可以被认为是单独的利润中心，而低地球轨道卫星通常是功能星座的一部分；正是这种区别导致需要对GEO卫星的利润影响和LEO卫星的生命周期成本影响加以考虑。)已确定的经济影响可用于研究碎片减缓措施的可负担性以及减缓的需求。

4.12.1　引言

空间活动正使得将碎片放置在轨道上的速度高于自然去除碎片的效应，结果卫星撞击并被轨道碎片损坏或破坏的概率增加。在没有碎片减缓政策的情况下，继续或增加的空间活动很可能导致轨道碎片和运行卫星之间发生碰撞的概率增加，基于此，政府机构和行业都认真考虑轨道碎片问题和碎片减缓政策[48-50]。尽管已经在认真考虑轨道碎片和缓解政策，但对轨道碎片和补救政策的成本影响却很少或根本没有进行分析(作者的报告除外)。

虽然关于轨道碎片的政府机构政策只是刚刚形成，但是关于轨道碎片的考虑已经导致一些机构的计划和活动发生变化[51-53]。一些政策和活动是出于要保护航天器的需要；其他用于防止碎片扩散。主要在三个不同领域做了努力。首先，开展研究来更准确地模拟和测量碎片环境；第二，正在考虑制定运行程序，以限制碎片群体的增长；第三，未来在任务和航天器的设计时考虑碎片问题。

如果不采取行动来减少轨道碎片，将增加卫星损坏的可能性，结果导致卫星寿命减少，并且为保持所需能力水平(例如，敏感器或转发器的可用性)会产生额外的发射成本。采取行动，如使卫星更坚固可以维持卫星寿命，但会使卫星成本和质量增加，导致运输成本增加或卫星能力降低和利益损失。要求上面级再入地球大气层并燃烧，会影响有效载荷输送能力，这将导致运输成本的增加。如果不采取行动减少轨道碎片的增长，将造成缩短卫星使用寿命，成本增加以及其他财务和/或可用性等后果。

近期内采取的行动可能对长期的轨道碎片环境产生重大影响。然而在大概两年或数十年内，采不采取行动，后果不会对由碎片撞击造成的卫星失败率有重要的影响。因此，需要证明现在已经开始在考虑为制定正在审议的碎片减缓措施而产生的费用。碎片撞击造成的随机故障会缩短卫星寿命，而减缓措施会减少这些随机故障的发生。行动/不行动的影响，参见表 4-7。

以下段落的目的是：1)描述一种方法来评估生命周期成本对空间飞行任务造成的影响，这些影响可能由不同轨道碎片减缓政策引起，包括如果采取“不减缓”政策对成本的潜在影响；2)分析轨道碎片对执行 LEO(低地球轨道)任务的费用可能产生的影响，得出结果以便深入了解近期减缓措施的可负担性；以及 3)减缓政策可能对执行 GEO 通信卫星任务产生的财政影响。

表 4-7　空间碎片和减缓政策的结果

无减缓	减缓
短期	短期
+对成本没有重要影响	+增加任务成本
	+增加一次性成本
	+增加单元经常成本
+对服务等级没有重要影响	+对服务等级很少/无影响
长期	长期
+增加任务成本[卫星替换]	+减少任务成本[减少卫星替换数量]
和/或	和/或
+降低服务等级[即，可用性]	+提高服务等级[即，可用性]

4.12.2 GEO 卫星任务

轨道碎片减缓是 GEO 通信卫星的一项持续的活动。根据国际协定，GEO 通信卫星通常在接近使用寿命末期时移至更高轨道，以减少产生碰撞和其他形式干扰的可能。至少有两项正在讨论的减缓措施将影响 GEO 通信卫星企业的财务业绩。一项是要求 GEO 卫星在达到其使用寿命末期时移动到更高的轨道(高于当前 GEO 所在高度以上几百英里)；另一项是按要求对转移轨道加以约束，例如要求转移级再入地球大气层并燃烧而不是在轨道上待太长的时间。但是这两项措施都会对通信卫星企业的财务业绩产生负面影响。

任一备选方案的直接结果都是降低卫星性能，增加运输成本或两者都有。将卫星移动到更高的高度需要大量的推进剂和/或推进剂和推进器。在任何一种情况下，这将相当于缩短卫星的轨道保持寿命(减少的时长在很大程度上取决于所利用的技术)，或者增大运载火箭有效载荷传送能力以及提高成本，这两者都具有财务影响。

约束转移轨迹将最有可能降低现有飞行器的大量输送能力，导致卫星能力降低和轨道卫星推进剂可能减少，这将缩短轨道寿命；分系统冗余减少，这将影响故障率等。

通过使用通信卫星商业财务规划模型对这些备选方案的财务影响进行了评估。这种随机仿真模型[22](在 4.1 节中描述)模拟了通用通信卫星业务，并且进行了特别配置，使得大量不同的业务情况可以被识别和分析，例如使用替代运载火箭、各种卫星技术、基于空间的设施，以及替代备份和服务/维修/更换概念，然后可以确定每个选择对财务绩效的影响。

模型还考虑了多种通信服务、需求和成本的不确定性、分系统的不可靠性(随机和耗损)和备份概念，以及可消耗和/或可重复使用的运输系统和相关的可靠性。该模型的一个重要特征是其还允许时间延迟，时间延迟是故障类型的函数和与特定操作或功能相关的保险成本。

因此该模型能够用于计划商业投资并且开发财务文档，允许卫星、运载火箭、市场和一般商业属性进行变化，然后可以根据财务业绩指标的变化来评估其后果，如现金流现值、利润、投资回报率和投资回收期。例如，可以通过减少轨道碎片方法改变卫星的特性，然后估计这些变化对企业财务绩效的影响。

制定了一个典型的全球通信卫星固定卫星服务业务方案和相关数据库，并作为通信卫星业务卫星特性方面的财务分析的基础。典型的分析结果如图 4－51 所示，现金流的预期 NPV(折现率为 10%)变化和预期 ROI 变化作为卫星寿命减少的函数，这些分析的结果表明，随着卫星寿命的减少，NPV 和 ROI 都迅速下降。

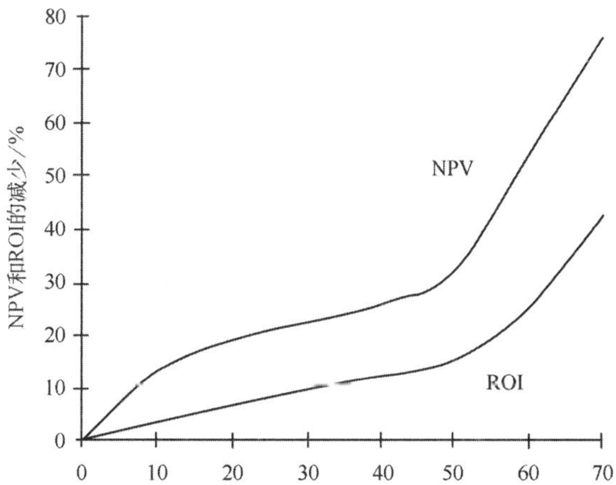

图 4－51　卫星寿命减少对 GEO 通信卫星商业企业财务业绩的影响

图 4－51 表示卫星寿命减少的影响。假定卫星寿命减少与将卫星移动到不同高度所需的推进剂质量直接相关，也就是说，将卫星从其初始高度移动到新高度所需的推进剂质量将不可再用于轨道维护，导致可用的卫星寿命减少，减少的量取决于所使用的技术和预期高度的变化。对于相对小的高度变化 Δr，计算实现高度变化所需的质量变化 Δm 可以首先确定获得预期高度变化所需的速度变化 Δv，然后确定实现所需的速度变化的质量变化[54]。

速度变化的完成如下

$$\Delta v = 0.5 * [\Delta r / r] * v_i$$

$$v_i = [\mu / r]^{0.5}$$

式中

r——初始卫星高度，km；

Δr——卫星高度的变化，km；

v_i——初始卫星速度，km/s；

$\mu = 3.986 * 10^5 \text{km}^3/\text{s}^2$。

获得的质量变化

$$\Delta m = \{1 - \exp[-\Delta v / g * I_{sp}\} * m_i$$

式中

m_i——初始卫星质量，kg；

I_{sp}——比冲量，s。

卫星使用寿命的变化 ΔL，表示为如果没有高度变化，卫星寿命的百分比，则得到

$$\Delta L = [\Delta m / m_{ip}] * 100$$

式中

m_{ip}——轨道维护初始推进剂，kg。

一旦确定了具体的轨道碎片（环境）修复政策，例如，将通信卫星移动到超出 GEO 的指定高度，可以更准确地估计它们对卫星使用寿命和业务性能的特定影响。

4.12.3　成本影响的概念（非 GEO 地球轨道卫星飞行任务）

轨道碎片会增加空间飞行任务的费用，即为了遵照碎片减缓政策产生的费用，和/或由碎片撞击造成的损失而产生的费用。效费比高的轨道碎片缓减政策，从长远上看将降低任务费用（低于实施无轨道碎片减缓政策所产生的费用），但在短期内会增加任务费用。这是一个典型的投资困境：是要在短期内进行投资以获得长期回报？或者什么是为实现预期的长期目标短期内可负担的？通常，为了回答这个问题，需要以适当的资本成本或贴现率将产生的现金流的净现值作为时间的函数（在这种情况下，现金流出是为了符合缓解政策而产生的费用，现金流入是符合缓解政策而节省的费用）。如果产生的 NPV 是正的（在可接受的风险水平），则应进行投资；否则，就不应该进行投资。

关于轨道碎片减缓政策的决定与大多数投资决定（即，现在支付未来收获）非常相似，只是时间框架比大多数投资决策中所遇到的时间框架大得多（时间衡量范围大约 50 到 100 年或更长）。因此，简单的贴现模型就不太可能有效体现替代性轨道碎片减缓政策的经济影响，因为大多数成本节约发生在未来（在简单的贴现模型中，未来现金流 CF_i，通过 $CF_i/[1+DR]^i$得到，其中 DR 是贴现率，i 是现金流的年数，当 i 变大时，CF_i对 NPV 的贡

献接近零）。为了避免长期贴现问题，替代的方法是在相对较短的任务期间内使用贴现，然后考虑不同的任务开始日期。这允许任务的现值成本开发基于不同的碎片缓解策略（包括无碎片减缓替代），以及在不同时间点开始的任务的相对成本，并受不同时间点开始的不同碎片缓减实践的影响。

基本绩效指标，以 K 表示，相对于没有轨道碎片的情况下任务生命周期成本的现值来说，是在假设有轨道碎片减缓政策情况下的任务生命周期成本的现值。这一相对指标使得所有碎片减缓备选方案（包括无碎片减缓方案）及其启动时间，都可以在共同基础上进行比较。

为了分析轨道碎片减缓备选方案的经济影响，可以用每单位时间的每单位飞行器表面投影面积的碎片碰撞概率来描述轨道碎片环境，如图4－52所示。该图显示了三种预计的环境备选方案：1）没有减缓政策X的碎片增长环境，2）有减缓政策X的碎片增长环境，3）有初始减缓政策X和在第 T_y 年开始有附加减缓政策Y的碎片增长环境。影响的概率是碎片大小、碎片源模型、预计的空间交通和碎片减缓实践以及卫星轨道和设计特性的函数，也是卫星设计和配置以及运载火箭配置和轨迹的函数。以下几段将要讨论，假定影响概率（碰撞概率）是卫星分系统故障率的直接衡量指标，其会被用于确定卫星故障和替换率，以及确定任务生命周期成本影响。

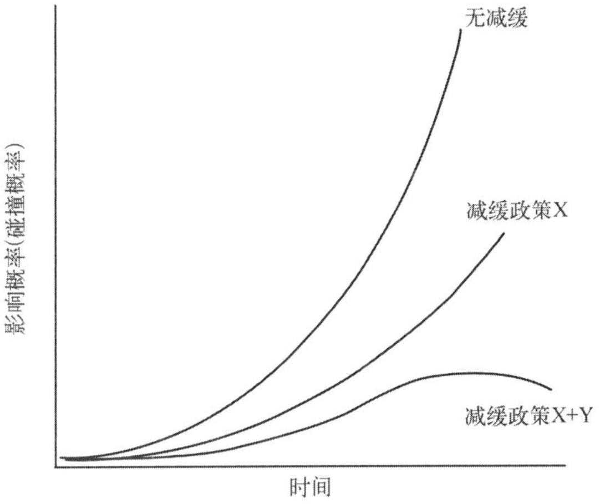

图4－52　轨道碎片环境描述：影响概率（碰撞概率）情况

基本指标 K，代表任务生命周期成本的相对净现值（相对于无碎片情况），“无减缓”情景如图4－53所示。曲线上的两点代表同一任务但在不同时间点启动的生命周期成本现值 K，（例如，分别在2005年和2025年启动的一个为期15年的遥感任务）。根据碎片环境的预计差异，可以得到不同的 K 值（即，影响概率是时间的函数）。实线曲线表示同一任务但是在不时间点启动的 K 值的轨迹。曲线的形状表示在没有碎片减缓政策情况下，经济影响显著增长，但是具体的时间范围还不确定。

图4－54从概念上阐述了具体碎片减缓政策和没有减缓政策的任务生命周期成本（相对于无碎片情况）的相对现值。（以下段落将讨论“规范”的形式。）“无减缓”曲线说明在不同时间点开始的特定任务的相对成本（相对于如果没有轨道碎片的任务成本）。例如，如果

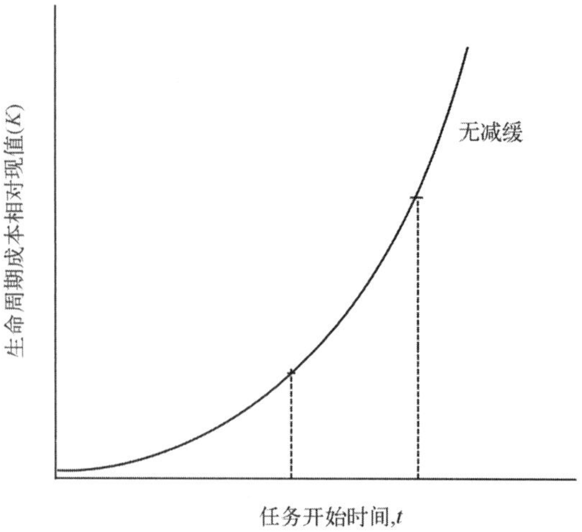

图 4－53　任务生命周期成本相对现值作为任务启动时间的函数：无碎片减缓

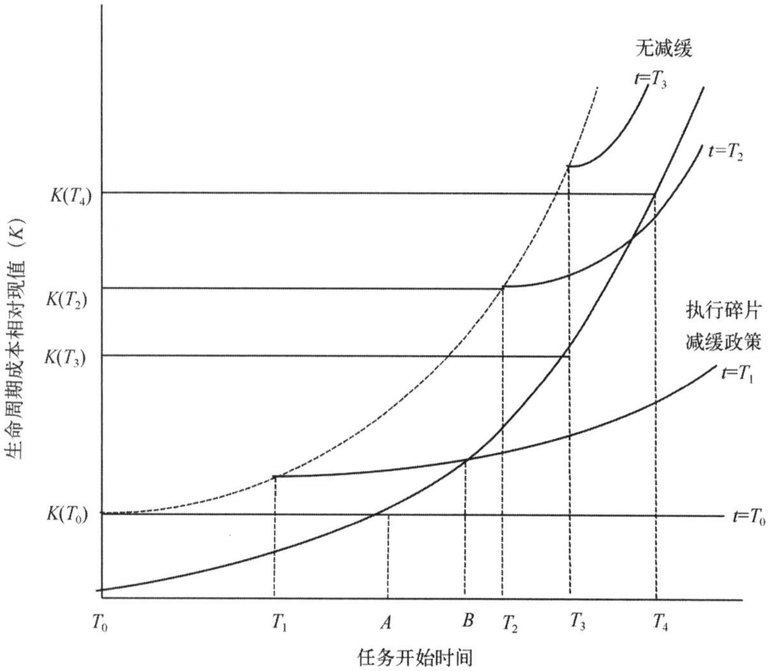

图 4－54　任务生命周期成本相对现值作为执行碎片减缓政策和任务启动时间的函数

没有轨道碎片，则在时间 T_3开始的相同任务的成本时间现值表示为 $K(T_3)$，而在时间 T_4开始的相同任务的成本时间现值表示为 $K(T_4)$。图中曲线取决于预计的碎片环境和任务特性。

虚线曲线表示如果具体的碎片减缓政策在不同时间点(即，T_0，T_1，T_2，T_3等)启动，任务在同一时间点开始的情况下，任务成本的相对现值的轨迹。从这条虚曲线发出一系列

标记为 $t=T_0$，$t=T_1$，$t=T_2$，$t=T_3$的曲线。这些曲线表示 K 值，即生命周期成本的相对值，针对从在 $t=T_x$ 处开始碎片减缓策略之后的任何时间 t 开始的任务。虚线曲线与纵坐标的交点 $K(T_0)$表示由符合所述轨道碎片减缓策略的任务产生的任务生命周期成本现值的相对增加。在立即启动碎片减缓策略时，即 $t=T_0$时，未来启动的所有任务将具有 $t=T_0$曲线上的相对成本 K。这是因为在该示例中假设如果立即执行减缓，则碎片总数将不再增长，并且故障率将保持平稳。在时间 $t=A$ 之前开始的任务将具有比相同任务在没有减缓政策下更大的 K 值。在时间 $t=A$ 之后，情况发生变化，减缓政策将不会导致更高的任务成本。当碎片减缓策略在 $t=T_1$时开始时，在该时间之前开始的任务 K 值位于无减缓曲线上，在该时间之后 K 值则位于 $t=T_1$ 曲线上。在 $t=B$ 之前，对于执行碎片减缓政策的任务，K 值更大，在 $t=B$ 之后，对于执行碎片减缓政策的任务，K 值更小。[$t=T_x$ 曲线具体形状不得而知，根据碎片减缓政策的具体情况及其对轨道碎片的影响，这些曲线可能达到最大值(K 值)，然后在接近 $t=T_0$曲线时渐近地减小。]

同样，必须强调，每个轨道碎片减缓政策将有其相关的曲线集，此外，每个任务将有其相关的曲线。以下段落主要是展示在实施或不实施减缓的情况下，预期对 LEO 任务造成的经济影响的初步结果。在考虑减少轨道碎片有关的政府政策时，轨道碎片环境必须反映碎片减缓政策，轨道碎片环境用影响概率(作为时间的函数)表示。当星座的所有者认为轨道碎片对商业决策有影响时，可以合理地将碎片环境视为独立的商业决策。(当然这将取决于任务高度和倾角等相关星座特征。)

需要注意几个重要的假设，首先，假定未来的任务和行动基本上与近期的计划一致；假定将不会开发和利用未考虑当前碎片缓减措施评估的、显著改变轨道碎片预测的新技术。

4.12.4 评价方法

评价方法旨在确定典型或代表性任务的生命周期成本的现值，任务在几个不同时间点开始，并给出若干轨道碎片预报(基于特定的轨道碎片减缓政策)，其特点是碎片影响的概率是时间和卫星轨道的函数。影响的概率会影响卫星更换时间以便满足敏感器或转发器可用性要求(以下段落中描述的方法还考虑了可能需要的卫星推进和/或质量变化以满足不同的缓解策略和对一次性和经常性费用的影响。显示的结果只考虑影响大小的概率)。

评估方法经过特别设计，以便可以对碎片影响以及碎片和缓解策略(即，对卫星配置和/或运载火箭提出的要求)使用一组公式或模型来进行评估。因此，基本方法是指定一组敏感器(或转发器)，然后对卫星平台分系统提出要求，并对卫星平台分系统进行配置和计算成本。因为可以根据平台分系统需求的变化来制定减缓策略，所以可以使用相同的方程组来对分系统进行重新配置和计算成本。这种方法通过将计算和成本建立在一个公共方程组，以及相关数据和假设的基础上将误差最小化。主要关注的是相对成本和可用性，绝对值是次要的。

下文各段所述的分析仅仅是确定轨道碎片经济影响和碎片减缓政策的第一步，目前只有影响的概率所确定的轨道碎片的影响被考虑在内。在下面几段中简要描述的 SMALLSAT 模型，是评估轨道碎片经济影响的计算工具。(SMALLSAT 是由 Princeton Synergetics 公司和 User Systems 公司开发的用于 A 阶段航天器设计和技术评估的计算机辅助系统。SMALLSAT 的发展得到了 NASA 的刘易斯和兰利研究中心的支持。)模型结构包括轨道碎片的影响(影响的概率作为时间的函数),以便可以以完全一致的方式评估补救要求。SMALLSAT 卫星设计和生命周期成本模型可用于评估轨道碎片的影响和轨道碎片减缓政策。

SMALLSAT 是用于小卫星的计算机辅助的 A 阶段设计和技术评估工具(中型卫星开发过一个类似但较早的版本)。SMALLSAT 能够帮助卫星设计师、任务规划者和技术计划经理看到他们的决定在卫星配置、一次性和经常性成本、运载火箭选择、任务生命周期成本和可用性统计数据方面可能产生的后果。

在 SMALLSAT 中,对卫星的敏感器属性(例如动态质量、尺寸、数据和功率分布,指向和稳定要求,以及平台分系统技术)进行配置。SMALLSAT,如图 4 – 55 所示,根据九个相互关联的分系统模拟卫星:姿态参考和控制、功率、热、轨道保持、推进、数据处理、星载计算机、TT&C 和结构。这些分系统的设计被迭代,以便考虑它们的质量和功率相互作用。卫星设计的结果随后输入到一个集成的随机生命周期成本和可用性模型,该模型将配置的卫星放入任务设置中并建立任务生命周期成本和敏感器可用性统计。

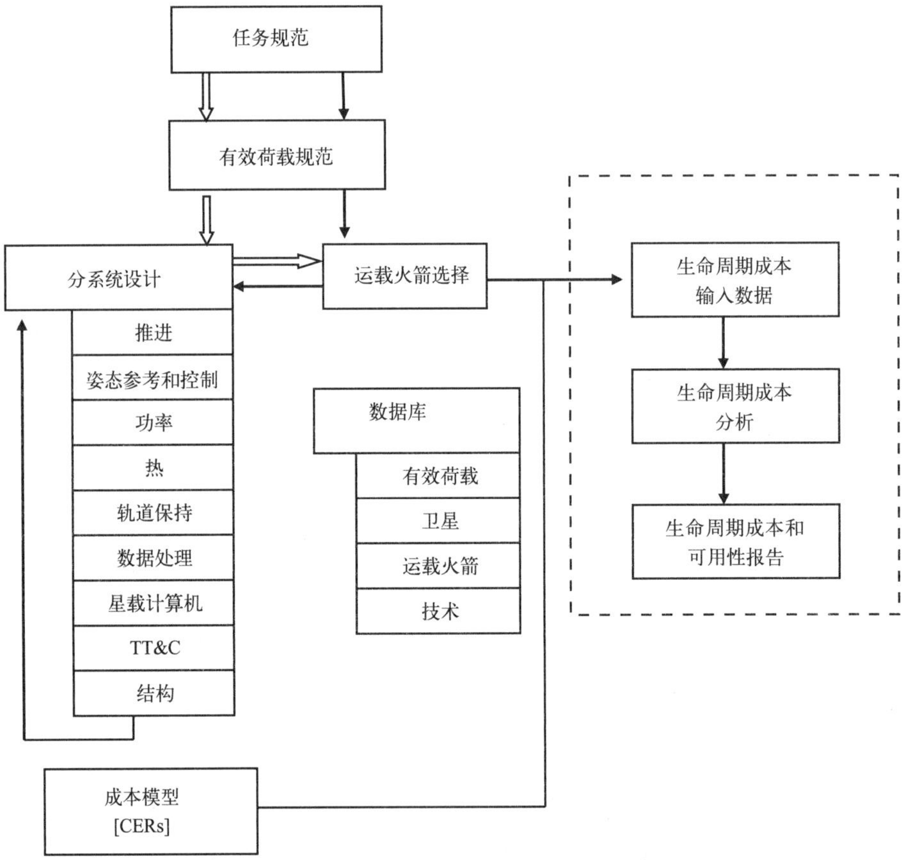

图 4 – 55　SMALLSAT 模型

SMALLSAT包括敏感器、运载火箭和平台分系统技术数据库。用户可以在卫星配置期间从这些数据库中选择输入，还可以选择性地忽略此输入而模拟新技术开发，从而能够分析对卫星配置和成本计算的技术影响。例如，运载火箭既可以从数据库中选择，在这种情况下要对卫星配置施加约束，或者也可以基于所得到的卫星配置来选择(因此有一个机制，用于评估运载火箭碎片减缓要求在运输成本以及卫星设计和成本方面的影响)。改进运载火箭特性可以从卫星配置和成本以及任务生命周期成本方面确定新发射能力的效果。此外，可以选择性地改变平台分系统技术水平(如，太阳能电池效率)，以反映可能的技术进步或通过特定技术程序寻求的技术进步。这需要从卫星配置、成本和切换运载火箭的能力方面观察技术程序的可能的影响。

所得到的卫星配置对任务生命周期成本和敏感器可用性统计的影响也可以使用SMALLSAT来确定。SMALLSAT中包含的一组CER(航天公司专门为小卫星所开发)用于在分系统级提供一次性和单位经常性成本的估计，通过指定预期值和标准偏差可以选择性地忽略这个估计成本。这就得明确地、定量地考虑与引入新技术相关的成本的不确定性。综合蒙特卡洛模拟模型基于用户指定的任务参数来确定所得到的生命周期成本和可用性统计。指定的任务参数有所需卫星的数量、它们的期望发射日期、卫星备份和替换策略、成本分布函数等。

SMALLSAT采用蒙特卡洛模拟模型SATCAV(在4.1节中有详细描述)来确定生命周期成本和可用性。SATCAV模型利用卫星设计和技术数据、任务参数以及其他信息来进行生命周期成本和可用性统计，任务参数例如所需的卫星数量、预期的发射日期、敏感器和分系统随机和耗损失效特性、运载火箭可靠性和成本、卫星备份和替换策略、成本分布函数等。

利用SMALLSAT评估轨道碎片减缓政策备选方案，需要根据敏感器或转发器和轨道参数来确定典型任务。SMALLSAT对卫星进行配置和生成成本。需要卫星设计变更的减缓策略可以根据分系统参数来制定，例如Δv要求(通过改变接近卫星设计寿命末期轨道的策略决定)和提供保护的结构质量要求。这些参数改变卫星配置并由此产生一次性和单位经常性成本。

随机碰撞概率被认为是关键分系统(其故障导致卫星损失)，此分系统的故障率等于随时间变化的碰撞概率[取决于特定碎片减缓策略和碎片通量(作为时间函数)的假设]。[采用泊松统计，由于每单位时间的撞击概率很小，可靠性可以用$\exp(-\lambda t)$表示，其中λ为碎片碰撞概率。]不同的任务启动时间和碎片减缓策略启动时间，可以通过作为时间函数的故障率进行适当的规范说明。换句话说，作为时间函数的故障率反映了假定的减缓政策、发射和有效载荷的预测。

因此，第一步是任务的规范，随后确定卫星配置，一次性和单位经常性成本，以及在没有轨道碎片的情况下特定任务的生命周期成本的现值。然后，将这种卫星配置以及相关的一次性和单位经常性成本用于对不同轨道碎片情景(即，碰撞概率作为时间的函数)的任务生命周期成本的分析，随后确定了有轨道碎片任务的相对成本。

下一步，通常是碎片减缓策略在碰撞概率作为时间和卫星Δv和/或质量变化的函数方面的规范。SMALLSAT将再次用于确定一次性和单位经常性成本及任务生命周期成本的现值，随后将确定在不同时间点启动的具有不同碎片减缓政策的任务的相对成本。

4.12.5 分析

为展示典型结果并长远地看待轨道碎片问题，以下段落主要描述了初步分析的结果。该分析同刚刚描述的方法有略微的偏差，因为对于一阶近似，任务是将单个卫星放入轨道并维持轨道中的运行能力(即替换故障)，因此所得的结果都是针对单个卫星而言。下面的图中，假定 K 值是独立的 LEO 星座中卫星的数量。同时，K 是在有轨道碎片和没有轨道碎片的情况下任务生命周期成本的现值之间的比率。K 保持不变，但是假定 N 个卫星的星座的任务生命周期成本的现值是单个卫星任务的 N 倍。

基本情况是模拟没有轨道碎片情况下的一般任务(如以下各段描述)；也就是卫星故障完全由卫星分系统随机或耗损故障引起。然后，同样的任务在特定的轨道碎片环境内进行模拟，使得故障是由卫星分系统故障和轨道碎片撞击而造成。

假设碎片碰撞，不考虑碎片大小，将导致卫星故障，并需要更换卫星。采用近似缩放算法，允许对获得的结果进行修改来预计作为碎片大小的函数的故障概率。有与没有轨道碎片的任务生命周期成本现值之间的差异，体现了对于在不同时间点开始的相同任务所考虑的轨道碎片环境的成本影响。任务的开始时间分别为 2000 年，2025 年和 2070，所有提出的结果的折现率是 10% (贴现只涵盖任务 20 年寿命)。

在所有考虑的情况下，任务的计划范围是 20 年，执行 1 000 次蒙特卡洛模拟运行(即，所有分析结果基于每个任务模拟 1 000 次)，并且都基于在计划范围内的轨道上的单个卫星放置和维护。

假设基本任务的总体概述如下：

1) 规划期为 20 年；

2) 学习费用(替换卫星的经常性成本)为 90%；

3) 发射成功概率(包括有效载荷运行)为 0.92；

4) 发射成本 1 000 万美元；

5) 卫星被视为一个“黑匣子”：

a) 平均故障时间 50 年；

b) 预期的耗损寿命为 6 年；

c) 一次性成本取零，因为假设在比较备选方案时需要取消；

d) 单位经常性成本为 1 000 万美元；

e) 有效卫星横截面面积为 10 m^2。

在没有轨道碎片的情况下，此单卫星飞行任务的净现值(10%折现率)为 7 300 万美元。其他情况在以下段落中进行讨论。

卫星的故障特性包括平均故障时间、期望值和耗损寿命的标准偏差(即，随机故障指数分布和耗损故障正态分布的组合)。碎片“分系统”的特征是不连续的指数分布，如图 4-56 所示，其中 λ 表示每年与碎片相关的碰撞概率(垂直于其飞行方向的卫星横截面面积乘以每单位面积的碰撞概率)。假定碎片碰撞将导致总的卫星故障，与碎片颗粒的大小无关，由此卫星故障的时间的确定要通过为每个卫星分系统和碎片分系统生成一个随机数，参考相关的可靠性曲线，并确定故障的最早时间。这个最早的故障时间成为卫星失效启动替换发射(相关延迟、成功概率和卫星及发射成本)的时间。

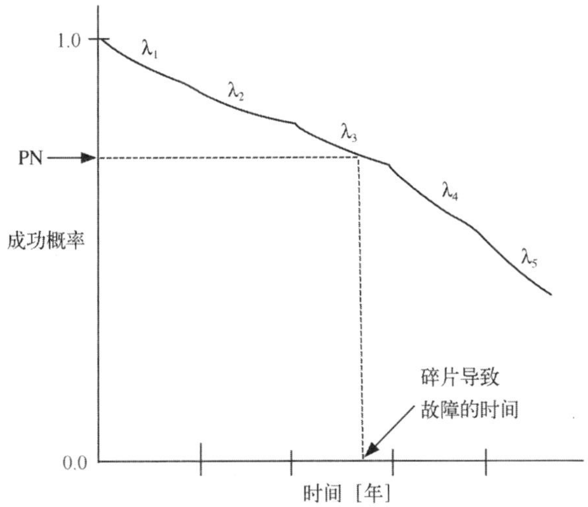

图 4 －56　对轨道碎片分系统可靠性的考虑

4.12.6　轨道碎片环境特征

洛克希德(Lockheed)工程和空间公司与 NASA 签订了合同，开发了一个数学模型来预测作为时间、高度、倾角、交通和减缓假设函数的轨道碎片环境(即碰撞概率)。[EVOLVE 是由洛克希德·马丁(Lockheed-Martin)工程和科学公司的罗伯特·雷诺兹(Robert Reynolds)博士为 NASA 约翰逊(Johnson)航天中心开发的，作为一个演化模型将环境定义为一个随时间变化的在轨道上完整无损的空间系统和碎片的整体，并有质量、横截面面积和其他相关数据。EVOLVE 使用发射情况的历史记录(卫星、运载火箭上面级和碎片)和未来运输任务模型的数据作为输入数据，并使用分解模型来确定由于轨道中发生的碰撞或爆炸导致的碎片的分布。轨道传播函数认为大气阻力和扰动，以及高椭圆轨道、月球和太阳扰动与地球扁率相关]。该模型的结果提供并使用在报告的分析中，使用该模型结果是因为这一模式提供了相当长时间范围(50 到 100 年)的碎片预测，这一预测可用来判断轨道碎片和减缓政策的长期影响。具体使用的预测如图 4 －57 ~ 图4 －59(碎片情景)和图 4 －60 ~ 图 4 －62(假设减缓情景)所示。这些图呈现了 EVOLVE 模型对于近似极轨道在每年每单位面积的碰撞概率作为时间的函数和轨道高度(400、700 和 1 000 km)的函数方面的结果。每年的数据都会提供，直到 2090 年。该数据提供了 λ 的特别值，如图 4 －56 所示。每个图表示大于 1.0、0.5、0.2 和 0.1cm 的碎片的碰撞概率，小于 1.0cm 的碎片数据根据 $d^{-2.5}$缩比，这种缩比规则与 1 － cm 碎片环境相关，并且是对更小碎片尺寸时的碎片环境合理的推测[罗伯特·雷诺兹，洛克希德·马丁工程与科学公司，1996 年 9 月]。

常规情况下，假定恒定发射比率以历史数据为依据，同时假定爆炸将按照历史比率持续发生，并且没有执行减缓策略。而减缓情景假定在 2 000 个上面级将所有存储的能量移除(即，没有爆炸)之后。这消除了由于碰撞而产生的小颗粒。该情景还假定上面级和有效载荷的脱轨分别开始于 2000 年和 2030 年。

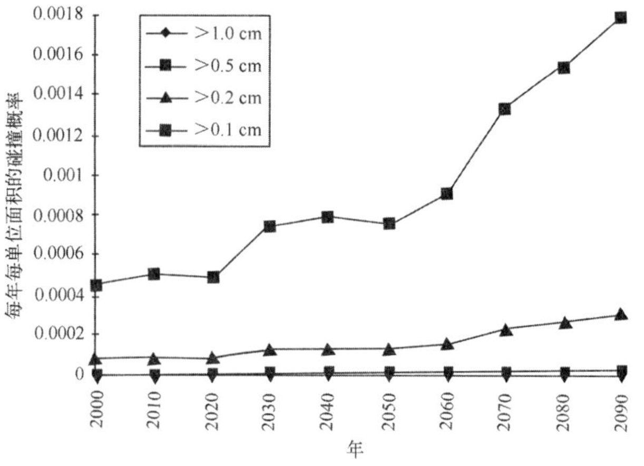

图 4－57　(从 EVOLVE 模型得到的)作为碎片尺寸函数的轨道碎片预测：常规情况 (400 km)

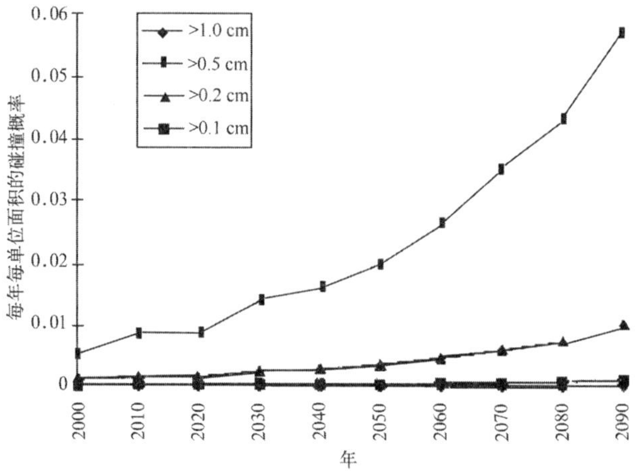

图 4－58　(从 EVOLVE 模型得到的)作为碎片尺寸函数的轨道碎片预测：常规情况(700 km)

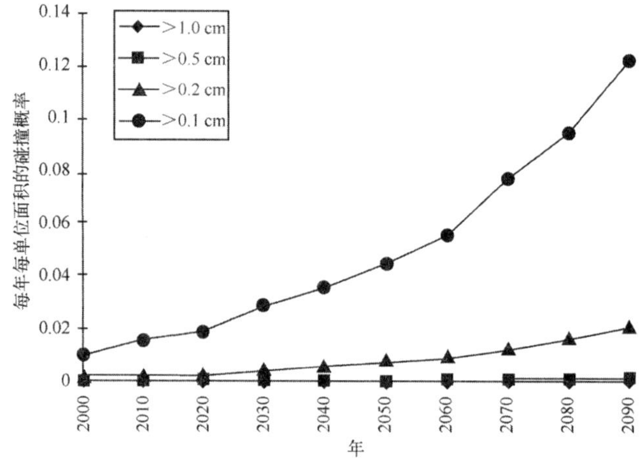

图 4－59　(从 EVOLVE 模型得到的)作为碎片尺寸函数的轨道碎片预测：常规情况(1 000 km)

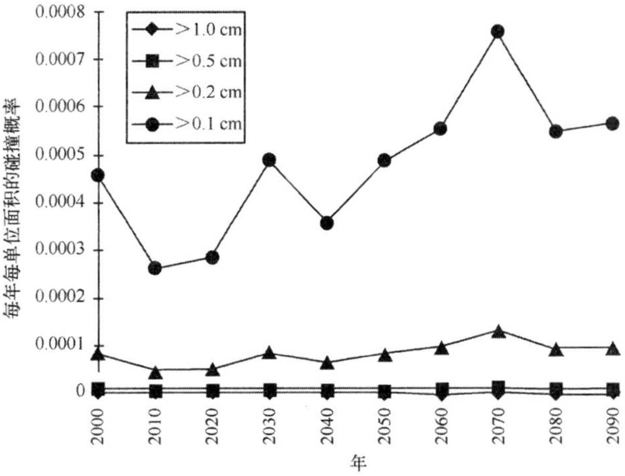

图4-60　(从EVOLVE模型得到的)作为碎片尺寸函数的轨道碎片预测：减缓情景(400 km)

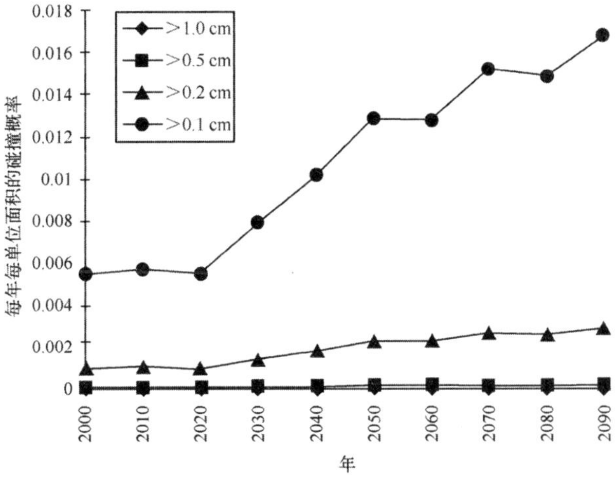

图4-61　(从EVOLVE模型得到的)作为碎片尺寸函数的轨道碎片预测：减缓情景(700 km)

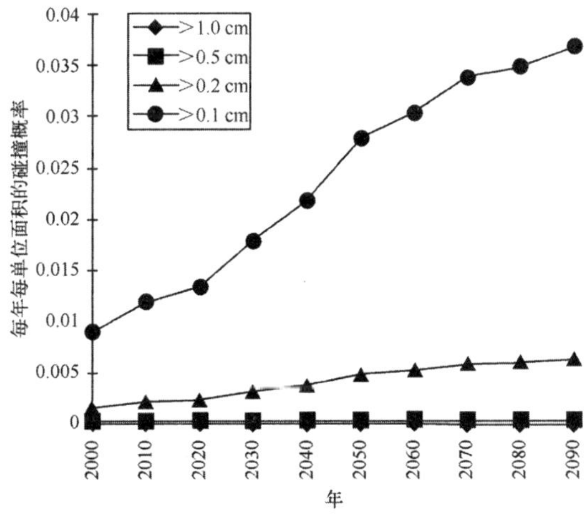

图4-62　(从EVOLVE模型得到的)作为碎片尺寸函数的轨道碎片预测：减缓情景(1 000 km)

4.12.7　结果

常规碎片情况下，卫星在400、700 和1 000 km 处的计算结果如图4－63～图4－65 所示；减缓情景下卫星在400、700 和1 000 km 处的计算结果如图4－66～图4－68 所示。

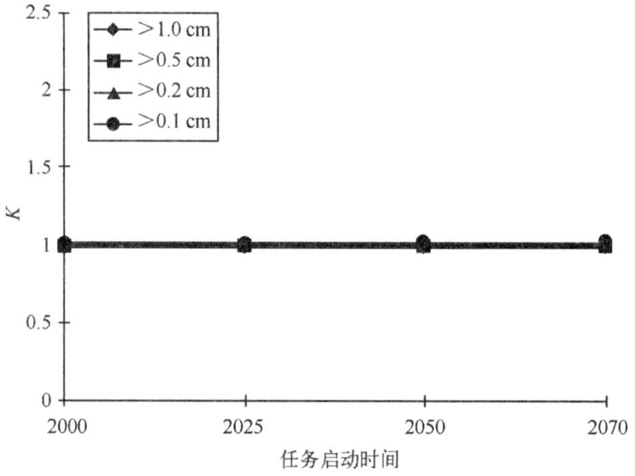

图4－63　在有和没有碎片时任务生命周期成本 K 比值作为碎片大小和任务启动时间的函数：常规情况(400 km)

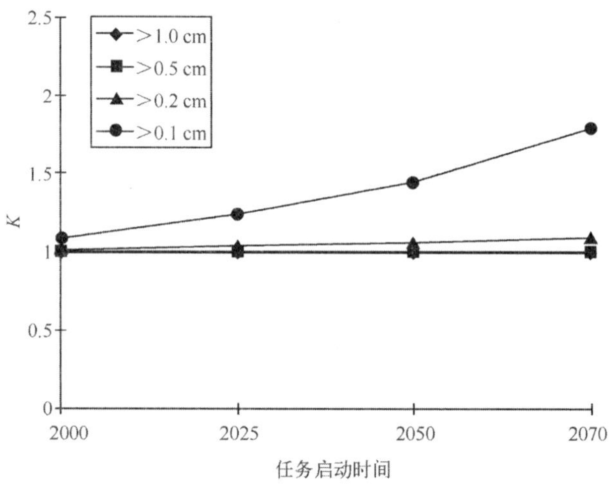

图4－64　在有和没有碎片时任务生命周期成本 K 比值作为碎片大小和任务启动时间的函数：常规情况(700 km)

所有计算结果均为 K，即有轨道碎片时任务生命周期成本现值相对于没有轨道碎片时任务生命周期成本现值的比，K 值是任务启动时间的一个函数。报告的结果基于2000 年、2025 年、2050 年和2070 年开始的任务，其他任务启动日期的 K 值可通过内推法(插值法)获得。

获得的结果表明在低(400 km)高度处，很少或没有经济影响，即 K 的值保持接近

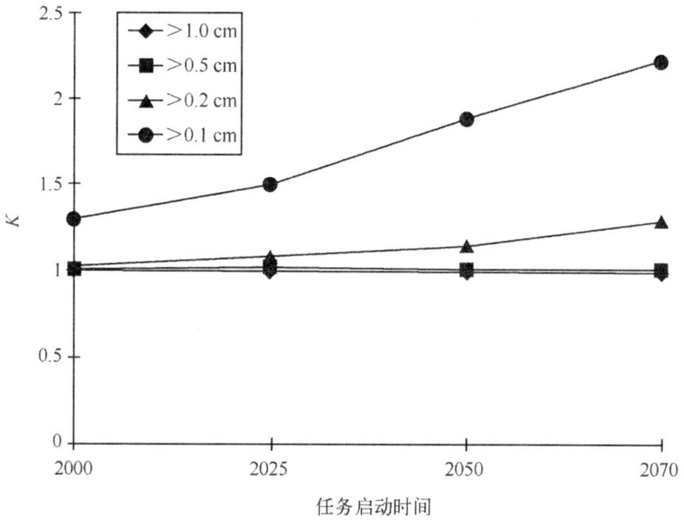

图4-65　在有和没有碎片时任务生命周期成本 K 比值作为碎片大小和任务启动时间的函数：常规情况(1 000 km)

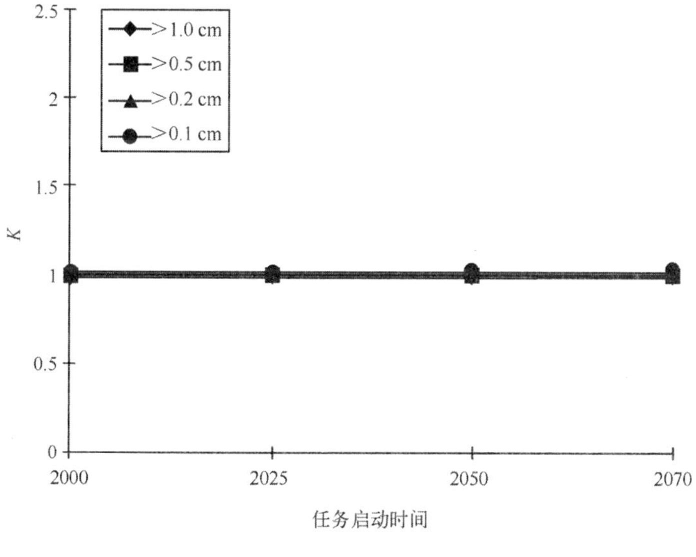

图4-66　在有和没有碎片时任务生命周期成本 K 比值作为碎片大小和任务启动时间的函数：减缓情况(400 km)

1.0。随着高度的增加，K 值也增加($K=1.1$ 表示任务生命周期成本的现值增加了10%)。在常规情况下，由于碎片预测随着时间以指数方式增长，导致随着时间的推移，K 值随时间呈指数增长；而在假定的减缓情景中指数增长是缩减的。

图中呈现的所有 K 值都基于如下假设：碎片撞击(尺寸大小无关紧要)导致卫星故障以及随后替换成本的产生。这种限制可以被消除，并且碰撞造成的破坏概率可以被认为是碎片大小的函数，如下所述，即可以计算出一个新值 K，用 K^1 表示，用来反映就碎片大小

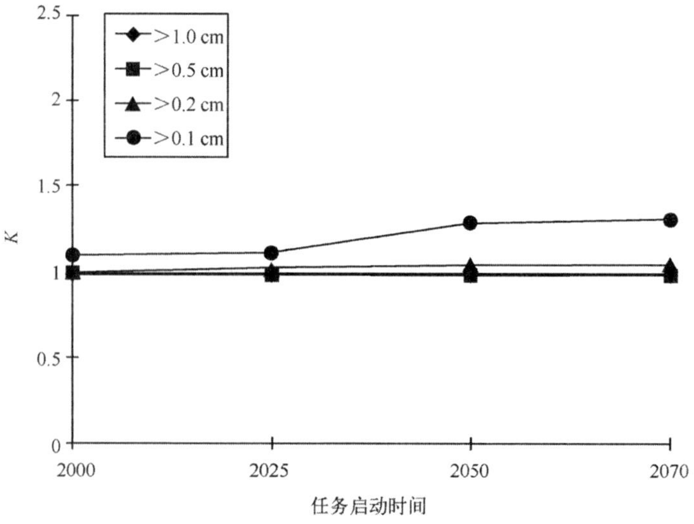

图 4 -67　在有和没有碎片时任务生命周期成本 K 比值作为碎片大小和任务启动时间的函数：减缓情况(700 km)

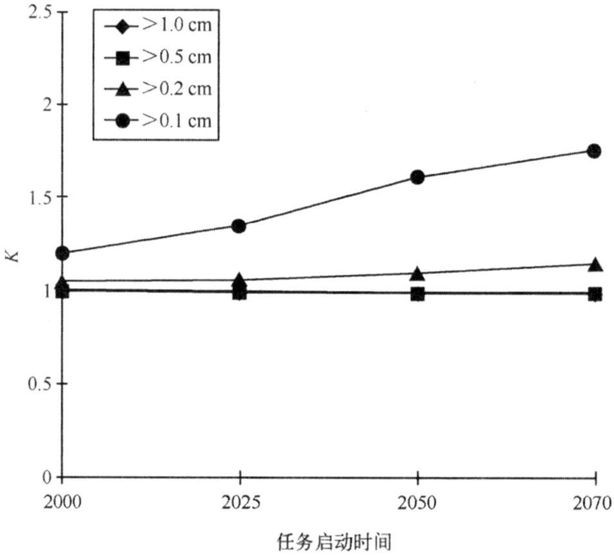

图 4 -68　在有和没有碎片时任务生命周期成本 K 比值作为碎片大小和任务启动时间的函数：减缓情况(1000 km)

而言卫星失效的概率

$$K^1 = 1 + \{\sum_{i=1}^{4}(p_i - p_{i-1}) * (P_i) * (K_i - 1)\}/p_4$$

式中　p_i——大于尺寸范围 i(见图 4 -57 ~ 图 4 -62 中 $P_0 = 0$ 的数据)的碎片碰撞概率(随时间变化的平均值)；

K_i——碎片尺寸范围 i 内的 K 值(见图 4 -63 ~ 图 4 -68 中给出的结果)；

P_i——碰撞造成破坏的概率作为尺寸范围 i 的函数；

尺寸范围 i 见表4-8。

假定卫星经常性费用(包括发射)为2 000万美元，任务生命周期费用(单一卫星飞行任务)的净现值为7 300万美元，此现值与卫星经常性成本呈线性关系，在此初步分析中，假定该值也随星座大小线性缩比。

所有的现有结果都是基于10 m^2的卫星截面积，结果可以缩小到较小的卫星，范围在1至10 m^2之间，如下述公式，A 表示横截面积(m^2)

$$K^1 = 1 + 0.1 * A * [K - 1.0]$$

其中，K 表示基于横截面积为10m^2的 A 的值，是从相关图(图4-63~图4-68)中获得的。

表4-8 碎片尺寸范围的分类

尺寸范围，i	碎片直径，cm
1	$1.0 \leqslant d < \infty$
2	$0.5 \leqslant d < 1.0$
3	$0.2 \leqslant d < 0.5$
4	$0.1 \leqslant d < 0.2$

注意，所有缩比规则与提出结果的初步性质一致，并且提供给读者以供其理解评估轨道碎片经济影响的方法，同时获得“对数字的感觉”。

4.12.8 修复的经济可承受性

对未来有影响但影响很小，如何证明现在的支出可以减小碎片的经济影响，并且在50至100年或更长时间内不会造成影响？这基本上也是面对其他环境问题时遇到的同样问题。在短期内推迟投资从长远来看，可能造成可怕的、不可逆的后果(显然这是高度和倾角的函数)[56]。可以通过确立近期内可以做出的最大经济上合理的投资来解决长期问题，从而确定与修复经济可承受性相关的初步结果。(短期内，任务费用将增加，以便从长远来看有合理的任务费用。)

如图4-69所示，问题是确定碎片(环境)修复的最大任务增量成本增加，这将导致有和没有修复的任务成本现值在长期上是相等的。为了实现这一点，令 C_i 表示在 I 年开始的任务成本现值，并做如下假定：

1)每年启动一个单独的新的任务(例如，“陆地卫星”任务)。

2)所有任务成本相同。

3)由于碎片(如果没有修复)的原因，任务成本将随着以恒定或平均速率 R 启动的时间而增加，使得 $C_i = [1 + R] * C_{i-1}$。(因为碎片环境和卫星业务是高度和倾斜角的函数，所以速率是高度和倾斜角的函数，如果增长率不随时间而变化，则显然必须修改方程来反映这一点。一般来说，如果增长率随时间增长，则修复的经济可承受性水平会提高。)

因此，任务成本现值(有碎片) PVC 为

$$PVC = C_0 * \sum_{i=1}^{\infty} [(1 + R)/(1 + R)]^i$$

其中，C_0是当前开始的任务的生命周期成本现值。

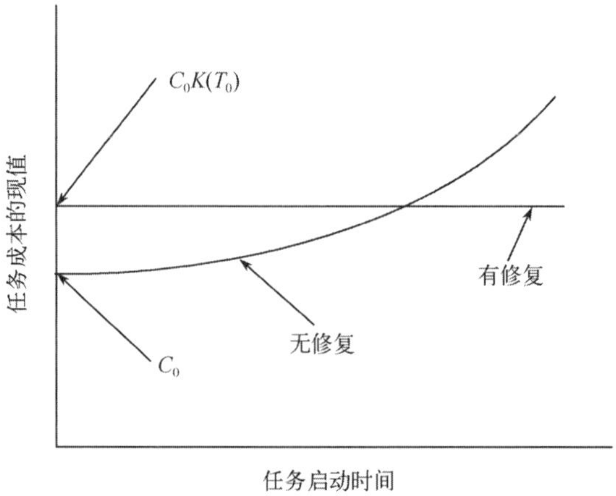

图 4－69　建立修复经济可承受性

当 $R \geqslant r$（即，成本增加率等于或大于折现率 r），那么 $PVC=\infty$；当 $R<r$，那么 $PVC=C_0*[(1+r)/(r-R)]$。

参照图 4－69，显然问题是找到 $K(T_0)$ 的最大值，使得[为简单起见，假定 $C_0*K(T_0)$ 随时间保持恒定。C_i 曲线的实际形状将取决于所考虑的补救政策的范围和时间，以及补救政策对未来碎片环境的影响，和由此产生的作为时间函数的碰撞概率。]

$$C_0*K(T_0)/r \leqslant C_0*[(1+r)/(r-R)]$$

$$\mathrm{Max}K(T_0) \leqslant r*[(1+r)/(r-R)]$$

如果假设碎片（环境）修复的主要影响在于单位经常性成本（不是一次性成本），则 $\mathrm{Max}K(T_0)$ 表示碎片（环境）修复允许增加的单位经常性成本。当要求资本的实际成本 r 是 3%时，那么

$$\mathrm{Max}K(T_0) = 3.09/(3-R)$$

R 是任务、碎片预测和碎片大小的函数（R 是适合当前成本 C_0 和 2070 年成本 C_{70} 的变化率）。对于"陆地卫星"类型任务在"陆地卫星"高度和倾斜角制度方面，以及对于小碎片来说

R，%	$\mathrm{Max}K(T_0)$
0.01	1.033
0.02	1.037
0.03	1.040

因此可以得出结论，为了消除未来轨道碎片的增长，或许可以从现在开始，适当增加 3%到 4%的卫星成本（依据前面提到的说明），换句话说，如果修复行动导致卫星成本的增加少于 3%至 4%，则其在经济上是有吸引力的（对于"陆地卫星"系统）。

经济可承受性的主要决定因素是由碎片造成的成本增加的速度。当 R 小的时候，几乎无法承担碎片（环境）修复，而当 R 相对大时，则可以承担大量的碎片（环境）修复费用。相当于说当 R 是小碎片时，其还没有成为一个问题，而当 R 是大碎片时，就将成为一个问题。因此相对于有小 R 值的任务，可能需要更多地关注那些可能具有大 R 值（高度和倾斜角）的任务。

4.12.9 总结

以上各段描述了用于评估轨道碎片的潜在经济影响的方法，并介绍了轨道碎片对执行典型LEO(低地球轨道)任务的生命周期成本的潜在经济影响的初步分析结果。提出了在预测的轨道碎片环境方面的经济影响，轨道碎片环境是根据作为时间和任务启动时间函数的每年每单位面积的碎片碰撞概率规定的。

考虑了在400、700和1 000 km的LEO近极地任务，每个高度上考虑了两种碎片情景和预测，这两种碎片情景和预测是从EVOLVE碎片预报模型中获得的。这些预测，用于确定任务遇到预测碎片环境时任务生命周期成本的现值与没有轨道碎片时任务生命周期成本的现值之比，这个比率即为K。

制定了在不同的任务起始日期和不同的卫星横截面面积情况下，K值缩放的规则。在轨道碎片尺寸方面，建立了一个考虑由于碎片撞击引起卫星故障的概率方法。所有获得的结果用于一个由单个卫星组成的任务，其被送入轨道，然后被随机更换，出现耗损和发生由碎片引起的故障。获得的K值，当乘以该任务生命周期成本的现值和星座中的卫星数量时，得出碎片对LEO卫星星座整体经济影响的初步估计。

最后，开发了一种初步方法用于估算卫星修复的经济可承受性。初步结果表明，如果出现轨道碎片环境的大幅度减少，则对于陆地卫星(Landsat)任务，单元经常性费用可以增加3%至4%。

参考文献

[1] Greenberg, J. S., and Hertzfeld, H. (eds.), Space Economics, Progress in Astronautics and Aeronautics, Vol. 144, AIAA, Washington, DC, 1992, Chap. 2.

[2] Greenberg, J. S., "Reliability, Uncertainty and Risk Assessment of Space Systems—A Methodology for Decision Making," Princeton Univ., AMS Rept. 1085, Princeton, NJ, Dec. 1972.

[3] Greenberg, J. S., and Hazelrigg, G. A., Jr., "Methodology for Reliability-Cost-Risk Analysis of Satellite Networks," Journal of Spacecraft and Rockets, Vol. 11, No. 9, 1974, pp. 650 -657.

[4] Greenberg, J. S., "A Simulation Analysis of Space Operations," International Academy of Astronautics, Paper 87 -621, Oct. 1987.

[5] Dole, S. H., et. al., "Establishment of a Long-Range Planning Capability," Rand Corp., RM-1651-NASA, Santa Monica, CA, Sept. 1969.

[6] Quade, E. S., and Boucher, W. I., (eds.), System Analysis and Policy Planning, Elsevier, New York, 1968.

[7] Greenberg, J. S., Investment Decisions: The Influence of Risk and Other Factors, American Management Association, New York, 1982.

[8] Greenberg, J. S., "Satellite Configuration, Transportation, Maintenance and Sparing Decisions: The SATCAV Model," Third Space Logistics Symposium, May 1990.

[9] Greenberg, J. S., "Satellite Reliability Requirements: Effects of Transportation System, Sparing and Maintenance Strategies," Acta Astronautica, Vol. 21, No. 6 =7, 1990.

[10] Greenberg, J. S., "SATCAV: A Space System Life Cycle Cost and Availability Model," International Academy of Astronautics, Paper 89 -694, Oct. 1989.

[11] Greenberg, J. S., McCandless, W., "Design Tool for Small Satellites: SMALLSAT," Space Technology and Applications International Forum, Jan. 1996.

[12] Princeton Synergetics, Inc., "SMALLSAT: A Computer-Aided Phase A Spacecraft Design System," NASA, Final Rept., Princeton, NJ, July 1995.

[13] Greenberg, J. S., and Nichols, R., "Economic Impact of New Technology on Domestic Satellite Communications," Princeton Univ., AMS Rept. 1285, Princeton, NJ, March 1976.

[14] Greenberg, J. S., "Evaluating the Economic Impact of Design Alternatives on Domestic Communication Satellite Ventures," Paper 78-A-38, Oct. 1978.

[15] Greenberg, J. S., "The DOMSAT Ⅲ Communications Satellite Business Venture Financial Planning Model," Ford Aerospace, Final Rept., Princeton, NJ, Jan. 1988.

[16] Greenberg, J. S., "Communication Satellite Business Ventures (Measuring the Impact of Technology Programs and Related Policies)," Space Policy, Feb. 1986.

[17] Greenberg, J. S., and Gaelick, C., "Evaluating Satcom Investment Decisions," Satellite Communications, Jan. 1988.

[18] Ford Aerospace, "Communication Satellite Systems Operations with the Space Station," NASA CR-179527, 1987.

[19] Price, K. M., Dixson, J. E., and Weyandt, C. J., "Economic Benefits of the Space Station to Commercial Communication Satellite Operators," International Academy of Astronautics, Paper 87 - 622, Oct. 1987.

[20] Davis, Bob, "Untitled," U. S. Dept. of Defense, The Newsletter of the Space Trans-portation Association, Space Transportation Association, Vol. 7, No. 2, March = April 1997.

[21] Greenberg, J. S., "Selecting a Launch Vehicle for GEO Missions," AIAA Paper 96 - 1112, Feb. 1996.

[22] Greenberg, J. S., "Financial = Investment Analysis," Space Economics, edited by J. S. Greenberg and H. Hertzfeld, Progress in Astronautics and Aeronautics, Vol. 144, AIAA, Washington, DC, 1992, pp. 3 - 33.

[23] Greenberg, J. S., and Gaelick, C., "When a Launch Goes to the Competition," Aerospace America, Aug. 1995, pp. 36 - 39.

[24] "Memorandum of Agreement Between the Government of the United States of America and the Government of the People's Republic of China Regarding International Trade in Commercial Launch Services," U. S. Dept. of Commerce, Washington, DC (undated).

[25] Hazelrigg, G. A., and Greenberg, J. S., "Cost Estimating for Technology Programs," International Academy of Astronautics, Paper 91 - 638, Oct. 1991.

[26] Greenberg, J. S., "Space Transportation Architecture Comparisons Explicitly Considering Uncertainty and Risk," International Academy of Astronautics, Paper 96-IAA. 1. 1. 05, Oct. 1997.

[27] Mankins, J. C, "Maglifter: An Advanced Concept for Reducing the Cost of Earth-to-Orbit Transportation," NASA White Paper, 5 Dec. 1993.

[28] Mankins, J. C., "The Maglifter: An Advanced Concept Using Electro-Magnetic Propulsion in Reducing the Cost of Space Launch," AIAA Paper 94 - 2726, June 1994.

[29] Mandell, H. C., Jr., "Cost-Estimating Relationships for Space Programs," Space Economics, edited by J. S. Greenberg and H. R. Hertzfeld, Progress in Astronautics and Aeronautics, Vol. 144, AIAA, Washington, DC, 1992, pp. 57 - 87.

[30] Hazelrigg, G. A., "Cost Estimating for Technology Programs," Space Economics edited by J. S. Greenberg and H. R. Hertzfeld, Progress in Astronautics and Aeronautics, Vol. 144, AIAA, Washington,

DC, 1992, pp. 97 – 115.

[31] Cramer, H., The Elements of Probability Theory and Some of Its Applications, Wiley, New York, 1955.

[32] Davinic, N., Arkus, A., Chappie, S., and Greenberg, J. S., "Cost-Benefit Analysis of On-Orbit Satellite Servicing," Journal of Reducing Space Mission Cost, Kluwer Academic Publishers, Netherlands, 1998, 1: 27 – 52.

[33] Greenberg, J. S., "Space System Life-Cycle Cost and Availability Analysis," Space Economics, edited by J. S. Greenberg and H. R. Hertzfeld, Progress in Astronautics and Aeronautics, Vol. 144, AIAA, Washington, DC, 1992, pp. 117 – 147.

[34] Greenberg, J. S., "Economic Implications of Orbital Debris Mitigation (LEO Missions)," International Academy of Astronautics, Paper 97-IAA-6. 5. 08, Oct. 1997.

[35] Greenberg, J. S. "Economic Analysis Requirements in Support of Orbital Debris Regulatory Policy," International Symposium on Optical Science, Engineering and Instrumentation, Society of Photo-Optical Instrumentation Engineers and The International Society for Optical Engineering, Aug. 1996.

[36] Bernstein, H., and Abbott, A. D., "Space Transportation Architecture Resiliency," Aerospace Corp., Los Angeles, Aug. 1987.

[37] L Systems, Inc., "Space Transportation Analysis," U. S. Air Force, Space Div., Contract F04701-85-C-0055, Los Angeles, 2 March 1987.

[38] Greenberg, J. S., "Space Transportation: An Operability Analysis," International Astronautical Federation, 89 – 241, Oct. 1989.

[39] Davinic, N., Chappie, S., Arkus, A., and Greenberg, J. S., "Spacecraft Modular ArchitectureDesign Study: Cost Benefit Analysis of On-Orbit Satellite Servicing," International Academy of Astronautics, 97-IAA. 1. 4. 07, Oct. 1997; also Journal of Reducing Space Mission Cost, Vol. 1, No. 1, 1998, pp. 27 – 52.

[40] Greenblat, E., (project manager) "Economic Analysis of Advanced Propulsion Systems," NASA, April 1973.

[41] Greenberg, J. S., and Price, K., "The Economics of Satellite Retrieval," AIAA Paper 88 – 0843, March 1988.

[42] AIAA Guide for the Serviceable Spacecraft Grasping = Berthing = Docking Interface, AIAA, Washington, DC, 1992.

[43] Graves, C. D., and Rosen, A., "Orbital Servicing from an Expendable Launch Vehicle," AIAA Paper A90 – 13398, 1990.

[44] Hendrick, R., and Teoh, B., "On-Orbit Servicing: Technology and Logistics Integration," AIAA Paper 91 – 4081, 1991.

[45] Levin, F. M., and Erwin, H. O., Jr., "An Overview of the Office of Space Flight Satellite Servicing Program Plan (NASA)," International Astronautical Federation, Paper 87 – 35, 1987.

[46] Yasaka, T., and Yoshitsugu, Y., "Geostationary Service Vehicle (GSV) for Economical On-Orbit Servicing," International Astronautical Federation, 89 – 696, Oct. 1989.

[47] Space Debris Subcommittee of the IAA, "Position Paper on Orbital Debris, Edition 2001," International Academy of Astronautics, Paper No. 24. 11. 2000, Sept. 2001.

[48] Orbital Debris Mitigation Techniques: Technical, Legal, and Economic Aspects, AIAA, Rept. No. SP 016-1992, Washington, DC, 1992.

[49] Committee on Transportation Research and Development, "Interagency Report on Orbital Debris," National Science and Technology Council, Washington, DC, Nov. 1995.

第 5 章　许可和监管问题

以下段落讨论了与商业航天发射和商业发射场运营活动相关的许可制度及监管流程等方面的问题。政府实施监管行为，需要经济影响分析(EIA)结果的支持，本章重点阐述经济影响分析的必要性、形式和范围。虽然有很多不同的机构都参与负责管理与航天有关的活动，但下面的讨论中主要针对美国联邦航空管理局(FAA)在规范发射和相关活动方面的作用。除了该机构外，美国联邦通信委员会(FCC)负责管理通信卫星，美国国家海洋和大气局(NOAA)负责监管遥感卫星。它们的作用将在5.3节述及空间碎片时进一步讨论。5.3节主要讨论空间碎片和针对相关监管行为研究经济影响分析的范围和方法，这在一定程度上扩展了本书的研究广度。

为了对监管行为进行经济影响分析，这里重点描述了美国联邦航空管理局在制定与财务责任方面相关的监管规则上是如何来做的。制定此类监管规则，主要是由于法律规定必须为商业航天发射活动订立保险要求。在保险要求中，需要同时考虑发射活动对政府设施以及第三方(即并未参与发射活动的人员和财产，当然，一般会包括普通民众)造成的潜在损失。除了上述议题之外，本章还将讨论：法定赔偿要求的建立、对债权的间接豁免、现行监管做法的确立、如何使用最大可能损失(值)来确定保险要求、风险评估在生成损失概率与损害级别界定方面的作用和具体形式、阈值概率的建立(即第三方和政府设施可接受的风险水平)、不同替代方案的确定以及经济影响(即成本和效益)结果的推演等。

随着绕地飞行物体数量的增多，产生空间碎片的可能性也随之升高，从而增加了碎片撞击和损坏正常工作卫星的可能性。国际社会目前正在考虑各种碎片处理方法，其中包括在轨清理和将碎片带回地球的方案，各种方法在操作复杂度、成本、国际竞争和安全影响等方面都有所不同。由于各方在对此类问题的担忧程度与长远影响等方面的认识存在差异，显然需要制定一些政策，以有序地减小潜在的空间碎片危害。这些政策的制定可能需要相应监管制度的支持。本章描述了可能参与空间碎片监管行动的各类机构，政府制定与空间碎片治理相关政策的必要性，提出的技术解决方案，及其对经济和安全的影响等问题。这里特别强调了与经济影响分析相关的成本效益和经济分析方法、技术，以支持对监管决策影响结果的分析。

最后，本章分析了政府在提供第三方责任赔偿方面的作用。保险业多年来为航天工业提供了一系列保险产品。这些产品包括设施保险、第三方责任保险、发射和卫星保险、在轨保险及其他产品。令人关注的是，政府在不断扩大提供第三方责任保险方面的责任，包括向航天发射活动和返回活动对第三方造成的损害提供赔偿。最近的立法提高了赔偿额度，但也提出了一些问题，包括赔偿条件和其他可能的替代补偿方法等。(《商业空间运输竞争力法案》H. R. 2607节指出，到2004年年底，将美国商业发射行业的补偿期限延长四年。这项法案及其此前的立法都使政府分担了航天发射行业开展发射活动的风险)。这里还着重强调了第三方责任赔偿的问题，在竞争环境中制定长期政府行动方针的迫切需求，以及可能替代目前的赔偿制度方案等。而这些可能会导致需要对额外的监管行为开展经济影响分析。

5.1　监管行为的经济影响分析

5.1.1　需求

政府机构提出的监管措施通常会改变个人、公司和其他主体开展业务活动的方式。因此，政府机构必须缜密鉴别哪些人将受到影响，并确定监管行为将导致的成本和效益结果。作为制定规则过程的一部分，美国联邦航空管理局所开展的监管评估，正是用于回答上述这些问题的，这个环节也遵守了政府的 12866 号行政命令（E. O.）——《监管规划和审查》（1980 年）以及美国交通部 2100. 5 号令和《监管灵活性法案》。

12866 号行政命令确立了监管的理念，并定义了什么是重大监管变化。重大，是指对经济有 1 亿美元以上的年度影响，或以实质性方式对经济部门、生产力、竞争、就业、环境、公共卫生或安全，或州、地方或部落政府或社区产生不利影响。如果发生重大监管变化，那么该行政命令要求政府机构必须开展包括以下内容的评估活动：

1）识别监管措施所要解决的问题及此问题的意义；

2）针对该监管措施旨在解决的问题，检查现有措施是否造成或在一定程度上促成了此类问题，并判断是否应当修改这些措施；

3）识别和评估现有替代方案，包括经济激励措施和效绩方法等；

4）确保以最具成本效益的方式来设计监管措施；

5）评估预期监管措施的成本和收益。

如果可以判断此监管行为具有重要意义，则必须对预期的监管成本与收益进行评估，并同时确定潜在、有效和合理可行的替代方案。如果判断该监管行为不具有重要性，美国交通部（DoT）2100. 5 号令，则要求准备监管评价（而非监管评估）。评价包括对预期管制行动和可能的国际贸易影响的成本和效益进行分析，但不要求对替代方案进行评估。

1980 年的《监管灵活性法案》要求在监管行为对大量的小型实体产生重大影响时，必须进行监管灵活性分析。小型实体可以是小型企业、小型组织或小型政府管辖机构等。《监管灵活性法案》的目的是确保政府监管行为恰当地限制小公司或其他实体参与竞争的能力。如果按照预期，提出的监管规则不会对大量的小型实体产生重大的经济影响，那么无论该影响是不利的还是有利的，该机构都不需要执行初始的监管灵活性分析。

一般，典型意义上的效益/成本分析或评估，是为了支持制定新提出的监管规则，分析内容包括讨论替代方案、成本/效益分析、成本/效益比较、经济影响评估、监管灵活性分析、国际贸易影响评估和无资金支持类任务评估。成本/效益分析包括确定用来与监管制定后效果相比较的基础情况和基线水平、预期的成本和效益类型、计算成本/效益时使用的所有假设和方法，并得出最终的定量计算结果。

而针对替代方案的讨论，确定了最终进行成本和效益分析的合理替代方案，并列举拒绝其他可能替代方案的原因。监管灵活性分析主要衡量对小型实体的影响，国际贸易分析包括评估所提出的和最终选定的监管措施对美国在国外的以及非美国公司的贸易机会的影响，无资金支持类任务评估则关注提出的监管措施对国家、地方政府等预算支出的影响。

5.1.2 确立基础情况

为了预估监管行为可能产生的成本和效益，有必要划定一条基准线，称为基础情况（Base Case），基础情况通常源自现行措施，可反映出未执行所提出的监管措施所对应的情况。以下段落介绍了两个美国联邦航空管理局最近开展监管行动的对应例子，以说明在确立基础情况的过程中所要考虑的不同因素。此外还有第三个例子，解释了如何通过运用基础情况，来考虑是否有必要建立空间碎片监管制度。

（1）获得许可的发射活动的财务责任要求

受安全因素以及美国政府所参与的一些国际协定的影响和约束，1984 年政府正式颁布了《商业空间发射法》（SLA），要求商业实体必须从交通部获得许可证（1995 年该授权职能被委托给美国联邦航空管理局）后，才能开展发射和相关活动。由此确立的许可授权流程解决了上述安全问题，并明确了通过何种流程来证明相关活动符合这些安全要求。财务责任监管制度的制定在很大程度上是由立法规定和要求的，特别是在美国法典第 49 篇第 9 子篇第 701 章“商业空间发射活动”中进行了明确规定，这部分法律条文对应于此前经修订的 1984 年《商业空间发射法》。按照对被许可方的财务责任要求，美国联邦航空管理局确定的第三方责任保险额度需要能够涵盖对第三方的损失，但金额不能超过 5 亿美元或按照世界市场的合理价格得到的最大责任保险额度。此外，还必须按照美国联邦航空管理局确定的额度另外缴纳一定保险金，不超过 1 亿美元，以赔付对政府设施的潜在损害。法律中规定了，采用基于风险计算的方法，来评估所需的保险额度，这在 5.2 节中有所描述。法律还指出，被许可方、主承包商、分包商以及客户之间应建立交叉豁免制度，根据该协议，每家豁免单位对应的承责方都需要同意在许可范围内开展的活动，如果导致任何资产损失或其员工遭受人身伤害、死亡或财产损失的，都必须担负责任。

美国交通部还发布了一系列的许可命令，规定了保险金所起到的财务责任要求，即保护美国政府免受第三方的索赔，并补偿可能对政府财产产生的损害或损失。这些命令是在 1988 年《商业空间发射法修正案》正式颁布之前，为当时的三大商业运载火箭[宇宙神（Atlas），德尔它（Delta）和大力神（Titan）]所发布的。为了确定基础情况，必须假设这些命令能够代表美国交通部对财务责任要求的所有想法。换句话说，交通部开发了一种基于风险的方法来确定所需的财务责任要求。此外，交通部的职责之一，也正是需要通过发布财务责任要求来保护政府，同时履行法律的规定，为涵盖第三方的索赔订立保险需求。因此，确立基础情况被认为是 1988 年修正案之前由交通部确立的一种做法，即使没有要求制定正式的监管制度，也很可能延续这种做法。基础情况还包括由交通部提供的发射预报（按运载火箭类型分类）。

（2）获得许可的再入活动的财务责任要求

1998 年的《商业空间法案》（CSA），暨美国国会公共法案 105 - 303，授予交通部为再入航天器的运营商、由商业或非联邦实体运管的再入着陆场，颁发许可及管理的权力，从而将交通部的权力从原先只涉及一次性运载发射活动中解绑出来。为再入活动进行授权许可的目的是，一方面确保公共卫生和安全以及财产安全不受危害，另一方面确保与美国国家安全和外交政策利益保持一致。依照法律规定要求，美国联邦航空管理局负责提出制定实施规则，包括明确获得其授权许可的商业再入活动的财务责任要求。

由于政府已经为采用一次性运载火箭的航天发射活动制定了相应的财务责任要求规定，而且商业航天发射历史悠久，所以再入活动许可制度的建立将在很大程度上取决于航天发射活动的现行做法。经济影响分析主要是评估现行政策相对于现行活动的潜在经济影响，经济影响则是在实施所建议的监管行为和没有实施所建议的监管行为下，对许可的再入活动产生影响的一种比较结果。

由于历史上为返回活动所颁发的许可很少，所以并没有一个确定性的“现行做法”可以用来确立基础情况。然而，我们能够合理地假设，美国联邦航空管理局为航天发射活动所开发的财务责任要求判定方法与流程，可以用作确定再入活动的财务责任要求，而且可以考虑采用相同的安全级别与相应的操作。这里值得一提的是，美国联邦航空管理局曾尝试为商业试验运输器（COMET）及其再入系统（METEOR）颁发许可，但最终商业试验运输器计划被终止，而且，再入系统由于发射失败而被毁坏。

美国联邦航空管理局在为再入活动许可制度确立基础情况时考虑了以下因素：

1）美国联邦航空管理局在 1995 年完成的一项研究中，评估了商业航天发射活动的财务责任要求应用于为再入活动颁发许可时的充分性和适用性。该研究评估了采用基于风险的最大可能损失评估方法的合适性，同时也对为再入活动的财务责任要求设立法定上限（即 5 亿美元的第三方责任保险和 1 亿美元的政府财产保险）的恰当性进行了评估。研究结论为，使用基于风险的最大可能损失评估方法是有效的和适当的，而对再入活动设立的法定最高限额也是充足的。该研究还得出结论，认为如果 5 亿美元的财务责任上限仍然不能充分涵盖再入活动的风险，那么就表明受到评审的再入活动（即许可证申请）太过危险，很有可能无法获得授权。

2）从过去到现在，美国联邦航空管理局都成功地利用了基于风险的最大可能损失评估方法来确定发射活动的财务责任水平。

3）由于美国联邦航空管理局按照与一次性运载火箭（ELV）发射活动相同的方式来考虑可重复使用运载火箭发射活动的财务责任要求，不管是发射还是再入活动都必须获得美国联邦航空管理局的许可，而且两项活动可涵盖在一张许可证里，那么在缺乏相应法规约束的情况下，比较合理的途径是，美国联邦航空管理局使用通用方法（即基于风险的最大可能损失评估方法）来为发射活动和再入活动设立财务责任。

4）由于不管是可重复使用火箭还是一次性运载火箭都能发射具备再入能力的有效载荷，所以在基础情况中应当两者兼顾。

5）有法定命令要求采用基于风险的最大可能损失评估方法来为授权的商业再入活动设立财务责任。

6）即便再入活动此前未获得许可证，而且尚未做出任何支持许可证申请的财务责任决议，仍然需要考虑安全因素，此外，美国联邦航空管理局还会要求进行风险评估来支持许可证申请。即使监管没有要求，美国联邦航空管理局也很可能会按照法律指导通过基于风险的最大可能损失评估方法来分析其财务责任要求。因此，无论相应的监管措施是否存在，安全因素以及法律责任都需要建立一种正式确定财务责任要求的方法。

因此，结论就是，除了少数例外情况，美国联邦航空管理局的现行做法将被编纂为监管条文。也就是说，在没有提出新监管规则的情况下，美国联邦航空管理局的下述现行做法将适用于再入活动：

1）采用相同的基于风险的最大可能损失评估方法来确定航天发射活动与再入活动的财务责任要求。

2）采用相同的（第三方与政府财产损失）概率等级来评估确定航天发射活动和再入活动的保险要求。

3）对发射与再入活动应用相同的法律要求，确保设立合理的政府与第三方财产损失赔偿价格与等级，以获得相应保险。

4）对参与到发射和再入活动的所有利益相关方，需要规定交叉豁免事项（因为大部分再入活动涉及到了可重复使用火箭，这种情况下发射活动与再入活动取得成功之间是具备相关性的，因而相互豁免可能会包括同时参与到两项活动中的利益相关方）。

此外，所需的保险期限也必须考虑在内。由于对发射活动颁发许可证的现行做法是要求保险在 30 天内保持有效，那么在没有提出新的监管规则的情况下，对于再入活动的保险期限很有可能也是在再入活动操作开始之后的 30 天内有效。而所提出的新监管规则要求，采用基于风险的最大可能损失评估方法，不仅要评估再入活动所需要的保险金额，而且要评估保险期限。采用这种风险分析技术所确定的期限，将保证所有活动不超过阈值概率。所需的保险级别一旦确定，保险期限也就同时可以确定了。由于规则制定需求与现行做法之间的差异，就需要进行成本和效益分析。

(3) 空间碎片治理要求

由于多个机构在空间碎片领域都具有一定程度的监管权力，所以为空间碎片治理活动监管措施确立相应的基础情况是相对复杂的。美国联邦航空管理局主要负责监管发射以及再入活动。美国国家海洋和大气局负责监管遥感卫星，而联邦通信委员会则负责监管通信卫星。由于运载火箭的设计、发射和再入活动以及卫星的设计和运行操作等都可能会产生空间碎片，所以这三家机构单独或联合的监管机制会对空间碎片环境产生一定影响，而他们所提出的监管措施将需要通过确立各自所需的基础情况来支持相应的经济影响分析。美国联邦航空管理局和美国国家海洋和大气局都采取了初步措施来建立监管制度。

美国联邦航空管理局已经发布了最终的监管规则，其中规定：

为获得安全许可，申请人必须证明，对其所申请的所有发射活动对应的能够抵达地球轨道的各级运载火箭或组件 1）在有效载荷分离后，火箭或其部件与有效载荷之间不会有计划外的物理接触；2）一旦有碎片产生，也不是因为各类能源聚集致使运载火箭或其组件分解产生的，能源包括化学、压力和动能；3）将通过耗尽剩余燃料、打开所有燃料管线阀门、排出所有加压气体、使所有电池处于永久放电状态等措施，来去除任何形式残存的能源。在许可过程中也可能批准其他等效的处理流程。

根据美国联邦航空管理局的意见，现行做法已经保证可以充分满足上述要求。因此，基础情况也就由已经作为工业标准的碎片清理措施组成，主要包括在有效载荷分离后操控运载火箭的上面级以保证两者重新接触的可能性达到最低，通过排出所有推进剂和增压气体确保上面级是惰性的，以及保护电池免受自发爆炸等。

美国联邦航空管理局所采取的策略是基于现行做法来制定监管要求，而非重新建立相应的监管要求，以实现某个空间碎片环境治理目标，例如：单位时间、单位横截面积内的碰撞概率值作为时间的因变函数(这将在5.3节中进一步讨论)。换句话说，美国联邦航空管理局所采取的方法是确保申请者不能比目前做的更糟糕。无论如何，由于在目前采取的监管方法下，基础情况就是目前的做法，因此，监管行为也不产生新的经济影响。

美国商务部(与美国国家海洋和大气局)于1997年发布了建议监管规则制定的通知(NPRM)，该通知旨在建立为私营对地观测系统颁发许可证的监管制度，其指出：

被许可方应当在运营活动结束后，按照要求处理掉其所持有或依照规定运营的任何空间平台。被许可方应当就关于处置此类平台的所有计划和程序，申请获得监管机构的批准，具体的处置方案包括如不受控制的再入或受控离轨过程中的燃烧等，并执行充足的通知警告，以保证所批准的措施使空间碎片最小化，避免安全危害。

NPRM确定了美国国家海洋和大气局对于空间碎片的治理要求，但显然它没有在发布之前进行经济影响评估，因而当外界就这一点向美国国家海洋和大气局指出时，也导致其正式要求的发布出现延迟。

那么遥感卫星的基础情况应当是什么？遥感卫星以及其他绝大多数卫星(除了罕见的例外情况)的现行做法不是在寿命末期时处理掉这些卫星，可以想象，在没有提出新监管机制情况下，这种做法将会延续。然而，为了评估新监管制度的成本和效益，还需要进一步努力。无论是采取现行做法还是制定新监管制度，对每单位时间、单位横截面积的碎片撞击概率进行预测都十分有必要。那么我们就可以立即看出，还有一个更复杂的问题。因为目前的环境是存在三个机构参与建立空间碎片监管制度，所以有必要在基础情况的预测中考虑到其他机构的措施对撞击概率的影响。对于新监管制度进行撞击概率预测的重要性将在5.3节中阐明。

5.2　财务责任

美国的很多州和其他国家已经开发、正在开发或考虑开发可以进行航天发射的航天港(例如，美国的佛罗里达州、加利福尼亚州、阿拉斯加州、爱达荷州，以及澳大利亚和加拿大)。由于航天港提供的服务可能使政府财产、人员和第三方都面临风险，因此需要了解和控制风险以确保达到必要的公共安全水平，同时也必须了解美国联邦航空管理局目前的监管制度。此外，如果由于发射操作或服务造成了对人员和/或财产的损害，则需要确保有足够的资源提供必要的补偿。

本节的目的是描述确定发射活动和相关操作财务责任要求的方法及考虑因素。这里特别讨论了一旦发射活动导致损害发生，如何确定所需要补偿的资源数额，以及如何使用保险来确保这些补偿的可用性。由于美国交通部在许可商业航天发射活动和设定财务责任要求方面有着丰富的经验，这里概述了美国政府的政策以及美国交通部/美国联邦航空管理局建立财务责任要求的方法与流程。最后，从财务责任要求、政府对商业活动的政策影响以及保险政策对发射服务提供商及其对航天港使用的影响等方面，阐述了航天港面临的保险问题。

5.2.1 与财务责任有关的国际条约

政府参与的国际条约、对公共安全问题的担忧以及希望为商业发射所造成损失获得赔偿等因素，共同促成了制定与许可证和财务责任有关的政策和程序。1967 年《外层空间条约》和《责任公约》在确定财务责任要求方面发挥了作用，两者都要求发射国对从该国发射的物体造成的任何损害负责。这些条约推动了 NASA 制定相应政策，要求航天飞机和一次性运载火箭的商业用户必须购买责任保险。

(1)《关于各国探索和利用包括月球和其他天体的外层空间活动所应遵守原则的条约》

所谓的《月球协定》规定，向外层空间发射航天器或购买发射服务，再或者从其领土或设施发射航天器的每一个缔约国，如果发射物体在地球、空中或外层空间对另一个缔约国或其民众造成损害，则都应负有国际责任。

(2)《空间物体所造成损害的国际责任公约》，1973 年 10 月 9 日

《责任公约》对空间物体造成损害的责任进行了划分。它指出，发射国对其航天器(或其本国单位所发射的航天器)在地球表面或空中飞行中所造成的损害负绝对责任。而如果在其他地方造成损害，且过失可以确认的话，发射国也将承担责任。《责任公约》还规定设立一个索赔委员会来管理和确定这些赔偿。此公约也是 NASA 设立第三方责任保险要求所遵循的基础。

因此，按照国际条约和公约的规定，政府最终将对发射的航天器造成的损害负责。所以政府希望确保，与航天发射相关的商业活动在发生事故(可能导致政府负责任)时具有足够的财务资源，以符合政府愿意接受的风险水平。

5.2.2 定义

在开始讨论财务责任监管流程之前，定义一些常用的术语是有帮助的，如下所述。

第三方在《商业空间发射法修正案》中被定义为“除美国之外的任何人或实体，其机构或参与发射服务的承包商或分包商；被许可人或受让人；被许可人或受让人的承包商、分包商或参与发射服务的客户；或此类客户的任何参与到发射服务的承包商或分包商”。该定义并未把美国政府的雇员从第三方列表中去除，因此也就确定了，任何参与提供发射服务的政府雇员都作为第三方。

为了计算最大可能损失，第三方包括了任何参与到被许可的商业支持和发射活动中的人员，而非仅仅包括某个实体的发射场工作人员。该定义也包括在发射场工作的政府及政府承包商的雇员，尽管这些人有可能参与到发射活动中，但依据法律定义他们被认为是第三方。其他在发射场的第三方包括了未参与发射活动的商业发射公司雇员以及其他任何参与到发射活动中的非私人参与方(私人参与方包括了承包商和分包商)。发射场政策一般禁止此类第三方承担重要的支持和发射风险。所有不在发射场范围的人员均被视为第三方。

第三方责任索赔是指，因任何获得许可的特定发射活动所造成的死亡、人身伤害或财产损失或损坏的索赔。

最大可能损失是损失的最大幅度，低于该水平的设定概率(即阈值概率)事故，如图 5－1 和 5－2 所示，也称为阈值事故。

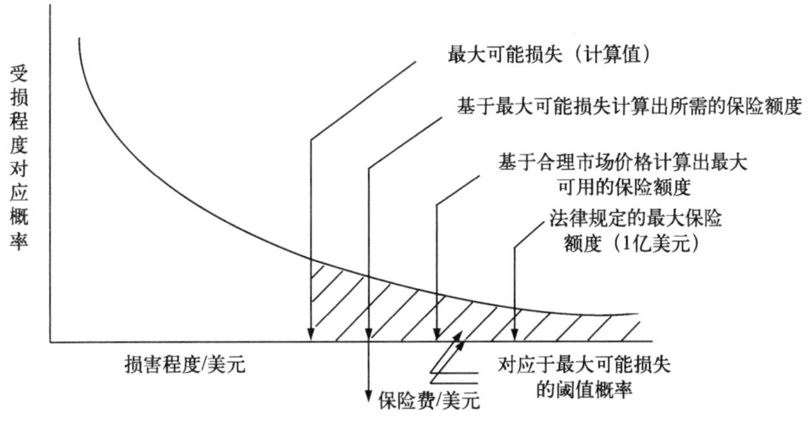

图 5－1　假设政府设施受损的概率（与运载火箭和发射场有关）

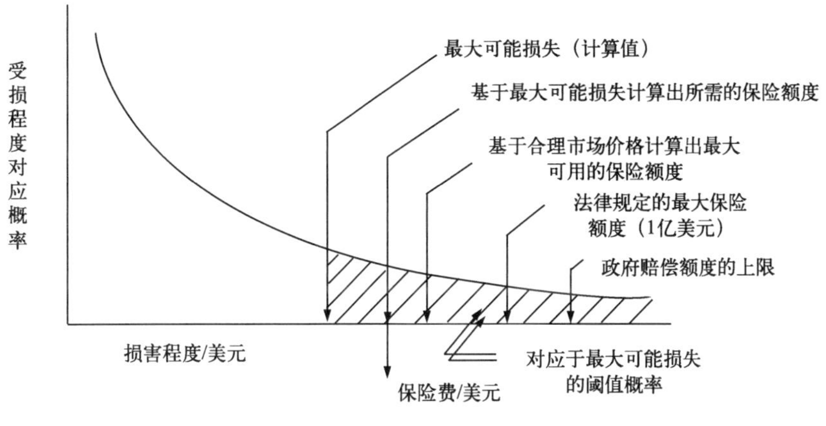

图 5－2　假设第三方财产受损的概率（与运载火箭和发射场有关）

阈值概率表示损失或损害超过指定水平的概率。阈值概率是由美国联邦航空管理局选择的定量结果，表示由发射和发射相关活动所致的“不可能达到的”损害级别的出现概率。美国联邦航空管理局当前为政府财产损失设定的概率值是 10^{-5}，第三方损害设定的概率值为 10^{-7}。选择这些值是为了确保低于公众所面临的其他风险。阈值概率在图 5－1 和图 5－2 中为对应于损失概率密度函数下方的交叉阴影区域。

许可活动是指商业公司在发射场所开展的受美国联邦航空管理局许可或预计要获得许可的活动。此类活动包括发射活动、为特定发射做准备的相关支持活动或在发射场内具有永久设施的公司所开展的商业活动。许可活动还可以包括在准备航天器再入之前所需的活动。美国联邦航空管理局希望把在联邦发射场内从事商业发射和相关活动的商业公司进行的所有活动都纳入此定义中。

最后，许可活动不一定限于陆地发射场，例如，机载发射就可以把飞机从机场准备到起飞的全过程也算入许可活动中。关于再入，许可活动则包括从再入系统开始准备到抵达地面和去除表面有害材料（如果有的话）的全过程。

发射活动是指在发射期间开展的活动。发射周期通常在点火时开始计算，涵盖飞行和抵达初始轨道的过程。对于轨道发射任务来说，发射活动在大多数情况下被视为在发射30天后结束。对于亚轨道发射任务来说，当运载火箭返回地球表面时；或者在有效载荷不进行回收的情况下发生有效载荷和发动机碰撞；以及在有效载荷进行回收的情况下，完成有效载荷回收操作时，无论发生哪一个发射活动都被视为完成。

支持活动于商业公司(其运载火箭部件、有效载荷或人员)抵达发射场(或回收场)准备商业发射或再入活动时开始计算。支持活动在被许可方离开发射场或再入操作已完成时结束。

政府财产包括固定财产，如建筑物和发射台，以及非固定财产，如政府或政府承包商在发射场或回收场区域所拥有的设备、运载火箭和航天器部件等，主要用于确定最大可能损失。通常情况下，发射场的财产不算在内，除了特殊情况下，如机载发射和特别指明的政府财产。在前一种情况下，用于发射航天器的飞机如果由政府所有，则在整个发射过程中被视为政府财产(目的是确定最大可能损失)，即便飞机不在发射场内。而在后一种情况下，主要是考虑那些具有高价值和面临相对高风险的政府财产。此外，在确定最大可能损失时不考虑暂时性财产，因为是否暴露暂时性财产(例如，相邻发射台上的有效载荷和/或运载火箭)是政府自己的选择。

受害人是指由于与许可活动相关的事故而导致死亡或严重伤害的人。为确定最大可能损失，一个受害人的费用估计为300万美元。

政府财产损失是指政府或其承包商拥有的固定和非固定财产遭受的损害。对于第三方拥有的财产，财产损害被定义为对任何财产的任何损害。如有可能，财产损失的成本将根据财产的置换价值计算。如同政府财产的定义，不考虑暂时性财产。

5.2.3　确定财务责任要求

为了保护商业发射活动期间遭受潜在损害或损失的第三方和政府财产，监管机构制定了相应的方法，以确定商业发射活动的财务责任要求。一方面，保护公众和政府免受发射和再入活动可能产生的损失，另一方面，建立一种机制使得政府不必反复增加对工业界的财务责任要求，同时确保这种要求对工业界来说并不繁重，使其可以在约束条件下更加舒适地经营。这里的讨论，基于此前处理政府设施的商业发射时采用的方法和积累的经验。而在处理商业航天港时，就会出现与赔偿有关的问题，这将在后面讨论。下面的段落中将重点研究发射活动。对于再入活动，使用与发射活动类似的方法和程序来确定财务责任要求和进行经济影响分析。

前文提到的这些目标最终是通过立法的形式(1984年《商业空间发射法》，1988年修正)得以确保实现的。该法案在1988年的修正案中规定了在美国联邦和其他主体的发射场设施中开展的商业空间运输活动的基本保险要求。这些要求包括了财务责任要求，用于涵盖因许可发射活动而导致的政府设施和第三方(人员和财产)损害。保险要求的设定基于最大可能损失，同时兼顾最高可用的合理保险价格，以及法律中规定的最大保险额度。阈值概率是由美国联邦航空管理局选择的定量结果，表示由发射和发射相关活动所致的“不可能达到的”损害级别的出现概率。最大可能损失、基于最大可能损失计算得到的所需保险额、最高可用的合理保险价格、法律规定的最大保险额度及政府赔偿的最高额度之间的典型关系，在图5-1

和图 5 – 2 中显示出来。它们之间的相对关系事实上由许多因素决定，包括运载火箭的特性、任务、发射设施和发射场，以及影响保险可用性与价格的主要市场因素等。

图 5 – 1 显示了政府的发射设施在执行许可发射活动时遭受不同程度损害对应的概率(以概率密度函数的形式展现)。这种概率分布是一种概念上的计算结果，因为没有足够的数据支撑为每一枚运载火箭都建立特定的概率分布图，因此这个结果主要还是用来说明一般性情况。损失概率的分布独立于最大可能损失、阈值概率以及所需的保险水平等，它是与具体活动(例如，运载火箭、任务、发射设施和发射场的特性)相关的许多因素形成的函数。通过计算得到的最大可能损失水平，只有在一定的低概率情况下才有可能发生或超出。这种水平的概率或风险被称为阈值概率，其确定如图 5 – 3 所示。前面已经提到，美国交通部当前为政府财产损失设定的概率值是 10^{-5}，第三方损害设定的概率值是 10^{-7}，在图 5 – 1 和图 5 – 2 中，显示为最大可能损失损害水平右侧的交叉阴影区域。阈值概率表示发生的损害超过计算得到的最大可能损失的概率。阈值概率为 10^{-7} 意味着，平均而言，每 1 000 万次发射中会出现一次这样的意外事件。

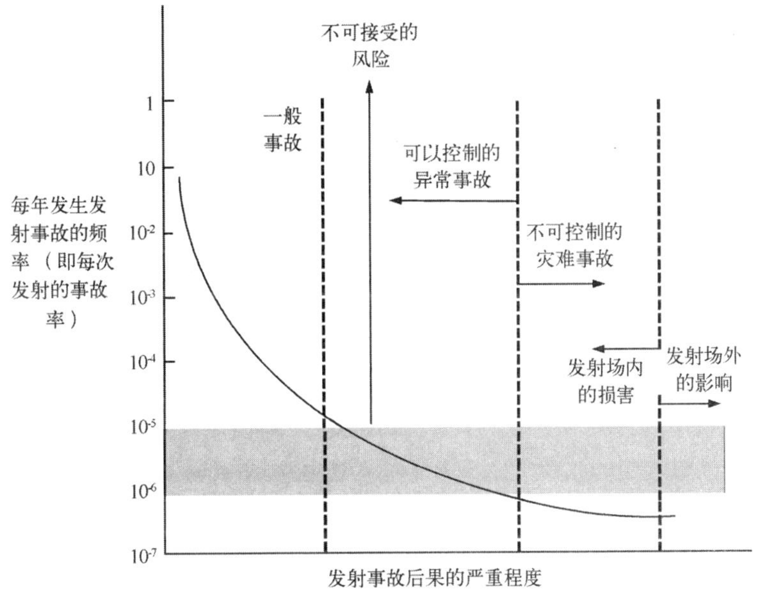

	代表性年份的死亡人数	每年相关个人面临的风险
煤矿挖掘		
事故	180	1.3×10^{-3} 或 1/770
肺尘病	1 135	8×10^{-3} 或 1/125
消防		8×10^{-4} 或 1/1 250
驾摩托车	46 000	2.2×10^{-4} 或 1/4 500
卡车驾驶	400	10^{-4} 或 1/10 000
坠亡	16 339	7.7×10^{-5} 或 1/13 000
足球赛事		4×10^{-5} 或 1/25 000
家庭事故	25 000	1.2×10^{-5} 或 1/83 000
自行车	1 000	10^{-5} 或 1/100 000
坐飞机（每年1次的频率）		2×10^{-6} 或 1/500 000

阈值概率　：

政府财产为　1/100 000

第三方财产为　1/10 000 000

图 5 – 3　阈值概率的确定[6,11]

阈值概率(即可接受的风险水平)的合理选择，是基于对活动相关的风险水平进行全面、大范围的评审后得出的，这在图5－3中得以体现。美国交通部/美国联邦航空管理局所设置的阈值概率，使航天发射活动可接受的风险水平比非航天活动的现有风险水平要低一个数量级。

参照图5－1，所需的保险金额级别主要是基于最大可能损失，并以小于交通部规定的最大可用保险金额度来确定。保险金额在任何时候都不会超过法律规定的最高金额(即1亿美元)。如果设定的保险金额度超过计算得到的最大可能损失值，就等于改变了可接受的阈值概率(值得一提的是，最大可能损失和所需的保险金额可能不同，在图5－1和图5－2中进行了说明。但在正常情况下，预期的最大可能损失和所需保险额度是相同的)。

类似地，第三方财产损失的概率分布如图5－2所示。此图显示了下述变量之间的关系：最大可能损失、基于最大可能损失得到的所需保险额度、以合理市场价格计算的最大可用保险额度以及法律规定的最高保险额(5亿美元)。此外，还指明了政府赔偿的最高水平(高于保险要求15亿美元)。该法案(修正案)规定的赔偿水平存在“日落条款”，这在5.4节中将详细讨论，其中还讨论了继续赔偿的必要性问题。图5－4分别说明了对于政府财产以及第三方财产损失，保险公司、发射服务商和政府各自的支出与风险水平。

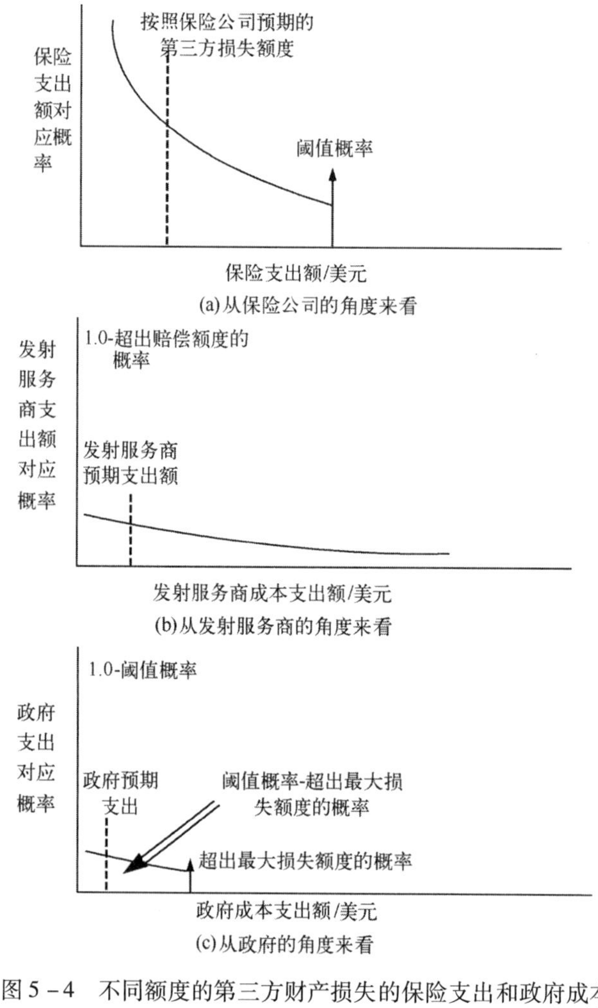

图5－4　不同额度的第三方财产损失的保险支出和政府成本

图 5－4 从被许可人、保险业和政府的角度出发，将第三方财产损失水平的概率分解为成本的概率分布。图 5－4(a)说明了保险公司支出的概率分布。该概率曲线终止于阈值概率事件发生，即如果损失超过所需的保险水平，则保险公司的支付仍等于阈值概率对应的保险额度。

图 5－4(b)说明了由第三方财产损失导致的被许可人赔偿支出的概率分布。由于被许可人受到保险以及超过保险限额后政府赔偿(15 亿美元)的保护，所以只有超出了上述两种情况下的额度才由其担负。事实上，被许可人承担成本的概率极小，并且可能很大程度上小于阈值概率。极少情况下，造成的损失会超过所需的保险水平，这样，政府也有风险，但一般不会超过 15 亿美元的赔偿额度。政府支出成本的概率分布如图 5－4(c)所示，在绝大部分情况下，政府将不承担任何支出成本，而产生超过 15 亿美元赔偿情况的概率就更小。当然，如果对外国实体的损害超过了赔偿水平，而且被许可人没有能力满足这些索赔，则根据国际协议，美国政府有履行这些赔偿的最终责任。在考虑政府设施损失时，可以采用类似的方式来评估对保险公司、发射服务商和美国政府的影响。

在下面的段落中描述了用于确定发射活动最大可能损失的方法(该方法的细节可以在参考文献[9]、[10]和[12]中找到)。

最大可能损失是最大幅度的损失，有极小的概率(阈值概率)会发生超过此损失额的情况。在发射准备和发射活动期间，作为日常业务操作的一部分，政府财产通常会暴露在外。在确定政府财产的最大可能损失时，评估的重点是那些暴露在外、成本最高的设施。每个设施的置换成本按递减次序排列出来(如图 5－5 所示)，同时按顺序计算个体损失的累积概率，直到累积概率值达到概率阈值水平(即 10^{-5})为止，此时的总设施损失额度就被确定为最大可能损失。其他低置换成本的设施，无论受到损害的可能性如何，都将被最大可能损失涵盖在内。由于每年的商业发射频率为 10 次左右，因此预计平均每 1 000 ~ 10 000年之间，大约才会出现一次超过最大可能损失的事件。而这是对最大可能损失概念的一种非常保守的解释。

风险资产	重置成本（占设施价值的百分比）	受损概率	
		资产受损概率	累积受损概率
资产1	重置资产成本（占资产1总价值的百分比）	P（资产1受损）	P（资产1受损）
资产2	重置资产成本（占资产2总价值的百分比）	P（资产2受损）	P（资产2受损）＋ P（资产1受损）
资产3	重置资产成本（占资产3总价值的百分比）	P（资产3受损）	P（资产3受损）＋ P（资产2受损）＋ P（资产1受损）
		⋮	
资产N	重置资产成本（占资产N总价值的百分比）	P（资产N受损）	P（资产N受损）＋ ⋮ P（资产3受损）＋ P（资产2受损）＋ P（资产1受损）

重置成本（美元）：资产1＞资产2＞资产3＞…＞资产 N

图 5－5　确定最大可能损失的方法(以政府财产为例)

下面的例子解释了图 5 –5 中所描述的方法：

如果

$$P(\text{资产 2 受损}) + P(\text{资产 1 受损}) < 10^{-5}$$

而且

$$P(\text{资产 3 受损}) + P(\text{资产 2 受损}) + P(\text{资产 1 受损}) > 10^{-5}$$

那么

$$\text{置换资产 2 的成本} = \text{最大可能损失}$$

如果出现伤亡，那么下面公式通常被用作估计伤亡情况

$$E_c = Pi \cdot LA \cdot Pd$$

式中　Pi——在特定区域出现事故的可能性；

LA——碎片致命的区域大小；

Pd——人口密度。

如果输入正确（例如，考虑到将不同人口密度区域的不同事故概率结果相加），这种方法就给出了一个相对合理的人员伤亡估计值。为了获得一个保守结果，一般会按照人口密度最高区域的值来计算整个暴露区域的值。这种估值方法需要谨慎，因为在理论上可能会产生高得离谱的保险额度要求。当所需的数据都具备了以后，也通常使用复杂的仿真模型，可以反映出所研究航天器的飞行动态特征、失败概率、飞行轨迹模式及航天器碎片特征等。

平均预期损失值并不能直接用来计算确定超过给定损失水平的概率值。平均预期损失值是利用数学期望的概念来计算的，即

$$E_c = \sum_{n=1}^{n=\infty} n \cdot P(n)$$

这里 $P(n)$ 是 n 个人员伤亡事件出现的概率；通过假设其他所有的情况发生概率都为 0，就可以计算出一件事故或多件事故同时发生的概率上限。

在给发射准备活动确定最大可能损失值时，需要考虑到所开展的危险活动，所遵循的政策和程序，以及暴露在外有可能受到伤害的人员和设施（包括置换成本）数量等多个方面的信息。例如，在政府发射场里，许多设施是基于数量/距离关系来选址的，以确保一个设施中的发射准备活动事故不会影响到另一个设施。此外，还制定了各种政策，纠正了过去在执行危险任务活动过程中的人数限制。

发射场安全专家对发射前准备期间的各阶段发生重大事故的可能性进行了评估。这些评估值是根据其多年经验，并基于多年来通过已发生的事故或接近发生的事故而进行改动的政策和程序估算得到的。对于运载火箭的飞行活动，就要使用更复杂的分析方法来计算出第三方和政府财产的最大可能损失。一种方法是使用如图 5 –6 和图 5 –7 所示的故障事件树。

图 5 –6 主要描述和识别了整个过程，图 5 –7 是图 5 –6 的重述，但上面标识了典型的概率值。多年来，在假设每一个发射的飞行器都会失败的前提下，政府已经开发出了相应的安全系统和处置流程，例如飞行终止系统（FTS，目的是阻止运载火箭或其碎片撞击居住区），经过测试发现这些系统具有非常高的可靠性（故障率大约为 10^{-3} 以下）。在对最大可能损失进行分析时，用于飞行终止系统的可靠性数值取的是历史可靠性值与设计要求值

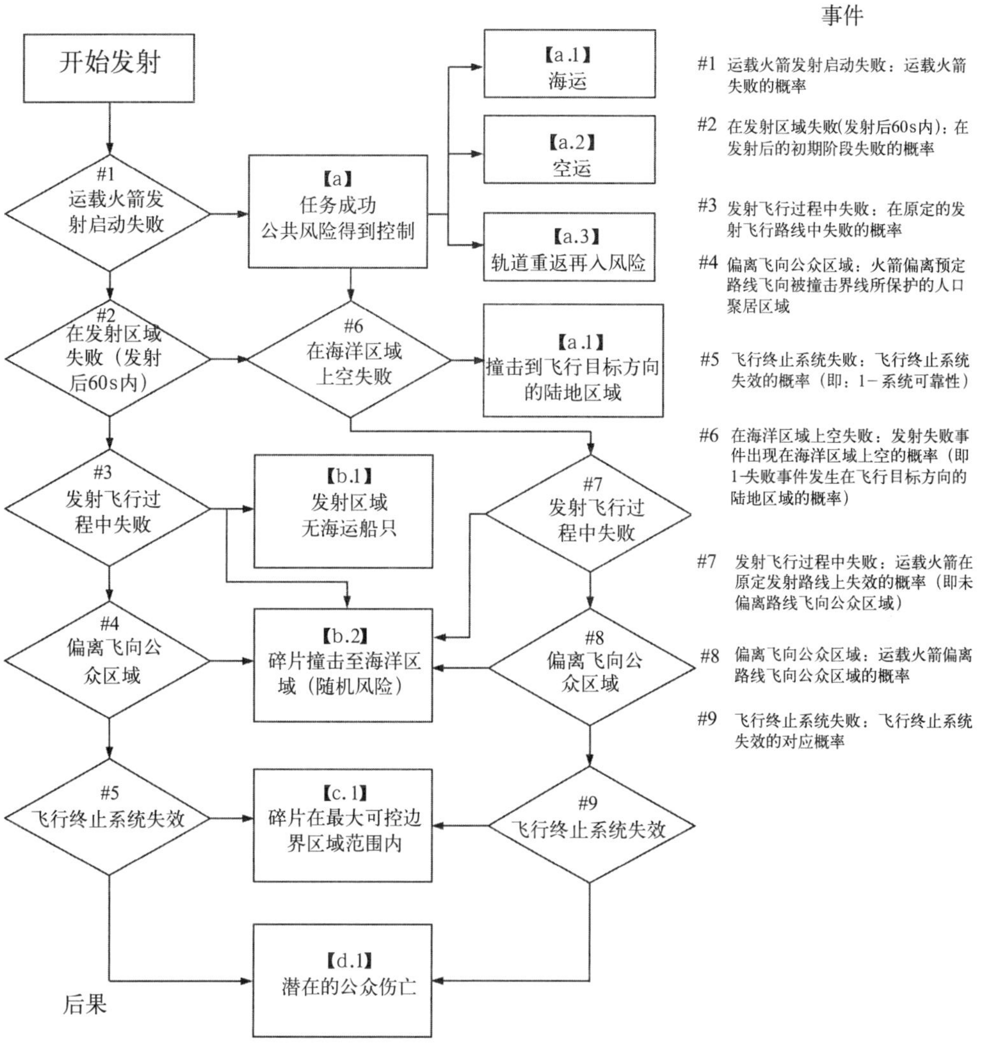

【a】任务成功、公共风险得到控制，随后紧接节点事件1
　【a.1】海运：对应各级火箭以及废弃的碎片坠入预定区域对海运活动产生的风险
　【a.2】空运：预先规划好的航班暴露在碎片撞击风险之下产生的风险
　【a.3】轨道重返再入活动风险：第三方遭受在轨碎片撞击的风险
【b】随后可能紧接节点事件3、4、7、9
　【b.1】发射区域航运活动：对发射场附近海域的航运活动产生的风险
　【b.2】碎片撞击海洋区域（随机风险）：对于更广阔的海域上开展的海运及航班活动随机产生的风险
【c】随后可能紧接节点事件5、9
　【c.1】碎片在最大可控边界区域范围内：由最大可控边界区域范围内的碎片所造成的风险
【d】随后可能紧接节点事件5、9
　【d.1】潜在的公众伤亡：在最大可控边界范围之外的公众产生的伤亡风险

图 5－6　公共发射故障树[6]

两者中较小的一个。

故障事件树用于估计每种可能情况的概率，然后再估计每种情况产生的后果。

总之，有几种不同的方法都适合于确定最大可能损失值，方法的选择取决于所涉及的

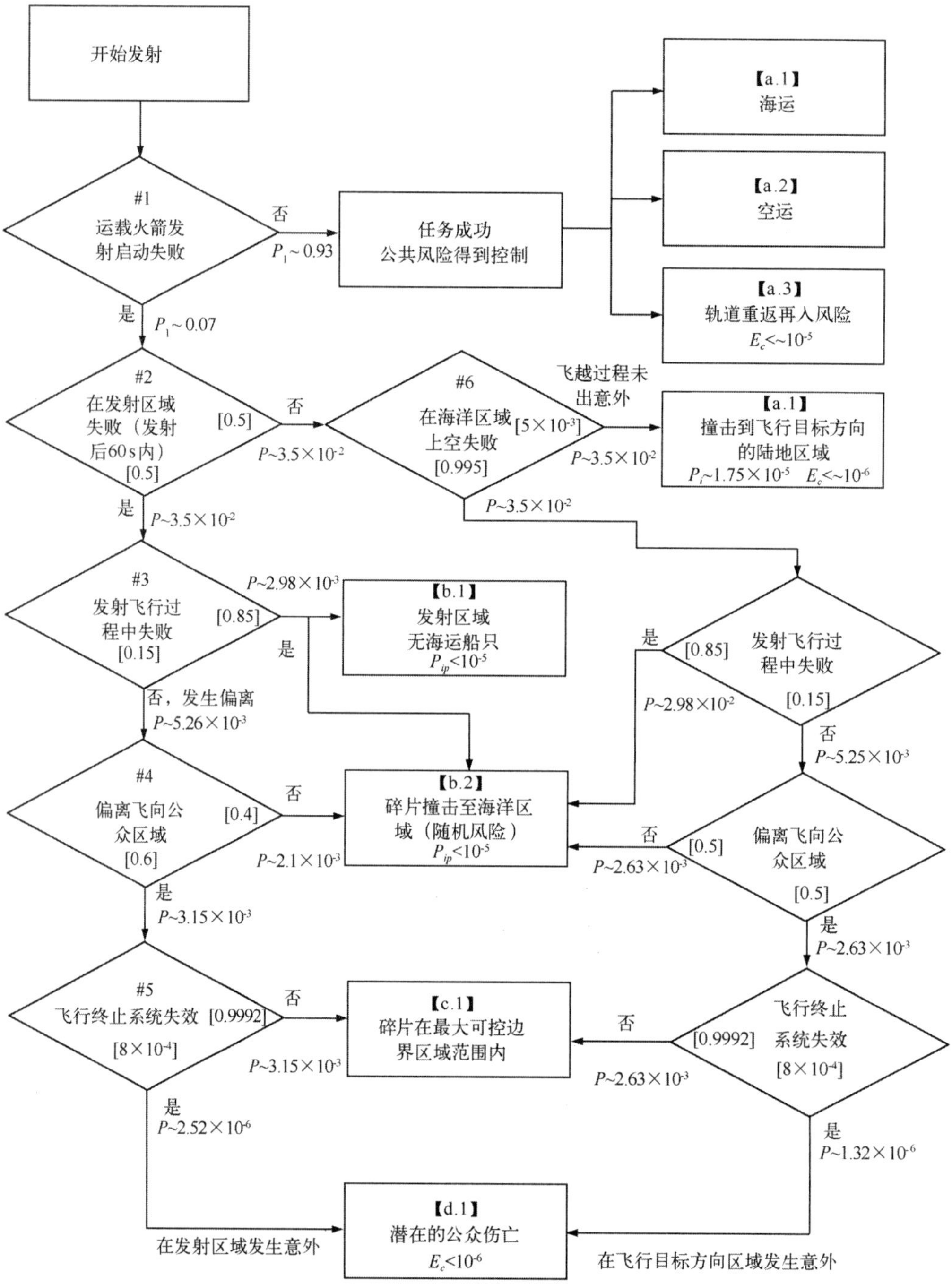

图 5－7　典型发射故障事件树[6]

具体情况。一般来说，随着不确定性增加和风险升高，就需要使用更加严格的方法、程序和模型。所使用的方法可能取决于可用的信息、情况的敏感性(例如，可能有一个或多个成本非常高的设施暴露在危险中，从而会影响最大可能损失值，再如，可能是人口高度集中区域相对于低密度分布区域情况等)，并且这种方法可以采用一系列分析技术，包括复杂的模型、数据分析或直接计算法等来进行具体分析计算(例如，如果一个或多个设施暴露在危险中，并且显然它们的风险超过阈值概率，那么如果每个设施的损失独立于其他设施的话，选择其中的最大损失作为最大可能损失的值是合理的)。总体目标是确定在阈值概率范围内可能发生的最大损失值，并通过使用合适的分析工具和方法来确保得到的结果是一个保守的值。

表 5 - 1 中给出了不同射程的运载火箭典型的政府和第三方财产的责任保险要求(基于最大可能损失确定)。表中很多运载火箭已经不在考虑范围之内，这里主要想说明不同射程对最大可能损失值的影响。

表 5 - 1　基于最大可能损失确定的典型保险要求

运载火箭	保险额/百万美元	
	政府财产	第三方
大力神(东部航天与导弹中心)	80.0	215.0
宇宙神(东部航天与导弹中心)	75.0	164.0
德尔他(东部航天与导弹中心)	80.0	164.0
美国火箭公司单级运载火箭(西部航天与导弹中心)[a]	1.0	12.0
侦察兵(西部航天与导弹中心)[a]	1.6	10.0
侦察兵(瓦勒普斯岛发射场)[a]	21.6	10.0
SSI 伙伴 1 火箭(白沙导弹发射场)	1.0	10.0
SSI 伙伴 2 - 5 火箭(白沙导弹发射场)	2.5	10.0
Conatec	1.0	10.0
杰斯待(Joust)	1.0	12.5

注：a：最大可能损失是按照较高的发射场运营与发射活动成本来计算的，在某些情况下，这些数据都是估算值，而且可能并未进行严格和充分的评估。

风险分析主要包括识别出可能出现的危险事件、发生的概率、可能造成后果的严重程度等。最大可能损失的确定利用风险分析的结果以及阈值概率来确定合适的财务责任，以确保政府和第三方财产损失能够被保险所涵盖。保险金额的涵盖范围或者赔偿金额的大小必须基于可能遭受的最大损失来定，而不是根据损失的期望值。这也正是使用最大可能损失值方法的意义所在，因为它建立了保险要涵盖的最大可能损失而非最大期望损失。

5.2.4　航天保险业概览

为了确保航天相关活动的顺利进行，航天保险业提供了一系列的保险产品，包括发射保险、政府财产保险和第三方责任保险等。

发射保险主要涵盖发射失败所造成的损失(包括运载火箭和上面级等原因造成的失败，通常也包括卫星初始轨道操作的失败)，一般由发射服务商和/或其客户购买。在发射失败的情况下，按照保单要求就应当支付保险赔偿。保险赔偿的支付形式可以是现金、硬件(如提供一颗替代卫星，如果保单持有人不是卫星制造商)或服务(如提供重新发射的服务，如果保单持有人不是发射服务提供商)。联邦政府并不要求必须购买发射保险。有时，保单中还会写上，涵盖因为通信转发器出现的早期故障或其他系统性能的衰落(例如，本来用于轨道姿态保持的推进剂不得不用于其他用途而产生损耗)所导致的收入损失等。

但是，按照美国联邦航空管理局的要求，商业公司如果要开展商业航天运输活动，就必须为政府财产购买保险，或证明其财务责任。而且该保险合同必须至少达到美国联邦航空管理局所规定的金额，一旦获得许可的商业航天运输活动造成发射场的政府财产损失，则必须按照合同支付赔偿。按照法律要求，商业航天发射活动必须为政府财产投保。

根据美国交通部的要求，商业公司如果要开展商业航天运输活动，也必须购买第三方责任保险合同，或证明其财务责任。而且该保险合同必须至少达到交通部规定的金额，而且一旦获得许可的商业航天活动造成第三方产生财产损失、损害或者伤亡，则必须按照合同支付赔偿。按照法律要求，商业航天发射活动必须购买第三方责任保险或充分证明其财务责任。

图 5 - 8 显示了第三方责任保险当前和历史上的估算价格水平。正如我们将在 5.4 节中具体讨论的那样，第三方责任保险的成本相对于其他形式的发射和在轨相关保险成本要低。为了更好地理解第三方责任保险，我们可以考虑使用宇宙神火箭发射一颗通信卫星的情况，发射服务加卫星研制的费用在 2 亿美元左右。相关的发射保险(即运载火箭加上有效载荷)的费用约 3 500 万美元，第三方责任保险仅约 20 万美元。而卫星在轨的保险费用约 200 万美元。

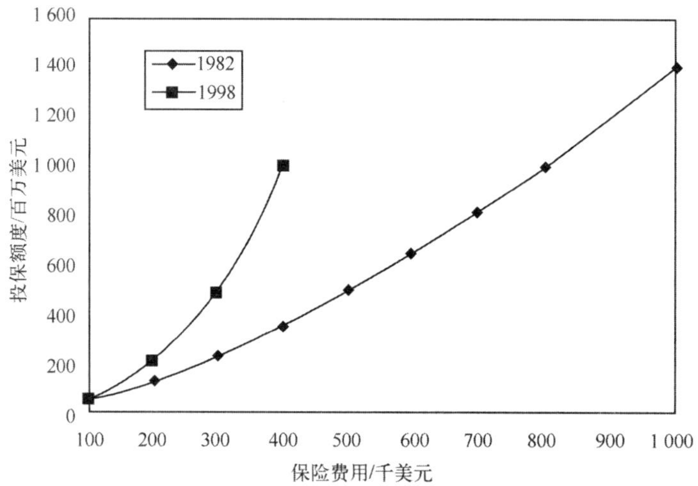

图 5 - 8　预期的第三方责任保险支出

5.2.5　发射服务商、保险提供商以及政府支出的成本

每一次发射活动中，考虑对第三方造成损失的预期支出成本包括三个方面：保险公司的预期支出 C_L(如果被许可方自己为自己投保的话，则由其支出)、政府的预期支出 L 及许可方的预期支出 X。三者之和，$C_L + L + X$ 是一个常数，代表了每次发射预期的第三方

损失额度。使用不同的阈值概率或者最大可能损失值，将会改变三方在交易中所承担的支出额度比例，但不会改变每次发射预期造成的第三方损失。

图 5－9 和图 5－10 分别阐明了政府财产损失以及第三方财产损失在发射活动参与方之间的成本支出转移情况。两者都要分别考虑两种情景：情景 A 代表了被许可方将保险费用转嫁给有效载荷制造商，有效载荷制造商继而将保险费用转嫁给卫星所有者或服务提供商（最终传递给有效载荷所服务的用户）；情景 B 表示被许可人承担保险费用的情况。

首先考虑政府财产损失的情况，图 5－9 显示出不同参与方（卫星所有者、有效载荷制造商、发射服务商同时也被认为是被许可方、保险公司和政府）因损失和保险而导致可能产生的收入与支出情况。保险公司方面，由于要把整个保险合同“打包”，会产生一个文书工作成本 C_{pw}，这个成本是与所需保险额大小相关的函数值。对每次发射造成的政府财产损失，保险公司还面临着预期的成本支出或赔偿金 C_L。由于保险公司开展业务是为了赚取利润，所以将设置保险费用 P，涵盖保险公司的预期成本加上足够的利润以补偿它自己面临的风险。保险费用支出将按照下述流程在各方之间转移：在情景 A 中，保险费用支出转

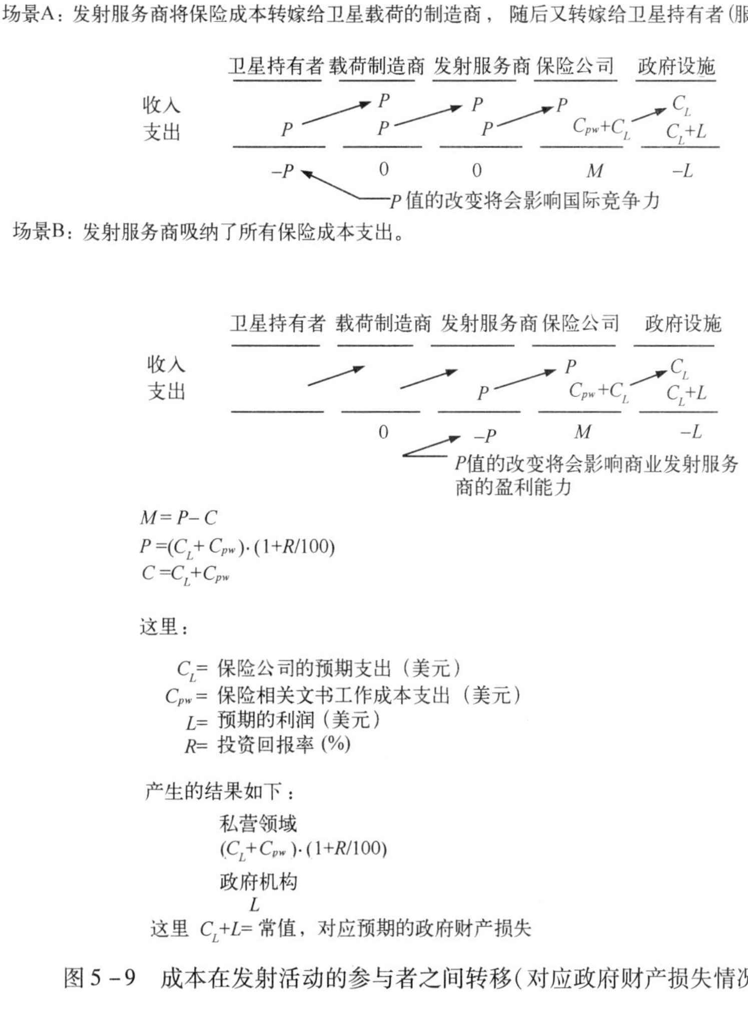

图 5－9　成本在发射活动的参与者之间转移（对应政府财产损失情况）

嫁给卫星所有者，因此 P 的变化会在一定程度上影响到卫星所有者在国际市场上的竞争力；在情景 B 中，保险费用由被许可方承担，P 的变化则会影响到发射服务商的盈利能力。在这两种情况下，保险公司向政府财产损失预期支出的赔偿金额涵盖在 C_L 中。因为政府财产的预期损失水平为 C_L+L，所以政府每次发射的预期损失为 L。

为政府财产损失设定保险要求所产生的直接成本影响如下：

在私营领域方面，为

$$(C_L + C_{pw}) \cdot (1 + R/100)$$

在政府方面，则为

$$L$$

这里 R 是保险产业所希望达到的投资回报率，C_L+L 则是一个常数，等于政府财产的预期损失。

对于第三方的财产损失，与上述成本分析方法和成本转移流程也是类似的，图 5 - 10 进行了阐述。第三方被加入到了有关参与方名单当中。与对政府财产损失进行的分析一样，保险公司需要支付文书工作成本。被许可方则需要支付此项成本以及当损失超出政府赔偿上限后的支出 X。这些成本在情景 A 中发生转移，在情景 B 中则由发射服务商所承担。在 A 中，X 与 P 之和将对国际竞争力产生影响，在 B 中，则会影响到商业发射服务商的盈利能力。

政府每次发射的预期成本支出为 L。极为罕见的情况下(阈值概率)，第三方损失会超过最大可能损失值。因此，由第三方损失引起的预期成本支出将来自三个方面：保险公司支付的 C_L、被许可方支出的 X 和政府支出的 L。

为第三方财产损失设定保险要求所产生的直接成本影响如下：

在私营领域方面，为

$$X + (C_L + C_{pw}) \cdot (1 + R/100)$$

在政府方面，则为

$$L$$

这里 C_L+X+L 等于第三方财产的预期损失。

如果不知道损失概率分布情况的话，是很难进行预期成本支出计算的。预期损失的计算方式如下

$$\text{预期损失} = \int_0^D x p(x)\,\mathrm{d}x$$

这里 x 表示损害的严重程度，$p(x)$ 表示对应的发生概率，D 是最大的损失水平。例如，$p(x)$ 就是图 5 - 4(c) 中的概率分布曲线，D 就是超过保险要求的最大损失水平，代表第三方的财产损失已经超过了保险(用于保护政府和第三方)的水平。这种情况出现的概率很小。

因为 $p(x)$ 是未知的，为了进行计算，就需要对其作出假设。保守的假设如下：$p(x)$ 可以用两点概率分布来近似处理，按照这种处理方法，不发生任何损失的概率为 1 - 阈值概率，发生最大可能损失的概率则为阈值概率。这样处理就可以用阈值概率乘以最大的损失水平得到预期的成本支出或损失。其他任何的 $p(x)$ 估算方法都没有上述方法保守。例如，如果 $p(x)$ 在 0 到最大可能损失之间是均匀概率分布的，那么预期成本支出或损失值

场景A：发射服务商将保险成本转嫁给卫星载荷的制造商，随后又转嫁给卫星持有者(服务提供商)。

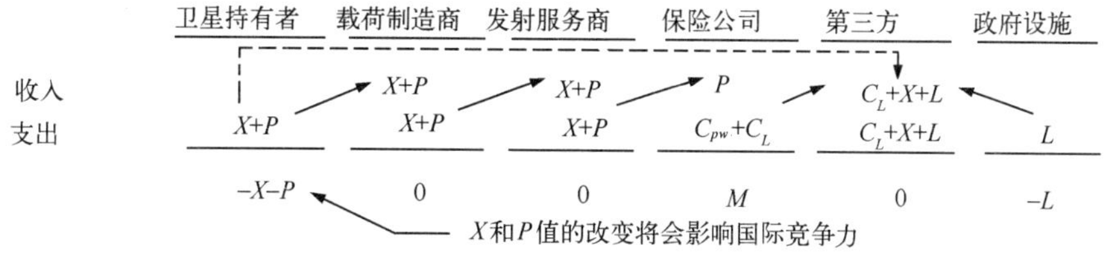

场景B：发射服务商承担了所有保险成本支出。

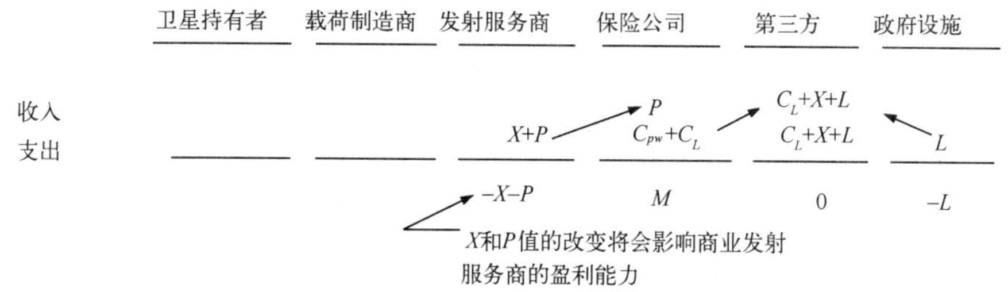

$M=P-C$

$P=(C_L+C_{pw})\cdot(1+R/100)$

$C=C_L+C_{pw}$

这里

C_L= 保险公司的预期支出(美元)

C_{pw}= 保险相关文书工作成本支出(美元)

M= 预期的利润(美元)

L= 政府预期支出(超出保险额度部分)(美元)

X= 产业预期支出(超出政府赔偿额度部分)(美元)

R= 投资回报率(%)

产生的结果如下：

私营领域

$X+(C_L+C_{pw})\cdot(1+R/100)$

政府机构

L

这里

C_L+X+L= 常值，对应预期的第三方损失

图5-10　成本在发射活动的参与者之间转移(对应第三方损失情况)

就减少了一半。而如果是三角形分布(即损失为0对应的概率最大)，则预期成本支出或损失就减少了2/3。

5.2.6　政府航天港方面的考虑

在一定程度上，美国和外国政府在建立航天港方面会遇到类似的问题，但他们的解决方法可能会十分不同。我们假设外国政府和美国政府一样，已经签署了处理第三方损失或伤害的国际条约与公约。那么，如果在外国拥有航天港设施，那么该国(如加拿大、澳大利亚等)就会面临从其国土开展航天发射活动的潜在责任。这种潜在的责任分担在一定程度上也正是选择从加拿大航天港、澳大利亚航天港发射的诱因。

另一方面，如果外国选择限制其应承担的潜在责任，它可以建立类似于美国的财务责任制度，并在协议的前几页中阐述清楚。美国采取的方法是将政府暴露于危险发射活动的情况限制在可承受的风险水平，同时鼓励美国本国的航天运输业发展。

从国外发射的美国火箭很可能也必须得到美国政府的许可。获得许可证的先决条件，也是要确定最大可能损失，并设定财务责任要求(如保险级别等)。一般在协议的前几页中，会写上政府在出现灾难性损失事件时，对发射服务商的赔偿。因为提供发射场地和提供运载火箭的国家都可能对航天发射活动造成的损害负责，所以美国政府和外国政府应就事故发生时各自的责任份额缔结协议。

而获得外国政府许可的发射服务商则可能同时对发射地所在国和运载火箭提供国的损失负有责任。而不同国家在财务责任要求和赔偿政策方面的差异会影响到发射服务商对航天港的选择。例如，如果外国航天港不提供与美国政府相似水平的赔偿(或高或低)，那么美国的发射服务商会如何选择？这种情况下，国会一般会根据发射运营商的要求提供赔偿，以作为维持和促进本国商业航天发射行业发展的必要措施。

必须指出，美国尚未制定相关政策，来给外国发射的美国运载火箭颁发许可证。这值得关注，因为美国政策中关于这方面的赔偿仍然不够清楚。而如果取消对在外国发射的美国火箭提供政府赔偿的话，会影响到美国发射服务商利用外国的发射场开展业务。

5.2.7　外国航天港保险方面的考虑

外国的航天港在考虑财务责任和保险要求时，必须考虑到航天港财产和第三方受损失的风险。这个问题基本上与美国发射场面临的问题相同，但严重性可能不同。在发生事故的情况下，外国航天港需要有足够的资源来维修/更换发射设施设备，航天保险是提供所需资源的一种可能方式。如果选择保险的话，则建议采用美国联邦航空管理局制定的方法(使用阈值概率和最大可能损失)来设定航天港的保险要求。

因为外国(政府)可能为第三方索赔负责，而且外国政府和航天港都将对其他可能发生的第三方损失承担责任，所以一般会假定，外国政府需要商业航天港和发射服务商证明其财务责任，使该国政府不会再承担潜在的责任。同样，建议采用美国联邦航空管理局制定的最大可能损失值方法，来确定外国航天港的第三方财务责任和保险要求。如果谨慎选址、仔细安置相应设施，最大可能损失的计算值可相对较低。外国政府对商业航天港实施财务责任要求制度的可能性很大。

5.3　空间碎片与监管制度分析

如4.7节讨论的那样，我们不能逃避这样一个事实，即空间碎片会增加航天任务的成本，一方面是因为航天任务必须遵循空间碎片清理政策要求而增加处理成本，另一方面则是由于空间碎片撞击航天器造成的损失。因此，制定具有成本效益的空间碎片清理政策是十分重要的，这种政策从长远来看将会显著降低任务费用。国际宇航科学院最近发表了一份题为《空间碎片立场文件》(2001年9月)的论文，讨论了空间碎片及其治理政策。但不幸的是，这份文件与许多其他论述此类问题的论文一样，没有讨论甚至提及所提出的碎片治理措施相关的成本与经济影响。当这位作者论述在此领域提出的替代性治理方案的成本和收益问题时，指出其所估计的成本和收益非常难以量化衡量，而且国际宇航科学院提出的措施成本很低，所以有较好的效费比。国际宇航科学院显然不知道，针对碎片治理替代方案的成本与收益评估方法和流程早已开发出来，且已经在国际宇航科学院上发表，关于空间碎片撞击低轨道和中轨道卫星的经济影响分析(由NASA资助)结果也已发表。前面提到的国际宇航科学院论文的作者显然不知道低成本并不意味着有较好的效费比，也就是说，成本不可能与效率直接相关。开展空间碎片治理不太可能是免费的，事实上，还会导致短期内任务成本增加。因此，就产生了一个典型的投资困境：在短期内进行投资和承担成本，以实现长期利益是可取的吗？或者换句话说，我们现在要花多少钱，才能实现未来的成本节省？关于空间碎片治理政策的决定与大多数投资决策非常相似，只是时间框架比大多数投资决策中所遇到的长，通常以大约50～100年或更长时间来衡量。事实上，很可能是前人种树后人乘凉的局面。这么长的时间框架显然也会造成不同的可能性，比如，按照正常的商业决策，可能并不会按照符合公众利益的方式来进行投资，更不用说这种投资同时还可能会导致政府发展相应的监管环境。发布监管制度，需要进行影响分析。关于空间碎片监管活动的经济影响分析在以下段落中讨论。

由于外部效应可能会导致市场失控，所以才需要监管行为介入。当一方的行为对市场之外另一方造成无补偿性的收益或成本时，就认为外部效应发生了。对于空间碎片的治理来说，市场失调的出现，很可能是有两方面的原因：一是因为投资与回报之间存在长期的延迟效应，二是缺乏必要的经济激励措施来促使那些不会受到长期空间碎片环境影响的人来进行短期投资。环境问题是外部效应的经典案例。碎片造成的空间混乱已经成为一个环境问题。空间碎片的影响对于今天而言可能是微不足道的，但如果近期内不采取适当措施限制或扭转空间碎片数量的增长，其长期影响可能是不可逆转的，甚至是灾难性的。

当然，某些类型的航天任务已经在经济激励措施下开始投入成本，采取行动以消除或大大减少空间碎片产生的经济后果，例如地球静止轨道的通信卫星在其使用寿命末期就会抬升至更高的轨道位置，而地球轨道(低地球轨道)通信卫星则会移动到其他轨道，包括进入大气层烧毁等。目前，这些措施都是考虑到将失效卫星移出轨位以保证商业服务不受影响才做出的决策。

由于经济激励措施缺乏一致性，加上投资回报间隔的长期性，使得外部效应得到了广泛关注，也促成了监管措施的制定。

随着绕地空间物体数量不断增加，产生空间碎片及其撞击和损坏工作卫星的可能性也持续升高。目前，各国都在考虑各种碎片治理方法，包括在轨处理和重返地球等方案，不同方案在操作难易度、成本、国际竞争力以及安全影响等方面有所差异。

由于此问题涉及面复杂、多样，显然需要制定相应政策，以便有秩序地减少潜在的空间碎片危害。这些政策可能需要建立一个支持性的监管制度。

各种研究结果指出，如果不采取治理措施控制碎片的增长速度，空间碎片环境将对未来的航天活动构成严重威胁。目前，空间碎片已经对在低地球轨道中运行的大型空间结构造成了安全问题。因此，国际空间站上已经采取了相应的措施最大限度地防止碎片穿透的危险，包括：采用先进成熟的防护罩技术、利用地基雷达追踪碎片，并反馈至空间站采取机动以躲避较大的碎片；从业务运行和系统设计的角度把对空间站和航天员的风险降至最低。

自1989年国家安全委员会报告公布以来，美国与一些国家以及国际航天组织等，已经开始着手解决空间碎片问题。美国和其他航天国家自发性地在设计和操作流程中采取措施(如拴系住镜头盖等碎片和使用无碎片装置进行分离和释放操作等)以减少碎片产生。地球静止轨道通信卫星目前在接近卫星使用寿命末期时会移至更高轨位，低地球轨道通信卫星(如铱星系统)则被设计为在接近使用寿命末期时离轨，各种低地球轨道通信任务之间已经建立良好的合作流程，可以最大限度地减少低地球轨道上卫星的碰撞。

一般认为，需要更密切的国际合作才能有效处理空间碎片问题。继续在有关空间碎片的国际行动中发挥领导作用，符合美国的利益。美国认为，开展技术合作和达成发展共识，是开发潜在的国际协定、监管制度或其他措施的先决条件。而单方面采用碎片清理措施，可能使美国的卫星和运载火箭行业在国际竞争中处于劣势。

空间碎片问题还包括，即使对大量的近地空间碎片群有着合理与清晰的认识和了解，仍然不足以准确地表征和预测碎片群体之后会如何变化。这一方面受限于可用数据的不足，另一方面也与碎片预测建模技术不够成熟和确定有关，特别是考虑到发生碰撞之后产生的碎片。这种不确定性，导致了空间碎片缓解措施的形式和成本的不确定性。

NASA在卫星和运载火箭研制中，通过定义和开发一系列行之有效的安全需求与具体设计措施，以最小化或者避免碎片的产生，目前正在建立相关的正式设计准则和机构要求等。由于NASA和美国国防部是卫星与运载火箭采购的主力，因此其作为政府机构对卫星和运载火箭的采购需求，可能会转移至商业领域。但是如果其他国家没有设定类似的要求，这可能会对美国航天工业的国际竞争力产生影响。

为了减少空间碎片的潜在长期影响，有必要在短期内投入成本采取行动。而商业公司的行为通常基于利益动机。但这种情况要求成本必须在短期内支付，同时短、中期内的利益回报却不明朗，长期利润相较于短期成本是否足以证明有利可图，这一点仍然无法准确说明白。因此，在行业没有明确和持续地参与到碎片清理行动的情况下，很可能需要建立监管制度。

5.3.1　空间碎片环境

地球表面2 000 km高度范围以内人造物体（空间碎片）的估计质量约为200万千克（这里对空间碎片环境的描述主要基于参考文献[17]）。这些物体主要处于高度倾斜轨道中，并以10 km/s的平均相对速度飞行。空间碎片的绝大部分质量，包含在约3 000个废弃的火箭级、退役卫星和很少的工作卫星中。剩余约为4万千克的物体，大约有4 000个，目前主要由空间监视传感器负责跟踪。

由于利用雷达和光学技术无法跟踪和编目更小的物体，所以人们对当前碎片环境的了解也是有限的。利用低成本的双基向前散射技术可以监测到地球静止轨道卫星附近尺寸小于10 cm的空间碎片，具体来说通过采用宽带自相关技术完成星地接收机之间未受干扰的传输。尽管空间监视网络的目的是跟踪轨道中所有人造物体，但受技术限制只能有效跟踪大于10 cm的物体。由于对当前空间碎片环境的了解有限，导致空间碎片预测模型输入数据不足，加上未来空间业务和建模的不确定性，很难对长期的空间碎片环境进行准确预测，因此必须考虑制定合理的空间碎片治理政策。

目前关注的碎片包括：

1）直径大于10 cm的物体（通常称为大物体）需要进行常规性的探测、跟踪和编目。

2）直径在1～10 cm之间的物体（通常称为风险物体）通常不能被正常、有序地进行跟踪和编目，从其相对冲击速度来看，这些风险物体可能会导致灾难性的损害。

3）直径小于1 cm的物体常被称为小碎片。这些物体不能被跟踪，它们的存在是通过观察返回地球的航天器上的损害才知道的。

小于10 cm的碎片数量主要是通过在空间或地面的传感器进行统计测量后得到的结果。这三类物体之间的相互作用，加上大型碎片在轨道上的长期残留，将可能产生碎片间碰撞，导致总碎片数量增长。当前和未来空间碎片数量将在高度和倾角上发生显著变化。

空间碎片撞击产生的影响取决于速度、角度和碎片质量。对于尺寸小于0.01 cm的碎片，主要产生表面点蚀和侵蚀效果。而从长期来看，与卫星发生碰撞的单个颗粒的累积效应可能变得显著，因为在低地球轨道中该尺寸范围的颗粒数目非常大。尺寸为0.01～1 cm的碎片会产生显著的冲击损伤，后果可能十分严重，当然这取决于系统设计的脆弱性和防护性能。大于1cm的物体则能产生灾难性的损坏。

对于大于0.1 cm的碎片，卫星结构的损坏是需要重点考虑的因素。在10 km/s时，直径为1.3 mm的铝球的动能与22-口径的步枪子弹相同。目前航天器中比较实用的防护措施，针对的是直径达1 cm、质量达1.46 g的碎片颗粒。对于更大尺寸的碎片，当前的防护措施就变得不切实际。因为碎片的损害是相对速度的函数，地球静止轨道的速度相对较低，是低地球轨道的1/10，后果相对没有那么严重，但仍然可能是致命的。

处于运行状态的碎片包括了失效的载荷以及在轨道转移或在轨运行期间释放的物体。这种类型的碎片正在减少，因为如今采用的设计都已经不再释放这类物体。在地球轨道中编目的物体中，95%可以被认为是空间碎片，而不是处于运行状态的航天器。

尽管很多关注空间环境的国家都在通过各种手段（如使其航天器在任务结束时通过排出残余推进剂和其他形式的储存能源而变为被动物体）减少空间碎片的持续分解，但此类事件的高发生率仍然令人特别担忧，目前来看分解速度仍然没有改变。

由于暴露在空间环境中，航天器的表面逐渐分裂产生了非常小的碎片颗粒。这种变化包括油漆剥落和塑料、金属腐蚀等。通常在从低地球轨道转移至地球静止轨道的过程中使用固体火箭发动机，这类发动机会在此过程中将数千千克的氧化铝灰尘排出到空间环境中。这种喷出的灰尘非常小，特征尺寸被认为小于 0.01 cm。然而，有效载荷长期暴露于这种颗粒环境中，可能导致外表面的侵蚀与化学污染，并且可能降低诸如光学窗和太阳能电池板等易损部件的性能。

为了预测未来的碎片环境，必须对碎片来源进行合理假设与分析。对于碎片来源，假设必须得考虑航天器发射活动频率以及分解速率。但是不确定性也很多，包括各航天器的运行轨迹模型的可预测性、观测技术能力限制、未建模的碎片源、碎片传播与寿命模型以及太阳活动的变化等。此外，大型低地球轨道卫星星座的出现，可能对空间碎片环境建模和预测提出一个重要的新问题。例如，虽然铱星被设计为于使用寿命接近结束时重返大气层，但是其大量的卫星已经在轨失效，所以不清楚这些卫星是否可按原定计划重返。如果不能，则铱星星座内发生碰撞的可能性就会增加，因为失效的卫星可能距离替换的卫星很近。

目前，用于在长时间内预测空间碎片环境的模型已经开发出来。由于碎片的经济影响在近期内可能无法观察到，所以必须使用能够预测至少 50 ~ 75 年的模型。由 NASA 开发的 EVOLVE 模型，就能够进行所需要的长期预测，用于评估部署几个低地球轨道卫星星座的影响。EVOLVE 由洛克希德 · 马丁工程与科学公司为 NASA 约翰逊航天中心开发，发明者为罗伯特 · 雷诺兹博士。它是一种演化模型，将空间环境定义为完整空间系统和碎片的时间变化函数，这里的空间系统和碎片都有各自的轨道、质量、横截面积以及其他属性等。EVOLVE 使用历史发射记录（航天器、上面级以及运行状态的碎片等）和未来任务模型数据作为输入，然后使用分解模型来确定由于在轨碰撞或爆炸而产生的碎片的分布情况。轨道传播模型解释了在地球表面附近的大气阻力和扰动影响，而对于大椭圆轨道，则分析了月球和太阳的扰动影响。该分析模型假设，一年五次的发射活动将部署多个航天器，并分析了这种低地球轨道活动增加以及一系列碎片减缓措施对长期空间环境的影响。减缓措施包括在各自任务结束时，将上面级与航天器从轨道上移除，以避免可能发生的爆炸。图5 – 11 示出了累积横截面通量（即单位横截面积的碎片碰撞概率）的典型预期结果。类似的结果已用于 4.2 节中的经济分析当中。由于所涉及的时间很长，以及在测量和建模过程中的诸多不确定性，这里的结果应被视为是对趋势的一种阐释，而不应太依赖于具体数字。如图 5 – 11 中的曲线所示，未采取任何行动可能导致 22 世纪空间碎片总数显著增加，但相对温和的积极措施（如案例 3 和案例 5 中所确定的）可能使环境基本上保持今天的状态。Teledesic 和铱星的低地球轨道通信卫星星座，计划在寿命末期（至少对于目前的系统配置来说）使其上面级和航天器离轨，但是如果发生在轨卫星故障，这个预期的行动就失去了效果。

图 5 – 11 中概括了各种类型的碎片场景。此外，应当指出，在案例 2 ~ 5 中，到 2020 年碎片总量的减少主要是因为清除了 2000 年前爆炸的碎片，但 2000 年后碎片数量的增长则是由随机碰撞引起的。停止爆炸在近期内是有效的，但是其本身不足以长期控制碎片环境。此外，图中还假定了从 2000 年开始处理上面级（案例 3 ~ 5）和停止爆炸（案例 2 ~ 5），

并且在2030年开始处理航天器(案例3和5)等情况。

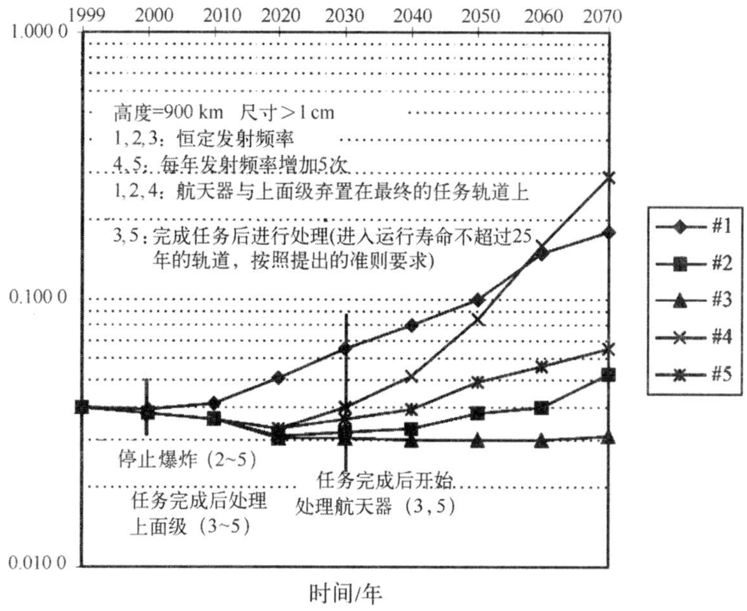

图5-11 EVOLVE在低地球轨道发射入轨与航天器活动增加情况下对未来的预期[18]

5.3.2 碎片治理：经济影响

如4.7节中所述，空间碎片会增加航天任务的成本，一方面是因为航天任务必须遵循空间碎片清理政策要求而增加处理成本，另一方面则是由于空间碎片撞击航天器造成的损失。制定具有成本效益的空间碎片清理政策从长远来看将会显著降低任务费用，但可能在短期内增加任务成本。4.2节中，还开发了一种评估空间碎片和清理方案的经济影响的方法。

为了分析空间碎片清理方案的经济影响，需要根据单位时间、单位空间飞行器表面投影面积的碎片碰撞概率来描述空间碎片环境。碰撞概率是碎片大小、碎片来源模型、预计的航天器运行路线、碎片清理方法以及卫星轨道和设计特性综合得到的函数。碰撞概率影响卫星故障与更换率，因此影响航天任务的生命周期成本。

下面总结了空间碎片对陆地卫星(Landsat)和海洋地貌实验(Topex)等类型任务的经济影响分析结果。首先，研究人员根据陆地卫星(倾角为98.2°，705 km)和海洋地貌实验(倾角为65.1°，1 336 km)的运行轨道，考虑了多个空间碎片情景。典型的情景中，假设通过采用简单易行的碎片减缓措施，增加了对空间的使用率。假定发射频率每年增加大约5次，在2000年以后的所有发射中都消除了爆炸，而所有航天器、上面级和发射碎片都在其最终任务轨道中被废弃。这种典型情况的细节，在图5-12中通过直径大于0.316 cm、0.631 cm和1.0 cm的碎片每年单位面积的撞击概率的形式展现出来。显然，这些轨道面临的碎片环境明显不同，而且这里一般假定碎片环境是高度和倾斜角的函数。

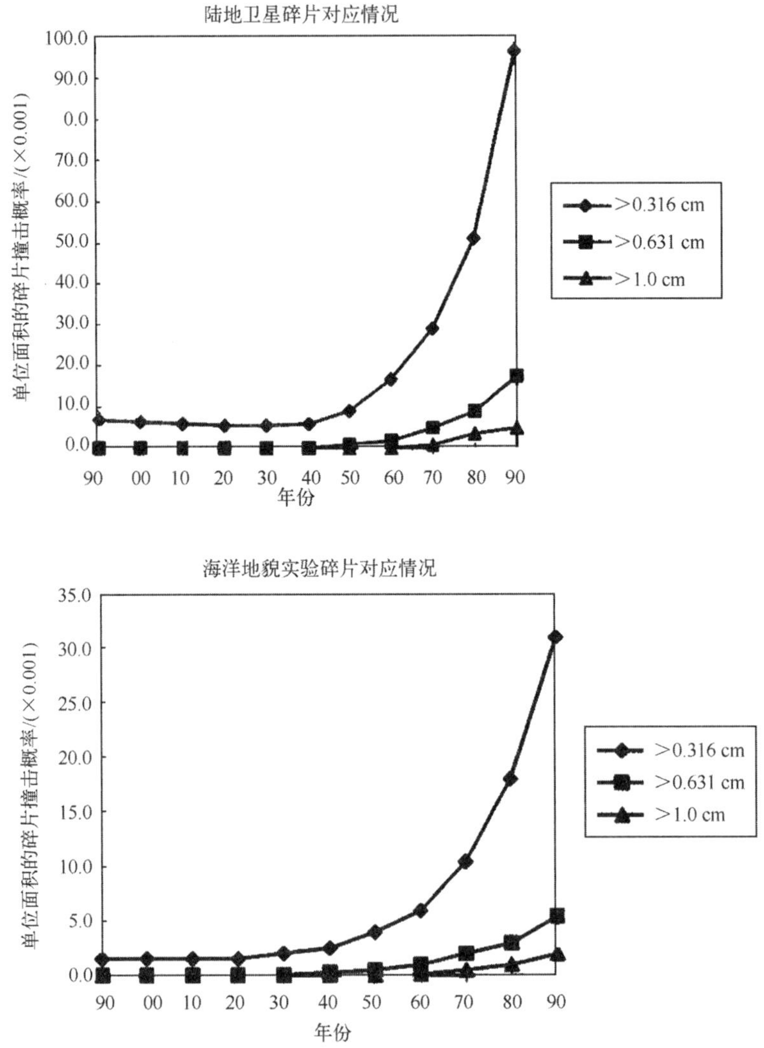

图 5－12　空间碎片撞击概率：对陆地卫星和海洋地貌实验任务轨道进行分析的结果

这里所得到的碎片碰撞概率用于任务仿真，实际仿真中还考虑了卫星配置、分系统故障率、运载火箭可靠性、卫星定期与非定期成本、发射成本等细节。仿真中还考虑了(发射和/或在轨运行阶段)为出现故障失效的卫星，发射和运行替换卫星的情况。考虑到空间碎片的影响，需要替换的卫星数量也会增加，同时成本也会随之增加。图 5－13 总结了对陆地卫星任务进行经济影响分析的结果。这里产生的成本影响，主要是相对于无碎片环境下，在假定的空间碎片环境中导致航天器生命周期内成本的增加量。成本曲线表明，从任务开始执行的年份开始，成本随之增加。由于空间碎片通量和卫星的横截面积(对于海洋地貌实验为 6.9 m^2，对于陆地卫星为 12 m^2)都较小，所以综合而言，海洋地貌实验任务的经济影响分析结果与陆地卫星类似，幅度略小。这些得到的结果表明，经济影响结果的差异与卫星轨道高度和倾角都有关系，因此可能对开展监管行动的必要性与时间选择产生较大影响。

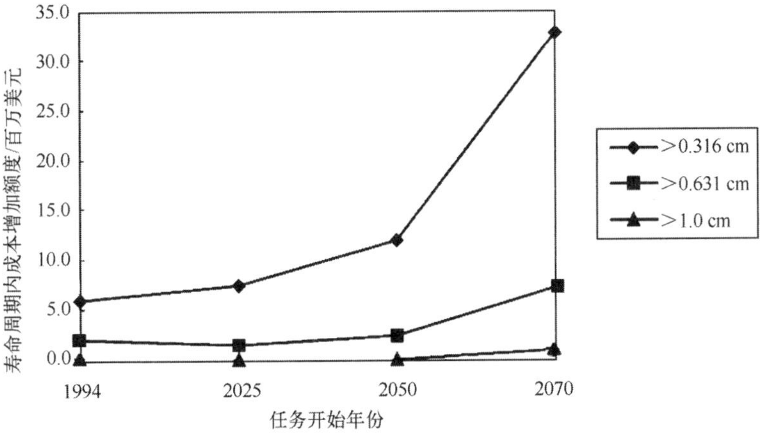

图 5－13　陆地卫星轨道碎片对任务寿命周期成本的影响

5.3.3　治理方案

这里主要基于参考文献[16]，概述常用的和未来将用的一些技术。目前已经用于减少空间碎片产生的设计与技术包括以下几种。

(1)对于废弃的火箭主体

1)排出过量的推进剂；

2)排出多余的增压气体；

3)允许进入轨道的独立运载火箭部件最小化；

4)将部件固定到上面级。

(2)对于已经终止任务的航天器

1)如果运行于低地球轨道，执行离轨操作并控制返回；

2)执行轨道机动将航天器或部件转移到“墓地轨道”(但非长期解决方案)。

(3)对在任务期间从航天器释放的碎片

1)用挂绳系在所有潜在可释放物品上，包括摄像机镜头和仪器罩，航天员在舱外活动中使用的设备和其他材料；

2)通过结构附着其他可拆卸元件。

(4)对爆炸或碰撞产生的碎片

增加防护层。

除了前述技术之外，其他一些措施似乎具有广泛认可的潜力，其中包括以下：

(1)对废弃的火箭体

1)使用分离装置；

2)使用 COMBO 程序(由美国空军航天司令部开发的用于计算轨道之间误差的程序)；

3)提高 COLA 碰撞避免程序的精度；

4)选择合适的发射时间以使碎片更快速地重新进入大气。

(2)对已终止任务的航天器

1)恢复并重新使用航天器；

2)使用有源信标进行探测和回避。

(3)对在任务期间从航天器释放的碎片

1)将垃圾和人员废物存储起来并载回地球;

2)将垃圾和人员废物转入大气层烧毁。

(4)对爆炸或碰撞产生的碎片

1)保护和防止元器件爆炸;

2)在设计时使部件和系统得以适度降解;

3)采用足够的防护层措施;

4)使用低分解性材料。

5.3.4　监管问题

要理解政府的监管行为如何在商业航天减少碎片的活动中发挥作用，有必要了解联邦政府对商业部门的监管方法以及类型。大多数联邦监管活动属于以下类型之一:

1)在经济监管计划下，直接控制商业和贸易;

2)保护公共卫生和安全及环境;

3)适当管理和控制联邦投资和联邦财产。

美国联邦通信委员会和国家海洋和大气局所执行的权力属于第一类。美国交通部/美国联邦航空管理局和联邦通信委员会根据法律规定，执行第二类权力：美国交通部/美国联邦航空管理局主要规范商业发射行为以保护公众健康和安全，美国联邦通信委员会则为促进生命和财产安全而协调通信事宜。美国联邦通信委员会的权力也同时属于第三类，它管理和控制私营部门使用公共资源，即国家无线电频谱资源。美国联邦通信委员会在商业航天活动中的监管作用范围主要包括，为电信服务商(可包括卫星)颁发运行许可证，按照国际条约协调轨位分配，以及制定关于信号发射机的设计与操作标准，以确保恰当的使用频率(例如，航天器通过控制天线的指向精度和姿态精度等)。美国联邦通信委员会负责授权美国在地球静止轨道和非地球静止轨道上商业通信卫星的建造、发射与运行操作，同时承认美国交通部/美国联邦航空管理局在与有效载荷发射相关的安全问题上也具备管理职责。

美国国家海洋和大气局负责为私营的遥感卫星系统颁发许可。其许可证包括一项条件，即被许可人必须“在依照许可证结束运行活动后，以令总统满意的方式处置任何卫星”。这清楚、充分地要求，用过失效的航天器不能留在原有位置，也为处理空间碎片问题提供了便利，但其权力不包括发射活动。美国国家海洋和大气局目前在为遥感卫星运营商颁发许可过程中实施其法定责任。

根据法律规定的卫星处理要求，1997 年 11 月 3 日，美国国家海洋和大气局发布了一项建议监管规则制定的通知，建议执行下列规则:

被许可方在其持有或运行的航天器结束运行之后，以让总统满意的方式处理之。被许可方关于处理此类航天器的所有计划和流程都必须经过美国国家海洋和大气局批准，这些方案包括：非受控返回、重返时燃烧或受控脱离轨道等，并进行足够广泛的通知，以保证其处置方案使得空间碎片数量最小化，防止危害安全。

随后，美国国家海洋和大气局收到了大约 17 份关于建议监管规则制定的通知的意见，最后此政策也没有正式发出。尽管按照政策要求需要进行监管影响分析，其中的一部分是经济影响分析，但此类经济影响分析并未执行。美国国家海洋和大气局提出的监管行为引起了业界广泛的不安，这也很可能最终导致规则制定的不断延迟。

1984年《商业空间发射法》(后在“美国法典第49编第九分编第701章”中进行修订)授予交通部长权力的主要目的是，监督和协调商业航天发射活动的进行，以保护与此类活动相关的重要国家利益：公共卫生、财产安全、美国国家安全和外交政策利益。交通部长有权颁发许可证，授权进行商业发射活动，并要建立监管制度，确保其安全和负责任地进行。

作为安全监管机构，交通部的章程，对包括美国公民进行的或在美国领土上开展的所有非政府性发射活动、按照交通部许可发射的有效载荷以及非美国政府发射场(例如，私营或国营航天港)都具有管理效力。特别是非政府运载火箭上的非政府有效载荷，如果没有获得其他任何一个美国政府机构的许可，则必须受到交通部的监管，交通部必须遵循其负责保护的国家利益来处理。美国交通部/美国联邦航空管理局对已经获得联邦通信委员会和商务部许可的卫星，没有许可或监管管辖权(除了交通部在授权发射和相关活动上的权限外)。

在前面提到三类监管活动中，为商业航天部门防止和控制空间碎片而进行的监管行为，属于“安全”类别。正如刚刚指出的那样，交通部被明确授权在公共安全和其他公共利益方面管理商业发射活动，包括再入活动，联邦通信委员会则被明确授权管理无线电的使用，以提供高效的全国性、全球性的无线电通信服务。交通部的方案是从国会授权其许可和管理商业发射活动的根本目的出发，即保护公众健康与安全、财产安全和其他美国利益，来对空间碎片问题进行评估。

根据此项权力，美国联邦航空管理局(交通部)建议限制商业发射活动中产生的空间碎片。1997年3月，美国联邦航空管理局通过了一项建议监管规则制定的通知，提出了新的规则，这些规则基本上是将运载火箭运营商之间现有的成熟碎片减缓措施编纂起来的结果，包括燃料消耗和上面级排出增压气体等。美国联邦航空管理局的新规则将要求商业运载火箭运营商，以确保“在火箭及其部件和分离后的有效载荷之间没有计划外的物理接触”的方式，来设计和操作其运载火箭。此外，被许可人必须确保“碎片将不会由于能量的转换而造成运载火箭或其部件碎裂”。换句话说，发射服务商必须采取措施防止上面级爆炸和解体。

《美国国家太空政策》要求空间碎片的减缓措施要“符合任务要求和成本效益”。采用碎片减缓设计方案，势必将导致成本的增加或对有效载荷不利。通过在系统设计过程中实施这些方案，这些损害可以保持最小。例如，如果要求上面级进行离轨操作，则涉及到其质量和性能变化，最终会导致成本的增加。在确定美国政府应该采取哪些措施来解决空间碎片问题时，有必要考虑这些商业监管活动对国内航天发射服务业和卫星行业的经济影响。与政府不同，私营部门在竞争激烈的环境中运作。与空间碎片处理措施相关的成本会转嫁给客户。如果对其外国竞争对手不施加相同的处理措施要求，美国的发射服务商可能必须在处于劣势的国际竞争环境下运营。同样，与陆地方案(如光纤通信等)相比，这种操作所增加的成本可能对天基技术方案(如卫星通信)的竞争力产生直接影响。

5.3.5　监管经济影响分析

1993年9月30日第12866号决议规定，“联邦机构只应颁布法律规定的监管制度，这些监管制度必须能够解释法律，或由于迫切的公共需求使之颁布成为必要，例如私营市场在保护或改善美国民众的健康、公众安全、环境与福利方面出现重大问题时”。在决定是否和如何监管时，相应机构需要评估现有监管备选方案的所有成本和收益，包括不进行管制下的情况。对于空间碎片监管行动的情况而言，不同监管方案可能包括施加不同级别的要求、设置不同监管时间，以及针对不同卫星高度和倾角而定的具体监管方案等。成本和收益需要同时通过定量和定性的方法来进行评估。在从各类监管方案中进行选择时，最好选择一种使净收益(包括潜在的经济、环境、公共卫生和安全、其他优势以及公平原则等)最大化的方案。对于空间碎片来说，可以根据达到实现相同水平的运行性能(例如，轨道可用性水平)、各个方案所节约的成本来衡量净效益。

在考虑实施监管制度时，有必要进行监管影响分析(RIA)，以证明：

1)有足够的信息说明建议实施的监管制度的必要性和结果；

2)对社会的潜在利益超过潜在成本；

3)对于给定的监管目标所提出的方案中，建议实施的方案将对社会的净收益最大化。

因此，监管影响分析通常包含：对提议的监管行为潜在需求的说明、对各种实施方案的审查、对效益和成本的分析、选择最终监管方案的理由以及法定权限的声明。对其他监管替代性方案(也就是不进行监管)进行识别和评估是十分有必要的，包括提供经济激励措施以鼓励预期行为，例如用户费或可销售的许可证，或提供信息由公众做出选择等。每个机构必须保证其监管行动为达到相应目标，对社会(包括个人、各种规模的企业和其他实体在内)施加最小的负担，同时也必须考虑到在可行的范围内，累积的监管行动的成本。

为了确定所提出监管行为的潜在需求，需要通过分析证明存在市场的重大失调，而且通过联邦监管行为以外的措施无法充分解决。换句话说，如果仍然听之任之，正常的市场行为不会引起所期望发生的(和必要发生的)改变出现。这里需要考虑三种主要类型的市场失调：外部效应、自然垄断和信息匮乏。

空间碎片监管问题，似乎属于由外部效应造成的市场失调。外部效应被认为是，发生在一方的行为对市场之外的另一方施加了无补偿的利益或成本。环境问题是外部效应的经典案例。另一个例子则是公共资源变得拥挤或过度利用的情况，例如渔业或无线电频谱。碎片引起的空间混乱是一个环境问题。空间碎片的影响对于今天而言可能是微不足道的，但如果近期内不采取适当措施限制或扭转空间碎片的增长，其长期影响可能是不可逆转的，甚至是灾难性的。市场失调可能有两方面的原因：空间碎片治理投资与回报之间的长时间延迟(可能是50～100年)，缺乏必要的经济激励，使不会受到长期碎片影响的人进行短期投资。

当然，某些类型的航天任务已经在经济激励措施下开始投入成本，采取行动以消除或大大减少空间碎片的经济影响，例如地球静止轨道通信卫星在其使用寿命结束时就会抬升至更高的轨道位置，而低地球轨道通信卫星则会移动到其他轨道，包括进入大气层烧毁等。

由于经济激励措施缺乏一致性，加上投资回报间隔时间太长，使得外部效应得到了广泛关注，也促成了监管措施的制定。

5.3.6　支持建立监管制度的经济影响分析

为了支持建立空间碎片监管制度，经济分析必须首先证明采取监管行动的必要性。必须证明，正常运作的市场不会合理地保护空间环境，并且最终将对美国人民的福利产生不利影响(即市场失调成为了管制行动的理由)。这必须考虑到地球静止轨道和低地球轨道通信卫星所采取的行动和其他一些自愿的碎片清理行动。

经济影响分析必须识别出符合成本效益的方法来满足相应要求，同时指出对这些方法的制定监管要求的重要性或匮乏情况。换句话说，需要确定满足监管要求的最低成本方法和这种方法得到的结果对保险要求的敏感性。

对于具备成本效益的方案，有必要研究由监管行动所产生的具体收益和成本。在进行经济分析时，必须考虑在不同时间点开始执行的不同任务(按照高度和倾斜角的不同)，并且必须考虑可以在不同时间点和不同轨道高度和倾角施加不同监管行动方案。一般而言，收益即碎片影响的降低，从而保证更长卫星寿命(即更低的卫星替换概率)。

经济影响分析必须确定谁承担成本、谁获得利益、何时发生成本和收益，以便能够观察到经济影响的公平性。必须考虑到，因满足不同需求造成运载火箭能力变化对成本产生的影响，因为它们影响用户的“价值”。例如，如果要求上面级在指定时间段内重返地球大气层，可能导致发射过程采用的不是最佳运行轨迹，从而导致运载能力的降低。运载能力的降低可能导致卫星寿命降低，从而影响任务的经济价值。这种经济价值的降低，必须与不采取碎片清理措施情况下空间碎片环境导致任务成本的增加值相比较。类似地，如果监管行动将影响到卫星能力，则相关成本(例如卫星质量的增加导致姿态保持推进剂减少，从而减少卫星寿命)必须与在不采取监管行动情况下的成本进行比较。

底线是，经济分析应该推演出，如果不采取监管行动(即不对碎片进行治理)，则空间碎片环境所造成的成本增加超过了治理的成本，因而市场失调的出现就需要监管行为介入。

经济分析必须考虑监管行动对国际竞争力的影响，即必须考虑提出的监管行动对发射服务、卫星及相关产品和服务的市场份额的影响。这也同时必须考虑到外国可能的行动和不作为情况，特别是后者会导致对竞争力产生最大的影响。

执行上述确定的经济影响分析操作的第一步，是建立一套要求(即，通过设定具体的业务操作需求达到监管行动的目标)。NASA 已经朝这个方向迈出了一步，制定了一套准则和方法来满足其限制碎片产生的政策。这些准则有助于确保运载火箭、上面级和有效载荷满足限制碎片产生的标准要求。这些准则被强制用于 NASA 的任务中，并建议工业界也采用相同的标准。这些准则具体涉及到空间碎片的尺寸、质量和轨道持续时间。这些机构自己实施的准则所产生的经济影响并未进行分析。但正是这套准则，可作为监管经济影响分析的合理出发点。经济影响分析涉及到一系列基础情况要求以及替代方案(可以是提供激励以及基础情况要求的变化)的影响。

监管经济影响分析的另一个重要输入是，没有监管行为和执行监管行为情况下，空间碎片环境相对于时间和监管行为启动时间的函数预测关系(即单位横截面积碰撞概率作为时间的函数)。不同的碎片场景，是对那些预计会影响空间碎片环境的卫星、运载火箭和相关活动采取管制行动后的对应结果。

此外，还必须假设和考虑各种不同的监管方案情况，如不同的启动时间，以及对应不同轨道高度与倾角时的不同监管需求等。例如，要求卫星在接近寿命结束时移动到不同的轨道位置(或重返大气层)，可能会减少使用寿命，但会降低碎片环境的恶化程度。必须针对短期受影响者与长期受影响者进行权衡。收益应超过成本(例如节约的成本)，但这不可能在短期或中期开始的任务中就显现出来，而很可能在长期的未来所开展的任务中才显现出来。经济影响分析也关注如何进行这些权衡分析，以及所有相关方受到的影响是否公平。

如果空间碎片对运行状态的卫星造成损害，由于所涉及的过程时间太长，而可能无法精确地确定导致损害的空间碎片尺寸，从而找到应负责任的一方，如果这一方真的存在的话。这种情况下，保险能够处理。另一个办法可能是建立一项基金，以有效载荷交付能力、有效载荷质量等为基础，对所有发射服务商和卫星所有者征收税款而设立。其目的是，为长期任务创造出一个资金足够的基金，以补偿未知所有权的空间碎片造成的损害。

5.3.7 总结

空间环境的利用对世界经济的运行而言极为重要。空间碎片的产生速度，如果不加以管制的话将继续有增无减，长期来说可能大大降低人类利用空间环境的能力。为了保护这种稀缺的资源，碎片治理措施可能需要尽早开始执行而不是之后再做。当前，通过采取自愿的清理措施，已经取得了许多成果，例如将地球静止轨道通信卫星在使用寿命结束时转移至更高的轨道，而几个低地球轨道通信卫星，则计划使其在使用寿命结束时脱离轨道，同时排空上面级的增压气体等。尚不清楚所有航天国家的自愿行动是否一致、是否足够，以及这些自愿行动是否将在未来继续进行。

目前正在考虑实行监管制度，以便开展必要的治理行动。美国交通部的监管职责是保护公共卫生和安全、财产安全、美国国家安全和外交政策利益，并基于此具备制定与商业发射和再入活动可能产生的空间碎片有关的监管制度的权力。美国国家海洋和大气局有权监管遥感任务，美国联邦通信委员会有权监管通信卫星任务。由于空间碎片治理政策和由此产生的清理行动是不可分割的，因此将空间碎片的监管职责进行分离可能是不明智的。

5.4 航天发射赔偿

美国法典(U. S. C.)第 49 编第九分编第 701 章——商业航天发射活动(即以前的 1984 年《商业空间发射法》，后由公法第 100 - 657 条修正，1988 年 11 月 15 日修正，也称为“1988 年《商业空间发射法修正案》，以下简称为《修正法案》)，确定了发射提供者必须满足的具体保险和财务责任要求，这是他们有资格获得美国联邦航空管理局的许可证并将物体发射到太空的必要条件。该法案具体确定了美国政府作为财务风险(由许可的商业航天发射及相关运行对第三方可能造成的损害)的潜在分担者的角色。这种风险共享的形式需要持有许可证的一方向第三方赔偿超过美国联邦航空管理局规定的保险金，但这个赔偿金额不超过 15 亿美元。通常称之为该法案的赔偿条款。(实际上这是一个错误的规定，政府的付款是不能被保证的，因为他们不能没有国会特定的授权。)风险分担的形式还可以是，持有许可证的一方对政府设施的损害赔偿需要超过美国联邦航空管理局规定的保险金，但不超过 1 亿美元。

在从政府所有权和航天发射服务运营，到如今扩大的用联邦、州和私有化发射设施来提供商业航天发射服务的商业发射行业的过渡期中，该法案的赔偿条款都发挥了重要作用。该法案规定，赔偿条款“适用于根据该法案颁发的或转让的许可证，这些许可证必须是(美国交通部)部长已经认可的自 1988 年《修正法案》颁布之日起 5 年之内完全有效的申请。该法案的这项“日落”条款由国会重新进行了审议，并延长了 5 年(至 1999 年 12 月)。最近该条款再次被延长了 5 年。下文提供了相关的背景信息，并描述了与第三方赔偿有关的问题，这些问题有助于制定未来的有关该法案中赔偿和“日落”条款的政府政策。[基于该法案，“第三方”一词——联邦公报第 4 部分，交通部，美国联邦法规(CFR)第 14 篇第 440 部分，许可发射活动的财务责任要求，最终法则，1998 年 8 月 26 日)——被定义为“美国以外的任何个人或实体，其机构或其参与发射服务的承包商或分包商；被许可人或受让人，被许可人或受让人的承包商、分包商，或参与发射服务的客户；或者任何参与发射服务的承包商或分包商”。该定义将参与提供发射服务的美国政府雇员定义为第三方。]

5.4.1　支持航天工业的立法

为了避免混淆，将保险、责任保险和赔偿进行如下定义。保险是一种转移和分配风险的安排。根据这种安排，一人(称为保险人)在发生特定有害意外事件时，承诺对另一人(通常称为被保险人)做一些有价值的事情”[24]。“责任保险是指因对另一人的人身或财产造成损害而赔偿的责任保险形式。它可以用于承担例如承运人、承包商、雇主、业主、制造商、所有者和铁路的赔偿责任。”[25]“赔偿是一种抵押合同或保证，使一方确保另一方免受预期的损失，或防止其因一方当事人或某第三方的行为或法律后果而受到的损害(即遭受的损失或损害)。这个词也用来表示给予一个已经持续受到损失一方的一种补偿，例如政府对用于公共的私人财产给予赔偿……这也意味着赔偿或偿还。”[25]

1988 年《修正法案》规定了具体的保险和财务责任要求，发射提供者必须满足这些要求才有资格获得美国联邦航空管理局的许可证，并将物体发射到太空。该法案具体规定了保险和财务责任的要求，以补偿对第三方以及政府设施的损害。

该法案要求每个被许可人或受让人需要获得责任保险，或者证明其财务责任能够支付的金额足以赔偿第三方索赔的最大可能的损失(由美国交通部决定)，这些损失是由于与任何特定发射有关的许可证而进行的活动造成的死亡、身体伤害或财产损失。该法案还进一步指出，在任何情况下，被许可人或受让人都不得被要求以超过 5 亿美元的金额或在世界市场上以合理成本获得的最大责任保险来获得保险或证明其财务责任。

该法案还要求每个被许可人或受让人需要获得责任保险，或者证明其财务责任能够支付的金额足以赔偿最大可能的损失(由美国交通部确定)，这些损失是向由于与任何特定发射有关的许可证而进行的活动造成的美国财产损失或损坏的任何人提出的索赔。该法案还进一步指出，在任何情况下，被许可人或受让人不得被要求以超过 1 亿美元的金额或世界市场上以合理成本获得的最大责任保险来获得保险或证明其在任何特定发射中的财务责任。

特别是关于第三方责任，该法案还进一步指出，如果索赔超过所规定的责任保险或财务责任的水平，那么美国政府将支付这些超额索赔，但金额不超过 15 亿美元，这些索赔需要颁布额外的立法来授权。这通常被称为该法案的赔偿条款。该法案的这一部分内容有一个5年的“日落”条款，它“只适用于根据该法案颁发的或转让的许可证，这些许可证必须是(美国交通部)秘书处已经收到的自1988年《修正法案》颁布之日起5年之内完全有效的申请。”这项“日落”条款延长至1999年12月，届满5年期限，随后再次被延长了5年。

参议院的商业科学和交通委员会关于众议院(H. R.)第4399号决议的报告提供了一个有趣的讨论，讨论关于1988年《修正法案》通过时的赔偿条款背后的理性。下文概述了这一讨论，并作为考虑当前关于为航天发射行业提供赔偿或其他形式援助的持续需求相关问题的一般背景。

根据参议院的报告，立法的两个主要目的是：建立一个风险分担制度，以促进国家发射行业从政府活动向商业活动的过渡；保持国内发射服务在世界市场上的竞争地位。这一转变最早于1986年8月开始显现，当时NASA接到总统指示，要求终止大多数商业航天发射活动。而当时市场的普遍条件也不适合商业发射的运营。例如，用于保护政府财产免受损失的商业发射保险业是缺失的。这种保险从来没有在美国或世界其他地方被要求过。此外，发射责任保险市场在20世纪80年代后期遭受了严重的压力，该行业内出现了重大的损失(由于发射和卫星故障，并非由于第三方的损坏)。保险费因此而变得极高，预计在保险市场收回损失之前都会保持这样的高水平。而且，美国从未要求过不需要政府提供限制和赔偿的航天发射责任保险。[当商业有效载荷搭载在航天飞机上发射时，他们需要获得5亿美元的第三方责任保险(或以合理费率提供的最大数额)。美国政府赔偿高于所需和获得的保险金额的损失。]

因此，参议院委员会认为将会有一个必要的调整期，以发展世界保险市场，使其变得成熟来适应国内商业发射行业。人们普遍认为保险是商业生活必须具备的一个事实，如果不能充分地保护公司资产，就不能开展业务。一个有效且具有竞争力的国内发射行业被认为是符合公众利益的，委员会相信，在有限的时间内进行某些风险分担对于维持行业的增长是必要的。

“日落”条款期限被建议设置为10年(在随后的立法中更改为5年，1993年又批准延期5年)，这个期限被认为是足以允许保险业开发以此为基础的政策和风险精算数据。委员会希望在这一时期结束时得到的商业经验会使世界责任保险市场得到充分的发展，以适应国内工业的需求。此外，关于商业一次性运载火箭工业有关的定价和商业惯例的规则，希望在同一期间与其他发射国共同商定，以便在更加公平的基础上进行竞争。

一些人认为，终止条款为商业发射行业提供了一个完整的营销周期，并允许该行业有足够的时间为政府风险分担机制的落实做好准备。

最近(1998年)，关于NASA、以及与X－33和X－34可重复使用运载火箭研发计划有关赔偿的立法也是比较热门。公法第85－804条款规定在可以促进国防的前提下允许NASA向承包商进行赔偿。但是，当合同的目的是用于降低纯商业风险所需的技术验证，及为了设计一种商业航天器以满足商业市场需求时，这样的国防链是不可信的。因此，在像NASA可重复使用发射计划这样的商业集中计划中，公法第85－804条款不可用于保护承包商。但是，由于可重复使用运载火箭飞行试验计划正在作为实验技术验证工作的一部分面向公众进行，政府和许多外部专家认为，承担这种责任风险对公司来说是不公平的。因此，国会已经向NASA授予了关于赔偿的新权限，以便为运载火箭的研发建立一个与商业发射基本相同的索赔机制。也就是说，立法规定了国会可以考虑超过以合理价格提供保险的第三方索赔。总之，政府会提供高于保险水平的赔偿。签订此类协议的权力是 NASA 自行决定的。

但是，对于真正商业化(即没有 NASA 的参与)的运载火箭研发计划的赔偿又是怎样的呢?

5.4.2　先例

下面的讨论旨在给出一系列与赔偿问题相关的历史先例，以及在目前赔偿制度的替代办法方面可能存在的灵活性因素。

(1)核动力工业

因为支持核动力工业的安德森价格法案经常被作为发射工业赔偿的先例，下面总结了该法案随时间的演变及其影响。以下段落讨论了核工业的保险费用与支付的历史发展情况。

核动力行业被描述为是一种具有灾难性事故的可能性但发生概率很低的行业。最初，对潜在巨大损失的恐惧导致工业不愿参与核能发电。为了克服这种不情愿，并且为了在事件发生时通过确保公共责任索赔的资金可用性，以及避免公众赔偿的延迟来保护公众利益，安德森价格法案(修正了 1954 年的原子能法)在 1957 年得以颁布。

安德森价格法案要求核反应堆运营商通过私人保险、私人合同赔偿、自我保险或其他财务责任提交财务保护证明，要求涵盖核能材料造成的人身伤害或财产损失的责任索赔。所需的保护金额等同于私人保险公司提供的所有核能责任的保险。起初在 1957 年该法案第一次通过时，每个设施最多可达 6 000 万美元(以 1957 年的美元计算)。政府同意承担私人可用金额以外的 5 亿美元。该法案将每个核设施的最高责任限制为 5.6 亿美元，这个金额包括私人市场获得的金额加上政府在损失超过私人市场能力时赔偿的 5 亿美元。为了得到政府的额外保护，反应堆运营商必须向政府支付年费。这是联邦政府首次为特定危险工业提供此类保护，并且允许的保护金额在包括商业活动的责任保险历史上也是前所未有的。[26]

1975 年该法案的修正案要求建立次级水平的财政保护，通过支付追溯保费来实现(每个大型在用的反应堆为 500 万美元)，以防核灾难发生在初级财务保护耗空的工厂。[27] 如果发生的核事故造成的损害已经超过了私人资源可用金额的初级财务保护，并且每个核反应堆的最大赔偿金额从 6 000 万美元增加到超过 1.6 亿美元(在 20 世纪 80 年代初期)，那么每个核电厂运营者会被以 500 万美元的金额记到每个反应堆的每次事件上。在一年内，每个反应堆的限额为 1 000 万美元。这样做的意图是逐步取消政府赔偿，这实际上是因为私人资源提供的财政保护(在 20 世纪 80 年代中期)达到了 7 亿美元(1.6 亿美元的初级保护和 5.4 亿美元的次级保护，108 个电厂每次提供 500 万美元的追溯性保险费)。[28] 根据修订案，最高责任限额向上浮动，以满足私人资源提供的初级和次级保护的金额。[29] 目前，追溯性保险费约为 7 000 万元，使得覆盖的总金额超过 70 亿元。[30] 如果损失超过赔偿责任的最高限额，国会有义务审查这种情况，并采取适当的行动来保护公众。

(2)军事和其他政府机构

政府项目中造成的人为灾难性事故是可能发生的。政府承包商可能会对一些或所有的索赔负责，这些索赔可能超出承包商在正常业务过程中的任何保险政策。事故不仅会使承包商的业务处于危险之中，而且受伤的人也可能无法痊愈。

自 1952 年以来，研发承包商由于合同中定义的“异常危险”风险而导致的直接履行其合同引起的索赔，可以由国防部来赔偿。由于立法起草时存在明确的歧义，并且因为它只适用于国防部的研发活动，所以这种类型的赔偿权力没有得到广泛使用。

1958 年颁布了第 85 - 804 号公法(50，美国法典，第 1431 - 35 节)。它允许国防部对采购合同做出相应的赔偿，其中“涉及的风险程度使得商业保险在覆盖范围内无法获得或不受限制”，而赔偿将进一步促进国防事业的扩张。该法案具体提及了核导弹计划中的核风险和使用高挥发性燃料的风险。并且，该法案具体类比了原子能委员会在安德森价格法案中的赔偿权威。

这个法案提供的赔偿是没有限制的。此外，该法案不仅限于国防部，经修订后，该法案适用于其他选定机构，包括 NASA 和美国交通部。

NASA 仅在少数情况下使用了该法案，而美国联邦航空管理局并没有使用该法案。可能是因为他们不愿意将他们所做的工作标记为“异常危险”的活动。该法案没有规定对受害公众提供任何特别的救济，例如放弃已成为安德森价格法案一部分的抗辩。该法案也没有关于承包商必须承担多少保险的定义，每个机构都能够设定自己的限制。

(3) NASA 与航天飞机

自 20 世纪 70 年代后期以来，NASA 要求航天飞机的商业用户必须获得保险，以保护联邦政府免受第三方受伤所造成的潜在侵权责任。所需的保险水平是根据私人资源设定的，价格合理，但不超过 5 亿美元。NASA 提供高于此金额的赔偿。当航天飞机上有多个商业用户时，每一方需要获得最高为 5 亿美元的赔偿金额。然而由于市场条件，这并不一定是可实现的，通常情况下，两项有效载荷的责任保险金只能够达到 7. 5 亿美元。

根据 1958 年“国家航空和航天法”第 308 节(1979 年)向 NASA 提供的权力，NASA 局长可以“为航天器的任何用户提供责任保险，以补偿第三方由于发射、运行或回收航天器活动所造成损害的全部或部分损失。”用户应在最大可能的程度上偿付航天局的保险。第 308 节第 2 小节规定：

考虑到可用性、成本和责任保险的条款，航天局和航天器用户之间的任何协议可以规定美国将赔偿用户由于与航天器的发射、运行或回收活动所引起的第三方责任索赔，这些索赔不需要由用户的责任保险来赔偿。[31]

第 308 节是根据第 10789 号行政命令实施的，该命令是一项题为“NASA 航天器用户的保险和赔偿”(14，美国联邦法规，第 1214 节，第 1214. 13 小节)的非主要的最终条例。该条例规定 NASA 航天器除了小型独立有效载荷的所有用户，以及为 NASA 任务提供有效载荷专家服务的用户，必须获得保护自己、美国政府和启动协议中确定的其他方的保险。但是，如果确定此类行为符合“公共利益”，则可以针对特定用户或飞行放弃这项保险要求。考虑到世界市场上以“合理溢价”提供的保险，NASA 和用户必须同意保险的金额和保险条款与条件。如果 NASA 确定在合理的条款和条件下或在私人市场上没有足够的第三方责任保险，或者保险的可用性妨碍了有序和公平地分配责任风险，NASA 将为用户和美国政府提供充分的责任保护。

(4)美国联邦航空管理局与航空工业

美国航空工业是国会创造的由商业公司行动产生无资金负债潜力的另一个例子。如果私人部门没有按合理条件提供保险，联邦政府可以为任何航空风险投保或再保险。但是，这项保险只适用于从事外国航空运输的飞机，并且确定需要执行整个美国外交政策的保险计划。

在实际操作中，美国交通部提供的航空保险很少被使用。提供的保险有两种类型。可根据政府合同向国际航班提供无溢价保险。例如，如果国防部从承运方收取飞机，并在商业保险不可用的危险区内经营，则可提供这样的保险。这种保险的安排将由美国政府机构参与，与美国交通部签订赔偿协议。

当满足立法标准(如刚才所述)时，可提供溢价保险。美国交通部对于私人保费的合理条款没有明确的定义，尽管他们试图将其定义为“保险费”，以便承运方可以在航班上赚取利润。美国交通部为与航空公司的商业保险相同的航班设定其责任限额，通常在6至8亿美元的范围内。美国交通部收到的大多数请求是壳体保险，而不是第三方责任。对于这个保费高昂的保险，立法机关是很少使用的。这种保险最常使用于在海湾战争时期飞往特拉维夫的商业航班。美国交通部利用这一权力为商业航班维持合理的保险费率。

(5)其他先例

现实中还存在许多其他与赔偿和设立无资金政府债务有关的先例。许多涉及到环境问题，例如石油的海上运输，这可能导致巨大的破坏性的石油泄漏，具有非常高的清理成本。有一些专门处理石油泄漏的法规，其目的是确保用于泄漏清理的资金是可用的，并且这些资金的唯一来源不是美国政府。关于石油泄漏责任的一般和特定法律的多样性中有两个方面是与航天相关的第三方责任法规有关的先例。第一个是“责任限制法”，该法限制了非自愿船主在发生事故情况下的赔偿责任。第二个是自1970年以来通过的一组污染相关的法规。

美国政府已经制定了一些措施使政府作为风险分担的角色，这些措施包括联邦存款保险公司(FDIC)、进出口银行和联邦应急管理局将政府置于风险或风险共担模式的其他计划(包括联邦农作物公司、国家信用社保险公司、社会保障、医疗保险与医疗补助、灾难性医疗保险和退休金福利保障管理)。联邦存款保险公司是由政府设立的公司。它对个人银行存款的保险费收取高达每个账户10万美元的保费。如果银行不能负担其债务，则联邦存款保险公司有义务采取行动来保护个人账户持有人。可能的行动有许多，从临时接管银行业务，到销售或强迫银行与另一机构合并等。作为最后一种手段，它必须履行保险承诺，并从联邦存款保险公司自己的账户中拿出足够的钱，来支付高达保险限额的债务。

相比之下，进出口银行在贷款、担保和保险方面会有限制，其目的是通过向国外买家提供财政援助使其购买美国产品，以帮助美国公司将其产品出口到国外。银行按照特定计划的限制运行，但通常会有巨额的总负债(1988年超过100亿美元)。

美国政府通过联邦应急管理局来提供洪水保险。保险出售给洪水多发地区的个人，那里没有私人保险。国会将任何时间的未付票据和债务数额在未经总统批准的情况下限制在5亿美元，经过总统批准的限制总额为10亿美元。

5.4.3 航天保险业

商业航天发射保险现在受到联邦政府的部分管制。作为美国交通部的一部分，联邦航空管理局要求获得保险(或经批准的备选方案)，以涵盖由于商业航天运输活动而可能发生的对政府财产的损害和对第三方的财产损害。用于保护发射公司及其客户免受发射或有效载荷故障的发射保险并不是必需的。商业航天发射活动有 4 种主要类型的保险：预发射保险、发射保险、在轨保险和责任保险。

预发射保险包括卫星和运载火箭到达地面并启动危险发射操作之前的那一段时期。该保险涵盖从工厂运往发射场，以及在发射架上进行装配、测试和检查期间的风险，包括检查和等待发射期间的风险。通常情况下，从制造商那接收卫星的时刻是保险覆盖期的开始，到运载火箭的点火或发射为结束。

发射保险在预发射保险结束时开始。它包括发射故障(包括发射阶段和转移阶段的故障，通常是初始轨道运行故障)，该保险由发射公司及其客户购买。在发射失败的情况下，该政策负责赔偿。赔偿可以是现金、硬件(如替代卫星，如果保单持有人不是卫星制造商)或服务(如重新发射，如果保单持有人不是发射公司)。

在轨保险是在卫星进入轨道并完成初始功能测试后开始的。卫星的所有者或运营商是被保险人，保险范围通常是基于一年的可恢复政策。这些政策基本上保证了卫星产生收益的能力。

责任保险包括政府财产保险和第三方责任保险。政府财产保险包括由商业性许可发射造成的对政府设施的损害。该保险必须由美国联邦航空管理局授权进行商业航天运输活动的实体购买或承担经济责任。该策略必须至少达到美国联邦航空管理局指定的金额，并且在发射范围内的政府财产因许可商业航天运输活动而受损时进行支付。法律要求为商业航天发射制定政府财产保险。此外，第三方责任保险单必须要进行购买，或由美国联邦航空管理局授权进行商业航天运输活动的实体承担财务责任。该策略必须至少达到美国联邦航空管理局指定的金额，并且如果第三方对财产损失、伤害或伤亡的索赔与许可商业航天运输活动相关联，那么就要进行支付。法律要求必须提供商业航天发射的第三方责任保险。

发射和在轨的保险费与索赔金的历史情况如图 5 - 14 所示。所提供的数据以美元为单位，并基于从美国联邦航空管理局的商业航天运输咨询委员会(COMSTAC)获得的公布数据。[31] 由此看出，航天保险业在过去 10 年中有 6 年处在盈利的位置。1998 年是特别糟糕的一年，支出(约 15 亿美元)几乎是接收保费价值(约 8 亿美元)的两倍。发射保险的可用性与保费，和第三方责任保险的可用性和保费之间几乎没有相关性，因为航空保险公司提供了后者。

基于行业提供的数据，航天保险业提供发射保险覆盖的能力如图 5 - 15 所示，分别以现价美元和 1997 年美元来显示。由此看出，近年来市场容量显著增长，并徘徊在 10 亿美元左右。

保险业还提供了发射保险的最高和最低费率(包括 180 天的在轨测试)，以及 1986—1998 年的失败率。这些情况如图 5 - 16 所示，图中表示了各运载火箭和任务的保险费率范围，以及各运载火箭和任务的平均故障率。1997 年和 1998 年的数据表明，最低保险费率

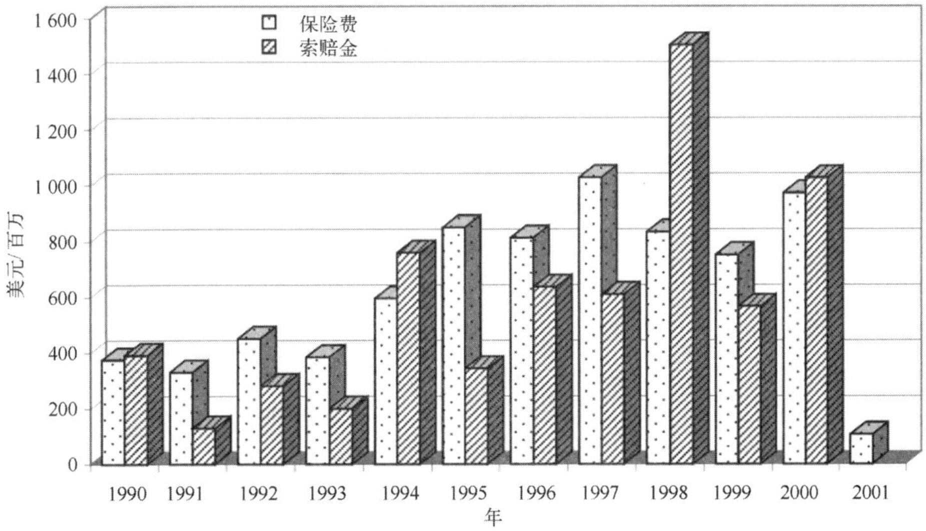

注：1）保险费是毛保费；2）索赔金为援助之前的金额

图 5－14　发射和在轨的保险费和索赔金（现价美元）[32]

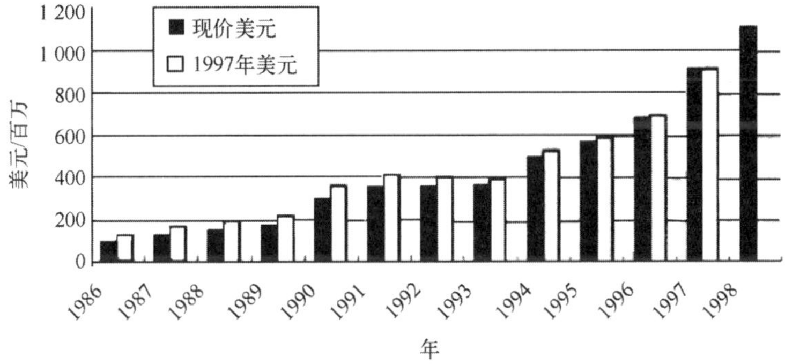

图 5－15　以现价美元和 1997 年美元表示的发射保险市场容量

大幅下降，可能反映的是发射到近地轨道的情况。1997 年和 1998 年的失败率也可能包括发射到地球轨道的情况。

历史上第三方责任保险由航空保险者提供，航天活动责任保险包括在航空业务和航天业务公司的航空保险一揽子计划中。最近进入航天运输业务的保险并没有在航空业中。因此，要想获得第三方责任溢价信息并不简单。1992 年，普林斯顿协同论有限公司编制了有关第三方责任保险费的信息，它是保险范围的函数。这一信息最近（1999 年）提供给了有限数量的保险提供商，从 1992 年到现在的变化结果如图 5－17 所示。图中的迹象表明，在过去几年中，保险费用大幅下降。图 5－17 中的曲线实际上具有相当大的变化性，因为实际溢价是根据具体情况确定的。责任保险来自于航空联营，理论上应受航空事故历史的影响。然而，最近的重大航空事故并没有影响价格或是航空责任保险的可用性。（“911”事件对第三方责任保险价格和可用性的可能影响尚未知晓。）

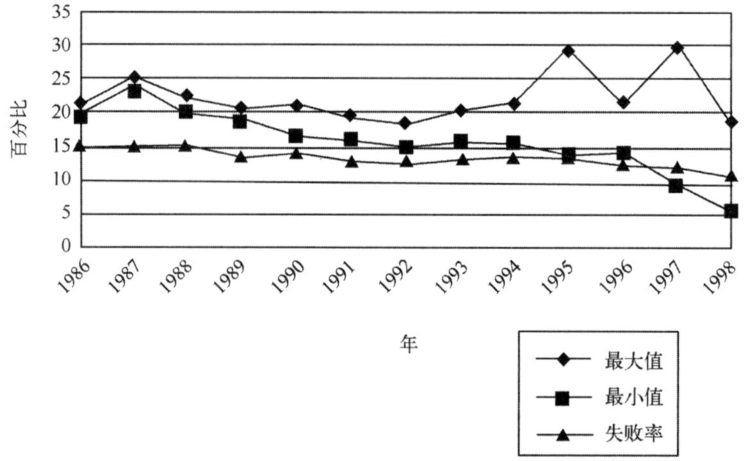

图 5－16　发射保险费率(发射 180 天)和失败率

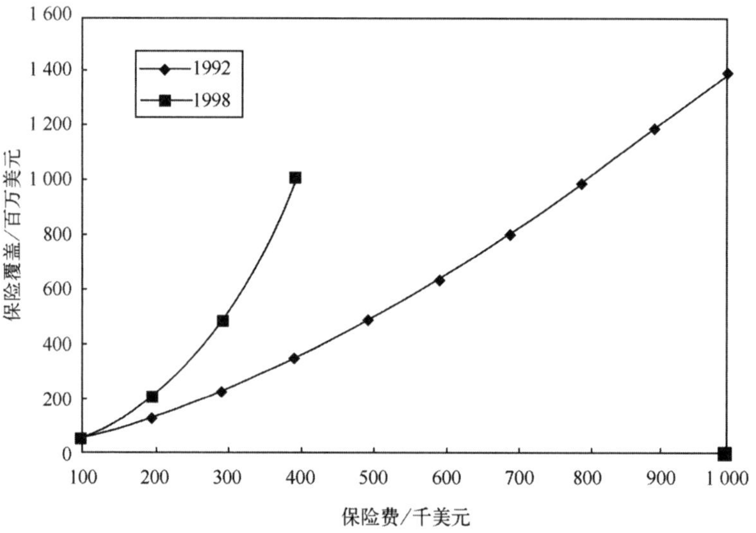

图 5－17　第三方责任保险的估计成本

据保险业的代表们估计，在需要时可提供 10～15 亿美元的责任保险。一位受访者表示，这项能力可能是 20 亿美元，而另一位则认为目前的能力是 5 亿美元，但可能达到 10 亿美元。

5.4.4　事故历史总结

下文总结了美国航天发射工业、核工业和航空工业的事故历史。为了使这些事故历史更具有直观性，表 5－2 总结了世界上 18 个最昂贵的保险损失事件(2001 年 9 月 11 日之前)，不难发现，自然灾害在最大保险损失清单中占主导地位，同时两个人为事故也列入了清单。

表5-2　世界最昂贵的保险损失事件[33]

日期	灾难	位置	受保赔偿
8/92	安德鲁飓风	美国	17.95
1/94	北岭地震	美国	13.28
9/91	米雷台风	日本	6.42
1/90	冬季暴风雨	欧洲	5.53
9/89	雨果飓风	美国	5.33
10/87	秋季风暴	欧洲	4.15
2/90	冬季暴风雨	欧洲	3.84
7/88	阿尔法平台爆炸	英国	2.66
1/95	阪神地震	日本	2.55
10/95	奥珀尔飓风	美国	2.17
3/93	冬季暴风雨	美国	1.91
9/92	伊尼基飓风	美国	1.80
10/89	菲利普斯爆炸	美国	1.68
9/79	弗雷德里克飓风	美国	1.63
9/96	弗兰飓风	美国	1.60
9/74	菲菲飓风	洪都拉斯	1.60
9/88	吉尔伯特飓风	牙买加	1.48
12/83	冬季暴风雨	美国	1.39

(1)美国航天发射工业

表5-3总结了美国航天发射业在1963—1990年间的事故历史(包括政府和商业)，用于支持预发射和一次性运载火箭的发射活动。在这近30年期间，发生了许多与预发射和发射活动有关的事故，造成了设施的损坏和人员的伤亡。

预发射活动曾经导致了少数人的死亡，几次受伤(一些严重)和一些设施的轻微损坏。最糟糕的事故涉及到了固体火箭发动机(SRM)，曾造成3人死亡，5人受伤，设施损坏不到20万美元。一些其他固体火箭发动机和加油事故也只是导致了较低的损坏水平。除此之外还发生了一些工业事故，最严重的是造成一人死亡，一人受伤，以及对设施造成轻微损害。还有几起毒性泄漏的相关事故，没有造成死亡，在最坏的情况下，发生了3次受伤和设施的轻微损坏。

表5-3　美国航天发射业事故历史总结(按当年的美元)

事件	后果
支持预发射活动(1963—1990)	
固体火箭发动机活动(5)	3死，5伤，小于20万美元
工业型事故(5)	1死，1伤，轻微损失
毒性泄漏等(少数)	0死，小于3伤，轻微损失

续表

事件	后果
重大的一次性运载火箭发射事故	
宇宙神－半人马座运载火箭(1965)	发射台损坏，100 万美元
大力神－半人马座运载火箭(1975)	发射台和建筑损坏，1 000 万美元
宇宙神－半人马座运载火箭(1987)	半人马座级更换，1 400 万美元
大力神 34D 运载火箭(1986)	少量受伤和设施轻微损坏，4 000 万美元
德尔它 2 号运载火箭(1997)	设施与车辆损坏，300 万美元

表 5－3 总结了最严重的一次性运载火箭发射事故。没有一起事故造成第三方死亡，只有一起事故造成了轻伤。5 起事故导致了重大的设施损坏，其损失从 1965 年宇宙神－半人马座运载火箭事故造成的 100 万美元，到 1986 年大力神 34D 运载火箭事故造成的约 4 000 万美元，后者的费用约为 1998 年的 8 000 万美元。

重大事故的发生确实是具有可能性的，但历史已经表明，通过良好的安全进程，是不太可能发生这样重大事件的。然而，如果商业发射站不能保持与目前政府已经展示的安全水平相同，则这种极好的具有低水平事故损坏的安全记录可能会受到影响。

(2)核工业

图 5－18 总结了从 1957—1997 年 12 月 31 日报告的 195 起所谓的核事故的核责任保险的索赔经验[30]。图中数据表明：137 笔付款是在 0～10 万美元的范围内；43 笔付款是在 10～100 万美元的范围内；13 笔付款是在 100 万～1 000 万美元的范围内；1 笔付款是在 1 000 万～5 000 万美元之间；1 笔付款(三里岛)是在 5 000 万～1 亿美元的范围内。在此期间，为赔偿和国防费用支付的保险总额为 1.31 亿美元。(因为付款是在一段时间内进行的，实际上单纯的叠加这些金额而没有首先进行调整以转换为不变美元的做法是不恰当的，报告机构也并没有这样做。)这其中，7 000 万美元与 1979 年发生的三里岛事故有关(这相当于 1998 年的约 2 亿美元)。

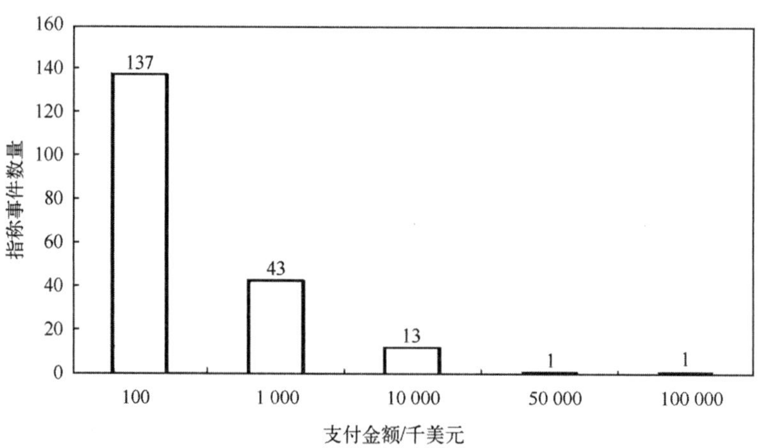

图 5－18　核工业经验：指称事件与支付金额

(3)航空工业

图5－19和图5－20[34]总结了最近航空公司保费和索赔的历史情况。最近的保费经验表明，尽管出现了几个重大损失，但利率仍在下降(即联邦快递MD-11的损失估计为1.15亿美元；哥鲁达B747－300在关岛的损失估计为3亿美元；泛美航空公司103航班估计为8亿美元)。这是在为航天发射提供第三方责任保险的同一市场。

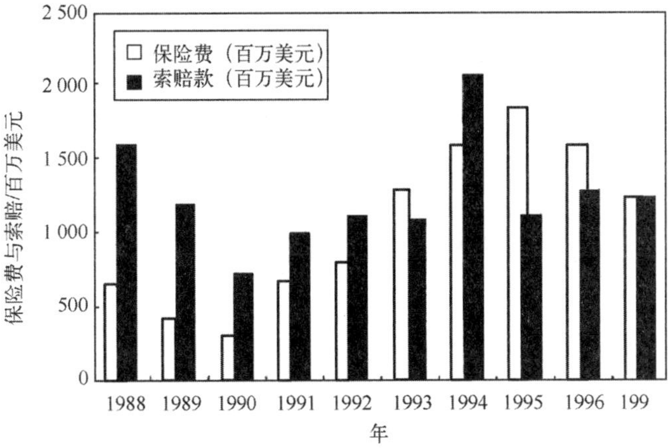

图5－19 航空公司经验：保险费与索赔款

航空业主要关注的是提供覆盖旅客责任的保险，对潜在非旅客负债的责任保险显然不太关心。随着宽体飞机的引入，航空公司工业保险的覆盖面大幅增加。一架新的宽体飞机可能需要投保1.7亿美元或以上的物质损失，其赔偿额高达10亿美元。有些人建议，鉴于乘客负债增加的可能性，可能不久就会实现典型的航空公司政策责任限额达到15亿～20亿美元的总值。

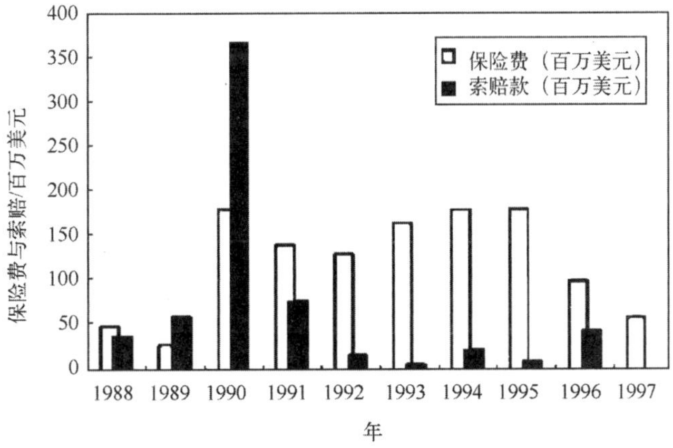

图5－20 航空公司经验：全球航空壳体战与盟军危机业务

5.4.5 赔偿的经济影响

1988 年关于 1984 年《商业空间发射法》的修正案及其随后编纂的美国法典第九条第 701 款规定了联邦和其他设施的商业航天运输活动的基本保险要求。这些要求包括由于许可发射活动导致的对政府设施和第三方(人员和财产)损害的保险。(因为立法的“日落”规定不适用于政府财产的赔偿，政府财产保险要求不再进一步讨论。)保险要求建立在最大可能损失的计算、合理价格的最大可用保险的考虑以及在授权立法中规定的最大保险的基础之上。最大可能损失、所需保险(基于最大可能损失)、合理价格的最大可用保险、最大保险要求和政府赔偿的最高水平之间的典型关系如图 5 –2 所示。这些相对位置由许多因素决定，包括运载火箭的特性、任务、发射设施和射程、以及影响保险可用性和价格的主要市场因素。

图 5 –2 显示了将第三方损害概率作为损害水平函数。这种概率分布表示了因许可发射活动而对第三方造成不同级别损害的机会。这种概率分布是概念上的(即，不足的数据可用于建立每个运载火箭的特定构型)，并且仅作为说明一般概念的基础。损害概率分布独立于最大可能损失、阈值概率及所需的保险水平等，并且是与特定活动相关的许多因素的函数(例如，运载火箭的特性、任务、发射设施和范围、人口密度和分布、可靠性等)。最大可能损失的计算确定了超过所述概率的平均损害水平。这种水平的概率或风险被称为阈值概率。第三方损害的阈值概率10^{-7}在图中表示为最大可能损失的损伤水平右侧的交叉阴影区域。阈值概率表示风险水平，即将发生超过计算的最大可能损失的损害机会，其中最大可能损失被选择为是可接受的值。

最大可能损失、所需保险水平(基于最大可能损失)、以合理价格提供的最大可用保险、以及对授权立法要求的最大保险(5 亿美元)限制之间的关系得到了进一步说明。此外，还指明了政府赔偿的最高水平(高于保险要求 150 万美元)。条款规定可以对这一数额进行自动通货膨胀调整。

总而言之，第三方损害的发射预期成本包括了保险业呈现的预期支出(或者如果寻求自我保险，则来自于被许可人的等价物)、由政府承担的预期成本、以及由许可证持有人承担的预期成本。这些金额的总和是一个常数，表示每次发射的预期第三方损害。使用不同的阈值概率或最大可能损失值将会转移对交易不同方施加的负担，但不会改变每次发射的预期第三方损害。

所有与发射相关的当事人都需要分担与第三方损害的发生相关的财务风险。(关于谁来承担风险，以及潜在影响严重程度的更详细讨论见参考文献[35])。保险业的责任是有限的，并且受限于所需的保险金额。政府的风险区在 0 ~ 15 亿美元之间，但是其支付的概率非常小(这个范围内的平均支付额小于 10^{-7}，平均每 1 千万次发射会出现一次)。如果第三方损害超过了 15 亿美元加上所需保险水平之后的总金额，并且在 0 美元到某个未知金额的范围内，那么被许可人的风险区就会开始。这种风险以非常小的概率发生(小于 10^{-7}，或在这个范围内发生的支付，平均每 1 千万次以上的发射会出现一次)。通常，被许可人购买的保险要比所需的保险水平多，因此，这实质上进一步降低了被许可人支付的可能性。

5.4.6　重审赔偿时的相关问题

1988 年《修正法案》所规定的关于继续或终止政府对第三方损害赔偿的辩论中的利益相关者之间进行了一场讨论。这场讨论包括了发射提供商(一次性运载火箭和可重复使用运载火箭)、卫星制造商、保险经纪人、保险承保商、非自主发射场运营商、政府机构和顾问。此外，也对国会证词和其他出版的文献进行了审查。在下文中，对与第三方责任赔偿及其消除的可能性有关的问题进行了描述，并在认为适当的情况下给出了详细的阐述和讨论。讨论提出了航天运输业的观点，以及作者的阐述和解释。这其中还包括了所联络的组织确定的和商业航天工业的约 30 名代表指出的问题和关注点[36]。这两个不断重复(在时间上和利益相关者之间)和相互关联的问题与“押注公司”和“国际竞争力”有关。

(1)问题：押注公司

航天运输提供者表示，不管是目前还是过去，取消赔偿将使其业务处于可能与被许可发射活动的第三方损害有关的未知和无限的风险之中(最近于 2001 年 5 月 10 日，再次于 2001 年 10 月 18 日在华盛顿特区联邦航空管理局总部举行的商业航天运输咨询委员会会议)。事实上，风险是引人关注的，可以得出的结论是，如果没有政府赔偿，发射公司将在每次发射的时候都进行公司押注。

即使在十多年的持有许可证的商业发射中没有造成第三方损害，但这个结论仍然是成立的。然而，无论历史是怎样的，仍然存在可能导致第三方重大损害的事件，但其可能性是非常低的。

图 5－21 试图调和有无赔偿影响的定性和定量方面。根据目前的赔偿立法，保险公司承担损害达到所需保险水平的风险(基于最大可能损失，概率为 0.000 000 1，这种损害水平将会被超过)。如果采取额外的保险，那么保险公司也有可能遭受超过保险水平的损害加上高达损害保险水平的政府赔偿的总金额。被许可人负责超过此保险和赔偿金额的责任索赔。即使获得赔偿，被许可人仍要押注公司。

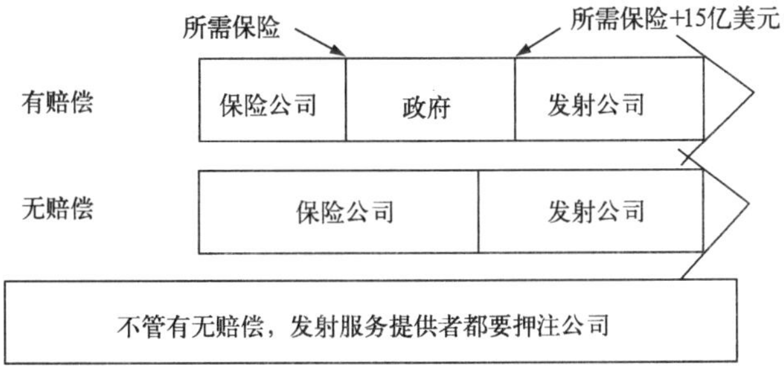

图 5－21　有无赔偿的风险承担

如果现行的赔偿立法没有续期，许可证持有人的情况会略逊色，因为许可证持有人必须要面对其债务责任，该责任会发生在较低的第三者损害水平。如果这种保险可以以合理的价格获得，那么这部分负债可以通过获得额外的保险来部分或完全抵消。政府赔偿责任逐步淘汰可能还会需要几年，以便有条不紊地过渡到能够确保以可承受的价格获得大量保险(即，考虑到发射竞争性的所有属性，这对国际竞争力具有无关紧要的影响)。

在有赔偿或无赔偿的情况下，被许可的发射服务提供商总是需要押注公司的。这是一个程度问题。保险的成本和可用性，特别是对于小型公司和新的发射服务提供者来说，都需要持续地关注。如果公司的资产不足以补偿第三方索赔，并且对第三方的影响不应提供充分的赔偿，那么政府的责任也是需要关注的一方面。(只要有第三方损害，无论什么原因，都有可能没有足够的资产来支付负债，第三方可能无法得到充分的赔偿。)

(2)问题：保险的可用性和成本

有人指出，由于缺乏与增加保险范围相关的赔偿，保险费用将会增加，而且不能保证以可承受的价格提供足够的保险。

在过去几年中，责任保险成本大幅下降(参见图 5 - 17)，而可用性增加。有迹象表明，如果需要的话可以获得 10 亿 ~15 亿美元的保险覆盖范围。1992 年 2 亿美元的第三方责任保险的保费大约是 30 万美元，对比目前的情况，可能低至 20 万美元。最显著的变化是在可用性水平随着速率的降低而增加的部分。为了考虑保险成本，需要考虑在有赔偿的情况下获得 2 亿美元的保险赔偿，以及在没有赔偿的情况下获得 1 亿美元的保险。对于前一种情况，预期在 1992 年可获得约 30 万元的保费，而对于后一种情况，预期在 1998 年可获得约 40 万元的保费。

(3)问题：发射成本增加对国际竞争力的影响

有人认为，没有赔偿将损害国际竞争力，因为航天运输服务提供者为了在国际竞争性发射中保持竞争力，必须购买额外的保险。由于给阿里安运载火箭提供了高于 4 亿法郎(约 6 000 万美元)的政府(法国)赔偿，目前的美国赔偿有助于“公平竞争”，其消除将使美国发射行业处于竞争的劣势。在前几年，质子号运载火箭和长征运载火箭没有被提供赔偿。这两种运载火箭都使用了定价抵消赔偿，用户获得额外的保险(通常 3 亿 ~5 亿美元)。目前，中国提供 1 亿美元的保险保障，对超过责任保险的索赔提供全额赔偿。俄罗斯(赫鲁尼切夫)为第三方索赔提供高达 2 亿美元的保险保障，并赔偿发射客户对超出保险金额的第三方索赔。

购买额外的抵消赔偿的保险将会增加美国提供的航天运输服务的成本基础。购买额外保险(如果有的话)可能会增加美国发射服务的成本基础。增加的成本将可能是几十万美元的数量级，其中小型低成本运载火箭的最大百分比成本增加(这是最大可能损失降低和所需保险金额减少的结果)。因为发射服务的采购考虑了诸如成本(价格)、可靠性、可用性、进度等多个属性，那么其他因素可能实际上具有抵消的效应。美国政府对于全面发射服务成本的不收回做法增加了美国的竞争力，同时减少了由技术开发和论证投资所带来的发射成本(即开发新的运载火箭，如改进型一次性运载火箭和与政府合作的 X - 33 和 X - 34 计划，以及由此产生的可重复使用运载火箭)。

(4)问题：事故(主要损失)对保险的可用性和成本的影响

需要关注的是，如果没有赔偿，灾难性事件(即造成重大第三方伤亡和损害，以及由此产生负债的事故)将对包括航空公司和通用航空在内的相关行业的保险金额和保费率产生不利的影响。航天发射的第三方责任保险通常由提供航空保险的联营提供。最近航空公司的经验表明，灾难性事件，如洛克比事件(其潜在债务责任接近或可能超过 10 亿美元)，不会导致比率的增长。这是软保险市场可能不会永远持续的结果。“911”事件的影响仍然是不确定的。此外，由于航天发射行业从未遇到灾难性损失，第一次这样的损失可能对保险的可用性和定价产生短暂的影响。

如果赔偿被取消或逐步淘汰，那么采取能够确保提供所需的可负担保险的稳定保险业的措施似乎是非常可取的。

(5)问题：对小型公司进入行业的影响

一个需要关注的问题是取消赔偿对正在试图成为航天发射服务提供者的小型公司的潜在影响。如果假定小型公司与小型低成本运载火箭同义，则取消赔偿可能导致需要额外的保险(除了目前由于最大可能损失确定而需要的)，如果保险费上涨，这可能对利润和竞争力产生不成比例的巨大影响。但是在竞争市场中的所有公司都要面临成本和市场的不确定性。如果假设小型公司是低资本化和低资产的同义词，那么赔偿应该要免除，并且可能需要获得额外的保险，在有灾难性损失的情况下，以确保有足够的资源可用于补偿第三方。在任何情况下，对小型公司的影响可能会是保险成本的增加，与大型公司相比可能是不成比例的增加。

(6)问题：行业与客户期望

相关人士指出，航天运输服务的客户或用户在过去十年中已经形成了关于赔偿的期望。客户似乎认为目前的赔偿计划对他们来说是很重要的福利。立即取消赔偿可能对国际贸易产生影响，但可能通过分阶段(按时间)取消的办法。

(7)问题：财务能力

立即取消赔偿可能引起金融市场的担忧和不确定性，使得新的航天相关企业获得融资变得更加困难和昂贵。这可能是暂时现象，可以通过有序过渡到无赔偿阶段来解决。

(8)问题：转移到近海岸发射

据称，在没有赔偿的情况下，国家的航天运输业可以离开美国，从国外(即澳大利亚和巴西)发射。基斯特勒公司(Kistler)目前正计划从澳大利亚进行发射，澳大利亚已经建立了一个以美国为模式的监管制度，并对其控制下的发射提供赔偿。

利用国外航天发射台的决定涉及许多因素，当然包括赔偿因素。其他因素包括与运载火箭的兼容性、提供的服务、安全制度及其对保险的可用性和成本、射程费用、对有效载荷运输能力的影响(它是发射场位置和有效载荷倾斜角度、在远距离位置提供支持所花费的额外成本、调度和调度灵活性、“官方文件”等方面的函数)。重要的赔偿是如何与这些因素相关联的，这一点还不清楚，这也将对从国外发射的决策产生影响。

(9)问题：对新技术的研发和引入的影响

据析，在没有赔偿的情况下，美国的航天运输业不太可能开发新的更有效的硬件。这更可能与在新技术的开发和论证阶段的赔偿相关，而不是与商业运营的赔偿有关。最近的单独立法涉及到了开发与验证飞行，并授权 NASA 为 X-33 和 X-34 可重复使用运载火箭的开发和验证飞行试验提供赔偿，这不是美国联邦航空管理局许可的活动。由私营部门投资的若干举措目前正处于可重复使用运载火箭的开发过程中。即使不能保证补偿，项目也将继续进行，这些投资也已经完成。

(10)问题：可重复使用运载火箭和再入有效载荷

1988年《修正法案》对一次性运载火箭进行了相关规定。最近通过的1998年《商业航天法》(CSA)针对可重复使用运载火箭和再入活动以及其他事项进行了相关规定，这将赔偿条款或1988年《修正法案》扩大到了可重复使用运载火箭和许可的再入活动。1988年《修正法案》中的“日落”条款也适用于《商业航天法》。因此，除非采取适当的行动，否则取消赔偿也很可能意味着取消可重复使用运载火箭的赔偿和再入运行。

如果赔偿被取消或被逐渐淘汰，将很可能要求提供可重复使用运载火箭及其再入许可证，或以其他方式来选择获得，这将会远远超过使用最大可能损失方法建立的第三方责任保险水平。这会稍微增加可重复使用运载火箭每次飞行的成本，但不会影响国际竞争力，因为目前正在开发的可重复使用运载火箭旨在显著降低航天运输成本，并且它们至少在近期内不可能遇到来自国外竞争者的可重复使用发射服务的竞争。

(11)问题：“除外责任”的含义

1988年《修正法案》中表明，某些风险状况，例如超出了被许可人控制范围的风险状况，被许可人可能无法以合理的成本获得足够的保险，这样的情况是可能会发生的[例如，防止可能由于千年虫(Y2K)问题而造成的损害]。如果出现这种情况，政府同意从损失的第一个美元开始支付索赔，换句话说，政府会赔偿被许可人。1988年《修正法案》中的措词是，“赔偿除外责任”和“金融责任赔偿”(即15亿美元的第三方损害)都属于“日落”条款。因此，如果通过“日落”条款来取消赔偿，则两种赔偿形式都将被终止。这将导致发生不希望的情况，比如与许可操作相关的风险感知将会显著增加。这种不希望发生的情况可以通过立法行动加以弥补，这样能够明确区分两种形式的赔偿。

5.4.7　从这到哪里去？几个引人思考的情况

美国境外第三方损害的最终责任在于美国政府。因此，如果由于航天发射和再入活动而造成严重损害，其中损害程度超过有效保险金额，那么美国政府将面临风险，风险金额取决于持续损害的水平、保险金额、赔偿水平以及发射服务提供商支付超过保险水平的索赔与赔偿金额的能力，如图5-22所示。限制美国政府风险金额的最终保障是发射提供商承保的保险金额。

美国境内第三方损害也存在类似的情况，第三方在超过发射提供商支付能力的损害情

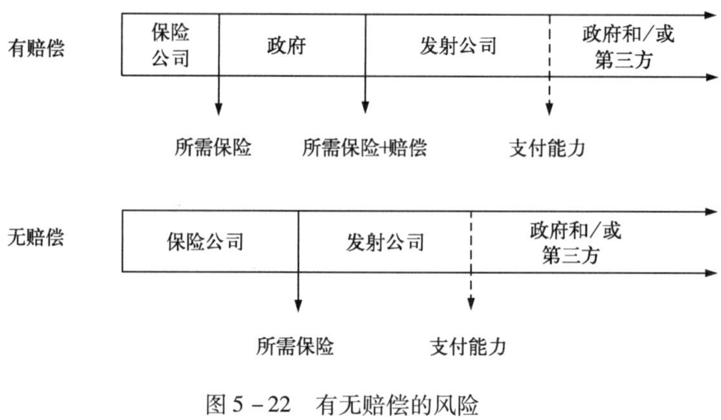

图5-22　有无赔偿的风险

况下承担最终风险。如果没有赔偿，那么保险就是救助办法，除非额外保险会增加成本并可能对国际竞争力产生影响。

下文中描述了几种情况以促进相关的讨论。它们提出了一些假设的情况，这些假设情况可能是由于目前提供的赔偿计划逐步淘汰而产生的。其中一些情况的设计是为了尽量减少已经确定的问题和关注点。

(1)情况1：赔偿的逐步淘汰

假设所有航天发射提供商都成立子公司，以使重要的公司资产不受风险影响。(如果运载火箭的所有权属于发射提供者，则资产基础可能在一次性运载火箭和可重复使用运载火箭之间有着显著的差异)。洛克希德·马丁公司表示，其提出的可重复使用运载火箭业务企业——“冒险之星”将作为一个单独的公司实体来运行。

可以假设的是，发射提供商对他们的客户进行赔偿时可能会增加运输价格，也可能不增加。因为发射提供商通常已经有超过所需保险的保险覆盖(基于最大可能损失的计算)，并且一般来说，增加的保险覆盖会使保险成本减少(参见图5－17)，价格的上涨可能是很小的，或可能被吸收，即为零。因此，对国际竞争力的影响可能不是定价的结果，但可能会因为对风险的看法而产生影响：最大可能损失加上15亿美元赔偿水平，与发射提供商采用的保险金额(无赔偿)之间的差额。这种感知的影响是不可量化的，也不可能是显著的，特别是对于新型一次性运载火箭(可能是改进型一次性运载火箭计划的产物)，以及声称能够显著降低运输价格的可重复使用运载火箭的发射提供商。[据报道，由于赔偿政策的差异，至少损失了一个有效载荷，输给了国外竞争力(阿里安)。]在任何情况下都可以假定，如果国际竞争力成为了主要关注的问题，那么可以通过为服务提供等效的抵消办法(即使用政府设施、研发经费等)来解决，这将具有降低发射成本的抵消效应。

可以假设，赔偿会在一段时间内逐步淘汰，以使提供者和用户的风险关注不会遭受打击，但是需要提供足够的时间来适应调整。

还假设进行了最大可能损失的计算，并且在一段时间内，所需保险金额从最大可能损失的现值增加到某个倍数(随着时间的推移，该倍数可能接近7到8倍，甚至更多，使大型运载火箭所需的保险接近15亿美元的赔偿金额)。倍数的值将反映政府对第三方补偿损失能力的关注。在倍数增加的同时，假定政府赔偿金额减少，这样赔偿金额加上所要求的保险水平在一段时间内保持不变或者减少，而政府赔偿金额最终减为零。然而，不能忽视保险成本及其影响，以及其他运载火箭在国际竞争力上具有的特性。

为了确保以合理的价格提供保险，可以假设已经设立了一个联邦保险计划，以便在无法从商业来源获得赔偿时，以合理的价格提供更高级别的保险。在经过美国联邦航空管理局授权后，可为航空公司在国际航线上提供责任保险，并提供国家政策方面的支持。

(2)情况2：考虑新入行者赔偿的逐步淘汰

这种情况类似于第一种情况，但需要意识到的是，购买大量保险对于进入航天运输发射服务领域的新入行者可能是繁重的。为了帮助新入行者，同时充分保护第三方，假设将对已有的发射服务和新的发射服务进行不同的对待，以鼓励开发和利用新技术。可以假设，第一种情况将适用于现有的发射服务，但新的发射服务将在采用第一种情况几年后提供政府赔偿。

可重复使用运载火箭和再入操作将被视为新的发射服务，而现有的运载火箭及其衍生型号、改进型号将被视为已有的发射服务，适用于第一种情况。

(3)情况3：以赔偿支付来继续赔偿

假设现有的政府赔偿模式会继续被使用，但是被许可方可以选择向政府支付15亿美元的赔偿，或者以市场价格购买额外的保险，并接收15亿美元左右的政府赔偿，低于按比例支付规定金额所购买的保险额。向政府支付的费率应在市场上确立合理的值，如果航空保险市场出现问题，将确保以合理的费率提供保险。

(4)情况4：继续当前的赔偿

这种情况假设，当前形式的赔偿被扩展到涵盖所有许可的发射运行(即，一次性运载火箭和可重复使用运载火箭)和再入运行中。所需保险金额可以根据具体操作(例如，再入或发射)和最大可能损失的相关计算值而变化。

(5)情况5：终止赔偿

这种情况假设，1988年《修正法案》的有关赔偿方面在指定的时间点根据消除政府风险参与的愿望而被终止。即使航天发射业已注意到赔偿只是一种选择并且可能在1999年12月被终止，但很少有发射提供者会制定应当取消赔偿的计划。如果要取消赔偿，应设定日期，以便能够在发生新的发射合同、定价政策以及未处于危险之中的现有合同和合同安排时考虑适当的计划和规定。

5.4.8　一些需要考虑的问题

1)政府是否有其他方法可以抵消与额外保险相关的成本增加，而不分担风险?

2)如果赔偿被取消，是否应该改变所需的保险水平?

3)政府可以或者应该协助确保以合理的价格提供足够的保险吗?

4)如果可重复使用运载火箭已被赔偿，那么它们将在何时被视为是飞机而不再需要赔偿?

5)什么时候航天发射行业可以被认为是成熟的?如何定义“成熟的行业”?

6)政府是否应该与航天发射和相关行业永远保持在风险共担模式?

5.4.9　最后的一些思考

有趣的是，在考虑赔偿时，美国联邦航空管理局(基于安全分析)感知的风险大约为10^{-7}(对于第三方)。[风险是第三方损失(每次发射)可能超过所需保险水平的机会。]假定发生的任何事故都将导致15亿美元的损失，那么这意味着政府每次发射的预期成本为150美元。然而，在风险水平方面似乎存在着分歧。保险公司指出，高于美国联邦航空管理局确定的所需保险水平为10亿美元的保险(每次发射)可能花费大约40万美元。如果保险价格约是预期损失的两倍，那么保险业通过定价来说明他们认为的风险在4×10^{-4}左右。因此，在政府和行业风险认知方面似乎存在着大约3个数量级的差异。如果政府在评估中是正确的，那么发射行业应该愉快地向政府支付一些名义上的保险费用。如果保险业在其价格证明的风险评估中是正确的，那么政府很可能会受到严重的冲击。另一种可能性是，保险业显著高估了其产品。

如果美国政府要在不久的将来减少其在航天运输风险分担中的角色(即赔偿)，显然需要制定计划，以便有序地逐步取消赔偿。该计划应考虑以下内容：一次性运载火箭(可运营的)；可重复使用运载火箭(可运营的)；运载火箭研发(包括独立开发的，以及与美国政府合作开发的运载火箭)；再入运载火箭和有效载荷；联邦和非联邦范围；大型和小型运载火箭；以及大型和小型公司。其目标是建立一种将政府分阶段地从航天发射风险分担业务中分离的方法，而不会使航天运输业“崩溃”。

5.4.10　真正的问题：竞争力

竞争力是真正的问题，而不是政府是否应该提供赔偿。问题归结为包括赔偿金额(目前为 15 亿美元)的保险费用、增加的成本对国际竞争力的影响、以及政府是否能够并愿意通过提供其他服务抵消这一增加的成本，例如，向政府发射范围内的商业用户收取费用。在上文中描述了一种方法，它允许根据发射服务市场份额来确定发射服务中的一个或多个属性(例如，价格、可靠性、保险成本等)变化的影响。应用这种方法将允许确定取消赔偿对市场份额的影响。不幸的是，最近美国联邦航空管理局的题为“美国商业航天运输的责任风险分担制度：研究和分析”[37]的报告结论是，不可能将赔偿与市场份额联系起来。美国联邦航空管理局在这个结论中是正确的，但是得到解的是错误的问题。正确的问题是在赔偿计划的变化和发射服务市场份额的变化之间建立关系。这可以通过利用上述的方法来完成，需要注意的是赔偿可以用保险来代替，其成本可以反映在发射服务定价中，反过来会影响市场份额。

根据《航天新闻》[38]的报道，空军可能要求国会修改收费结构，为使商业发射客户能够使用政府范围内的收费，其目的是实现全部成本的回收，而不是增量成本回收。联邦发射服务收费的改变很有可能会影响美国商业航天运输服务的竞争力(按美国市场份额衡量)。增加费用将倾向于减少市场份额，而减少费用将倾向于增加市场份额。因此，发射费政策的变化不应仅仅考虑空军预算，而应考虑其对美国经济的影响，例如，由于市场份额变化可能导致的美国财政收入和就业的变化(参见 2.9 节)。

未实现的全部成本回收可被视为补贴。然而，美国政府已通过提供第三方责任赔偿和技术开发资金来补贴美国商业航天运输业。目前正在审查相关政策，其变化也可能影响竞争力。分别评估可能改变竞争力的每个行动似乎在本质上是错误的。首先确定美国政府愿意为支持美国商业航天发射行业做出什么投资，然后确定实现政府目标应该采取的一揽子相互支持的计划和政策，这样的做法似乎是更合理的(例如，减少发射费可用于抵消额外的第三方责任保险的赔偿，研发支出的增加会导致发射费用的增加，发射费支付延迟会导致付款现值的变化等于附加保险费等)。

因此提出的建议是，要根据政府维持或提高商业航天运输业竞争力的努力情况来制定一套整体的政府政策，以便发展支持性的费用结构、赔偿和其他政策。可能需要确定影响竞争力的政府计划和政策，并且要进行单独和综合的考虑。这样做的目的是确定这些替代方案对竞争力(市场份额可能发生的变化)的影响及由此产生的经济影响(例如，就业变化和美国财政收入)，从而选择使净效益最大化的方案和政策。

最后，在不考虑可能影响国际竞争力的其他方案和政策的情况下，不应做出有关赔偿决定。

参考文献

[1] Becker, G. S. , "Cost/Benefit Analyses in the Department of Transportation: A Perspective from the Federal Aviation Administration," Western Economic Association, Las Vegas, NV, July 1998.

[2] "Regulatory Assessment and Regulatory Evaluation Handbook," Office of Aviation Policy, Plans and Management Analysis, Federal Aviation Administration, Washington, DC, March 1994.

[3] "14 CFR Part 440 Financial Responsibility Requirements for Licensed Launch Activities, Final Rule," Federal Register, 26 Aug. 1998.

[4] "14 CFR Parts 401 et al. Commercial Space Transportation Licensing Regulations, Final Rule," Federal Register, Vol. 64, No. 76, 21 April 1999.

[5] DoC/NOAA, "15 CFR Part 960, Licensing of Private Land Remote-Sensing Space Systems," Federal Register, Vol. 62, No. 212, 3 Nov. 1997.

[6] "Hazard Analysis of Commercial Space Transportation (Vol. I, Operations; Vol. II, Hazards; Vol. III, Risk Analysis)," Dept. of Transportation, Office of Commercial Space Transportation, Washington, DC, May 1988.

[7] "Economic Impact Assessment of Financial Responsibility Requirements for Licensed Reentry Activities (14 CFR Part 450)," Dept. of Transportation/Federal Aviation Administration, Office of Commercial Space Transportation, Washington, DC, 9 March 1999.

[8] PrincetonSynergetics, Inc. , "Maximum Probable Loss: Assessment of Conservatism," Dept. of Transportation, Office of Commercial Space Transportation, Washington, DC, 29 April 1991.

[9] Gress, R. K. , "Derivation of Maximum Probable Losses for Commercial Launch Operations," Dept. of Transportation, Office of Commercial Space Transportation, Washington, DC.

[10] PrincetonSynergetics, Inc. , "Maximum Probable Loss: Rationale and Supporting Information," Dept. of Transportation, Office of Commercial Space Transportation, Washington, DC, 29 April 1991.

[11] Hutt, P. B. , Food, Drug, Cosmetic Law Journal, Vol. 33, 1978, pp. 558 -589.

[12] PrincetonSynergetics, Inc. , "Guidelines for Determining Maximum Probable Loss," Dept. of Transportation, Office of Commercial Space Transportation, Washington, DC, 29 April, 1991.

[13] "Position Paper on Orbital Debris, Edition 2001," International Academy of Astronautics, Sept. 2001.

[14] Interagency Group (Space), "Report on Orbital Debris," National Security Council, Washington, DC, Feb. 1989.

[15] "Orbiting Debris, A Space Environmental Problem," Office of Technology Assessment, OTA-BP-ISC-72, Washington, DC, Sept. 1990.

[16] Orbital Debris Mitigation Techniques: Technical, Legal, and Economic Aspects, Special Project Report of AIAA, Rept. No. SP-016-1992, AIAA, Washington, DC, 1992.

[17] "Interagency Report on Orbital Debris," Office of Science and Technology Policy, Washington, DC, Nov. 1995.

[18] "NASA Safety Standard: Guidelines and Assessment Procedures for Limiting Orbital Debris," NASA NSS1740. 14, Aug. 1995.

[19] Committee on Transportation Research and Development, "Interagency Report on Orbital Debris," National Science and Technology Council, Washington, DC, Nov. 1995.

[20] Greenberg, J. S. , and Jackson, C. , "On the Possibility of UsingComsats to Detect Small GEO Orbital Debris," International Academy of Astronautics, 97-IAA. 6. 3. 04, Oct. 1997.

[21] Loftus, J. P., and Portree, D. S. F., "Orbital Debris: A Chronology," NASA/TP-1999-208856, Jan. 1999.

[22] Greenberg, J. S., and Reynolds, R. C., "Orbital Debris: Economic Impacts on Remote Sensing Mission," International Astronautical Federation, 94-IAA. 1. 3. 602, 1994.

[23] "MEO/LEO Constellations: U. S. Laws, Policies, and Regulations on Orbital Debris Mitigation," AIAA Rept. SP-016-2-1999, Reston, VA, 1999.

[24] Keeton, Robert E., Insurance Law, Basic Text, West Publishing Co., Eagan, MN, 1971.

[25] Black's Law Dictionary, West Publishing Co. Eagan, MN.

[26] Rockett, Laurie R., et al., Financial Protection Against Nuclear Hazards: Thirty Years' Experience Under the Price-Anderson Act, Trustees of Columbia Univ. of New York, 1984.

[27] "The Price-Anderson Act: The Third Decade," U. S. Nuclear Regulatory Commission, Rept. to Congress, Washington, DC.

[28] "Reactor Information Report," Atomic Industrial Forum, 27 Sept. 1984.

[29] "Nuclear Liability Insurance: Protection for the Public," American Nuclear Insurers, Rept. No. 3, Washington, DC, March 1983.

[30] "The Price-Anderson Act—Crossing the Bridge to the Next Century: A Report to Congress," Nuclear Regulatory Commission, NRC FIN A0400, Aug. 1998.

[31] Deem, C. L., "Liability of Private Space Transportation Companies to Their Customers," Insurance Council Journal, July 1984.

[32] Vinter, J., "COMSTAC: An Update on the Space Insurance Market," Federal Aviation Administration, May 2001.

[33] Business Insurance, 30 Oct. 1997.

[34] Viccars, P., "A View from London: An Update of Insurance Issues," Airfinance Legal Conf., Nov. 1997.

[35] PrincetonSynergetics, Inc., "Economic Impact Assessment of Financial Responsibility Requirements for Licensed Launch Activities," Federal Aviation Administration, 14 CFR Part 440, Washington, DC, 16 March 1998.

[36] "Minutes of Commercial Space Competitiveness Meeting," Washington, DC, 28 July 1998.

[37] "Liability Risk-Sharing Regime for U. S. Commercial Space Transportation: Study and Analysis," Federal Aviation Administration, April 2002.

[38] "Air Force May Ask Congress to Amend Range Fee Rules," Space News, Vol. 12, No. 15, 16 April 2001.

第6章　航天之外：能源和博彩

前几章我们主要关注运用经济概念和相关分析技术来改进空间运输、卫星及相关行业的决策水准。其他经济领域也面临着同样的问题。上述适用于航天工业的一般经济学理论及决策分析方法具有广泛的应用前景。下面将举例说明经济分析、相关计算模拟及决策分析在战术和战略决策方面的多样性应用并重点进行结构化分析：1)清楚地表明所选变量及它们之间的相互关系；2)提供快速改变所选变量的能力以确定其相对和绝对重要性(即敏感性分析)；3)提供明确考虑不确定性和风险的能力；4)允许快速、实时考虑可替代决策和可能后果。下面将以能源领域和博彩行业为例，说明经济及相关分析的多样性对于决策的支持作用。

在**能源领域**中，主要描述了两种具体应用。第一种考虑了政府决策，主要是关于技术投资和那些与建筑围护结构和设备相关的影响制造商及最终用户投资决策的政策。政府的目标是实现节能，重点关注随机市场渗透模型，以把政府技术方案及政策与新产品属性相关联，并影响到最终用户多属性及多产品的更换和购买决策。用户的决策被认为是概率事件。第二种应用考虑了制造商在房屋领域(即嵌板结构)的产品设计、定价和投资决策。多产品决策旨在实现投资目标，并受政府相关的投资和加强节能政策的影响。文中选用了随机供给和需求模型，并在需求模型中考虑了产品选择的概率性。接下来用这两个模型来建立供给-需求平衡。

两个能源方面的应用展示了能源领域已使用的用于预测产品需求和能源消耗的随机技术。这种方法提供了将需求与产品属性、政府政策及计划相关联的手段。这些政策及计划可能对这些属性或其他因素产生影响(如旨在通过提供与产品属性相关的特定税收抵免来改变税收的政策，或者那些由监管环境强制实现技术变革的政策)。因此，本章介绍了评估政府计划及政策影响的方法。这些方法旨在改变私营部门投资决策，同样也适用于其他经济部门，包括航天部门。

在**博彩领域**中，其应用主要集中于二十一点、掷骰子和百家乐等桌面游戏，将对所描述的游戏和问题进行结果分析和简要决策讨论。接下来从奖励互补和与高级玩家协商来争取玩家两方面来讨论高级玩家游戏方式和计算机模拟及决策分析的使用。桌面游戏的讨论首先考虑需要对游戏进行长期统计而得出的决策(如游戏规则和流程的设定)。接下来是对游戏短期统计的讨论(如对硬币抛出的长期统计表明下一枚硬币抛掷时得到正面的概率是0.5；短期统计则与概率分布的发展有关，获得正面的次数是硬币抛掷次数的函数，其中抛掷次数相对较小)。最后，通过考虑与高级玩家实时协商的方法将两者相结合，以制定在高级玩家游戏中采用的激励方案，且赌场能够在特定风险约束内实现盈利。

使用了随机技术来评估所选游戏程序的产品属性(桌面游戏的规则和流程)改变时对供应商(赌场)和最终用户(玩家)的影响。另外还展示了与顾客(高级玩家)协商时，考虑风险和顾客可接受水平的游戏程序的正式使用方法。航天工业也可以采用类似的技术，例如在竞争环境中竞争一份发射合同时。

总的来说，能源领域和博彩领域采用的方法和技术同样适用于其他经济领域，包括航天领域。

6.1　节能：政府技术投资和政策制定

6.1.1　引言

长期能源消耗目标(如长期内建筑行业不可再生能源消耗无净增长)以及对于能源消耗的预测在制定总体能源政策和技术方案投资决策中扮演着重要角色。它们促进了新的节能产品的诞生，进而帮助实现既定目标。能源政策和技术投资决策的一个重要因素是能够预测由政策和投资决策所带来的能源消耗方面的可能变化。这意味着能够将技术方案及相关政策(如设定效率标准，不同的信息传播和激励计划)与市场渗透率联系起来。

从历史来看，渗透率已经可以通过类比来进行预测了，也就是说S型渗透曲线已经被使用并在过去诞生了类似产品。S型渗透曲线的形状与技术方案、政策以及产品属性之间没有联系。为了提供S型曲线的替代方案，美国能源部(DOE)赞助了市场渗透模型(MPM)的开发。[1]市场渗透模型的开发是为了提供一种机制，用于预测建筑围护结构和最终设备产品渗透到新的建筑/设施中以及改造住宅和商用市场的速度，并得到能源消耗的总体影响。市场渗透模型将产品属性与市场渗透率联系起来，并考虑了建筑围护结构对最终用户消费的影响，各种最终用途之间的相互作用，当前和未来购买决策之间的相互作用，引入标准的设置和时间，可能影响多种能源类型的产品，其他技术转让活动的潜在影响，不可抗(即产品故障)和经济选择决策，对未来能源价格的认知及不确定性认知。

市场渗透模型是一种随机模拟模型，用于预测随时间变化的住宅和商用新建筑及改造购买决策造成的能源消耗。该模型基于以下假设：是否利用新的节能高效产品的决策依据是所认知的产品经济学，但同时还需要考虑其他经济和非经济因素。为此，购买决策以概率形式描述且是一系列属性的函数。

6.1.2　分析

图6-1所示的基本方法是一种根据预期回报周期、风险(为回报周期的标准差)和投资的相对规模来得到住宅及商业最终用户(即决策者)的认知经济学，然后使用这些结果来输入数据组，建立在相同决策变量方面的投资(即购买)可能性。独立的数据集用于表征新的及改造的住宅和商用建筑决策。在实际中，输入数据明确了在不同预期回报的产品组合下购买的概率(新产品相对于当前产品的)、回报周期标准差(相对于当前新产品的)和新产品相对于当前产品投资规模。市场渗透模型计算这些决策变量值，然后将这些值添入到适当的数据库[2]。未购买能效产品的设施(即潜在用户或决策者)数量分析，加上得出的购买信息概率以及认知度(技术转让计划的影响)，将得到预期值和年度购买标准差、年度能源消耗、随时间变化的累计购买量及消耗(以及产品和能源类型)。

住宅和商用的计算是相同的，只有少数例外，如需利用不同的决策数据组来表征购买

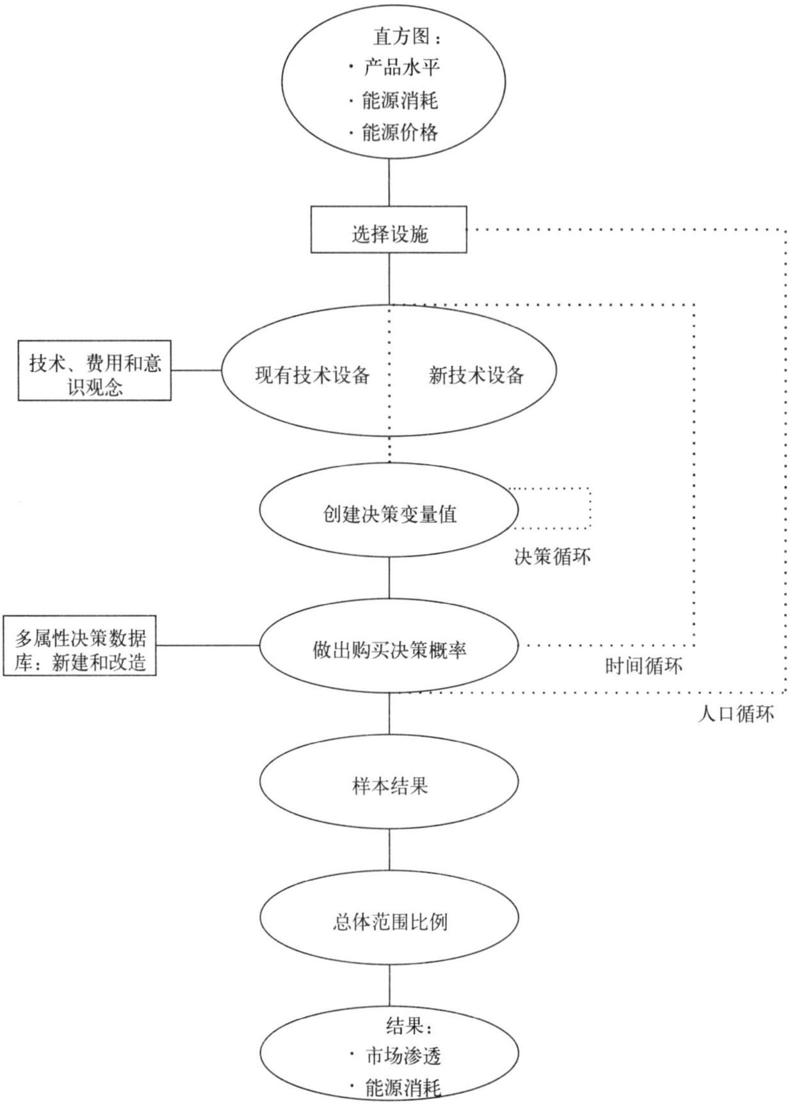

图6-1 市场渗透模型模拟过程概述图

决策概率。两者均认为多个产品购买决策之间是相互联系的——先前的投资决策将影响到当前和未来的投资决策。例如，先前通过增加附加隔热来增加住宅的 R 值，这种方法将降低新型高效炉的节能潜力，从而将会导致对其投资的可能性降低。两者都考虑了建筑围护结构和最终设备能源消耗之间的相互作用以及最终设备之间的相互作用(如购买节能窗可以减少加热/冷却消耗，但同时增加了照明消耗，其中照明消耗又需要考虑对加热/冷却消耗的影响)。

市场渗透模型使用了蒙特卡洛(Monte Carlo)模拟技术，可以对多个直方图进行采样，从而选择出建筑。然后在一段时间内追踪此建筑，记录下所有购买决策和所产生的能源消耗。所得结果将保存并继续选择另一个建筑。依此可以完成大量的建筑样本分析，并将所选择的样本结果推广到整个建筑群。

蒙特卡洛市场渗透模型包括由直方图或概率分布（称为不确定性分布）描述的多个变量（如最终能源消耗、能源价格、生产效率）。市场渗透模型使用了不确定性分布，该分布描述了不确定性范围的最小和最大值以及该范围内的不确定性形式。不确定性分布为五点不连续分布，可存储大量数据，通过确认其参考量而进行操作使用。之所以选择这种不确定性的特定描述方法是由于可以相对简单地表征出广泛形式，并被不善于数学及统计学的人所接受[3-5]。

使用蒙特卡洛模型允许在适当的地理细分内建立最终能源消耗（针对需要考虑的每个特定建筑类型）和能源价格的直方图。此外，可以根据与效率、价格及维护成本相关的取值范围（以及实现这些取值的可能）来表征当前产品和新产品（即由技术投资产生）。蒙特卡洛方法的目的是通过消耗值和能源价格分布的随机抽样来选择和表征建筑物，然后建立与不同产品选择相关的基于（产品属性分布随机取样建立的）产品属性的用户经济学。最终结果确定了决策属性值，用于建立产品购买的可能性并确认产品购买决策。这样，在决定市场渗透率的用户决策过程中，就对消费模式（对于相同建筑类型）、能源价格和产品属性进行了大组合。

在市场渗透模型中，蒙特卡洛方法按如下进行。在蒙特卡洛循环外执行一组计算。因此所计算的值在蒙特卡洛方法中保持恒定。R 主循环参与建立全局变量值，如能源价格、生产效率等。在 R 主循环中 r 循环为决策者面临的决策变量。例如，在决策过程中，已知当前能源价格、效率和安装成本，而未来的能源价格和维护成本是未知的。r 循环模拟受未来价格和成本的不同组合所影响的财政状况，在 R 主循环中通过选取每次运行时的购买概率可以得到财政状况指标或决策变量的集合。最终将得到不同建筑类型、地理区域和年份中大规模建筑群（由 R 的维度确定）中每个产品的购买概率。下一步将样本结果推广至总群体。蒙特卡洛方法为产品购买和能源消耗及节约建立了期望值和标准差的时间函数。为了实现这些目标，需要维护所有所需变量的和及平方和（不是所有计算结果）。

计算过程可以通过考虑新建筑而进一步明确。从第一年开始（$I=1$），选择一个建筑物，并用最终名义消耗表征。建筑群的最终消耗由一组最终能源消耗的直方图表示，所述直方图随机采样，以获得所选取样本的比能消耗。同样对能源价格直方图进行采样来建立决策者已知的能源价格。下一步是选择可用的围护结构技术属性。这些属性包括成本、最终耗费影响、变化率影响、标准水平、标准时间、可用性技术的认知水平等。从这些信息来看，市场渗透模型计算了新围护结构技术（相对于当前使用技术）的预期回报，回报的标准差和投资规模的相对大小。

使用决策数据库（根据预期回报、风险及决策变量的相对大小建立购买新技术的概率），对购买当前的或新的围护结构产品做出决策。一旦确定围护结构的购买决策，将根据实际产品选择来调整最终消耗。

下一步是选择可用的最终产品属性。这些属性包括成本、效率、维护成本和相关变化率、标准水平、标准时间、产品可用性的认知水平、能源类型、产品间竞争等。从这些信息来看，市场渗透模型计算了新的最终产品的预期回报、回报的标准差和投资规模的相对大小。使用决策数据库（根据预期回报、风险及决策变量的相对大小建立购买新技术的概率），对购买当前或新的最终产品做出决策。一旦做出最终购买决策，将在下一年开始调整最终消耗以反映实际产品选择。最终消耗调整考虑了最终用途之间的相互关系。

此时，已对新建筑中所有初始设备(围护结构和最终产品)做出决策。有必要在一定时间内追踪这个新建筑来确定改造决策及其时间安排。必须注意两个重要假设：围护结构是不能修改的(一旦选定，它们将保持不变且不能更新)；一旦获得了用于最终用途的新产品，该最终产品将不再被选择进行更新。所有的能源消耗都是基于所安装设备的效率，它是确定购买决策的时间函数。随着时间的推移，技术的变革、决策变量的结果值以及未来新建筑围护结构决策都将发生变化。能源消耗总是取决于产品获得时间和当时有效效率水平。

产品的寿命特性应予以考虑。可指定预期磨损寿命和标准差。因此，在市场渗透模型的模拟过程中，随时间推移对产品进行追踪，考虑了产品寿命特性。如果产品没有故障(即仍在使用中)，则基于每年成本节省和新产品成本来考量经济选择决策。如果先前购买的产品出现故障，则必须根据年度运行成本差异和所需资本支出的相对大小做出强制选择决策。(当考虑现有建筑时，必须进行同样的分析；然而可以对现有设备年限设定期望值和标准差。在确定现有产品是否仍在运行时将会考虑这一点。此后，可以以类似于上述描述的方法进行所有计算。)

在建筑分析完成时，市场渗透模型将考虑此建筑在下一年的使用，以考虑对其进行改造的决策。这些决策通常在考虑新产品组合的基础上在新年伊始做出。该产品组合反映了所有过去的购买决策和时间安排。每年年初，将会对所有最终产品进行调整，以反映出技术随时间的变化。这些新的产品属性将在做出改造决策时使用。

新建筑改造决策是基于可用新产品与先前所选产品及其相关经济性的比较。改造分析考虑了所安装产品组合(反映了选择产品时的产品属性)的能源消耗和现有新产品技术水平所产生的能耗。改造决策使用了不同的决策数据组(将在下面段落中讨论)来确定设备组合是否将改变或改进。如果设备组合发生改变，市场渗透模型将再次调整最终消耗来反映新的设备组合，并作为下一年进行改造决策的基础。

在完成上一年的分析(换句话说，当新建筑在整个分析期间被追踪)后，市场渗透模型转到下一年，考虑下一年中增加的新建筑，并开始整个过程。这个过程一直持续到所考虑时间范围内所有引入的新建筑均已被评估。

在完成新建筑物部分的模拟运行后，市场渗透模型将考虑现有建筑。用类似于新建筑的方式考虑现有建筑，但有以下两个明显的例外：

1)新建筑物设备组合(围护和最终设备)将以现有产品为基础；因此，随着时间的推移，随机选取的建筑只被用于考虑最终产品改造。

2)整个时间范围仅经过一次，因为现有建筑不随时间增加，这与新建筑物情况不同。

在每年完成对每个建筑的分析后，购买的产品和能源消耗(根据最终用途和燃料类型)等结果将被保存(实际上，总和与平方和的表格被适当增加)。完成所有的蒙特卡洛模拟运行后，就可以建立购买数量和能源消耗的期望值和标准差。总而言之，该过程主要执行以下操作：

1)从总体中随机选择一个建筑。

2)描述该建筑表征属性。

3)选择该建筑的建筑围护技术。

4）根据所选的建筑围护技术来调整最终能源消耗。

5）选择建筑使用的最终产品组合。

6）调整选定最终产品组合的能源消耗。

7）在整个规划期间随时间追踪建筑确定所有最终产品改造购买决策和由此产生的消耗（每一年）。

8）多次重复该过程（即选择大量建筑）。

9）从样本结果推广到总群体。

上述方法需要不同的输入数据集合。需要的数据可以分类如下：

1）可以从美国能源信息署建筑行业预测［住宅能源消耗调查，美国能源部（DOE）］中获得消耗预测（根据最终用途和能源类型）。必须注意要确保在相同的政策环境下。

2）能源价格、随时间的变化率以及能源类型。

3）最终用途和围护结构产品间竞争及随时间变化的最终产品认知。

4）标准水平和实施标准所需时间。

5）产品特性表征了能源类型、初始成本、效率、维护成本、时间及随时间变化的效率变化率。

6）必须指定建筑围护结构产品和最终消耗的关系及最终消耗相互作用。

7）必须提供决策变量及其对购买可能性影响之间进行权衡的经济选择决策数据。合理的数据将用于投资决策[2]。必须用采样数据来表征消费者的购买决策。（详见本书附录 A）

市场渗透模型通过最终用途和燃料类型建立随时间变化的能源消耗关系。这是针对指定地理区域中的特定建筑物/设施类型完成的。因此，当考虑到多个建筑/设施类型和地理区域时，必须多次运行市场渗透模型以获得总能量消耗和节省。

新建筑产品决策基于当前技术（现存或当前）产品和由于技术投资及相关政策而产生的新产品之间竞争的选择。换句话说，必须做出应当选取哪个产品的实施决策。新建筑产品决策是一种概率性的多属性决策，其决策变量是预期回报周期（相对于当前产品的新产品回报）、回报周期的可变性（通过回报周期的标准差来衡量）以及竞争产品的相对成本。可以提供一个将购买概率（新产品的）与预期回报周期、风险及投资相对规模等多个属性相关联的数据集。预期回报周期、风险及相对投资规模的值可以通过市场渗透模型计算得到。继而，这些值将被插入到决策数据库中。

同样以类似的方式考虑建筑改造决策，但现在的选择是购买新产品还是维持现状。这种情况将考虑相同的决策变量，回收周期选用相对于维持现状的新产品回收周期，购买的相对值选用相对于家庭收入的新产品成本（包括安装）。当考虑商用设施时，投资的相对规模是相对于企业年收入的新产品成本。购买的可能性和随后的决策通过与新建筑相同的方式采用适当的数据集建立。

决策模型仅在决策者了解竞争产品及其属性时使用。产品认知度是确定的，反映了制造商活动、政府信息传播、技术方案及相关政策。当为应对标准设定相关的行政行为而寻求可行候选方案时，改变认知度可能是一个重要的考虑因素。

此外，还需考虑燃料转换的可能性和多种能源类型。燃料类型是产品标识的一部分，将相关的燃料成本和其他产品属性及年度能源消耗量用于产品经济选择决策分析中，因此产品选择决策将自动指出产品选择的能源类型。将导致的能源消耗及燃料类型的变化用于更新最终使用的能源消耗量。

美国能源局开发的技术可使市场上多种产品形成竞争。单个产品就可以实现与多个产品相同的作用，如热泵与加热、冷却独立分开的设备进行竞争。另外，单个产品可以在切换燃料类型的同时满足所需用途，例如燃气热电联产系统可以同时发电和产生热水，与燃气或电热水加热及电力和/或燃气的购买形成了竞争。

因此，需要考虑多种能源类型和多种最终用途之间的产品竞争。考虑到这一点，与产品特性相关的信息库中包含了产品竞争。产品（包括燃料类型）竞争的确定是从经济选择的角度出发的；换句话说，产品间竞争类型的定义确定了与单个产品相竞争的产品组合。

6.1.3　小结/结果/现状

市场渗透模型的建立是为了提供一种机制，用于预测建筑围护结构和最终设备产品渗透到新建筑/设施及住宅和商用建筑改造市场的速度，并得出对能源消耗的总体影响。市场渗透模型将产品属性与市场渗透率联系起来，考虑了建筑围护产品对最终消耗的影响、各种最终用途之间的相互作用、当前和未来购买决策之间的相互作用、引入标准的设置和时间、多种能源类型的影响、其他技术转让活动的潜在影响及不确定性认知。

市场渗透模型根据住宅和商用购买决策来预测能源消耗随时间的变化。市场渗透模型基于以下假设：根据所了解的产品经济性来使用新的节能产品，但同时需要考虑其他经济及非经济因素。因此，购买决策使用了概率计算，它是多属性的函数。由于使用了概率计算来表示决策值，所以所有得到的预测结果同样也使用了概率计算。由此，新技术投资、实施标准、信息传播计划而产生的节能效果有可能达到新高度。

市场渗透模型考虑了以下方面：

1）建筑围护产品和最终产品以及其能源消耗间的相互关系；

2）多种最终产品及其能源消耗间的相互关系；

3）根据能够对经济选择产生影响的产品属性来表征项目元素；

4）随机经济选择决策模型；

5）基于早前年份的决策结果得到经济选择决策中的能源消耗值；

6）标准设定；

7）将改造及新建建筑与地理市场细分相结合；

8）燃料转换；

9）相互关联的产品决策；

10）多种能源类型。

市场渗透模型基于个人电脑（PC），具有人性化菜单界面程序系统。它在 Windows 环境中运行，至少需要 2MB 的硬盘空间。输入/输出系统在 Windows 的 Excel 5.0 中运行，通过编译的 FORTRAN 程序接口（通过 PRN 文件），对提供给市场渗透模型的数据进行计算。Excel 菜单界面和页面指令指导用户通过页面输入数据、检查和打印；运行编译的 FORTRAN 程序，将结果记入报告；指导用户通过报告进行查看和打印。

市场渗透模型已经进行了大量测试，验证了其正确性。为了测试其效率，用市场渗透模型来预测电热泵进入住宅市场的市场渗透率。这项预测（1996 年开展）涵盖了 1983—1993 年的时间，一个独立组织提供了分析中使用的大部分数据。预测结果如图 6－2 所示，并可与住宅能源消耗调查(RECS)获得的实际情况相比较。后者反映了1984年、1987年、1990年和1993年对市场进行的实际测量(即调查)结果。将市场划分为四个地理区域并考虑10种不同产品间的竞争(即热泵与10种不同的加热、冷却系统相竞争)，由此得出调查结果。市场渗透模型结果与实际情况具有较好的对应关系。上述单个数据点不能验证模型，但能表明其具有较好的效果。

该模型是专门开发用来进行下述工作的：1)制定技术计划，主要通过将技术计划对产品属性的影响与产品属性对市场渗透率的影响相关联；2)评估政策选择，如效率标准设定，其目的是改变制造商和/或消费者购买决策，从而增强节能效果。但是该模型至今还未被采用过。其原因在于，在前一项应用中，高级项目规划者和模型开发的引领者退休，但是并未有其他人及时接手此项工作，而后一种情况中涉及到了多个内部组织，在进行设备效率标准分析时，每个组织都选择延续现状以维护现有的既得利益。

尽管该模型是出于上述目的而开发的，但它同时也为管理者了解随着时间推移设计方案对产品销售的可能影响，如时间、竞争、政府行为和所有或前面讨论的其他因素带来便利。

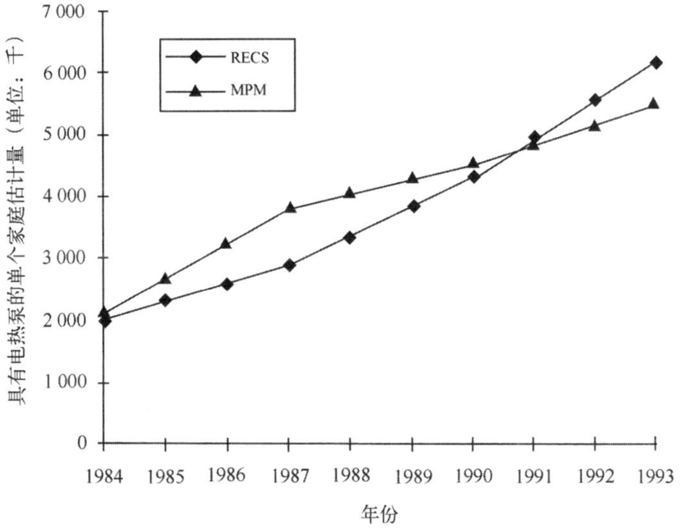

图6-2　市场渗透模型结果分析：电热泵市场占有率的预测与实际调查结果(RECS)对比

6.2　生产化住房：产品设计/定价/投资决策

6.2.1　介绍

美国能源局的“工业化住房计划”致力于通过使用新的制造技术建造高质量的节能住房。俄勒冈大学报告称，“工厂建造过程提供了高效、高质量、低成本住房的希望，为了确保可以实现这一愿景，美国工业必须开始开发和使用新的技术、新的设计策略及新的工业过程”[6]。

在美国能源部“能源效率工业化住房计划”的框架下，俄勒冈大学和佛罗里达太阳能中心正在着手开发新技术，如绝缘板、集成系统、多功能外壳组件以及新的制造技术。

绝缘板具有巨大的节能潜力。对比使用传统框架(即桁架结构)与使用泡沫芯板的家庭可以发现，使用泡沫芯板在节能方面有着显著优势。佛罗里达州太阳能中心测试了两个家庭，一个用常规墙壁建造，另一个用泡沫芯墙壁，结果发现传统家庭的空气渗透率是泡沫芯板家庭的两倍。在一个项目中，俄勒冈大学房屋创新中心证明，可以利用表面强化的绝缘嵌板为低收入家庭建造节能建筑。(这些嵌板使用轻质夹心材料与两层护板结合的结构。)

新的工厂建造的建筑框架产品的节能趋势要求这些产品用于新的住房建设。当与传统桁架结构相比，总体经济环境更倾向于工厂建造的建筑框架产品时，这件事则很可能会发生，并且人们也相信这是会发生的(即被认为是低风险)。为了理解总体经济环境及为使用特定建筑产品所做出的可能选择，加之为制造商提供评估新产品需求的手段和生产这些产品的可行性融资方案，美国能源局支持分析技术和工具的开发。这些技术和工具既模拟了生产化住房产品的需求和供应，也明确考虑了建设者和制造商决策过程中的不确定性和由此带来的风险。

为此，开发了一种方法来估计对工厂建造的建筑框架产品(有时称为工业化或生产化住房)的需求。该方法旨在估计相对于常规现场建造(或桁架建造)木框架结构，工厂生产的木板框架结构和各种板结构产品的需求。此方法将考虑外墙和内墙、屋顶和地板等产品。

该方法利用供应模型和需求模型来估计制造价格以及这些价格对产品需求的影响。供应侧模型(PSI-ISK)考虑了典型嵌板制造商的财务结构，通过考察竞争产品的定价来实现期望回报率，从而完成定价过程。在需求模型(HOUSE)中使用该模型建立的价格。需求模型考虑产品意识、施工时间、建筑尺寸、新建筑数量、能源消耗、建筑贷款利率、抵押贷款利率、劳动力成本、材料成本、运输成本、能源消耗的重要性和其他相关因素。它还考虑了基于相对(桁架结构相对于工业化住房)预期成本和风险而做出的产品选择方案。这个因素包括在了“购买概率”数据库中。得到的结果评估了生产产品的市场份额和需求水平(产品的平方英尺)。此后，可以在供应模型中使用该需求水平以获得更好的价格估计，以便提供需求模型。随着该过程的迭代，我们可以获得产品定价在嵌板制造商的财务业绩以及相关产品需求方面造成的影响。

因此，开发的方法可以用于评估：

1)产品需求，这一需求考虑了与节能和抵押贷款利率及其他影响建造者决策因素相关的相对成本和相关风险；

2)产品属性及在生产嵌板产品时生产线和相关投资的财政可行性。

6.2.2 分析

该分析的目标是建立一种评估体系。该评估是通过分析新建筑启动、各类建造成本、决策者态度(如对决策者而言，节能的相对重要性以及选择替代建造技术而产生的其他成本)以及嵌板制造商的设计、生产和定价来完成的。最终目标是更好地理解对决策者的选择产生重要影响的具体因素和权衡因素，从而提高嵌板产品的市场渗透率，并最终减少在制冷和供暖方面的消费。

为了实现这一点，需要开发数据库和数学模型。制造商及其数据库都是基于制造商和建造商提供的详细信息进行开发的。（出于版权要求，这里不呈现实际收集的数据。）制造商数据库反映了典型嵌板制造商的财务表现以及相关的生产决策和产品定价。当利用桁架建造方式和嵌板建造方式时，制造商的数据库反映了制造商对于建造成本的认知。这些数据库反映了当前的行业情况，但由于数据收集的限制而不能用于得出市场渗透率和产品定价决策。（鉴于预算限制，可获得数据的数量有限。）

开发需求模型及供应模型是很有必要的，它可以帮助了解这些数据库的变化（和其他相关因素）对嵌板需求的影响。研究人员分别开发了需求和供应的单独模型，但是需要通过交互手段（通过人工干预）来建立联系。在下面的段落中将对这些模型及其用法进行描述，并且在参考文献中提供模型的细节。

因为将交互地使用两个单独模型，所以有必要在利用它们分析嵌板需求之前执行初始同步，如图 6－3 所示。该同步过程旨在调整模型以提供当前在当今市场中观察到的结果（即需求模型提供与观察到的嵌板销售量相当的嵌板需求估计值，而供应模型提供与当前制造商价格相当的嵌板价格）。上述一旦完成，就可以改变技术、成本和其他假设，并观察这些变化（通过它们对决策数据的影响）对嵌板需求和嵌板制造商的财务业绩和嵌板定价的影响。

供需模型的同步过程如图 6－3（a）所示。

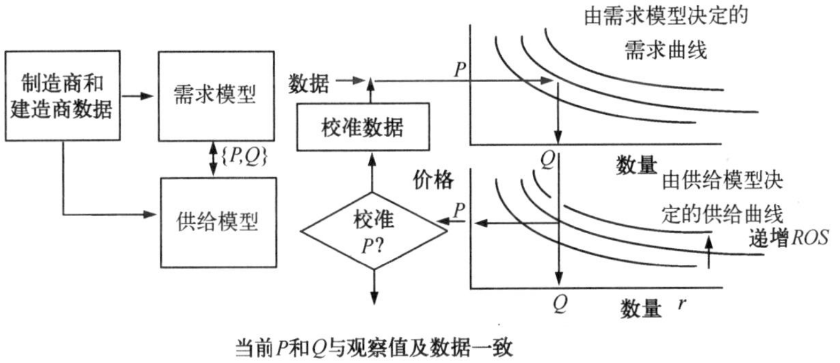

(a) 通过同步需求与供给模式找到当前平衡点

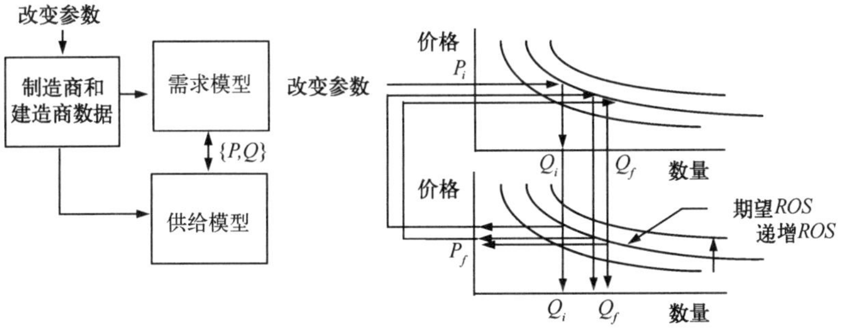

(b) 通过改变参数（即认知、利率等）来改变需求[Q]

图 6－3　确定技术、政策和其他因素的变化对供需影响的方法学

步骤1：数据收集。数据收集涉及建立当前的市场供给和需求条件状况（即反映当前供给和需求的产品价格和销售量）以及确定在供需模型中使用的用来估计当前定价和销售量的变量值。

步骤2：校准输入数据。在需求模型中利用所收集的数据来估计单位销售额（即市场中所需的数量设为 Q）。因为计算的需求和实际需求（通过数据收集过程获得）可能不同，所以有必要选择性地调整输入数据，使得估计值和实际需求近似相等，并且当前平衡点（即处于当前定价下的当前需求）被设为（P，Q）。因为收集的数据由定量和定性数据组成，后者被转换为定量形式，因此要保持前者的值并且调整后者的值以达到平衡点。

步骤3：建立制造商财务目标。建立前平衡点（P，Q）后，供应方模型用于建立销售收益（ROS），即为嵌板制造商收益率目标。（因为嵌板制造商表示定价以销售收益目标的完成度为基础，因此销售收益已被用作回报率目标。）一旦建立了销售收益，它将在所有后续分析中保持为常数。在下文中，销售收益率以典型嵌板制造商的详细财务分析为基础。本文分析中使用的数据基于行业提供的财务数据。

当行业销售数据不可用时，可采取以下替代方案：

步骤2A：建立制造商财务目标。可以通过改变供应模型中的销售收益率来确定制造商的预估财务目标。对每个销售收益进行供给方分析，以得到产品价格（即为了实现销售收益必须收取的价格）。然后选择最接近实际制造商价格的回报率作为销售收益目标。一旦建立了销售收益，它在所有后续分析中保持为常数。销售收益以典型嵌板制造商的详细财务分析为基础。

步骤3A：调整输入数据。在需求方模型中利用所收集的数据建立单位销售额的预估（即市场所要求的数量，Q）。将单位销售额的估计值输入供应模型，模型将计算每个产品的价格。这是为了达到嵌板制造商需要实现的销售收益（已经估计的）所必需的产品定价。然后将新价格输入需求模型。需求模型计算将以该新价格计算出销售数量。将此数量输入供应模型。继续该过程，直到“市场”的价格达到平衡。这个价格即为基本价格。此时模型被认为是同步的。

在研究可能由政府或其他因素变化产生的影响时，使用以下过程［参见图6－3(b)］。

步骤1：估计变化量。一旦供应和需求模型同步，可以估计变化量对嵌板需求和嵌板制造商财务的影响。所关注的变化量可能是由政府或其他因素导致的（例如，提高对节能潜力的关注、改进制造过程以降低制造成本等），并需要根据需求方和供应方模型中考虑的具体变量进行定义。

步骤2：建立需求变化量。如果要考虑的变化参数包含在需求模型中（如建设者认知），则将需求模型用作评估假定变化对先前确定的平衡影响的快捷起点［即用图6－3(b)中所示的起始值 Q_i 来计算新的 Q 值］。这需要使用需求模型以及平衡分析中的数据，除了已识别变量的变化量。如果考虑的参数变化在供应模型内（如降低制造中的劳动力成本），则将供应模型用作快捷起点（转到步骤3）。

步骤3：建立嵌板价格变动。如果考虑的参数变化在供给模型中（如降低制造中的劳动力成本），则供给模型作为快捷起点。利用供给模型和从需求方模型获得的 Q 新值，或直接利用供给模型建立修正价格（P，其中 P_i 是 P 的初始值或起始值，如图6－1所示），建立与所描述的同步过程销售收益相同的修正价格（P）。

步骤4：建立需求修正值。利用需求模型，并使用供给模型建立的修正价格 P，来建立修正的需求值 Q。

步骤5：重复步骤3和4。重复步骤3和4，直到确定价格和数量 P_f、Q_f的新值，以使迭代时 P 和 Q 的变化可以忽略。这些新值即表示在新平衡点的价格和数量值，其中变化是由数据变化表征的假设因素直接导致的。新的平衡点考虑了价格弹性(由建造者决策数据库反映)和嵌板制造商的商业决策。

(1)需求模型[7]

需求模型，称为HOUSE模型，考虑了在给定一组产品成本和其他认知因素的制造过程中可以做出的决定，并可以对工厂制造的围护产品的需求进行参数估计。需求模型不涉及供应方，并且不涉及供应曲线(即成本关于生产数量的函数)，而是直接使用从供应模型获得的估计价格。因此，需求模型可用于建立需求曲线，其为工厂生产的制造产品的价格和其他相关因素(例如，施工贷款利率、能源成本的重要性、能源价格等)的函数。

需求模型的开发是为了提供估计工厂生产木质框架结构以及各种嵌板结构和相关产品的需求相对于常规现场建造(或桁架结构)木质框架结构需求的方法。可考虑外墙和内墙，屋顶和地板产品。

需求模型考虑了描述一般市场特征并且可能影响决策者选择和市场的广泛因素，包括：

1)将每年建造的使用工厂化建筑产品的建筑物数量(一般类型的)作为考虑因素。

2)单层或两层建筑物每层楼的建筑尺寸。

3)桁架结构建筑的HVAC能耗以及由于使用工厂生产的板材及外墙和内墙，屋顶和地板产品而可能产生的能耗变化。能耗变化可以根据决策者所认知的最小、最可能和最大影响来描述。

4)部分决策者在产品选择中可能考虑节能因素及其相对重要性。

5)对考虑中的新产品的认知(在某种意义上，嵌板技术是已知的，并且被认为是桁架结构的可能替代品)。

6)将产品对施工时间的影响作为一项新的考虑因素。

7)建筑贷款和抵押贷款利率。

8)考虑了每种外墙和内墙、屋顶和地板产品所需要的多个劳动力类别的劳动力成本。这些劳动力成本可以根据决策者所认知的最小、最可能和最大成本来描述。

9)外墙和内墙、屋顶和地板产品的材料成本。这些材料成本可以根据决策者所认知的最小、最可能和最大成本来描述。

10)如果材料价格中不包括运输成本，则需要明确每种材料的运输成本。

11)描述根据相对(即桁架与工厂化建筑产品的比率)预期成本和相对风险来选择桁架产品概率的决策数据。

考虑上述因素，需求模型可以得出桁架或工厂化住房产品的预期劳动、原材料和能源成本以及相关的标准差。(供给模型考虑了需求和定价对公司财务可行性的影响。)这些期望值和标准差用于确定预期买方成本与风险认知比率(即成本标准差的比率)，然后将其输入决策数据库中以建立选择桁架建造方法的概率(100减去这个量是选择工厂化建造方法的概率)。[实际上，利用率 =(预期桁架成本 + 桁架成本的标准差)÷(预期嵌板成本 + 嵌板成本的标准差)。]这个选择概率被认为是嵌板产品的市场份额。然后可使用这一估计的市场份额来确定嵌板产品的需求。市场份额和需求可由在产品选择决策中考虑不计能源消耗和相关成本的决策者单独确定。

市场份额的基本概念是基于以下假设建立的：决策者通常面临选择，必须就预期成本、风险水平以及其他通常无法量化的因素做出包含不同看法的决策。因此，有必要在多个属性之间权衡并做出决策，包括可量化和不可量化的属性。通过计算市场份额可使建筑商在面临替代建筑产品和技术时，能够在具有不同预期成本和不同风险等级的产品及技术之间进行权衡并做出选择。

考虑到这一点，首先必须建立建筑商对预期价值和风险维度的认知，然后对能够影响决策的预期成本和风险进行权衡。需求模型中考虑了前者，即通过明确考虑新产品带来的HVAC 消耗减少、劳动力成本和材料成本的不确定性认知来进行估计。其中，劳动力成本和材料成本涵盖了利用桁架和嵌板两种建造方法的情况。后者通过利用一个数据库给出当面临具有不同预期值及感知风险的互斥替代品时做出不同选择的概率(见附录 A)。

图 6 -4 展示了与相对预期成本及相对风险之间的权衡相关的假设。其中相对预期成本表示桁架的预期建设成本与嵌板的预期建设成本之比(由曲线集合表示，数据框中为相关预期成本的比值)。相对风险是桁架预期成本加上相关的成本标准差(即风险维度)与嵌板的预期成本加上相关的成本标准差的比值。这种相对风险的定义考虑了桁架和嵌板的风险认知关系，并且还考虑了风险大小与预期成本的关系。

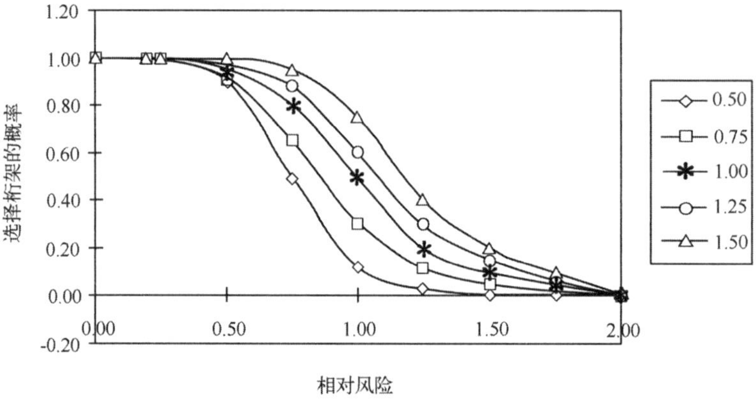

图 6 -4　选择桁架结构概率的决策数据库

(2)供给模型(PSI-RISK)

财务计划模型即供给模型，是一个一般财务规划工具，专门解决商业和评估过程中的不确定性和风险。供给模型可用于解决多种财务规划和评估情况，如规划及评估新的或正在进行的企业风险以及评估旨在实现期望财务业绩水平的定价政策。(该模型的原始版本是 30 多年前开发的，旨在帮助美国无线电公司(RCA)企业管理人员在资本预算过程中明确考虑不确定性和风险。大约同一时间杜邦公司(Dupont)开发了类似的功能。这些模型和功能多年来已经被成功使用)。[8-12] 通过提供输入数据，供给模型可以像供给分析一样用于考虑正在进行的商业行为，并根据收益率目标、生产决策和竞争产品定价来确定产品定价、生产决策和竞争性产品定价。供给模型可以明确且定量地考虑不确定性。它是一种财务规划软件，可基于提供给它的数据进行商业建模(如工厂生产嵌板式木结构产品的商家)并且得出预估收入报表、现金流量表和资产负债表。这些是形成财务基础决策的基本财务文件，也是商业计划的主要部分。

供给模型是一个通用的企业模拟模型(在 DOS 环境中可操作)，能够模拟广泛的受监管及不受监管的多产品商业项目的财务情况。这些计算的基本现金流量结构如图 6 - 5 所示。这里将强调供给模型的一些关键结构部分，保证其能够模拟各种各样的商业项目：

1)考虑多个时间阶段；

2)考虑下一个时间段的趋势；

3)大量存储的不确定性分布；

4)多种产品；

5)产品相互关系；

6)需求 - 价格的关系(按产品)；

7)制造成本 - 数量的关系(按产品)；

8)折旧方法选择(通过资本支出)；

9)跨期相关性；

10)按生产要求确定的资本支出；

11)考虑初始公司位置；

12)利率是债务/股本比值的函数；

13)为达到期望回报率(市场约束下)设立定价政策；

14)灵活的税收结构；

15)不同商业情况的财务计算：现有公司的一部分或单独的公司。

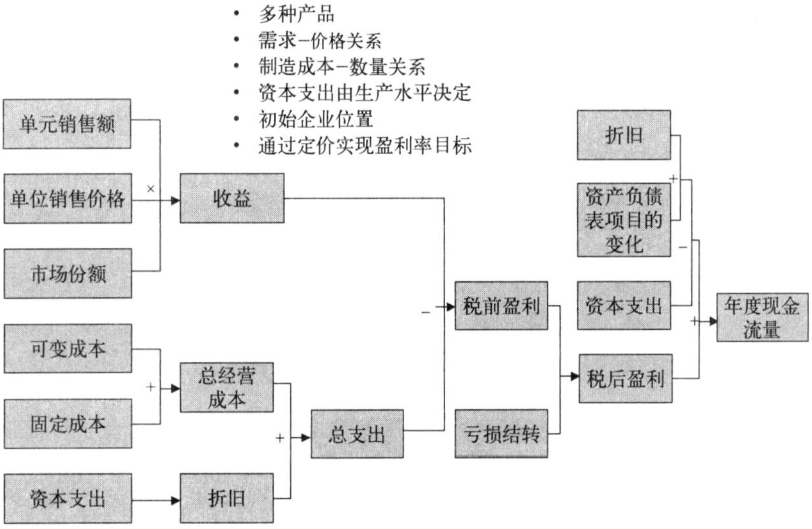

图 6 - 5　简化的供给模型现金流量结构

描述10年间20种以上产品的预期市场和有竞争力的价格的数据以及销售额的制造成本及其弹性空间、费用的固定和可变部分、资本支出(包括特别定义的和由于生产需要而确定的)、折旧方法、商业结构、定价政策、税收结构和资产负债表等项目均需输入到菜单驱动的电子表格数据输入系统中。只需在变量设置范围内提供数据，如要分析的年数、要考虑的产品数量、要考虑的资本支出数量等。因此，数据需求是被分析的商业行为复杂性的函数。由 FORTRAN 编译的程序获取数据，计算并打印整个商业行为的形式收入、现金流量和资产负债表报表以及每个产品的单独收入摘要。可以审查这些报表以评估商业模型的预期财务可行性、产品定价及预期财务业绩目标的可实现性等，并对商业计划进行必要的修改。

虽然供给模型可以用作一个简单的确定性财务模型，但其在某些方面比简单的财务规划模型更复杂和强大。它是一个随机模拟模型，利用蒙特卡洛模拟技术将商业投机的确定性和概率性输入数据转化为风险剖面，表明不同的财务业绩衡量标准如利润、现金流和资产回报的概率将超过不同的级别。使用相同方程组的相同模型也可以用于执行确定性分析。如果需要随机分析，则可以以“不确定性范围”的形式输入某些数据，借以指定最小值和最大值，并且提供不确定性剖面用以描述不确定性范围数据概率分布。[为了最大程度减少数据输入，供给模型存储了大量可以被引用的不确定性分布(即概率分布)，或者可以根据需要创建其他不确定性分布。]

供给模型的另一个有用特性是它可以利用指定的产品价格，或者可以给出产品价格，而所给出的价格在竞争或替代产品价格的约束下将可得到特定的收益率(销售回报、成本或毛利润总值)。这个特性在生产化住房应用中有显著作用。对于每个产品，使用迭代和曲线拟合过程来得出能够实现期望收益率且受市场价格限制的价格。鉴于此，供给模型可以代表一个定价公司或受价公司。对于定价公司，计算产品销售价格以达到指定的收益率(销售回报、成本或毛利润总值)。对于受价公司，必须收取有竞争力的价格(由定价公司或市场上现有公司建立的价格)，而公司的收益率就是根据这些价格来计算的。

供给模型考虑了产品的相互依赖关系和单位销售额与所需生产水平及相关资本支出之间的关系。这使得模型可以自动计算独立变量的变化对相关参数的影响。产品的价格或销售额的变化可能影响该产品或其他产品的销售，进而影响生产水平。生产水平的变化又会影响资本支出和单位制造成本。

这些关系通过输入数据传递给模型(对于当前应用，这些数据基于嵌板制造商提供的信息)。可以通过指定产品相互关系，将某种产品的销售以由该公司销售的另一种产品(互补货物，如剃刀和剃刀刀片)的销售函数来表示。可以为模型指定每个产品的需求 - 价格(或价格弹性)关系和制造成本 - 数量关系(单位制造成本对生产水平变化的敏感性)。资本支出可以按生产独立性和生产依赖性划分(这使得供给模型可根据生产水平确定支出的规模和时间)。

该模型可以表示各种商业情况，包括启动情况或现有公司的已有业务。在后一种情况下，可以认为该业务刚刚启动或继续运营。该模型具有灵活的税收结构，能够计算亏损结转和税收抵免。

可以通过一组电子表格数据页面为供给模型指定以下输入数据：1)一般数据：商业行为的时间范围、商业类型(单独实体或较大组织的一部分)、产品数量、折现率、产品介绍时间、不确定性模型、模拟运行数量、税率、投资税收抵免率、债务类型/股本计算(即保持债务/股本比率不变)、初始债务/股本和利率(在不同的债务/股本比率时的资本成本)；2)收入相关数据：单位销售额、市场份额、经销商涨价、产品相互关系、收益率目标和市场约束、竞争产品价格、可实现或目标收益率、价格弹性数据、单位销售额的不确定性参数(如果需要)、市场份额、单价或价格以及竞争产品；3)销售成本数据：销售成本、销售成本对生产水平的敏感性、固定及可变费用数据项、销售成本和固定及可变费用项目的不确定性参数(如果需要)；4)资本支出数据：单位独立资本支出、时间、折旧类型和寿命、投资税收抵免的适用性、支出规模的不确定性参数(如果需要)、单位相应资本支出、生产阈值水平(需要增加新的生产水平相关资本支出情形下的生产水平)、增量生产能力、为实现增量能力所做支出、折旧类型和寿命以及支出规模的不确定性参数(如果需要)；5)资产负债表的相关数据：债务/股本比率、现金需求、应收账款水平、应付账款水平、存货水平、其他资产和负债、现有(即初始)资本资产的账面价值、折旧类型和现有资本资产的寿命。

将数据输入电子表格数据程序后，创建一个传输文件，并通过几个简单的键击将其发送到 FORTRAN 编译的程序中。此后，将生成商业行为的形式收入、现金流量和资产负债表，并显示税后利润、销售收益、资产收益率、总资产和负债、债务、股本、债务/股本比率、净现金流量、每年负债以及在若干个折扣利率下的净现值(年度现金流量)。

鉴于供给模型涉及生产相关支出，因此可根据生产水平(其值由需求模型确定)确定支出的规模和时间。[一般来讲这些特征很重要，但在目前的分析中它们并不重要，因为假定了特定的生产能力水平和由价格变化导致的数量(以及由此产生的销售水平)变化水平。]该模型的另一个重要特征是能够考虑被建模公司的初始位置。供给模型可根据当前资产负债表项目来确定初始公司位置。这些项目包括现金、应收账款、存货、资本资产的账面价值(和剩余折旧年限和折旧类型，以便计算折旧费用)以及债务/股本比率。该模型还可在分析的时间范围内将债务/股本比率保持为常数，或将股本保持为常数。正的现金流量用于减少债务。当需要额外投资时，可通过增加债务和股本且维持债务/股本比率不变来获得额外债务(保持资本恒定)，并通过额外债务来筹集资金。当要实现恒定的债务/股本比率时，资本不会作为正的现金流量而被回购，但在某种程度上收益分配会被回购以保持接近恒定的债务/股本比率，导致借款成本随着公司的财务状况恶化而增加。

总之，供给模型用于对典型的或代表性的定价方嵌板制造商进行建模，并决定产品价格，该价格可用作需求方模型的输入量。需求和供给模型的正确使用为政府机构提供了一种手段，以评估技术计划和相关政策对工厂化建筑产品需求的可能影响，从而节省能源并对产品制造商产生影响。这些模型还为产品制造商提供了一种方法来评估所需产品属性、投资需求和对财务业绩的可能影响。

6.2.3　小结/结果/现状

生产化住房模型需求模型和供给模型证明了能够根据产品属性预测生产化住房产品的需求，评估政府技术计划和相关政府政策对需求的影响，并通过分析需求和商业行为结构对财务业绩的影响，为产业规划和评估新产品提供手段。在此过程中，嵌板制造商提供了产品和财务数据，从而使分析得以成功完成。目前，该模型仍在改进用户友好性，以使它们对建筑商和制造商更加有用。当前，一些嵌板制造商已经表示有兴趣获得和使用已开发的功能进行产品规划和评估。

6.3　赌场博彩

赌场提供了越来越多的桌面博彩和老虎机博彩的组合产品。直到 20 世纪 80 年代初，大多数赌场管理人员还不知道计算机模拟。博彩决策基于有限的预期价值分析和基于经验和行情的判断。近些年来，人们更喜欢使用计算机进行数据库管理(跟踪玩家特征、奖励补充以及获胜/失败历史)、娱乐场管理和评估信息开发(例如，根据轮庄、博彩和赌桌的函数来评估赌桌的收入比例)。[收入比例是赌桌获胜(由筹码存量的变化衡量)与下注(在赌桌上下注的现金和筹码)之比。实质上，收入比例表示了玩家投资的赌桌、博彩或赌场的回报率，因此，它是衡量绩效情况的指标。]不幸的是，使用计算机模拟和分析来支持管理决策已经非常滞后，但是也存在许多例外，下面将讨论几个例子。[那些有兴趣提高游戏绩效的玩家对二十一点博彩进行了许多分析(即算牌)。]

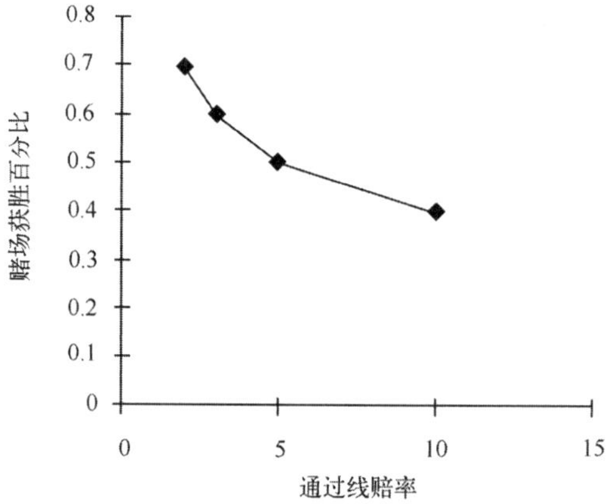

图 6 - 6　赌场获胜百分比理论上是通过线赔率的函数(骰子)

二十一点、骰子和百家乐仍是赌场提供的主要桌面博彩。关于骰子讨论较少，这并不意味着骰子是一个非常简单的博彩，实际上骰子是一个非常复杂的博彩(特别是从计算机仿真建模的观点来看)。然而，随着第二次世界大战时期人口的老龄化，其占赌场收入的比例减少。大西洋城最近的数据或许表明大家对骰子的复杂性普遍存有偏见。最近，一些大西洋城赌场试图利用通过线赔率下注[骰子的赌博规则在“大博彩指南”、MGM 大酒店、拉斯维加斯、NV 中均有(类似的博彩指南可以从任何赌场所提供的博彩规则和程序获得)]方法来作为提高市场份额的营销工具。图 6 - 6 中表示出了增加赔率下注对赌场优势(获胜百分比)的影响。大西洋城骰子的收入比例如图 6 - 7 所示。尤其值得关注的是奥门金莎(Sands Casino)的绩效值，显示出了 5 倍的赔率，随后撤回赔率，金舫(Showboat)大赌场也显示出了 5 倍的赔率。这种收益的恶化能够通过一些分析预测。

数学建模和计算机模拟技术已被应用于辅助解决赌场运作、管理和相关设备及博彩设计中的诸多问题，并可通过多种方式考虑其中的不确定性，包括的问题诸如：二十一点规

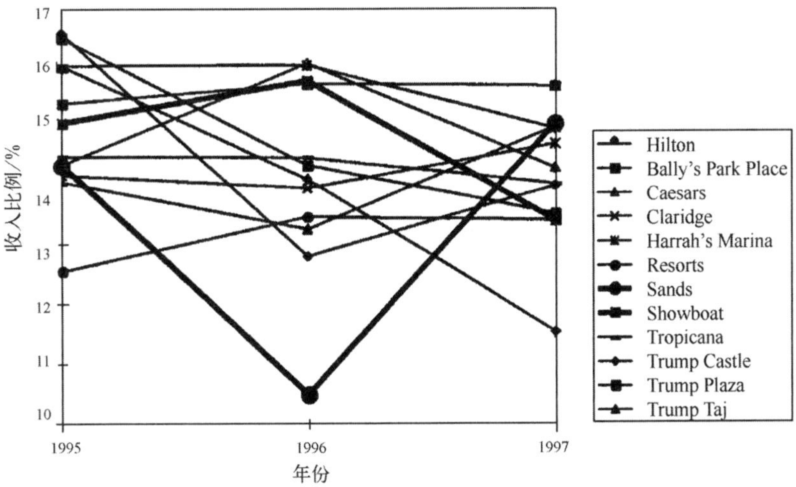

图 6－7 大西洋城赌场骰子收入比例经验值(实际结果)

则和程序的变化对玩家收益(普通公众、基本策略玩家和算牌玩家)和赌场收入有什么影响？二十一点规则和程序的变化对算牌法(个人和团队发挥)收益潜力有什么影响？应该启动什么补充政策？什么时候应该为一个玩家放宽赌场政策及怎样约束特殊玩家的行为？新的洗牌技术的效果是什么？一个新赌场设备的可能表现如何，以及如何设计来提高赌场的营运绩效？这些问题可通过对游戏的长期统计(如改变赌场产品属性——改变规则和/或程序，以便改进赌场的整体绩效)进行分析和对游戏的短期统计(如与那些在相对短的时间段内进行博彩游戏，却玩非常大赌注的高级玩家进行协商)进行分析。

在下面的段落中，将介绍两个具体情况的数学建模和计算机模拟过程。第一个将确定二十一点规则改变对玩家和赌场的影响，其综合目标是维持赌场财务的可行性，同时为普通公众和基本策略玩家提供“公平”的博彩游戏。第二个是与享有特殊政策(例如免除赌桌限制，以允许每手几十到几十万美元的赌注)并愿意接受相关约束(如博彩的持续时间和最小及最大下注值)的高级玩家实时协商的模拟。赌场的目标是提供优惠套装(“先期”积分换钱、损失折扣、礼物、玩家达到特定资本目标时的奖金)以激励玩家参与游戏，实现赌场盈利、规避风险。

6.4 赌场博彩：基于长期统计的决策

在 20 世纪 80 年代初，赌场在新泽西州(大西洋城)合法化，国家调节和控制组织——新泽西赌场控制委员会(CCC)也随之成立。CCC 主要负责建立和维护博彩行业，同时确保对玩家的“公平”，并被赋予了大范围的监管权威。这个监管机构负责制定对所有赌场适用的博彩规则和程序。

在大西洋城游戏产业开始的前二十多年，CCC 制定了一套规则，并被赌场接受。这套规则被认为对赌场有利，且可向玩家提供相对公平的博彩。

最初在大西洋城使用的二十一点规则沿用拉斯维加斯的规则，但同时包括一个拉斯维加斯没有使用的“提前投降”规则。（提前投降规则允许玩家在看到庄家的明牌之后弃牌，同时丧失初始投注的一半）。应用后的分析显示出了“提前投降”规则对基本策略玩家和算牌玩家的重要性。20 世纪 80 年代初的二十一点规则和程序如下。

一般规则包括：

1）使用六整副牌；

2）33% 的切牌放回牌堆（从后）；

3）二十一点投注赔率为 3∶2，发牌员发出（硬牌、软牌总计）17 张或更多牌。

分牌包括：

1）不重新分牌；

2）分牌后只能再要一张牌；

3）分牌后没有黑杰克。

翻倍叫停为：

1）适用于所有硬牌、软牌；

2）适用于分牌后。

投降包括：

1）提前投降；

2）投降时退回 50% 的投注金。

其他规则为：

1）允许保险投注；

2）发牌员不可随意洗牌。

大西洋城博彩业开始不久后就出现了两个问题。第一个是一些人认识到，这套规则为基础阶段的玩家提供了细微的优势[基础玩家遵循一系列的游戏决策，这些决策在桌牌博彩游戏中未曾变过。这些决策规则基于假设替换的期望分析而建立（即抽取任何卡的概率保持不变）。]这是一个完全不能接受的情况，因为这威胁到赌场财务的可行性。第二是算牌法开始进入赌场，这在赌场中是绝对有利条件。[算牌法是二十一点玩家遵循的一组游戏决策，主要根据已出牌的历史计算；换句话说，他们通过已经玩过的牌的牌值总和（每出一张小牌则加一，每出一张大牌则减一）计算牌并且相应地改变他们的决策。此外，在牌值总和高时，增加投注量，从而使得当牌值计数对他们有利时（即获胜的概率增加），使他们获得显著的杠杆作用。这一决策方法通过大量的二十一点游戏模拟得出。]因为这一套规则和程序没有考虑到算牌法，所以最初的赌场反应不允许使用算牌法。（允许算牌并维持赌场的财务可行性需要不同的规则和程序。人们认为，设置不同的规则以允许算牌法将对普通公众玩家产生严重的不利影响，并且最终将导致二十一点在大西洋城中消失。）为此，采取了行动来改变二十一点规则，以消除基本策略玩家的优势，然后寻求其他规则和程序消除算牌的优势，使之在其他玩家可接受范围内。

CCC 发起了一个二十一点规则模拟模型[13]的开发，以证明规则和程序变化对普通公众、基本策略玩家、算牌玩家和赌场财务业绩的影响。其目标是提供充分详细的分析，以便可以采取监管行动，对规则和程序进行必要的修改。在进行这项工作时，赌场管理人员基本还不了解计算机模拟。

二十一点规则模拟模型被专门开发以提供用于分析规则和程序变化对赌场及玩家影响

的机制，并建立经济上的可行性、排除算牌玩家的二十一点规则和程序的可行性。模型证明需要撤销提前投降规则(玩家在看到庄家明牌之后可以交出他/她的手牌，并交出他/她下注的一半)。投降规则在其他游戏区域并不可用，它为基础玩家提供了细微的优势。该模型还用于评估玩家的能力变化、玩家组合和博彩策略对赌场绩效的影响。该模型还可以用于评估赌桌数量、游戏速度、营销策略、生产力水平和赌场控制下的其他因素对赌场绩效变化的影响。

二十一点政策模拟模型可针对每个规则或其他研究变化模拟大量的手牌状况(通常对于每个分析模拟数百万手牌状况)。模拟分析的结论依据是对赌场和玩家进行的统计结果。一组典型的赌场统计数据包括赌场和每个赌桌类型在每天及每小时内二十一点收入总额的预期值、标准偏差和置信区间。此过程模拟了不同的玩家类型，如算牌玩家、基本策略玩家和普通公众。基本策略和算牌法参考相关出版物。另外还采取一种独特的方法来建立普通公众策略。赌场专家建立了不同玩家对每种牌面组合及总计的决策可能性。因此，普通公众玩家成为概率玩家，所有游戏决策都在模型内的其他玩家和发牌员处理手牌后通过随机抽样技术进行。

模型能够检验大量规则和程序变化的影响。规则包括分牌、翻牌叫停、投降保险和发牌员重新洗牌。

一般规则包括牌的数量、切牌位置、二十一点投注赔率、发牌员硬牌/软牌发牌总数、玩家－发牌员超过支付、玩家－发牌员停牌支付、发牌员宣布二十一点、玩家投注限制和赌桌最小及最大投注值。

分牌规则包括分/不分对、分 A 后牌点数可能被抽走、分牌需要在相同牌或点数相同的牌上进行。

翻倍叫停规则包括翻倍叫停/翻倍不叫停、分牌后翻倍叫停/翻倍不叫停、允许翻倍叫停的最大点数、翻倍叫停的最大赔率和未能到二十一点时额外分牌/翻倍叫停赔率。

投降规则包括投降/不投降、投降百分比以及上交发牌员投降。

保险规则包括保险/无保险、支付赔率、最大保证金和保险投注的大小。

发牌员重新洗牌(初始和相对投注大小)规则包括相对于先前投注的投注大小、初始投注大小和发牌员随机或确定决策。

发牌员重新洗牌(基于真实点数)规则包括点数限制和赌场卡的点值。

已经表明规则和程序是可以被建模的，能够单独地或一起改变，并且可确定对赌场和玩家的影响。随着规则改变，基本策略玩家和算牌玩家决策的策略数据改变，这是由于对于每组规则存在着不同的最优策略。

此处介绍二十一点规则模拟模型所需的数据：

1)玩家类型的数量包括一般公众、策略玩家和算牌玩家。

2)一般公众(随机)描述参数包括赌注大小分布、对每张上交发牌员的牌的保险决定、硬牌决定机会(停牌、要牌、翻倍和投降)、软牌决定机会(停牌、要牌、翻倍和投降)以及对牌决策机会(分牌/不分牌、停牌、要牌、翻倍和投降)。

3)策略玩家的描述参数包括下注大小确定(分布或为点数的函数)、牌的点数、真实计数的近似、增量点计数的可能误差、每张发牌的保险决策程序、硬牌总计决策值和决策规则、软牌总计决策值和决策规则、分牌决策值和决策规则。

4)环境规范数据包括赌桌类型的数目、赌桌相关数据、每种类型的赌桌数量、每种赌桌类型的最大/最小下注值、每种赌桌类型的利用率百分比、每种赌桌类型的随机时间、每个类型赌桌一轮的时间以及每个类型赌桌上玩家的混合。

在以下表格和图片中总结了得到的典型结果。该模拟主要关注无提前投降规则、无软牌加倍、只有 9/10/11 翻倍、发牌员要到软牌 17、分牌后没有双倍下注翻倍。此外，还分析了若干程序上的变化，包括限制在牌局中间加入、当发牌数到达一半时将限制初始下注到该桌最小值(同一副牌内的下注不受限制)、当发牌数到达一半时限制所有下注到该桌最小值(同一副牌内的下注均限制为该桌最小值)、限制下注倍数、限制表最大/最小比率。换句话说，该模拟对监管的经济影响进行了分析，即在做出决定和采取行动之前考虑了一系列的监管替代方案。

表 6－1　玩家绩效：提前投降规则影响(玩家获胜百分比)[a]

玩家类型	规则场景		增加变化
	提前投降	不投降	
普通公众			
新手[b]			
期望值	－1.55	－1.74	－1.09
95%置信区间	－1.43～－1.67	－1.62～－1.86	－0.02～－0.36
高手[b]			
期望值	－1.55	－1.52	＋0.03
95%置信区间	－1.43～－1.67	－1.4～－1.64	－0.14～＋0.20
基本策略[b]			
期望值	＋0.16	－0.54	－0.70
95%置信区间	＋0.08～＋0.24	－0.46～－0.62	－0.58～－0.82
算牌			
赌注倍数＝1			
期望值	＋0.76	＋0.13	－0.63
95%置信区间	＋0.58～＋0.94	－0.06～＋0.32	－0.38～－0.88
赌注倍数＝4			
期望值	＋4.38	＋2.51	－1.87
95%置信区间	＋3.67～＋5.00	＋1.86～＋3.16	－1.42～－2.32

注：[a] 玩家获胜的百分比是负的赌场获胜/下注金额比率；
[b] 350 万手；
[c] 700 万手。

表 6－1 说明了取消提前投降规则对不同玩家的影响。取消提前投降规则将基本策略玩家的赢利百分比从正值改变为负值——这是赌场继续提供二十一点游戏的必要条件，但不能够解决算牌的问题。图 6－8 通过不同的玩家组合函数将获胜百分比转化为对赌场收入的影响。有一点需要担心的是，由于大西洋城为人口集中城市，基本策略玩家的百分比将随时间而增加。[14]

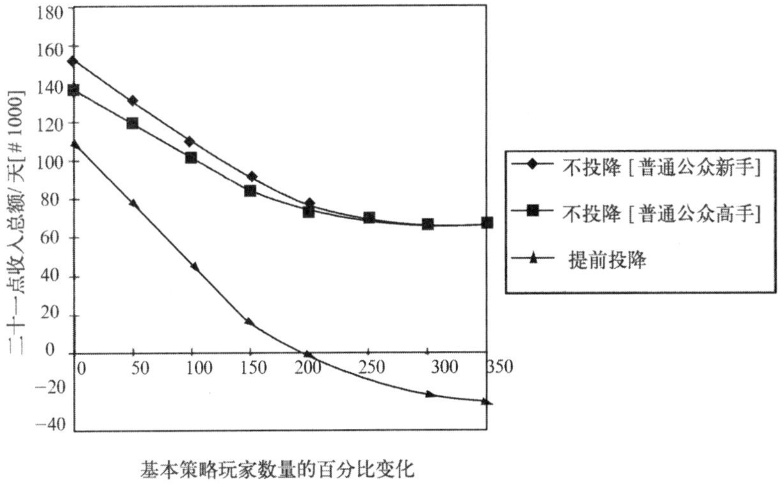

图6－8　赌场在二十一点中的收益值(对于假设的赌场)

因为取消提前投降规则并没有消除算牌玩家相对于赌场的优势，所以进一步使用二十一点规则模拟模型对其他规则的改变进行分析。每当一条规则改变时，都将最优化基本策略玩家和算牌玩家的相关策略和算法。另外赌场游戏专家还新开发了普通公众游戏策略(即对考虑到不同的牌组合和指定规则变化的玩家决策的概率评估)。表6－2和表6－3中总结了分析结果。表6－2显示了规则变化对普通公众和基本策略玩家的影响。表6－3显示了规则变化耦合各种程序变化对算牌玩家的影响。综合限制可对赌局中间加入和限制赌局过半时的下注值产生明显的效果。(限制在赌局中间加入消除了"暗牌计算"的优势。暗牌计算即观察桌面游戏，计算牌，但不下注，直到玩家的牌面变得丰富。)

表6－2　玩家绩效小结：规则变化的影响

改变规则	普通公众玩家		基本策略玩家	
	期望获胜，%	95%置信区间	期望获胜，%	95%置信区间
无(1985 AC规则)	-1.53	-1.41～-1.65	-0.43	-0.31～-0.55
无软牌翻倍	-1.64	-1.52～-1.76	-0.61	-0.49～-0.73
只在9/10/11点翻倍	-1.59	-1.47～-1.71	-0.61	-0.49～-0.73
庄家在软17点叫牌	-2.09	-1.97～-2.21	-0.77	-0.65～-0.89
分牌后无翻倍	-1.87	-1.75～-1.99	-0.66	-0.54～-0.78

因为新泽西州最高法院裁定不能从赌场中排除算牌玩法，这对模拟报告的内容产生了重大影响，并由此产生了目前在大西洋城使用的规则和程序。这些规则和程序通过显著减少算牌法的创收能力来使得算牌能够在赌场中使用。其中，特别重要的是产生了限制在赌局中间加入的程序，以及在不限制的情况下限制下注大小并允许发牌员任意洗牌。(后一种程序虽然有很大的影响，但它的问题是减慢了游戏速度以减少创收。)

表 6－3　算牌后平均胜率/时间的总结[a]

33%	规则变化									
	当前大西洋城规则		在 9/10/11 翻倍		庄家在软 17 叫牌		无软翻倍		分牌后不翻倍	
	33%	50%	33%	50%	33%	50%	33%	50%	33%	50%
无	175b	97b	144b	78b	111b	57b	150b	81b	128b	71b
限制局中进入	—	—	—	—	—	—	—	—	—	—
局中进入：										
限制初始赌注	130	64	109	53	82	37	110	53	97	46
局中进入：										
限制所有赌注	18e	8e	14e	8e	11e	6e	15e	8e	13e	7e
限制多倍下注(10×)	175b	97b	144b	78b	111b	57b	150b	81b	128b	70b
限制赌台最大/最小比										
$100 赌台(最大 $2 000)	175	97	144	78	111	57	150	81b	128b	70b
$50 赌台(最大 $1 000)	175	97	144	78	111	57	150	81b	128b	70b
$25 赌台(最大 $500)	88	52	72	39	56	28	75	40	66	35
$10 赌台(最大 $200)	37	21	29	16	22	11	30	17	26	14

注：[a] 对于 33% 切牌基于 80 轮/小时，50% 切牌则基于 75 轮/小时；

[b] 在低限制的赌桌上使用六副牌；

[c] 在最小为 $100 的赌桌。

随机的二十一点规则模拟模型在制定游戏规则和设计赌场游戏产品(二十一点)方面发挥了重要作用。其独特之处还在于通过二十一点游戏专家提供的关于玩家行动的可能选项(即停牌、拿牌、翻倍叫停、分牌、保险)和游戏限制(即强加规则的组合)对普通公众游戏决策的概率进行描述。换句话说，该产品的设计中特别考虑了不能定义有效函数的普通公众玩家的可能决策；需要将这些玩家决策描述为概率决策，并在仿真模型和蒙特卡洛模拟分析中包含这些概率决策。

长期分析使用模拟模型分析了二十一点规则和程序变化对玩家和赌场的影响。模型通过处理牌和做出决定来模拟游戏。分析给出了期望值：赌场赢利百分比的预期值、赌场收入等。赌局的周期，即时间，并不是关注的重点，因为每个分析中都包含了数百万个手卡牌的处理。风险维度，即结果的可变性，也没有关注。

6.5　赌场博彩：与高级玩家协商(基于短期赌局统计的判定)

赌场为具有不同游戏技能、资金管理系统和资本的玩家提供了一系列的桌面游戏，包括百家乐、二十一点、骰子和轮盘。这其中的很多玩家是高级玩家，给赌场带来了大量的资本，因此需要给予特殊考虑。这些考虑包括免费旅行和礼品形式的赠品、玩家损失折扣和玩家胜率超过商定值时的奖励。因为高级玩家业务竞争越来越激烈，因此赌场都在通过正式方法表达关注，通过“特别对待”来吸引高级玩家，继而实现赌场的利润和风险目标。不充分、明确考虑高级玩家的风险将是灾难性的。几年前，一个拉斯维加斯赌场允许一个高级玩家在打百家乐时下注 $ 250 000 一手。鉴于没有在赌局开始前达成最小的赌局时间约束，因此玩家两天后离开时从赌场带走了 1 800 ~ 2 800 万美元。什么地方出了错？赌局的持续时间需要大大超过实际的赌博时间以便将赌场风险降至可接受水平。这将在下面段落中讨论。事实上，允许的赌注越大，赌局的时间应该越长。增加赌局的持续时间将减少赌场遭遇巨大损失的可能。

赌桌游戏的统计特质以及玩家的某些不可预测特性意味着必须以统计来表征赌场赢利值和赢利能力，并且应当根据期望的利润水平和相关风险来指定赌场赢利目标（即获得这种利润的机会）。为了解决利润（或赌场获胜或玩家资本）问题及其统计特质，开发了模拟短期百家乐（几小时到几十小时）的模型。[15-17]（同时也为二十一点和骰子的短期游戏开发了模拟模型。）该模型被称为百家乐风险/奖励模型，其建立了玩家或赌场获胜的概率分布随时间变化的函数以及随玩家能力、资金管理方法和在赌场控制下的其他因素变化的函数。百家乐风险/奖励模型用于对特定或通用玩家的赌场获胜统计，并且作为开发风险/奖励决策支持系统中玩家和赌场统计数据的基础。其目的是建立提供给高级玩家的激励措施，并且兼顾赌场的盈利和风险目标。

百家乐风险/奖励模型根据百家乐的规则模拟游戏玩法，并且得出了由玩家能力和资金管理方法导致的赌场获胜统计随时间的函数。所得的赌场获胜统计数据被置于赌场/玩家数据库中。当与指定的玩家进行协商时，访问该数据库。一旦识别了要与其进行协商的玩家（可以是特定玩家或“代表性”或“通用”玩家），就可从赌场/玩家数据库中读取赌场获胜统计参数，指定赌场目标、要求和谈判属性，对玩家协商进行分析。

风险/奖励决策支持系统，如图 6-9 所示，包括以下内容：

1）百家乐风险/奖励模型，用于模拟游戏的玩法，并根据指定的玩家能力和资金管理方法得出赌场获胜统计。

2）赌场/玩家数据库，包含每个玩家的赌场获胜统计。

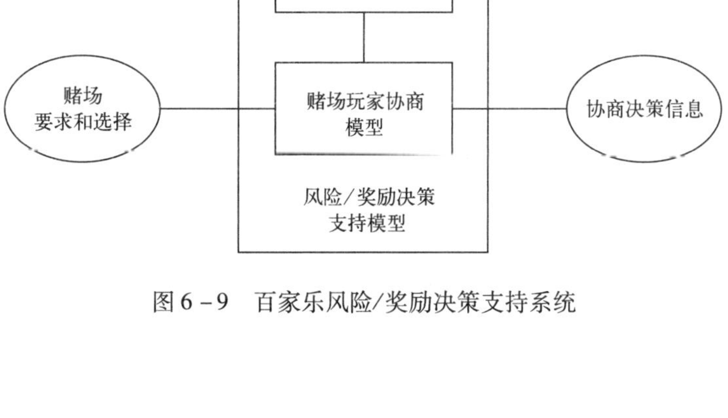

图 6-9　百家乐风险/奖励决策支持系统

3）赌场/玩家协商模型。该模型基于赌场要求、赌场获胜统计（由百家乐风险/奖励模型开发）和协商“包”特定属性，来决定达到赌场获胜和风险目标所需的游戏时间。

这些都被整合在风险/奖励决策支持系统中，以实现：

1）玩家的玩法可以根据游戏特征和下注决策（即资金管理）表征。（游戏特征通常基于高手相关惯例操作。但是偶尔会开发特定的数据收集程序。如某次观察一个高级玩家在数十小时的百家乐游戏中每张牌的处理、下注和游戏决策并对结果进行记录。从这些数据中很有可能描述该玩家的游戏过程和投注策略。）

2）可以对识别的玩家进行赌场获胜统计，并保存在数据库中。

3）可以通过访问数据库，根据赌场获胜的要求、赌场协商属性和对玩家的强制要求来评估赌场/玩家协商。

百家乐是一个古老的游戏，通常玩八张牌，每次从牌堆中发出一张牌。参与游戏的人在庄或闲上下注。赌注也可压在和上。两手（称为庄和闲）的两张牌每张都从牌堆发出。第三张牌可以由闲和/或庄根据预先确定的抽取第三张牌的规则进行抽取。第一手表示投注在闲上，其他则投注在庄上。获胜手是总和最接近九的一方。十张，牌的总数为10，图片牌的值为0。A计为1，和为2等。如果牌面值为两位数，则只考虑个位的数字。投注先收，但获胜的庄有5%的佣金或抽头。可以赌和，赢1赔9（即8到1）。

长期赌场统计优势是玩家投注策略的函数，押在庄、闲、和、各种组合上的投注等的情况是不同的。基于闲的获胜概率是0.4461，庄获胜的概率是0.458 4，和获胜的概率是0.095 5，赌场统计优势如下

$$
\text{赌场统计优势}=\begin{cases}1.174\% & \text{投注庄}\\ 1.360\% & \text{投注闲}\\ 14.050\% & \text{投注和}\end{cases}
$$

对于组合投注，赌场统计优势是投注在赌注上的金额相对于庄或闲下注金额的函数。

为了建立赌场获胜统计关于玩家在有限手游戏中的决策特性、资金管理方法、资本的相对投注大小、赌局持续时间和其他因素的函数——长期平均值或期望不足以描述赌场获胜统计（成千上万手被认为是有限的，而数百万手则接近无限情况），创建了百家乐风险/奖励模拟模型。该模型模拟玩家在一段时间内（通常为24小时）的游戏。对在指定时间段的每一手游戏，进行投注、处理该手游戏、确定结果并且递增（或递减）资本。相关结果保存后，模拟另一个24小时时段的赌局并保存所有结果。大量重复该过程并将结果制成直方图。这些直方图即为风险/报酬报告的基础，如图6－10所示。可以看到，这是协商过程的关键，明确考虑了赌场允许接受的风险水平。

下文给出了四个时间点的情况。随着时间的推移，预期的玩家资本减少，而由于游戏的统计性质，玩家资本的扩展（或标准偏差）增加，并且玩家资本超过指定值的概率降低。如图6－10显示的值（虚线）低于初始或启动资本。这是由于初始资本减去了赌场必须从玩家处赢得的金额，以便抵扣玩家产生的所有成本（赠品、折扣、奖励、合计支出或提供游戏的直接成本和不能回收款项）。

很明显，期望胜率随时间增加。因此，除了赌场获胜所需值之外，还可以明确赌场为了获胜所愿意或能够承担的风险。简单地说，问题的关键就是确立玩家所需的游戏时间，以便赌场在特定的风险级别下来冲抵其在玩家上的投资。

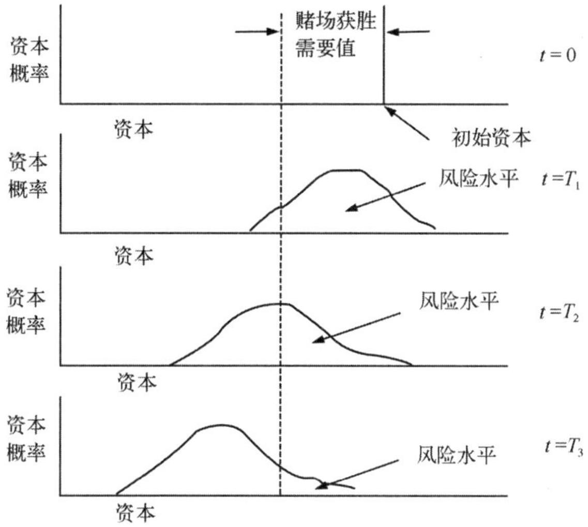

图 6 – 10　短期游戏：玩家资本概率分布

短期游戏的百家乐风险/奖励模拟模型建立了玩家资本或赌场获胜概率分布的时间函数，如图 6 – 10 所示。图 6 – 11 给出了玩家资本随游戏持续时间的函数——标注为恒定概率的等值线。换句话说，玩家资本超过“10%”的几率为 10% 曲线标记的值。另外该图还展示了赌场实现其期望获胜水平时可接受的风险水平。随着游戏时间的增加，这些恒定概率曲线或等值线变得向下倾斜。图 6 – 11 还显示了通过激励组合和赌场赢利目标来确立玩家初始资本和赌场期望获胜水平。

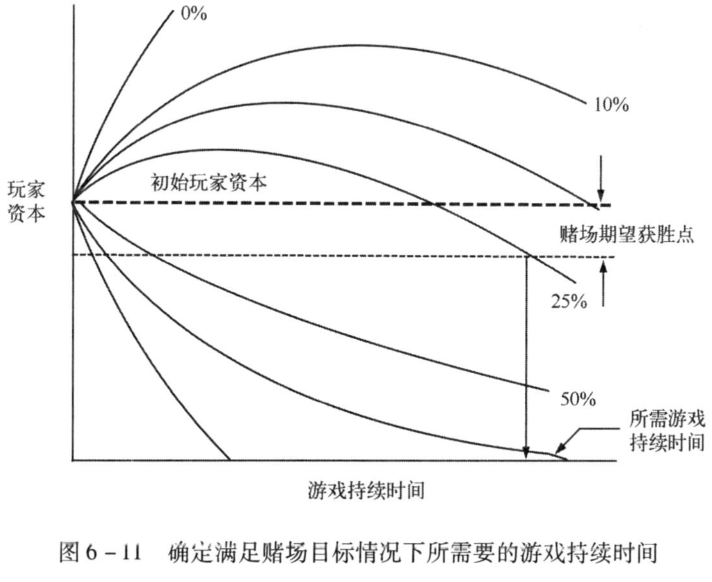

图 6 – 11　确定满足赌场目标情况下所需要的游戏持续时间

所需的胜利加上额外的积分换钱部分加上折扣金额即玩家减少的资本，也是赌场实现成本回收和利润目标所需的。（实际上还添加了预期奖金和不能回收款项的预期水平。）如果赌场愿意接受 25% 的风险（即有 75% 的机会实现其目标），则游戏必须进行，直到 25%

风险曲线与所需的赌场获胜水平相交（表示为"所需游戏持续时间"，通过垂直向下投影确定与曲线的交点）。虽然未标出，但显然将该曲线垂直向上投影，直到其满足指定的奖励阈值，并且根据通过该交点的风险曲线可得到支付奖金的概率。

协商模型需要风险/奖励结果（由风险/奖励模型确定）数值，并利用赌场指定的赢利能力和风险目标以及指定的协商程序来计算。其结果确定了满足赌场目标所需的玩家约束（游戏的持续时间和最小下注）。

6.5.1　玩家特征

在与玩家进行协商之前，必须对玩家进行分析。这将影响赌场的胜率统计（相对于考虑状态的玩家），也将成为赌场/玩家数据库中的一部分。一旦玩家被加入到数据库中，协商可以如前所述进行。

玩家特征主要包括玩家的决策策略（或玩家能力）和资金管理方法。玩家能力是根据玩家在庄、闲、和、庄和、闲和上的下注及不下注（即旁观游戏）的可能性或时间百分比形式来描述。图 6－12 描述了典型的玩家特征。

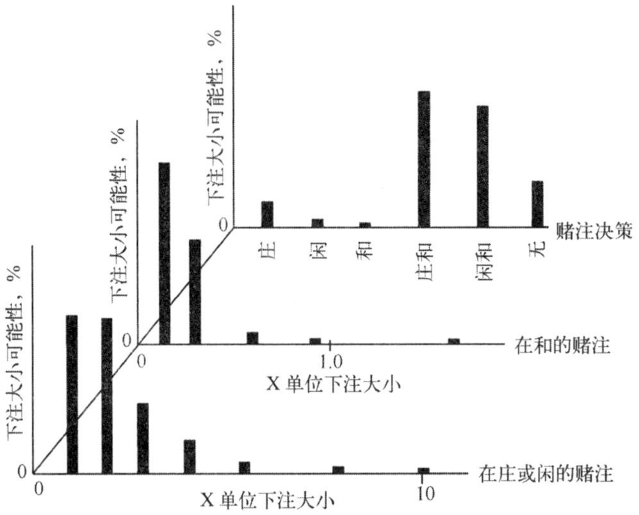

图 6－12　典型的百家乐玩家特征

必须对玩家的资金管理方法也进行描述。可以根据八种普通资金管理方法之一来描述玩家。资金管理方法确立了当前牌局中使用的下注大小。可用于考虑的八种资金管理方法为：

1）局面为胜（赢得）；

2）局面为胜（损失）；

3）当前资本百分比；

4）直觉下注（平均）；

5）预感下注（高级玩家）；

6）局面为输（损失）；

7）局面为输（获得赔偿）；

8) 平跟下注。

资金管理方法确立了当前牌局中使用的下注大小。根据具体的资金管理方法，下注大小可以是下述其中一个或多个因素的函数：初始资本、当前资本、前手结果、赌桌限制、当前与初始资本的关系（即利用赌场资金）。

6.5.2　玩家分析

玩家分析包括了将玩家特征数据转换为如图 6－11 所示的赌场获胜统计。通过考虑所玩的纸牌游戏、所做的游戏决策和由玩家资金管理系统控制的赌注来模拟牌局游戏。游戏随着时间推进继续，并保存适当的结果。统计结果存储在赌场/玩家数据库中，从而可以继续进行玩家协商模型。

6.5.3　协商

玩家协商只能在已经提供了玩家能力和玩家资金管理方法数据，并对玩家进行了详细分析后进行。详细的玩家分析创建了赌场获胜统计电子数据表，总结了赌场获胜统计（相对指定玩家）。这些都被自动存储在赌场/玩家统计数据库中，并被保留直至删除。可与存储在数据库中的任何玩家进行协商。通过简单地查找玩家姓名名单，然后点击所需玩家姓名进行。这个过程自动检索了赌场统计数据库，并允许进行协商。提供了如图 6－13 所示的页面信息后，过程继续。

在选择（识别）要进行协商的玩家后，协商页面会显示玩家姓名（包括玩家账户或 ID 号）和玩家的赌注与资本比值。这个比值可以不必对玩家进行重新分析而进行稍微改变。（如果要考虑大的变化，则须使用新的赌注与资本比重新进行玩家分析。这是必要的，因为赌场/玩家统计对赌注与资本比非常敏感。）指定的赌注与资本比和单位下注大小构成了玩家资本。除赌注与资本比外，赌场交易人可以输入与协商要点、赌场目标、赌场费用及玩家单位下注大小等有关的数据。

赌场目标即总贡献值（即赌场获胜的期望标准多于所需获胜，用来支付先期积分换钱、折扣、期望奖金、佣金和不可收回损失）和实现总贡献值目标的可能性。实现总贡献值目标的可能性表明了为高级玩家提供的一系列激励措施（即协商要点）并识别玩家需求后，赌场愿意接受的风险水平。60%的实现可能性表示如果有 60%的机会实现（或超过）指定的总贡献值，赌场愿意进行游戏。实现总贡献值的指定可能性越大，所需的游戏持续时间就越长。赌场支出可能是第三方佣金和不可收回的玩家损失。

可以确定的协商要点是先期积分换钱数值（包括旅行、住宿、礼物等）、折扣程度（对玩家损失给予的折扣大小）、奖金支付的获胜标准（当玩家在所需游戏持续时间后赢得的资本超过所给金额时）和奖金支付金额（如果在所需游戏持续时间之后达到获胜标准则奖励的金额）。

协商过程可以根据需要通过改变协商要点和/或赌场目标重复多次（即迭代以实现期望结果或执行“假设”分析）：1）根据激励措施（协商）和赌场目标建立对玩家的约束；2）深入研究激励措施和实现赌场目标能力的关系；3）根据系列激励措施分析玩家对赌场的价值；4）建立第三方佣金安排的可行性。

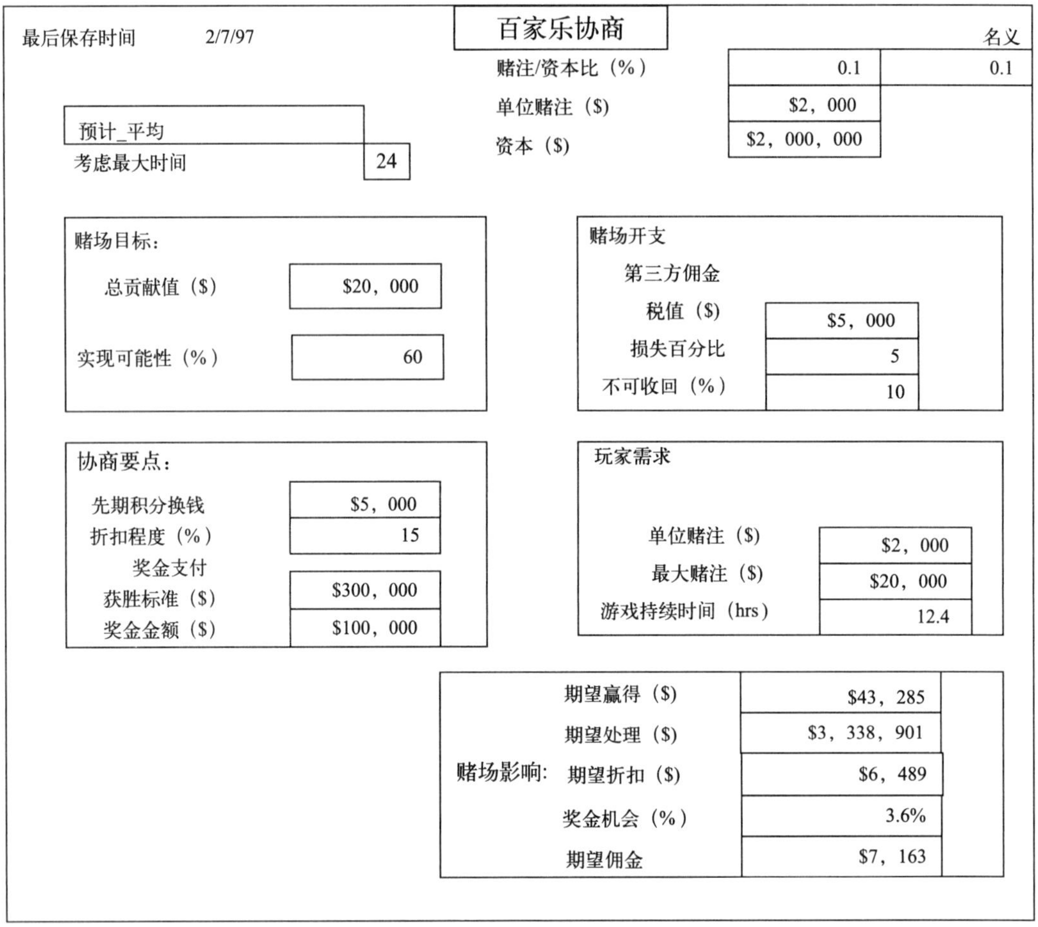

图 6－13　赌场/玩家协商

6.5.4　小结/现状

目前，已经开发了针对桌面游戏短期玩法和随后的针对高级玩家的系列激励措施的实时协商分析。这些技术可以得出赌场获胜随时间的概率分布，并可为赌场计划和评估满足盈利和风险目标的赠送制度提供参考。这些分析还可在赌场和高级玩家之间的协商中考虑与玩家特征相关的不确定性，并显著提高赌场的风险管理。大西洋城和拉斯维加斯的几个赌场已实施了侧重高级玩家市场的风险/奖励决策支持系统。赌场已经利用该方法与高级玩家进行了协商。文中还给出了一个亟需给予关注的案例。最近，一个百家乐高级玩家要求提高赌桌限制，以便每手(每小时大约 75 手)可放置 25 万美元的赌注。玩家完了一个周末，有 180 万 ~280 万美元的进账。这对赌场的季度财务报告有重大影响。游戏持续时间(以抵消大额赌注)不足导致该问题，为此赌场承受了过高的风险。随着越来越多地使用分析技术，希望赌场的灾难也会随之减少。

参考文献

[1] Princeton Synergetics Inc.. A Stochastic Market Penetration Model for Building Envelope and End-Use Products. Battelle Pacific Northwest Labs., Washington DC, April 1995, Contract No. 245163-A-U1.

[2] Greenberg J S. Investment Decisions: The Influence of Risk and Other Factors. American Management Association, New York, 1982.

[3] Edelman F, Greenberg J S. Venture Analysis: The Assessment of Uncertainty and Risk. Management: A Book of Readings, edited by H Koontz and C O'Donnell, McGraw-Hill, 1972, 200 - 207.

[4] Greenberg J S. Risk Analysis. Astronautics/Aeronautics, AIAA, New York, Nov. 1974, 48 - 57.

[5] Greenberg J S. A Financial Risk Analysis of a District Heating Business Venture. Proceedings of the 15th Intersociety Energy Conversion Engineering Conference, 1980, 1: 600 - 608.

[6] Energy Efficient Industrialized Housing Research Program: Summary, FY 1989 Research Activities. Center for Housing Innovation, Univ. of Oregon and Florida Solar Energy Center, Feb. 1990.

[7] The Economics of Industrialized Housing: A Parametric Approach for Estimating the Demand for Factory Built Envelope Products. Princeton Synergetics, Inc., July 1996.

[8] Financial Planning Model: PSI-RISK. Princeton Synergetics Inc., NJ, March 1997.

[9] Greenberg J S. Risk Analysis Results (A Space Processing Business Venture to Produce Monodispersed Polystyrene Latex Spheres). NASA, July 1979.

[10] Greenberg J S, Edelman F. Venture Analysis: The Assessment of Uncertainty and Risk. Management: A Book of Readings, edited by H Koontz and C O'Donnell, McGraw-Hill, New York, 1972.

[11] Greenberg J S, Ross D. Manufacturer Impact Analysis of National Appliance Efficiency Standards. Operations Research Society of America/TIMS, Nov. 1985.

[12] Greenberg J S, Gaelick C. Introduction of Fuel Efficient Technology into the Auto Industry: Financial Implications. Oak Ridge National Labs., Rept., Sept. 1986.

[13] Greenberg J S, Abram P, Clyne F. The Blackjack Policy Simulation Model (User's Manual). ECON, Inc., Rept. 80-120-2, Princeton, NJ, Sept. 1980.

[14] Abram P. The ECON, Inc., Blackjack Policy Simulation Model and an Analysis of the Elimination of the Early Surrender Rule in Atlantic City. Gambling and Risk Taking Conf., 22 Oct. 1981.

[15] Greenberg J S, Greenberg R S. Baccarat: A Simulation Analysis. Operation Research Society of America/TIMS, Nov. 1984.

[16] Greenberg J S. Simulation and the Casinos. Proceedings of the Sixth National Conference on Gambling and Risk Taking, edited by W. Eadington, Univ. of Nevada, 1985, 146 - 182.

[17] Greenberg J S. Play Constraints: The Result of Requests for Special Consideration. Proceedings of the Sixth National Conference on Gambling and Risk Taking, edited by W. Eadington, Univ. of Nevada, 1985, 183 - 202.

附录A 评估投资可能性

为了解多重财务业绩特性方面的私营部门投资决策，我们已经进行了一些调查。与美国管理协会(AMA)[1]联合进行的一项调查证明了在预期投资回报率(ROI)、风险(风险可以衡量投资回报率波动性或不可预测性)、预期回收期、与决策者控制下预算相关的需要投资幅度等方面，私营部门投资的可能性。在这种情况下，我们认为所有的投资都是独立的。因为在许多情况下，投资决策与许多互斥投资状态下的投资相互联系。为了证明互斥投资的投资可能性，我们进行了另一项调查。该调查将投资的可能性作为相对风险和投资相对幅度的函数[2]。

在前一项调查中，通过美国管理协会，征求了财务和企业规划副总裁以及公司审计员们的意见，完成了数据收集。该项调查表包括大量的图和适当的解释性材料，如图A-1所示。每一个描述与公司资本和风险成本相关的投资回报率的图都展示了5种不同的投资状况。在接下来的图中，预期投资回报率会左右移动。此外，不同的回收和投资相对幅度状况下，这些投资状况会重复出现。这项调查的回收率为15%，其中大部分的调查对象提供了其他信息。调查的结果就是将投资可能性确定为预期投资回报率、风险、预期回报期和投资相对幅度的函数(一般认为考虑在内的变量不是相互独立的，但是，调查的结论认为，无论这些变量是否相互独立，大多数投资决策都会明确地将其考虑在内)。图A-2显示了从调查数据中得到的典型结果。该图显示了需要预期回报率作为回收期和可察觉到的风险水平函数，以得到可得融资的50%的概率。

后一项调查考虑了互斥投资。调查的人数较少，但是我们同时采用了电话讨论和问卷调查的方式。调查背景信息明确地说明，考虑的投资状况如下：已经做出决策将资源投资到特定的领域，并且存在多种实施方案。该项调查再次提供了许多图，如图A-3所示，这些图描述了不同的投资状况。在这些状况下，要求调查对象指出将会做出的投资选择，用图表示出来。每一个图描述了具有特定预期投资回报率和风险的基本状况A以及五种具有不同预期投资回报率和风险水平的选择方案(B：1至B：5)。要求调查对象指出所选择的方案，采用了一些相似的图证明预期投资回报率相对值的影响和方案A中的风险水平。

该项调查充分了解了方案间选择的可能性。采用投资信息所产生的可能性的例子就是评估航天运输服务市场份额，从而为通信卫星企业提供发射服务。

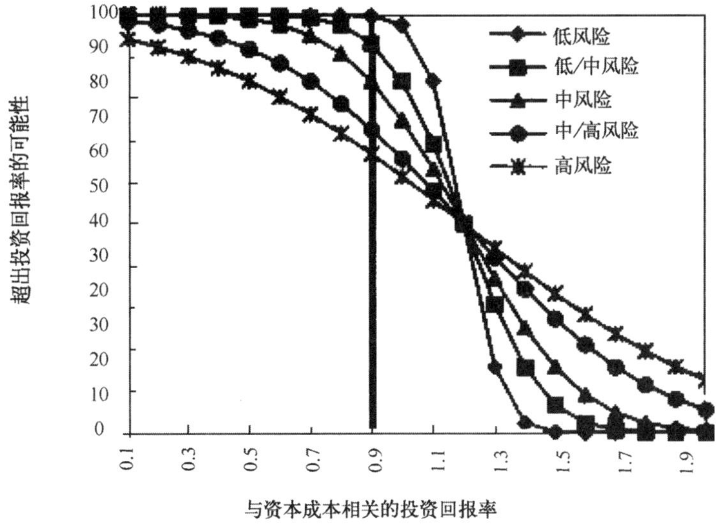

投资的可能性

低风险 [A]	100	%
低 /中风险 [B]	90	%
中风险 [C]	70	%
中 /高风险 [D]	50	%
高风险 [E]	10	%

图 A－1　确定当考虑独立投资时投资的可能性

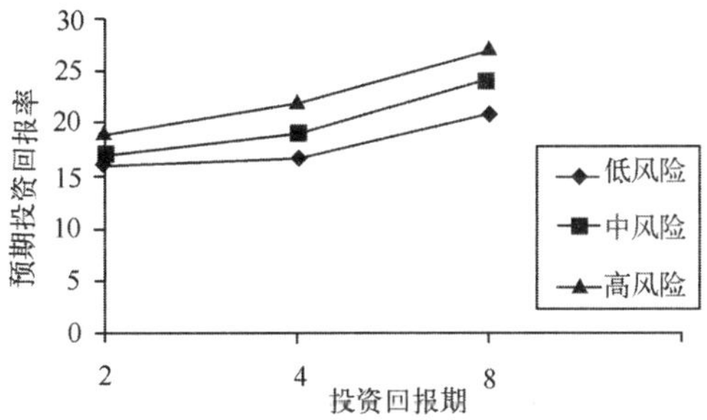

图 A－2　确定预期回收期、风险和所需预期投资回报率之间的关系以获得 50%的融资机会

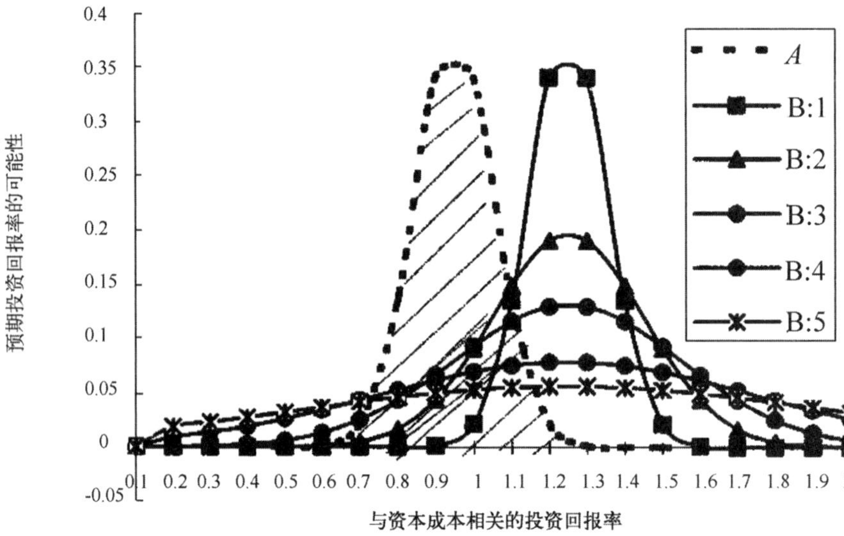

图 A-3　确定当考虑互斥投资时投资的可能性

参考文献

[1] Greenberg, J. S. Investment Decisions: The Influence of Risk and Other Factors, American Management Association, New York, 1982.

[2] Greenberg, J. S. "Pricing and Competitiveness of Present Space Transportation Services," Workshop on Space Launch Systems, Munich, June 1994.